La mise sur le marché et la distribution du médicament en Afrique noire francophone

Réflexions à partir des exemples du Burkina Faso et du Sénégal

Collection **Études africaines**

dirigée par Denis Pryen et son équipe

Forte de plus de mille titres publiés à ce jour, la collection « Études africaines » fait peau neuve. Elle présentera toujours les essais généraux qui ont fait son succès, mais se déclinera désormais également par séries thématiques : droit, économie, politique, sociologie, etc.

MAKALA NZENGU Patrick, *Le conseil agricole rural de gestion et développement à la base en RDC*, 2015.
PASCAL Lionel, *République CentrAfricaine : Douanes et corruption, causes de la déliquescence du pays*, 2015.
WINTER Philip, *Une cause sacrée, Le diaglogue intercongolais, 2000-2003*, 2015.
KOUNGOU Léon, *Culture stratégique et concept de défense au Cameroun*, 2015.
EBALE (Raymond), *La relation ACP (Afrique - Caraïbes - Pacifique) / UE (Union européenne) : la fin de l'illusion ?, Quel avenir à l'échéance 2020 ?*, 2015.
LOADA (Augustin) et WHEATLEY (Jonathan) (dir.), *Transitions démocratiques en Afrique de l'Ouest. Processus constitutionnels, société civile et institutions démocratiques*, 2014.
SIAD (Arnaud), *L'intervention en Libye : un consensus en Relations Internationales ?*, 2014.
KOUASSI (Yao-Edmond), *Colonisations et société civile en Afrique*, 2014.
YOUGBARÉ (Sébastien), *Attachement et délinquance des mineurs : déterminants psychosociaux au Burkina Faso*, 2014.
ANIGNIKIN (Sylvain Coovi), *Les origines du mouvement national au Dahomey. 1900-1939*, 2014.
BONKENA BOKOMBOLA (Papy), *Routes rurales et développement socio-économique de la région de Mayombé (Ouest-RDC)*, 2014.
MAKENGO NKUTU (Alphonse), *L'essentiel de droit public. Le cas de la République démocratique du Congo*, 2014.
VILLASANTE CERVELLO (Mariella), *Le passé colonial et les héritages actuels en Mauritanie. État des lieux de recherches nouvelles en histoire et en anthropologie sociale*, 2014.

Ces dix derniers titres de la collection sont classés
par ordre chronologique en commençant par le plus récent.
La liste complète des parutions, avec une courte présentation

Baimanai Angelain PODA

La mise sur le marché et la distribution du médicament en Afrique noire francophone

Réflexions à partir des exemples du Burkina Faso et du Sénégal

L'Harmattan

5-7, rue de l'École-Polytechnique, 75005 Paris

http://www.harmattan.fr
diffusion.harmattan@wanadoo.fr
harmattan1@wanadoo.fr

ISBN : 978-2-343-05427-8
EAN : 9782343054278

DÉDICACE

A mon père, tu es parti trop tôt, je sais que tu aurais été très fier de tenir ce travail entre tes mains. Toi qui ne vivais que pour ta passion d'enseigner aux autres le savoir.

A ma mère, pour tout l'amour que tu as su me donner. Seule tu as su me donner le goût du travail bien fait. Je sais que de l'au-delà tu es fière de ce travail.

A mes parents adoptifs, Jean Baptiste SOMDA et Michèle LETORT, vous aviez su pallier une absence…

Remerciements

La réalisation d'un travail de recherche est rarement un exercice solitaire. C'est pourquoi je tiens à exprimer ma gratitude ici à tous ceux qui m'ont accompagné dans ce travail de recherche.

Je voudrais adresser plus particulièrement mes remerciements les plus profonds aux Professeurs Antoine LECA et Samba THIAM, sans le soutien, les conseils et les encouragements desquels cette étude n'aurait pu voir le jour.

Mes remerciements vont enfin à Emilie, ma femme et à mes enfants, Adriel, Antéo, Lisette et Saandéa pour leur soutien et leur amour.

A tous ceux qui de près où de loin n'ont ménagé aucun effort pour la réalisation de ce travail, que chacun d'eux reçoive ici le témoignage de ma reconnaissance.

Liste des Sigles et abréviations

ACAME	Association des Centrales d'Achats de Médicaments Essentiels
ADP	Assemblée des Députés du Peuple
ADPIC	Accord sur les aspects Droit de Propriété Intellectuel touchant au Commerce
ADSP	Actualité et Dossier en Santé Publique
AEF	Afrique Equatoriale Française
AFSSAPS	Agence Française de Sécurité Sanitaire des Produits de Santé
AJDA	Actualité Juridique de Droit Administratif
AMM	Autorisation de Mise sur le Marché du médicament
AN	Assemblée Nationale
ANS	Archives Nationales du Sénégal
ANSM	Agence Nationale de Sécurité du Médicament
AOF :	Afrique Occidentale Française
AUDCG	Acte Uniforme portant Droit Commercial Général
AUDSCGIE	Acte Uniforme portant Droit des Sociétés Commerciales et des Groupements d'Intérêt Economique
BEPC	Brevet d'Etude du Premier Cycle
BPF	Bonnes Pratiques de Fabrication
BULL	Bulletin
C. cass	Cour de cassation

C. sup	Cour suprême
CAMEG	Centrale d'Achat des Médicaments Essentiels Génériques
CCJA	Cour Commune de Justice et d'Arbitrage
CCP	Certificat Complémentaire de Protection
CEAO	Communauté Economique de l'Afrique de l'Ouest
CEDEAO	Communauté Economique pour le Développement des Etats de l'Afrique de l'Ouest
CEDIM	Centre de Documentation et d'Information sur le Médicament
CEMAC	Communauté Economique et Monétaire de l'Afrique Centrale
Cf	Confer
ch. adm	chambre administrative
chron	Chronique
CJCE	Cour de Justice de la Communauté Européenne
CM	Centre Médical
CMA	Centre Médical avec Antenne chirurgical
CNCC	Commission Nationale de la Concurrence et de la Consommation
COCC	Code des Obligations Civiles et Commerciales
CODESRIA	Conseil pour le Développement de la Recherche en Sciences sociales en Afrique
CSP	Code de la Santé Publique

CSP BF	Code de la Santé Publique du Burkina Faso
CSPS	Centre Social pour la Promotion de la Santé
CSS	Code de la Sécurité Sociale
CTEM	Comité Technique d'Enregistrement des Médicaments
DCI	Dénomination Commune Internationale
EDJA	Edition de Droit et de Jurisprudence Africaine
FDA	Food and Drug Administration
FMI	Fonds Monétaire International
IB	Initiative de Bamako
J.C	Jésus Christ
JCP	Juris-Classeur Périodique
J.O	Journal Officiel
J.O. RHV	Journal Officiel de la République de la Haute Volta
JORF	Journal Officiel de la République Française
JORS	Journal Officiel de la République du Sénégal
LGDJ	Librairie Générale de Droit et de Jurisprudence
ME	Médicament Essentiel
Med Trop	Médecine Tropicale
MEG	Médicament Essentiel Générique
Mon. Pharm	Moniteur du Pharmacien
MSF	Médecins Sans Frontière

NEA	Nouvelles Editions Africaines
OAPI	Organisation Africaine de Propriété Intellectuelle
OHADA	Organisation pour l'Harmonisation du Droit des Affaires en Afrique
OMC	Organisation Mondiale du Commerce
OMPI	Organisation Mondiale de la Propriété Intellectuelle
OMS	Organisation Mondiale de la Santé
ONUSIDA	Programme commun des Nations Unis pour le VIH/SIDA
OUA	Organisation de l'Unité Africaine
PAS	Programme d'Ajustement Structurel
PED	Pays En Développement
PMA	Pays les Moins Avancés
PNA	Pharmacie Nationale d'Approvisionnement
PPN	Politique Pharmaceutique Nationale
PRA	Pharmacie Régional d'Approvisionnement
PUAM	Presse Universitaire d'Aix-Marseille
PUB	Presse Universitaire de Bordeaux
PUF	Presses Universitaires de France
PUR	Presse Universitaire de Rennes
RBD	Revue Burkinabè de Droit
RCP	Résumé des Caractéristiques du Produit
RDC	Revue des Droits de la Concurrence

RDSS	Revue de Droit Sanitaire et Social
ReMeD	Réseau Médicament et Développement
RGDIP	Revue Générale de droit International Public
RGDM	Revue Générale de Droit Médical
RIDC	Revue Internationale de Droit Comparé
RIDE	Revue Internationale de Droit Economique
RIS	Revue Internationale Stratégique
RISS	Revue Internationale des Sciences Sociales
RLC	Revue Lamy de la Concurrence
RTD civ	Revue Trimestrielle de Droit Civil
RTD Eur	Revue Trimestrielle de Droit Européen
Trib.corr	Tribunal correctionnel
UA	Union Africaine
UEMOA	Union Economique et Monétaire Ouest Africain

Sommaire

Introduction Générale

> *La pharmacie est « la connaissance des médicaments, la faculté de différencier la bonne qualité de la mauvaise, d'identifier le pur et le falsifié, ce savoir n'est pas nécessaire au médecin mais lui est utile ; il est cependant obligatoire pour le pharmacien »*[1].

001 - Du remède au médicament : l'histoire des médicaments est une histoire des maladies - Le médicament est une substance[2] inventée essentiellement pour des finalités thérapeutiques[3]. Il est né avec l'humanité. D'abord remède[4], il a connu une évolution historique

[1] Rhazes, alchimiste et chimiste cité par Y. Landry, *Petite histoire des médicaments : de l'Antiquité à nos jours*, Dunod, Paris, 2011, p. 44.

[2] Cf pour la définition de la substance paragraphe 067.

[3] Cette phrase doit être placée dans un contexte historique. En effet, l'idée de médicament est née parce que l'homme cherchait à vaincre les souffrances. C'est face à la maladie, à la douleur des siens, qu'il a forgé son imagination pour trouver une solution. Aujourd'hui, les finalités du médicament ne sont plus seulement thérapeutiques, le médicament a aussi des finalités de confort.

[4] D'abord basés sur l'observation de la nature, les remèdes ont connu une évolution. L'homme se soignait, ou soignait son semblable à l'aide de plantes cueillies autour de lui. Il a appris à dompter la nature pour en tirer des substances actives sur les maladies et les souffrances de l'époque. Parmi ces substances, on peut citer : du règne végétal : la digitaline, la quinine, l'opium, etc. Du règne minéral : le sulfate de soude, le bismuth, le fer, etc. Du règne animal : les graisses de boa, de tigre, de lion, les fèces d'écureuil volant, le bombyx à murier (de son nom scientifique, excrementum bombycis mori), le ver à soie, etc.

et juridique tumultueuse[5] avant d'être doté aujourd'hui d'une définition juridique précise[6]. En effet l'idée de remède est apparue avec la naissance de l'humanité et s'est perpétuée tout au long des générations[7]. Chacun y allait de ses connaissances. Isaïe[8], par exemple, préconisait de prendre un gâteau de figues et de l'appliquer sur un ulcère pour le guérir. Pour le Coran, « Dieu n'a fait descendre de maladie si ce n'est avec son remède »[9], chaque maladie a donc son remède qui lui est forcément adéquat. Il est donc demandé au croyant malade, de la patience au cours de sa maladie. L'acte de soins appartient aux hommes et la guérison vient de Dieu. Pour F. Chast, « Dieu, regrettant d'avoir créé les maladies, donnait à l'homme des remèdes qu'il avait placés dans les végétaux... »[10].

002 - La confusion de la médecine et de la pharmacie - Au commencement le remède était donné, il n'était pas inventé. La Bible par exemple, considérait que l'art de guérir provenait d'un pouvoir

---

[5] Le médicament a connu des années glorieuses avec les premières découvertes de molécules thérapeutiques. Sa qualité, son efficacité et son innocuité n'étaient pas testées avant sa mise sur le marché. Aujourd'hui, il est unanimement accepté que le médicament peut être toxique pour l'homme. Juridiquement, l'évolution du médicament s'est faite en termes de renforcement des normes juridiques. Les législateurs ont encadré les médicaments tout au long des crises que ce dernier engendrait. C'est ainsi que des Sulfanilamides, au Médiator®, la législation mondiale en matière pharmaceutique a connu une évolution importante.

[6] Pour la définition juridique et légale du médicament cf chapitre 1, paragraphe 065-091.

[7] On peut reconnaître avec J.-C. Dousset que chaque civilisation a légué ses connaissances sur l'art de guérir. Ces connaissances ont ensuite subies des transformations avant d'être considérées comme un art accessible à la science et à l'expérimentation. D'abord magique, l'art de guérir est devenu religieux, empirique puis aujourd'hui scientifique. C'est ainsi que de drogue à remède, aujourd'hui on parle de médicament, de molécule. Voir J.-C. Dousset, *Histoire des médicaments, des origines à nos jours*, Les Editions Ovadia, Paris, 2010, p.15.

[8] Isaïe, Chapitre 38, verset 21.

[9] Al-Bukhârî 76-1.

[10] « Dieu, regrettant d'avoir créé les maladies, donnait à l'homme des remèdes qu'il avait placés dans les végétaux. Comment les identifier ? En s'en remettant à leur morphologie. Parmi les plus populaires figurait la pulmonaire dont les feuilles allongées, tachées de blanc, rappellent les lobes des poumons, et qui se voyait donc indiquée dans les affections respiratoires. Le colchique, avec son bulbe qui rappelait tant le gros orteil, ne pouvait qu'être indiqué dans le traitement de la goutte. Quant à la noix et ses cerneaux en forme de cerveau, elle devait être bonne pour l'esprit... ». F. Chast, *Histoire contemporaine des médicaments*, La Découverte, Paris, 1995, p.9.

divin et que les remèdes qui soignent ne sont pas une invention de l'homme, ils viennent de Dieu et « l'homme sensé ne les repousse pas »[11]. C'est pourquoi leur administration était entourée de rituels magiques et incantatoires. Le remède était un objet pour conjurer les « mauvais sorts »[12]. Il était confondu avec la personne qui l'administrait. Cette personne était d'ailleurs soignant, producteur de remèdes et dispensateur. Il était à la fois médecin et pharmacien[13], c'est la période de la confusion entre pharmacie et médecine[14].

003 - La séparation de la médecine et de la pharmacie - La distinction de la médecine et de la pharmacie va se faire lentement. Si l'on se réfère à l'Ancien Testament, cette confusion est relative. Dans un passage du livre du Siracide[15], déjà, l'on invitait le peuple d'Israël à rendre hommage aux médecins, car il fait usage des dons de Dieu pour soigner et soulager mais également au pharmacien qui fait usage de ce don pour faire des mixtures[16]. C'est dire qu'à l'époque, vers 200 avant J.C, on distinguait déjà préparateur de remèdes et médecin, mais institutionnellement la confusion existait toujours.

C'est dans le monde musulman, vers le IXe siècle, que le spécialiste de la préparation des « mixtures » thérapeutiques prend son indépendance face au médecin. En effet, à Bagdad, naquit la

---

[11] « Le Seigneur a créé de la terre les médicaments, et l'homme sensé ne les repousse pas», Livre du Siracide ou Ecclésiastique, chapitre 38. 4.

[12] La maladie était vue comme une punition divine. En Afrique, cette conception est toujours d'actualité. Celui qui tombe malade est supposé avoir commis un interdit ou encore avoir offensé Dieu ou les mannes des ancêtres.

[13] Il faut dire que la préparation des remèdes était une activité accessoire du médecin. Galien, le père de la pharmacie galénique, était à la fois médecin et pharmacien. C'est donc symbolique, lorsqu'à la création des écoles de médecine en Italie et en France, les futurs médecins prêtaient serment de ne pas accomplir de besognes manuelles. Ce serment excluait donc la préparation des remèdes.

[14] Le jurisconsulte Paul ne disait-il pas que les objets qui servent à la profession de médecin sont : « collyria et emplasta et apparatus omnis conficiendorum, medica mentorum » : ce que le doyen Poplawski nous traduit comme l'ensemble de toutes les installations servant à la confection des médicaments. R. Poplawski, *Traité de droit pharmaceutique*, Juris-classeur, Paris, 1950, p.26.

[15] Le livre du Siracide est aussi appelé l'Ecclésiastique ou encore La Sagesse de Ben Sira. Ce livre fait partie de l'Ancien Testament écrit vers 200 avant J.C. Les juifs et les protestants le considèrent comme un livre apocryphe, alors que pour les catholiques c'est un livre saint. Ce qui fait qu'on ne le retrouve pas dans toutes les éditions de la bible.

[16] Livre du Siracide ou Ecclésiastique, chapitre 38. 1- 8.

profession pharmaceutique distincte de la profession médicale. Ainsi apparaissaient les premiers spécialistes de la fabrication et de la délivrance des médicaments, appelés « sayadila »[17], prédécesseurs des apothicaires en Europe. Il existait également une pharmacopée et une inspection publique des médicaments[18]. Ces premiers spécialistes étaient soumis à des règles strictes. Cette distinction de la médecine et de la pharmacie va se généraliser en Occident. Mais en France il faudra attendre la fin du XIIe siècle et courant le XIIIe, pour voir la profession pharmaceutique se détacher techniquement de la profession médicale et entamer son institutionnalisation. Au niveau européen, on peut signaler la Constitution de Melfi édictée par l'empereur Frédéric II[19] en 1231 et l'ordonnance médicale qu'il promulgua vers 1241. Celle-ci a instauré un cadre juridique pour la délivrance des médicaments dans le royaume de Sicile.

004 - L'industrialisation de la pharmacie - Le début de l'industrialisation des pays occidentaux propulse l'industrie pharmaceutique au devant de l'art de guérir. L'activité pharmaceutique englobe dès lors l'élaboration, la production, l'importation, l'exportation, la distribution et la dispensation aux consommateurs d'un certain nombre de produits de santé[20]. Aujourd'hui, cette activité s'intéresse à l'ensemble des produits de santé inclus dans le monopole pharmaceutique, chacun ayant un régime juridique spécifique. Parmi ces produits, nous nous intéresserons aux médicaments à usage humain, qui sont sans doute le « noyau dur du droit pharmaceutique »[21].

Avec l'industrialisation, le remède « fourre-tout » fait place aux médicaments spécialisés et la santé est au centre des décisions concernant l'art de guérir. En France par exemple, l'apothicaire, artisan du médicament, cède sa place à partir du XIXe siècle à l'industrie pharmaceutique. L'industrialisation du médicament va également accroître l'offre de médicaments et permettre sa plus

---

[17] Sayadila est le pluriel de saydana, terme arabe pour désigner le pharmacien.

[18] A. Leca, *Droit pharmaceutique*, 6e édition, PUAM, Aix-en-Provence, 2012, p.32.

[19] Dans cette constitution on retrouvait des règles relatives au contrôle des pharmaciens par les autorités, l'emploi d'une pharmacopée, le recours à un système de taxes et la séparation des activités médicales et pharmaceutiques.

[20] C. Maurain, M. Bélanger (dir.), *Droit pharmaceutique*, LITEC, Paris, tome I, fascicule 3, p.5.

[21] H. Dion, *Droit pharmaceutique*, Lextenso, Paris, 2008, p.21.

grande circulation. Mais l'entrée dans le commerce du médicament n'est pas libre, elle suppose le respect d'une série de contraintes qui vise à protéger la santé des individus. L'histoire du médicament n'est donc pas une histoire vierge[22], elle nous montre que ce bien ambivalent a toujours intéressé les pouvoirs publics, qui ont mis des glissières de sécurité pour encadrer son commerce (I).

005 - L'arrivée du médicament moderne en Afrique - Avec la conquête du monde et le brassage des peuples, les maladies prennent de l'ampleur, traversent les frontières et tuent de plus en plus rapidement[23]. La santé commence à entrer dans les politiques des gouvernements des pays conquérants[24], qui prennent soin d'adjoindre des médecins et des pharmaciens aux différentes équipes d'expéditions[25]. C'est en faveur de la conquête du continent africain que le médicament moderne a fait son apparition sur ce continent où les soins étaient toujours à l'ère des remèdes et où les méthodes étaient empirico-métaphysiques[26]. Tout était basé sur l'observation, la divination, la magie, Dieu et les ancêtres[27]. Dès lors, en Afrique, deux types de médicaments vont s'opposer : le médicament moderne et le médicament traditionnel. Si dans certains pays le concept du médicament a évolué, il demeure en Afrique toujours enraciné dans

---

[22] J.-P. Gaudillière, « Une marchandise scientifique ? » Savoirs, industrie et régulation du médicament dans l'Allemagne des années trente, *Annales. Histoire, Sciences Sociales*, 2010/1 65e année, p.90.

[23] La lutte internationale contre les maladies est liée en partie à l'histoire coloniale. En effet, les premiers moments de la colonisation ont été des moments d'échange de maladies entre l'Europe et le nouveau monde.

[24] Il s'agit des pays européens qui se sont lancés à la conquête du monde. Ces pays deviendront les colonisateurs après la période d'exploration du monde. En Afrique il s'agit principalement de la France et de l'Angleterre.

[25]Au début de l'exploration des continents, les explorateurs faisaient leur aventure sans médecin. Mais avec l'explosion des maladies contagieuses et leurs dégâts, les équipes ont été renforcées par un personnel médical. Au Sénégal, le passage des pharmaciens coloniaux avait été symbolisé sur l'île de Gorée, par une stèle en leur mémoire pour l'épidémie de fièvre jaune survenue sur l'île en 1878.

[26] Voir pour plus de précisions sur la médecine empirico-métaphysique, J.-P. Bado, *Médecine coloniale et grandes endémies en Afrique*, Karthala, Paris, 1996. p.15.

[27] C'est la conception animiste des soins. Selon H. Kelsen, l'animisme est la « conviction que les choses ont une âme, qu'elles sont animées, que des esprits puissants mais invisibles se cachent en elles ou derrières elles. H. Kelsen, *Théorie pure du droit*, adaptée de l'allemand par H. Thévenaz, édition de la Baconnière, Neuchâtel, 1988, p.31.

les esprits des populations comme un objet qui fait essentiellement du bien. Les anthropologues de l'Afrique le définissent comme « un bouclier protecteur contre la maladie, la souffrance et la mort »[28]. Comprendre la complexité de la définition du médicament en Afrique permet de bâtir des règles efficaces pour encadrer ce bien. Cette conception du médicament par les populations n'est-elle pas un facteur aggravant de l'usage irrationnel de ce bien ? Notre étude s'intéresse au médicament dans la partie francophone de l'Afrique (II).

I. Objet de l'étude : le médicament, un bien ambivalent

006 - La santé, une notion difficile à définir - Lorsque l'on envisage une réflexion juridique sur le médicament, il est clair que la notion de santé va intervenir, même si juridiquement cette notion n'est pas encore délimitée. En effet, la santé est une notion difficile à cerner, la définir relève de la gageure[29], écrivait le docteur G. Federmann. Selon le dictionnaire Larousse, elle est « l'état de quelqu'un dont l'organisme fonctionne normalement ». Définie ainsi, il faut rechercher le sens et les limites de ce qui est « normal ». Si le normal doit se comprendre comme ce qui est conforme à une norme ou comme ce qui parait juste, il est impossible de généraliser l'état d'un corps normal. Dans un sens traditionnel, la santé désigne l'absence de maladies ou « d'imperfections organiques ou fonctionnelles susceptibles de limiter l'activité physique ou mentale d'un individu»[30].

La conception de la santé varie d'une zone de la planète à l'autre. Dans la majorité des pays africains, la santé est perçue comme l'absence de maladies, doublée d'une aptitude physique et mentale à exercer les activités de la vie courante. La conception et la définition de la santé évoluent avec la modernisation des moyens de soins. Mais

[28] S.-P. E. Mvone-Ndong, *Réflexions sur la philosophie du médicament et du soin. La rationalité des remèdes traditionnels*, L'Harmattan, Paris, 2011, p.12.
[29]G. Federmann, « En amont de l'humanitairerie », *Sud/Nord*, 2002/2 n° 17, p.69.
[30] J.-M. Auby, *Le droit de la santé*, PUF, Paris, 1981, p.11.

la définition de la santé par l'OMS[31] paraît emporter l'unanimité. Selon l'OMS, la santé est un idéal à atteindre, elle ne concerne pas que les malades, elle s'étend à toute personne prise dans son intégralité[32]. Cette quasi-absence de définition juridique de la santé va avoir des effets sur l'ensemble des règles qui touchent à la santé, mais également sur le droit qu'ont les individus de jouir d'une meilleure santé. Le médicament participe à la réalisation de l'objectif d'une meilleure santé, il est un objet de santé (A) ; il est également un bien marchand particulier ; en effet sa circulation doit garantir une sécurité sanitaire[33] au patient (B).

A. Le médicament est un objet de santé : La place du médicament dans le droit à la santé

007 - Généralités sur le droit de la santé et le droit à la santé - Le médicament est essentiel dans la recherche globale de bonne santé. Il est perçu comme un objet de santé, vecteur[34] du droit à la santé.

La santé est au cœur d'un ensemble de relations : la relation médecin-patient, la relation pharmacien-consommateurs de produits pharmaceutiques, la relation entre les professionnels de la santé, etc. Ces relations font naître des problèmes juridiques d'ordre privé, mais aussi public. Ainsi des règles de droit public et de droit privé se retrouvent dans le secteur de la santé pour protéger les individus et leur permettre de recouvrer la santé ou de prévenir sa dégradation. Cet ensemble de règles constitue le droit de la santé qui est, de ce fait, un

---

[31] « La santé est un état complet de bien-être physique, mental et social, et ne consiste pas seulement en une absence de maladie ou d'infirmité ». Préambule de la Constitution de l'OMS, Actes officiels de l'OMS, n°2, p. 100. Constitution entrée en vigueur le 7 avril 1948.

[32] D. Truchet, *Droit de la santé publique*, Dalloz, Paris, 2009, p.16.

[33] Nous empruntons ce terme au droit français. Le terme de sécurité sanitaire a été forgé en France en 1992 à la suite du drame du sang contaminé. En effet, suite à ce drame il y eut une réforme de la transfusion sanguine réalisée par la loi du 4 janvier 1993. Cette loi visait à mettre en place un dispositif de protection de la santé publique et à élaborer une méthodologie d'analyse et de gestion des risques sanitaires.

[34] D. Delcourt, *Recherche sur l'évolution du droit international des brevets de médicaments : vers l'insertion du « modèle européen » de droit pharmaceutique dans le système commercial multilatéral*, Thèse de droit, université Paul Cézanne, PUF, Aix-Marseille, 2010, p.26.

droit mixte[35] ; un droit à la croisée du droit public et du droit privé. Il n'est ni privatiste ni publiciste, il n'est pas uniquement un droit des médecins, il est à la jonction de plusieurs disciplines[36]. Ce caractère mixte n'exclut pas que ce droit dispose de règles propres, souvent dérogatoires et répondant à une logique de sécurité sanitaire. Le droit de la santé est une discipline nouvelle qui a pris une ampleur jusqu'alors inenvisageable[37]. Aujourd'hui, une certaine unanimité est faite sur son autonomie[38]. L'Afrique ayant longtemps été mise en marge de la création des droits aujourd'hui en vogue, un auteur[39]s'est demandé s'il existait un droit africain de la santé.

Le champ d'application du droit de la santé est vaste[40] ; il concerne toutes les règles qui « touchent de près ou de loin la question de santé »[41]. Cette quasi-absence de frontière du droit de la santé, constitue une limite à l'épanouissement de ce droit. En effet, le droit de la santé est « un composite de différentes matières »[42] dont chacune revendique son indépendance[43]. Cependant, il doit y avoir une conciliation entre le droit de la santé et le contenu du droit à la santé[44].

008 - Le droit à la santé : un droit utopique - Le droit à la santé peut se concevoir comme un droit à des prestations de santé et non pas comme un droit absolu à une santé parfaite[45]. La nation doit garantir à

---

[35] A. Laude, B. Mathieu, D. Tabuteau, *Droit de la santé*, 3e édition, PUF, Paris, 2012, p.2.

[36] L. Ravillon, « Les contrats internationaux relatifs au médicament », in I. Moine-Dupuis (dir.), *Le médicament et la personne : aspects de droit international*, LITEC, Paris, 2007, pp.53-87.

[37]F. Vialla (dir.), *Les grandes décisions du droit médical*, LGDJ, Paris, 2009, p.4.

[38] A. Laude, B. Mathieu, D. Tabuteau, op. cit., p.2.

[39] M. Bélanger, « Existe-t-il un droit de la santé en Afrique ? » in D. Darbon et J. du Bois de Gaudusson (dir.), *La création du droit en Afrique*, Paris, Karthala, pp. 361-369.

[40] Le droit de la santé englobe, la prévention des contagions, la lutte contre l'addiction, la promotion de l'équilibre physique et psychique, la dignité humaine, le financement de la santé, la bonne circulation de l'information médicale et pharmaceutique, la formation du personnel sanitaire, le droit des patients, etc.

[41] D. Berthiau, *Droit de la santé*, Gualino, Paris, 2007, p.18.

[42] D. Berthiau, p.19.

[43] Le droit de la santé englobe tout un ensemble de disciplines : le droit médical, le droit pharmaceutique, le droit de la bioéthique, le droit de la santé publique, le droit hospitalier, etc.

[44] A. Laude, B. Mathieu, D. Tabuteau, op. cit., p.1.

[45] J.-M. Forges, *Le droit de la santé*, Que sais-je ?, PUF, Paris, 2006, p.4.

tous ses citoyens un accès aux soins de santé. Elle a ici une obligation de moyens et a, pour reprendre les termes de G. Koubi, une obligation de faire de son mieux[46]. Cela va sans dire que, si la nation a mis en place toute l'organisation possible pour que les citoyens demeurent en santé, sa responsabilité doit être dégagée. L'accès à la santé n'est donc pas un cadeau, mais un droit des citoyens[47]. Ce droit pose une difficulté dans les pays en développement (PED) où les infrastructures de santé, le personnel de santé et les médicaments font défaut. Les populations de ces pays n'ont pas une égalité d'accès aux soins. Les soins sont accessibles à qui peut payer et à qui dispose d'un centre de soin à proximité. Le droit à la santé qui suppose un accès équitable aux médicaments et aux services de santé, « deux composantes d'une même réalité»[48], se trouve ainsi compromis dans ces pays.

009 - L'atteinte des objectifs du droit à la santé requiert que le médicament soit d'accès facile - Dans les PED, le patient, alors qu'il est souvent sans revenu suffisant, est le payeur du médicament dont il a besoin. La paupérisation et la dégradation des économies nationales, même si elles ne sont pas les seuls facteurs, conduisent à une précarisation de la santé des populations. Celles-ci fondent leur espoir sur les médicaments vendus dans les rues dont les prix leur sont accessibles. Tout cela traduit l'épineuse question de l'accès aux médicaments de qualité dans les PED dont les causes méritent d'être examinées. Dans ce contexte, il n'y a qu'un pas à franchir pour se demander si le droit à la santé existe dans ces pays.

En ce qui concerne l'existence du droit à la santé, on le retrouve dans de nombreuses constitutions de pays africains. Au Burkina Faso, c'est l'article 26 de la Constitution de 1991 qui consacre un droit à la santé et oblige l'Etat burkinabè à le

---

[46]G. Koubi, « Réflexions sur la gratuité dans le droit de la santé », *RDSS* 1999, p. 1.

[47]G. Velásquez l'a affirmé dans la préface dont il est l'auteur dans la thèse publiée de T. Bréger. T. Bréger, *L'accès aux médicaments des pays en développement : Enjeu d'une rénovation des politiques de développement*, L'Harmattan, Paris 2011, p.14.

[48] L. Lamothe, « Accès aux médicaments et accès aux services de santé : deux composantes d'une même réalité », *Gestion*, 2002/2, Vol. 27, p. 12.

promouvoir[49]. Au Sénégal, la lecture combinée du préambule de la Constitution de 2001 et de ses articles 8 et 17, permet de dégager un droit à la santé dont l'Etat est le garant. Le droit à la santé existe donc juridiquement, reste à savoir si ce droit est respecté[50].

010 - Le médicament saisi par le droit - Le médicament est un objet dont l'invention requiert des compétences scientifiques et techniques et dont la manipulation est réservée à des personnes ayant des compétences qualifiées dans le domaine. Alors, que vient faire le droit dans ce secteur dont la connaissance échappe à la lumière des juristes ? Le médicament étant produit de santé et poison, il est évident que, pour la protection de la santé de ses citoyens, le législateur a tout intérêt à encadrer sa fabrication, sa mise sur le marché, sa prescription et sa distribution. L'Etat étant le garant du droit à la santé, auquel le médicament contribue, il œuvre également à le rendre accessible à travers les différentes politiques pharmaceutiques. Le paradigme de la santé n'échappe donc pas aux analyses juridiques et le juriste trouve toute sa place à côté du pharmacien et des autorités politiques pour la mise en œuvre des politiques d'accès aux médicaments de qualité.

L'étude juridique du médicament est vaste, elle va des recherches précliniques à la distribution du médicament. Le médicament est donc saisi par le droit sur l'ensemble de sa vie. Notre étude n'a pas vocation à couvrir l'ensemble de la vie du médicament,

---

[49] Il faut souligner que la première proclamation constitutionnelle d'un droit à la santé au Burkina Faso remonte à la Constitution de 1977. En effet, sous la pression sociale née d'une crise politique, cette Constitution a été la solution pour mettre fin à la révolte et accorder certaines libertés au peuple. La Constitution qui est celle de la troisième République affirmait que « le droit à la santé et le bénéfice des mesures d'hygiène et de tous les soins sont garantis à tous les citoyens sans discrimination aucune ». Au Sénégal, l'affirmation claire d'un droit à la santé est récente, elle date de la Constitution de 2001.

[50] Selon, T. Bréger, « la réalité des inégalités sanitaires entre les PED et les pays développés » suffit à « rendre compte des défaillances des pouvoirs publics nationaux dans le respect de leurs obligations au titre du droit à la santé ». T. Bréger, op.cit., p.41. En effet, la fracture sanitaire entre ces deux groupes est une réalité non contestée, il existe un grand déséquilibre en matière d'accès aux médicaments, aux services de santé et de l'information en matière de santé. Mais cette fracture sanitaire est-elle uniquement due à la défaillance des pouvoirs publics nationaux ? Nous croyons que les conditionnalités de l'aide au développement y contribuent énormément.

elle ne prendra pas en compte la période qui précède la fabrication du médicament. Son point de départ sera la mise sur le marché du médicament c'est-à-dire l'étape où le médicament est déjà fabriqué et cherche à accéder au marché ; elle couvrira la suite de la vie du médicament, c'est-à-dire les étapes qui permettent aux médicaments d'accéder aux patients. L'étude est envisagée sous l'angle du droit à la santé comme un droit fondamental de l'Homme.

011 - L'accès au médicament pour tous, un droit fondamental de l'Homme - La santé est devenue « l'une des préoccupations sociales les plus sensibles »[51] de notre siècle. L'humanité ne recherche plus seulement la guérison, mais « l'amélioration et l'entretien d'un niveau de santé toujours plus élevé »[52]. A cela s'ajoutent des demandes souvent étrangères à la santé ; la performance est recherchée dans tous les recoins du corps humain. La santé devient insuffisante pour les hommes[53] qui veulent également « réagir contre la douleur, le vieillissement, les défauts esthétiques »[54]. En effet l'homme moderne n'accepte plus la moindre défaillance de son corps. Les demandes de soins deviennent de plus en plus fortes ; il faut soigner à tout prix sans se référer aux souhaits du malade[55] qui voudrait par exemple arrêter les soins[56]. Le droit à la santé se retrouve élargi à des domaines jadis confinés au confort et est devenu

---

[51] D. Truchet, op.cit. , p.5.

[52] L.-P. Aujoulat, *Santé et développement en Afrique*, Armand Colin, Paris, 1969, p.9.

[53] Par exemple la baisse de la performance sexuelle avec l'âge, les rides de vieillesse, la ménopause, les cheveux blancs ne sont plus acceptés et des médicaments sont produits pour y remédier.

[54] M. Lévy, « Rôle du pharmacien dans la distribution des produits de mieux-être », *Mon. pharm.*, n°1067, p.251.

[55] S. Elshoud, *L'essentiel du droit de la santé et du droit médical*, Ellipses, Paris, 2010, p.8.

[56] Cela pose la question de l'euthanasie, si son interdiction n'est pas expressément prévue au Burkina Faso et au Sénégal, on peut se référer au Code pénal. En effet l'article 362 du Code pénal du Burkina Faso, dispose que « si des violences sont exercées ou des privations sont pratiquées avec l'intention de provoquer la mort, les auteurs sont punis comme coupables d'assassinat ». Ainsi, priver quelqu'un de subsistance, d'assistance, de soins, avec une intention de provoquer la mort est un crime. Ou encore, quiconque s'abstient volontairement de porter à une personne en péril, l'assistance que, sans risque pour lui ou pour le tiers, il pouvait lui porter, soit par son action personnelle, soit en provoquant un secours est puni (article 352).

aujourd'hui difficilement identifiable[57]. Le médicament est propulsé au cœur de ce vaste champ du droit à la santé. Il est un instrument incontournable dans la recherche du bien être quotidien et n'est plus seulement le remède qui guérit. Il est devenu un produit de « consommation utilisé pour modifier les fonctions normales des biens portants soucieux de leur confort et de leurs aises »[58]. Ce qui ne manque pas de soulever des questionnements éthiques. Alors que se pose avec acuité le problème d'accès aux médicaments dans les pays à faibles revenus, dans les pays développés la surconsommation et leur usage à des fins récréatives sont décriés[59].

L'accès aux médicaments est aujourd'hui le sujet qui suscite comme l'a relevé le docteur Margaret Chan, directrice générale de l'OMS, « les débats les plus vifs, voire quelquefois conflictuels, et potentiellement explosifs »[60].

En Afrique, l'équation que constitue le médicament est à plusieurs inconnues : en plus de respecter les normes internationales en matière de sécurité du médicament et surtout de droit à la santé, les autorités africaines sont confrontées à une carence industrielle[61]dans

---

[57] A. Laude, B. Mathieu, D. Tabuteau, op. cit. , p.2.

[58] P. Métardier, « Evolution de la notion de médicament », *Bull. Ordre pharm.*, n°235, juillet-août 1980, p.1143.

[59] D. Senghor, « Le droit à la santé pour qui ? », *Famille et Développement*, octobre-novembre-décembre 1980, pp. 23-49. Au vu de ces inégalités de santé, l'auteur s'est demandée si le droit à la santé était également valable au Sénégal où elle a effectué son enquête en 1980. Près de trente ans après son enquête, les mêmes réalités demeurent.

[60] Dr Margaret Chan, Directeur général de l'OMS, « Accès aux médicaments : le rôle des politiques d'approvisionnement », Allocution prononcée à l'occasion d'un symposium conjoint de l'OMS, de l'OMPI et de l'OMC sur le thème de l'accès aux médicaments, Genève, Suisse, 16 juillet 2010.

[61] Le Burkina Faso ne dispose plus d'industries de fabrication de médicaments modernes. Il existait jusqu'en 2001, deux entreprises de fabrication de médicaments génériques (Medifa et U Pharma IRSS). Nous ne connaissons pas la raison de leur disparition. Quant au Sénégal, il dispose d'unités de fabrication de médicaments, mais celles-ci ne permettent de satisfaire que moins de 10% des besoins du pays en médicaments. Il faut signaler que les contrats de transfert de technologie dans le cadre de l'Accord sur les ADPIC, qui devaient aider les pays du Sud à accéder à une industrialisation acceptable en matière de médicaments semblent n'avoir pas été respectés. Voir à ce sujet A. Robine, « Transfert de technologie et accès aux médicaments contre le sida par les pays en développement : quelques éléments de réflexions sur les ressources du contrat », *Revue des contrats* n° 1, 01 janvier 2009, p. 239.

leur pays. Elles doivent, dans leur législation, être assez souples pour susciter les investissements pharmaceutiques[62]ou pour attirer les importations de médicaments et assez sévères pour garantir des médicaments de qualité, deux choses qui s'accommodent très mal. Comment peuvent-elles conjuguer le manque de ressources et l'obligation de respecter le droit à la santé de leurs concitoyens ?

Compte tenu du rôle joué par le médicament, des voix[63] se sont élevées et s'élèvent toujours pour qu'il soit rangé dans la catégorie des biens publics, ce qui supposerait que son accès se fasse selon les besoins et non selon les moyens. Mais le médicament remplit-t-il toutes les conditions d'un bien public ?

012 - Le médicament est-il un bien public ?- La santé a été considérée comme un bien public, l'état de santé des uns joue positivement ou négativement sur l'état de santé des autres[64]. Si la santé est un bien public, le médicament qui est vecteur de la santé, est un bien public « intermédiaire » qui conduit à la santé, bien public final[65]. La santé fait partie des droits de l'Homme les plus importants et les « plus urgents »[66]. Le médicament étant un bien de santé, à ce titre, il est « l'objet d'un véritable droit de l'Homme »[67]. Dans cette logique, toute personne a droit, comme le note M.-A. Frison-Roche, « aux médicaments disponibles sur le marché, mais aussi aux médicaments qui pourraient la guérir mais qui ne sont pas encore

---

[62] Les pays à faibles revenus sont contraints d'adopter des accords commerciaux très stricts, alors que leurs industries ne leur permettent pas de couvrir le besoin en médicaments de leur territoire. Les industriels du Nord ne consentent pas à investir dans des domaines non rentables. Voir à ce sujet J. Pinel, « Les nouvelles frontières de la santé, génériques, contrefaçon, qualité : quels médicaments pour les pays en voie de développement ? », *Les Tribune de la Santé*, printemps 2005, pp. 49-55.
[63] G. Velásquez, C. Correas, *L'accès aux médicaments : entre le droit à la santé et les nouvelles règles de commerce international*, L'Harmattan, Paris, 2009, p.14.
[64] B. Boidin, « La santé : approche par les biens publics mondiaux ou par les droits humains ? », *Mondes en développement*, 2005/3 n° 131, p.32.
[65] Ibidem, p.33.
[66] La Déclaration de Montréal du 30 septembre 2005 sur le droit fondamental aux médicaments essentiels, face à la situation des pays pauvres en matière d'accès aux médicaments essentiels, a porté la santé au rang des droits fondamentaux les plus urgents et a souligné l'impact majeur de l'accès aux médicaments dans la réalisation de ce droit à la santé.
[67] D. Delcourt, op. cit., p.22.

disponibles »[68]. Si l'on s'en tient à la seule finalité sanitaire du médicament, et sur un point de vue éthique, on peut conclure que le médicament est un bien public[69] et que nul ne devrait « être privé d'accès aux médicaments qui sauvent des vies ou améliorent la santé pour des raisons injustes, d'ordre économique notamment »[70]. Mais le médicament a une autre finalité : il doit procurer un retour sur investissement à ceux qui l'ont produit[71]. L'activité de l'industrie pharmaceutique étant dictée par des facteurs économiques et par le marché, le profit est l'essence de ces entreprises. L'industrie pharmaceutique n'est pas créée pour satisfaire un but humanitaire, elle est une entreprise qui recherche du profit[72].

013 - Le médicament doit être de bonne qualité - L'art de guérir ne peut se concevoir sans l'usage de médicament, allié indispensable de la maladie[73]. Que les soins soient modernes ou traditionnels, le médicament est souvent prescrit. Longtemps considéré comme un bien qui ne fait pas de mal, le médicament est progressivement entré dans le cercle des biens dangereux : en France depuis l'affaire des

---

[68] M.-A. Frison-Roche (dir.), *Concurrence, santé publique, innovation et médicament*, LGDJ, 2010, p. 14.

[69] De nos jours, ce sont des instruments non contraignants ou à portée relative, qui ont reconnu le médicament comme un bien public. La Déclaration de Montréal du 30 septembre 2005 par exemple parle de l'innovation en santé comme un bien public global. Le médicament étant issu de l'innovation, cette déclaration reconnaît implicitement le médicament comme un bien public global.

[70] Dr Margaret Chan, « Accès aux médicaments : le rôle des politiques d'approvisionnement », Allocution prononcée à l'occasion d'un symposium conjoint de l'OMS, de l'OMPI et de l'OMC sur le thème de l'accès aux médicaments, Genève, 16 juillet 2010.

[71] P. Pignarre, *Le grand secret de l'industrie pharmaceutique*, La Découverte, Paris, 2003, p.59. Pour l'auteur, l'industrie pharmaceutique est le seul domaine de la médecine qui a réussi facilement sa jonction et sa fusion avec le capitalisme mondial.

[72] Le docteur Margaret Chan s'est demandée très justement quelles incitations l'industrie pouvait-elle avoir pour fixer les prix en fonction de leur accessibilité pour les populations pauvres. Dr Margaret Chan, op.cit.

[73] P. Delaveau, « Précieux allié de la santé : le médicament », *Revue d'histoire de la pharmacie*, supplément au n°306, 1995, p.31.

poisons[74], aux Etats-Unis depuis l'affaire de l'élixir sulfanilamide[75], en Afrique depuis la modernisation du secteur pharmaceutique[76]. Le médicament est toujours au premier plan des crises médicales dans le monde : en France, récemment avec l'affaire du Médiator[77] où est mise en cause son autorisation et aujourd'hui encore avec l'affaire de la pilule Diane 35[78]. Il est nécessaire pour assurer la protection de la santé des patients que le médicament fasse l'objet d'un examen minutieux avant son accès aux patients.

Aborder le médicament dans les PED, c'est aussi l'aborder sous l'angle de son accessibilité et dans un contexte de pauvreté. Comment l'ensemble des règles régissant les activités pharmaceutiques en Afrique peuvent-elles être un instrument de lutte contre la pauvreté ? La pauvreté, considérée comme un facteur dégradant de l'état de bonne santé des populations, intéresse le droit

---

[74] L'affaire des poisons remonte aux années 1679 sous le règne de Louis XIV. Cette série de scandales liée à des empoisonnements de personnes par Madame de Montespan a secoué Paris et la Cour royale. Voir A. Lebigre, *L'affaire des poisons*, Editions complexes, Paris, 1989, 173p ; G. Mongredien, *Madame de Montespan et l'affaire des poisons*, Hachette, Paris, 1953, 222p. L'affaire des poisons a surtout révélé qu'un défaut de réglementation pouvait conduire à un marché désordonné de substances dangereuses et conduire inévitablement à un important trouble à l'ordre public.

[75] L'élixir en question était un médicament rendu toxique par la présence de diéthylène glycol. En effet c'est à l'automne 1937, suite à une épidémie d'infections streptococciques, que la sulfanilamide, déjà utilisée sous forme de comprimés ou de poudre, fut rendue sous forme liquide par ajout d'éthylène glycol. L'élixir fut mis sur le marché sans aucun test pour démontrer son innocuité (ce qui n'était pas obligatoire à l'époque). Il s'en est suivi de nombreux décès liés à sa prise. C'est après ce drame de 1937 que la FDA fut obligée de faire des tests de toxicité sur tout médicament avant sa mise sur le marché.

[76] On peut situer la modernisation du secteur pharmaceutique dans les années 1990, lorsque les différentes autorités en ce qui concerne l'Afrique de l'Ouest ont commencé à adopter des règles pour modifier le CSP français qui leur était appliqué alors que leur pays était encore sous domination.

[77] Il s'agit d'une affaire qui a éclaté en 2010, et qui liait la mort d'environ 500 personnes à la prise du Médiator. Des rapports et des enquêtes ont confirmé ce lien et le médicament a alors été retiré du marché français. Suite à ce scandale la sécurité du médicament a été renforcée avec la transformation de l'AFSSAPS en ANSM.

[78] Diane 35 est une pilule utilisée dans le traitement de l'acné. Elle a été abusivement utilisée comme contraceptif (son AMM qui date de 1987 en Europe, indique comme seule utilisation possible le traitement de l'acné). Aujourd'hui elle est pointée du doigt dans la mort de quatre personnes. Elle est également à l'origine en France de 120 accidents (thrombose, embolie pulmonaire, AVC).

pharmaceutique qui est un droit aux dimensions économiques importantes. Le médicament candidat à une AMM est un bien de santé destiné à la vente ; une fois l'AMM obtenue, le médicament devient un bien économique destiné à la santé. Autrement dit, le promoteur d'un médicament, lorsqu'il saisit les autorités nationales d'un pays à l'effet de voir son médicament être autorisé à la commercialisation, lesdites autorités doivent uniquement rechercher la valeur thérapeutique du médicament, sa valeur scientifique et sa non toxicité : le médicament doit être bénéfique pour le patient. Ensuite, lorsque l'aspect scientifique est attesté, le médicament est mis sur le marché et devient une marchandise. Les consommateurs l'achètent pour améliorer leur santé et c'est là que se posent les difficultés dans les PED : l'acheteur est insolvable. L'examen du droit positif burkinabè et sénégalais permettra de savoir si la réglementation et les différentes politiques mises en place par les Etats permettent au patient, bien que insolvable, d'avoir un accès facile à des médicaments de qualité. En d'autres termes, existe-t-il des mesures d'accompagnement qui tiennent compte de la situation particulière des patients dans ces pays ?

B. Le médicament est un objet de commerce : règles de marché et santé publique

014 - Le médicament, une marchandise pas comme les autres - Bien de santé, le médicament entre dans toutes les politiques de santé. Il est regardé comme un sauveur et un tueur, ce qui conduit les autorités sanitaires à dégager des normes pour garantir à leur population une sécurité sanitaire parfaite. Marchandise, il intègre le marché libéral et doit circuler librement comme toutes les autres marchandises. Le médicament est donc un bien aux contours multiples ; il doit, quel que soit le contexte national, être contrôlé, de sa fabrication à sa distribution[79]. Quand on fait la combinaison des deux grandeurs, santé et marché, le médicament devient une marchandise pas comme les autres. Son immersion dans le marché doit respecter la santé publique ; sa circulation doit se faire dans l'intérêt, non pas de ses promoteurs, mais des citoyens. Or, ses promoteurs doivent pouvoir tirer profit de leur bien afin de satisfaire un objectif économique. C'est ici que se pose la problématique de la primauté de la sécurité sanitaire par rapport à la sécurité économique. Doit-on, au risque de décourager les industriels du médicament, imposer des règles contraignantes au secteur pharmaceutique ? Les PED ne gagneraient-ils pas à élaborer un droit pharmaceutique souple pour inciter les laboratoires pharmaceutiques à investir sur leur territoire ? Si le médicament est un bien de santé avant tout et qu'il faut au préalable s'assurer de son innocuité, de sa qualité et de son efficacité, il est aussi urgent de trouver un équilibre entre cet objectif de santé publique et les politiques d'incitation des industriels à aller vers l'innovation pour découvrir les molécules nécessaires aux traitements des diverses maladies. C'est dans ce sens que l'accès aux médicaments pour tous deviendra une réalité.

015 - Le médicament est une marchandise distribuée en principe par des professionnels de santé - Le médicament est d'abord une marchandise[80], il peut donc être vendu. Compte tenu de sa spécificité, sa vente est réservée aux pharmaciens[81]. Dans ce sens, le pharmacien doit se distinguer du « banal » commerçant, qui ne se

---

[79] Sa fabrication nécessite le respect de bonnes pratiques de fabrication (BPF) et de règles strictes, son accès au marché nécessite une autorisation. Selon l'OMS, les BPF sont « un des éléments de l'assurance de la qualité ; elles garantissent que les produits sont fabriqués et contrôlés de façon uniforme et selon des normes de qualité adaptées à leur utilisation et spécifiées dans l'autorisation de mise sur le marché ». Depuis 1997, l'OMS a édicté des BPF destinées aux pays membres. C'est en 2010 que dans l'espace UEMOA, les BPF ont été harmonisées par la Décision n°08/2010/CM/UEMOA, portant adoption du guide de bonnes pratiques de fabrication des produits pharmaceutiques à usage humain dans les Etats membres de l'UEMOA.

[80] En observant les différentes définitions du médicament dans le monde, la définition singapourienne est celle qui définit explicitement le médicament comme une marchandise. En effet, le Medecine Act n°52 de 1975, définit le médicament comme « toute substance ou marchandise, qui est fabriquée, vendue, fournies, importée pour un usage total ou principal dans l'un ou plusieurs cas suivants… »

[81] Ceci est vrai en France et dans les pays francophones d'Afrique qui ont adopté le droit pharmaceutique français.

préoccupe que de son chiffre d'affaire. Il doit, dans nos pays d'étude où le taux d'alphabétisation est très bas[82], avoir une conscience professionnelle irréprochable doublée d'un sens communicatif élevé. Il ne doit pas se limiter à la remise de marchandises comme à l'occasion de tout acte commercial. Sa pharmacie ne doit pas être une simple boutique[83]. L'une des questions qui va nous retenir dans ce travail est l'érosion du monopole pharmaceutique. En effet, au Burkina Faso et au Sénégal, le droit permet à de simples commerçants de distribuer au détail des médicaments[84]. Dans ce cadre, la sécurité sanitaire recherchée par le droit pharmaceutique peut-elle se réaliser avec un personnel sans connaissances médicales et pharmaceutiques ? Le droit a-t-il donné suffisamment de garanties pour que le patient soit protégé ?

016 - Libre accès aux médicaments et libre circulation des médicaments - Nous savons que le secteur du médicament est complexe, car son organisation résulte de choix politiques différents d'un pays à l'autre. De ces choix dépendront l'accès aux médicaments. Doit-on se soumettre au marché et favoriser, pour les entreprises pharmaceutiques, le libre accès au marché du médicament ou doit-on avoir un regard sur la santé publique et pencher davantage vers le libre accès des populations aux médicaments ? La conciliation de ces deux objectifs nécessite l'intervention du droit de la régulation[85]. Le droit de la régulation étant intimement lié à la puissance publique[86], on peut se demander comment, dans les pays à faibles revenus, dépourvus de capacité de fabrication de médicaments, la régulation de leur marché du médicament peut permettre le rééquilibrage des forces. En somme la manifestation de la puissance publique de l'Etat pour protéger la santé de ses citoyens n'est-elle pas compromise dans ces pays ?

---

[82] Ce taux est de 21,8% au Burkina Faso et de 39,3% au Sénégal. Source CIA World Factbook - Version du 01 Janvier 2012.

[83] A. Le Gall, R. Brun, *Les maladies et le médicament*, Que sais-je ?, PUF, Paris, 1968, p.12.

[84] Voir paragraphe n°556-560.

[85] M-A. Frison-Roche (dir.), Concurrence, santé publique, innovation et médicament, op.cit., p.15.

[86] M.-A. Frison-Roche, « Le droit de la régulation », *Dalloz*. 2001, p.610.

II. L'espace de notre étude : la communautarisation du droit pharmaceutique au Burkina Faso et au Sénégal

En raison du risque lié à l'utilisation du médicament, les pouvoirs publics burkinabè et sénégalais ont fait le choix d'intervenir dans le secteur pharmaceutique. Les conditions d'enregistrement des produits pharmaceutiques constituent l'un des éléments essentiels de cette intervention[87]. Au Sénégal, la mise en place d'une réglementation en matière pharmaceutique date des années 1960[88], immédiatement après les indépendances, alors que le Burkina Faso n'a amorcé la réglementation pharmaceutique que dans les années 1970[89]. Dans une perspective comparatiste, nous verrons dans quelle mesure l'évolution politique et historique[90] de ces deux pays a influencé la construction de leur droit pharmaceutique. L'étude de la mise sur le marché et de la

---

[87] C. M. Correa, « La protection des données d'essais pour l'enregistrement des produits pharmaceutiques », in C. Correa et G. Velásquez, *Comment préserver l'accès aux médicaments : innovation pharmaceutique et santé publique* ?, L'Harmattan, Paris, 2010, p.101.

[88] Il s'agissait d'abord d'une réorganisation des services de santé. Un service de la pharmacie a été créé (décret n°60-107 MSAS du 9 mars 1960 portant réorganisation du Service de la santé publique du Sénégal, JORS, 19 mars 1960, n°3366, pp. 354-355). Après l'organisation des services de santé, c'est de façon parcellaire que le nouveau pouvoir sénégalais va modifier le CSP qui avait été étendu aux territoires d'outre-mer. Par exemple le décret n°61-218 MSAS du 31 mai 1961(JORS du 17 juin 1961, pp.898-899), a modifié les conditions de gérance des dépôts de médicaments et la loi n° 65-33 du 19 mai 1965 a modifié les dispositions du CSP relatives à la préparation, à la vente et à la publicité des spécialités pharmaceutiques (JORS, 1965, n°3747, pp. 637-638).

[89] Le premier CSP d'après indépendance date du 28 décembre 1970 (l'ordonnance n°70-68/bis/PRES/MSP.P.AS du 28 décembre 1970 portant CSP de la Haute-Volta).

[90] Le Burkina Faso et le Sénégal, se singularisent par leur évolution historique (ils ont vécu la même histoire, mais pas de la même manière). Déjà en 1815, la France avait sur le Sénégal, un monopole de commerce. Ancienne capitale de l'AOF, il a bénéficié d'infrastructures sanitaires, administratives et universitaires laissées par les anciens colonisateurs. Il connaît une évolution démocratique stable, sans coup d'Etat militaire, ce qui veut dire que sa constitution n'est pas continuellement remise en cause. Le Burkina Faso, quant à lui, n'a été constitué colonie qu'en 1919, avant d'être supprimé et partagé entre ses voisins en 1927, pour retrouver ses frontières en 1947 et proclamé République en 1958, puis accéder à l'indépendance en 1960. Le Burkina Faso a connu une succession de coups d'Etat, donc une succession d'Etats de droit et d'Etats d'exception, avec leur corollaire de suspension des constitutions et des politiques publiques et retour permanent en arrière.

distribution du médicament en droit burkinabè et sénégalais est intéressante parce qu'elle concerne deux droits historiquement liés (A) et qui évoluent aujourd'hui vers une harmonisation dans un même espace communautaire (B).

A. Le contexte historique : deux droits nationaux relativement récents

Notre approche sera limitée dans l'espace. Il serait prétentieux de vouloir étudier l'ensemble du droit pharmaceutique des pays africains. Notre champ d'investigation se limitera au Burkina Faso et au Sénégal pour des raisons historiques et géographiques, mais également institutionnelles. Cependant, des approches comparatives avec d'autres droits viendront souvent étayer notre analyse. Historiquement le Burkina Faso et le Sénégal n'avaient pas un système juridique autonome jusqu'en 1960. Avant cette date, ils étaient un « prolongement naturel de la métropole »[91] et donc, bénéficiaient du même système juridique que cette dernière. Nos deux pays exemples sont deux extrêmes dans l'application de la législation coloniale. En effet, le Sénégal a été le premier laboratoire d'essai en matière d'application du droit colonial en Afrique Occidentale française. Le Burkina Fao quant à lui, fut le dernier à être constitué en colonie. Partir de leur exemple permet de montrer l'évolution de la construction du droit en général et pharmaceutique en particulier ; il permet ensuite de chercher à savoir si le développement actuel du droit dans l'ex AOF est lié à la mise en place précoce du droit colonial. Sur le plan institutionnel, le Burkina Faso et le Sénégal appartiennent aux mêmes organisations communautaires depuis l'AOF jusqu'à l'UEMOA, en passant par la CEDEAO et l'OHADA, ce qui leur donne une culture juridique quasi-identique, il est donc intéressant de partir de ces deux droits pour étayer notre démonstration.

017 - De l'AOF aux indépendances - Pour mieux administrer ses colonies, la France les avait scindées en deux entités géographiques : l'Afrique Occidentale Française (AOF) et l'Afrique Equatoriale

---

[91]G. A. Sess. « Les raisons d'une bipolarisation de l'Afrique », in E. Robin- Hivert, G.-H Soutou (dir.), *L'Afrique indépendante dans le système international*, Presse de l'Université Paris Sorbonne, Paris, 2012, p.167.

Française (AEF). L'AOF a été créée le 16 juin 1895 par un décret du gouvernement français[92], sa capitale était basée à Dakar au Sénégal. Elle regroupait huit colonies. Ces colonies étaient des entités françaises. Après la deuxième guerre mondiale, elles sont devenues une composante de la République française et dans certaines colonies les habitants étaient des citoyens français, avec un statut d'indigène[93].

L'AOF sera dissoute en 1959, à la veille des indépendances de nombreux pays africains. Dans l'ancienne AOF, les différents pays essayeront de se regrouper malgré la fragilité de leur nation en termes économiques et politiques[94]. D'abord il y eut la création du Conseil de

---

[92] Le décret du 16 juin 1895 confiait à l'AOF comme mission : d'assurer la coordination administrative et économique de l'ensemble des territoires français en Afrique de l'Ouest ; d'abriter les intérêts divergents des différentes colonies et d'instaurer une solidarité financière afin d'offrir de solides garanties par des investissements dans la région.

[93] Il s'agit principalement de communes du Sénégal. Le statut d'indigène de ces citoyens français a été réaffirmé par la Cour d'Appel de l'AOF. En effet le 4 décembre 1924, la Cour a affirmé que « la loi qui a octroyé ou maintenu aux indigènes dans 4 communes du Sénégal, la qualité de citoyen français, ne leur a point ôté leur qualité d'indigènes ». Décision citée par S. Thiam, *Les indigènes paysans entre maisons de commerce et administration coloniale pratiques et institutions de crédit au Sénégal* (1840-1940), thèse de droit, PUAM, Aix-en-Provence, 2007, p.25.

[94] Pour S. Adotevi, la fragilité des Etats en Afrique est liée au fait que les Etats postcoloniaux ont opté pour la construction d'un Etat-nation, disposant chacun de frontières géographiques précises. Une conception profondément étrangère à la tradition historique et culturelle africaine. De ce fait l'Etat-nation tel que conçu de nos jours ne correspond pas à l'intégration sociopolitique et culturelle des peuples africains. S. Adotevi, « Les facteurs de l'intégration économique et politique en Afrique », in R. Lavergne (dir.), *Intégration et coopération régionale en Afrique de l'Ouest*, acte du colloque organisé par le CRDI, Karthala, Paris, 1996, p.81.

l'Entente en 1959[95], puis la création de la Communauté des Etats de l'Afrique de l'Ouest (CEAO) en 1972 à Bamako, suivie de la naissance de la CEDEAO en 1975[96]. Plus récemment, il faut noter la création d'autres organisations régionales, comme l'OHADA créée en 1993, pour simplifier le droit des affaires et l'UEMOA en 1994. Les organisations sous-régionales foisonnent en Afrique de l'Ouest et concurrencent les organisations comme l'Union Africaine[97]. Cette division de l'Afrique en plusieurs sous-groupes, alors que la tendance mondiale est au regroupement des pays en un seul bloc[98], est paradoxale. L'éclatement de l'Afrique en plusieurs sous-groupes

---

[95] Le Conseil de l'Entente, né des cendres encore incandescents de l'AOF, est une organisation de coopération régionale à finalité économique. Elle regroupe cinq pays de l'Afrique de l'Ouest : le Benin, le Burkina Faso, la Côte d'Ivoire, le Togo et le Niger. Aujourd'hui son fonctionnement est caché par l'existence de l'UEMOA et de la CEDEAO. Malgré quelques tentatives de redynamisation de la structure, son existence et ses effets ne sont guère perceptibles. Le Conseil de l'Entente n'a pas eu le même succès que l'AOF en termes de gouvernance. Il faut noter que l'AOF avait l'avantage d'être monocéphale, dirigée d'une main de fer par le colonisateur français, qui faisait régner l'ordre public colonial. Alors qu'au sein du Conseil de l'Entente, les premiers présidents ont été baptisés à tort ou à raison « pères de la nation ». Ceux-ci n'entendaient pas perdre leur autorité au profit d'une autre organisation. Les propos de l'un d'eux (Houphouët Boigny de la Côte d'Ivoire) sont d'ailleurs éloquents : « Nous voulons, avant de parler d'union africaine, réaliser l'unité des tribus, des générations, des couches sociales. Ce n'est qu'après avoir réalisé cette unité que nous pourrons organiser la coopération africaine avec les autres nationalités ». Propos cités par P.F. Gonidec, *L'Etat africain*, LGDJ, Paris, 1970, pp.98-99. Mais plus d'un demi-siècle après ces propos l'unité des tribus, l'unité des couches sociales n'a pas été réalisée. Nous sommes tentés de dire que cette unité intérieure n'a jamais été recherchée dans les actes des premiers dirigeants africains.

[96] La CEDEAO a une ambition sous régionale car elle regroupe les anciennes colonies françaises mais aussi anglaises et portugaises. Tous les pays membres de l'UEMOA sont également membres de la CEDEAO.

[97]Voir. M. Fau-Nougaret (dir.), *La concurrence des organisations régionales en Afrique*, L'Harmattan, Paris, 2012, 456p.

[98] Sans chercher à idéaliser le modèle européen d'union, il faut tout de même reconnaître que des critères solides conditionnent l'adhésion à l'UE. Si l'on prend l'ensemble des organisations africaines, elles se forment en nombre fini, c'est-à-dire qu'on est membre de droit dès lors que l'on appartient à la zone géographique désignée par le traité. Il n'y a donc pas de repères, il n'y a pas d'idéal, les divergences entre les pays ne sont pas conciliées avant leur adhésion à l'union. Il nous semble que les organisations interafricaines portent en elles-mêmes les germes de leur échec.

n'est-il pas une des causes de la difficulté de construction d'un droit communautaire en Afrique[99] ?

Par ses origines et ses fondements, le droit pharmaceutique au Burkina Faso et au Sénégal est d'abord le résultat d'un long et lent processus de la colonisation des idées en Afrique. Le droit de la santé dans ces pays a été bâti à partir de crises nées dans les pays développés. Ce rappel historique permet donc de comprendre les législations du Burkina Faso et du Sénégal. Il permet également de montrer la jeunesse de ces Etats, en matière législative. Aujourd'hui, le droit pharmaceutique du Burkina Faso et celui du Sénégal sont sous l'influence de divers droits communautaires dont celui de l'UEMOA semble le plus élaboré.

B. Un droit pharmaceutique dans un espace communautaire foisonnant

Le Burkina Faso et le Sénégal appartiennent à de nombreuses organisations africaines qui se veulent communautaires et supranationales[100]. Chacune de ces organisations s'intéresse à la santé. Elles ne sont pas hiérarchisées entre elles. On peut se demander quel traitement juridique sera réservé à un conflit de normes communautaires. Par exemple, lorsqu'en matière de taxe douanière sur les médicaments, une norme de la CEDEAO entre en conflit avec une norme de l'UEMOA ou encore en matière de concurrence, quel droit communautaire prime lorsque le droit de la concurrence de l'UEMOA est en conflit avec celui de la CEDEAO ou encore de l'OHADA ? En explorant la doctrine et la réalité du terrain sur le droit de ces différentes organisations, nous essayerons de voir si ce foisonnement normatif constitue une richesse pour l'évolution du droit pharmaceutique au Burkina Faso et au Sénégal ou si au contraire, il constitue un frein. Parmi les organisations communautaires qui influencent le droit pharmaceutique dans nos deux pays d'étude, il convient de présenter succinctement la CEDEAO, l'UEMOA et l'OHADA. Ces trois organisations ont une approche différente dans

[99] Rapport final du colloque de Monrovia sur le développement économique de l'Afrique à l'horizon 2000, Monrovia 1979.

[100] Parmi les organisations communautaires dont font partie le Burkina Faso et le Sénégal, on peut citer, outre la CEDEAO et l'UEMOA, L'Union Africaine, l'OAPI, l'OHADA, le CEN-SAD (Communauté des Etats sahélo-saharien créée en 1998).

l'élaboration de leur législation. Si la législation des deux premières recherche une harmonisation des législations nationales de leurs pays membres, la troisième, elle, a une approche d'unification du droit[101].

018 - L'OHADA, un espace d'unification du droit - L'Organisation pour l'Harmonisation en Afrique du Droit des Affaires (OHADA) a été créée par le Traité de Port-Louis du 17 octobre 1993 (révisé le 17 octobre 2008 à Québec au Canada). Elle est une organisation internationale de plein exercice, dotée d'une personnalité juridique internationale. Elle poursuit une œuvre d'intégration juridique entre les pays membres. Son objectif est de faciliter les échanges et les investissements et de garantir la sécurité juridique et judiciaire des activités des entreprises. Son système juridique et judiciaire est présenté par ses initiateurs comme « l'une des expériences d'intégration juridique les plus réussies de la fin du 20ème siècle »[102]. L'OHADA est organisée autour de la Conférence des Chefs d'État et de Gouvernement, du Conseil des ministres et du Secrétariat permanent qui est l'organe exécutif chargé d'assister le Conseil des ministres et de coordonner la préparation et le suivi de la procédure relative à l'adoption des Actes uniformes. Pour une interprétation uniforme des Actes uniformes, les pays membres de l'OHADA ont créé la Cour commune de Justice et d'Arbitrage de l'OHADA (CCJA) basée à Abidjan. Enfin on peut signaler que l'OHADA est la seule organisation sous régionale africaine qui dispose d'une école de formation basée sur son droit, il s'agit de l'Ecole Régionale Supérieure de la Magistrature (ERSUMA). En

---

[101] L'OHADA procède par édiction de codes uniques appelés Actes uniformes. Ceux-ci remplacent les législations nationales en la matière. A ce jour il existe 9 Actes uniformes (l'Acte uniforme relatif au droit commercial général ; l'Acte uniforme relatif au droit des sociétés commerciales et du groupement d'intérêt économique ; l'Acte uniforme portant organisation des suretés ; l'Acte uniforme portant organisation des procédures simplifiées de recouvrement et des voies d'exécution ; l'Acte uniforme portant organisation des procédures collectives d'apurement du passif ; l'Acte uniforme relatif au droit d'arbitrage ; l'Acte uniforme portant organisation et harmonisation des comptabilités des entreprises ; l'Acte uniforme relatif aux contrats de transport de marchandises par la route ; l'Acte uniforme relatif au droit des sociétés coopératives). La CEDEAO et l'UEMOA, elles, tentent de rapprocher les différentes législations. Elles procèdent le plus souvent par l'édiction de lignes directrices pour aider les Etats à élaborer leurs normes.

[102] Voit le site : http://www.ohada.com/presentation-droit-ohada.html

matière pharmaceutique, la législation de l'OHADA va avoir une influence sur le droit national burkinabè et sénégalais. En effet, une partie des activités du pharmacien est régie par les Actes uniformes en matière de commerce général, de procédure collective, de recouvrement des dettes et de création des sociétés commerciales.

019 - La CEDEAO, un espace économique plus vaste[103] - La Communauté Economique des Etats de l'Afrique de l'Ouest (CEDEAO) a été créée à Lagos au Nigeria, le 28 mai 1975. Elle regroupe 15 Etats membres[104]. Elle vise à promouvoir la coopération et l'intégration avec comme but ultime la mise en place d'une union économique Ouest-africaine. Elle vise aussi à améliorer le niveau de vie des populations et c'est là que l'on peut déduire sa compétence en matière de santé, compétence qui n'est pas expressément exprimée dans le Traité[105].

La CEDEAO a vocation à devenir la seule organisation sous-régionale en Afrique de l'Ouest. En effet, en 1993, ses Etats membres avaient pris l'engagement, à Cotonou lors de la révision du Traité créant la CEDEAO, de faire de cette dernière la seule organisation commune d'intégration en Afrique de l'Ouest[106]. Mais aujourd'hui, l'UEMOA continue de résister et surtout à mieux bâtir son droit, qui en matière pharmaceutique est bien en avance par rapport au droit de la CEDEAO.

La CEDEAO est structurée autour des institutions suivantes : la conférence des chefs d'Etat, qui est l'instance suprême, le Conseil des ministres et la Commission[107], qui est administrée et dirigée par un

---

103 Pour une présentation approfondie de la CEDEAO, voir E. Kwam Kouassi, *Organisation Internationales Africaines*, Berger-Levrault, Paris, 1987, 414p.

104 La CEDEAO (ECOWAS en anglais), regroupe tous les pays de l'Afrique de l'Ouest (les 8 pays ouest-africains de la «zone franc»+ Cap Vert, Gambie, Ghana, Guinée, Libéria, Nigeria, Sierra Leone).

105 Pour connaître les sources de droit de la CEDEAO qui vont avoir une influence sur le droit burkinabè et Sénégal voir infra paragraphe 55.

106 L'article 2 alinéa 1er du traité révisé de la CEDEAO stipule que « par le présent traité, les hautes parties contractantes réaffirment la création de la CEDEAO et décident qu'elle sera à terme la seule communauté économique de la région aux fins de l'intégration économique et de la réalisation des objectifs de la communauté économique africaine ».

107 La commission de la CEDEAO a remplacé le secrétariat exécutif, afin d'accélérer l'intégration économique à partir de janvier 2007.

président suppléé par un vice-président. Il y a également des organes de contrôle comme, le Parlement et la Cour de justice de la communauté.

020 - L'UEMOA, présentation générale[108] - L'Union Economique et Monétaire Ouest Africaine (UEMOA) a été créée par le Traité signé à Dakar le 10 janvier 1994 par les Chefs d'Etat et de Gouvernement des sept pays[109] de l'Afrique de l'Ouest ayant en commun l'usage d'une monnaie commune, le F CFA. C'est le prolongement de l'Union Monétaire (UMOA) créée en 1973 et dont l'objectif principal est la reconnaissance d'une même unité monétaire, le franc de la Communauté Financière Africaine (F.CFA).L'émission de ce franc est confiée à la Banque Centrale des Etats de l'Afrique de l'Ouest. L'UEMOA regroupe aujourd'hui 8 pays de l'Afrique de l'Ouest[110].

L'UEMOA n'est pas une organisation politique, elle a une vocation d'intégration axée sur l'unification des espaces économiques nationaux, pour transformer l'Union en un marché porteur et attractif pour les investisseurs. Elle cherche à consolider les cadres macro-économiques des États membres, à travers l'harmonisation de leurs politiques économiques, notamment budgétaires, ainsi que par le renforcement de leur monnaie commune. Elle n'a pas de compétence exclusive en matière de santé. Elle est organisée autour d'instances classiques comme : la conférence des Chefs d'Etat, autorité suprême de l'Union et le Conseil des ministres. Il y a également la Commission de l'UEMOA qui exerce le pouvoir exécutif, déléguée par le Conseil des ministres. Son siège est à Ouagadougou. Comme organe de

---

[108] Pour une présentation exhaustive de l'UEMOA, le lecteur pourra consulter les ouvrages suivants : E. Cerexhe, L. Le Hardÿ de Beaulieu, *Introduction à l'Union Economique Ouest Africaine*, De Boeck et Larcier, Paris, Bruxelles, 1997, 157p ; M. Fau- Nougaret (dir.), *La concurrence des organisations régionales en Afrique*, L'Harmattan, Paris, 2012, 456p ; A. M. Ghadhi, *La longue marche de l'Afrique vers l'intégration, le développement et la modernité politique*, L'Harmattan, Paris, 2009, 572p ; A.Y.Sarr, *L'intégration juridique dans l'union économique et monétaire ouest africaine (UEMOA) et dans l'Organisation pour l'Harmonisation du Droit des Affaires en Afrique (OHADA)*, PUAM, Aix-en-Provence, 2008, 654p.

[109] A la signature du Traité, l'UEMOA comptait 7 membres avant que la Guinée-Bissau ne rejoigne l'Union le 02 mai 1997. Voir le site : http://www.uemoa.int/Pages/UEMOA/L_UEMOA/Historique.aspx

[110] Il s'agit des pays suivants : Bénin, Burkina Faso, Côte d'Ivoire, Guinée-Bissau, Mali, Niger, Sénégal, Togo.

contrôle il y a la Cour de Justice de l'UEMOA, gardienne de l'interprétation uniforme du droit communautaire[111]. L'UEMOA, même si sa vocation première n'est pas sanitaire, œuvre pour le rapprochement des législations nationales en matière pharmaceutique.

021 - Le droit communautaire UEMOA en matière pharmaceutique - Historiquement, l'harmonisation des règles en matière pharmaceutique remonte à la dévaluation du franc CFA en 1994. En effet, suite à la dépréciation de leur monnaie, les pays de la «zone franc» se sont réunis à plusieurs reprises en vue de trouver des solutions pour contrecarrer les effets de la dévaluation sur le prix des médicaments[112]. En 1999, en vue d'accélérer les processus d'enregistrement des MEG, ils ont adopté un référentiel pour l'harmonisation des procédures d'enregistrement des MEG dans la zone « franc ». Suite à cette idée et compte tenu de l'inexistence d'une institution capable de piloter le projet, les deux organisations regroupant les membres de la zone « franc » ont été priées de prendre le relais. Il s'agit de la CEMAC[113] pour les pays de la zone « franc » de l'Afrique Centrale et de l'UEMOA pour ceux de l'Afrique de l'Ouest. C'est ainsi que l'UEMOA a créé en 2005 une cellule chargée de suivre l'harmonisation de la réglementation et la coopération pharmaceutique. Cette cellule, basée à Ouagadougou au siège de l'Union, a reçu comme objectif principal « d'impulser et de suivre progressivement l'harmonisation des réglementations pharmaceutiques des Etats membres de l'Union en vue de contribuer à l'amélioration de la qualité de vie des populations à travers l'accessibilité à des médicaments de qualité et de sécurité

---

[111] Comme organe de contrôle il y a également la Cour des Comptes, qui est compétente pour contrôler les comptes des organes de l'Union et la fiabilité des données budgétaires nécessaires à l'exercice de la surveillance multilatérale. Il existe d'autres instances telles que le Comité Interparlementaire qui a un rôle purement consultatif.

[112] Avant la dévaluation le franc CFA, 1franc français était égal à 50 francs CFA. Avec la dévaluation : 1 franc français est égal à 100 francs CFA. Avec l'avènement de l'Euro, la France a conservé le même système en endossant le franc CFA. Cette dévaluation a porté un coup dur aux médicaments, leur prix est passé du simple au double. Il faut rappeler que le médicament dans les pays de la zone « franc » est essentiellement importé de la France.

[113] Communauté Economique et Monétaire de l'Afrique Centrale.

garantie »[114]. En 2010, s'inspirant du référentiel de 1999, le droit communautaire de l'UEMOA s'est enrichi d'un règlement sur les procédures d'AMM[115].

A travers ce règlement, l'UEMOA a entendu harmoniser l'ensemble des procédures d'octroi de l'AMM dans ses Etats membres. Ce règlement s'est substitué aux législations nationales en matière d'AMM. L'étude de l'AMM au Burkina Faso et au Sénégal va donc se faire essentiellement à la lumière du droit communautaire de l'UEMOA. La recherche de la qualité des médicaments est devenue ainsi une préoccupation communautaire. Mais les organisations régionales en Afrique demeurent extrêmement faibles et inefficaces, les Etats africains manifestant comme l'écrit B. Boutros Ghali, « une certaine répugnance évidente et généralisée à s'engager sérieusement dans des processus d'intégration, ils préfèrent des groupements régionaux très souples qui constituent, en dernière analyse, des groupes de pression dirigés vers l'extérieur plutôt que des institutions dotées de pouvoirs réels »[116]. Dans ce contexte, le droit pharmaceutique voulu par l'UEMOA va-t-il également s'inscrire sur la longue liste des normes communautaires « molles » ? Les Etats membres vont-ils « externaliser »[117] facilement leur source du droit en matière de médicament et appliquer le droit communautaire ? L'application du droit communautaire nécessite que les organes de contrôle de l'UEMOA, notamment la Cour de justice, soient efficaces pour sanctionner les Etats lorsque ceux-ci viennent à manquer à leurs obligations communautaires. L'UEMOA peut-il servir de moteur à l'évolution du droit pharmaceutique dans sa région ? Nous verrons à travers l'examen de son droit pharmaceutique si les différentes règles sont effectivement appliquées par les Etats et quelle conséquence le manquement des Etats entraîne ?

---

[114] Article 7 du Règlement n°02/2005/CM/UEMOA, relatif à l'harmonisation de la réglementation pharmaceutique dans les Etats membres de l'UEMOA.

[115] Il s'agit du Règlement n° 06/2010/ CM/ UEMOA relatif aux procédures d'homologation des produits pharmaceutiques à usage humain dans les Etats membres de l'UEMOA.

[116] B. Boutros Ghali, « Le système régional africain », in *Régionalisme et universalisme dans le droit international contemporain*, colloque de Paris (SFDI), Paris, Pedone, 1977, p.64.

[117] E. Cadeau, op.cit. , p.19. L'auteur en parlant d'externalisation des sources du droit du médicament, désigne l'obligation pour les droits « étatiques - nationaux » de composer avec un ensemble de règles de droits issues d'ordre juridique bien différentes, tous à caractère supranational.

022 - Intérêt du sujet et problématique - Peu de travaux ont été consacrés à une approche juridique du médicament en Afrique de l'Ouest. Les thèses de doctorat en droit qui ont été soutenues ont pour la plupart abordé le droit de la santé de façon générale, souvent sur un plan d'anthropologie juridique ou encore sociologique[118]. Notre étude constitue une des premières réflexions en droit pharmaceutique ouest-africain après les grandes réformes UEMOA de 2010[119]. Elle aborde le médicament sous l'angle du droit communautaire. Elle permettra d'aborder quelques législations en matière pharmaceutique dans l'espace UEMOA, un espace caractérisé par « une capacité de fabrication de médicaments insuffisante »[120].

La dimension juridique du médicament est présente dans toute société et suscite des débats divers. Aborder le médicament dans un travail de thèse ayant pour champ de recherche l'Afrique, conduit à y

---

[118] Nous pouvons citer quelques travaux de thèse : S. Tsinkou Tambo, *La déontologie des professions médicales en Afrique noire francophone : analyse de l'émergence d'une déontologie médicale de fait*, thèse de doctorat en droit de la santé, université Paul Cézanne, Aix-en-Provence, 2010, 406p ; N. Tousignant, *Remède colonial, remède national: L'Etat et la circulation des médicaments pharmaceutiques au Sénégal, 1926-1970*, Thèse département d'histoire, université de Montréal, 2008; S. Salifou, *Recherche sur la réglementation de la médecine traditionnelle en Afrique noire*, thèse de doctorat en droit de la santé, Université de Bordeaux IV, 1997,417p ; F. Gnessien, *Réflexions sur les fondements d'une politique sanitaire dans un pays en développement : le Burkina Faso*, Thèse de doctorat en droit, Presse Universitaire, 1996 ; E. Yededji, *Les structures sanitaires du Bénin*, Thèse de doctorat en droit, université d'Aix-en-Provence, 1993, 354p ; F. Pasnik, *Mimétisme sanitaire : frein au développement : les pays francophones d'Afrique de l'Ouest.* Thèse de doctorat, Université Paris 1, 1991, 378 p ; B. Mukenge, *Recherche sur le droit africain de la santé*, thèse de doctorat en droit de la santé, université de Lille 3, 1991, 456p ; S. R. Koukpo, *Le droit des produits de santé en Afrique de l'Ouest : le cas du Bénin et du Sénégal*, Thèse de droit, université Bordeaux IV, juin 2012, 592p.

[119] En 2010, l'UEMOA a adopté une série d'actes portant sur le droit pharmaceutique. Il y a outre, le Règlement sur les procédures d'AMM ; la décision n°06/2010/CM/UEMOA portant homologation des compléments nutritionnels ; la décision n°07/2010/CM/UEMOA sur l'homologation des produits cosmétiques, la décision n°08/2010/CM/UEMOA relative aux Bonnes Pratiques de Fabrication des produits pharmaceutiques à usage humain ; la décision n°09/2010/CM/UEMOA sur les Bonnes Pratique de Distribution et d'importation des produits pharmaceutiques à usage humain et la décision n°10/2010/CM/UEMOA relative à la publicité sur les médicaments.

[120] G. Velásquez, C. Correa, *L'accès aux médicaments, entre le droit à la santé et les nouvelles règles de commerce international*, l'Harmattan, 2009, p. 120.

intégrer la notion de pauvreté. Pauvreté, non seulement des patients utilisateurs du médicament, mais également de l'Etat financeur de la santé. L'utilité d'étudier le médicament dans un contexte de pauvreté est de voir comment la sécurité sanitaire est appréhendée par le législateur dans les PED, aussi bien avant qu'après la mise sur le marché du médicament. Ce qui nous conduira à nous intéresser aux règles qui participent à la sécurité sanitaire, mais également aux règles qui permettent d'assurer une égalité d'accès aux médicaments. Si les Etats sont souverains en matière de réglementation concernant la sécurité sanitaire, ils sont moins armés en ce qui concerne les règles relatives à l'accès aux médicaments. Une étude de la réglementation pharmaceutique dans les deux Etats permettra de déterminer l'impact de la faiblesse du tissu industriel pharmaceutique sur la circulation des médicaments. L'objectif général sera de faire le tour des questions posées par le secteur du médicament dans deux pays en développement, membres des mêmes organisations communautaires et internationales pour voir si, dans leur contexte économique actuel, le droit pharmaceutique peut garantir une sécurité sanitaire aux populations, de la demande de l'AMM à la distribution du médicament, malgré une carence industrielle pharmaceutique. Et si les politiques mises en place permettent de faciliter l'accessibilité financière aux médicaments. Cette problématique suscite beaucoup de sous questions. Le Burkina Faso et le Sénégal sont-ils en mesure de mettre en place un droit de la santé qui s'émanciperait du droit français de la santé pour épouser le terrain africain où il est appelé à s'exprimer ? Si le droit de la santé existe au Burkina Faso et au Sénégal, est-il capable d'endiguer les deux principaux fléaux qui minent la santé des populations, à savoir la difficulté d'accès aux médicaments et la distribution hors circuit pharmaceutique des médicaments ? Telles sont les questions auxquelles nous apporterons des réponses tout au long de notre travail.

023 – Quelques précisions terminologiques - La mise sur le marché désigne l'acte par lequel le producteur d'un bien se dessaisit volontairement de ce bien[121]. C'est le point de départ d'éventuelles responsabilités. C'est l'acte qui introduit le médicament dans le processus de commercialisation. Nous nous intéresserons à l'ensemble du processus qui vise à autoriser un producteur à mettre son

[121] Article 1386 du Code civil burkinabè.

médicament sur le marché, c'est le processus en amont de la distribution du médicament.

La distribution est l'activité qui suit la production et qui précède la consommation, c'est donc un acte d'intermédiaire entre, d'une part, le producteur de biens ou de services et d'autre part le consommateur qui accomplira un acte de consommation finale sur le bien ou le service[122]. En d'autres termes la distribution permet de « relier le producteur au consommateur en acheminant de l'un à l'autre un bien par l'intermédiaire des distributeurs »[123]. Ce lien est important car il nous permettra, dans notre développement sur la responsabilité des producteurs de médicaments, de nous interroger sur la nature juridique de ce lien. Nous n'allons pas traiter du droit général de la distribution dans notre travail, nous nous contenterons d'analyser les règles régissant la distribution de médicament, sans traiter des différents contrats qui peuvent exister entre les acteurs de la distribution.

Le médicament s'insère dans une chaîne ou circuit ; nous utiliserons indifféremment ces deux termes pour désigner la succession d'opérations nécessaires pour acheminer le médicament dans les mains de son usager.

Nous utiliserons indifféremment les termes « consommateurs, patients, utilisateurs de médicament » pour désigner la personne qui consomme le médicament ou à qui le médicament est destiné.

L'usage de l'expression pays en développement dans le corps de notre étude mérite une précision. Les pays en développement désignent l'ensemble des pays pauvres. Cependant, lorsque nous aborderons le droit des brevets une distinction mérite d'être faite. En effet, le droit du commerce international distingue parmi les pays pauvres, les pays les plus pauvres. C'est ainsi qu'il y aura l'introduction du terme pays les moins avancés. Lorsque l'expression pays en développement n'est pas utilisée dans le cadre de la propriété intellectuelle, il désignera dans ce travail l'ensemble des pays pauvres.

Les textes en vigueur au Burkina Faso comme au Sénégal, de façon générale, procèdent de règles écrites et jurisprudentielles françaises, ce qui rapproche fortement le droit appliqué sur le territoire

---

[122] D. Mainguy (dir.), *Dictionnaire de droit du marché*, Ellipses, Paris, 2008, p.139.
[123] A. Mendoza-Caminade, *Droit de la distribution*, Montchrestien, Paris, 2011, p.1.

de nos deux pays d'étude du droit français. Cela explique que, bien que traitant de droit dans des pays africains, nos références françaises seront abondantes.

024 - Annonce du plan - A la lumière de ce qui précède, il appert que la législation pharmaceutique au Burkina Faso et au Sénégal est le fruit de la colonisation des idées et des politiques. L'histoire de la médecine coloniale[124]révèle bien comment le Burkina Faso et le Sénégal, ainsi que l'ensemble des ex-colonies françaises ont été brutalement soumis à la législation française. Aussi est-il important de reculer dans le temps pour voir comment la question du médicament a été traitée à l'époque coloniale (**Chapitre préliminaire**). L'ambivalence du médicament nous conduit à aborder le médicament sur le double prisme du médicament comme objet de santé (**Première partie**) et du médicament comme objet de commerce (**Deuxième partie**).

[124] Sur l'histoire de la médecine coloniale voir J-P. Bado, op. cit ; P. Brau, *Trois siècles de médecine coloniale française*, Editions Vigot et frères, Paris, 1931 ; L. Lapeyssonnie, *La médecine coloniale : mythes et réalités*, Editions Seghers, Paris, 1988, 310p.

Chapitre Préliminaire

Historique et sources du droit pharmaceutique au Burkina Faso et au Sénégal

« La colonisation est plus que la domination d'un individu par un autre, d'un peuple par un autre ; c'est la domination d'une civilisation par une autre ; la destruction des valeurs originales par des valeurs étrangères. »[125]

025 - La mise à l'écart des pratiques ancestrales africaines : un préalable pour la colonisation des idées[126] - Avant l'arrivée des Européens en Afrique, les soins de santé étaient déjà organisés selon la culture de chaque peuple[127]. Des guérisseurs exerçaient l'art de guérir sur la base des croyances traditionnelles et prescrivaient des

[125] Léopold Sédar Senghor (1906-2001).

[126] La mission catholique a participé à côté du colonisateur, à la mise à l'écart des médecines traditionnelles africaines. En effet, elle a véhiculé des messages selon lesquels les pratiques traditionnelles de guérison étaient d'inspiration diabolique ; Satan, serait, selon les évangélistes occidentaux, omniprésent dans chaque acte du tradipraticien. Les fidèles qui continuaient à consulter ces praticiens étaient excommuniés. Aujourd'hui, le missionnaire blanc a fait place aux missionnaires noirs, autochtones, donc connaissant la tradition de leurs fidèles, mais ce phénomène d'acculturation et de mise à l'écart des pratiques traditionnelles de soins est allé en grandissant. Le lecteur pourra lire : M. Andrée, *La condition humaine en Afrique noire*, Grasset, Paris, 1954, pp.189-196. L'auteur écrit que « les africains ont longtemps dédaigné ou boudé la médecine européenne et ce n'est que peu à peu que celle-ci s'était imposée grâce à la contribution des missionnaires. Ceux-ci ont eu une influence décisive dans le remplacement momentané de la médecine africaine par l'européenne, au moyen de l'interdit jeté sur le fétichisme africain, lequel englobait : rites d'initiation, soins médicaux, pratiques magiques, etc. Instinctivement, on ne pouvait pas être chrétien et aller se faire soigner chez le guérisseur ».

[127] Voir. J.-P. Bado, op.cit ; S.-P. E. Mvone-Ndong, *Réflexions sur la philosophie du médicament et du soin. La rationalité des remèdes traditionnels*, L'Harmattan, Paris, 2011.

plantes ou des animaux comme remèdes[128]. Ainsi, quand les premiers Européens débarquèrent en Afrique, ils trouvèrent que « les populations affrontaient les maladies et les souffrances grâce à l'expérience accumulée au cours de l'histoire et intégrée dans leurs cultures respectives »[129]. Il n'y avait ni « vide juridique ni vide judiciaire »[130] ; l'organisation de cet ensemble était tout simplement inaccessible au colonisateur européen[131]. Lorsqu'il a pris la relève des premiers explorateurs[132], le colonisateur a appliqué une politique de tabula rasa sur les pratiques ancestrales des peuples locaux et sur leur organisation juridique et juridictionnelle. La civilisation occidentale a été mise en avant[133] et l'art des soins tel que pratiqué dans la métropole a été imposé aux vaincus. Pour mieux annexer les territoires et leurs habitants, la France, en ce qui concerne l'AOF et

---

[128] Il faut noter qu'aujourd'hui, malgré l'appel à une revalorisation de la médecine traditionnelle, l'organisation actuelle de cette pratique donne toujours à croire qu'elle est une médecine sans savoir scientifique, une médecine banale, barbare et surtout qu'elle ne peut être enseignée. Voir E. Yededji, *Les structures sanitaires du Bénin*, Thèse de doctorat en droit, université d'Aix-en-Provence, 1993, 354p.

[129] H. Balique, « Le défi de la santé en Afrique subsaharienne et ses perspectives », in D. Kerouaedan (dir), *Santé internationale : les enjeux de santé au Sud*, Les presses de Sciences Po, Paris, 2011, p.34.

[130] G. Mangin, « Les institutions judiciaires de l'AOF », in C. Becker, S. Mbaye, I. Thioub (dir.), *AOF : réalités et héritages : sociétés ouest africaines, 1895-1960*, tome 1, Edition des ANS, Dakar, 1997, p.139.

[131] A. B. Fall, « La Charte africaine des droits de l'homme et des peuples : entre universalisme et régionalisme »,
Pouvoirs, 2009/2 n° 129, p. 77. L'auteur écrit qu'il est difficile de concevoir que les populations africaines aient pu vivre sans l'existence d'un système juridique destiné à l'ordonnancement des groupes dans lesquels elles vivaient.

[132] Pour une analyse plus approfondie sur l'exploration en Afrique, voir I. Surun, « L'exploration de l'Afrique au XIXe siècle : une histoire précoloniale au regard des postcolonial studies », *Revue d'histoire du XIXe siècle*, n°32, 2006, pp.21-39.

[133] La France administrait ses colonies sans se demander ce que pouvait penser les africains. Par exemple lorsque la question avait été évoquée en 1917 concernant la possibilité de consulter les commerçants et les indigènes avant tout échange de territoire, la réaction d'Angoulvant, gouverneur général de l'AOF à l'époque a été sans équivoque. Dans une lettre à son ministre de tutelle en date du 9 novembre 1918, il écrivait : « les noirs sont de grands enfants, et je me demande, en reprenant cette réflexion, le fond que l'on peut raisonnablement faire sur ces consultations auxquelles il est question de les soumettre en vue du choix de la Nation qui se chargera de leur protection et de leur éducation… Ces ingrats d'indigènes pourraient ne pas nécessairement opter pour la France ».

l'AEF, a pratiqué une politique d'assimilation[134], qui a abouti à l'abandon d'un pan entier des coutumes africaines[135] au profit de la civilisation occidentale. Après la victoire militaire, les politiques de santé ont changé d'objectif. Il fallait « sauver » l'homme noir[136] et l'assimiler, à quelques exceptions près, à la vie occidentale[137]. C'est ainsi que les lois et autres règlements de la France colonisatrice[138] « tombèrent sur l'Afrique comme des météores venus d'autres planètes »[139].

L'un des intérêts de ce chapitre préliminaire est de montrer que de nombreuses règles du droit pharmaceutique, encore appliquées de nos jours au Burkina Faso et au Sénégal, dérivent du droit pharmaceutique français des années 1950 ; et que certaines des difficultés que rencontrent actuellement les différents pays en matière

---

[134] En 1944, le général De Gaulle a déclaré dans un discours : « Il me parait que le régime le plus favorable pour vos pays serait encore celui qui est accordé aux Antilles et à la Réunion... ». Les Antilles et la Réunion sont des départements d'outre-mer parfaitement assimilés à la France. Pour le général De Gaulle, « les fins de l'œuvre de civilisation accomplie par la France dans les colonies écartent toute idée d'autonomie et toute possibilité d'évolution hors du bloc français de l'empire » Voir. A. Ly, *Les regroupements politiques au Sénégal (1956-1970)*, Karthala, Paris, 1992, p.3.

[135] Nous voulons parler de la coutume en tant que source de droit. Pour nous l'Afrique a eu un droit et ce droit était coutumier, nous nous rallions à la définition de la coutume donnée par J. Glissen, pour qui, « la coutume est un ensemble d'usages d'ordre juridique, qui ont acquis force obligatoire dans un groupe socio-politique donné, par la répétition d'actes publics et paisibles pendant un laps de temps relativement long ». J. Glissen, *Introduction historique au droit*, Bruylant, Bruxelles, 1979, p.20.

[136] B. K. Alonou, « Assistance médicale indigène : action humanitaire ou œuvre utilitaire ? », *Revue du CAMES*, Nouvelle série B, Vol. 007, n°1, 2006, pp. 165-166.

[137] L. Monnais, « Paradoxes d'une médicalisation coloniale, la professionnalisation du médecin indochinois au XXe siècle », *Actes de la recherche en sciences sociales*, 2002/3 n° 143, p. 36.

[138] Le système juridique métropolitain avait besoin d'une certaine procédure avant d'être transposé dans les colonies. Voir le sénatus-consulte du 3 mai 1854 organisant l'applicabilité des textes métropolitains dans les colonies. Les textes métropolitains, lois et règlements, n'étaient pas d'application directe et immédiate, il fallait une promulgation par le gouverneur. Cependant, les textes organisant les pouvoirs publics étaient applicables d'office, par exemple ceux fixant les règles relatives au Conseil d'Etat, à la Cour de cassation ou au Tribunal des conflits ; de même, les principes généraux du droit étaient applicables automatiquement.

[139] J. Vanderlinden, « A propos de la création du droit en Afrique : regard d'un absent », in D. Darbon, J. du Bois de Gaudesson, (dir), *La création du droit en Afrique*, Karthala, Paris, 1997, p.11.

d'organisation institutionnelle et juridique, ont leur source dans la période coloniale et surtout dans les stratégies mises en place immédiatement après la colonisation. Une grande partie des problèmes qui ont conduit à la marginalisation actuelle de l'Afrique ont leur source dans les choix politiques faits aux lendemains des indépendances[140]. En effet en voulant s'aligner derrière les idéologies tenues par les deux blocs[141], l'Afrique est devenue un continent à multiples enjeux pour les puissances occidentales. Avec la guerre froide, chaque puissance a essayé de maintenir une emprise sur un ou plusieurs pays en Afrique, à l'aide d'assistance financière et technique. L'Afrique a fini par devenir un champ de bataille où se combattaient des intérêts antagonistes qui lui étaient étrangers[142]. Au fur et à mesure, l'Afrique est devenue une « assistée entièrement dépendante de l'extérieur »[143]. Aujourd'hui, les différentes autorités africaines doivent faire une analyse sereine de la situation afin de définir de façon durable des solutions appropriées[144] adaptées au terrain africain.

L'histoire de la réglementation pharmaceutique au Burkina Faso comme au Sénégal est intimement liée à la législation française dans ce domaine (Section I). Après les indépendances, le droit pharmaceutique, dans nos deux pays d'étude a connu une évolution

---

140 R. Dumont, a écrit ceci, « j'ai toujours annoncé à mes amis africains que l'indépendance, pour laquelle nous luttions, serait le début de leurs difficultés », R. Dumont, *L'Afrique noire est mal partie*, édition du Seuil, Paris, 1962, p.8.

141 Les deux blocs se sont constitués après la seconde guerre mondiale, pendant la période appelée « guerre froide ». Il y avait d'un côté le bloc occidental, tenu par les Etats-Unis, auquel il faut ajouter le Japon et l'Europe occidental. La politique des Etats-Unis était d'aider tout pays qui souhaitait lutter contre le communiste. De l'autre côté il y avait le bloc socialiste dirigé par l'URSS. Ce bloc a refusé le plan américain d'aide à la reconstruction de l'Europe, ce bloc a été rejoint par la Chine populaire en 1949. En Afrique, il y avait les pro-communistes et les pro-occidentaux.

142 Des propos en faveur de la Chine communiste pouvaient valoir à un médecin africain, une mutation pour éviter son « influence marquante et néfaste sur les africains évolués ». Voir note de renseignement n°845/C/572/PS du 8 mai 1950 du territoire du Niger. En l'espèce, le médecin africain Abdoulaye N'diaye a été accusé de propagande communiste en faveur de la Chine. Ayant une grande influence dans sa zone, les autorités coloniales craignaient que ses idées gagnent une grande partie de l'élite africaine. Il a été considéré comme dangereux et muté. ANS 1H 1(I).

143 A. M. Ghadhi, op.cit, p.13.

144 A.-M. Mbow, « Préface », in J.-R. de Benoist, *L'Afrique Occidentale Française de 1944 à 1960*, NEA, Dakar, 1982, p. 5.

somme toute lente mais progressive. Avant d'aborder ce droit dans le corps de cette thèse, il est intéressant de nous interroger sur ses sources à travers ses aspects contemporains (Section II).

Section 1 : Histoire de la législation pharmaceutique au Burkina Faso et au Sénégal (1895- 1960)

L'histoire de la législation pharmaceutique en Afrique sous influence française est une histoire du droit pharmaceutique français. La règlementation écrite de ce secteur est née au Burkina Faso et au Sénégal avec la colonisation. La France, en tant que puissance colonisatrice de l'ensemble des pays qu'elle a conquis, a construit la législation pharmaceutique dans ces pays (Paragraphe 1), avec cependant quelques adaptations pour tenir compte de la réalité du terrain africain (Paragraphe 2).

Paragraphe 1 : La législation pharmaceutique au Burkina Faso et au Sénégal : une construction française

La place éminente du droit français dans l'histoire du système juridique du Burkina Faso et du Sénégal ne fait aucun doute. Avant donc de traiter de la législation pharmaceutique dans ces pays, il nous paraît intéressant de rappeler l'histoire même de la législation pharmaceutique en France (A). C'est après la consécration de sa réglementation pharmaceutique que la France a transposé, dans ses colonies, ses propres règles en matière pharmaceutique (B).

A. Bref rappel historique de la législation pharmaceutique française (1777-1941)

026 - L'encadrement juridique de l'exercice de la profession pharmaceutique à Paris : la déclaration du roi du 25 avril 1777 - En France, les origines du droit pharmaceutique sont anciennes. Cependant, pour ce rappel historique, nous prendrons notre point de départ à la déclaration du roi du 25 avril 1777 portant règlement pour les professions de la pharmacie et de l'épicerie de Paris. Cette déclaration est importante car elle paraît être la première réglementation moderne qui a toujours des résonnances de nos jours en droit pharmaceutique français. C'est elle qui a reconnu pour la première fois que l'exercice de la pharmacie exigeait des études et des connaissances approfondies ; et a, par la même occasion, distingué la profession de pharmacien de celle de l'épicier. Selon cette déclaration, « la pharmacie exige des études et des compétences approfondies » et mérite d'être portée à un degré de perfection dont elle est susceptible dans les différentes parties qu'elle embrasse. Les apothicaires ont vu leur rôle alors se réduire à la « confection, préparation, manipulation et vente de drogues simples et compositions médicinales»[145] ; désormais il leur est interdit de vendre « au poids médicinal des drogues simples, des sels, préparations ou compositions entrantes au corps humain en forme de médicaments»[146].

L'encadrement juridique du secteur de la pharmacie avait comme objectif principal, la prévention du « danger qui peut résulter du débit médicinal des compositions chimiques, galéniques ou pharmaceutiques »[147]. En retirant le médicament des mains inexpertes de marchands, le roi a entendu sécuriser le secteur pharmaceutique. Cette déclaration a aussi instauré un nouveau corps dans la pharmacie : le collège de pharmacie[148].

027 - L'exercice personnel de la pharmacie - L'article 2 de la déclaration traite de l'exercice personnel de la profession. Les apothicaires « ne pourront se qualifier de maîtres en pharmacie, et avoir laboratoire et officine à Paris, que tant qu'ils possèderont et exerceront personnellement leurs charges ; toute location ou cession de privilège étant et demeurant interdite à l'avenir, sous quelque prétexte et à quelque titre que ce soit ». C'est l'origine de l'exercice personnel de la pharmacie et « la véritable naissance de la pharmacie moderne »[149]. Si le texte de 1777 est important dans l'histoire de la pharmacie française, il n'avait pas une envergure nationale et était

[145] Article 4 de la déclaration royale du 25 avril 1777.

[146] Article 5 et 6 de la déclaration royale du 25 avril 1777.

[147]Voir F. Prévet, *Les Statuts et Règlements des apothicaires*. Textes intégraux accompagnés de notes critiques, tome IV, Sirey, Paris, 1950, 987 p.

[148] L'article 1er indiquait que, « les maîtres apothicaires de Paris, et ceux qui, sous le titre de privilégiés, exerçaient la pharmacie dans ladite ville et faubourgs, seront et demeureront réunis, pour ne former à l'avenir qu'une seule et même corporation sous la dénomination de collège de pharmacie ».

[149] O. Lafont, « L'évolution de la législation pharmaceutique : des origines à la loi Germinal an XI », *Revue d'Histoire de la pharmacie*, n°339, 2003, p.375.

limité par l'absence d'une police capable de prendre les mesures pour protéger l'intérêt public. Le 11 avril 1803 une nouvelle réglementation, dite loi du 21 germinal an XI, est venue pallier les insuffisances de la déclaration royale dans l'intérêt de la santé publique[150].

028 - La loi du 21 germinal an XI ou la modernisation de la pharmacie en France - En 1803 la loi du 21 germinal an XI, tout en réaffirmant que le pharmacien devait être obligatoirement propriétaire de l'officine qu'il exploitait, a réservé l'ouverture des officines aux seuls pharmaciens diplômés. Le texte de 1803 a également organisé les écoles de pharmacie et instauré une police de la pharmacie.

Les dispositions de ce texte ont été confortées par la Cour de cassation en 1859. La Cour a affirmé que les dispositions de la loi de 1803 étaient « manifestement inconciliables avec la faculté de faire gérer une pharmacie même par une personne qui serait apte à la posséder dès lors que la pharmacie ne lui appartient pas » [151]. Depuis lors, la règle est que nul ne peut ouvrir une pharmacie s'il n'est en même temps propriétaire du fonds et muni du diplôme de pharmacien. En 1860 la Cour d'appel de Paris a rendu une décision confirmant cette règle, pour la Cour « on ne peut attendre une responsabilité sérieuse et efficace que de la part de celui qui, pourvu d'un diplôme, propriétaire de la pharmacie et la gérant lui-même, peut répondre de ses actes tout à la fois et par sa personne et par sa fortune»[152].

Le monopole pharmaceutique et un grand nombre de règles actuelles remontent à la déclaration royale de 1777 et à la loi de 1803. Ainsi donc avant que la France ne prenne administrativement possession de ses colonies, le parcours du médicament était déjà encadré par un dispositif législatif contraignant. Le médicament devait appartenir au codex, il devait être prescrit par un médecin, il devait également avoir l'autorisation du gouvernement et enfin il devait être

---

[150]M.-H. Renaut, « De la corporation d'apothicaires à l'Ordre des pharmaciens : un monopole dénoncé, la pharmacie d'officine », *RDSS*, 1997 p. 737.
[151] Cass. 23 juin 1859, S. 1859,1, 531 ; Cass. 23 août 1860, D. 1860, 1, 419 ; Cass. 8 avril 1864, D.1864, 1, 395.
[152] CA. Paris, 12 mai 1860, cité par J. Briand, E. Chaudé, *Manuel complet de médecine légale*, T.II, Bailliere Et Fils Editeurs, Paris, p.659 et suivantes.

approuvé et publié dans le bulletin de l'Académie de médecine[153]. Cependant, la loi ne prévoyait aucune peine applicable à l'infraction d'exercice illégal de la pharmacie, ce qui mettait à mal le monopole reconnu par la loi[154]. Il faut noter également que l'examen du médicament n'était pas indispensable quand la France mettait en place le système de santé en Afrique. Ce n'est qu'en 1926, que le premier laboratoire de contrôle des médicaments fut créé en France[155].

029 - La loi du 11 septembre 1941 et la prise en compte de l'industrie pharmaceutique - La préparation des médicaments, à l'origine, était artisanale et les lois qui ont suivi ont réglementé principalement la pharmacie d'officine. Avec la loi de 1941 c'est la légalisation de la pharmacie industrielle avec la réglementation des établissements pharmaceutiques. Ainsi le droit pharmaceutique va désormais se subdiviser en droit pharmaceutique des officines et en droit pharmaceutique industriel.

L'Ordre des pharmaciens fut institué avec la reforme du 11 septembre 1941. C'est au même moment que l'implantation des pharmaciens fut associée au nombre d'habitant par zone. La loi du 11 septembre a également défini le médicament en l'incluant dans le monopole pharmaceutique[156]. Le médicament ainsi défini[157] devait,

---

[153] Selon l'article 32 de la loi du 21 germinal an XI, « les pharmaciens ne pourront livrer et débiter des préparations médicinales ou drogues, composées quelconques, que d'après la prescription qui en sera faite par des docteurs en médecine [...]. Ils se conformeront, pour les préparations et compositions qu'ils devront exécuter et tenir dans leurs officines, aux formules insérées et décrites dans les formulaires ».

[154] Selon le doyen Poplawski environ 20% des officines ouvertes avant la loi de 1941 n'appartenaient pas à des pharmaciens titulaires. R. Poplawski, op.cit., p.286.

[155] C'est avec l'exigence de certains pays de certificat de conformité de formule que l'industrie pharmaceutique française a financé l'installation, à la Faculté de Pharmacie de Paris, du Laboratoire National de Contrôle des Médicaments. L'arrêté du 23 juin 1926 habilita le laboratoire à délivrer des attestations requises pour l'exportation. Mais cette évaluation resta facultative jusqu'en 1928.

[156] Le médicament a été défini en ces termes : « sont réservés aux pharmaciens (...) la préparation des médicaments destinés à l'usage de la médecine humaine : c'est-à-dire de toute drogue, substance ou composition présentée comme possédant des propriétés curatives ou préventives à l'égard des maladies humaines et conditionnée en vue de la vente au poids médicinal ».

[157] Cette définition du médicament est restée la même au Sénégal jusqu'en 1994 et le système de visa modifié en 1967, n'a disparu qu'en 2011 lorsque le Sénégal a décidé d'appliquer le règlement UEMOA de 2010 harmonisant les systèmes d'AMM dans les Etats membres.

pour accéder au marché, avoir le visa des autorités compétentes françaises.

Institutionnellement c'est à partir des années 1895 que la France a commencé à implanter son droit dans ses colonies. Le médicament que les missionnaires ou encore les médecins coloniaux distribuaient aux Africains, était devenu pour ces derniers une sorte de promesse de guérison[158]. Il avait vite acquis une place hautement élevée dans l'imaginaire de la population ; à ce titre il a été associé à un objet miracle[159]. Cette place acquise par le médicament va favoriser l'implantation du système sanitaire français en Afrique noire francophone[160].

---

[158] S. Chauveau, « Enjeux, médicament et société en France au 20e siècle », *Revue d'histoire*, n°73, janvier- mars 2002, p.169.

[159] Voir le prologue du Docteur B. Topuz, in *Le médicament au Maghreb et en Afrique noire francophone*, Presse Universitaire de Grenoble, 1989, p.7.

[160] Le médicament était distribué gratuitement, ce qui attirait les Africains vers les dispensaires pour bénéficier soit de la quinine, soit de l'iodure de potassium. Le médecin colonial était devenu pour l'homme africain, celui qui donne les médicaments, lorsqu'il y avait rupture de médicaments, les dispensaires se désemplissaient. Voir F. Pasnik, *Mimétisme sanitaire : frein au développement des pays francophones d'Afrique de l'Ouest*. Thèse de doctorat en sciences économiques, Université Paris 1, 1991, p.28.

B. L'implantation du droit pharmaceutique français dans les colonies

Une fois installée dans ses nouvelles terres conquises militairement et officialisées par la conférence de Berlin[161], la France devait trouver des instruments juridiques pour gouverner ses possessions[162]. Elle va se baser sur le socle juridique métropolitain pour assimiler et acculturer les différents territoires. L'organisation et la mise en place du système sanitaire proviennent de textes édictés en métropole (1). Avec la vague des codifications, la France va rassembler l'ensemble de ses textes régissant la santé dans un même document : le code de la santé publique. Ce code qui a vu le jour en 1953 en France sera rendu applicable dans les ex-colonies[163] en 1954[164] (2).

1. L'organisation et la mise en place du système sanitaire

030 - La mise à plat de la fragile organisation des colonies : l'occidentalisation de l'Afrique - La colonisation, comme l'écrit J.-L. Halpérin, « a transporté les droits occidentaux en Afrique, elle a importé de force la conception européenne du droit dans les pays colonisés »[165]. Les premières organisations institutionnelles de la santé en AOF datent de 1903 lorsque par un arrêté du gouverneur général de

---

[161] La conférence de Berlin s'est tenue le 26 février 1885, avec pour objectif de régler pacifiquement les litiges relatifs aux conquêtes coloniales en Afrique. L'Allemagne a servi de base car elle n'était pas engagée dans la politique de colonisation. L'acte final de la conférence a fixé les règles de la colonisation de l'Afrique et a imposé le principe de l'effectivité pour reconnaître une annexion.

[162] Le terme possession n'est pas exagéré. Il témoigne du fait que les colonies n'avaient pas d'autonomie, elles étaient comptées parmi le patrimoine territorial français. Elles n'avaient droit à aucune initiative pour organiser leur territoire, tout leur était imposé.

[163] Avec la Constitution française de 1946, les colonies sont devenues des territoires d'outre-mer.

[164] L'article 1er de la loi n°54-418 du 15 avril 1954 disposait que « les dispositions du Code de la santé publique concernant la pharmacie, c'est-à-dire les articles 511 à 655 inclusivement, à l'exclusion des articles 520 à 548 inclusivement, concernant l'Ordre national des pharmaciens, sont applicables aux territoires d'outre- mer, au Togo et au Cameroun selon les modalités qui seront définies par des décrets pris en Conseil d'État ».

[165] J.-L. Halpérin, *Profils des mondialisations du droit*, Dalloz, Paris, 2009, p.181.

l'AOF du 4 novembre 1903, la France créa[166] l'inspection des services sanitaires, qui sera transformée en 1913[167], en inspection générale des services sanitaires et médicaux[168]. En 1905, il y eut la création de l'Assistance Médicale Indigène (AMI), chargée de dispenser à titre gratuit les soins médicaux aux populations africaines. Le système de gratuité[169]visait à intéresser davantage les malades à la thérapeutique occidentale.

Pour asseoir sa suprématie sur tous les domaines, le colonisateur a d'abord dénié l'efficacité « des divers recours thérapeutiques autochtones traditionnels et ignoré les stratégies locales existantes »[170]. Les interventions médicales ont été dès lors conflictuelles[171] ; les populations refusant de se faire soigner. Le colonisateur a fini par imposer ses méthodes par la force au mépris des

---

[166] J. O. AOF, 1903, p.410.
[167] J. O. AOF, 1913, p.898.
[168] On peut signaler également la création en 1901, du service de santé des troupes coloniales, qui devint le service de santé des colonies et des pays de protectorat, avec comme mission première l'organisation d'une structure hospitalière et d'une véritable politique de santé publique.
[169] Cette gratuité a semblé peser sur le budget de l'administration coloniale. En effet par une lettre circulaire n°609/SSM/C du 28 mars 1939, le gouverneur général a prescrit aux chefs de divers territoires de l'AOF, de « rechercher le moyen de décharger dans la mesure du possible, le budget de l'assistance médicale en établissant une distinction entre les diverses classes sociales de la population, afin de ne réserver le bénéfice gratuit des soins médicaux qu'aux seuls éléments vraiment nécessiteux ». ANS 1H48(144).
[170] C. Becker, R. Collignon, « Epidémies et médecine coloniale en Afrique de l'Ouest », *Cahier Santé*, 1998, Vol 8, p.412.
[171] On peut citer la vive réaction des Lébous au Sénégal en novembre 1914. Suite à des mesures ségrégationnistes édictées lors de l'épidémie de la peste pour éloigner les populations indigènes des européens, par la destruction des villes indigènes et la reconstruction de villes éloignées de la cité des européens, une partie de la population de Médina s'est révoltée. On peut également mentionner les suites vaccinales qui ont suscité des conflits entre les Africains et le colonisateur. En effet dans la colonie de Côte d'Ivoire et dans celle de la Haute Volta, il y a eu des accidents mortels suite à des campagnes de vaccination. On peut citer utilement quelques drames vaccinaux survenus en AOF : le 12 mars 1940, un accident de vaccination a été signalé par l'inspection des services sanitaires en Côte d'Ivoire. L'accident était imputable à une souillure d'ampoule. La vaccination a été faite à des recrues. Il y eut, suite à cette vaccination 48 recrues malades et 32 décédées. Un cas similaire a été signalé à Ouagadougou où suite à la vaccination anti-méningococique 42 recrues sont mortes de tétanos. Voir pour ces cas, la rubrique accident médical de Ouagadougou, ANS, 1H18 (I). A la suite de ces drames la population s'est révoltée contre les campagnes de vaccination.

sensibilités et des valeurs propres à chaque société. L'exercice de la médecine fut interdite à toute personne non diplômée d'une faculté de médecine française[172], on en déduit que la préparation des plantes en remèdes traditionnels, qui tenait lieu de médicament pour les populations africaines était également interdite.

031 - Un système sanitaire à objectif ambigu[173] - Le système sanitaire à ses débuts visait à protéger le personnel européen commis à la conquête de l'Afrique. La législation mise en place avait ainsi une coloration de conquête, une médecine non durable, une médecine pour le colonisateur et pour la préservation de la main d'œuvre[174]. La règlementation sanitaire était essentiellement curative[175] et axée sur le contrôle des grandes endémo-épidémies. Tout le personnel de santé qualifié à cette époque était européen, c'est donc dire que la vision de la politique était clairement orientée vers les intérêts français[176]. L'expert en politique de santé publique était étranger au terrain

---

[172] En effet, l'article 1er du décret du 17 janvier 1936, portant exercice de la médecine et de l'art dentaire aux colonies dispose que « nul ne peut exercer la médecine ou l'art dentaire dans les colonies, pays de protectorat et territoires sous mandat relevant du ministère des colonies, s'il n'est muni du diplôme d'Etat français de docteur en médecine et s'il n'est citoyen ou sujet français ou ressortissant d'un pays placé sous le protectorat de la France ou sous mandat français ». JORF, 22 janvier 1936, p.972.

[173] L'ambigüité de la politique française résidait également dans les actes et discours du colonisateur. Alors que la France prétendait unir « les populations de l'AOF sous le drapeau français, résoudre l'inégalité de statut en supprimant toutes les élections, et insister sur la « fraternité des races » », les actes tranchaient avec les discours, avec des hôpitaux réservés aux indigènes, l'accès aux fonctions importantes interdit aux indigènes dont les plus éclairés ne pouvaient devenir que des auxiliaires du médecin ou du pharmacien français. Voir. P. Blanchard, « Discours, politique et propagande : L'AOF et les Africains au temps de la Révolution nationale (1940-1944) », in C. Becker, S. Mbaye, I. Thioub (dir.), op.cit p.316.

[174] Pour le médecin colonial Chippaux l'action sanitaire dans les colonies avait pour but de rendre possible aux « troupes et aux éléments civils de colonisation qui les accompagnaient ou les suivaient la vie dans un climat hostile et au milieu d'un contexte écologique inhabituel ». C. Chippaux, « Le service de santé pendant les opérations menées en outre-mer de 1870-1970 », *Revue historique de l'armée*, n°1, 1972, p.14.

[175] C'est à partir de 1924 qu'une circulaire ministérielle a introduit la médecine préventive dans les colonies.

[176] J.- M. Lorrain a écrit ceci : « l'œuvre médicale, ce n'est pas moi qui vais la sous-estimer. Tout de même, il y a aussi l'idée d'améliorer le cheptel local, source de tant de manœuvre, de tant de tirailleurs ». J.- M. Lorrain, *J'étais médecin de brousse*, 1941-1943, PUB, Bordeaux, 1990, pp. 48-49.

africain, mais régnait en véritable maître venu « dire ce qui est mieux » pour les Africains[177]. C'est le besoin de main d'œuvre qui a conduit l'administration coloniale à mettre en place un système de santé[178]. L'hôpital n'avait pas une vocation de soins de santé pour tous, il a été créé pour assurer la réussite de la conquête coloniale en préservant la santé des troupes qui sillonnaient l'Afrique[179]. C'est petit à petit que les soins ont été étendus aux Africains[180]. L'Afrique était une terre expérimentale, avec le Sénégal comme le « laboratoire privilégié d'expérimentation »[181]. Les politiques mises en place étaient tellement irréalistes, qu'après le départ du colonisateur, les nouveaux Etats ont eu de la peine à décoller sur le plan de l'organisation sanitaire. Même quand les infrastructures existaient, les Etats n'étaient pas prêts. Ils n'étaient pas bien préparés à faire face aux nouveaux défis. Appelés à défendre leur territoire ou à protéger leur pouvoir, les nouvelles autorités vont, soit laisser la législation sanitaire coloniale faire son chemin, soit mettre en place des stratégies incohérentes et inconséquentes[182], dont les résultats sont encore visibles dans les systèmes juridiques actuels.

032 - La création de l'école de médecine et de pharmacie de Dakar - Après la première guerre mondiale, la France fortifie son

---

[177] T. Berche, *Anthropologie et santé publique en pays Dogon*, Karthala, Paris, 1998, p.23.

[178] Une circulaire ministérielle du 10 décembre 1941 affirmait qu'« il faut développer les races indigènes en qualité et en quantité ».

[179] Selon A. Diop, « dès l'arrivée de Faidherbe en 1854 jusqu'en 1895, c'est une phase de conquête et d'occupation militaire. Le Gouverneur se préoccupe des moyens de conquérir et il est donc nécessaire de résoudre le problème de la santé des troupes nécessaires pour l'œuvre de conquête. Jusqu'à la fin du siècle, l'action sanitaire demeure solidement liée aux intérêts de la conquête et à la présence de l'élément européen ». A. Diop, « Les débuts de l'action sanitaire de la France en AOF, 1895-1920 : le cas du Sénégal », in C. Becker, S. Mbaye, I. Thioub (dirs.), op.cit., p.1213.

[180] Ibidem, p.1220. L'auteur montre bien cette progression de la fréquentation des autochtones africains des centres de santé. En 1865, sur 2 576 malades traités 1 861 étaient des européens et 715 des indigènes. En 1907, 1 911 entrées étaient européennes et 1 068 indigènes, enfin en 1912, on dénombrait 1 729 Européens et 1 800 indigènes hospitalisés.

[181] I. D.Thiam, « Le combat des populations africaines pour la démocratie, l'égalité et la justice, 1895 -1960. L'exemple du Sénégal », in C. Becker, S. Mbaye, I. Thioub (dir.), op.cit., p.250.

[182] E. Kwam Kouassi, op.cit., p.217.

pouvoir médical, elle s'investit dans la formation des Africains, il y eut la création de l'école de médecine et de pharmacie en 1918, basée à Dakar, au Sénégal. Cette école devait former des médecins et des pharmaciens destinés à servir comme auxiliaires dans le cadre de l'AMI en AOF. Avec cette école, le colonisateur faisait d'une pierre deux coups : « neutraliser la médecine traditionnelle en faisant voler en éclats ses faibles assises institutionnelles »[183], mais également formater l'esprit de l'élite africaine.

033 - Le début de l'institutionnalisation des structures de santé - La fin de la deuxième guerre mondiale va marquer la réorganisation des services de santé. Ainsi, Dakar, plaque tournante de la politique coloniale, va abriter la direction générale de la santé publique et l'inspection médicale des écoles. C'est la naissance d'institutions sanitaires calquées sur celle de la métropole. En 1939, naissait le Service général autonome de la maladie du sommeil en A.O.F. et au Togo. Sur le plan pharmaceutique, c'est le décret du 26 janvier 1926 qui réglementait l'exercice de la profession de pharmacien en AOF[184] avant, qu'en 1954, les dispositions du CSP adopté en France en 1953, ne furent transposées dans les territoires d'outre-mer.

2. La règlementation de l'exercice de la pharmacie en AOF

034 - Une règlementation appliquée en terre africaine avec l'exclusion des africains - La première règlementation de la pharmacie en AOF date du 26 janvier 1926, elle a été modifiée en 1948[185], puis en 1954. L'exercice de la pharmacie était soumis à des conditions de diplôme et de nationalité. Il fallait être de nationalité française, né d'un père français pour prétendre exercer la pharmacie

[183] L. Monnais, « Paradoxes d'une médicalisation coloniale : la professionnalisation du « médecin indochinois » au XXe siècle », *Actes de la recherche en science sociales*, 2002/3, n°143, p.36.
[184] JO. AOF, 1926, p.227.
[185] Par le décret du 8 octobre 1948 réglementant le commerce, la détention et l'emploi des substances vénéneuses en AOF.

en AOF, cette disposition était rigoureusement appliquée[186]. Les Africains se trouvaient ainsi exclus de l'exercice de la pharmacie. Lorsque certaines dispositions du CSP français de 1953 ont été étendues à l'AOF par le Gouverneur général[187], la situation des pharmaciens africains a connu une évolution peu enviable. Les pharmaciens diplômés de l'école africaine de médecine et de pharmacie de Dakar ont été assimilés de plein droit aux bénéficiaires des mesures transitoires prévues à l'article 663 du CSP[188], mais ils étaient confinés à des rôles d'assistants[189] en qualité de préparateurs en pharmacie. Cette disposition a été qualifiée, « d'injuste, d'illogique et de maladroit »[190] par le président du syndicat des pharmaciens de Côte d'Ivoire et de la Haute Volta, M. Jean Mazuet. Les pharmaciens

---

[186] On peut citer l'affaire Tabet. M. Tabet est un ressortissant libanais, titulaire d'un diplôme français de pharmacien. Il avait préalablement ouvert une officine à Kaolack au Sénégal (autorisation du 17 juillet 1937), avant de la vendre pour en ouvrir une autre à Dakar. En avril 1942 on lui signifiait que la première autorisation était une erreur de l'administration et qu'il ne remplissait pas les conditions de nationalité pour être titulaire d'une officine, sa marchandise fut saisie en 1945. Il fut finalement condamné par la cour d'Appel de l'AOF pour exercice illégal de la pharmacie.

[187] Il s'agit respectivement de la loi n° 54-418 du 15 avril 1954, portant extension aux territoires d'outre mer de certaines dispositions du CSP français, du décret n° 55-1122 du 16 août 1955, qui est le décret d'application de la loi précitée et enfin le décret n° 55-1123 du 16 août 1955 fixant les règles concernant le remplacement des pharmaciens pendant leur absence.

[188] Nous reproduisons textuellement l'article 663 du CSP français : « A titre transitoire, toute personne âgée de vingt et un ans révolus à la date de promulgation de la loi du 24 mai 1946 et ayant à son actif cinq années de pratique professionnelle peut continuer d'exercer l'emploi de préparateur en pharmacie avec les droits, prérogatives et charges qui sont attachés à cette qualité. Le conjoint, les ascendants et descendants en ligne directe du pharmacien titulaire de l'officine où il exerce sont, aux conditions prévues par l'alinéa ci-dessus, assimilés de plein droit aux bénéficiaires des présentes mesures de transition. L'admission au bénéfice de ces mesures est constatée par l'inscription des bénéficiaires sur une liste dressée par l'inspection des pharmacies dans les formes prévues par un règlement d'administration publique ».

[189] L'article 579 du CSP auquel le décret fait référence, fixe un cadre pour le pharmacien titulaire pour se faire assister selon le chiffre d'affaire. Cela voudrait dire que les Africains diplômés devront se consacrer à l'assistance de pharmaciens titulaires, ils ne peuvent pas exercer personnellement la pharmacie.

[190] Voir sa lettre adressée au président de l'ordre des pharmaciens français, à qui il demande d'user de ses pouvoirs pour la rectification de ladite disposition afin de donner les mêmes droits aux pharmaciens sortis de l'école de Dakar. ANS, 1H48 (144).

africains après leurs études de pharmacie où ils suivent le même programme que leurs collègues de la métropole, ne pouvaient exercer qu'en qualité de préparateurs en pharmacie[191]. Alors que leurs frères médecins avaient la possibilité d'ouvrir et d'exploiter personnellement des cabinets privés, les pharmaciens, eux, ne pouvaient pas ouvrir et gérer une officine privée de pharmacie. Avec l'intervention bienveillante du gouverneur de la Côte d'Ivoire, l'administration française a été favorable pour concéder une dérogation aux pharmaciens africains « qui auraient obtenus un grade suffisamment important dans l'administration, par exemple le principalat »[192], pour ouvrir des officines.

035 - La modernisation de l'exercice de la pharmacie en AOF et la création d'une centrale d'approvisionnement en médicaments - La loi du 15 avril 1954 a poursuivi la modernisation de l'exercice de la pharmacie en AOF. On y trouve des dispositions relatives à l'inspection pharmaceutique, aux conditions de création d'établissements pharmaceutiques, à l'exercice personnel de la pharmacie et au monopole pharmaceutique. Dans le domaine de l'approvisionnement et afin de répondre aux besoins pharmaceutiques de toute l'AOF, l'administration française a créé la même année, la Pharmacie Nationale d'Approvisionnement (PNA). Au départ du colonisateur, le Sénégal conserva la PNA, devenue aujourd'hui un service public rattaché au ministère de la Santé. Quant au Burkina Faso, il créa en 1963[193], une pharmacie nationale, qui fût privatisée dans les années 1980 suite au PAS et aujourd'hui, c'est une centrale sous forme associative qui a remplacé cette pharmacie nationale.

Certaines dispositions du CSP compte tenu de la réalité du terrain africain ont connu un assouplissement.

---

[191] Le titre de préparateur en pharmacie était attribué en France à des personnes non titulaires du diplôme de pharmacie. Certains étaient simplement des conjoints ou ascendants de pharmaciens, ils ont appris leur métier dans le « tas ». Le pharmacien africain était ainsi dégradé dans son métier.

[192] Lettre n°12440/AP/D du 21 septembre 1955 du gouverneur de la Côte d'Ivoire sollicitant la dérogation au gouverneur général de l'AOF.

[193] Loi n°38.63. AN du 24 juillet 1963 portant création d'une pharmacie nationale de Haute Volta (J .O.HV n°35 du 17 août 1963, p.47.)

Paragraphe 2 : La législation pharmaceutique en Afrique : la prise en compte du terrain africain

Avant toute promulgation de textes en AOF, la métropole demandait l'avis du gouverneur général de l'AOF[194], qui était l'un des pouvoirs normatifs dans les colonies ; il était également « le chef suprême du service médical dont il était tenu de vérifier le fonctionnement technique et administratif »[195]. C'est ainsi que certaines dispositions des textes réglementant l'exercice de la pharmacie dans les colonies ont été assouplies pour tenir compte des circonstances et habitudes locales[196]. Le médicament a été introduit en Afrique dans un système de santé approximatif. Ainsi la réglementation du médicament était laxiste ; la mise sur le marché africain du médicament était libre et le visa qui prévalait dans la métropole en 1941 n'avait pas été transposé en AOF. Pour vendre son médicament en AOF, le laboratoire devait simplement adresser une demande au Gouverneur général de l'AOF, avec les références du visa délivré dans la métropole[197]. Ensuite la distribution du médicament était faite (en dehors des structures coloniales et confessionnelles) dans les comptoirs tenus par des compagnies commerciales européennes. Le médicament était alors vendu parmi d'autres objets[198] (A). Lorsque le médicament était destiné aux colonies, le conditionnement n'était pas assuré avec un grand soin. Un auteur affirme que certains médicaments « arrivaient en vrac sans étiquette, parfois même mélangés avec des produits toxiques »[199]. L'assouplissement des règles a aussi concerné la création des officines pharmaceutiques (B).

---

[194] Un exemple de demande d'avis peut être trouvé dans la lettre du ministre de la guerre assurant l'intérim du ministre des colonies. Le ministre informait le gouverneur général de la publication au JORF d'un arrêté ministériel portant sur la réglementation des substances vénéneuses et lui demandait d'examiner l'application dudit arrêté dans ses territoires. Lettre du 6 octobre 1931, ANS, 1H32(26).

[195] A. Diop, « Les débuts de l'action sanitaire de la France en AOF, 1895-1920 : le cas du Sénégal », in C. Becker, S. Mbaye, I. Thioub (dir.), op.cit., p.1214.

[196] R. Poplawski, op.cit., p.50.

[197] Nous pouvons citer la demande adressée par les Laboratoires Français de produits chimiques et pharmaceutiques du 19 juillet 1946. ANS, 1H32(26).

[198] C. Baxerres, « Pourquoi un marché informel du médicament dans les pays francophones d'Afrique ?», *Politique Africaine*, n°123, octobre 2011, p.125.

[199] F. Pasnik, op.cit., p.40.

A. L'assouplissement du monopole pharmaceutique : un renforcement de la banalisation du médicament par la population

036 - L'approvisionnement en médicament par des sociétés commerciales : la foire aux médicaments - Pour parer à la situation du milieu africain et surtout au manque de personnel africain qualifié, le colonisateur va alléger la règlementation en matière d'ouverture et de gérance des officines. La loi du 11 septembre 1941 réservait la propriété de tout établissement qui prépare ou vend en gros des drogues simples ou des produits chimiques destinés à la pharmacie à un pharmacien. Cette disposition n'avait pas été transposées en AOF et de ce fait, les maisons de commerce importaient des médicaments comme grossistes et les vendaient également comme détaillants dans les dépôts de médicaments[200]. Cette faiblesse de la réglementation va engendrer un vaste trafic de médicaments de la métropole vers les colonies dans les années 1950[201]. Le médicament se vendait comme

---

[200] Le 24 juin 1942, un groupe de pharmaciens civils a adressé une lettre de contestation au pharmacien chef de l'AOF pour dénoncer la vente de médicament par les maisons de commerce. Ils visaient particulièrement la Compagnie Française de l'Afrique Occidentale. Cette maison de commerce distribuait des médicaments à certains pharmaciens privés. Le groupe a jugé paradoxal que dans la métropole, la protection de la santé ait amené à confier aux seuls pharmaciens le commerce des médicaments alors que dans les colonies ce commerce n'est pas dissocié du commerce des autres produits. ANS, 1H48 (144).

[201] De nombreux cas de trafic ont été signalés en Côte d'ivoire : il y eut l'affaire pharmacie Taulelle basée à Lyon. M. Taulelle envoyait à des pharmaciens africains des médicaments en vue de leur revente sans autorisation d'exportation (il a été traduit devant le conseil régional de l'Ordre des pharmaciens de Lyon). Il y eut également l'affaire pharmacie du Serpent de Lyon et un pharmacien africain de Côte d'Ivoire (le dossier a été classé sans suite, « en considération de l'excellente réputation des intéressés et de la diligence avec laquelle ils ont déclaré vouloir obtempérer ». Ces propos sont du ministre de la Santé publique et de la population au gouverneur de la Côte d'Ivoire. ANS, 1H40 (13). En 1951, ce fut M. Garraud pharmacien à Bordeaux qui a été épinglé pour trafic de médicaments au Dahomey (actuel Benin). Celui-ci fournissait en produits pharmaceutiques un commerçant béninois (qui a été condamné pour exercice illégal de la pharmacie et M. Garraud pour complicité par moyens fournis dans l'exercice illégal de la pharmacie). Le réseau du trafic des médicaments de la métropole vers l'AOF était vaste, une lettre (n°4084/S.D du 25 septembre 1952) du pharmacien inspecteur de l'AOF, signale des expéditions massives de médicaments sans autorisation par la pharmacie Gaymard sis à Marseille à des infirmiers, agents d'hygiène, agents de commerce basés en Guinée.

de la friperie. Le phénomène de la vente hors circuit pharmaceutique de médicaments est ancien et sa répression très difficile[202]. Selon le directeur général de la santé publique de l'AOF, les inspecteurs des pharmacies rencontraient des difficultés pour contrôler cette vente illicite, surtout qu'une partie du trafic était alimentée par les pharmaciens métropolitains, qui expédiaient illégalement des quantités importantes de médicaments dans les colonies à des personnes non pharmaciens[203]. En somme, la distribution du médicament dans les colonies françaises ne répondait à aucun cadre en vigueur dans la métropole.

037 - Des pharmacies hospitalières officiant comme des officines privées - Le manque d'infrastructures pharmaceutiques privées dans les zones rurales va amener l'administration coloniale à déroger au code de la pharmacie, pour autoriser temporairement, dans les localités où il n'existe pas d'officine, ou en cas d'insuffisance d'approvisionnement, les formations sanitaires publiques à délivrer les médicaments prescrits par ordonnance à la population à titre onéreux. Ainsi le médicament dans les établissements hospitaliers et autres centres publics de santé, n'était pas réservé aux seuls malades admis en leur sein. Toute personne munie d'une ordonnance pouvait venir s'approvisionner.

038 - Les dépôts privés de médicament, une réalité ancienne - Nés pendant la colonisation, les dépôts privés ont toujours un succès de nos jours dans les anciennes colonies françaises. En effet, dérogeant aux dispositions de l'article L. 511 du CSP français de l'époque, des autorisations personnelles d'ouverture de dépôts de médicaments ont été accordées à des commerçants non pharmaciens pour pallier la carence d'officines. Il existait une condition de nationalité pour ouvrir et gérer un dépôt, il fallait être pour les personnes physiques de nationalité française et commerçant patenté

[202] Voir lettre du haut commissariat de l'AOF à l'inspecteur des pharmacies du département de la Seine et Oise n°878/AP du 25 octobre 1950. Il est fait état dans cette lettre d'un cas de trafic de médicaments concernant le sieur N' guessan, qui a été appréhendé en Côte d'Ivoire avec 6 000 comprimés de stovarsol, (médicament utilisé dans certaines maladies tropicales) achetés dans une officine française et destinés à la revente.

[203] Lettre du médecin colonel Garcin, Directeur général de la santé publique, à M. le directeur général de l'intérieur, en date du 24 août 1950, ANS, 1H40 (13).

âgé de 21 ans, pour les personnes morales, une société française. Ces commerçants, dépositaires ne pouvaient acquérir, détenir ou débiter, à titre gratuit ou onéreux, que les médicaments limitativement désignés par le CSP[204]. Un arrêté du gouverneur général du 3 décembre 1926, a fixé une liste de ces médicaments dans les colonies et a prévu que tout nouveau médicament pour être inscrit sur la liste devait faire l'objet d'une autorisation. Toujours est-il que ces commerçants vendaient au milieu de leurs marchandises habituelles, des médicaments[205]. Cette pratique a sans doute renforcé la conception du médicament comme un bien que l'on peut s'approprier dans le marché habituel.

B. Les critères d'ouverture des officines

039 - La création des officines de pharmacie : une dérogation au maillage territorial - Contrairement au CSP français qui fixait un quota d'habitants pour l'ouverture des officines, dans les colonies, la liberté était laissée au chef du territoire, sur proposition du directeur local chargé de la santé publique, de fixer les critères d'ouverture des officines. Dans la pratique aucun critère n'avait été fixé, l'ouverture des officines était libre sous autorisation préalable de l'administration. Le gouverneur de la Côte d'Ivoire attirait déjà en 1955, l'attention du gouverneur général sur le danger que comportait cette liberté laissée aux pharmaciens européens d'ouvrir des officines dans les ex-colonies. Pour étayer ses propos il indiquait qu'en Côte d'Ivoire, en janvier 1950, on dénombrait 3 officines et au 31 décembre 1954, 24 officines avec une dizaine de demandes d'ouverture en attente[206]. Une lettre de protestation avait d'ailleurs été rédigée par le syndicat des pharmaciens de la Côte d'Ivoire et de la Haute Volta[207], ces derniers dénonçaient l'anarchie dans la création des pharmacies et proposaient des critères qui tiendraient compte de l'état sanitaire des régions, de la

---

[204] Il s'agit de deux types de médicaments : 1) Médicaments préparés, divisés, conditionnés à l'avance et étiquetés, sous leur cachet, par les soins d'un pharmacien diplômé établi dans le territoire ou le groupe de territoire où se trouvent les dépôts. 2) Spécialités pharmaceutiques ou vétérinaires dûment autorisées dans la Métropole et en provenance d'une pharmacie du territoire ou du groupe de territoires.

[205] Voir lettre du docteur J. Mazuet président du syndicat des pharmaciens de Côte d'Ivoire et de Haute Volta (9 septembre 1955). ANS 1H 40 (13).

[206] Voir lettre du gouverneur de Côte d'Ivoire n°93/AP/D du 31 janvier 1955. ANS, 1H40 (13).

[207] ANS, 1H32 (26).

densité des populations, du minimum vital indispensable du pharmacien (il faut que le pharmacien puisse approvisionner son officine en médicaments, mais également vivre de ses activités) et enfin du pouvoir d'achat des populations. Ce dernier critère a été retenu par le Burkina en 2003[208]avant d'être abrogé en 2010[209].

040 - La prescription du médicament par du personnel non médecin - La prescription des médicaments va connaître également un assouplissement. Légalement réservée aux médecins et à des personnes limitativement désignées, le colonisateur va étendre son exercice à d'autres professionnels de la santé. Le nombre de médecins étant limité, l'administration coloniale a autorisé la prescription des médicaments à un personnel non médical. C'est ainsi que des infirmiers et aides infirmiers coloniaux pouvaient prescrire des médicaments, à côté des infirmiers indigènes qui officiaient dans les zones éloignées des centres urbains. Cette pratique est toujours d'actualité au Burkina Faso et au Sénégal afin de pallier l'insuffisance des ressources humaines médicales. Elle a favorisé le recrutement d'agents communautaires.

Les politiques sanitaires mises en place étaient incohérentes et éphémères, mais avait le mérite de servir le colonisateur et d'empêcher toute initiative africaine. Tel était l'état des lieux du secteur pharmaceutique avant les indépendances.

Les Etats africains une fois indépendants semblent avoir mis une croix sur leur propre histoire et s'efforcent d'adapter le droit français à leur contexte, ce faisant, ils oublient même de tirer leçon de l'histoire du droit français, un droit qui découle du droit romain, mais qui a su se tailler un costume spécifique propre aux valeurs françaises.

---

[208] Il s'agit de l'arrêté n°2003-047/MS/CAB du 7 juillet 2003 portant critères d'implantation des officines pharmaceutiques au Burkina Faso.

[209] L'arrêté n°2010-359/MS/CAB du 7 octobre 2010 portant conditions d'octroi d'une autorisation de création d'une officine pharmaceutique privée n'a plus retenu le critère de pouvoir d'achat de la population.

Section II : Les sources du droit pharmaceutique au Burkina Faso et au Sénégal (1960 à nos jours)

041 - La règlementation pharmaceutique : un acte de souveraineté nationale - La réglementation du secteur pharmaceutique appartient aux autorités nationales en priorité. Celles-ci disposent du droit comme instrument pour organiser la société[210]. Les normes qui régissent les activités pharmaceutiques sont multiples et émanent de plusieurs sources. Si la rencontre du droit et de la pharmacie est très ancienne dans le monde, en Afrique, l'élaboration d'une réglementation écrite en matière pharmaceutique est encore très récente. L'édifice du droit pharmaceutique en Afrique a encore besoin de beaucoup de pierres pour sa maturité. Historiquement, nous venons de le montrer, la législation écrite en matière pharmaceutique dans les pays d'Afrique francophone remonte à la colonisation française. Aujourd'hui, ces systèmes sont autonomes et ont bâti des règles juridiquement hiérarchisées pour encadrer le domaine de la santé en général et de la pharmacie en particulier. Le droit pharmaceutique est composé de l'ensemble des normes juridiques obligatoires applicables aux activités pharmaceutiques. Ces normes tirent leurs caractères obligatoires de sources nationales (Paragraphe 1) et de sources supranationales (Paragraphe 2).

Paragraphe 1 : Les sources nationales : les résonnances du droit pharmaceutique français dans la réglementation pharmaceutique au Burkina Faso et au Sénégal

042 - La survivance du système français en Afrique postcoloniale malgré une prise de conscience des chefs d'Etat quant à « l'africanisation » de leurs politiques - Devenus indépendants, les nouveaux dirigeants africains ont hérité d'un système qui leur était étranger. Le poids des valeurs africaines se dédoublait avec leur vision occidentale du pouvoir et surtout avec le

---

[210] T. Cassuto, *La santé publique en procès, questions judiciaires*, PUF, Paris, 2008, p.19.

faux départ du colonisateur[211]. Les hommes politiques africains, issus de la vague de la décolonisation, avaient le défi de reconstruire les Etats, de réorganiser leur administration en les modernisant[212]. Mais également en les adaptant à la tradition africaine[213]. C'est sans doute pour cela que le jeune Etat sénégalais avait créé en 1975, une commission consultative de recherches médicales et pharmaceutiques, chargée entre autres de « sénégaliser » progressivement le personnel médical et pharmaceutique et de les intégrer dans le système de santé sénégalais[214]. En 1976, les chefs d'Etats africains, réunis à la XIIe session ordinaire de l'OUA, avaient très tôt perçu le danger de l'acculturation d'une grande partie de l'élite africaine[215]. Ils ont adopté

---

211 L'administration française est restée présente dans les colonies à travers des agents expatriés communément appelés coopérants. Dans tous les secteurs ils ont aidé les gouvernements locaux à monter les projets pour bénéficier des financements de la puissance colonisatrice. La période qui a suivi les indépendances ressemblait sur le plan sanitaire à la période coloniale. Au Burkina Faso, par exemple, les hôpitaux étaient toujours dirigés par des directeurs et chefs de service français. Les cadres burkinabè qui revenaient de leurs études soit du Sénégal, soit de la France, étaient relégués à des seconds rôles. C'est en 1966, avec un soulèvement populaire, remettant en cause la gestion du pays que les cadres ont pu accéder à des postes de direction dans les hôpitaux.

212 On peut le dire, les autorités politiques qui ont succédé aux colonisateurs, ont hérité de portions de terres où des lignes frontières imaginaires ont été tracées et selon C. Coquery-Vidrovitch, « le temps de l'Etat a donc été haché, bousculé, soumis à une succession d'incohérences ». Les nouvelles autorités avaient le défi de reconstruire cet ensemble. C. Coquery-Vidrovitch, « Du territoire à l'Etat-nation : le cas de l'AOF », in C. Becker, S. Mbaye, I. Thioub, op.cit., p.21. Certains ont volontairement laissé l'organisation mis en place avant 1960.

213 R. Monné, *Contribution à l'étude juridique du droit à la santé en Afrique* : *Réflexions à partir de l'exemple du Burkina Faso*, Thèse de doctorat, Université Bordeaux I, 1994, p. 124.

214 Il s'agit du décret n° 75-586 du 5 juin 1975 portant création d'une commission consultative de recherches médicales et pharmaceutiques (JORS, 28-6-1975, n°4431, pp. 862-863). Cette commission a reçu comme mission entre autres, d'étudier et de proposer « toutes mesures de nature à favoriser la formation et le recyclage des personnels de recherche ainsi que la sénégalisation progressive de ces personnels et leur intégration dans les structures médicales et pharmaceutiques ». Elle devait également étudier et suggérer « toute mesure d'orientation scientifique et technique propre à assurer le meilleur emploi et la plus grande efficacité du potentiel scientifique existant dans les domaines d'activité des sciences médicales et pharmaceutiques ».

215 Dans son préambule la Charte culturelle de l'Afrique adoptée le 5 juillet 1976 à Port-Louis par l'OUA, stipule que « la colonisation a favorisé la formation d'une élite africaine trop souvent acculturée et acquise à l'assimilation, et qu'une grave rupture s'est produite entre cette élite et les masses populaires africaines ».

une charte appelant à faire de la culture et de la tradition africaine, le « ciment de toute action ». Mais malheureusement, pour faire simple, beaucoup d'entre eux ont gardé le système mis en place par le colonisateur. Les programmes d'enseignement au Burkina Faso et au Sénégal ont longtemps été conçus à partir des programmes français[216]. L'élève ou encore l'étudiant africain n'apprenait rien sur son propre passé et sa culture. Pire, comme le note J. Vanderlinden, « l'idée de l'inexistence d'un droit africain leur a été apprise, le droit africain étant réduit à des usages ou à des coutumes sans force juridique »[217]. Tout cela a entraîné « la dépersonnalisation d'une partie des peuples africains et falsifié leur histoire »[218]. Devenu cadre, l'homme africain, appliquait dans son propre pays les idées reçues de l'endoctrinement colonial. Les indépendances intervenues dans les années 1960, pour la plupart des anciennes colonies françaises d'Afrique, n'ont presque rien changé dans l'enseignement du droit. Ainsi les juristes africains ont été « disciplinés » dans les facultés de droit métropolitain ou même sur le continent africain. Après le départ du colonisateur, une autre forme de coopération a été mise en place, ainsi des volontaires français ont remplacé l'administration coloniale pour assurer la continuité de l'œuvre coloniale. Les nouvelles autorités africaines ignoraient pour la plupart l'objectif recherché par ces volontaires et leurs pays. C'est ainsi que le président gabonais, Léon M'ba, qui accueillait les premiers volontaires dans son pays, leur avait dit ceci : « je ne sais pas au juste ce que vous venez faire, mais soyez les bienvenus quand même »[219]. Ces volontaires étaient souvent des techniciens ; ils ont aidé les Etats indépendants à bâtir leurs différentes politiques sur l'expérience française.

L'élaboration d'un droit propre à la réalité de chaque pays africain n'a pas eu lieu. Les institutions mises en place étaient inadaptées. Dans le domaine sanitaire le cadre juridique n'était pas

---

[216]En tant qu'anciennes colonies, la méthode et les outils pédagogiques utilisés avaient pour objectif de former des citoyens français.

[217] J. Vanderlinden, *Les systèmes juridiques africains*, Que sais-je ? PUF, 1983, p.48.

[218] Préambule de la Charte culturelle de l'Afrique adoptée le 5 juillet 1976 à Port – Louis par L'OUA et ratifiée par le décret 81-449 bis du 21 septembre 1981, ratification autorisée par l'ordonnance 81-32 du 7 septembre 1981, J.O.RHV du 10 septembre 1981, p.742.

[219] J.-J. Gabas, *Nord- Sud : l'impossible coopération ?*, Presses de Science Po, Paris, 2002, p.50.

très développé pour permettre un accès équitable et solidaire des soins à tous. Les populations, confrontées à une pauvreté structurelle, à un système de santé coûteux, à des médicaments trop chers, ont déserté les centres de soins modernes pour se retourner vers la médecine traditionnelle[220] qui a l'avantage de les ressembler. Certains d'entre eux se sont tournés vers les médicaments vendus dans les marchés des villages.

La revendication des acteurs de la décolonisation était de retrouver une liberté de gouvernance, une gouvernance africaine, le droit postcolonial devrait donc être en cohérence avec les idées d'indépendance. Malheureusement, quand on scrute sur le plan national, le droit pharmaceutique en Afrique francophone reste collé aux idées françaises, ce qui a inspiré un auteur qui parle de « mimétisme sanitaire en Afrique »[221].

Le droit pharmaceutique en Afrique tire ses sources de la constitution et des lois (A). Cependant, il est essentiellement règlementaire (B), ce qui est peut être une particularité par rapport au droit pharmaceutique français.

A. Les sources constitutionnelles et législatives : la difficile innovation des législateurs africains

043 - Le mimétisme juridique[222] - Le législateur africain dans son œuvre législative est pris entre trois difficultés. Il doit tenir compte des valeurs nationales propres à son pays[223], il ne doit pas ignorer la conception occidentale de la santé et enfin il doit faire avec

---

220 Pour une étude de la médecine traditionnelle voir paragraphe 161et suivants.

221 F. Pasnik, op.cit., 378 p.

222 Pour se rendre compte du mimétisme juridique le lecteur pourra consulter paragraphe 67-90 sur la définition du médicament ; paragraphe 363 et suivants sur la publicité, paragraphe 568 et suivants sur le code de déontologie des pharmaciens.

223 Par exemple l'analphabétisme. Dans ce sens le législateur doit adopter des normes qui pourront être appliquées par cette partie de la population. Il y a également les conflits entre certaines pratiques traditionnelles et culturelles et la conception occidentale (l'excision, certains interdits alimentaires de la femme enceinte qui peuvent la priver de nutriments nécessaires à l'évolution de sa grossesse). Ou encore les conflits entre certaines pratiques occidentales en matière de santé et la conception traditionnelle (par exemple la pratique de l'autopsie est culturellement interdite en Afrique, la mort étant sacrée).

les exigences des bailleurs de fonds dans le secteur de la santé[224]. M. Badji traduit bien cette difficulté de légiférer dans le contexte sénégalais. Selon l'auteur, les autorités politiques sénégalaises sont confrontées à deux exigences contradictoires : ils doivent non seulement développer des règles pour moderniser les institutions, mais doivent également composer avec les marabouts dont l'intérêt est de voir la société sénégalaise se transformer sans remettre en cause leur statut social et politique[225]. C'est ainsi que très souvent, les lois adoptées s'éloignent des réalités africaines[226], ce qui conduit certains auteurs à parler de mimétisme juridique[227]. Ce mimétisme est qualifié par M. Lapeysonnie[228] d'excessif. Pour lui les gouvernements des pays africains indépendants font dans l'excès, « ce qui les conduit souvent à un mimétisme institutionnel qui gène la conception et la mise en œuvre d'autres pratiques et d'autres systèmes médico-sociaux qui seraient sans doute mieux adaptés aux situations locales »[229]. Au niveau des normes juridiques, on retrouve ainsi un système quasi-identique au système juridique français[230].

044 - La constitution comme source du droit pharmaceutique - Le préambule de la Constitution du Sénégal affirme l'adhésion du

[224] M. Bélanger, « Existe-il un droit africain de la santé », op.cit., p.359.

[225] Dans ce sens on peut citer la puissance du groupe religieux Mourides sur le pouvoir politique au Sénégal. En effet ce groupe religieux conduit par leur khalife général dont le siège est à Touba est au cœur de toutes les activités politiques. Aucun texte de lois ayant une influence significative sur la vie des populations ne peut être adopté sans un passage d'une délégation gouvernemental dans cette ville. L'interdiction de la vente illégale des médicaments en un exemple. Vente détenue par des disciples de Touba, décriée par les pharmaciens, mais non punie ou en tout rarement. Lorsque le président Abdoulaye Wade a enfin décidé de prendre un décret dans le sens de l'interdiction formelle de la vente des médicaments hors circuit pharmaceutique, les journaux ont indiqué son passage à Touba pour discuter de la question. (M. Diouf, « Démantèlement du marché illicite des médicaments : keur Serigne Bi ou l'arbre qui cache la forêt », *La Gazette du Sénégal*, 21 août 2009)

[226] Par exemple, la loi burkinabè sur la médecine traditionnelle reprend l'essentiel des aspects du Code de déontologie médicale appliquée aux médecins de médecine moderne.

[227] Voir pour le mimétisme juridique du droit africain, D. Darbon, J. du Bois de Gaudusson (dir.), *La création du droit en Afrique*, Karthala, Paris, 1997.

[228] L. Lapeysonnie, *La médecine coloniale : mythes et réalités*, Editions Seghers, Paris, 1988, p.9.

[229] Ibidem, p.11.

[230] D. Gobbers, « L'organisation du système de santé en Afrique de l'Ouest », *ADSP* n° 30, mars 2000, p.36.

peuple sénégalais à la Déclaration des Droits de l'Homme et du Citoyen de 1789 et aux instruments internationaux adoptés par l'ONU et l'OUA (aujourd'hui Union Africaine), notamment la Déclaration Universelle des Droits de l'Homme du 10 décembre 1948 et la Charte Africaine des Droits de l'Homme et des Peuples du 27 juin 1981. Tous ces instruments proclament la garantie pour tous à un droit à la santé. Si l'on considère le rôle joué aujourd'hui par le médicament, on peut déduire que ces instruments garantissent l'accès pour tous aux médicaments de qualité. Dans l'énumération des droits garantis par la République du Sénégal à l'ensemble de sa population, le droit à la santé est cité comme un droit fondamental. L'article 17 de la Constitution sénégalaise garantit aux familles l'accès aux services de santé. La santé ne va pas sans le médicament, l'Etat, implicitement garantit donc l'accès aux médicaments. La Constitution donne ici une base juridique aux autorités politiques pour organiser les services de santé, pour bâtir un droit de la santé dans lequel le médicament occupe une place de choix.

Le constituant burkinabè souscrit également à l'ensemble des instruments internationaux garantissant les droits de l'homme. La Constitution reconnaît la santé comme un droit et l'article 26 réaffirme le droit pour chaque citoyen à la santé et met une obligation à la charge de l'Etat pour le promouvoir. Ainsi dans son action de promotion de la santé, l'Etat va construire le droit de la santé et partant le droit pharmaceutique. L'article 28 de la Constitution burkinabè reconnaît le droit de la propriété intellectuelle[231]. La lecture combinée de cette disposition constitutionnelle avec l'Accord de Bangui[232] donne une base légale au brevet de médicament, qui est un pilier en droit pharmaceutique.

045 - La loi comme source du droit pharmaceutique - Les lois doivent être entendues ici dans leur sens stricto sensu[233], c'est-à-dire des textes votés par le parlement dans son domaine de compétence

---

[231] Le droit de propriété est garanti au Sénégal par l'article 15 de la Constitution du 22 janvier 2001.

[232] Cf infra paragraphe 692 et suivants.

[233] Selon l'article 97 de la Constitution du Burkina Faso « la loi à laquelle la Constitution confère le caractère organique est une délibération de l'Assemblée nationale ayant pour objet l'organisation ou le fonctionnement des institutions. Elle est votée à la majorité absolue et promulguée après déclaration de sa conformité avec la Constitution par le Conseil constitutionnel ».

fixé par la constitution[234], à laquelle elles doivent être conformes. La loi est donc une source de droit pharmaceutique. Le droit pharmaceutique est resté embryonnaire au Burkina Faso jusqu'en 1994 avec l'avènement du nouveau CSP. La déontologie pharmaceutique et l'organisation du « sous-secteur » pharmaceutique par la loi sont restées un pur mimétisme inadapté du droit français des années 1950. Un droit logiquement inapplicable[235]. Le médecin où le pharmacien confronté à un problème déontologique, se réfère toujours à sa culture, ou à la pratique « notoire » de sa zone d'exercice. Mais comme le note G. Ripert à propos de la formation du droit, « plus est ancienne la formation d'une nation plus est solide la structure de son droit »[236], l'existence des Etats africains datent de 1960, cet état de jeunesse justifie-t-elle, à elle seule, ce mimétisme juridique ?

046 - Des normes non codifiées[237] – S'il existe bien des lois organisant les activités pharmaceutiques au Burkina Faso et au Sénégal, on note un certain éparpillement des sources normatives en matière pharmaceutique. Or l'absence de code engendre « une prolifération désordonnée des textes », ce qui aggrave la difficulté d'accès aux sources du droit et à leur connaissance[238]. La codification devra donc permettre de « remédier à la dispersion et à l'émiettement des sources du droit »[239] et faciliter ainsi la connaissance du droit de la

---

[234] Au Burkina Faso, cette compétence est fixée par l'article 101 de la Constitution du 2 juin 1991, au Sénégal c'est l'article 67 de la Constitution du 22 janvier 2001.

[235] L'une des difficultés d'application du Code de déontologie des pharmaciens réside dans le fonctionnement de l'Ordre des pharmaciens. Le Code de déontologie des pharmaciens en France a prévu un Ordre dans chaque région, ce qu'a suivi le Burkina Faso, mais il n'existe pas de pharmaciens dans chaque région du Burkina Faso. Actuellement il n'y a que deux Ordres régionaux qui fonctionnent (Ouagadougou la capitale et Bobo-Dioulasso la deuxième ville).

[236] G. Ripert, *Les forces créatrices du droit*, LGDJ, Paris, 1955, p.15.

[237] Une des difficultés que nous avons rencontrée était de trouver les textes juridiques réglementant le secteur pharmaceutique. Lorsque les textes sont disponibles, il est souvent impossible de trouver leurs sources dans les journaux officiels (journaux non remis à jour sur Internet et certains textes ne sont pas publiés au JO).

[238] B. Oppetit, « De la codification », in *Recueil Dalloz*, 1996, chron., pp. 33 et suivantes.

[239] B. Oppetit, « L'expérience française de codification en matière commerciale », in *Recueil Dalloz*, 1990, chron., p. 1 et suivantes.

santé, car comme l'écrivait D. Truchet, « le droit de la santé existe parce qu'il a son code »[240].

Le Burkina Faso a tenté en 2011 de rassembler les normes en matière pharmaceutique, mais cela a consisté à juxtaposer des textes souvent sans ordre apparent et sans résultat manifeste, les normes abrogées y apparaissent et il faut toujours se référer au Journal Officiel dont la mise à jour n'est pas effective en ligne.

Le Sénégal pour sa part a connu une activité législative en matière pharmaceutique dès le lendemain des indépendances, mais le Sénégal indépendant[241]ne dispose pas encore de CSP[242]. Il est courant de lire, dans les textes de loi ou réglementaires, une référence faite au CSP, il s'agit du CSP français qui avait cours au Sénégal et dans les autres pays de l'AOF et de l'AEF jusqu'en 1960. Après l'indépendance, il y a eu une suite de textes allant dans le sens du CSP français. Par la suite ledit code sera modifié, mais de façon parcellaire. C'est véritablement dans les années 1990, que le secteur du médicament va connaître des changements avec l'élaboration d'une nouvelle définition du médicament[243].

047 - De quelques lois spécifiques en matière pharmaceutique - Au Burkina Faso, le droit pharmaceutique tire sa source principalement du livre V de la loi n°23/94/ADP du 19/05/1994 portant CSP. Mais ce code contient uniquement la loi en matière de santé publique, les décrets d'application, les arrêtés et les autres textes

---

[240] D. Truchet, op. cit. , p.15.

[241] C. Becker, « Prolégomènes à une réflexion sur l'Etat colonial, le droit et la santé dans l'Ouest africain francophone : questionnements à propos des pratiques et des réglementations sanitaires », in I. Mandé, B. Stefanson (dir.), *L'Afrique et la mondialisation*, Karthala, Paris, 2005, p.210.

[242] Il existe depuis juillet 2006 un arrêté instituant un comité chargé de l'élaboration du code de la santé publique du Sénégal. (Arrêté ministériel n°4531 MSPM-SG-BL portant création d'un Comité chargé de l'élaboration du Code de la Santé (JORS, 2006, n° 6312, pp. 1198-1199)).

[243] Les autorités sénégalaises ayant constaté que « les dispositions législatives relatives à la pharmacie et au médicament étaient pour l'essentiel celle de la loi n°54-418 du 15 avril 1954 », texte en net déphasage par rapport aux réalités sénégalaises, ont adopté le 20 juin 1994, une loi sur le médicament. C'est en même temps cette loi qui a dissocié la définition du médicament de celle du monopole pharmaceutique au Sénégal. Le Sénégal avait conservé la définition française du médicament de 1941.

qui intéressent la santé n'y sont pas. Ainsi on retrouve un peu dispersé :

- La loi n°006/94/ADP du 11/03/1994, portant suppression du droit de douane sur les produits pharmaceutiques ;
- La loi portant suppression totale des droits et taxes de douane sur les MEG
- La loi portant code des drogues ;
- La loi n°027-2012/AN du 5 juin 2012, portant création de l'Ordre des pharmaciens.

En ce qui concerne le Sénégal, outre le CSP de l'AOF qui semble toujours être en vigueur, on peut citer quelques lois spécifiques à la pharmacie qui ont modifié certains articles dudit code :

- La loi n°65-33 du 19 mai 1965, modifiant le CSP en ce qui concerne la préparation, la vente et la publicité des spécialités pharmaceutiques ;
- La loi n°78-50 du 14 août 1978 exonérant de tous droits et taxes à l'importation les produits pharmaceutiques ;
- La loi n° 94-57 du 26 juin 1994, abrogeant et remplaçant l'article L. 511 du Code de la santé publique.

Le droit pharmaceutique ne va pas sans la protection des individus quant aux essais cliniques des médicaments. L'Afrique est un terrain propice[244] aux essais cliniques éthiquement répréhensibles[245]. Les

[244] Nous conseillons la lecture de l'article de S. Shah. L'auteur démontre comment par manque de volontaires au Nord, les laboratoires s'abattent sur les populations du Sud pour tester leurs médicaments, elle qualifie de « plaisanterie » le consentement obtenu de ces populations. S. Shah, « Médicaments du Nord testés sur les pauvres du Sud », *Le Monde Diplomatique*, mai 2007, pp.18.19.

[245] Plusieurs cas d'essais cliniques éthiquement répréhensibles peuvent être cités : il y a l'affaire Tenofovir de Douala. Il s'agit dans le cas d'espèce d'un laboratoire américain (Gilead) qui avait effectué en juin 2004, des essais cliniques de phase II sur une population de 400 prostituées de la ville de Douala au Cameroun. Le laboratoire avait pourtant eu l'autorisation du ministère de la Santé le 23 janvier 2003, mais les personnes soumises à l'essai n'étaient pas informées sur les risques éventuels, elles avaient cru à un traitement efficace qui allaient les guérir. L'essai en réalité visait à démontrer l'efficacité à titre préventif du produit. La souffrance des personnes concernées va alerter les médias (ces personnes ont été laissées à elles-mêmes lorsque survenaient des effets indésirables). Le ministre camerounais de la Santé a fini par suspendre lesdits essais en février 2005. Il y a également les essais réalisés au Nigéria par le groupe pharmaceutique PFIZER en 1996 en pleine épidémie de méningite. Un antibiotique, le Trouvan®, avait été testé sur des enfants et a entraîné par la suite la mort de 11 d'entre eux et causé un handicap grave à plusieurs dizaines.

Etats africains ont mis du temps à suivre les prescriptions de la Déclaration des Nations unies du 10 novembre 1975, qui obligeait tous les Etats à prendre « des mesures efficaces, y compris des mesures législatives, afin d'empêcher et d'interdire que les réalisations de la science et de la technique soient utilisées au détriment des droits et des libertés fondamentales de l'homme ainsi que de la dignité de la personne humaine ». Face au besoin urgent de protéger les individus, il fallait une intervention législative[246], qui surviendra au Sénégal avec la loi n°2009-17 du 9 mars 2009 portant Code d'éthique pour la Recherche en Santé[247] et au Burkina Faso avec le décret n°2010-243/PRES/PM/MS réglementant les essais cliniques.

048 - Des lois générales, sources du droit pharmaceutique - Certaines lois sont d'ordre général, mais s'appliquent dans le domaine pharmaceutique. On peut citer :

- Le Code civil[248] au Burkina Faso et le COCC au Sénégal[249].
- La loi portant code des douanes[250].
- La loi n°003/93/ADP du 7 mai 1993 portant organisation de l'administration et du territoire. Cette loi porte sur la

---

[246] Pour une étude évolutive et explicative de l'encadrement juridiques de la recherche biomédicale voir G. Mémeteau, « De quelques droits sur l'homme commentaire de la loi du 20 décembre 1988 relative à la protection des personnes qui se prêtent à des recherches biomédicales », *Recueil Dalloz* 1990 p. 165.

[247] JORS du 11-7-2009, n°6479, pp.744-750.

[248] C'est l'arrêté du gouverneur du 5 novembre 1830 qui a étendu le Code civil français de 1804 au Sénégal. Ce code a, par la suite, été étendu à l'ensemble de toutes les colonies françaises par le décret du 6 août 1901, portant réorganisation du service de la justice en Guinée, Dahomey et Côte d'Ivoire. Ces trois colonies se répartissaient l'ensemble du territoire de l'AOF, il faut rappeler que la Haute Volta (Burkina Faso), n'a été créée comme colonie qu'en 1919 et le code lui a été également appliqué.

[249] En matière de responsabilité et de contrat, il n'existe pas de cadre spécifique réservé aux professionnels de santé, ces deux codes s'appliquent donc aux pharmaciens. Aujourd'hui ces codes ont été influencés par l'unification du droit des affaires dans le cadre de l'OHADA.

[250] Au Burkina Faso, le code des douanes a été amendé en 1967 par l'ordonnance n°67-007 du 26 janvier 1967 et en 1970 par l'ordonnance n°70-053 du 07 novembre 1970. Il a été révisé en 1992 par la loi n°03/92/ADP du 03 décembre 1992. Au Sénégal, il s'agit de la loi n°87-47 du 28 décembre 1987 portant code des douanes.

décentralisation et les services pharmaceutiques se trouvent ainsi concernés[251] ;

- La loi n°96.07 du 22 mars 1996 portant transfert des compétences aux régions, aux communes et aux communautés rurales du Sénégal avec son décret d'application n°96-1135 du 27 décembre 1996 en matière de santé et d'action sociale[252] ;
- La loi n°031/2001/AN du 02 juillet 2001 portant création des régions administratives au Burkina Faso ;
- La loi n°035/2002/AN du 26 novembre 2002 portant création de la catégorie d'Etablissement Publics de Santé au Burkina Faso. Au Sénégal, il s'agit de la loi n° 98-12 du 2 mars 1998, relative à la création à l'organisation et au fonctionnement des établissements publics de santé au Sénégal ;
- La loi portant code de la publicité[253] ;
- La loi portant organisation de la concurrence[254];

Dans le domaine sanitaire, ce fut le changement politique dans la continuité de politique sanitaire instaurée par la France[255]. Mais le problème, c'est que lorsque le colonisateur français a transposé son droit pharmaceutique en Afrique, il n'avait pas prévu que toute modification du droit dans la métropole emporterait modification dans

[251]Un décret d'application concernant la santé a été signé, il s'agit du décret n°2009 108/PRES/PM/MATD/MS/MEF/MFPRE portant transfert des compétences et des ressources de l'Etat aux communes dans le domaine de la santé au Burkina Faso. Parmi les compétences transférées, l'article 5 du décret cite « l'organisation de l'approvisionnement pharmaceutique, le contrôle de la réglementation sanitaire ».

[252] Selon le décret d'application, la région assure la gestion des hôpitaux régionaux et départementaux, des centres de santé situés au niveau des communautés rurales, la gestion des centres et postes de santé urbains revient à la commune. Quant aux postes de santé ruraux, les cases de santé et les maternités rurales, ils sont de la compétence des communes rurales.

[253] Au Burkina Faso, il s'agit de la loi n°025-2001/ AN du 25 octobre 2001, portant code de la publicité. Au Sénégal de la loi n°83-20 du 28 janvier 1983 relative à la publicité.

[254] Au Burkina Faso, il s'agit de la loi n°15/94/ADP du 05 mai 1994 et au Sénégal de la loi du 3 août 1994 portant sur la concurrence, les prix et le contentieux économique.

[255] Cette situation se retrouve également outre-mer. Par exemple en Polynésie française, le droit français est souvent appliqué de fait pour combler le vide juridique. Voir A. Leca et al, Le droit médical en Polynésie française, Les Etudes Hospitalières, 2013, 476p. Document disponible sur http://www.bnds.fr/espacetelechargement.html?contenu=4193&format=pdf. Consulté le 15 septembre 2013.

les colonies, A. Leca fait le même constat pour la Polynésie française[256]. C'est ainsi que les colonies se sont retrouvées après les indépendances, avec « un droit pharmaceutique déjà dépassé dans la métropole»[257]. Il en est ainsi de la responsabilité spécifique du producteur de médicament, de la définition du médicament, de certains articles du Code civil et du CSP[258]. Aujourd'hui, les différents pays africains ont fêté presque tous cinquante ans d'indépendance, mais leur mode de vie ou encore le raisonnement intellectuellement est resté très étroitement orienté vers le modèle occidental[259] au détriment de la promotion de formes d'épanouissement propres à leurs populations autochtones. Cependant, le caractère essentiellement règlementaire du droit pharmaceutique au Burkina Faso et au Sénégal[260]semble être une caractéristique spécifique à ces droits.

B. Les sources réglementaires du droit pharmaceutique

049 - Les sources réglementaires : le décret - Le règlement est l'acte qui vient après la loi dans la hiérarchie des normes. Le domaine législatif étant limité par la constitution, les matières qui ne sont pas explicitement citées en « vertu de la constitution ont un caractère réglementaire »[261]. L'acte réglementaire est l'œuvre du président de la République, du gouvernement ou encore des administrations placées

---

[256] Ce problème se trouve dans tous les territoires d'outre-mer et est lié au fait que ces territoires étaient régis par des textes spéciaux. Ibidem, p.24.

[257] J. Vanderlinden, « A propos de la création du droit en Afrique : regard d'un absent », in D. Darbon, J. du Bois de Gaudesson, op.cit., p.51.

[258] La définition du médicament dans les ex-colonies est restée celle du CSP français en vigueur depuis 1967.

[259] M. Doumbé Moulongo, *Les coutumes et le droit au Cameroun*, Yaoundé, Editions clé, 1972, p. 62.

[260] Ce caractère réglementaire du droit pharmaceutique au Burkina Faso et au Sénégal répond à la recommandation de l'OMS, qui veut que les autorités réglementaires pharmaceutiques puissent bénéficier d'une certaine souplesse dans la gestion de leur tâche. En effet l'OMS pense qu'« une législation trop détaillée est susceptible de donner lieu à des situations préjudiciables à une bonne maîtrise des risques ». Le texte poursuit en disant qu'il « est souhaitable que les grandes obligations soient mentionnées dans les lois, que les modalités ou les contraintes particulières soient présentes dans les règlements ». Voir Autorisation de mise sur le marché des médicaments à usage humain notamment d'origine multisource (génériques), Manuel à l'usage des autorités de réglementation pharmaceutique, Série Réglementation Pharmaceutique, n°13, OMS, Genève, 2008, p.41.

[261] Article 76 de la Constitution du Burkina Faso.

sous leur tutelle. En matière pharmaceutique au Burkina Faso et au Sénégal, les sources réglementaires sont très importantes. On peut relever quelques exemples :

Au Sénégal :

- Décret du 4 janvier 1967 réglementant la présentation et la dénomination des spécialités pharmaceutiques[262] ;
- Décret n°75-454 du 24 avril 1975, relatif à l'autorisation de débit des spécialités pharmaceutiques[263] ;
- Décret n°99-851 du 27 août 1999 portant érection de la pharmacie nationale d'approvisionnement du Sénégal en établissement public de santé[264]. Au Burkina, c'est une centrale d'achat qui a été créée en 1992, par le décret n°92-127/SAN-ASF, portant création d'une centrale d'approvisionnement en médicaments essentiels génériques ;

Au Burkina Faso :

- on peut citer le décret n°2003-478/PRES/PM/MS portant création du laboratoire national de santé publique et le décret n°2004-569/PRES/PM/MS/MCPEA/MECV/MESSRS, portant autorisation de mise sur le marché des médicaments issus de la pharmacopée traditionnelle au Burkina Faso.

050 - Les arrêtés comme sources du droit pharmaceutique - Certains domaines sont laissés à la compétence du ministre de la Santé et des ministres intéressés par la santé, ainsi on peut citer :

- Arrêté interministériel n° 188 fixant le mode de calcul du prix de vente au public des médicaments, produits et objets compris dans le monopole pharmaceutique au Sénégal[265]
- Arrêté n°05036/MSP/DPL du 22 avril 2009 portant organisation du système national de pharmacovigilance du Sénégal ;
- Arrêté n°2010-247/MS/CAB portant organisation de la DGPML (Burkina Faso).
- Arrêté n° 2003-341/MS/SG/DGPML du 24 décembre 2003 portant conditions de délivrance des AMM de médicaments[266] (Burkina Faso).

---

[262] JORS, 1967, n°3869, p.99.

[263] JORS, 31-5-1975, n°4426, pp.732-733.

[264] JORS, 18-9-1999, n°5882, p.1259.

[265] JORS, 2003, n°6115, pp. 832-833.

051 - Les circulaires - Elles ont une importance particulière en droit pharmaceutique au Burkina Faso et au Sénégal. Traditionnellement elles ne sont pas sources de droit mais en matière sanitaire, elles peuvent aller plus loin que la simple explication des sources formelles à appliquer. Au Sénégal par exemple la publicité sur les médicaments est essentiellement organisée par des circulaires du directeur de la pharmacie et des laboratoires[267].

052 - Les sources jurisprudentielles et doctrinales - En dehors des sources dites directes que nous venons d'examiner, on peut ajouter des sources indirectes. Il s'agit principalement de la jurisprudence et de la doctrine. La jurisprudence semble ne pas être créatrice de droit en Afrique. D. Sy s'est logiquement posé la question à savoir, si le « juge sénégalais est en mesure de jouer un rôle créateur »[268] de droit. L'auteur s'insurge contre le mimétisme juridique et même jurisprudentiel en Afrique[269]. Les sources jurisprudentielles, si elles sont importantes dans certains domaines du droit comme le droit administratif, ne sont pas encore créatrices de droit dans le domaine de la santé.

Quand aux débats doctrinaux, ils sont très faibles en matière de droit de la santé au Burkina Faso et au Sénégal. A l'exception des travaux du réseau sénégalais de droit de la santé[270] et de quelques

---

[266] Il faut noter qu'avec l'adoption du règlement harmonisant les procédures d'AMM, ces décrets seront abrogés. Seules resterons les dispositions qui n'entrent pas en contradiction avec le règlement.

[267] Cf infra paragraphe 363 et suivants.

[268] D. Sy, « Le juge sénégalais et la création du droit administratif », in D. Darbon, J. du Bois de Gaudusson, op.cit., p, 395.

[269] L'adoption par les pays africains d'influence française du droit français avec l'incorporation souvent complète de texte de loi française, n'est pas le seul problème. L'Afrique n'est pas la seule en la matière : le Code civil français a été introduit en Belgique en 1830 et la Turquie a adopté le Code civil suisse en 1926. Bien qu'ayant les mêmes textes de base, chaque juridiction suprême doit développer sa propre jurisprudence de manière autonome. Le juge africain doit cesser de se référer à la jurisprudence française (Pour rejeter une demande, la Cour d'appel de Dakar s'était fondée sur une jurisprudence française sans la citer. La Cour Suprême du Sénégal dans un arrêté du 20 février 2008, a cassé l'arrêt au motif que la simple « référence à une jurisprudence fût-elle constante prive la décision de base légale ». Cour Suprême (Sénégal), 20 février 2008, affaire Claude Hartemann C/ Général froid Sénégal, arrête n°43).

[270] Ce réseau organise périodiquement des colloques, dispose d'un enseignement de troisième cycle en droit de la santé.

thèses, la littérature et les débats sont assez rares. Des revues existent sur le plan local pour promouvoir les informations et la législation sur le médicament et éclairer sur l'usage du médicament[271]. Sur le plan international, la doctrine est plus importante, mais l'Afrique est souvent abordée en des termes dramatiques pour reprendre les mots de J. Du Bois De Gaudusson[272]. Le droit pharmaceutique est d'ailleurs très influencé par les sources supranationales.

Paragraphe 2 : Les sources supranationales

Les pays africains se sont engagés dans un processus de communautarisation économique depuis les indépendances[273] et chaque organisation s'intéresse à la santé. En ce qui concerne le Burkina Faso et le Sénégal, ils subissent en matière pharmaceutique l'influence de nombreux droits communautaires, dont les compétences se chevauchent[274]. Le droit pharmaceutique dans ces Etats tire sa force obligatoire de droits sous-régionaux divers (A). Mais également de règles juridiques internationales (B).

A. Les sources communautaires africaines

053 - Un droit communautaire foisonnant- Il existe une multitude de règles communautaires en Afrique dont l'impact économique et politique est relatif[275]. Chaque organisation fait de la santé une priorité. Au vu de cette poussée d'organisations communautaires, il est légitime de se demander avec S. Doumbé-Billé, si cette multiplication des organisations régionales en Afrique constitue une concurrence ou simplement une diversification ?[276] La

[271] On peut citer la lettre du CEDIM créée depuis 1995 au Burkina Faso, le bulletin d'information pharmaceutique de 2011 au Sénégal.
[272] J. Du Bois De Gaudusson, « propos introductifs », in M. Fau- Nougaret (dir), *La concurrence des organisations régionales en Afrique*, L'Harmattan, Paris, 2012, p.12.
[273] L.-D. Muka Tshibendé, « Harmonisation et simplification du droit francophone africain des affaires », in J. Mestre (dir.), *Recueil d'études sur l'OHADA et l'UEMOA*, PUAM, Aix-en-Provence, 2010, p.13.
[274] J. Du Bois De Gaudusson, « propos introductifs », op.cit., p.12.
[275] Avant propos de M. Fau-Nougaret, in M. Fau-Nougaret (dir.), op.cit., p.9.
[276] S. Doumbé-Billet, « La multiplication des organisations régionales en Afrique : concurrence ou diversification ? », in M. Fau- Nougaret (dir), op.cit., p.15.

réponse n'est pas évidente, mais il est probable que cette superposition d'organismes regroupant les mêmes pays crée un risque de « concurrence nuisible »[277] au fonctionnement de chacune d'entre elles. Les organisations poursuivent souvent les mêmes objectifs économiques et leur seule différence réside dans les langues parlées par les pays[278]. Ainsi si l'UEMOA regroupe en majorité des pays francophones, la CEDEAO vient lui ajouter des pays anglophones et lusophones. Quel que soit l'objectif d'une organisation internationale, la santé intervient au cœur de ses différents plans d'action. Le droit pharmaceutique au Burkina Faso et au Sénégal va être influencé par le cadre juridique élaboré par les différentes organisations dont ils sont membres.

054 - L'Union Africaine (UA) - Si le droit primaire de l'UA n'est pas spécifique à la santé, on peut, à travers des dispositions générales, retenir l'évocation de la protection de la santé comme étant une base juridique à l'organisation sanitaire. En effet la politique de santé fait partie des compétences de l'UA. L'un des objectifs fixés à l'article 3 de l'acte constitutif de l'UA est relatif à la protection de la santé. Les Etats membres se sont engagés à « œuvrer de concert avec les partenaires internationaux pertinents en vue de l'éradication des maladies évitables et de la promotion de la santé sur le continent ». Ensuite le traité crée un Conseil exécutif comportant en son sein un comité Education, Culture, Santé et mise en valeur des ressources humaines. Sous la supervision de ce conseil, un comité technique spécialisé, chargé de la santé, du travail et des affaires sociales est également créé. Le droit primaire de l'UA donne donc compétence aux autorités communautaires africaines d'élaborer des mesures sanitaires qui peuvent avoir des répercussions en matière pharmaceutique. Celles-ci ont décidé, par exemple en 2005, d'élaborer un plan de production pharmaceutique pour toute l'Afrique[279].

---

[277] A. M. Ghadhi, op.cit., p.181.

[278] Le regroupement des Etats africains après la disparition de l'AOF semble se faire sur des critères liés au sentiment de « révolte qui les anime contre l'oppression colonialiste. Ainsi les pays recherchent, dans l'histoire les souvenirs communs, comme support de leur action présente ». L'UEMOA en est un exemple pertinent. Voir. I. Thioub, « Gabriel d'Arboussier et la question de l'unité africaine, 1945-1965 », in C. Becker, S. Mbaye, I. Thioub, op.cit., p.350.

[279] Décision n°55 de la quatorzième Assemblée générale ordinaire de l'Union Africaine, du 30 au 31 janvier 2005 à Abuja.

055 - La CEDEAO - Sur un plan sous-régional et concernant l'Afrique de l'Ouest, il existe deux organisations majeures : la CEDEAO et l'UEMOA. L'article 3 du Traité révisé de la CEDEAO assigne comme objectif à la communauté, d'œuvrer pour élever le niveau de vie des peuples. Le niveau de vie ne va pas sans la bonne santé des populations[280], toutes politiques visant à atteindre cet objectif doit comporter des mesures en matière sanitaire. Le Traité prévoit comme moyen pour atteindre cet objectif, l'harmonisation des politiques nationales, et la santé y est citée comme domaine parmi les politiques privilégiées[281]. Dans ce sens, la CEDEAO a créé l'Organisation Ouest Africaine de la Santé (OOAS) [282] chargée, entre autres, « d'offrir le niveau le plus élevé en matière de prestations de soins de santé aux populations (…) sur la base de l'harmonisation des politiques des États membres, de la mise en commun des ressources, de la coopération entre les États membres et les pays en vu de trouver collectivement et stratégiquement des solutions aux problèmes que connaît la sous-région en matière de santé »[283]. Ce protocole signé le 9 juillet 1987 à Abuja a conduit au Sénégal à l'adoption de la loi n°90-14 du 26 juin 1990 autorisant le président de la République à ratifier ledit protocole[284].

056 - L'UEMOA - En ce qui concerne l'UEMOA, le Traité pose le principe selon lequel, « le Conseil arrête à la majorité des deux tiers (2/3) de ses membres un schéma relatif à l'harmonisation et à la reconnaissance mutuelle des normes techniques et sanitaires ainsi que

---

[280] L'expression « niveau de vie » renferme la santé comme élément principal quel que soit le milieu de vie des peuples. Une vieille femme éthiopienne interrogée dans le cadre d'une étude de la Banque mondiale en 2000 répondait que : « une bonne vie, ce serait de pouvoir vivre dans, la santé, (…) sans avoir faim ».

[281] Voir également l'article 61 du Traité révisé de la CEDEAO qui parle de la promotion de la santé des populations membres de l'union.

[282] L'OOAS dispose d'un programme d'harmonisation des programmes et législations et les médicaments sont l'un des domaines privilégiés. Il y a également le Plan Stratégique de la CEDEAO en matière sanitaire. Ce plan définit les orientations stratégiques et le cadre opérationnel de l'Organisation Ouest Africaine de la Santé pour la période 2009-2013, même si ce plan n'a aucune valeur juridique importante, il sert de base à l'adoption de règles en matière pharmaceutique dans les différents pays membres.

[283] Dans ce sens un code harmonisé de déontologie et d'exercice des médecins et chirurgiens dentistes de l'espace CEDEAO a été adopté en mars 2013.

[284] JORS, 25-8-1990, n°5365, pp. 410-413.

des procédures d'homologation »[285]. Cet article est le fondement de l'adoption de nombreuses normes harmonisées en matière pharmaceutique. L'article 88 du Traité de l'UEMOA organise la libre concurrence entre les entreprises. Le médicament étant une marchandise, il va se retrouver encadré par les règles du marché issues de l'UEMOA. Les articles 91 et 92 organisent la liberté d'établissement, liberté qui va permettre aux pharmaciens de s'établir et d'exercer leur art dans le pays membre de leur choix[286].

Le droit communautaire dérivé de l'UEMOA est très riche en matière pharmaceutique et est source d'obligations pour les Etats membres. Deux règlements essentiels ont été pris depuis 2005[287]. Le droit communautaire UEMOA régit donc actuellement plusieurs domaines dans les pays membres : les compléments nutritionnels[288], les produits cosmétiques[289], les bonnes pratiques de fabrication des produits pharmaceutiques à usage humain[290], les bonnes pratiques de distribution et d'importation des produits pharmaceutiques à usage humain[291] et le contrôle de la publicité[292]. A ces sources communautaires, il faut ajouter les sources internationales.

---

[285] Article 80 du Traité de l'UEMOA.

[286] Les deux articles ont conduit à la directive n°06/2008/CM/UEMOA du 26 juin 2008 relative à la libre circulation et à l'établissement des pharmaciens ressortissant de l'union au sein de l'espace UEMOA.

[287] Il s'agit du règlement n°02/2005/CM/UEMOA relatif à l'harmonisation de la réglementation pharmaceutique dans les Etats membres de l'UEMOA et du règlement n°06/2010/CM/UEMOA relatif aux procédures d'homologation des produits pharmaceutiques à usage humain dans l'espace UEOMA.

[288] Voir la décision n°06/2010/CM/UEMOA portant adoption des lignes directrices pour l'homologation des compléments nutritionnels dans les Etats membres de l'UEMOA.

[289] Voir la décision n°07/2010/CM/UEMOA sur l'homologation des produits cosmétiques dans les Etats membres de l'UEMOA.

[290] Voir la décision n°08/2010/CM/UEMOA portant adoption du guide de bonnes pratiques de fabrication des produits pharmaceutiques à usage humain dans les Etas membres de l'UEMOA.

[291] Voir la décision n°09/2010/CM/UEMOA, portant adoption du guide de bonnes pratiques de distribution et d'importation des produits pharmaceutiques à usage humain dans les Etats membres de l'UEMOA.

[292] Décision n°10/2010/CM/UEMOA portant adoption des lignes directrices pour le contrôle de l'information et de la publicité sur les médicaments auprès des professionnel de santé dans les Etats membres de l'UEMOA.

B. Les sources internationales

L'OMS est l'une des institutions internationales qui influence le plus le droit pharmaceutique dans le monde et plus particulièrement dans les pays en développement (PED). Dans sa constitution, elle a reçu une mission mondiale de protection de la santé ; ses recommandations vont influencer dans les PED, la réglementation pharmaceutique (1). D'autres organisations non spécifiques à la santé influencent également le droit pharmaceutique de ces pays (2).

1. Influence de l'OMS sur la règlementation pharmaceutique

057 - La constitution de l'OMS - La Constitution de l'OMS adoptée en 1946 est l'une des premières sources en matière de droit de la santé sur le plan international. En proclamant le droit pour chaque individu de jouir « du meilleur état de santé qu'il est capable d'atteindre », l'OMS a posé les bases d'un droit fondamental applicable à tout être humain, « quelles que soient sa race, sa religion, ses opinions politiques, sa condition économique ou sociale ». Selon l'article 21 point d de la Constitution de l'OMS, elle est compétente pour adopter des règlements sur « des normes relatives à l'innocuité, la pureté et l'activité des produits biologiques, pharmaceutiques et similaires qui se trouvent dans le commerce international ».

La stratégie de l'OMS est la coopération avec les Etats. N'ayant pas un statut juridique de législateur international ses dispositions restent des recommandations. En termes d'obligations, nous pouvons dire que les Etats ont comme une sorte d'obligation morale. Sauf que dans les pays bénéficiaires d'aides étrangères, il y a « toujours un intérêt à se montrer fidèle aux recommandations et aux modes internationales »[293]. Ainsi donc, cette partition du monde en fonction des revenus[294] a créé, en même temps, de nouvelles sources de droit

[293] Frères des Hommes, *Le médicament au Maghreb et en Afrique noire francophone*, Presse Universitaire de Grenoble, 1989, p.26.
[294] J-J. Gabas, op.cit., p.50.

pour les pays pauvres. Il faut signaler que certains actes de l'OMS, ont force obligatoire à l'égard des pays[295].

Certains organismes dont l'objectif principal n'est pas la santé sont également sources de droit pharmaceutique au Burkina Faso et au Sénégal.

2. L'influence des autres organisations internationales

058 - Les conventions de l'ONU - Dans le domaine des stupéfiants et psychotropes, on peut citer deux importantes conventions :

- La convention de New York du 30 mars 1961 sur les stupéfiants, c'est elle qui a donné la définition des stupéfiants ;
- La convention de Vienne du 20 décembre 1988 contre les trafics des stupéfiants et des substances psychotropes.

059 - En matière de propriété intellectuelle - Le droit pharmaceutique burkinabè et celui du Sénégal tirent également leur source de la Convention de l'Union de Paris du 20 mars 1883, du Traité de coopération en matière de brevets du 19 Juin 1970. La Convention de l'Union de Paris fût la première convention à caractère mondial en matière de protection de la propriété industrielle[296]. C'est cette convention qui a permis la conclusion en 1962 à Libreville de « l'Accord de Libreville » créant l'Office Africain et Malgache de la Propriété Industrielle (OAMPI) regroupant douze Etats[297], qui sera modifié à Bangui 17 ans plus tard pour donner naissance à

---

[295] On peut citer le cas du Règlement sanitaire international de 1969, révisé en 2005, certains actes de l'OMS qui sont devenus obligatoires au Burkina Faso et au Sénégal : la résolution sur le système de certification de la qualité, de la sécurité et de l'efficacité des produits pharmaceutiques ; l'adoption des DCI ; la pharmacopée internationale ; la notion de MEG et la liste de médicaments essentiels ; le concept de PPN, etc.

[296] Cette convention a été signée par onze Etats. Elle a été révisée à Bruxelles le 14 décembre 1900, à Washington le 2 juin 1911, à la Haye le 6 novembre 1925, à Londres le 2 juin 1934, à Lisbonne le 31 octobre 1958 et à Stockholm le 14 juillet 1967, elle fût modifiée le 28 septembre 1979.

[297] Il s'agit du Cameroun, de la République Centrafricaine, de la Côte d'Ivoire, du Dahomey, de la Haute Volta, du Gabon, de la Mauritanie, du Sénégal, du Tchad, de Madagascar, du Niger et du Togo qui a adhéré à l'OAMPI en 1967.

l'Organisation Africaine de la Propriété Intellectuelle (OAPI) qui regroupe actuellement dix sept Etats[298]. Aujourd'hui la propriété intellectuelle mondiale est gérée par l'OMC, à travers l'Accords sur les ADPIC.

060 - L'organisation actuelle du système de soins, un préalable pour aborder le circuit public de distribution du médicament - La conférence d'Alma Ata[299] est la source de l'organisation actuelle des institutions sanitaires au Burkina Faso et au Sénégal. Les soins de santé primaires avec les dépôts pharmaceutiques villageois ont été la stratégie selon l'OMS pour arriver à la santé pour tous. Une évaluation à mi-parcours de la stratégie d'Alma-Ata a permis aux experts de conclure à un désamour des populations envers les centres de santé qui connaissaient de nombreuses ruptures de stock. Cette rupture est liée à la faiblesse de l'Etat-providence qui n'arrivait plus à mettre gratuitement les médicaments au profit des populations. Pour corriger cette « défaillance d'Alma-Ata », il a été décidé de recouvrer les coûts, en agissant sur la 8ème composante de la Déclaration d'Alma-Ata, ainsi naissait l'Initiative de Bamako(IB) sous les bons auspices de l'OMS et de l'UNICEF[300]. Cette nouvelle stratégie a engendré une profonde modification de la législation pharmaceutique dans les pays concernés pour réorganiser la distribution des médicaments. Aujourd'hui le circuit public de distribution des médicaments est construit selon les recommandations d'Alma Ata et suivant les principes de l'IB. Nous allons donner pour chaque pays l'organisation des structures de soins, car cette organisation montre comment le médicament est distribué dans le secteur public.

061 - Organisation du système de santé au Burkina Faso - Selon les recommandations issues de la conférence internationale d'Alma-Ata, les gouvernements des différents pays doivent rapprocher les soins des populations, en mettant en place dans chaque zone de peuplement humain les soins minimums nécessaires pour assurer une meilleure qualité de vie. L'organisation sanitaire a été

---

[298] Cf paragraphe 692 et suivants.

[299] Cf paragraphe 449.

[300] Voir l'étude menée par V. Ridde, L'accès des indigents aux services de santé au Burkina Faso : un problème public ? », *Lien social et Politiques*, n° 55, 2006, p. 149-163.

conçue sous forme pyramidale à trois niveaux (district de santé, centre hospitalier régional et centre hospitalier universitaire).

Le district de santé est l'entité opérationnelle du système de santé[301]. Il est composé de deux échelons dont le premier est représenté par les centres de santé de promotion sociale (CSPS)[302] et par les centres médicaux (CM)[303] et le deuxième échelon comprend les centres médicaux avec antenne chirurgicale (CMA)[304]. Le district est dirigé par un médecin chef de district.

Le centre hospitalier régional[305]. Situé dans les chefs-lieux de région, ils sont des hôpitaux disposant d'un personnel qualifié et d'un plateau technique acceptable. Il dispose d'une pharmacie gérée par un pharmacien. A ce niveau commence l'exercice acceptable de la

---

[301] Le district sanitaire selon l'arrêté n°2010-067/MS/CAB portant attribution, organisation et fonctionnement du district sanitaire, « coordonne toutes les activités des formations sanitaires publiques à l'exception des centres hospitaliers régionaux, des centres hospitaliers universitaires et des structures privées de même catégorie. Il a droit de regard sur les activités techniques des formations sanitaires privées à l'exception des polycliniques ».

[302] Les CSPS : ces centres sont dotés de dépôts de médicaments essentiels, médicaments participant aux programmes de l'IB. Ces centres ne disposent ni de médecins, ni de pharmaciens. Ce sont des structures de soins de santé primaires délivrant principalement des soins promotionnels préventifs et curatifs. Le gérant du dépôt est le plus souvent un agent de santé de niveau élémentaire. Ces centres ont vocation à être dans les villages et les quartiers des grandes villes. On observe ici une première dérogation au monopole pharmaceutique. Le CSPS est dirigé par un infirmier-chef de poste.

[303] Les CM : ces centres sont situés dans les chefs-lieux de département. Ils disposent d'un dépôt de médicaments. Là également aucun personnel médical et pharmaceutique qualifié n'officie. La politique de construction d'un centre de santé dans chaque village si elle est louable, n'a pas anticipé sur la formation en nombre suffisant, de médecins. C'est sans doute un choix politique, puisque le Burkina Faso recrute énormément d'infirmiers et d'agent de santé de bas niveau chaque année.

[304] Les CMA : dans ces centres, il existe un dépôt répartiteurs de district. Cela signifie que ces dépôts fournissent en MEG les CM et les CSPS. Un pharmacien officie comme gérant de la pharmacie hospitalière. Un médecin en est le chef. Ils sont situés au niveau des chefs-lieux de province et dans les grandes villes. C'est le premier niveau du système de santé où on trouve du personnel qualifié, mais en nombre insuffisant. Le pharmacien est seul et ne peut pas couvrir les CM et les CSPS. Il s'occupe également du laboratoire d'analyse biomédicale et dans ce cas on peut imaginer qu'il ne dispense pas le médicament, il les délivre. La pharmacie est d'ailleurs dans ces zones gérée réellement par des préparateurs en pharmacie.

[305] Voir le décret n°2006-356/PRES/PM/MS/MFB/MASSN portant statuts particuliers des centre hospitaliers régionaux (Burkina Faso).

pharmacie avec plusieurs pharmaciens s'occupant réellement du médicament et des autres produits de santé.

Le centre hospitalier universitaire. C'est un centre de recherche, de soins et d'hospitalisation avec l'ensemble des commodités modernes nécessaires à l'exercice de la pharmacie.

062 - L'organisation du système de santé au Sénégal – Au Sénégal, c'est en 1993 que le ministère en charge de la Santé a entrepris la mise en place des districts de santé[306]. C'est ainsi que la politique de santé au Sénégal a été bâtie de façon pyramidale et le circuit de distribution public des médicaments suit le schéma ci-après :

En bas de la pyramide se trouve **les cases de santé**, qui sont des structures de soins de santé primaire situées au sein des villages et délivrant principalement des soins promotionnels préventifs et curatifs. Elles sont fournies en MEG par les centres médicaux. A ce niveau il n'existe ni pharmacien, ni préparateur en pharmacie, le dépôt de médicament essentiel est géré par un agent de santé communautaire[307].

Les postes de santé[308], il s'agit de structures de santé de premier niveau sans lit. Ils sont situés au niveau des communes et communautés rurales offrant des soins promotionnels, préventifs, curatifs et de réadaptation. Ils sont dirigés par un infirmier diplômé d'Etat et disposent d'un dépôt de MEG directement approvisionnés par les dépôts de district[309]. Les dépôts sont de la responsabilité d'un préparateur en pharmacie.

---

[306] Voir, Ministère de la santé et de l'action sociale, Guide national du médecin-chef de région, Dakar, MSAS, 1993, p.20-27

[307] Pour être agent communautaire aucun diplôme n'est exigé. Ils sont recrutés parmi la population et formés dans le tas. Le ministre sénégalais de la santé Modou Diagne Fada, les avait traité en 2011 de « simples apprentis sans aucune formation ». Malgré cela aucune disposition n'est venue encadrer leur recrutement.

[308]Selon l'article 3 de l'arrêté ministériel n° 9128-MSP en date du 20 novembre 2001 relatif à la Carte sanitaire, la règle est « un poste de santé pour une population comprise entre 5 000 et 10 000 habitants ».

[309] Selon l'article 1er de l'arrêté n°2010-067/MS/CAB portant attribution, organisation et fonctionnement du district sanitaire, le district sanitaire est l'entité opérationnelle du système de santé. Il comprend toutes les formations sanitaires publiques et privées situées dans ses limites géographiques et couvre une population bien définie allant de 150 000 à 200 000 habitants.

Les centres médicaux[310], c'est le premier niveau où l'on trouve un médecin. Il existe des activités de soins et d'hospitalisation, des activités de maternité et de laboratoire. C'est la structure de référence des postes de santé. Ils sont également approvisionnés directement par les dépôts de district. Ces centres, situés au niveau du département, disposent d'un pharmacien.

Les hôpitaux régionaux, c'est le premier niveau où on retrouve plusieurs médecins spécialistes. Ils disposent d'une pharmacie tenue par un pharmacien. Ils sont directement livrés en médicaments par la Pharmacie Nationale d'Approvisionnement(PNA), via les Pharmacies Régionales d'Approvisionnement(PRA).

Les centres hospitaliers nationaux, c'est le domaine des spécialités, ils sont les plus élevés de la pyramide sanitaire. Ils sont directement livrés par la PNA.

063 - Conclusion : une importance des sources historiques et internationales - L'une des spécificités du droit pharmaceutique africain réside dans l'importance des sources historiques et internationales[311]. Le foisonnement des sources n'est pas un obstacle en tant que tel. En effet quelle que soit la valeur de l'inspiration et des sources d'un droit, la raison d'être de tout système juridique se mesure à son effectivité[312], ce qui est « absolument essentiel, c'est de prendre en compte la spécificité des pays »[313], chaque pays étant un cas particulier et le législateur doit en tenir compte dans les conditions de mise sur le marché des médicaments.

---

[310] Un centre de santé pour une population comprise entre 100 000 et 150 000 habitants (Article 3 l'arrêté ministériel n° 9128-MSP en date du 20 novembre 2001 relatif à la Carte sanitaire).

[311] Selon l'article 8 du CSP burkinabè, « les mesures sanitaires obligatoires sur le territoire national et leurs sanctions résultent des traités internationaux et du CSP ».

[312] J.-L. Bergel, op.cit., p.204.

[313] F. Bourguignon, « Le pouvoir des organisations internationales sur le développement : illusion ou réalité ? », *Revue de Sciences humaines*, Hors-série 2011, p.253.

Première partie

Le médicament objet de santé : la primauté de la sécurité sanitaire

Au début de son industrialisation le médicament était perçu comme un objet miraculeux ; l'essentiel était de trouver des traitements pour les nombreuses maladies qui sévissaient à l'époque. On ne s'occupait pas de la qualité du médicament. C'était la période de l'inventivité débridée. A cette période, le médicament accédait au marché sans autorisation préalable. Puis au fil des ans, le mythe du médicament[314] est tombé et les autorités politiques ont commencé à percevoir le danger qu'il représente. Cette réalité a conduit à considérer le médicament comme un bien de santé destiné au marché dont il faut garantir la sécurité. La garantie de la sécurité des patients contre le risque médicamenteux est un thème préoccupant. Elle met en évidence deux intérêts diamétralement opposés : la protection des patients et les intérêts industriels.

La protection des patients oblige les Etats à instaurer des mesures de police sanitaire. Ces mesures conduisent à vérifier préalablement que le médicament remplit certaines conditions de qualité et lorsqu'il a satisfait aux exigences de la santé publique, il est mis sur le marché. L'ensemble des conditions posées, d'abord pour l'accès au marché du médicament, puis pour le contrôle permanent de sa qualité est perçu comme une charge pour les industriels, qui trouvaient en l'AMM une porte pour allonger la durée de leur brevet sur certains médicaments. L'assurance de la qualité des médicaments et le maintien de cette qualité durant la vie du médicament nécessitent le déploiement non seulement de moyens matériels, humains et financiers suffisants, mais également une capacité de production de médicaments qui permet une autonomie de décision.

Les aspects commerciaux du médicament conduisent les laboratoires pharmaceutiques à exercer des pressions sur les autorités

---

[314] Ph. Meyer, *La révolution des médicaments mythes et réalités*, Fayard, Paris, 1984, 377p.

de règlementation à tous les niveaux de leur organisation. Ces pressions génèrent des tensions et sont susceptibles d'influer sur le bon exercice du mécanisme global de la sécurité sanitaire. Dans les pays pauvres comme le Burkina Faso et le Sénégal, si la sécurité sanitaire est une priorité, l'absence d'industries pharmaceutiques compromet leur autonomie[315]. Dans ce contexte comment les pays a revenus faibles peuvent placer la sécurité sanitaire devant les intérêts industriels ? Les conditions techniques requises en amont de la mise sur le marché ne sont-elles pas une procédure pour la bonne conscience ? Pour répondre à ces questions nous examinerons dans cette première partie, **les conditions de mise sur le marché des médicaments (Titre 1)**, puis **les mécanismes de contrôle des médicaments après l'obtention de l'autorisation** (**Titre 2**).

[315] Ces pays sont confrontés au risque de décourager les demandeurs d'AMM si leur législation est contraignante. Dans ces conditions les efforts des autorités politiques risquent d'être orientés vers des politiques d'attraction des investisseurs plutôt que vers la recherche par tout moyen de la sécurité sanitaire.

Titre 1

Les conditions de mise sur le marché des médicaments

L'industrialisation du médicament a précipité ce dernier dans le vaste champ de la commercialité[316]. Le médicament n'est plus fabriqué derrière le comptoir du pharmacien. Désormais il ne doit plus avoir de composition secrète. Le fabricant de médicament qui souhaite le vendre doit démontrer au préalable l'intérêt thérapeutique et surtout la non-toxicité de sa molécule. Cette démarche du fabricant est validée par les autorités étatiques à travers l'AMM.

L'AMM dans son principe a été instaurée pour permettre aux autorités compétentes d'empêcher la mise sur le marché de médicaments à qualité médiocre ou à efficacité douteuse. Dans ce sens la définition du médicament doit être la plus large possible pour permettre de contrôler la large gamme de produits, qui en amont de leur vente, clament qu'ils ne sont pas des médicaments, mais une fois en aval, affirment contenir des propriétés thérapeutiques attestées par une communauté fictive de scientifiques.

Le Burkina Faso et le Sénégal sont engagés dans le marché commun régi par le droit UEMOA et celui de la CEDEAO, où la libre circulation des marchandises est l'un des objectifs premiers. Pour rendre attractif le marché commun et faciliter le cadre juridique relatif au médicament, le droit communautaire essaie de définir des règles minimales pour faire converger les différents points de vue en matière pharmaceutique dans un contexte de faiblesse du tissu industriel. Il faut donc se demander quel est l'impact de cette faiblesse sur les conditions d'octroi des AMM dans l'espace UEMOA et CEDEAO ?

Le droit burkinabè distingue le médicament traditionnel du médicament moderne et le droit sénégalais même s'il n'encadre pas ce type de médicament, accepte sa mise sur le marché. Nous allons dans

[316] Il est vrai que les apothicaires vendaient déjà le médicament, mais l'offre était réduite. L'industrialisation a accru l'offre de médicaments et a permis sa commercialisation à une plus grande échelle.

ce titre traiter de **l'autorisation de mise sur le marché des médicaments** modernes sous l'angle du droit communautaire UEMOA puis des droits nationaux (**Chapitre 1**) et ensuite du **régime juridique du médicament traditionnel au Burkina Faso et au Sénégal** (**Chapitre 2**).

Chapitre 1

L'autorisation de mise sur le marché des médicaments : une procédure administrative aménagée pour faciliter l'accès aux médicaments

« La maladie est partout : dans nos communautés, dans nos familles, dans nos maisons, et tous nos efforts en faveur de la paix et du développement seront vains si nous ne parvenons pas d'abord à la vaincre »[317].

Alors que

« Le traitement heureux des maladies suppose la bonne préparation des médicaments »[318].

064 - Les pouvoirs publics et le médicament : une intervention justifiée- Le médicament est un objet de science. Conçu pour améliorer la santé humaine, il a connu une évolution historique intéressante et est aujourd'hui « la poule aux œufs d'or » des grands groupes pharmaceutiques. Sa dimension commerciale et sa dangerosité pour la santé publique font partie des éléments qui ont nécessité son intégration dans le droit. Il est au cœur du droit pharmaceutique et représente, de nos jours, un bien aux multiples

[317] Koffi Annan ancien secrétaire général de l'ONU, cité par R. King, *Des remèdes ancestraux pour une maladie nouvelle : l'intégration des guérisseurs traditionnels à la lutte contre le sida accroît l'accès aux soins et à la prévention en Afrique*, ONUSIDA, étude de cas, Genève, 2003, p.6.

[318] E. Viel, « Antoine François de Fourcroy », *Revue d'histoire de la pharmacie*, n°339- 2003.

enjeux[319]. Des enjeux thérapeutiques aux enjeux économiques en passant par les enjeux éthiques, le médicament fait l'objet de beaucoup d'attention. Bien ambivalent[320], il est au cœur de toutes les politiques de santé. Aujourd'hui, le médicament est malade des scandales[321]. Très tôt les autorités publiques sont intervenues partout dans le monde dans sa règlementation. Le Burkina Faso et le Sénégal, après le retrait de l'administration française en 1960, ont également légiféré sur ce domaine. Mais c'est dans les années 1990 que nos deux pays ont entamé une modification significative dans leur législation pharmaceutique. Dans l'exposé des motifs de la loi[322] portant définition du médicament, le législateur sénégalais fait état de la volonté du Sénégal de rendre attractif son environnement pour les industriels souhaitant investir dans le domaine du médicament.

Le médicament, pour accéder au marché doit remplir des normes de sécurité sanitaire ; ses concepteurs doivent lui garantir une meilleure qualité et une bonne protection des patients. Les règles encadrant cette sécurité doivent être d'ordre public et ne souffrir d'aucune dérogation sauf dans l'intérêt des patients. Pour garantir la qualité, l'efficacité et l'innocuité du médicament, celui-ci doit être homologué par les autorités étatiques avant son accès au marché (Section 2). L'homologation du médicament nécessite que sa qualification soit préalablement établie. Il convient donc de rappeler

---

[319] Le médicament est un bien qui soigne, qui guérit, qui prévient et l'ensemble de la communauté attend de lui qu'il apporte une solution à leurs difficultés de santé. Dans ce sens l'industrie pharmaceutique et les pouvoirs publics sont appelés à œuvrer pour l'innovation et trouver des remèdes pour tous les maux. Cependant, la recherche pour l'innovation engage d'énormes ressources financières ce qui suppose que l'industrie pharmaceutique attende un retour sur investissement conséquent, soulevant ainsi des questionnements éthiques. Peut-on faire du profit sur la maladie ou la souffrance des Hommes ? Voir G. Velásquez, *L'industrie du médicament et le tiers monde*, L'Harmattan, Paris, 1983, p.26. L'auteur soutient qu'aujourd'hui les fabricants pharmaceutiques se soucient beaucoup plus de leurs profits que de la santé publique. Pour lui, « les médicaments, comme l'acte médical, sont devenus des marchandises dans une économie de marché où le seul intérêt et l'unique préoccupation est d'en vendre plus ».

[320] Le médicament peut contribuer à améliorer la santé, mais peut également entraîner la mort ou la maladie.

[321] Les scandales liés à l'usage normal des médicaments sont nombreux. De la Thalidomide®, au Distilbéne® en passant par le Vioxx® et autre Di Antalvic®, les scandales continuent leur chemin.

[322] Loi n° 94-57 abrogeant et remplaçant l'article L.511 du Code de la santé publique (JORS du 8-19-1994, n°5601, pp. 443-444).

tout d'abord la définition légale du médicament adoptée par les législateurs burkinabè et sénégalais (Section 1).

Section 1 : La notion de médicament en droit burkinabè et sénégalais : définition légale

065 - De la conception traditionnelle du médicament à sa définition moderne - La notion de médicament en Afrique est complexe. Elle est teintée de croyances traditionnelles. Le médicament est un « concept générique et polysémique »[323] ; il est perçu comme « une solution » à un mal, comme une substance capable de combattre une maladie, ou qui permet de se protéger contre un mal probable[324]. Le médicament sort du cadre de la maladie pour englober les différents usages sociaux[325]. Cette conception a servi pour beaucoup à la consommation de médicaments de toutes sortes ; des médicaments vendus dans les rues aux médicaments issus des dons en passant par les préparations traditionnelles issues de plantes. Cette perception du médicament renforce également l'automédication et la négligence des pharmaciens dans sa délivrance[326]. Pour garantir la sécurité sanitaire des utilisateurs du médicament, il a paru urgent de l'encadrer et de réserver sa manipulation à une catégorie de personnes qui en a une connaissance approfondie. La qualification du médicament permet d'incorporer « un produit scientifique »[327] dans le droit et d'assurer aux juges une meilleure maîtrise des contours

[323] S.-P. E. Mvone-Ndong, op.cit., p. 21.
[324]Par exemple chez les dagara du Burkina Faso, lorsqu'on va en guerre, ou lorsqu'on veut être invulnérable, il faut consulter un spécialiste en médicaments traditionnels, qui vous prescrit une préparation qui vous protégera durant votre périple. Le médicament dans la langue dagara, se dit « tii » et ce mot « tii » est utilisé partout, aussi bien pour désigner le médicament moderne que pour désigner les remèdes traditionnels. Il est aussi utilisé pour désigner le poison, dans ce cas on ajoute l'adjectif « faa » qui veut dire mauvais. Et pour le dagara le médicament moderne n'est jamais un poison. Il n'est donc jamais précédé de l'adjectif « faa ».
[325] S.-P. E. Mvone-Ndong, op.cit., p.141.
[326] Cf deuxième partie chapitre 2, paragraphe 527 et suivants.
[327] E. Cadeau, op.cit., p.206.

juridiques[328]de ce bien. Sa définition juridique est donc essentielle[329], car elle conditionne l'application des procédures d'AMM et se débarrasse de la conception anthropologique et sociologique du médicament. Dans les pays africains d'influence française, la notion européenne du médicament est la mieux partagée. La jurisprudence locale ne s'est pas prononcée sur une éventuelle adaptation de cette notion aux médicaments en Afrique pour tenir compte de la montée de la pharmacopée traditionnelle.

La définition légale du médicament en droit burkinabè et en droit sénégalais emprunte donc cette définition duale du droit européen (Sous-section 1). Si la définition européenne du médicament est la mieux partagée au Burkina Faso et au Sénégal, la catégorisation des médicaments diffère de celle appliquée en Europe, compte tenu des politiques pharmaceutiques divergentes (Sous-section 2).

Sous-section 1 : La définition légale du médicament : Le médicament défini en deux branches.

La définition légale du médicament a le mérite de prendre le médicament dans sa globalité et dans ses objectifs, allant même parfois jusqu'à « dénaturer la notion pharmacologique de médicament »[330]. Elle permet de soumettre un produit à « des règles spécifiques de fabrication et de commercialisation »[331]. En droit burkinabè[332]et en droit sénégalais[333], le médicament est défini en deux approches. Une approche généraliste et dualiste précise ce qu'il faut entendre par médicament (Paragraphe 1) et ensuite une autre énumère

---

[328] Le juge, lorsqu'il est confronté à un litige mettant en cause l'usage d'un médicament ou sa qualification, ne doit pas chercher des preuves scientifiques, il doit se référer à la notion juridique du médicament. Lorsque juridiquement un produit entre dans la définition d'un médicament, il n'y a pas lieu de chercher si scientifiquement il renferme un principe actif.

[329] N. Degrove-Valdeyron, *Médicament*, Répertoire communautaire, Dalloz, janvier 2007, p.3.

[330] A. Leca, *Droit pharmaceutique*, 6e édition, Les Etudes Hospitalières, Bordeaux, 2012, p.168.

[331] A. Marcos, « Repère dans la définition du médicament », in I. Moine-Dupuis (dir.), *Le médicament et la personne*, op.cit., p.16.

[332] Voir l'article 208 du CSP du Burkina Faso.

[333] Voir la loi n°94-57 du 26 juin 1994, op.cit.

ce qui n'entre pas dans la définition et ce qui peut être considéré comme médicaments (Paragraphe2).

Paragraphe 1 : L'approche générale de la définition du médicament

066 - L'approche générale : une notion dualiste - Lorsque l'on parle du médicament chacun apporte sa propre définition[334]. Ayant déjà bénéficié un jour de ce précieux bien chacun sait qu'il a des vertus thérapeutiques et qu'il y a une diversité de médicaments[335]. Mais aujourd'hui, le médicament répond à une définition juridique précise. Dans les pays africains cette définition n'a pas été bâtie par la jurisprudence comme c'est le cas en Europe. La définition européenne a été forgée et améliorée[336] au fil des nombreux procès pour savoir si tel ou tel produit est un médicament. Définir clairement le médicament est essentiel pour éviter que des nombreux produits qui tirent avantage de sa notoriété, tout en refusant de se soumettre aux contraintes réservées à celui-ci.

Les législateurs burkinabè et sénégalais appréhendent le médicament en deux branches. Il est « toute substance, composition ou préparation présentée comme possédant des propriétés curatives ou préventives à l'égard des maladies humaines ou animales… ». On retrouve ici la première branche de la définition. La substance ou la composition doit être présentée comme ayant des propriétés pharmaceutiques (A). Pour la deuxième branche, le médicament est également « tout produit pouvant être administré à l'homme ou à l'animal, en vue d'établir un diagnostic médical ou de restaurer,

---

[334] A. Leca, « Pour en finir avec le médicament…et retrouver la pharmacie », *RGDM*, n°15, 2005, p.139.

[335] Dans la conception africaine le médicament doit pouvoir apporter la force, la résistance que l'homme manifeste dans la lutte contre les troubles de son existence. Voir. S.-P. E. Mvone- Ndong, op.cit., p.110.

[336] La première définition européenne du médicament date de 1965 ; elle a été modifiée en 2004 par la directive n°2004/27 du 31 mars 2004. Cette directive a supprimé l'adjectif « organique » pour le remplacer par « physiologique » et a ajouté la formule : « en exerçant une action pharmacologique, immunologique ou métabolique ». Aujourd'hui, les droits burkinabè et sénégalais qui ont adopté la notion européenne du médicament issue de la directive de 1965, n'ont pas encore suivi cette modification substantielle.

corriger ou modifier leurs fonctions organiques». La fonction du médicament et son objectif sont ainsi utilisés pour le définir (B).

A : Le médicament par présentation

Historiquement la définition du médicament par sa présentation est née avec la loi française de 1941. Cette définition a évolué et a intégré, avec l'Europe, la version allemande[337]. La notion de médicament par présentation a pour but, selon l'Avocat Général Razès[338], de « protéger la santé publique en luttant contre le charlatanisme ». Sans ce critère « les délinquants pourraient échapper à la sanction en faisant simplement valoir que leur produit est sans véritable fonction thérapeutique ». La définition par présentation du médicament fait de celui-ci une substance ou une composition revendiquant des propriétés thérapeutiques (1), à l'égard des maladies humaines (2).

1 : Le médicament est une substance, une composition ou une préparation revendiquant des propriétés thérapeutiques

067 - La notion de substance - Selon le dictionnaire Larousse, la substance est toute matière dont une chose est formée[339]. Pour le doyen Poplawski, la substance s'applique à toute matière vivante ou inerte possédant des propriétés curatives ou préventives à l'égard des maladies humaines[340], ce que contredit J.-M. Auby et F. Coustou[341], qui proposent d'exclure les matières vivantes de cette définition. Le droit burkinabè et le droit sénégalais, bien qu'ils utilisent le terme « substance », ne lui donnent aucune définition. On peut, pour se faire une idée, s'intéresser à la définition européenne de la substance. Selon la directive européenne de 2001 portant code communautaire relatif au

---

[337] Une étude faite par A. Marcos montre que les différentes définitions adoptées de par le monde se rapprochent les unes des autres. Voir A. Marcos, op.cit., p.18.

[338] S. Rozès, concl sur CJCE, 30 novembre 1983, Van Bennekom, aff. 227/82, Rec, p. 3883.

[339] Le dictionnaire distingue la substance dure, la substance molle et la substance liquide.

[340] R. Poplawski, op.cit., p.157.

[341] J.-M. Auby, G. Dillemann, F. Coustou, J. Bernays, C. Hauser, *Traité de droit pharmaceutique*, LITEC, Paris, 1971, fasc.4, p.5.

médicament à usage humain[342], la substance est « toute matière, quelle qu'en soit l'origine, celle-ci pouvant être :

- Humaine, telle que le sang humain et les produits dérivés du sang humain ;
- Animale, telle que : les micro-organismes (...), toxines, substances obtenues par extraction ;
- Végétale, telle que : les micro-organismes, plantes (...), sécrétions végétales, substances obtenues par extraction ;
- Chimique, telle que : les éléments, matières chimiques naturelles et les produits chimiques de transformation et de synthèse ».

La substance, pour résumer, désigne une matière simple d'origine humaine, animale, végétale ou minérale. A la différence de la substance, la composition, elle, est un mélange de produits.

068 - La présentation du médicament : une conception extensive - L'acceptation dans la définition du médicament de substances simplement présentées comme possédant des propriétés curatives ou préventives permet d'étendre la notion de médicament. Elle donne une marge de manœuvre considérable au juge pour assurer la protection du monopole pharmaceutique. Cela veut dire que l'important n'est pas les vertus réelles du médicament, mais plutôt sa présentation. C'est l'apparence extrinsèque du produit qui est visée[343]. Par exemple, si le produit est accompagné d'une notice explicative de sa valeur prétendument thérapeutique et de son mode d'utilisation, ce produit est un médicament à l'égard de la loi.

Dans les boutiques au Burkina Faso et au Sénégal, de nombreux produits sont vendus et à notre avis, sont des médicaments par présentation. Parmi ceux-ci on peut citer le « Confo »[344]. Celui-ci est vendu avec une notice explicative et une référence aux maladies

---

[342] Il s'agit de la directive 2001/83/CE du parlement européen et du conseil du 6 novembre 2001 instituant un code communautaire relatif aux médicaments à usage humain.

[343] E. Cadeau, op.cit., p.169.

[344] Ce produit bénéficie de l'aura du médicament. Son conditionnement rappelle celui du médicament vendu en pharmacie. Il bénéficie ainsi des avantages sans pour autant satisfaire aux règles imposées aux médicaments. Il est mis sur le marché sans autorisation, il n'est pas suivi sur le plan de ses effets secondaires, et il sort du cadre du monopole pharmaceutique.

humaines qu'il prétend soigner[345]. Dans la notice on y trouve une posologie et une durée du traitement avec la mention « interdit pour femme enceinte ». En outre l'usage du suffixe « confo » peut renvoyer à confort[346] : un produit qui procure le confort, le bien-être. Au regard de ces caractéristiques, un tel produit est présumé être un médicament. Mais aucun recours n'a été fait pour contester sa vente dans les boutiques. La définition du médicament par présentation n'exige pas que le produit justifie les propriétés curatives qui lui sont attribuées[347]. Dès que son concepteur prétend qu'il a des propriétés thérapeutiques, on le considère comme médicament[348]. Il appartient à l'Ordre des pharmaciens, garant de la morale et de la légalité de la profession de pharmacien, de poursuivre les auteurs de la vente hors circuit pharmaceutique du médicament pour exercice illégal de la pharmacie. L'Ordre est au côté des autorités administratives et judiciaires la structure capable de lutter contre le charlatanisme afin de protéger la santé publique. Au Burkina Faso et au Sénégal la présentation du médicament n'est pas suffisamment utilisée par les tribunaux et les acteurs du médicament pour lutter contre les faux médicaments.

069 - L'indication thérapeutique comme indice de la définition du médicament - La présentation peut consister à lister les maladies que le produit permet de soigner. L'indication thérapeutique peut être

---

[345] Dans le cas du « confo », il n'y a pas lieu de chercher à démontrer que ce produit a ou n'a pas de propriétés thérapeutiques, la seule référence qu'il fait aux maladies humaines et surtout les vertus thérapeutiques qu'il dit contenir suffisent à en faire un médicament. La jurisprudence française et européenne ont déjà connu des cas semblables : Cass.crim., 27 novembre 1996, n°95-83483 ; CJCE, 15 avril 1991, The Upjohn Company et NV Upjohn contre Farzoo Inc. Et JAWMJ Kormann, aff. C-112/89, Rec.I-1703 sq.

[346] On peut citer avec intérêt une jurisprudence française, qui avait évoqué le suffixe calmo, pour faire référence à la fonction calmante d'un produit. TGI Créteil, 11° ch. Correct., 30 octobre 2002, Nouv. Pharm., n°379, juill 2003, p.217.

[347] Cass., 6 févr 1857, D. 1857.1.133. On peut également citer une jurisprudence de 1991 de la CJCE, qui a qualifié de médicament un produit vitaminé qui présentait une allure pharmaceutique de sorte qu'un consommateur moyennement avisé l'aurait considéré comme médicament. CJCE, 21 mars 1991, Delattre, Rec.p.1487.

[348] CJCE, 28 octobre 1992, Officier Van Justitié, D. 1993, p.258, note Chaput. Pour la cour un produit est qualifié de médicament, dès lors qu'il est recommandé ou décrit comme ayant des propriétés préventives et curatives, même s'il était généralement considéré comme un produit alimentaire et même s'il n'avait pas un effet thérapeutique connu en l'état actuel des connaissances scientifiques.

précise ou vague[349]. Ainsi, lorsque pour échapper au régime juridique du médicament un produit, qui est pourtant présenté comme ayant des propriétés curatives ou préventives, est suivi dans sa description de la mention « ceci n'est pas un médicament », cette mention est réputée non écrite. Ce qui est le cas de nombreux produits vendus dans les boutiques au Burkina Faso et au Sénégal[350]. Il s'agit ici d'une présentation explicite du produit. C'est-à-dire que la présentation doit laisser croire que le produit est un médicament[351].

070 - L'évolution de la définition du médicament en Europe : la présentation implicite du médicament - La définition burkinabè et sénégalaise du médicament a ses origines dans l'histoire de l'évolution de la définition française et donc européenne du médicament. Un regard vers la construction européenne du médicament est intéressant pour mieux comprendre le droit du médicament dans ces deux pays. En réalité, la jurisprudence européenne[352] est à la base de l'évolution de la définition du médicament. Selon elle la qualification d'un médicament doit résulter d'un faisceau d'indices concordants, de sorte qu'il apparaisse aux yeux d'un consommateur moyennement avisé, que ledit produit est un médicament. Par exemple, des suppositoires en glycérine, sans indications de propriétés thérapeutiques sont des médicaments[353].

---

[349] Cass.crim.13 avril 1976, JCP 1977, II, 18590. Dans cet arrêt, trois produits étaient en cause et aucune maladie n'était évoquée avec précision. Le premier produit était présenté comme bénéfique pour le foie, la bile, le sang et les artères. Le second sur la digestion et le troisième était censé régulariser les fonctions de l'intestin. La cour de cassation avait rejeté le pourvoi et confirmé l'arrêt de la Cour d'appel au motif que la présentation des trois produits était « destinée à persuader l'acheteur que lesdits produits sont composés de substances administrées à l'homme en vue de remédier à des dérèglements physiologiques en permettant le rétablissement des fonctions de l'organisme ».

[350] C'est le cas du Confo précédemment cité. Dans la notice, alors que le produit est présenté comme ayant des propriétés thérapeutiques à l'égard de certaines maladies humaines, il y est écrit « ce produit ne peut pas être utilisé comme un produit pharmaceutique ».

[351] Par exemple, un produit présenté avec une notice ou avec le logo d'une pharmacie est un médicament dans le doute.

[352] CJCE, 21 mars 1991, Delattre, aff. C-369/88, Rec. I. 1487 ; CJCE, 21 mars 1991, Monteil et Samanni, aff. C-60/89, Rec. I. 1547 ; CJCE, 16 avr. 1991, Upjohn, aff. C-112/89, Rec. I. 1703 ; CJCE, 29 avr. 2004, Commission c/ Autriche, aff. C-150/00, Rec. I. 3887.

[353] CA., Paris, 18 octobre 1957, S.1958, p.48, note F. Gollety.

Cette qualification est faite suivant la nature du produit. En effet, lorsque le produit est notoirement connu pour ses propriétés thérapeutiques, ce caractère peut dispenser le rappel de ses propriétés thérapeutiques. Des indices tels que la forme pharmaceutique, le conditionnement, la réalisation de recherches scientifiques ou l'utilisation de témoignages de médecins, peuvent être regardés comme sérieux, mais non suffisants à eux seuls pour qualifier de manière certaine le produit de médicament.

071- Des indices sérieux, mais non suffisants - Il existe des éléments qui peuvent aider à qualifier un produit de médicament. Cependant leur usage doit se faire avec prudence. Il s'agit de :

- L'emploi d'un vocabulaire médico-pharmaceutique [354];
- La dénomination du produit lorsque celle-ci évoque le nom d'un médicament ;
- Les inscriptions sur une étiquette d'un produit conditionné en flacon, lorsque celles-ci indiquent que le dosage diffère selon que l'on soit adulte ou enfant et précise que le produit doit être pris tous les jours pendant une durée déterminée, avec une date de péremption. Ce produit constitue un médicament quelle que soit sa composition[355].
- L'usage d'un logo rappelant la croix des pharmaciens[356] ;

Cependant, il faut rester prudent comme le conseille A. Leca[357], car si la forme pharmaceutique est un indice sérieux, elle n'est pas suffisante pour qualifier un produit de médicament. L'auteur donne l'exemple d'un arrêt du Conseil d'Etat français, qui a jugé que

---

[354] L'emploi d'un tel vocabulaire peut être « un artifice rédactionnel », permettant à une personne de faire la promotion de ses produits et de faire croire à l'usager moyennement avisé qu'il a affaire à un médicament efficace. Dans ce sens une jurisprudence française a retenu dans un cas, non pas la lettre des messages, mais l'esprit du message pour qualifier un produit de médicament. (Bordeaux, 29 janvier 1980, Bull. Ordre pharm., n°245, juin 1981, pp.830-831). La personne qui a été condamnée vendait des produits sous des dénominations pouvant faire allusion à des maladies. Par exemple Bio-Tonic, Bio-Laxatyl, Bio-Drainol (permettant « l'expulsion rapide des poisons stagnant dans le sang », Vitamincyl (facilitant la circulation sanguine et l'élimination des déchets).

[355] CE, 6 décembre 2006, n°2005-688, Jurisdata n°2006-071137.

[356] TGI Epinal, 4 novembre 1987.

[357] A. Leca, op.cit., p.176.

la présentation galénique d'un produit n'était pas suffisante pour ranger ce produit dans la catégorie des médicaments[358].

072 - L'intérêt de la définition par présentation - L'intérêt de cette définition extensive du médicament est de lutter contre le charlatanisme afin de protéger la santé des patients. Elle permet d'inclure non seulement les médicaments qui ont un effet thérapeutique certain, mais aussi les produits dont l'efficacité ne serait pas suffisante ou bien qui ne posséderaient pas l'effet que les consommateurs sont en droit d'attendre en raison de leur présentation[359]. Ainsi un produit va être considéré comme médicament dès lors que des propriétés thérapeutiques lui sont prêtées. Lorsque les allégations sont fausses, le médicament ne sera pas autorisé ; il n'y a donc pas de risque. Cela suppose que l'évaluation du médicament, en vue de son autorisation, soit efficace. Nos deux pays d'étude ont-ils les moyens pour déjouer les fausses allégations ?

Si le fabricant d'un produit n'entend pas produire un médicament, il doit présenter son produit de façon à ne pas induire le consommateur moyen en erreur. L'expression « présenté comme » doit permettre d'empêcher la commercialisation de « produits auxquels leur fabricant ou vendeur attribue ou feint d'attribuer des propriétés curatives ou préventives, alors qu'ils en sont dépourvus »[360]. C'est le cas de nombreux produits vendus au Sénégal, conditionnés dans des flacons munis d'étiquette où il est inscrit une indication relative au traitement de maladie (il y en a contre les douleurs, contre le paludisme, contre la diarrhée). Cette indication suffit à faire de ces produits des médicaments sur le plan juridique. Sur le plan scientifique, il n'y a aucun doute que ce ne sont pas des médicaments. L'attribution de propriétés curatives ou préventives doit s'adresser aux maladies humaines.

2 : La notion de maladies humaines

073 - La maladie, une notion confuse et évolutive - Le médicament par présentation est défini par rapport à la notion de maladie humaine. Le médicament est un produit auquel le fabricant

---

[358] CE, 11 juin 1990, n°83064, SARL Santa Cura, Rec.p. Lebon.
[359] Voir l'arrêt Van Bennekom, 30 nov. 1983, Rec. CJCE 1983, p.3869.
[360] Conclusions de Mme S. Rozès dans l'affaire van Bennekom, précitée.

confère des vertus curatives ou préventives à l'égard des maladies humaines. Pour qu'il ait médicament par présentation il faut donc qu'il ait la référence à une maladie humaine.

La notion de maladie renvoie à celle de la santé, dont il n'existe aucune définition juridique. La maladie est présentée par certains auteurs comme « un obstacle à la santé »[361]ou encore comme « un événement sérieux dans la vie d'un individu »[362]. Le concept de maladie varie d'un milieu à l'autre[363]. En Afrique elle peut être naturelle, c'est-à-dire curable, ou non naturelle, c'est-à-dire incurable[364] ; il s'agit de l'ensemble des maladies chroniques. Avec l'élargissement du concept de santé et de la maladie, le champ d'application de la définition du médicament s'en trouve également élargi. Traditionnellement, la maladie est une pathologie, c'est-à-dire un dysfonctionnement de l'organisme qui entraîne une perturbation générale des fonctions du corps humain. Mais aujourd'hui, des

---

[361] E. Bonetti, « L'impuissance et son traitement. Comment le médicament modifie la définition de la maladie ?», *Annales. Histoire, Sciences Sociales*, 2007/2, 62e année, p.330.

[362] E. La Rosa, *Les vendeurs de maladies, comment l'industrie pharmaceutique prospère en nous manipulant*, Fayard, Paris, 2011, p.9.

[363] En Afrique « la maladie renvoie nécessairement à un espace socio-culturel déterminé » et le médicament va viser la santé de l'être global. Il n'est pas rare de découvrir des médicaments dont on prétend qu'il soigne tout. Voir. R. Luneau, *Comprendre l'Afrique*, Karthala, Paris, 2002, p.3.

[364] A chacune de ces maladies, l'Africain propose un remède. Si les maladies naturelles reçoivent comme traitement l'usage de médicament moderne, les maladies non naturelles nécessitent un traitement traditionnel. S.-P. E. Mvone-Ndong, op.cit., p.122.

situations jadis normales sont devenues des maladies[365] et il existe des médicaments pour les soigner[366].

074 - La tentative d'une définition juridique - Quelques instruments ont tenté de donner une définition à la maladie, mais à chaque fois la définition est orientée par le but recherché par l'organisme auteur de ladite définition. Pour le Règlement Sanitaire International révisé, la maladie « s'entend d'une pathologie humaine ou d'une affection, quelle qu'en soit l'origine ou la source, ayant ou susceptible d'avoir des effets nocifs importants pour l'être humain » et le malade est « une personne souffrante ou atteinte d'un trouble physique susceptible de constituer un risque pour la santé publique »[367]. Cette définition à une finalité internationale ; la maladie a été définie dans le cadre de la protection de la santé publique internationale. La définition a tendance à prendre en compte toutes les situations.

En Suisse, la loi fédérale du 6 octobre 2000 relative au droit des assurances sociales, définit en son article 3, la maladie comme « toute atteinte à la santé physique, mentale ou psychique qui n'est pas due à un accident et qui exige un examen ou un traitement médical ou provoque une incapacité de travail ». La loi suisse exclut de la maladie les origines accidentelles, mais cette loi vise la prise en charge sociale des malades. L'exclusion des accidentés peut s'expliquer par la volonté de leur soumettre à un régime juridique spécifique ou tout simplement par le choix de les exclure du système d'assurance sociale.

---

[365] Toutes les situations, de la naissance au vieillissement peuvent être médicalisées. Il suffit d'organiser une campagne de communication très importante avec l'aide de grands spécialistes de la médecine et de trouver le médicament qui aide à remédier à de tels symptômes. Voir R. Moynihan, R. Smith, « Too Much Medecine? », *BMJ*, n°324, 2002, pp. 859-860.

[366] Nous reproduisons intégralement ici les propos du docteur G. Federmann, médecin praticien : « certains laboratoires poussent les médecins à reconnaître comme pathologiques certaines situations qui, jusque-là étaient tout à fait normales, pour les médicaliser et prescrire, s'appuyant notamment sur le DSM (Manuel diagnostic et statistique des troubles mentaux élaboré par l'American psychiatric association), qui est devenu de manière abusive un outil diagnostic entraînant une stratégie thérapeutique quasi-systématique, alors qu'il était conçu à l'origine comme outil de recherche épidémiologique ». Voir G. Federmann, « En amont de l'humanitairerie », *Sud/Nord*, 2002/2 n° 17, p.71.

[367] WHA58.3 Révision du Règlement Sanitaire International, p.14.

075 - L'élargissement de la notion de maladie - Aujourd'hui, l'interprétation de la notion de maladie est très large. Elle inclut des affections situées à la limite du pathologique. De simples désagréments aux simples « disgrâces physiques justifiables »[368], le domaine des maladies humaines ne cesse de s'étendre[369]. Cette notion s'étend même jusqu'à des situations comme le tabagisme[370]. Le médicament a suivi cet élargissement et n'est plus l'apanage des malades. Il permet aux bien-portants de résoudre certains soucis esthétiques, de vieillesse, de sexualité[371], etc. Ainsi, afin de mettre sur le marché de nouveaux médicaments, les industries pharmaceutiques, avec l'aide d'experts et de médecins, ont façonné les maladies à l'image de la société moderne. Ce qui a fait écrire au docteur E. La Rosa, qu'entre « la santé et la maladie, il y a la fabrication de nouvelles pathologies »[372]. Pour elle, l'industrie pharmaceutique convertit « le bien-portant préoccupé par sa santé en individu malade »[373].

Dans le silence des textes le juge est le seul qui ait la compétence légale pour qualifier telle ou telle situation du corps humain de maladie. En Europe la jurisprudence s'est emparée de la notion de maladie pour en faire une notion large, permettant d'englober toute une panoplie de situations considérées comme maladies. C'est ainsi que le juge a pu dire que la maladie est un état pathologique, ce qui exclut de son champ les états physiologiques comme la faim, la digestion, la fatigue[374], la vieillesse, le froid ou le

[368] TGI. Paris, 21 février 1970, Doc Pharm n°1681, J.C.P, 1970 – II- 16452, note Dillermann et Plat.

[369] J.-P. Bouteille, « Médicament par présentation et monopole pharmaceutique », *Act. Pharm.*, n°235, septembre 1986, pp.94-96.

[370] La loi n° 040-2010/AN portant lutte contre le tabagisme au Burkina Faso, sans considérer explicitement le tabagisme comme une maladie, le définit comme « l'usage régulier du tabac et des produits du tabac, entraînant une intoxication ou une dépendance ». L'usage du terme intoxication permet de conclure que le tabagisme est soit en lui-même une maladie ou peut conduire à une maladie. Selon la loi sénégalaise de 1994, les produits présentés pour arrêter de fumer sont des médicaments.

[371] C. Daburon, *Le médicament*, Les Etudes Hospitalières, Bordeaux, 2001, p.39.

[372] E. La Rosa, op.cit., p.15.

[373] Ibidem, p.19.

[374] A. Leca, op.cit., p.181. L'auteur écrit que « l'asthénie (fatigue généralisée avec une répercussion sur le fonctionnement de l'organisme), est une fatigue pathologique, sans cause immédiate et devrait être analysée comme une maladie ».

chaud. Lorsque les affections sont situées à la limite du pathologique, le juge se réfère à la notice. C'est ainsi que les termes comme « diagnostic », « traitement », « cure » ont été retenus comme faisant référence aux propriétés thérapeutiques[375].

La définition du médicament par présentation se complète avec la définition par fonction. Un produit se verra appliquer la deuxième branche de la définition du médicament dès lors qu'il possède des « propriétés curatives ou préventives à l'égard des maladies humaines ou animales » conformément à la première définition et qu'il n'est pas présenté comme tel.

B : Le médicament par fonction : une prédominance de critères scientifiques

La définition par fonction du médicament se distingue de celle par présentation en ce qu'elle est indépendante de toute idée de maladie. La substance ou la composition est un médicament si elle peut être administrée à l'homme en vue d'établir un diagnostic médical (1) ou de restaurer, de corriger ou de modifier les fonctions physiologiques (2).

1 : Le médicament, un produit destiné à établir un diagnostic médical

076 - Des médicaments déconnectés de la notion thérapeutique - Dans la définition du médicament par fonction, c'est la finalité du médicament qui est recherchée. Le médicament est un objet de santé : on pourrait conclure qu'il est fabriqué exclusivement pour une finalité thérapeutique, ce qui serait inexact, car le médicament peut avoir une finalité purement diagnostique. C'est ce que fait, par exemple, un traceur dans le cadre du diagnostic de cancer[376]. Il y a également les agents pharmaco-dynamiques pour les explorations fonctionnelles en vue d'observer le fonctionnement d'un organe. Ces produits sont dépourvus d'effet de restauration, de correction ou de modification d'une fonction physiologique ; ils ont un but de diagnostic.

---

[375] M. Plat, « La définition du médicament », in M. Plat (dir.), *Droit et déontologie pharmaceutique*, Expansion scientifique française, Paris, 1975, p.1-41.
[376] Le traceur se fixe préférentiellement sur les métastases et permet ainsi d'observer les cellules cancéreuses.

077- La qualification audacieuse d'un produit de contraste en médicament - La reconnaissance d'un produit de diagnostic comme médicament est ancienne et remonte en France à 1935, lorsque le tribunal correctionnel de la Seine[377]avait reconnu comme médicament des produits de contraste utilisés en diagnostic radiologique. Cette décision était audacieuse, car la définition française de l'époque était limitée au médicament par présentation, c'est-à-dire que la substance devait avoir des propriétés curatives ou préventives à l'égard des maladies humaines. Or les produits de contraste ne possèdent ni propriété curative, ni propriété préventive. Mais en 1958, la Cour de Paris était revenue sur cette qualification en affirmant dans une décision, qu'« un agent de contraste ne saurait constituer une préparation pharmaceutique ayant une vertu préventive ou curative d'un état morbide quelconque » et « ne peut non plus être assimilé à un produit diététique ayant des propriétés de repas d'épreuve »[378]. Cette décision visait insidieusement à admettre « la brevetabilité du produit à une époque où le médicament n'était pas brevetable »[379]. Cependant, il faut souligner que cette controverse n'a pas eu le temps de prospérer en France, puisqu'en 1959, les produits de diagnostic furent officiellement intégrés dans la définition légale du médicament.

Ces produits doivent être distingués des dispositifs médicaux de diagnostic médical qui sont soumis à un autre régime juridique. Le droit burkinabè les définit comme tout objet à usage préventif, diagnostic, thérapeutique utilisé en médecine humaine dont l'emploi est susceptible de présenter des dangers pour le patient ou l'utilisateur directement ou indirectement[380].

Les produits de diagnostic ne soulèvent pas de difficulté dans la qualification du médicament, car ils n'ont aucune action sur l'organisme humain ou animal, ce qui n'est pas le cas des produits destiné à restaurer, à corriger ou à modifier les fonctions organiques de l'homme.

---

[377] Trib. Corr. Seine, 16 mai 1935 : S. 1935, 2, 202.
[378] Paris, 27 juin 1958, Doc. Pharm. Jur. n°1072.
[379] E. Fouassier, *Le médicament : notion juridique*, TEC &DOC, Paris, 1999, p.24.
[380] Arrêté n°2011-050/MS/CAB du 28 février 2011 (Burkina Faso).

2 : Le médicament, un produit destiné à restaurer, corriger ou modifier les fonctions organiques de l'homme

078 - Le besoin d'inclure les contraceptifs oraux dans le statut juridique du médicament - La notion de médicament par fonction repose sur des critères scientifiques. Il y a une prise en compte des propriétés pharmacologiques du médicament. Le médicament doit servir à restaurer, corriger ou modifier les fonctions organiques humaines. L'adjonction de cette branche dans la définition du médicament en Europe visait à inclure les contraceptifs oraux, afin de leur conférer des garanties au même titre que les médicaments et les faire ainsi entrer dans le monopole pharmaceutique. La grossesse qu'ils servent à prévenir n'étant pas une maladie, il était difficile d'admettre les contraceptifs oraux dans la sphère des médicaments par la notion du médicament par présentation. Cette extension du champ de définition du médicament a rencontré l'inquiétude de certains auteurs à l'époque qui craignaient « une voie ouverte à de possibles abus »[381]. E. Fouassier remontant l'histoire, révèle que même les juges en France étaient réticents à l'application de la notion de restauration, correction ou modification[382].

079. - Précision sur les notions de « restaurer, modifier et corriger » - La notion de « restaurer » évoque une carence qui fait perdre l'état normal d'une fonction physiologique, ainsi le médicament permet de retrouver cet état normal. C'est l'exemple des sels minéraux, des hormones (exemple l'hormone thyroïdienne utilisée pour restaurer le fonctionnement normal de la thyroïde), de la vitamine D contre le rachitisme ou de l'insuline contre le diabète sucré.

En ce qui concerne la notion de « **modifier** », on peut citer les médicaments psychotropes qui modifient le psychisme et le comportement en agissant sur les mécanismes neurobiologiques du cerveau, la vitamine K, qui modifie la coagulation du sang et les contraceptifs oraux qui modifient le cycle de fertilité de la femme.

---

[381] G. Dillemann, « Les problèmes posés par l'application pratique de l'article L.511 du CSP aux aliments diététiques », *JCP* 74, I, 2624.

[382] Pour l'auteur la rareté des décisions en la matière jusqu'en 1983, témoigne de la réticence des juges. E. Fouassier, op.cit., p.25.

Enfin dans le cadre de la « **correction** », on peut citer les anti-acide qui servent à rétablir l'équilibre gastrique ou encore les médicaments prescrits pour corriger les insuffisances hormonales chez la femme en vue de rétablir un cycle menstruel régulier (exemple : le Duphaston®).

080 - L'action du médicament sur les fonctions organiques doit être prouvée- Le deuxième volet de la définition du médicament permet d'étendre la notion de médicament et d'ouvrir ainsi un vaste champ pour faire pénétrer d'innombrables produits. C'est au juge que revient la tâche d'interpréter et de préciser la définition du médicament. Compte tenu de l'absence de jurisprudence en matière de précision de la définition légale du médicament au Burkina Faso et au Sénégal, nous nous référerons à la jurisprudence de la CJUE où le juge a précisé à plusieurs reprises la définition du médicament[383]. Il l'a fait dans l'arrêt Van Bennekom. Dans cet arrêt, le juge communautaire avait affirmé que le médicament par fonction devait nécessairement avoir des propriétés curatives ou préventives à l'égard de maladies humaines, non alléguées expressément. C'est ainsi qu'il a admis qu'un produit « destiné à favoriser certaines fonctions comme la digestion ou les fonctions hépatobiliaires » peut constituer un médicament par fonction, puisque « susceptible d'être administré en vue de restaurer, corriger ou modifier des fonctions organiques ». Le juge européen fonde la qualification du médicament par fonction sur des critères objectifs et laisse le soin au juge national d'apprécier au cas par cas lorsqu'une question lui est posée sur la qualification d'un produit. C'est ainsi que de nombreux produits frontières vont être soumis aux experts. C'est l'exemple de la vitamine C.

081 - L'abandon de la nécessité de prouver les critères scientifiques - La CJUE[384] est ensuite revenue sur sa décision de 1983, pour dire que la preuve scientifique de l'efficacité d'un médicament par fonction n'a pas à être nécessairement établie. Pour établir la frontière entre médicament par fonction et aliment, la jurisprudence européenne s'est bornée à préciser qu'il convient

---

[383] Grâce à son audace, le juge européen a dégagé des principes novateurs, qui ont enrichi la définition générale du médicament. A travers les failles de ses décisions antérieures, il a reprécisé la notion du médicament au fil des arrêts et a largement étendu la notion du médicament en Europe.

[384] Arrêt Upjohn, 16 avr. 1991, Doc.phar., sept-oct. 1991, n°3048, pp.26-40.

d'opérer au cas par cas et de s'attacher aux propriétés pharmacologiques du produit. Dans un autre arrêt[385], la Cour indique clairement que l'expression « en vue de » permet d'inclure dans la définition du médicament, non seulement des produits ayant un effet réel sur les fonctions organiques, mais également ceux qui n'ont pas l'effet annoncé. Dans ce cas, la preuve scientifique de l'efficacité du produit n'a pas à être établie. En estimant qu'il n'y a pas lieu de faire la preuve de l'efficacité du produit sur les fonctions organiques à restaurer, la CJUE permet au juge du fond d'opérer un retour vers la première définition du médicament (par présentation), ce terrain étant incontestablement plus solide.

082 - Le retour aux critères scientifiques - En 2007, la Cour est revenue sur sa position de 1991 en affirmant que la définition du médicament par fonction vise à « englober les produits dont les propriétés pharmacologiques ont été scientifiquement constatées et qui sont réellement destinés à établir un diagnostic médical ou à restaurer, à corriger ou à modifier des fonctions physiologiques »[386]. La CJUE ajoute que le produit en cause « n'a pas d'effet significatif sur le métabolisme et ne saurait, dès lors, être qualifié de produit capable de restaurer, de corriger ou de modifier des fonctions physiologiques ». La ligne directrice de la jurisprudence européenne consiste à appliquer le régime juridique le plus rigoureux, en raison des dangers particuliers que peuvent présenter les médicaments pour la santé publique. Un produit est donc un médicament s'il entre dans l'une ou l'autre de ces définitions alternatives[387].Cette approche générale du médicament confère au juge un large pouvoir d'interprétation pour adapter la définition du médicament aux changements éventuels de situation[388]. Le juge européen recherche en permanence la sécurité des patients[389].

La définition du médicament a été utilisée pour justifier des finalités divergentes. Cependant, la finalité première de cette

---

[385] CJCE 21 mars 1991, Delattre, Aff. C-369/88 ; Rec. CJCE 1991, p. 1532.
[386]CJCE, 15 novembre 2007, Commission c/République fédérale d'Allemagne, Nouv. Pharm., déc. 2007, pp.459-465.
[387]CJCE, 21 mars 1991, « Delattre », Aff. C-369/88 ; Rec. CJCE 1991, p. 1532, considérant n° 15.
[388] H. Dion, op.cit., p.36.
[389] La définition du médicament doit servir à protéger le patient contre son ignorance médicale et pharmaceutique.

définition doit demeurer la recherche d'une conciliation entre la protection de la santé publique et la libre circulation des marchandises. Mais dans des pays comme le Burkina Faso et le Sénégal, il faut une prise de conscience collective pour donner à cette définition toute sa plénitude. Le risque sanitaire lié aux médicaments n'est pas encore pris au sérieux aussi bien par le législateur que par la population, ce qui vide la définition généraliste du médicament de ses effets. En effet, cette définition nécessite des interprétations pour affiner le contour du médicament. Au Burkina Faso et au Sénégal ces interprétations n'ont jamais été apportées, ni par le législateur, ni par le juge. Ainsi cette définition est restée « inactive ». La conception particulière, à la différence de la définition généraliste semble être objective. En effet, elle indique expressément ce qui peut être inclus dans la définition du médicament et ce qui y est exclu.

Paragraphe 2 : L'approche particulière dans la définition du médicament

La définition du médicament « mobilise des logiques sanitaires, financières et industrielles »[390], il faut donc pouvoir englober tous les produits qui s'y rapprochent, mais qui ne satisfont pas à la définition générale. Ainsi les législateurs burkinabè et sénégalais ont considéré certains produits comme médicament (A) et ont exclu certains expressément de la définition du médicament (B).

A : Les produits considérés comme des médicaments

En fonction de leur composition certains produits sont des médicaments, mais n'entrent pas dans le cadre général de la définition du médicament. Ils ont été considérés comme médicament par la loi (1) ou par la jurisprudence au cas par cas (2).

---

[390]E. Nouguez, « La définition des médicaments génériques, entre enjeux thérapeutiques et économiques : l'exemple du marché français des inhibiteurs de la pompe à protons », *RFAS* n°s, 3-4 2007, p.99.

1 : Les produits considérés par la loi comme médicaments : le médicament par composition

Au Sénégal c'est l'article unique de la loi du 26 juin 1994, qui définit le médicament. Quant au Burkina Faso, il s'agit de l'article 208 du CSP. La rédaction de ces deux lois en ce qui concerne la définition du médicament est quasi-identique. Leur alinéa 2 est relatif aux produits qui peuvent être considérés comme des médicaments en raison de leurs compositions. Ainsi sans les inclure dans la définition générale du médicament, elles considèrent comme médicament certains produits cosmétiques, d'hygiène corporelle et diététiques. Mais que doit-on entendre par produit cosmétique et par produit diététique ?

083 - Définition communautaire - Selon L'UEMOA les compléments alimentaires sont « toute denrée alimentaire dont le but est de compléter un régime alimentaire normal et qui constitue une source concentrée de nutriments ou d'autres substances ayant un effet nutritionnel ou physiologique ; présentée seule ou sous forme combinée, commercialisée sous forme de doses, à savoir les formes de présentation tels que les gélules, les comprimés, les pilules et autres formes analogues aux préparations liquides ou en poudre, destinées à être prises en unités mesurées de faible quantité »[391].

Quant aux produits cosmétiques, ils sont définis comme des « substances ou préparations destinées à être mises en contact avec les diverses parties superficielles du corps humain (notamment l'épiderme, les systèmes pileux et capillaire, les ongles, les lèvres et les organes génitaux externes) ou avec les dents et les muqueuses buccales, en vue, exclusivement ou principalement, de les nettoyer, de les parfumer, d'en modifier l'aspect, de les protéger, de les maintenir en bon état ou de corriger les odeurs corporelles»[392].

084 - Les produits cosmétiques et diététiques peuvent être des médicaments - Ainsi défini, il faut rechercher à défaut d'une

---

[391] Annexe de la Décision n°06/2010/CM/UEMOA portant adoption des lignes directrices pour l'homologation des compléments nutritionnels dans les Etats membres de l'UEMOA.

[392] Annexe de la Décision n° 07/2010/CM/UEMOA portant adoption des lignes directrices pour l'homologation des produits cosmétiques dans les Etats membres de l'UEMOA.

législation communautaire sur la définition du médicament, dans quels cas de tels produits peuvent être qualifiés de médicaments selon les lois burkinabè et sénégalaises. Pour être soumis au cadre juridique des médicaments, les produits cosmétiques, d'hygiène corporelle et diététiques doivent réunir certaines conditions :

- Lorsqu'un produit entre dans la définition d'un produit cosmétique ou d'un produit d'hygiène corporelle, il doit, pour être considéré comme médicament, contenir une substance ayant une action thérapeutique à l'égard des maladies humaines, cette substance doit être susceptible de manifester son action lors d'une utilisation normale, ou contenir des substances vénéneuses à des doses et concentrations supérieures à la dose d'exonération.

Lorsque ces produits comportent des substances vénéneuses, la dose doit être supérieure aux doses d'exonération[393]fixées par voie réglementaire. Cela veut dire que les substances vénéneuses ont une dose limite, légalement fixée, et lorsque la dose dépasse cette limite, le produit est considéré comme médicament. A contrario, ils sont considérés comme cosmétique ou comme produit d'hygiène, lorsque la dose respecte celles fixées par les autorités sanitaires. C'est la dangerosité du produit qui est utilisée pour le qualifier de médicament et protéger ainsi la santé des populations.

- Lorsqu'il s'agit d'un produit diététique, Il doit dans un premier temps renfermer dans sa composition, des substances chimiques ou biologiques ne constituant pas elles-mêmes des aliments, et dans un deuxième temps la présence de ces substances doit conférer à ces produits, soit des propriétés spéciales recherchées en thérapeutique diététique, soit des propriétés de repas d'épreuves.

085 - Des produits considérés comme médicaments au Sénégal - En plus des produits présentés ci-dessus, la loi sénégalaise de 1994, contrairement à la loi burkinabè, considère comme médicaments :

- Les produits présentés comme pouvant neutraliser ou détruire sur l'organisme humain les substances toxiques employées

[393]Pour le Sénégal voir l'arrêté n° 8807 MSAS-DPH en date du 28 septembre 1994, fixant la liste des substances vénéneuses pouvant entrer dans la composition des produits cosmétiques et des produits d'hygiène corporelle et les avertissements devant figurer sur les récipients, emballages ou notices.

dans un but militaire ou agissant sur l'organisme humain ayant subi l'effet de telles substances ;

- Les produits présentés comme supprimant l'envie de fumer ou réduisant l'accoutumance au tabac ;
- Les eaux minérales naturelles modifiées dans leurs caractéristiques initiales par l'addition d'un produit autre que le gaz naturel s'échappant du griffon de leur source et présentées comme possédant des propriétés curatives ou sous une forme pharmaceutique particulière en vue d'une application de ces propriétés ;
- Les produits utilisés pour l'application de lentilles de contact.

Dans le silence de la loi, on ne sait pas quel statut ont ces produits en droit burkinabè.

Le domaine du médicament évolue à grande vitesse et les lois peuvent se trouver insuffisantes pour qualifier un produit frontière de médicament, dans ce cas, il appartient au juge d'apprécier au cas par cas en tenant compte de la protection de la santé des patients.

2 : Les produits considérés comme des médicaments par la jurisprudence : des frontières difficiles à tracer

086 - Le juge burkinabè et sénégalais face aux médicaments - Dans le silence de la loi le juge est appelé à combler le vide, il ne doit pas surseoir à statuer sous prétexte qu'il n'existe aucune loi dans la matière. C'est ainsi que le juge a bâti complètement le droit dans beaucoup de domaine. En matière de droit pharmaceutique, si le juge burkinabè et sénégalais n'a pas encore investi le domaine, en Europe, le juge national comme communautaire a fait évoluer la discipline, notamment dans la définition du médicament. Etant donné que certains des produits qualifiés par le juge européen de médicaments sont vendus au Burkina Faso et au Sénégal, nous allons, à défaut d'une jurisprudence locale, explorer les pistes suivies par la jurisprudence européenne.

087 - Une appréciation au cas par cas - S'il y a des produits qui sont exclus de la définition du médicament, d'autres qualifiés de produits frontières sont laissés à l'interprétation libre du juge. Lorsque la définition communautaire ne permet pas de qualifier un produit de médicament, le juge européen procède à une appréciation au cas par cas. Il a ainsi dégagé tout un lot de produits qu'il a qualifié de médicament.

088- Le cas des compléments alimentaires - Suivant la dose, un produit peut être qualifié de médicament ou de complément alimentaire. On peut citer dans ce cas la vitamine C. La vitamine C a eu un succès médiatique, doctrinal[394] et jurisprudentiel important. Apparue massivement dans les grandes surfaces en Europe à partir de 1984, elle a fait son entrée en Afrique à coup de publicité radiophonique et télévisuelle, mais n'a jamais suscité de recours devant le juge. Par contre en Europe, il existe une abondante jurisprudence relative à la vente de vitamine C[395]. Par exemple, un arrêt de la cour d'appel de Rouen a qualifié la vitamine C 500 sachet et C 180 comprimés de médicaments, en fonction de leur description (médicament par présentation) et du fait qu'elles sont susceptibles de modifier les fonctions organiques de l'homme (médicament par fonction)[396]. Le juge qui a suivi l'expert, s'est basé sur la dose du produit. Lorsque la vitamine C est administrée à des doses supérieures aux besoins nutritionnels, elle est par nature un médicament[397], un médicament par fonction[398], dans ce sens c'est la « concentration du produit »[399] qui sert de mesure.

Le débat sur la vitamine C a été clos en Europe en 2002 et en France en 2006 avec le décret n°2006-352 du 20 mars 2006, transposant la directive européenne de 2002. Selon ce décret la vitamine C devient un médicament à partir de 180 mg, ce que la jurisprudence a confirmé en 2007[400]. C'est dans ce sens que

---

[394] De nombreux auteurs on traité du sujet. G. Viala, A. Viandier, « La vitamine C, médicament ou aliment ? », *Gaz. Pal.*, 25 août 1987, pp. 561 et suivants ; B. Cristau, G. Viala, « La vitamine C est-elle un médicament ? A propos d'un arrêt de l'assemblée plénière de la cour de Cassation du 6 mars 1992 », *LPA*, n°57, 11 mai 1992, pp.9-16 ; A. Leca, op. cit., pp. 187-192.

[395] La vitamine C, représente un enjeu économique énorme pour les industries pharmaceutiques, mais également pour les autres commerçants. La bataille pour sa commercialisation libre en dit long sur les objectifs du monde économique.

[396] CA, Rouen, 12 février 2001, arrêt n° 99/00479.

[397] CA, Versailles, 22 janvier 1996, Bull. Ordre. Juin 1996, p.227.

[398] CA, Orléans, 26 janvier 1998, Nouv. Pharm., n°359, juillet 1998, p.181.

[399] Cass. Crim.29 juin 1999, Lelous, arrêt n°4384, Nouv. Pharm. , n°365, déc. 199, p.587.

[400] CA, Bordeaux, 7 novembre 2007, Mon. Pharm., n°2702 et 2703, 24 novembre 2007, p.15.

l'ensemble des produits vitamine C 1000 est qualifié de médicament en France et nécessite donc une AMM. Ce produit pose par contre un problème en Afrique. En effet au Burkina Faso et au Sénégal, ainsi que dans l'ensemble des pays francophones couverts par la radio France Internationale, il est loisible d'écouter une publicité vantant les mérites de la Vitamine C 1000. S'il est considéré dans ces pays comme médicament, sa publicité grand public devait être interdite (cas du Sénégal) sinon autorisée (cas du Burkina Faso). Mais dans ces pays la vitamine C dans son ensemble ne semble pas être considérée comme un médicament.

089 - Le cas des produits cosmétiques - La qualification d'un produit cosmétique en médicament doit permettre de protéger la santé des patients en évitant la mise sur le marché de produits cosmétiques dangereux. La qualification juridique doit donc être effectuée « compte tenu des adjuvants complétant la composition du produit, de ses modalités d'emploi, de l'ampleur de sa diffusion, de la connaissance qu'en ont les consommateurs et des risques que peut entraîner son utilisation »[401]. C'est ainsi que le juge européen a exclu du champ juridique des médicaments, les produits cosmétiques qui ont « une influence sur le corps humain, mais qui n'ont pas d'effet significatif sur le métabolisme et ne modifient dès lors pas à proprement parler les conditions de son fonctionnement ».

Au Sénégal, il existe de nombreux produits cosmétiques, utilisés pour leurs effets éclaircissants, qui peuvent entrer dans la définition du médicament et permettre de protéger la santé des populations. Mais ces produits sont vendus comme de simples produits de beauté. C'est le cas du « Khess Petch »[402], un produit vendu comme cosmétique. Selon la publicité, ce produit est capable de

[401] Afin d'établir le partage entre les médicaments et les produits cosmétiques et d'hygiène corporelle, la CJUE a déclaré, statuant à propos de produits présentés comme possédant des propriétés antiseptiques et antibactériennes, que ce fait n'est pas à lui seul déterminant. CJCE, 16 avril 1991, Upjohn, op.cit.

[402] Khess Petch signifie en wolof « toute blanche ».

rendre la peau claire en 15 jours[403]. Ce produit contient un corticoïde de forte activité : le propionate de clobetasol. Alors que pour être qualifié de médicament le produit cosmétique doit, « contenir une substance ayant une action thérapeutique à l'égard des maladies humaines, cette substance doit être susceptible de manifester son action lors d'une utilisation normale ». C'est le cas ici du propionate de clobetasol[404] contenu dans le « Khess Petch ». En plus le produit est présenté dans un tube de 50g, avec des indications dermatologiques comme : traite l'eczéma, le psoriasis, les allergies cutanées. Pour mieux la vendre ses concepteurs ont ajouté que le produit a la capacité de « restaurer les conditions physiologiques cutanée rapidement »[405].

Si certains produits posent un problème quant à leur qualification comme médicament, d'autres sont expressément exclus de la définition du médicament.

B : Les produits exclus de la définition du médicament

Des produits, qui, pourtant, sont utilisés pour leurs propriétés thérapeutiques à l'égard des maladies humaines ont été expressément exclus de la définition du médicament. Il s'agit des produits d'origine humaine (1) et d'autres produits dont nous présenterons brièvement le régime juridique (2).

---

[403] La publicité a été lancée en juin 2012 au Sénégal. Une contestation s'en est suivie et le 8 septembre 2012, une pétition fut lancée sur Internet appelant le ministère de la Santé à mettre fin à cette campagne publicitaire. En 4 jours il y avait 1 000 signatures. Ses détracteurs, parmi lesquels des dermatologues sénégalais, dénonçaient des affichages qui font la promotion d'une crème contenant un fort corticoïde, le propionate de clobetasol, un composant qui ne devrait être prescrit que par des professionnels de la santé dans le cas de sévères maladies de la peau.

[404] Le propionate de clobetasol est un corticoïde très puissant utilisé en application cutanée, c'est-à-dire un dermocorticoïde. Il existe en lotion, shampoing ou crème. Il est utilisé principalement dans le traitement du psoriasis du cuir chevelu et de la dermite séborrhéique.

[405] La publicité est toujours visible sur http://observers.france24.com/fr/content/20120913-senegal-dakar-peau-blanche-scandale-polemique-publicite-creme

1 : Les produits d'origine humaine

La loi burkinabè et sénégalaise[406] exclut de la définition du médicament les produits d'origine humaine tels que le sang et ses dérivés. Pour le législateur le sang et ses dérivés répondent à un autre régime juridique, même si ces produits peuvent entrer dans la définition du médicament tel qu'analysée ci-dessus.

090 - Une exclusion éthique et juridique[407] - L'exclusion des produits d'origine humaine dans la définition du médicament est-elle scientifique ou juridique ? Si l'on s'éloigne de la définition juridique du médicament et que l'on s'intéresse à la finalité du sang dans le domaine médical, on verra bien que les produits d'origine humaine remplissent les critères scientifiques de produits de thérapie humaine, mais pourquoi sont-ils exclus de la définition légale du médicament ? Cette exclusion peut être liée à l'exclusion même du corps humain de toute commercialité. Le corps humain étant hors commerce[408], les éléments qui le constituent doivent également être hors commerce.

Les articles 253 et suivants du CSP burkinabè traitent de la non-commercialité du sang humain ; dès lors le sang est porteur de valeur éthique et toute manipulation doit être soigneusement contrôlée. Selon le droit burkinabè le sang humain est obtenu gratuitement auprès des donneurs volontaires et ne doit en aucune circonstance faire l'objet de transactions commerciales[409], c'est dire que le sang et ses dérivés ne peuvent pas faire l'objet de conventions[410]. Le médicament comme on le sait est dans le commerce, cela justifie donc que les lois burkinabè et sénégalaises excluent le sang de la définition du médicament. De nombreuses

---

406 Voir article 208, alinéa 2 du CSP burkinabè, et l'article unique alinéa 3 de la Loi n° 94-57 du 26 juin 1994, abrogeant et remplaçant l'article L. 511 du Code de la santé publique (Sénégal).

407 Voir S. Gromb, A. Garay. *Consentement éclairé et transfusion sanguine : aspects juridiques et éthiques*, Editions ENSP, Rennes, 1996, 254p.

408 E. Loquin, I. Moine-Dupuis, « Produits thérapeutiques d'origine humaine et extracommercialité », in I. Moine-Dupuis (Dir.), op.cit., pp.411-451.

409 L'article 1598 du code civil indique que « tout ce qui est dans le commerce peut être vendu… », or le sang humain n'est pas dans le commerce, donc il ne peut être vendu.

410 Article 1128 du code civil.

interdictions entourent le régime juridique du sang et il aurait été difficile pour le médicament de se développer si le législateur n'avait pas dissocié son régime juridique de celui du sang. Par exemple la publicité sur la distribution du sang, de son plasma et leurs dérivés est interdite au Burkina Faso, alors que le médicament a besoin de cette publicité pour sa vente. Pour entrer dans le commerce le sang doit être transformé industriellement et devenir ainsi un médicament.

Cette exclusion peut être également éthique et permettre ainsi d'éviter toute spéculation relative au corps humain. Le sang humain tout comme l'ensemble du corps n'étant pas évaluables en argent, le législateur a sans doute voulu les exclure de toute marchandisation. D'autres produits ont également été exclus de la définition du médicament.

2 : Les autres produits exclus de la définition du médicament

091 - L'exclusion des médicaments traditionnels du régime général des médicaments - Le droit burkinabè exclut de la définition des médicaments, les produits utilisés pour la désinfection des locaux et pour les prothèses dentaires, ainsi que les remèdes traditionnels et les gaz à usage médical [411].

En ce qui concerne les médicaments traditionnels, le législateur burkinabè les a exclus pour leur appliquer un régime juridique particulier. Un cadre spécifique régit leur AMM et leur publicité. Au Sénégal l'exercice de la médecine traditionnelle n'est pas encadré, le médicament traditionnel n'a donc pas un régime juridique clair. Le droit communautaire de l'UEMOA méconnaît également ce produit. En effet, le règlement UEMOA harmonisant les procédures d'AMM est silencieux sur les médicaments traditionnels. Ainsi défini le médicament va se diviser en différents types soumis à des régimes juridiques différents.

[411] Art 208 CSP BF, alinéa 5.

Sous-section 2 : Les différents types de médicaments

Le médicament n'est pas « une entité homogène et unique »[412], il existe différents types de médicaments, tous régis par des statuts juridiques différents. Ils peuvent être classés suivant plusieurs critères. Nous retiendrons pour cette étude, la classification suivant le mode de production du médicament (paragraphe 1) et celle suivant les orientations de la Politique Pharmaceutique Nationale (PPN) (paragraphe 2).

Paragraphe 1 : La classification suivant le mode de préparation

Les médicaments ont en commun leur condition de vente, réservés aux pharmaciens, ils subissent des contraintes exigées pour la sécurité sanitaire. Par contre ils peuvent se distinguer selon que leur production est couverte par un brevet ou non (A) ou encore selon leurs conditions de préparation (B).

A : Les médicaments suivant la protection de la production

Selon ce critère on distingue les spécialités pharmaceutiques (1) et les médicaments génériques (2).

1 : Les spécialités pharmaceutiques

092 - Définition légale - Selon le droit positif burkinabè et sénégalais[413] la spécialité pharmaceutique est un médicament préparé à l'avance dans l'industrie pharmaceutique, présenté sous un conditionnement particulier et caractérisé par une dénomination spéciale.

093 - La spécialité pharmaceutique est un médicament - La spécialité pharmaceutique est d'abord un médicament suivant la

---

[412] J-H.Trouvin, « L'évolution de l'expertise sur le médicament », *Les Tribunes de la santé*, 2010/2, n° 27, p.62.

[413]Article 209 du CSP du Burkina Faso et l'article 3 de la loi n° 65-33 du 19 mai 1965, portant modification des dispositions du CSP du Sénégal relatives à la préparation, à la vente et à la publicité des spécialités pharmaceutiques.

définition générale donnée par le CSP burkinabè et par la loi sénégalaise de 1994. Elle est préparée à l'avance dans l'industrie pharmaceutique ; cela suppose qu'on exclut toute préparation artisanale. Elle n'est pas destinée à un consommateur précis, sa forme est définitive lorsqu'elle sort du laboratoire. Ce qui la différencie des préparations magistrales.

094 - La spécialité pharmaceutique est présentée sous un conditionnement particulier - La spécialité pharmaceutique est ensuite présentée sous un conditionnement particulier, ce conditionnement est propre à chaque spécialité et doit être identique pour toutes les unités de ventes de ce médicament. Ce conditionnement en principe ne peut être modifié par le grossiste ou par le détaillant.

095 - La spécialité pharmaceutique est caractérisée par une dénomination spéciale - La spécialité pharmaceutique est caractérisée par une dénomination spéciale. C'est soit un nom de fantaisie original, soit une dénomination commune ou scientifique assortie d'une marque ou du nom du fabricant. Le nom de fantaisie ne doit pas se confondre avec la dénomination commune internationale (DCI).

096 - Le déconditionnement de spécialité pharmaceutique - Les spécialités pharmaceutiques constituent la gamme la plus importante en termes de ventes des médicaments. Le déconditionnement des spécialités est interdit. L'officinal ne doit pas le déconditionner pour un usage dans une préparation pharmaceutique. Une question se pose dans les pays pauvres sur le déconditionnement des spécialités. Les populations vivant au jour le jour n'est-il pas efficace de vendre le médicament en tenant compte du besoin des patients[414], c'est-à-dire de

---

[414] Des études ont montré que l'attrait des populations en Afrique vers les médicaments de la rue, était dû à la facilité d'achat des médicaments de la rue. Le patient qui désire acheter une quantité faible de médicaments trouve un vendeur qui lui vend le nombre de comprimés qu'il désire.

vendre au patient la quantité exacte de médicament dont il a besoin[415]. Ce qui suppose que le pharmacien doive déconditionner le médicament. Cette solution peut être difficile et dangereuse, elle suppose des conditions d'hygiène extrêmes pour certains médicaments. Ce qui peut paraître logique c'est d'obliger les industriels à faire un conditionnement adapté au type de traitement. A côté des spécialités on trouve les médicaments génériques qui dérivent de la formule originale des spécialités.

2 : Les médicaments génériques

097 - Définition légale - Selon le droit burkinabè[416] le médicament générique est une copie d'un médicament déjà mis sur le marché, qui a les mêmes principes actifs que celui-ci, et qui revendique la même activité pour les mêmes indications. Le générique est produit, soit parce que le brevet du médicament original est tombé dans le domaine public, soit une autorisation de fabrication de copie a été donnée par le titulaire du brevet ou encore une licence obligatoire a été attribuée suivant les dispositifs de l'Accord sur les ADPIC[417] ou enfin le laboratoire titulaire du brevet a lui-même fait son générique[418].

098 - Les avantages du médicament générique - Le médicament générique est accessible à un bon prix, car le fabricant n'a pas fourni les mêmes efforts financiers que le détenteur du brevet de fabrication. Ainsi il peut proposer son médicament à des prix accessibles. Etant une copie d'une molécule ayant déjà bénéficiée d'une AMM, le dossier de demande d'AMM pour le médicament générique est allégé[419]. La mise sur le marché du médicament générique ne requiert

---

[415] En France la vente du médicament au détail sera expérimentée au cours de l'année 2014. En effet Cinq mesures ont été prises dans le Projet de Loi de Financement de la Sécurité Sociale (PLFSS 2014). Ces mesures selon le PLFSS permettront d'améliorer l'efficience et le bon usage des médicaments en luttant contre la surconsommation de médicaments. Lorsque les décrets d'application verront le jour les médicaments concernés par l'expérimentation seront, dans certaines officines, dispensés à l'unité. Le patient pourra acheter la quantité exacte de médicament selon son schéma posologique et la durée prescrits par le médecin.

[416] Article 210 du CSP du Burkina Faso.

[417] Pour les licences obligatoires voir infra paragraphe 658 et suivants.

[418] Il s'agit du générique propre, voir infra paragraphe 648.

[419] Voir infra paragraphe 139 et suivants.

pas d'essai clinique. Il bénéficie en outre de politiques d'encouragement à sa prescription, à sa délivrance et à sa consommation[420].

099 - La nécessité d'être bio équivalent à la molécule originale - Les médicaments génériques ont en principe la même molécule, la même composition quantitative et qualitative en principe actif que le médicament princeps. Le générique est donc « essentiellement similaire » à un médicament original, il ne doit pas selon la CJUE[421] présenter des différences significatives (au regard des connaissances de la science) par rapport au médicament princeps en ce qui concerne la sécurité ou l'efficacité. Ainsi donc en l'absence de bioéquivalence, une spécialité pharmaceutique ne peut être regardée comme essentiellement similaire à une autre[422].

L'intérêt de distinguer la spécialité du générique réside dans le régime fiscal appliqué aux deux catégories et dans leur prix. Si le droit de douane sur les produits pharmaceutiques dans leur ensemble est supprimé[423], les médicaments génériques bénéficient en plus la suppression des taxes de douane.

Si les spécialités et leurs génériques ont en commun leur fabrication industrielle et leur conditionnement à l'avance, il existe d'autres catégories de médicaments qui sont préparés exclusivement par le pharmacien.

B : Les préparations pharmaceutiques

100 - Les préparations magistrales - Il s'agit de tout médicament préparé dans une pharmacie privée ou hospitalière avec une formule établie par un prescripteur autorisé et destiné à un malade déterminé[424]. Ce type de médicament doit être préparé dans une pharmacie, il n'est ni industriel, ni préparé à l'avance ; il est préparé extemporanément pour servir à un malade déterminé. La préparation magistrale est donc unique et suit une formule dont le pharmacien

---

[420] Voir infra paragraphe 106.
[421] CJCE, 3 décembre 1998, aff. C-368/96, Generic et a.
[422] CE, 1er SSR, 25 mai 2007, n°288186.
[423] Au Burkina Faso c'est la loi n°006/94/ADP du 11/03/1994, qui a supprimé le droit de douane sur les produits pharmaceutiques.
[424] Article 211 CSP du Burkina Faso.

préparateur n'est pas l'auteur, l'ordre de préparation lui est donné par un prescripteur autorisé.

101 - Les préparations officinales - Il s'agit de toute préparation réalisée selon une formule définie par une pharmacopée ou un formulaire[425]. La pharmacopée désigne selon le droit sénégalais[426] « une norme pharmaceutique destinée à assurer l'uniformité de nature, de qualité, de composition et de concentration des médicaments, rendue obligatoire par les autorités compétentes plus spécialement pour les pharmaciens». Quant au formulaire, il est défini comme un « recueil des formules de médicaments réalisables par le pharmacien à l'officine. Il est le complément de la pharmacopée et a la même valeur juridique qu'elle ».

102 - Distinction et précaution à prendre- Les préparations officinales, à la différence des préparations magistrales, sont préparées à l'avance, elles ne peuvent être dispensées que sur présentation d'une ordonnance médicale. Elles sont réalisées par une pharmacie privée, alors que les préparations magistrales peuvent être préparées indifféremment dans une officine privée ou dans une pharmacie hospitalière.

Préparés par le pharmacien dans son officine, les médicaments peuvent être dangereux, car il n'existe aucune surveillance dans ses activités. Les conditions d'hygiène peuvent ne pas être remplies, les matières premières ne sont pas contrôlées[427], les législateurs burkinabè et sénégalais doivent pour assurer la sécurité sanitaire, renforcer la sécurité en ce qui concerne les préparations pharmaceutiques.

Le Burkina Faso et le Sénégal, comme la majorité des PED, disposent d'une catégorie de médicaments qui entre dans le cadre des

---

[425] Article 212 CSP du Burkina Faso.

[426] Article 2 de l'arrêté n° 006420/MSHP/DPL, du 22 août 2003 portant création d'une Commission nationale de la Pharmacopée sénégalaise et du Formulaire national.

[427] C'est sans doute pour tenir compte de cet aspect que les préparations pharmaceutiques quelles qu'elles soient ont vu leurs conditions de réalisation durcies en France suite au drame du sang contaminé puis sous l'affaire du Médiator, désormais les matières premières devront être conformes aux spécificités de la pharmacopée et être soumises au respect des bonnes pratiques de préparation fixées par l'ANSM.

politiques d'accès aux médicaments ou d'éradication de fléaux reconnus d'envergure internationale.

Paragraphe 2 : La classification suivant les orientations de la Politique Pharmaceutique Nationale (PPN)

La PPN est une déclaration d'intention d'un gouvernement. L'Etat précise les orientations qu'il compte donner à la pharmacie en général et aux médicaments en particulier. Elle présente les priorités d'un gouvernement et définit le cadre global de mise en œuvre des actions liées au domaine pharmaceutique[428]. Si dans les pays développés la politique du médicament est accompagnée par une prise en charge sociale du coût des médicaments, dans les pays en développement et notamment au Burkina Faso et au Sénégal de telles politiques n'existent pas. Ainsi la PPN se fonde sur certaines catégories de médicaments reconnus pour leur coût moins élevé pour palier la carence de l'Etat-providence, il s'agit des MEG (A). Ensuite certaines maladies ont acquis un caractère spécifique que le circuit et les règles liées à la gestion des médicaments pour leur traitement restent particuliers et liés à la PPN mise en place, qui leur assure pour la plupart la gratuité (B).

A : Les Médicaments Essentiels Génériques (MEG)

Les MEG sont un concept mis en avant par l'OMS pour faciliter l'accès aux médicaments. Ce concept est depuis lors intimement lié à toutes les politiques pharmaceutiques nationales dans les pays en développement. Cette catégorie de médicament dont il convient de préciser la notion (1) bénéficie de faveurs légales (2).

1 : La notion de MEG

103 - Définitions - Selon l'UEMOA, le Médicament Essentiel (ME) est « tout médicament satisfaisant aux besoins sanitaires de la majorité de la population et répondant aux critères d'efficacité, de qualité prouvée, d'utilisation facile, de disponibilité permanente, d'un minimum d'effets indésirables et d'une bonne accessibilité

[428] Cf infra paragraphe 451et suivants.

géographique et financière »[429]. Au Burkina Faso, les autorités définissaient déjà en 2006 le ME comme un « médicament requis de façon prioritaire pour assurer les soins de la plupart des pathologies. Il s'agit des molécules les plus efficaces, les plus sûres en termes d'utilisation et qui représentent le meilleur rapport coût/efficacité »[430]. Pour le Dr Halfden Mahler, directeur général de l'OMS lors du lancement du concept de médicament essentiel en 1975, les ME « sont d'une importance primordiale fondamentale et sont indispensables pour satisfaire aux besoins sanitaires de la population »[431]. Le ME peut être générique ou non, nous nous intéressons ici au médicament essentiel et générique (MEG). Le MEG est une copie d'une spécialité pharmaceutique, il est un produit « à la fois efficace et économique »[432]. Le critère scientifique est doublé d'un critère économique. Le concept de MEG vise à faciliter l'accès aux médicaments aux plus démunis[433]. En plus d'être efficace le médicament doit être accessible financièrement. L'OMS estime qu'il en existe assez pour venir à bout de la plupart des causes majeures de mortalité et d'incapacité dans les pays en développement, ce qui devait servir à réduire le nombre de spécialités autorisées.

104 - Les MEG sont au cœur des Politiques Pharmaceutiques Nationales (PPN) - Chaque pays est libre dans la sélection des MEG. Cette liberté de choix permet à chaque pays d'adapter le concept de MEG à sa situation particulière. L'OMS publie depuis 1977 une liste de ME ; c'est l'une de ses contributions majeures en faveur de la santé publique. Le Burkina Faso et le Sénégal font de la sélection des MEG l'un des principes de base de leur politique pharmaceutique nationale, ce qui conduit à leur réserver une politique publique nationale

---

[429] Article 1er al. 30 du Règlement n°06/2010/CM/UEMOA.

[430] Article 1er de l'arrêté interministériel n°2006/243/MS/MFB/MCPEA du 30 octobre 2006 portant modalités pratiques et tarification des opérations de contrôle et de surveillance des médicaments.

[431] Propos cités par H. Vandenbrink, « Existe-t-il des médicaments essentiels auxquels privilégier l'accès », in I. Moine-Dupuis, op.cit., p.108.

[432] Editorial du journal « Le Point », publié par l'OMS, n° double, 25-26, 1998, p.1.

[433] Selon les auteurs de « L'accès aux médicaments », c'est suite à de graves problèmes de disponibilité, de coût ; de qualité et d'utilisation des médicaments dans les PED, que l'Assemblée mondiale de la Santé a adopté en 1975 une résolution faisant entrer dans le vocabulaire de la santé publique le terme de médicament essentiel. G. Velásquez, C. Correa, « L'accès aux médicaments, entre le droit à la santé et les nouvelles règles de commerce international », op.cit., p.11.

d'encouragement. Si dans de nombreux pays occidentaux, la politique de réduction des dépenses de santé concerne les médicaments génériques, dans les pays en développement, l'accent est mis sur les MEG.

2 : La liste nationale de MEG et la politique liée aux MEG

105 - L'appropriation de la liste nationale de MEG par le Burkina Faso et le Sénégal - Une liste nationale des MEG est établie et révisée tous les deux ans[434] au Burkina Faso ainsi qu'au Sénégal ; elle répertorie les médicaments jugés essentiels pour les maladies connues sur le territoire national. Cette liste sert de base à l'importation et à la distribution des médicaments dans l'espace national. Les centrales d'achat ne peuvent acheter et vendre que les médicaments de cette liste.

106 - Les politiques de réduction des dépenses de santé - Pour améliorer la pénétration des MEG, les ministres africains de la Santé réunis à Abidjan au lendemain de la dévaluation du FCFA en 1994, ont recommandé aux différents pays membres de l'UEMOA, d'autoriser le pharmacien à remplacer une spécialité de marque inscrite sur une ordonnance médicale par un générique de même composition. Le Burkina Faso[435] et le Sénégal[436] ont suivi ces recommandations et le droit de substitution a été accordé aux pharmaciens pour la prescription prioritaire des MEG. Cette substitution est pratiquée pour toute spécialité dont le principe actif figure sur la liste nationale des MEG en vigueur. Dans l'espace UEMOA, on peut définir le droit de substitution comme le droit qui permet à un pharmacien ou à toute personne habilitée à délivrer des

---

[434] La liste nationale de médicaments essentiels a été instituée au Burkina Faso par le décret n°92-128LSAN-ASF du 20 mai 1992. Au Sénégal ; il s'agit de l'arrêté n°011782/MSS du 29 octobre 1990.

[435] Arrêté n°94-080/SASF/SG/DGSP/DSPh, portant droit de substitution des spécialités pharmaceutique par des médicaments essentiel génériques dans les structures privées de distribution de médicaments. Il faut remarquer pour les structures publiques le droit de substitution avait été accordé en 1992, en même temps que l'instauration de la liste des MEG. Le principe est que depuis la création de la liste des MEG, les structures publiques sont approvisionnées qu'en MEG par la CAMEG.

[436] C'est le décret 96–395 du 15 mai 1996, qui accorde au pharmacien un droit de substitution au Sénégal.

médicaments, de remplacer certains médicaments princeps prescrits par un médecin ou un auxiliaire de santé par un MEG figurant sur la liste nationale des MEG[437].

La politique des MEG à elle seule ne permet pas de résoudre l'ensemble des difficultés d'accès aux médicaments. Face à l'ampleur de certaines maladies les gouvernements du Burkina Faso et Sénégal ont fait l'option de soustraire certains médicaments liés au traitement de ces maladies du circuit officiel du médicament.

B : Les médicaments des programmes spécifiques de santé

Dans le cadre de la lutte contre certaines maladies des programmes spécifiques ont été mis en place. Soutenus par des partenaires extérieurs ces programmes connaissent une organisation dérogatoire du droit commun de la distribution des médicaments. Leur accès est gratuit et fait intervenir toute une panoplie d'acteurs qui perturbent même le circuit normal de distribution[438]. Il s'agit des ARV pour le traitement du VIH/SIDA et de certains médicaments reconnus dans le traitement de la tuberculose et du paludisme.

107 - Les médicaments du traitement du VIH/SIDA - L'ampleur de l'infection à VIH a été telle que l'adoption de politiques spécifiques a été préconisée dans les pays les plus touchés. L'apparition de cette maladie a bouleversé le droit dans de nombreux pays. Longtemps resté sans traitement, le sida a causé d'énormes dégâts humains dans les pays africains. Lorsqu'en 1996, l'efficacité des ARV a été reconnue lors de la XIe conférence mondiale sur le Sida à Vancouver, ils étaient économiquement inaccessibles aux malades africains. Le besoin de rendre accessible le traitement, même aux plus démunis a conduit à l'adoption de plusieurs politiques qui se sont révélées dérogatoires des principes communs du système de santé. Les premières initiatives sont internationales. C'est ainsi qu'en

---

[437] Le droit de substitution selon, l'arrêté de 1994, est reconnu aux pharmaciens, aux dépositaires et gérants de médicaments. Il faut également noter qu'outre le médecin qui a un droit de prescription général, les infirmiers, les sages femmes prescrivent également (article 131 du CSP burkinabè). L'article 276 al. 3 du CSP burkinabè leur réserve la prescription de médicaments des listes I et II.

[438] C. Boisseau, H. Degui, C. Bruneton, J.L. Rey, « Difficulté d'accès aux antirétroviraux dans les pays d'Afrique francophone : état des lieux en 2004 », *Med Trop* 2006, n°66, p.591.

1997, l'ONUSIDA mit en œuvre l'Initiative d'Accès aux traitements, qui consistait à examiner la faisabilité d'une introduction structurée et planifiée des ARV à des coûts réduits, avec comme pays africains pilote la Côte d'Ivoire et l'Ouganda.

Les premières organisations nationales en termes de facilitation de l'accès aux médicaments dans le traitement du SIDA interviennent au Sénégal, en 1998, avec la mise en place de l'initiative sénégalaise d'accès aux ARV ; c'est le 1er pays d'Afrique subsaharienne à mettre en place un tel programme sur la base d'un engagement de l'Etat, mais le prix des ARV était encore élevé. En 2000 avec des accords signés avec certains laboratoires pharmaceutiques, le prix des ARV a baissé au Sénégal, suivi deux ans plus tard de leur gratuité à 90% des personnes vivant avec le VIH, cette gratuité a été généralisée en 2003. Les ARV ne sont donc pas commercialisés dans les pharmacies privées. Il existe un circuit public officiel doublé par des circuits humanitaires[439].

La distribution du médicament est également fonction des types d'affection. Ainsi en ce qui concerne le VIH/SIDA au Sénégal, un Comité de Gestion des Fonds générés par la participation des patients à l'Initiative sénégalaise d'Accès aux Antirétroviraux (ISAARV) a été créé par l'arrêté interministériel n° 266 MSP-DS-DIV-SIDA-IST, du 22 janvier 2004. Ce comité gère les fonds et l'utilise pour les seules dépenses d'acquisition de médicaments antirétroviraux et de produits de laboratoire nécessaires aux textes de dépistage du VIH[440].

Une loi spécifique sur le SIDA a été adoptée au Sénégal et concerne les ARV. Le législateur sénégalais compte tenu de l'ampleur de cette infection a voulu mettre toutes les chances du côté des malades en édictant une obligation spécifique au ministre en charge de la Santé de prendre toutes « les dispositions utiles pour assurer le contrôle de la qualité et de l'efficacité » desdits médicaments avant leur mise en circulation. Alors que les dispositions sur l'AMM le prévoient déjà, le législateur insiste sur le fait que le ministre en charge de la Santé doit veiller à ce que toutes « les informations

[439] Cf infra paragraphe 482 et suivants.

[440] Article 13 de l'arrêté mentionné, JORS, 12 juin 2004, n°6165, p.904.

concernant ces médicaments, qu'ils soient destinés à la vente ou au don, soient inscrits de manière lisible sur les notices »[441].

Au Burkina Faso la gratuité des ARV est intervenue en 2010. Avant cette gratuité le circuit de distribution des ARV était piloté par le PNUD sur financement du fond mondial, qui a transféré ses compétences en 2006 à la CAMEG. La CAMEG achetait et dispensait les ARV, avant que la dispensation ne se délocalise au niveau des structures agréées de prise en charge du VIH[442]. La CAMEG livre aux structures uniquement sur présentation d'un document visé par le CMLS, la direction de la santé ou les directions régionale de la santé en ce qui concerne les structures décentralisées. Les structures bénéficiaires doivent exprimer elles-mêmes leurs besoins.

108 - Le médicament des autres programmes de santé - Nous allons nous intéresser aux médicaments du programme national de lutte contre le paludisme et celui de lutte contre la tuberculose. En ce qui concerne les médicaments contre la tuberculose contrairement aux ARV, ils sont disponibles dans presque tous les centres médicaux. Leur délivrance est gratuite, les centres n'ont pas besoin d'être agréés par les comités nationaux de lutte contre la tuberculose pour distribuer les médicaments. Quand on analyse la cartographie pharmaceutique du Burkina Faso et du Sénégal, en matière de médicament contre la tuberculose, on trouve des circuits parallèles de distribution. C'est-à-dire que certains bailleurs de fonds livrent eux-mêmes les médicaments aux centres de santé ou encore distribuent directement lesdits médicaments à travers des associations.

Pour le cas du paludisme, les médicaments dérivés d'artémisinine (ACT) introduits depuis 2006, sont gratuits depuis mai 2010 au Sénégal, au Burkina Faso leur gratuité se limite aux enfants de moins de 5 ans et aux femmes enceintes.

Le produit, lorsqu'il est qualifié de médicament, contrairement aux produits de consommation courant doit, pour être vendu ou donner gratuitement, recevoir une autorisation préalable afin que ses qualités, son innocuité et son efficacité soit vérifiées à priori.

---

[441] Article 5 de la loi n° 2010-03 du 9 avril 2010 relative au VIH /SIDA.

[442] Les structures de prise en charge doivent être agréées par le Comité ministériel de lutte contre le SIDA secteur santé (CMLS/Santé) pour bénéficier des ARV.

Section 2 : L'homologation des médicaments : un prérequis à leur commercialisation

109 - La qualité des médicaments, une préoccupation nationale et internationale - Le médicament est présent dans la vie de tous les jours, mais il demeure comme l'écrit S. Chauveau, une « boîte noire » à bien des égards[443]. Sa naissance nécessite de nombreuses années de recherche. De l'étape de la recherche et développement, de l'isolement de la molécule aux produits finis, celui-ci subit des tests pré-cliniques et cliniques indispensables à sa mise sur le marché. Lorsque l'ensemble de ces tests est concluant, le droit pharmaceutique oblige l'industriel qui souhaite commercialiser son produit fini à soumettre un ensemble de dossier aux autorités compétentes pour validation[444].

Au gré des progrès scientifiques et des scandales liés à la consommation du médicament celui-ci subit un renforcement constant du dispositif de sécurité mis pour protéger les patients contre les risques médicamenteux. Aujourd'hui, cette réglementation est contraignante et minutieuse de par le monde. Le droit, surtout dans le domaine sanitaire, tente de se saisir du concept de risque[445]. Au Burkina Faso et au Sénégal le cadre juridique du médicament s'est forgé progressivement. D'abord national, les normes sur le médicament se sont régionalisées à travers le rapprochement communautaire des législations pharmaceutiques[446]. Ce cadre juridique s'est également internationalisé avec le concours de l'OMS et de l'OMC. Comment le droit interne de nos pays peut-il concilier la pauvreté des Etats et les exigences de sécurité sanitaire qui nécessitent que soient mobilisés des moyens techniques et humains de qualité ? Cela est possible si la logique d'harmonisation communautaire se

---

[443] S. Chauveau, « Enjeu médicaments et société en France au XXe siècle », *Revue d'histoire,* n°73, janvier-mars 2002, p. 169.

[444] T. Devred, op.cit., p.9.

[445] Cour de Cassation française, Rapport annuel 2011, p.119.

[446] C'est le Règlement n°02/2005/CM/UEMOA, relatif à l'harmonisation de la règlementation pharmaceutique dans les Etats membres de l'UEMOA, qui a fixé le cadre et le champ de l'harmonisation du droit pharmaceutique dans l'espace UEMOA. Selon son article 2, « l'harmonisation de la réglementation pharmaceutique, s'entend de l'adoption de mesures en vue de disposer de procédures communautaires dans le domaine pharmaceutique en général et du médicament en particulier ».

développe avec une volonté politique d'agir pour l'accessibilité pour tous à des médicaments de qualité.

110 - La lutte contre le risque médicamenteux, une préoccupation régionale - Compte tenu du rôle important de santé publique joué par les médicaments, l'UEMOA a éprouvé le besoin d'harmoniser les règles relatives au secteur pharmaceutique. Dans cette optique, le règlement n° 06/2010/ CM/ UEMOA harmonise les critères d'octroi des AMM. Selon le droit communautaire en vigueur au Burkina Faso et au Sénégal[447], l'autorisation du médicament se fait selon un système d'homologation. Tout médicament doit être enregistré avant sa mise sur le marché. C'est tout un dispositif, que P. Urfalino appelle le « dispositif AMM »[448], qui est mis en place. L'UEMOA définit l'homologation comme un ensemble de procédure conduisant à l'enregistrement, au renouvellement ou à la variation de l'AMM d'un produit pharmaceutique et l'AMM est le « document officiel délivré par le ministre en charge de la Santé qui autorise la commercialisation ou la distribution gratuite d'un produit pharmaceutique »[449]. Elle est donc une décision administrative, qui apparaît comme une étape décisive de la vie d'un médicament. C'est elle qui ouvre les portes du marché au médicament. Il convient, avant de présenter la procédure de délivrance de l'AMM conformément au droit communautaire de l'UEMOA (Sous-section 2), de préciser le cadre juridique de l'AMM dans l'espace juridique national (Sous-section 1).

---

[447] Au Sénégal, on parle toujours de visa. Malgré la circulaire du directeur de la pharmacie faisant état de l'application du règlement n° 06/2010/ CM/ UEMOA, les arrêtés notifiant les autorisations de mise sur le marché, mentionnent toujours le terme « visa ».

[448] Ph, Urfalino, « L'autorisation de mise sur le marché du médicament : une décision administrative à la fois sanitaire et économique », *RFAS*, n°4, octobre-décembre 2001, p.85.

[449] Article 1er al. 2 du Règlement n°06/2010/CM/UEMOA, relatif aux procédures d'homologation des produits pharmaceutiques à usage humain dans les Etats membres de l'UEMOA.

Sous-section 1 : Le cadre juridique de l'autorisation de mise sur le marché des médicaments

L'homologation des médicaments est un acte doublement important. D'une part elle oriente les prescripteurs et d'autre part, elle comporte des effets économiques pour les producteurs de médicaments. Il convient de s'interroger sur la nature juridique de l'acte homologuant le médicament au Burkina Faso aussi bien qu'au Sénégal (Paragraphe 1). Le médicament candidat à une AMM, doit remplir certains critères importants pour la sécurité sanitaire des patients. Il doit avoir un bénéfice plus important que les risques qu'il présente. Les conditions concernent donc le médicament lui-même, mais également sa fabrication et son fabricant (paragraphe 2).

Paragraphe 1 : La nature juridique de l'AMM

L'autorisation donnée à un laboratoire pharmaceutique de mettre à la disposition du public son médicament émane selon le droit UEMOA, du ministre en charge de la Santé, qui est une autorité administrative. Dans ce sens, l'AMM est un acte administratif susceptible de recours (A), mais la particularité du médicament et des objectifs assignés à sa commercialisation plaident pour une spécification de cet acte. L'AMM, au vu de ce qui précède, est un acte administratif de sécurité sanitaire, puisque la mise sur le marché du médicament est encadrée dans un objectif de protection de la santé publique (B).

A : L'AMM, acte administratif susceptible de recours

Selon le règlement sur l'harmonisation de l'homologation des médicaments dans l'espace communautaire UEMOA, l'AMM est nationale. Il appartient aux autorités de chaque Etat membre de mettre en place les mesures adoptées par l'Union. Ainsi le document officiel est délivré au demandeur par le ministre de la Santé au Burkina Faso et au Sénégal. Le ministre de la Santé étant une autorité administrative agissant pour l'intérêt général, l'AMM est un acte administratif unilatéral (1), susceptible de recours devant le juge administratif (2).

1 : L'AMM, acte administratif unilatéral

111- La notion d'acte administratif - L'acte administratif est un acte qui provient d'une autorité administrative. L'autorité administrative est « un organe ou un agent qui a le pouvoir d'édicter des actes administratifs unilatéraux au nom de la personne morale à laquelle il appartient »[450]. L'acte administratif unilatéral est l'acte juridique adopté unilatéralement par une autorité administrative, qui modifie, ou refuse de modifier, les droits ou les obligations des administrés indépendamment de leur consentement[451] ; il a donc pour finalité de produire des effets de droit. Cet acte découle des prérogatives de puissance publique[452] que détient l'Administration. Celle-ci en vertu de ses prérogatives peut délivrer des autorisations sans demander l'autorisation à un juge. Mais ce pouvoir n'est pas synonyme d'arbitraire, aussi bien pour l'élaboration que pour la suppression des actes administratifs unilatéraux. Lorsque « les agissements de l'administration s'accomplissent en dehors du champ du droit et constituent (...) une voie de fait, l'administration perd toutes ses prérogatives de puissance publique », note la Cour d'Appel de Dakar[453].

112- Le ministre de la Santé, est une autorité administrative disposant d'un pouvoir « réglementaire spécial »[454]- Le ministre de la Santé agit dans le cadre d'une compétence qui lui est attribuée. Au Burkina Faso c'est l'article 233 du CSP et au Sénégal il s'agit de l'article 11 du décret n° 67-008 du 4 janvier 1967, relatif aux visas des spécialités pharmaceutiques, qui donnent compétence au ministre en charge de la Santé d'autoriser où non la mise sur le marché d'un

---

[450] D. Truchet, *Droit administratif*, 3e édition, PUF, Paris, 2010, p.102.

[451] G. Lebreton, *Droit administratif général*, 6e édition, Dalloz, Paris, 2011, p.71.

[452] La prérogative de puissance publique peut être entendue comme « une manifestation de la puissance de l'Etat utilisée pour la réalisation des missions qui incombent à l'administration ». J.-F. Brisson, A. Rouyère, *Droit administratif*, Montchrestien, Paris, 2004, p.125.

[453] CA. Dakar, arrêt n°451 du 11 juillet 1997. Affaire ISRA contre Assane Diagne.

[454] Il n'est pas reconnu aux ministres un pouvoir réglementaire général, ce pouvoir appartient au président et au premier ministre. Mais dans de nombreux cas, au Burkina Faso et au Sénégal, il est reconnu par une loi aux ministres d'agir dans des domaines spécifiques par voie réglementaire. Il en est le cas des décisions en matière d'AMM et des arrêtés portant application de certains décrets.

médicament. Aujourd'hui dans le cadre de l'UEMOA, le règlement d'harmonisation des procédures AMM est allé dans ce sens.

Autorité administrative, sa décision est donc un acte administratif unilatéral. L'élaboration de l'acte administratif unilatéral est juridiquement encadrée ; l'autorité administrative respecte les règles relatives respectivement à la compétence, la forme, la procédure, le but et le contenu de l'acte. Depuis 2010 le ministre en charge de la Santé tient sa compétence en matière d'AMM du droit communautaire de l'UEMOA. C'est après une procédure décrite par le droit communautaire, qu'il délivre l'AMM sous forme écrite. Acte administratif, l'AMM doit être limité dans le temps, elle doit donc mentionner sa durée de vie. Cette durée est de cinq ans selon l'article 16 du règlement UEMOA harmonisant les procédures d'AMM.

Le droit administratif s'applique donc dans le rapport entre le ministre de la Santé, agissant au nom de l'Etat poursuivant un intérêt général et le demandeur d'AMM, personne de droit privé recherchant un intérêt particulier ; leur rapport étant déséquilibré, le droit va tenter d'éviter les abus. L'acte autorisant la mise sur le marché du médicament comme tout acte administratif unilatéral ne doit pas violer le principe de légalité, au risque d'être annulé par le juge de l'excès de pouvoir[455].

2 : Le juge administratif et la décision d'AMM

113 - Le recours gracieux - En matière d'AMM il existe un recours gracieux avant tout recours contentieux. Le recours gracieux permet à l'auteur d'un acte manifestement illégal de « devancer la solution du juge en faisant disparaître spontanément une erreur de droit »[456]. Ainsi lorsqu'un acte administratif est illégal son auteur peut le corriger, soit de façon spontanée, soit sur la demande de la personne à qui l'acte est adressé. C'est-à-dire que l'administration doit toujours agir conformément aux règles qui s'appliquent à elle[457] : c'est le principe de légalité. La légalité ici ne désigne pas uniquement l'agissement selon une loi, elle signifie que « toute activité publique, doit, dans un Etat déterminé, se conformer au droit qui est en vigueur

---

[455] G. Lebreton, op.cit., p.70.

[456] Rivet, Concl. Sur Conseil d'Etat, 3 nov. 1912, Dame Cachet, RDP 1922, p.552 ; Conseil d'Etat, 16 févr.1912, Blanc, Lebon.p.224.

[457] D. Truchet, *Droit administratif*, op.cit., p.74.

dans cet Etat au moment où cette activité s'exerce »[458]. Dans le cadre de l'AMM, le règlement communautaire de l'UEMOA sur l'harmonisation des procédures d'AMM, les lois nationales et les dispositions règlementaires constituent le cadre dans lequel le principe de légalité doit s'exprimer. Au Sénégal le recours gracieux en cas de refus d'AMM est soumis pour avis à une commission de recours[459].

114 - Le recours contentieux - Le juge administratif est le gardien de la légalité administrative, il dispose du pouvoir d'annuler tout acte administratif entaché d'illégalité ou de constater la caducité de l'acte : c'est la procédure contentieuse. Par contre il ne peut pas modifier l'acte. La procédure contentieuse est subordonnée dans le principe, sous peine d'irrecevabilité, à « l'obligation du recours administratif préalable à tout recours contentieux »[460]. Le juge est saisi pour constater un excès de pouvoir de la part de l'auteur de l'acte. L'ordre juridique administratif burkinabè et celui du Sénégal tiennent leur définition de l'excès de pouvoir de la jurisprudence administrative française tirée de l'arrêt Dame Lamotte de 1950[461]. Cet arrêt définit le recours pour excès de pouvoir comme « le recours qui est ouvert même sans texte contre tout acte administratif et qui a pour effet d'assurer, conformément aux principes généraux du droit, le respect de la légalité ».

Le juge administratif ne peut pas se saisir lui-même, il faut un recours, sauf dans le cas de la caducité de l'acte. Lorsque la décision est annulée elle est réputée n'avoir jamais existée ; elle disparaît avec un effet rétroactif[462]. Ainsi lorsque le juge annule une décision de

---

[458] D. Truchet, Droit administratif, op.cit, p.74.

[459] Selon l'article 13 du décret de 1967 portant visa de spécialités pharmaceutique, la commission de recours dont les membres sont désignés par le ministre chargé de la Santé comprend : un membre de la Cour suprême, président ; le doyen de la faculté mixte de médecine et de pharmacie ; deux professeurs de médecine de la faculté mixte de médecine et de pharmacie ; deux professeurs de pharmacie de la faculté mixte de médecine et de pharmacie.

[460]Le C.E burkinabè a déclaré dans un arrêt de 2004 que « l'insertion de prétentions pécuniaires dans un recours pour excès de pouvoir donne à ce recours le caractère de recours de plein contentieux dont la conséquence est l'obligation du recours administratif préalable à tout recours contentieux sous peine d'irrecevabilité ». CE, 30 janvier 2004, Société C. c/ Etat burkinabè Arrêt n°016/2003-2004.

[461] CE, Ass., 17 févr.1950, Dame Lamotte, Recueil. Lebon, p.110.

[462] R. Chapus, *Droit du contentieux administratif*, Montchretien, Paris, 2001, p.197.

refus d'AMM les autorités compétentes sont réputées n'avoir jamais pris une telle décision et la procédure doit reprendre.

115 - La caducité de l'acte administratif - Lorsque le juge constate la caducité d'un acte administratif il prend une décision pour faire sortir l'acte juridique de l'ordonnancement juridique. Le juge ne fait que constater la caducité, car l'acte ne produit plus d'effet juridique. C'est par exemple le cas d'une AMM qui n'a pas été utilisée dans les délais fixés par l'autorisation[463]. En d'autres termes le titulaire de l'AMM n'a pas fait les importations dans les délais impartis, il n'a pas mis son médicament sur le marché dans les délais, son AMM ne produit plus d'effet et cela de plein droit dès l'expiration du délai imparti.

Si l'AMM est un acte administratif, il concerne un produit qualifié de « produit pas comme les autres », ainsi l'AMM, acte administratif, va également avoir une particularité, il est un acte administratif de sécurité sanitaire.

B : L'AMM, acte administratif de sécurité sanitaire

Les critères d'octroi d'une AMM sont basés sur l'objectif de protection de la santé publique. L'aval du ministre en charge de la Santé apparaît comme une caution publique à la commercialisation d'un médicament de qualité. L'AMM est donc guidée par un impératif de sécurité du consommateur de médicament, elle fait intervenir le couple ordre public sanitaire et sécurité sanitaire (1). L'AMM est source de responsabilité pour l'administration et pour l'exploitant du médicament (2).

1 : L'ordre public sanitaire et la sécurité sanitaire

116 - L'ordre public sanitaire - L'ordre public en général peut s'entendre d'un « minimum de conditions qui apparaissent indispensables pour garantir l'exercice des libertés et des droits fondamentaux »[464]. Matériellement, l'ordre public suppose une vie en

---

[463] Ce délai est de six mois au Sénégal. Dans les notifications d'acceptation d'AMM, il est fait mention de ce délai.

[464] P.-L. Frier, J. Petit, *Précis de droit administratif*, 4e édition, Montchrestien, Paris, 2006, p.243.

communauté sans menace particulière contre la sécurité des membres de la communauté. Il comporte traditionnellement la tranquillité, la sécurité et la salubrité publique. Dans la notion d'ordre public, il y a donc la paix interne ; un calme minimal[465] qui ne doit pas être perturbé. Les autorités étatiques sont garants de ce calme. Dans le cadre de la santé on peut dire que les membres du groupe doivent rester en bonne santé, d'où la recherche sans cesse par les autorités étatiques de solutions de prévention ou de traitement des crises de santé. Le médicament ne peut être soustrait de ces politiques. La santé est perçue par tous les instruments juridiques et politiques comme un droit fondamental de l'homme et un facteur de paix publique. Il y a un enjeu collectif dès lors que des crises sanitaires apparaissent. Les mesures prises dans ce cadre sont des mesures de protection de l'ensemble des citoyens, l'individu n'est plus le seul acteur de la santé publique[466]. L'ordre public en matière de la santé vise donc à prévenir les risques contre la santé des citoyens. Cette prévention des risques occupe une place importante, qui s'est renforcée ces dernières années et a atteint notamment dans le domaine pharmaceutique un niveau hautement politique, avec le renforcement des pouvoirs de la police sanitaire[467]. En effet, suite aux multiples crises liées à l'usage normal de certains médicaments, les autorités nationales et internationales ont adopté des mesures de sécurité pour limiter les risques futures. Comme on le sait, le risque médicamenteux peut être réduit, mais il est unanimement accepté que le faire disparaître relève de l'impossible. C'est dans ce sens que l'AMM a été instaurée pour assurer aux patients l'usage de produits pharmaceutiques débarrassés de tout risque ou du moins dont le risque tend vers zéro. Au bout d'un certain nombre d'actions qui visent à réduire le nombre et la gravité des problèmes de santé liés à la consommation de médicament[468], les autorités sanitaires prennent la décision d'autoriser un médicament.

---

[465] P. Chrétien, N. Chifflot, *Droit administratif*, 13e édition, Sirey, Paris, 2012, p.2.

[466] Le législateur burkinabè l'affirme à travers le CSP, selon lui l'un des principaux objectifs de la protection de la santé doit être de donner à l'individu et à la collectivité un niveau de santé qui lui permette de mener une vie socialement acceptable et économiquement productive (Art 2 du CSP burkinabè).

[467] La police administrative est une activité de l'administration destinée à maintenir l'ordre public. La police sanitaire qui est une police spéciale, vise donc à préserver l'ordre public sanitaire (voir C. Debbasch, F. Colin, *Droit administratif*, 10e édition, Economica, Paris, 2011, pp. 319-325.

[468] P. Peretti-Watel, J.-P. Moatti, *Le principe de prévention : le culte de la santé et ses dérives*, Edition du Seuil, Paris, 2009, p.9.

Avant de décider, le ministre de la Santé s'assure, au nom de la collectivité, que le triptyque qualité, sécurité et efficacité est satisfaisant. Cette vérification se base sur le travail en amont des organes techniques. Son acte est dénué de tout critère économique, seuls les critères scientifiques prédominent[469], ceux-ci doivent être objectifs. Dans ce sens, l'acte administratif que constitue l'AMM est un acte particulier, qui peut déroger pour des raisons de santé publique à certaines règles de droit. En matière d'AMM, l'Etat va dégager tout un ensemble de règle de police sanitaire[470] articulé autour du rapport bénéfice/risque[471] pour assurer la sécurité sanitaire des consommateurs de médicaments et faire régner l'ordre public sanitaire[472].

117 - La sécurité sanitaire - La sécurité sanitaire peut être définie comme « un ensemble de règles portant sur des produits de santé favorisant la sécurité des utilisateurs de ces produits et dont le but est de prévoir l'apparition de certains dangers susceptibles d'affecter la santé de la population »[473]. Elle est assurée grâce au pouvoir accordé aux autorités sanitaires de prendre des mesures de police sanitaires pour prévenir les risques sur la santé des populations. La police sanitaire vise à assurer le maintien de l'ordre public dans le domaine sanitaire. Il faut donc dans les différents Etats une administration et une réglementation efficaces pour que la sécurité sanitaire soit une réalité. Or au Burkina Faso et au Sénégal la sécurité est très rarement associée aux soins, le patient n'est pas très exigeant sur cette notion,

[469] Dans ce sens la CJCE avait précisé dans un arrêt que la décision d'AMM ne pouvait être liée à la réglementation sur les prix. Cela veut dire que les décisions d'AMM doivent se fonder sur des critères scientifiques objectifs de la qualité, de la sécurité et de l'efficacité du médicament. CJCE, 26 janvier 1984, aff. C-301/82, Clin Midy c/Etat belge, concl Mancini.

[470] En dehors de toute définition de la police sanitaire dans des textes liés aux médicaments, nous avons tiré cette définition du décret n° 2002-1094 du 4 novembre 2002 abrogeant et remplaçant le décret 62-0258 du 5 juillet 1962 relatif à la Police sanitaire des animaux au Sénégal. Selon ce décret, la police sanitaire est « l'ensemble des mesures hygiéniques, médicales, légales et réglementaires destinées à prévenir l'apparition ou la diffusion des maladies réputées contagieuses ».

[471] E. Cadeau, op. cit., p.57.

[472] J.-M. Forges, *Le droit de la santé*, PUF, Que sais-je ? , Paris, p.79.

[473] Sur les notions d'ordre public sanitaire et d'ordre public de sécurité sanitaire voir D. Jacotot, la notion de sécurité sanitaire : contribution à l'étude de l'objet du droit de la santé, Thèse, Dijon, janvier 1999, p.97.

sans doute parce qu'il n'est pas sensibilisé. Pourtant le risque sanitaire existe surtout dans le domaine des médicaments. Lorsque la sécurité est évoquée il n'existe pas d'institution chargée d'appliquée la règle. On peut citer l'exemple de l'évaluation des établissements hospitaliers au Sénégal en matière de sécurité des soins. La loi sur la reforme hospitalière de 1998, confie l'évaluation des activités hospitalières aux hôpitaux eux-mêmes. Il s'agit ici d'une autoévaluation[474]. En plus la charte du malade au Sénégal[475] est doublement restrictive, non seulement elle ne concerne que les malades, ce qui exclut les bien-portants qui font usage des services de santé, ensuite elle ne concerne que les malades utilisant les services publics de santé. Cette charte a le mérite d'exister, mais pêche dans son contenu. La sécurité qui doit être garantie au malade n'est pas évoquée. Le ministre sénégalais de la Santé l'a d'ailleurs soulevé lors d'une leçon inaugurale en 2012[476].

Le concept de sécurité sanitaire est évolutif[477], il s'est bâti au fil des crises sanitaires. Si l'on prend le cas de la France depuis l'affaire du sang contaminé à nos jours, le pays a connu une réorganisation de sa politique de sécurité sanitaire. Aujourd'hui, c'est l'affaire du Médiator qui a encore frappé le cœur de la sécurité sanitaire mettant ainsi en exergue la fragilité du principe de sécurité sanitaire. La France a réagi à cette crise par une réforme en profondeur

---

[474]Selon l'article 17 de la loi n° 98-08 du 2 mars 1998 portant réforme hospitalière «afin d'assurer l'amélioration continue de la qualité de la sécurité des soins ainsi que leur efficience, tous les établissements publics de santé hospitaliers mettent en œuvre une politique d'évaluation de leurs activités. La mise en œuvre de cette politique fait l'objet d'un rapport annuel présenté par le Directeur au Conseil d'Administration. »

[475] La charte est rendue applicable par l'arrêté n°005776/MSP/DES du 17 juillet 2011.

[476] Pour le ministre sénégalais, cette charte semble n'avoir aucune portée pédagogique et nécessite d'être adaptée aux changements que connaît le monde de la santé. Voir Journal Walfadjri, 10 mai 2012, p.7.

[477] F. Reyes, « Préface », in D. Tabuteau, *La sécurité sanitaire*, Berger-Levrault, Paris, 1994, p.XIV.

de son système sécuritaire à travers la loi dite de renforcement de la sécurité sanitaire[478].

118 - La sécurité, un droit fondamental de l'individu - La santé est la première priorité et le premier droit qu'un Etat offre à ses citoyens et la sécurité sanitaire est un élément de ce droit. En raison de leur nature, les règles de sécurité sanitaire sont d'ordre public, ajoutant ainsi au sein de l'ordre public sanitaire, un ordre public de sécurité sanitaire[479]. La sécurité sanitaire apparaît donc comme une nouvelle composante de la notion d'ordre public administratif, elle vient s'ajouter aux trois composantes traditionnelles de l'ordre public administratif telles que, la sécurité publique, la tranquillité publique et la salubrité publique. Aujourd'hui, il est apparu plus que vrai que « la société est très vulnérable au risque sanitaire »[480]. La sécurité en général est un droit fondamental[481]et l'Etat doit en être le garant. Il appartient donc à l'Etat d'exercer la police sanitaire. C'est pourquoi le développement de l'inspection pharmaceutique doit être une priorité au Burkina Faso comme au Sénégal. Si le Sénégal dispose déjà de pharmaciens inspecteurs et d'une formation universitaire de pharmaciens inspecteurs, le Burkina Faso ne dispose toujours pas de ce type de professionnel, le métier est exercé par des pharmaciens

---

478 En France c'est avec l'affaire du sang contaminé par le virus du sida, que la notion de sécurité sanitaire a émergé. Il fallait pour les autorités politiques mettre en place un dispositif de protection de la santé publique avec des méthodes d'analyse et de gestion des risques sanitaires. Cette notion de sécurité sanitaire va s'introduire dans le domaine alimentaire avec la crise de la vache folle. En 1998, la France adopte la loi n°98-535 relative au renforcement de la veille sanitaire et du contrôle des produits destinés à l'homme et l'agence du médicament devint ainsi agence française de sécurité sanitaire des produits de santé. Aujourd'hui avec l'affaire du Médiator cette agence a encore changé de dénomination et d'objectif, elle est devenue l'Agence nationale de sécurité du médicament et une nouvelle loi a été adoptée pour renforcer une fois de plus la sécurité sanitaire.

479 D. Jacotot, op.cit., p.123.

480 C. Huriet, *Renforcer la sécurité sanitaire en France*, Rapport fait au nom de la Commission des Affaires sociales du Sénat, Rapport d'information n°196, 1996-1997, p.13.

481 On peut citer le célèbre discours de l'ancien président John Kennedy en 1962, lorsqu'il déclarait que quatre grands droits doivent être assurés par le législateur aux consommateurs : le droit à la sécurité apparaît en première position au milieu du droit d'être entendu, du droit d'être informé et celui de choisir librement. Propos rapportés par J. Calais-Auloy et F. Steinmets, *Droit de la consommation*, Dalloz, Paris, 5e édition.

généralistes. Pour assurer l'application de la législation pharmaceutique, pour faire respecter l'ordre public sanitaire, gage de sécurité sanitaire, il est nécessaire d'avoir un contrôle fait par des organes de l'Etat ayant les compétences requises. La sécurité sanitaire doit intégrer l'ensemble des politiques en matière de santé[482].

La sécurité sanitaire est donc reconnue comme une responsabilité régalienne des pouvoirs publics[483], elle légitime l'intervention de ces derniers dans le secteur pharmaceutique[484] et l'AMM apparaît, comme le système capable d'assurer cette sécurité. Lorsque l'ordre public sanitaire n'est pas assuré, certains acteurs de la chaîne du médicament peuvent engager leur responsabilité.

2. AMM et responsabilité

119 - La délivrance fautive d'AMM - La mise sur le marché d'un médicament constitue un acte administratif hautement risqué dans la mesure où un défaut caché du médicament peut emporter sur son passage des vies ou rendre inapte à vie. Si l'on considère que l'Etat était capable d'empêcher la mise sur le marché de médicaments défectueux, sa responsabilité peut être engagée envers un consommateur de médicament du fait de la délivrance fautive d'une AMM[485]. On suppose que l'Etat a manqué à son rôle régalien d'assurer la sécurité des médicaments. Cependant, il faut rappeler que l'engagement de la responsabilité de l'Etat n'exonère pas le fabricant de sa responsabilité envers le consommateur. L'engagement de la responsabilité de l'Etat découle du principe général de la responsabilité de la puissance publique dégagé par le tribunal des conflits en 1873[486] ; aucun texte législatif n'interdit l'usage de ce fondement de la responsabilité de l'Etat. Le ministre de la Santé qui délivre l'AMM le délivre au nom de l'Etat, ainsi la responsabilité de l'Etat peut être engagée, mais également celle du ministre lorsque celui-ci a soit outrepassé ses pouvoirs ou a été négligent. Mais il faut

---

482 A. Laude, B. Mathieu, D. Tabuteau, *Droit de la santé*, 3e édition, PUF, Paris, 2012, p.91.

483 A. Laude, B. Mathieu, D. Tabuteau, *Droit de la santé*, op.cit., p.95.

484 E. Cadeau, op.cit., p.34.

485 CE 28 juin 1968, société mutualiste d'assurance contre les accidents pharmaceutiques, Lebon, p.411 ; JCP 1969.II.15578 ; RD publ.1969, p.312, note Waline ; Lab. pharm., nov.1968, n°175, p.75, concl. Kahn.

486 TC 8 février 1873, Rec. 1er suppl.61, concl. David.

noter que les cas dans lesquels la responsabilité de l'Etat a été engagée pour l'octroi d'une AMM d'un médicament défectueux sont rares dans le monde[487] et inexistants au Burkina Faso et au Sénégal.

120 - Le recours du titulaire de l'AMM contre l'Etat - L'Etat est le garant de l'ordre public sanitaire, à ce titre, il dispose d'importants pouvoirs pour assurer la sécurité des patients et ceux-ci attendent de lui qu'il leur offre des produits de qualité. Dans l'exercice de son pouvoir de police sanitaire, l'Etat peut exiger des informations au titulaire de l'AMM pour prévenir d'éventuels risques, c'est pourquoi certains auteurs soulignent que le titulaire d'une AMM, qui a vu sa responsabilité engagée devant une juridiction judiciaire peut à son tour engager la responsabilité de l'Etat pour défaillance dans son rôle de garant de la sécuritaire sanitaire[488]. De tels arguments n'ont pas beaucoup de chances de prospérer au Burkina Faso et au Sénégal, les juges n'hésiteront pas à faire application de la disposition qui veut que la responsabilité de droit commun du fabricant ou de l'exploitant,

---

[487]CE, 28 juin 1968. Cette jurisprudence a rejeté une demande de mise en cause de l'Etat dans l'affaire du « Stalinon », au motif que « les fautes commises par l'inventeur du « Stalinon » sont telles qu'il ne peut utilement se prévaloir de fautes lourdes que l'Etat aurait commises en accordant sans contrôle et en ne retirant pas assez tôt le visa du ministre à la spécialité en question et en n'assurant pas la surveillance de la fabrication ». Aujourd'hui, les choses semblent avoir changé. Le Tribunal administratif de Paris a déclaré l'État français responsable des fautes commises par l'AFSSAPS pour ne pas avoir suspendu ou retiré à compter de 1999 l'autorisation de mise sur le marché du Médiator. Pour le juge administratif, l'agence aurait dû ordonner le retrait du marché du médicament des laboratoires Servier dès le printemps 1999 et le premier cas de valvulopathie cardiaque imputée au benfluorex, le principe actif du Mediator. Le Tribunal relève que, pour « importantes que soient les fautes et les manœuvres imputables aux laboratoires Servier, il n'y a pas lieu, eu égard tant à l'étendue des pouvoirs que les dispositions du code de la santé publique conféraient à l'AFSSAPS qu'aux missions en vue desquelles ces pouvoirs lui avaient été attribués, d'exonérer l'Etat à raison des agissements des laboratoires Servier pour tout ou partie de la responsabilité qu'il encourt ». En revanche le juge administratif laisse le choix à l'Etat « s'il s'y croit fondé, d'exercer une action récursoire à l'encontre des laboratoires Servier sur la base des fautes imputables à ceux-ci et ayant concouru à la réalisation du dommage ». Trib adm paris, 16 juin 2014, n°1312345/6.

[488] D. Cristol, « La responsabilité des autorités nationales et communautaires relative au contrôle de la mise sur le marché des médicaments », *RDSS* 2004, p.132.

titulaire de l'AMM ne soit pas dégagée du seul fait de la délivrance de l'AMM[489].

Pour aider ses Etats membres à protéger l'ordre public sanitaire sur leur territoire, le droit communautaire de l'UEMOA a harmonisé les conditions d'octroi des AMM, ce qui est une avancée significative, mais insuffisante à la recherche de la sécurité sanitaire, car les Etats ne disposent pas de moyens nécessaires à une évaluation objective du médicament soumis à leur appréciation.

Paragraphe 2 : Les conditions de délivrance de l'autorisation de mise sur le marché des médicaments

Le médicament candidat à une AMM doit remplir certains critères importants pour la sécurité sanitaire des patients. Il doit avoir un bénéfice plus important que les risques dont il présente. Les conditions concernent donc le médicament lui-même, mais également sa fabrication et son fabricant (A), le demandeur doit, pour obtenir l'AMM, déposer un dossier complet afin que les différentes autorités évaluent le rapport bénéfice/ risque du médicament concerné (B).

A : Les conditions de fond : critères d'homologation du médicament

Le médicament, « précieux allié de la santé »[490] est un moyen d'accès à une vie « socialement et économiquement productive »[491]. Pour remplir son rôle il doit être de bonne qualité, son innocuité et son efficacité doivent être attestées. L'appréciation de la qualité du médicament requiert que celui-ci remplisse des conditions de fond, c'est-à-dire que ses caractéristiques intrinsèques prouvant qu'il est

---

489 Le droit communautaire de l'UEMOA ne fait pas mention de cet aspect. Par contre au Burkina Faso l'article 6 du décret n°2003-382 du 31 juillet 2003 stipule que « la délivrance de l'AMM d'un produit n'exclut pas la responsabilité de droit commun du fabricant ou de l'exploitant, titulaire de l'AMM ».

490 P. Delaveau, « Précieux allié de la santé : le médicament », *Revue d'histoire de la pharmacie*. Supplément au n° 306, 1995, pp. 31-42.

491 Article anonyme publié sur http :// www.aderse.org/docatelecharger/congres_aderse_2008/actes/Articles/Session%202.7/Un%20defi%20pour%20lindustrie%20pharmaceutique%20_%20Faciliter %20lacces%20.pdf. Consulté le 26 octobre 2012.

sans danger doivent être démontrées (1). Il doit en outre respecter des conditions qui ne sont pas liées à ses composantes, mais qui sont essentielles pour le milieu africain dans lequel il est appelé à être distribué (2).

1 : Les caractéristiques intrinsèques du médicament :la recherche d'un rapport bénéfice/risque positif

121 - Le rapport bénéfice/risque base essentielle de décision - Le demandeur d'une autorisation de commercialisation d'un médicament doit démontrer que le bénéfice tiré de la consommation du médicament l'emporte sur les risques liés à l'utilisation de ce produit. La balance bénéfice/risque est un élément très pertinent pour l'octroi de l'AMM, car un médicament peut être autorisé alors que ses effets secondaires sont importants, s'il permet la rémission d'une maladie très grave. On pèse donc l'efficacité avérée du médicament et le risque qu'il présente pour le patient, on y associe la gravité de la maladie. La balance bénéfice/risque est l'un des éléments de la sécurité sanitaire recherchée dans l'octroi de l'AMM ; elle fournit une base de décision aux autorités politiques nationales.

122 - Le médicament ne doit comporter aucune insuffisance majeure – Dans l'espace UEMOA l'AMM est accordée sans réserve lorsqu'aucune insuffisance majeure n'a été décelée dans le dossier présenté par le demandeur. Les commissions du médicament comparent la conformité des pièces présentes dans le dossier aux normes d'évaluation internationales qui sont soit des normes européennes, soit des normes des Etats-Unis ou de l'OMS[492]. Le médicament en lui-même n'est pas évalué. A contrario, l'AMM sera refusée si le rapport bénéfice/risque est jugé négatif[493] ou lorsque le demandeur commercialisait déjà son médicament avant de soumettre la demande.

---

[492] Dans ce sens la commission technique d'enregistrement du médicament (CTEM) du Burkina a rejeté une demande d'AMM aux motifs que « la durée de validité du médicament de deux ans revendiquée n'est pas conforme aux recommandations de l'OMS ». Voir notification n°2011-0112/MS/SG/DGPLM/DRP du 14 janvier 2011.

[493] Au Burkina Faso la CTEM a refusé une AMM au motif que le médicament renfermait de la poudre de nifédipine dont les effets néfastes dépassent le bénéfice que peuvent en tirer les patients. Voir notification n°2010-1401 du 10 septembre 2010.

123 - Le médicament doit avoir un intérêt thérapeutique certain - Lorsqu'il n'y a aucun intérêt thérapeutique le médicament n'est pas autorisé. Cela veut dire que le médicament n'a pas un principe actif avéré ou bien que sa mise sur le marché n'améliore pas l'état des traitements de la maladie indiquée ou du problème posé[494], ou encore que les examens ont décelé que le médicament n'est pas conforme, mais ce type de contrôle est rare, car il n y a pas de contrôle à priori.

124 - Le médicament ne doit comporter aucun risque grave - Lorsque le médicament constitue un risque grave pour la santé, il n'est pas autorisé. Cela peut arriver lorsqu'en faisant le contrôle des pièces techniques, la commission découvre des cas de risque[495]ou encore l'AMM est demandée alors que des cas d'alerte de pharmacovigilance ont été signalés sur ledit médicament. C'est l'exemple d'un médicament suspendu dans un pays et dont le titulaire de l'AMM demande le renouvellement aux autorités burkinabè ou sénégalaises. Dans le cas de risque grave, la commission nationale du visa du Sénégal a prononcé un avis défavorable pour la demande d'AMM d'un médicament au motif que ce médicament associe une antibiothérapie à une corticothérapie avec un fort risque d'allergie[496]. Le médicament peut également constituer un risque pour la santé, lorsque sa stabilité n'est pas adéquate au climat burkinabè ou sénégalais ; pour cela le dossier doit comporter sous peine de rejet une étude de stabilité.

125- Les conséquences d'un rapport bénéfice/risque négatif - Lorsque l'appréciation de la qualité du médicament ne permet pas d'autoriser sa mise sur le marché, une notification de rejet est envoyée

---

[494] On peut citer le rapport de la commission de visa du Sénégal en date du 27 juin 2012, qui a refusé une AMM d'un médicament présenté comme favorisant la montée laiteuse au motif que l'alimentation locale favorise déjà cette montée laiteuse. Ainsi la commission a jugé qu'il n'y a aucun intérêt à autoriser un tel médicament. Ou encore le rapport de la CTEM du Burkina Faso qui a refusé l'AMM à un test de malaria aux motifs que « les résultats [obtenus avec ce test] ont montré une performance du test inférieure à certains tests déjà enregistrés ». Voir notification n°2011-0110/MS/DGPLM.DRP du 14 janvier 2011.

[495] Voir notification n°0085 MS/SG/DGPML/DRP du 11 janvier 2011(rejet d'une demande d'AMM au motif que les pièces fournies mettent en évidence une toxicité du médicament par rapport à la pharmacopée éditée par l'OMS).

[496] Voir notification n°01665-/MSAS/DPL/DCAM du 5 juillet 2012 (Sénégal).

au laboratoire. Celui-ci peut s'il le souhaite, réintroduire un nouveau dossier de demande après avoir réaménagé son dossier. Le dossier va suivre le chemin comme une nouvelle demande et s'il est rejeté une deuxième fois, il ne sera plus recevable pour le même produit. En plus de ces critères dont un défaut affecte gravement la qualité du médicament il existe des critères qui, sans affecter la qualité du médicament, lui ampute une partie essentielle.

2 : Les caractéristiques extrinsèques du médicament : la prise en compte du milieu africain

126 - Notion générale - Ce sont des conditions qui n'affectent pas la qualité, l'innocuité et l'efficacité du médicament, mais, qui, si elles ne sont pas remplies, violent des dispositions légales, peuvent induire le consommateur en erreur[497] ou ne permettent pas aux autorités nationales d'examiner efficacement le produit concerné[498]. Ces conditions contrairement au rapport bénéfice/risque qui, s'il est négatif entraîne le refus de l'AMM, n'entraînent pas le refus quand elles manquent. La demande est soit acceptée sous réserve, soit ajournée pour permettre au demandeur de compléter ou de corriger sa demande afin que la prochaine session de la commission chargée des AMM statue de nouveau.

127 - L'acceptation de la demande sous réserve - L'AMM est accordée sous réserve lorsque le médicament ayant satisfait le premier contrôle, c'est-à-dire que son rapport bénéfice/risque a été jugé positif, mais une ou plusieurs des situations ci-dessous se présentent :

- Les situations où l'emballage, les dessins, les images et pictogrammes sont non conformes aux textes relatifs à la publicité sur le médicament ;

[497]On peut citer avec intérêt le rapport de la CTEM au Burkina Faso qui a accepté sous réserve une demande d'AMM aux motifs que « la présence de l'image d'un moustique sur le conditionnement secondaire » peut induire le patient en erreur et l'amener à faire une « utilisation abusive et inappropriée du médicament ». Ainsi que la mention sur un autre médicament de l'expression « ramène le sourire » peut également inciter à l'erreur. Voir notification n°2011-0049/MS/DGPLM/DRP du 11 janvier 2011.

[498] Sont concernés, le prix du médicament, la forme du médicament, sa présentation, l'insuffisance ou l'absence d'échantillons, etc.

- Le prix de vente grossiste hors taxe, proposé par le laboratoire est trop élevé par rapport aux prix de produits similaires déjà commercialisés ou ne figure pas dans le dossier ;
- La date de fabrication n'est pas indiquée[499] ;
- Le produit n'a pas d'AMM dans le pays d'origine. Le médicament candidat à une AMM doit avoir été déjà autorisé dans le pays d'origine[500] ;
- Le numéro de lot, la date de péremption manquent ;
- Les informations relatives aux médicaments sont dans une autre langue et ne sont pas traduites en français ;
- Il existe une différence entre l'information sur le produit donnée dans le RCP et celui de la notice ;
- Les échantillons fournis sont insuffisants.

Lorsqu'un de ces cas se présente l'autorité de réglementation envoie une notification au laboratoire demandeur qui a deux mois pour corriger sa demande. Lorsque les informations fournies sont satisfaisantes la prochaine session accorde l'AMM.

128 - L'ajournement de la demande d'AMM - Le dossier est ajourné lorsque la commission d'AMM note des défauts apparents qui risquent de causer des erreurs lors de l'utilisation du médicament[501]. Les éléments concernent l'aspect du médicament. On peut dire ici que ce sont des mesures de précaution que prennent les autorités. La demande est ajournée pour que le demandeur puisse mieux réorienter sa demande en fournissant les informations indispensables manquantes ou en corrigeant l'aspect de son médicament. Le laboratoire dispose d'un délai de 3 à 6 mois pour apporter des corrections. Lorsque le laboratoire, invité à corriger son dossier, le fait et que la deuxième session ajourne encore le dossier, il a encore une deuxième chance. C'est au bout du troisième ajournement que le dossier n'est plus recevable.

---

[499] Voir notification n°2011-0088 MS/SG/DGPLM/DRP du 11 janvier 2011

[500] Voir notification n°2010- 1527/MS/SG/DGPLM/DRP du 20 septembre 2010. Le demandeur avait omis de joindre une preuve que le médicament avait une AMM dans son pays d'origine.

[501] La commission l'a fait au Burkina Faso dans la notification n°2010-1527/MS/SG/DGPLM/DRP du 20 septembre 2010. Selon la commission « les risque d'erreur à l'utilisation normale du médicament sont élevés à cause du fait que le dosage de l'aceclofenac® est de 100mg et celui du paracétamol est de 500mg », la commission a par ailleurs demandé au laboratoire de fournir les preuves qu'une telle association est sans danger.

On peut conclure que le contrôle technique consiste à vérifier uniquement les éléments qui ne rentrent pas dans le cadre de la pharmacologie du médicament. Il n'est pas fait état de la toxicité du médicament. Le laboratoire est cru sur les pièces qu'il fournit dans son dossier. C'est dans ce sens que l'AMM est une procédure administrative pour permettre l'approvisionnement du marché burkinabè et sénégalais. La sécurité sanitaire dans ces conditions n'est pas pleinement assurée.

B : Les conditions de forme : documents et renseignements nécessaires

Les conditions de forme vont concerner essentiellement les pièces à fournir, les délais et les inscriptions obligatoires. Ces données sont contenues dans un dossier que le demandeur dépose auprès de l'autorité nationale de réglementation pharmaceutique[502] (1), après avoir payé une redevance qui varie selon la nature de la demande (2).

1. Le dossier de demande d'AMM

129 - Un dossier harmonisé- Le dossier permet aux autorités compétentes d'évaluer la demande d'AMM, c'est le point de départ de toute expertise. La demande d'AMM adressée au ministre en charge de la Santé est déposée auprès de l'autorité de réglementation[503]. Lorsque le dossier est incomplet la demande est refusée. Le contenu du dossier de demande d'AMM a été harmonisé dans le cadre du droit UEMOA[504] et s'impose donc aux différents Etats membres. Le dossier de demande d'AMM est composé de cinq modules organisés ainsi qu'il suit : un dossier administratif, un dossier technique et un dossier clinique.

---

[502] Article 5 Règlement n°06/2010/CM/UEMOA, relatif aux procédures d'homologation des produits pharmaceutiques à usage humain dans les Etats membres de l'UEMOA.

[503] Il s'agit au Burkina Faso de la DGPML et du Sénégal de la DPL.

[504] Le droit communautaire UEMOA s'est inspiré pour la rédaction des pièces à fournir des lignes directrices de la Conférence Internationale pour l'Harmonisation (CIH/ICH), intitulé Common Technical Document for Registration of Pharmaceuticals for Human Use (ICH Topic M4).

130 - Le dossier administratif (module 1) - C'est l'ensemble des procédures administratives permettant de mieux connaître le demandeur de l'AMM ou le fabricant du médicament. Il permet également de connaître l'histoire du médicament en termes de commercialisation[505] et d'antécédents juridiques[506].

En ce qui concerne l'identification du fabricant, il s'agit pour les autorités nationales de s'assurer que le fabricant détient les différents certificats de bonnes pratiques, que son produit a été fabriqué suivant une autorisation dûment obtenue dans son pays d'origine. Selon A. Ba et J-Y. Videau « lorsque le médicament est fabriqué exclusivement pour l'exportation, le certificat de produit pharmaceutique de l'OMS ne donnera que des informations sur l'existence d'attestations de Bonnes Pratiques de Fabrication »[507], ledit certificat ne permet pas de prouver la sécurité et l'efficacité du médicament. Il faut noter que la rigueur qui est souvent appliquée dans les pays occidentaux pour les médicaments destinés à être exportés en dehors de l'Europe est moindre par rapport aux médicaments destinés à servir sur le plan interne. Les autorités du Nord laissent le soin aux autorités du pays importateur de contrôler la qualité des produits importés, ce qui est sans doute logique. Mais, pour les pays comme le Burkina Faso ou le Sénégal le contrôle technique des médicaments demeure une difficulté. En effet, les laboratoires d'analyse des médicaments dans ces pays sont peu performants et limités par la modestie des moyens financiers, matériels et humains. C'est dans ce sens qu'un regroupement de moyens à travers la centralisation des demandes d'AMM pour

---

[505] Il s'agit ici de connaître les marchés couverts par le produit et surtout les pays de l'espace UEMOA qui ont délivré une autorisation pour ledit produit. Cette attestation de commercialisation doit sans doute permettre aux autorités du pays où la demande est déposée de se rapprocher des autres en cas de difficulté pour savoir comment la question a été résolue. L'UEMOA devait oser aller plus loin qu'une simple production d'attestation. Cette attestation devait servir aux autorités suivantes de vérifier si le dossier a été examiné suivant les normes internationales et communautaires, et dans l'affirmative, une reconnaissance mutuelle devait être requise si le pays est membre de l'UEMOA.

[506] Il s'agit essentiellement de savoir si le médicament a déjà été autorisé dans un autre pays et si son modèle vente a reçu une appréciation attestant de sa bonne qualité.

[507] A. Ba, J-Y. Videau, « La qualité des produits de santé à destination du tiers monde », *AMIPS Info*, n°68, 1er et 2e trimestre 2004, p.53.

certaines catégories de médicaments jugés sensibles est urgent à mettre en place dans le cadre communautaire.

131 - Le dossier technique (module 2, 3 et 4) - Il s'agit d'éléments permettant d'évaluer techniquement le médicament[508]. C'est le dossier le plus important qui demande aux autorités compétentes de recourir à des personnes ayant des compétences techniques avérées.

132 - Le dossier clinique - Ce dossier traite des expérimentations cliniques destinées à justifier l'innocuité et l'efficacité de la spécialité. Les études cliniques doivent notamment permettre de se faire une opinion suffisamment fondée et scientifiquement valable, permettant d'établir l'efficacité et la sécurité d'emploi du produit. Les experts se fondent sur le résultat de ces études pour déterminer rapport bénéfice risque.

2. Les autres conditions de forme

133 - Une redevance payée pour servir à l'amélioration du dispositif AMM - L'article 23 du Règlement UEMOA portant harmonisation des procédures d'AMM, institue une redevance. Elle est versée à l'autorité de réglementation pour toute demande d'AMM. L'UEMOA laisse la fixation du montant aux autorités nationales.

La redevance est une somme versée par le demandeur d'une AMM au moment du dépôt du dossier de demande. Elle doit servir à financer les actes administratifs et d'expertises techniques posés dans le cadre de l'évaluation d'un dossier. Ces montants sont perçus suivant des modalités définies par chaque Etat. Au Burkina Faso c'est l'arrêté interministériel de 2009[509] qui répartit la redevance de la manière suivante : 15% pour le budget de l'Etat, 20% pour les ristournes et 65% pour un compte spécial caisse maladie. Il faut noter

---

[508] Ce dossier comprend outre le résumé du dossier technique qui est le module 2 ; un dossier comprenant les éléments pouvant attester de la qualité du médicament, c'est le module 3 ; un dossier comprenant la documentation pharmacologique et toxicologique sur le produit en question, c'est le module 4.

[509] Arrêté interministériel n°2009-251/MS/MEF/MCPEA, portant fixation des taux et modalités de gestion des droits d'enregistrement à la nomenclature nationale des médicaments au Burkina Faso.

que la DGPML chargée d'instruire les dossiers de l'AMM est alimentée par le budget de l'Etat[510] et qu'il n'existe pas encore de caisse d'assurance maladie.

134 - Une redevance différente en fonction des catégories de médicaments[511]. - La redevance versée auprès des directions de la pharmacie donne droit à la délivrance d'une quittance et cette quittance sert de pièce administrative pour le dossier de demande d'AMM. La redevance est versée par dénomination, par forme, par dosage et par présentation du médicament.

135 - La redevance et les taxes d'effets équivalents - L'UEMOA ne s'est pas réservé le droit d'intervenir lorsque cette redevance est trop élevée. Le droit communautaire ne fixe pas de seuil. Chaque Etat peut se servir de cette redevance comme il le désire. Mais le juge communautaire pourra toutefois intervenir lorsqu'un Etat utilise cette redevance pour limiter ou décourager l'importation de médicaments issus de la zone UEMOA. C'est-à-dire qu'un Etat qui veut favoriser les entreprises pharmaceutiques locales, instaure une redevance très élevée pour les médicaments importés. Si le motif n'est pas justifié, cette redevance pourra être assimilée à une taxe d'effet équivalent à des droits de douane, interdite par le Traité de l'UEMOA en ses articles 76 et suivants. Le Traité UEMOA ne définit pas la taxe d'effet équivalent. Si nous nous référons à une jurisprudence européenne, la taxe d'effet équivalent est « tout droit, quelle que soit son appellation ou sa technique qui, frappant le produit importé à l'exclusion du produit national similaire, a pour résultat, en altérant son prix, d'avoir

---

[510] Il faut noter que la France est revenue sur la composition du budget de l'ANSM. Désormais ledit budget relève entièrement d'une subvention de l'Etat non plus par la perception directe des taxes et redevance versées par les laboratoires pharmaceutiques. Voir article 26 de la loi n°2011-1906 du 21 décembre 2011 de financement de la sécurité sociale pour 2012.

[511] Le montant de cette redevance est laissé à la libre appréciation de chaque Etat membre. Au Burkina Faso selon un arrêté interministériel de 2009, la redevance est de 300 000 FCFA (environ 457 euros) pour les spécialités importées et 150 000 F CFA (environ 218 euros) pour les génériques importés. Au Sénégal elle est de 250 000 FCFA (environ 381euros) pour les spécialités importées et de 200 000 FCFA (environ 305 euro) pour les génériques importés. Les assises nationales sur la santé au Sénégal tenues en 2000 ont estimé que cette redevance était insignifiante, il faut sans doute s'attendre à son augmentation.

sur la libre circulation des marchandises la même incidence restrictive qu'un droit de douane »[512].

Lorsque le dossier est constitué il doit suivre une procédure qui va conduire à l'inscription ou non du médicament sur la liste nationale des médicaments.

Sous-section 2 : La procédure de délivrance de l'AMM

Au Burkina Faso et au Sénégal, en matière de médicament le ministre de la Santé a reçu comme mission principale dans la chaîne du médicament d'octroyer l'acte final qui met le médicament sur le marché. L'AMM, si elle est nationale se déroule suivant un cadre harmonisé dans l'espace UEMOA (Paragraphe 1). Au bout de la procédure se trouve l'acte final qui délivre l'AMM ; cette décision est administrative, elle est préparée par l'autorité règlementaire en matière pharmaceutique (Paragraphe 2).

Paragraphe1 : Les modalités d'enregistrement des médicaments : une procédure harmonisée

L'enregistrement d'un médicament à la nomenclature nationale correspond à l'ensemble des procédures « conduisant à l'octroi de l'AMM pour la première fois »[513], il se fait selon la catégorie du médicament (A). Aujourd'hui, les modalités d'enregistrement ont été harmonisées, mais des difficultés existent quant à l'effectivité de cette harmonisation (B).

A : Les régimes de délivrance de l'AMM

L'AMM est instaurée pour valider, dans l'intérêt de la santé publique, les travaux scientifiques qui ont abouti à la production du médicament. Elle garantit que les effets positifs du médicament pour le patient l'emportent sur ses effets négatifs[514]. Toutes les

---

[512] CJCE 2 et 3/62 du 14/12/62 et 232/78 du 25/09/79.

[513] Art. 1er, al. 17 du Règlement n°06/2010/CM/UEMOA, relatif aux procédures d'homologation des produits pharmaceutiques à usage humain dans les Etats membres de l'UEMOA.

[514] T. Devred, op.cit., p.9.

informations liées au test préclinique et clinique[515] vont donc constituer le dossier d'AMM, déposé par les entreprises. La procédure et la constitution de ce dossier dépend du régime d'octroi de l'AMM. La plupart des médicaments est soumis au régime général (1), alors qu'un régime spécial est aménagé pour certaines catégories de médicaments (2).

1 : Le régime général

Le régime général est applicable à la plupart des médicaments importés ou fabriqués localement. Les exigences relatives à la constitution des dossiers d'AMM et les procédures applicables varient selon qu'il s'agisse d'une première demande ou d'une demande de modification ou de renouvellement.

136 - La première demande *:* **médicament innovant et médicament générique, un examen technique obligatoire** - La première demande relative aux médicaments modernes concerne les médicaments innovants d'une part et les médicaments génériques de l'autre. S'il est exigé aux médicaments innovants une preuve d'innocuité, d'efficacité, le médicament générique, lui, doit démontrer par des études de biodisponibilité appropriée, sa bioéquivalence[516] avec le médicament innovant. Le médicament doit donc être nouveau sur le marché burkinabè ou sénégalais. L'examen va concerner la revendication thérapeutique, les propositions d'indications de traitement et les posologies recommandées. Dans ce sens l'examen doit s'intéresser à la substance active mais également au produit fini. Il s'agit de vérifier leur qualité chimique, biologique ou

[515] Mais il se pose quand même deux problèmes quant à la réglementation des essais cliniques. Le cadre juridique n'offre pas un niveau de protection élevé par rapport aux pays du Nord dont sont souvent originaires les laboratoires qui demandent les autorisations d'essais cliniques, ensuite avec un taux d'analphabétisme préoccupant, la règle du consentement éclairé n'est jamais respecté, le patient (ou disons l'individu qui se prêt aux essais) ne comprenant rien à ce qu'on lui raconte, accepte les avantages sans comprendre les inconvénients qui sont souvent les plus importants. C'est là que se pose les questionnements éthiques de ces essais dans les pays du Sud.

[516] Pour l'UEMOA « deux médicaments sont bioéquivalents s'ils sont équivalents du point de vue pharmaceutique et si leur biodisponibilité, après administration de la même dose molaire, est suffisamment voisine pour que l'on puisse s'attendre à des effets essentiellement identiques ».

microbiologique. Les effets indésirables prévisibles liés à son utilisation et leur fréquence sont également examinés.

137 - Le régime de modification ou de renouvellement : des conditions administratives moins contraignantes- C'est l'article 19 du règlement UEMOA de 2010 sur l'harmonisation des procédures d'AMM qui pose le régime général de renouvellement de l'AMM. Pour le droit communautaire de l'UEMOA toute AMM doit faire l'objet d'un renouvellement avant l'expiration de sa durée de validité. Le délai requis est de 3 mois avant la date d'expiration de l'AMM en vigueur. Le renouvellement de l'AMM n'est pas systématique, il est soumis à des conditions administratives et techniques[517].

Dans la pratique, il faut noter qu'au Burkina Faso comme au Sénégal, il n'existe pas de contrôle à priori sur la qualité des médicaments. Les autorités s'assurent que le dossier est complet et qu'il n'y a pas de vice de forme. Les revendications thérapeutiques ne sont pas objectivement contrôlées. Même les systèmes jugés performants ont une limite dans leur procédure d'AMM. En ce qui concerne la France, la Cour des comptes dans son rapport de 2003 jugeait, le système français peu efficace. Selon elle, si les procédures d'AMM sont très abouties, les effets attendus sont en deçà des attentes[518]. A côté de ce régime général, il existe une procédure aménagée pour des cas particuliers.

2 : Le régime spécial : autorisation temporaire d'utilisation et autorisation spéciale d'importation

138 - L'AMM exceptionnelle, un cadre juridique national - Le droit communautaire s'il fait mention de l'autorisation spéciale d'importation ne donne pas de détail sur la procédure. Il se borne à indiquer que l'autorisation spéciale d'importation « peut être accordée, à titre exceptionnel par le ministre en charge de la Santé, pour des raisons de santé publique et pour une durée n'excédant pas douze mois »[519]. Il appartient donc à chaque Etat de règlementer la procédure d'octroi d'une telle autorisation. Selon le droit burkinabè une AMM exceptionnelle peut être accordée à des médicaments

[517] Voir infra paragraphe 289 et suivants.
[518] Rapport cité par Ph. Even, B. Debré, op.cit., p.37.
[519] Article 13 du règlement de 2010.

génériques importés dans le cadre d'une convention signée avec le ministère de la santé ou à des médicaments génériques importés dans le cadre d'un appel d'offre[520].

139 - L'AMM de médicament générique sous convention - Pour les médicaments génériques importés sous convention avec le ministère de la Santé, la durée de validité de l'autorisation spéciale d'importation ne peut excéder celle de la convention ou du programme de santé[521] y relatif.

140 - L'AMM de médicament importés dans le cadre d'un appel d'offre - Pour les médicaments importés dans le cadre d'un appel d'offres, deux situations se rencontrent :

- **Si l'appel d'offres est ouvert**, l'AMM est demandée à posteriori. Le fabricant ou l'exploitant légal de l'AMM desdits produits dans le pays d'origine dispose d'un délai maximum de six mois à partir de l'introduction effective des médicaments au Burkina Faso pour soumettre un dossier de demande d'AMM pour l'ensemble des produits concernés par le marché d'appel d'offres.
- **Lorsque l'appel d'offres est restreint**, l'AMM est demandée à priori. Le fabricant ou l'exploitant légal de l'AMM desdits produits dans le pays d'origine devra prendre les dispositions nécessaires pour soumettre un dossier de demande d'AMM pour l'ensemble des produits concernés par le marché d'appel d'offres, au plus tard trois mois avant le début d'exécution effective du marché obtenu.

141 - L'autorisation temporaire d'utilisation - Le droit burkinabè indique que le ministre en charge de la Santé peut

---

[520] Il faut souligner que lorsque la décision d'importation a été obtenue, avant sa mise en œuvre, le fabricant ou l'exploitant légal de l'AMM dans le pays d'origine, ou l'importateur au Burkina Faso, surtout en ce qui concerne les cas d'appel d'offres, doit fournir par tous les moyens au ministère en charge de la santé la preuve que les médicaments génériques concernés sont fabriqués et distribués selon les normes internationales en vigueur en matière de qualité des médicaments.

[521] Parmi les programmes de santé prioritaires on peut citer : le programme national de lutte contre le paludisme, le programme national de lutte contre la tuberculose et le programme national de lutte contre le VIH/SIDA.

exceptionnellement autoriser, à titre d'usage temporaire et après avis de la commission technique d'enregistrement du médicament, certains médicaments[522]. Il s'agit :

- **Des médicaments revêtant un caractère urgent** : le ministre en charge de la Santé peut délivrer une AMM à des médicaments ou produits revêtant un caractère urgent, jugés comme présentant un intérêt majeur pour la santé publique ou indispensable dans la riposte à une éventuelle épidémie, catastrophe humanitaire ou calamité naturelle sans préjudice de la suite à donner à toute demande d'AMM concernant ledit produit. Cette autorisation est délivrée pour la durée de l'événement.
- **Médicaments sans AMM au Burkina Faso mais jugés utiles ou indispensables aux services de soins** : les médicaments n'ayant pas encore d'AMM, au Burkina Faso, mais jugés utiles ou indispensables aux services de soins spécialisés pour une prise en charge d'un ou de plusieurs malades placés sous leur responsabilité directe peuvent faire l'objet d'une autorisation spéciale du ministre chargé de la Santé pour une durée limitée à la satisfaction du besoin exprimé ponctuellement.

Ces autorisations cessent dès lors que la cause de leur obtention a cessé c'est-à-dire que l'urgence, l'épidémie, la catastrophe, la calamité, les soins spécialisés ont pris fin.

Le droit communautaire de l'UEMOA s'efforce de mettre en harmonie les législations de ses Etats membres, mais de nombreuses difficultés freinent la réalisation des objectifs fixés par le législateur communautaire.

B : Les difficultés du droit communautaire en matière d'harmonisation des procédures d'AMM

142 - L'égoïsme protectionniste des Etats - La formation du droit communautaire UEMOA est récente. Il va avoir en 2014, 20 ans d'existence, sa consolidation demande sans doute du temps, mais cela ne doit pas être une excuse pour les Etats de méconnaître les normes communautaires. Pris entre l'étau du panafricanisme et le marteau de

---

[522] Article 9 du décret n°2003-382 portant nomenclature nationale des spécialités pharmaceutique.

la souveraineté, les jeunes Etats qui ont encore en mémoire la domination de leur pays avant 1960, ont abandonné le panafricanisme au profit de la réalisation de leur souveraineté[523]. Ainsi se sont empilées les organisations africaines sans une véritable vision[524]. Au niveau du droit communautaire de l'UEMOA, l'élaboration du droit pharmaceutique s'est faite sans un pouvoir central coercitif. Mais également sans une procédure centralisée d'AMM (1). L'adoption par les Etats des mesures communautaires n'exonère pas le demandeur de faire de multiples demandes pour le nombre de marchés sur lesquels il veut voir son produit être distribué (2).

1 : L'harmonisation inachevée des procédures d'AMM : l'absence d'une procédure centralisée et d'une autorité communautaire d'AMM

143 - Une harmonisation à l'origine d'une insécurité juridique en matière de procédure d'AMM - Aujourd'hui, avec les pressions liées à l'internationalisation du marché du médicament[525] et le besoin des laboratoires pharmaceutiques étrangers de maîtriser les procédures africaines, l'UEMOA qui est un marché non négligeable[526], oblige ses Etats membres à accélérer le pas dans la mise en œuvre de son règlement sur l'harmonisation des procédures AMM. Il faut noter que le comportement des Etats membres de l'UEMOA, doublé de l'absence d'une autorité communautaire efficace, a instauré une grave incertitude sur la norme applicable en matière d'AMM dans les différents Etats membres. Jusqu'à une date récente (2011), il était difficile de savoir quel droit était appliqué en matière d'AMM dans ces pays.

D'un côté, il y avait les Etats conservateurs qui faisaient toujours usage du droit national[527], de l'autre ceux qui évoquaient le droit communautaire[528]. Le droit national subsistait donc à côté du

[523] P. Decraene, *Le panafricanisme*, 4e édition, PUF, Paris, 1970, p.88. A ce propos on peut observer que de nombreux conflits ont éclaté entre les Etats africains à propos des frontières (la guerre Mali-Burkina, le conflit entre le Burkina Faso et le Niger, entre le Burkina Faso et la Côte d'Ivoire).
[524] Avant propos de M. Fau-Nougaret, in M. Fau-Nougaret (dir.), op.cit., p.9.
[525] Ph, Urfalino, op.cit., p.90.
[526] Cf infra paragraphe 453.
[527] On peut citer le Sénégal, le Niger et le Togo.
[528] Il s'agit du Burkina Faso.

droit communautaire malgré l'harmonisation. Alors que l'article 43 du Traité instituant l'UEMOA, indique que le règlement substitue le droit communautaire UEMOA au droit national. Le règlement est donc obligatoire dans tous ses éléments et est directement applicable dans tout Etat membre. La jurisprudence communautaire est également allée dans ce sens, elle l'a affirmée lors de la création d'une Cour des comptes au Mali[529]. Le règlement adopté le 12 octobre 2010, devait s'insérer directement dans l'ordre juridique interne des Etats membres et rendre inapplicable les dispositions nationales qui lui sont contraires. Malgré les circulaires et notes de service[530] des directeurs de la pharmacie informant le public de l'application du règlement harmonisant les procédures d'AMM, certaines commissions et dispositions nécessaires ne sont pas encore mises en place[531]. L'harmonisation, comme l'a soulevé les auteurs de « introduction à l'Union Economique Ouest-est Africain »[532], ne doit pas être une construction abstraite.

144 - L'absence d'une procédure centralisée - L'ensemble de ces difficultés constitue un obstacle à la pleine réalisation du droit pharmaceutique communautaire au sein de l'espace UEMOA. Il aurait été intéressant, comme cela se fait avec les médicaments vétérinaires et les pesticides, que l'UEMOA définisse une procédure centralisée d'octroi des AMM. Mais selon l'UEMOA, « chaque Etat membre de l'UEMOA délivre une AMM »[533]. Sur le continent africain, la procédure centralisée existe pour certains produits. On peut citer l'exemple des pesticides, où l'Accord portant Réglementation commune aux États membres du CILSS sur l'homologation des

---

[529] Selon le juge communautaire, la primauté bénéficie à toutes les normes communautaires, primaires comme dérivées, et s'exerce à l'encontre de toutes les normes nationales, administratives, législatives, juridictionnelles et même constitutionnelles parce que l'ordre juridique communautaire l'emporte dans son intégralité sur les ordres juridiques nationaux. Avis de la Cour de Justice de l'UEMOA, n° 01/2003 du 18 mars 2003 relatif à la création d'une Cour des Comptes au Mali.

[530] Au Burkina Faso c'est une note de service de 2011 et au Sénégal, c'est la circulaire n°00310 MS/DPLDCAM du 7 février 2011.

[531] Le Sénégal malgré le règlement UEMOA utilise toujours l'appellation visa pour désigner la décision autorisant la mise sur le marché d'un médicament.

[532] E. Cerexhe, L. Le Hardÿ de Beaulieu, *Introduction à l'Union Economique Ouest africaine*, De Boeck et Larcier, Paris-Bruxelles, 1997, p.7.

[533] Article 15 al. 1er du Règlement.

pesticides, adoptée à N'djamena le 16 décembre 1999 et ratifié par le Sénégal[534] dispose que « le Comité sahélien des Pesticides, organe d'exécution de la Réglementation commune, évalue les dossiers d'homologation soumis par les firmes phyto-pharmaceutiques et octroie les autorisations de vente pour l'ensemble des États membres ».

145 - L'intérêt d'une procédure centralisée- La procédure centralisée a un double objectif : renforcer le droit communautaire - en ce sens que l'AMM est valable dans l'ensemble des pays membres - tout en facilitant la circulation des médicaments[535]. L'évaluation serait unique et solliciterait des experts venus d'horizons diverses apportant des compétences variées, ce qui dispenserait les Etats de la prise en charge des experts. A défaut d'une procédure centralisée, la reconnaissance mutuelle pouvait être une alternative compte tenu du fait que l'ensemble des pays utilisent la même procédure d'homologation.

2. Une harmonisation dans un marché cloisonné : l'absence d'une reconnaissance mutuelle des AMM

146 - Des procédures harmonisées, mais des AMM purement nationales - Il n'existe pas de reconnaissance mutuelle des AMM délivrées dans l'espace UEMOA. Le règlement harmonise uniquement les procédures d'octroi et laisse aux Etats le soin de délivrer les AMM. Ainsi un industriel qui voudrait vendre son médicament dans l'espace UEMOA, devra faire au tant de demande que de pays où il envisage vendre son produit. Le marché UEMOA est toujours cloisonné. C'est un grand espace constitué de petits marchés dont chacun conserve son autonomie. Chaque Etat est un marché autonome.

Pour remédier au défaut d'une procédure centralisée dont l'AMM délivrée s'imposerait dans chaque pays membre, la reconnaissance mutuelle est une des solutions. La reconnaissance

---

[534] Loi n° 2002-28 du 9 décembre 2002.

[535] L'objectif de l'union étant la libre circulation des biens et des personnes, si le médicament est autorisé sous la responsabilité de la commission de l'UEMOA, il peut circuler librement sans qu'aucun pays de l'union ne puisse s'opposer à cette circulation, sur des raisons autres que celles qui menaceraient la santé publique.

mutuelle signifie l'acceptation dans un Etat membre de l'UEMOA, d'une première AMM précédemment octroyée par un autre Etat membre. Elle permet sur la base d'une confiance réciproque de ne plus faire d'évaluation et d'économiser ainsi des moyens. Si la procédure UEMOA de délivrance de l'AMM est reconnue et acceptée par tous, lorsqu'un Etat délivre une AMM suivant cette procédure elle devait être reconnue par les autres Etats. Le règlement UEMOA devait le prévoir. Mais cela est sans doute un choix politique pour ménager les Etats, eu égard aux enjeux économiques et sanitaires qui entourent le domaine du médicament.

La reconnaissance mutuelle existe dans le domaine de la sécurité sanitaire des végétaux, des animaux et des aliments. En effet un règlement de 2007 de l'UEMOA stipule que « les Etats membres mettent en œuvre le principe de reconnaissance mutuelle des prescriptions techniques et normes ainsi que des procédures d'homologation et de certification de même que les mesures sanitaires en matière de protection sanitaire des végétaux, des animaux et des aliments en vigueur dans les Etats membres en les reconnaissant comme équivalentes »[536].

Trois ans après l'adoption du règlement précité et trois mois avant le règlement sur la procédure AMM des médicaments à usage humain, l'UEMOA a adopté un autre règlement où la reconnaissance mutuelle a été reconnue aux différents Etats membres. Il s'agit du règlement n° 03/2010/CM/UEMOA portant schéma d'harmonisation des activités d'accréditation, de certification, de normalisation et de métrologie dans l'UEMOA. Ce règlement pose en son article 10 le principe de la reconnaissance mutuelle[537]. Les Etats membres devront seulement s'assurer que la réglementation du pays d'origine membre

[536] Article 4 du Règlement n° 007/2007/CM/UEMOA relatif à la sécurité sanitaire des végétaux, des animaux et des aliments dans l'UEMOA.

[537] Selon le règlement, « les Etats membres optent pour le principe de la reconnaissance mutuelle dans l'Union comme moyen souple et progressif de mise en œuvre des modalités relatives à la libre circulation des produits et services et à la limitation des obstacles ».

de l'UEMOA est cohérente avec les prescriptions communautaires[538]. Lorsque des divergences de vue apparaissent, le droit communautaire fait obligation aux Etats, d'engager des discussions afin d'évaluer l'obstacle, et de permettre aux Etats de préparer et d'harmoniser les critères techniques ou les procédures d'évaluation de la conformité pour le produit ou le service concerné.

147 - Des hésitations perceptibles - L'UEMOA a opté pour « un mode non-politique de construction commune »[539], ce qui est moins contraignant en matière de souveraineté nationale. L'union politique demande nécessairement un transfert de compétence politique à l'union, ce que les Etats ne sont pas encore prêts à faire. On le ressent dans la législation communautaire. Dans le préambule du règlement portant harmonisation des procédures d'AMM les rédacteurs ont pourtant insisté sur la nécessité « de coopération technique entre les Etats membres de l'UEMOA pour renforcer la production, la distribution et l'accessibilité à des médicaments de qualité et de sécurité garanties ». L'UEMOA avait là une opportunité pour insérer dans le règlement, l'obligation de reconnaissance mutuelle des AMM, toute les fois où l'AMM a été attribuée dans les règles prévues par le droit communautaire. L'Union semble avoir hésité à introduire la reconnaissance mutuelle, puisque plus loin le règlement affirme qu'un « Etat membre peut se référer aux résultats de l'expertise technique d'une autorité de réglementation d'un autre Etat membre » et également que « le rapport d'évaluation technique du dossier est rendu public auprès du Secrétariat de la Cellule pour l'Harmonisation de la Réglementation et la Coopération Pharmaceutiques, et peut être utilisé par une autorité nationale de réglementation qui ne dispose pas de l'expertise requise »[540]. L'Etat qui n'a aucune expertise technique peut également manquer de compétence pour interpréter le rapport d'évaluation technique fourni par la cellule chargée de

[538] Cette reconnaissance mutuelle concerne : la reconnaissance des règlements techniques, des normes et des spécifications ; la reconnaissance des procédures d'évaluation de la conformité, qui suppose que chaque Etat membre accepte les procédures d'évaluation et les rapports d'évaluation des autres Etats membres comme équivalents aux siens ; la reconnaissance des résultats des procédures d'évaluation de la conformité qui implique que chaque Etat membre reconnaisse les résultats des essais, les certificats de conformité ainsi que les marques et les inspections de conformité des autres Etats membres.

[539] E.Cerexhe, L. le Hardÿ de Beaulieu, op.cit., p.83.

[540] Article 15 du règlement.

l'harmonisation. Le législateur communautaire n'a pas eu le courage d'aller plus loin, en prescrivant aux Etats de procéder par une reconnaissance mutuelle pour éviter les dépôts doubles de dossier de demande d'AMM. L'AMM a donc une portée essentiellement nationale, la décision appartient aux autorités nationales après une évaluation strictement nationales.

Paragraphe 2 : La décision administrative de mise sur le marché du médicament

La décision administrative de mise sur le marché intervient au bout de la chaîne. C'est après la longue procédure décrite ci-dessus que le ministre de la Santé prend la décision finale d'autoriser le médicament ou de le refuser. Pour permettre au ministre de revêtir du sceau de l'Etat la fin du processus (B), le droit communautaire a institué en amont de la décision administrative une évaluation technique du dossier par une équipe de scientifiques (A).

A : Les autorités compétentes en matière d'AMM

En harmonisant la procédure d'octroi de l'AMM l'UEMOA a fait le choix politique de prescrire des règles minimalistes et de laisser les Etats mettre en œuvre ces normes. Ainsi il n'existe aucune structure communautaire dotée d'un pouvoir de contrainte qui intervient dans l'octroi de l'AMM. Les Etats restent souverains. L'UEMOA instaure deux autorités nationales dans la chaîne de l'AMM. Il s'agit des autorités techniques chargées de l'évaluation technique du médicament (1) et des autorités administratives qui interviennent en aval de l'évaluation technique (2).

1 : Les autorités techniques d'évaluation des médicaments

Depuis l'harmonisation des procédures d'AMM dans l'espace UEMOA toute demande d'AMM doit faire l'objet d'une évaluation technique préalable par un Comité d'experts (a), suivie de la validation des travaux d'expertise par la Commission nationale du médicament à usage humain (b).

a : Le comité d'experts

148 - L'expertise dans le domaine du médicament, une pratique très ancienne - Le développement de l'expertise dans le domaine pharmaceutique est très ancien et date depuis la prise de conscience du risque médicamenteux et le besoin de « renforcement de la sécurité sanitaire »[541]. L'expertise a connu un développement important et a été renforcée par les différentes crises médicamenteuses. Aujourd'hui, c'est l'ombre du Médiator® qui plane sur l'expertise du médicament[542]. En effet, l'affaire dite du « Médiator® » commercialisé par la firme Servier a soulevé en France un débat sur l'indépendance des experts employés pour l'évaluation technique des médicaments. Pour les professeurs Ph. Even et B. Debré l'affaire du Médiator® révèle un malaise de l'industrie pharmaceutique en général, elle n'est pas un cas isolé[543]. Les experts interviennent à plusieurs niveaux de la chaîne du médicament, mais compte tenu de la quasi-inexistence d'industries locales dans l'espace UEMOA, nous allons nous concentrer sur la phase d'évaluation du médicament en vue de la décision d'octroi de l'AMM.

Le règlement n°06/2010/CM/UEMOA en harmonisant les procédures d'AMM a prévu un comité d'experts pour évaluer le médicament avant la décision administrative du ministre en charge de la Santé. L'UEMOA ne définit pas ce qu'est un expert, il se borne à indiquer que chaque Etat membre met en place, par voie d'arrêté du ministre en charge de la Santé un Comité d'experts. Nous allons, face à cette absence de définition communautaire et nationale, recourir à la doctrine.

149 - Définition de l'expert - Selon la définition de l'AFNOR, l'expert est une « personne dont la compétence, l'indépendance et la probité lui valent d'être formellement reconnue apte à effectuer des travaux d'expertise »[544]. Il ne suffit pas de posséder des connaissances basées sur des méthodologies reconnues et sur l'expérience pour être qualifié d'expert, il faut en outre avoir des qualités morales. L'expert est une personne qui a, quel que soit son statut, un esprit critique, une

---

[541] T. Devred, op.cit., p.16.
[542] F. Sauer, « L'expertise pharmaceutique en question », *Santé Publique*, 2012/1 Vol. 24, p.64.
[543] Ph. Even, B. Debré, op.cit., p.40.
[544] AFNOR est l'association française de normalisation (www.afnor.org).

bonne capacité de synthèse et une solide objectivité. Ces critères vont être le maillon faible dans le recrutement des experts. Le conflit d'intérêt entre les experts et leur mission est ancien et concerne tous les pays du monde, mais la notion de conflit était rarement évoqué en France et dans les pays qui ont adopté la tradition juridique française[545] Au Burkina Faso, comme au Sénégal, il n'y a pas de politique pour gérer et sanctionner les problèmes de conflits d'intérêts dans le domaine pharmaceutique. En effet aucun mécanisme de dénonciation des abus permettant à toute personne d'attirer l'attention sur des agissements répréhensibles dans le secteur pharmaceutique au Burkina-Faso n'existe.

150 - L'expert et les conflits d'intérêts - Les conflits d'intérêts mettent en jeu deux intérêts. Une personne « chargée de défendre ou de représenter ou de protéger les intérêts d'autrui, pourrait les trahir au profit d'un intérêt autre, le sien ou celui d'un tiers »[546]. L'intérêt personnel de l'expert s'oppose à l'intérêt qu'il est en charge de défendre[547]. Pour M. Rodwin[548], un professionnel est en situation de conflit d'intérêt lorsque ses intérêts ou engagements compromettent l'indépendance de son jugement ou sa loyauté ; l'expert dans ce cas perd son impartialité[549]. Dans le domaine de la santé, D. Thompson définit le conflit d'intérêt comme « le jugement professionnel

---

[545] Selon Y. Meny, l'ignorance française du conflit d'intérêt est culturelle et structurelle. Structurellement, il tient à l'étroitesse du groupe dirigeant, à la propension à la concentration des pouvoirs, à la faiblesse des contrôles, au cumul des rôles et des fonctions sur une seule tête. Et culturellement les sociétés anglo-saxonnes très protestantes sont plus rigides en la matière que les sociétés influencées par le catholicisme, qui sont plutôt laxistes. Le proverbe français suivant lequel « un brochet fait plus qu'une petite lettre de recommandation », en dit long sur le retard français par rapport aux sociétés anglo-saxonnes. Ces conclusions de Meny restent d'actualité aussi bien en France que dans les PED. L'étude de Y Meny paraît subjective concernant l'aspect culturel, mais une chose est certaine c'est qu'en France l'évocation du conflit d'intérêt comme argument du renforcement d'une législation est récente et date de l'affaire du Médiator® (voir loi du 29 décembre 2011). Y. Meny, *La corruption de la république*, Fayard, Paris, 1992.

[546] J. Moret-Bailly, « Définir les conflits d'intérêts », *Recueil Dalloz* 2011, p. 1100.

[547] D. Schmidt, *Les conflits d'intérêts dans la société anonyme*, Joly, 2e éd., 2004, p. 11-15.

[548] M. Rodwin, *Medicine, money and morals. Physicians conflicts of interest*, Oxford University Press, 1993, p. 9.

[549] B. Varet, L'impartialité de l'expert, in A. Laude, P. Paubel, J. Peigné, op.cit., pp. 97-101.

concernant un intérêt primaire (tel que le bien-être du patient ou la pertinence de la recherche) peut être indûment influencé par un intérêt secondaire (tel que le gain pécuniaire) »[550]. L'octroi d'une AMM est un acte à haut risque comme nous l'avons relevé plus loin ; c'est un acte de santé publique qui impose une vigilance dans le choix des experts. En invitant des experts indépendants à travailler pour l'intérêt général le droit permet la rencontre d'intérêts privés avec des intérêts publics et il doit savoir les contenir. L'expert doit rester loyal et consciencieux, mais le risque est grand de voir naître comme le dit le rapport Sauvé[551] une situation d'interférence entre la mission de service public et l'intérêt privé de l'expert qui concourt à l'exercice de cette mission. Et les auteurs de « Les leçons du Médiator® » d'en conclure qu'« il vaut mieux, peu d'experts indépendants, compétents, décisionnels et responsables, qu'une armée des ombres d'experts qui n'en sont pas »[552].

151 - Missions et composition du comité d'experts, la recherche de la qualité des membres - Le comité d'experts intervient à plusieurs niveaux sur le dossier technique du médicament. Il procède notamment à l'évaluation technique des dossiers et donne un avis sur la qualité, la sécurité, l'innocuité et l'efficacité des produits. Dans le recrutement des experts l'UEMOA prescrit à ses Etats membres de rechercher les qualités des personnes. L'expert doit avoir les compétences requises et être dénué de tout lien avec l'autorité nationale de réglementation. Cela suppose qu'un membre de la direction de la pharmacie ne peut être expert. L'UEMOA exige qu'ils proviennent des universités, instituts de recherche, centres hospitaliers et centres de santé périphériques.

152 - Les obligations de l'expert - Les autorités nationales ne doivent pas intervenir dans le fonctionnement du comité d'experts, il appartient au comité, s'il le désire de s'adjoindre toute personne

---

[550] D. Thompson, Understanding financial conflicts of interest, *New England journal of medicine*, 19 août 1993, vol. 329, p. 573-576.

[551] Voir le rapport de la Commission de réflexion pour la prévention des conflits d'intérêts dans la vie publique pour une nouvelle déontologie de la vie publique, dit rapport Sauvé, du nom du vice-président du Conseil d'Etat, président de la commission, remis le 26 janv. 2011 au président de la République française, p. 19-20 et p. 112.

[552] Ph. Even, B. Debré, op.cit., pp. 38-39.

ressource. Les membres du Comité d'experts sont tenus au respect des principes de confidentialité et de transparence. Ils doivent signer une déclaration de conflit d'intérêt et d'engagement de confidentialité. Ils perçoivent une rémunération pour leur expertise, dont le montant et les modalités sont fixés par l'autorité ministérielle compétente. Les travaux des experts doivent être soumis à une commission technique, pour appréciation.

b. La commission nationale du médicament

153 - Notion d'évaluation - L'AMM est « la sanction scientifique, technique et administrative des travaux de recherches et de développement »[553] du médicament. La phase d'évaluation technique est très importante et doit être menée avec sérieux. L'évaluation est selon les auteurs de « Droit de la santé », « la recherche de connaissances et d'informations sur les risques sanitaires. Elle est la pierre angulaire du dispositif de sécurité sanitaire »[554]. La recherche de la sécurité des patients passe par la prise en compte de tous les risques[555]. Les autorités étatiques, à qui reviennent exclusivement la tâche de délivrer l'AMM doivent agir en privilégiant la solution qui présente le meilleur rapport bénéfice/risques pour le patient. Partout dans le monde les crises obligent les Etats à renforcer leur politique de protection des patients. Après l'évaluation scientifique par les experts le dossier est envoyé devant la commission du médicament. Trois issues sont possibles : avis favorable, demande de complément d'information ou avis non favorable.

154 - Missions et obligations de la commission nationale du médicament - La commission du médicament évalue de manière collégiale les médicaments sur la base des travaux du comité des experts. L'UEMOA laisse la compétence à chaque Etat membre pour mettre en place une Commission nationale du médicament. Cette commission selon les termes du règlement UEMOA sur l'harmonisation des procédures AMM est chargée, d'une part de

---

[553] J-P. Juès, *L'industrie pharmaceutique*, Que sais-je ?, PUF, Paris, 1998, p.68.
[554] A. Laude, B. Mathieu, D. Tabuteau, *Droit de la santé*, op. cit., p.95.
[555] B. Grenier, *Décision médicale : analyse et stratégie de la décision dans la pratique médicale*, Masson, Paris, 1990, p.15.

valider les travaux du comité d'experts, et d'autre part de donner un avis définitif sur les dossiers de demande d'AMM. Les activités de la Commission nationale du médicament sont coordonnées par l'autorité de règlementation pharmaceutique.

Les membres de la Commission nationale du médicament sont tenus au respect des principes de confidentialité et doivent signer une déclaration de conflit d'intérêts avant chaque session[556]. La décision est ensuite octroyée par le ministre sur la base du dossier préparé et coordonné par la direction de la pharmacie.

2. Les autorités administratives d'octroi de l'AMM

Après l'avis technique des experts, validés ou non par la commission nationale d'homologation, le dossier de demande d'AMM doit faire l'objet d'une évaluation administrative par l'autorité de réglementation pharmaceutique[557] et la décision finale revient au ministre chargé de la Santé.

155 - Notion d'autorité nationale de réglementation pharmaceutique (ANRP) - Le droit UEMOA définit l'ANRP comme « l'organisme national responsable de l'homologation et /ou des activités réglementaires en rapport avec les produits pharmaceutiques à usage humain »[558] et lui assigne comme mission l'instruction et le suivi des dossiers de demande d'homologation des produits pharmaceutiques. Au Burkina Faso, il s'agit de la Direction générale de la pharmacie, du médicament et des laboratoires (DGPML) et au Sénégal de la Direction de la pharmacie et des laboratoires (DPL). Ces deux directions sont des « prolongements opérationnels et

---

[556]Selon l'UEMOA, les rémunérations des experts et les frais de fonctionnement de la Commission nationale du médicament, de contrôles de qualité, de l'inspection des bonnes pratiques de fabrication, des systèmes de pharmacovigilance, sont en partie assurés par les redevances d'homologation. Mais vu le faible taux des redevances, il n'est pas certain qu'à elles seules, elles puissent régler l'ensemble des dépenses prévues.

[557] Article 6 du Règlement n°06/2010/CM/UEMOA, relatif aux procédures d'homologation des produits pharmaceutiques à usage humain dans les Etats membres de l'UEMOA.

[558] Article 1er, al. 3. Règlement n°06/2010/CM/UEMOA, relatif aux procédures d'homologation des produits pharmaceutiques à usage humain dans les Etats membres de l'UEMOA.

déconcentrés du ministère de la santé »[559]. Elles ne sont donc pas autonomes en termes de gestion administrative et financière, alors que selon l'OMS[560] pour qu'une structure soit adaptée en matière de réglementation pharmaceutique, il faut qu'elle ait une autonomie de décision, une indépendance financière et administrative et enfin une indépendance dans la nomination des personnes qui la composent.

156 - La caution étatique dans le cadre de l'AMM - Le ministre de la Santé est l'autorité supérieure dans la décision d'octroi de l'AMM. En délivrant l'AMM il atteste que le médicament a reçu un minimum de contrôle qui garantit sa qualité. L'AMM ainsi délivrée contient en elle-même les conditions de son évolution sur le marché.

B : Contenu et effets de la décision d'AMM

La décision du ministre de la Santé d'autoriser la distribution d'un médicament sur le marché national est une décision administrative qui a des conséquences sur la santé des populations. Cette décision produit des effets aussi bien juridiques qu'administratifs (2). Son contenu a été harmonisé de sorte à encadrer la décision des ministres de la Santé des différents pays (1).

1 : Un contenu harmonisé

157 - Contenu minimum de la décision d'AMM - Si les autorités nationales sont libres dans l'appréciation de la qualité des médicaments, elles sont liées quant au contenu du document officiel autorisant le médicament et qui doit être remis au demandeur de l'AMM. L'annexe III du règlement sur l'harmonisation indique les éléments importants à faire figurer dans la décision d'AMM :

- Information sur le produit[561]
- Des informations sur le titulaire de l'AMM;

---

[559] J. Peigné, « de la loi du 4 janvier 1993 à la loi du 29 décembre 2011 : de l'affaire du sang à l'affaire du Médiator® », op.cit, p.24.

[560] OMS, *Guide pour l'élaboration de mesures visant à éliminer les médicaments contrefaits*, Genève, WHO/EDM/QSM/99.1, p. 4.

[561] Ces informations doivent porter sur le nom du produit, sa dénomination spéciale, sa dénomination commune approuvée, le dosage par dose unitaire, la forme pharmaceutique, les indications, les conditions de stockage et les caractéristiques du conditionnement et les prix grossiste hors taxes « PGHT ».

- Les références de l'AMM, c'est-à-dire son numéro, sa date d'obtention et d'expiration ;
- Les informations destinées aux professionnels de la santé.

158 - L'AMM contient en elle-même les conditions de son évolution - Le document délivré au titulaire de l'AMM doit contenir l'ensemble des obligations essentielles du titulaire. Il ne doit pas y avoir une différence entre les produits et les informations fournies dans la demande. L'AMM précise clairement à son titulaire qu'il lui est interdit de faire des changements concernant le produit sans autorisation préalable, à l'exception de ceux concernant les « changements des aspects pharmaceutiques pouvant être effectués sans autorisation préalable » et dont la liste est fournie au titulaire de l'AMM. Cependant, dans le cadre général de la recherche de la sécurité sanitaire, l'AMM doit préciser à son titulaire qu'il a l'obligation de faire des mises à jour concernant la sécurité du produit et d'en informer l'autorité règlementaire dans les cinq jours qui suivent le changement. Enfin l'AMM doit préciser que « toute publicité et promotion du ou des produits doit être conforme à l'information approuvée sur le produit et contenu dans l'AMM ». Le document doit être authentifié par le sceau du ministre ou du directeur de la pharmacie et du médicament et c'est à ce titre qu'il peut produire ses effets.

2 : Les effets juridiques et administratifs de la décision

159 - L'inscription du médicament dans la nomenclature nationale des médicaments - L'AMM est le permis de vente du médicament, c'est lui qui permet le contact du médicament au patient. L'obtention de l'AMM permet l'inscription du médicament à la nomenclature nationale. L'article 218 du CSP burkinabè oblige les praticiens à ne prescrire que « les médicaments inscrits à la nomenclature nationale, sauf dérogation du ministre de la Santé ».

160 - L'AMM valide les indications thérapeutiques du médicament et fait entrer le produit dans le monopole pharmaceutique - En obtenant l'AMM, le médicament fait officiellement son entrée dans le marché pharmaceutique[562] ; il lui est également reconnu un champ d'action, c'est la liste de ses indications. Toute prescription qui n'entre pas dans ce champ est dite « hors AMM » et peut engager la responsabilité du prescripteur. Les éléments contenus dans l'AMM sont opposables à tout usager national du médicament autorisé et servent de base lors du renouvellement de l'AMM ou pour toute évolution de celle-ci, ainsi que pour la publicité sur le médicament.

L'AMM fait entrer le médicament dans le monopole pharmaceutique ; dès lors sa vente est interdite à toute personne non pharmacien sauf dans les cas de dérogation. En intégrant le champ des médicaments l'AMM permet à tout importateur de bénéficier d'exonération des droits de douane[563] et de TVA[564].

Les pays africains disposent d'un potentiel de plantes médicinales très important, ils devront sans doute s'investir dans l'exploitation de ces plantes pour développer des médicaments traditionnels efficaces pour compenser la carence de l'industrie pharmaceutique locale. Pour arriver à cela il leur faudra également clarifier le statut juridique de la médecine traditionnelle et faire de cette dernière un allié du système de santé.

---

[562] M. J. Cuny, *Une santé aux mains du grand capital, l'alerte du Médiator*, Editions Paroles Vives, Romans-sur-Isère, 2011, p.27.

[563] Compte tenu de l'inexistence de jurisprudence pour harmoniser les points de vue sur la définition du médicament, certains produits considérés comme des compléments alimentaires reçoivent au Burkina Faso et au Sénégal, une AMM comme étant des médicaments, mais lorsqu'ils arrivent au port, ils sont bloqués par la douane. La douane sénégalaise a déjà bloqué des containers qu'elle considérait comme des compléments alimentaires, mais la DPL a fait libérer lesdits containers sur la base de l'AMM qu'elle a délivré. Cette qualification permet à ces compléments alimentaires de bénéficier des mêmes taxes que les médicaments.

[564] Lorsqu'il s'agit d'un médicament reconnu comme MEG, il bénéficie de l'exonération totale et complète des droits et taxes de douanes.

CHAPITRE 2

Le régime juridique du médicament traditionnel au Burkina Faso et au Sénégal

> *« La médecine est traditionnellement un mode de communication avec le sacré »*[565]
>
> *Et*
>
> *« Le sacré, c'est tout ce qui maîtrise l'homme d'autant plus sûrement que l'homme se croit plus capable de le maîtriser »*[566]

161 - Problématique de l'étude de la médecine traditionnelle en Afrique - Il est courant lorsqu'on aborde la médecine traditionnelle en Afrique d'interroger l'identité du médicament en rapport avec l'imaginaire des Africains. Un tel travail conduit parfois à s'appesantir sur les aspects philosophiques, sociologiques ou anthropologiques du médicament. Nous voulons, et nous le savons difficile, aborder les aspects juridiques de la médecine traditionnelle. Il s'agit pour nous d'essayer de savoir quel droit de la santé pour une discipline qui reste solidement attachée non seulement à son praticien, mais également au patient qui draine toute une panoplie de valeurs ? Nous allons dans ce chapitre, avec le risque d'aller à l'inconnu (le secteur étant peu réglementé), aborder la médecine traditionnelle sous un angle juridique, avec le cas échéant une analyse de l'observation de la vie africaine, puisque le droit ne peut se dissocier de la société. La question que nous cherchons à répondre est : comment la médecine traditionnelle peut se débarrasser de son obscur manteau de médecine irrationnelle pour s'adapter aux exigences actuelles de la science moderne et permettre ainsi un accès équitable aux soins pour les populations africaines ? L'objectif principal est la recherche de moyens juridiques pour permettre aux populations des pays en développement d'accéder à des soins de qualité qui incluraient la

---

565 C. Lévi-Strauss, *Anthropologie structurale*, Plon, Paris, 1985, p. 219.
566 R. Girard, *La violence et le sacré*, Grasset, Paris, 1972, p.52.

médecine traditionnelle qui leur est culturellement et géographiquement proche. La médecine traditionnelle peut constituer en elle seule un sujet de thèse, mais nous avons fait l'option de l'aborder avec le système moderne des soins pour manifester la nécessité de l'intégrer dans le système dit moderne, c'est-à-dire que le système de santé ne doit plus être abordé en Afrique sans y inclure la médecine traditionnelle.

162 - A leurs origines, toutes les médecines avaient la même conception des soins et de la guérison - Historiquement toutes les médecines du monde ont eu les mêmes origines. L'homme, dans toute zone de peuplement humain, s'est servi de la nature pour se débarrasser de la maladie. En Europe était la saignée, en Inde l'Ayurveda, en Afrique le désenvoutement. L'exercice de l'art de guérir était intimement lié à la culture de chaque zone. A ses débuts en Europe, par exemple, l'art des soins était empreint du culte chrétien, pointillé de formules magiques, ce qui donnait une certaine puissance aux prêtres de l'époque. Chaque médecine est partie des mêmes méthodes. D'abord empirique, basée sur des méthodes métaphysiques, elles se sont débarrassées au fur et à mesure de leurs caractères mystiques, avant d'être ouvertes à tous à travers l'enseignement universitaire. En Afrique les pratiques médicales anciennes ont été supplantées par la médecine occidentale.

163 - Des arguments pertinents mais non efficaces – Parmi les facteurs ayant participé à la régression des médecines traditionnelles en Afrique noire francophone, il y a la colonisation française. En effet les occidentaux, quand ils sont arrivés en Afrique, ont fait une sorte de tabula rasa et ont imposé leur civilisation, traitant la culture africaine et tout ce qui s'y apparentait de « primaire ». C'est ainsi que l'art de guérir en Afrique, qui pourtant s'occupait du bien-être des Africains, a été, dans toute l'Afrique, traité de barbare, de sale, de dégradant, de médecine de sous-homme. Tout ce dont le colonisateur ne maîtrisait pas le contour était appelé à tomber dans la clandestinité. Ainsi la médecine traditionnelle en Afrique a été « obscurcie par des siècles de préjugés colonialistes »[567]. S'il est vrai que la médecine exercée en Afrique avant la colonisation a été qualifiée de médecine d'indigène et interdite, il est aussi vrai, qu'après le départ du colonisateur, rien n'a

---

[567] J.-P. Colleyn, « L'alliance, le Dieu, l'objet », *l'homme*, 2004/2, n°170, p. 61.

été fait pour remettre cette médecine ancestrale sur les rails et l'encadrer de façon efficace. Aujourd'hui, plus de cinquante ans après les indépendances, les qualificatifs dégradants[568] attribués aux « médecins africains »[569] pendant la colonisation sont toujours employés par certains intellectuels africains. Le mimétisme sanitaire qui a suivi le départ du colonisateur a maintenu la médecine traditionnelle en Afrique dans un rôle dégradant ne l'associant nullement au système de santé.

Il convient pour la suite de notre travail, d'examiner d'abord le statut juridique de la médecine traditionnelle au Burkina Faso et au Sénégal (Section 1), avant d'envisager la rencontre du droit avec le médicament traditionnel, objet rempli de valeurs culturelles et traditionnelles dans l'imaginaire des africains (Section 2).

Section 1 : La médecine traditionnelle en Afrique noire francophone : un statut juridique ambigu et incertain

Le terme « médecine traditionnelle » subit une inflation de sens, allant de la manipulation des plantes à la magie, en passant par les pratiques religieuses et tout ce qui est inexplicable par l'esprit humain. Derrière ces nombreuses pratiques la notion de médecine traditionnelle se perd. Face à ces incertitudes, on est en droit de se demander, avec J-P Dozon, ce qu'il faut «valoriser dans ce dédale de recours thérapeutiques ? »[570] Il est urgent pour les autorités africaines de pouvoir distinguer parmi les tradipraticiens, ceux qui ont appris leur art, de ceux qui n'en ont pas la moindre notion. Leur avidité et leur ignorance constituent un danger pour la vie des citoyens. Face à une discipline qui a du mal à délimiter son champ d'application, quel statut juridique faut-il lui donner ? Jusqu'où faut-il pousser la modernisation de la médecine traditionnelle pour qu'elle garde au moins son caractère traditionnel ? Là se trouve toute la problématique

---

568 Ils ont été appelés par leurs homologues occidentaux : « marabout, sorciers, médicastres, magiciens, jeteurs de sorts, forgerons, fossoyeurs, et au mieux des cas médecins africains traditionnels, herboristes ». Voir J.-P. Bado, op.cit., p.18.

569 Il faut préciser qu'ici nous voulons parler des tradipraticiens. La précision est importante parce que les médecins de médecine moderne, quand ils étaient africains, le colonisateur les appelaient : « médecin africain ».

570 J.-P. Dozon, « Ce que valoriser la médecine traditionnelle veut dire », in *Politique Africaine* n°28, 1987, p.13.

de la reconnaissance de la médecine traditionnelle. Malgré son efficacité, elle est toujours aujourd'hui, en Afrique, à la recherche d'un statut juridique stable et dynamique. Si au Burkina Faso on commence à douter de l'efficacité de son statut juridique, au Sénégal on garde espoir qu'une loi verra le jour pour encadrer son exercice (Sous-section 1). Au Burkina Faso, malgré la consécration juridique du tradipraticien, la professionnalisation de ce métier demeure comme au Sénégal toujours difficile (Sous-section 2).

Sous-section 1 : L'état actuel de la réglementation de la médecine traditionnelle : entre doute et espoir

Le droit interne du Burkina Faso ainsi que celui du Sénégal semblent être dans une impasse quant à l'encadrement de la médecine traditionnelle. Ils tentent de faire entrer une pratique empreinte de cultures et de traditions anciennes dans un moule inadapté. Comment légiférer sur une discipline dont on a du mal à délimiter les contours ? En Afrique, « les maux inexpliqués, la malchance, l'échec répété, la dépression sont souvent attribués à la possession ou à la capture d'un double par un sorcier »[571] et la médecine traditionnelle est le recours privilégié pour vaincre ces maux de la société. Il faut donc aux législateurs, avant tout encadrement juridique, prendre en compte la réalité du terrain africain pour aboutir à une législation qui permette un exercice efficace de la médecine traditionnelle[572]. Cela devrait les conduire à associer le droit coutumier[573] au droit moderne. Une fois encadrée, la médecine traditionnelle doit être intégrée efficacement dans le système de santé des différents pays dans le cas contraire son

---

[571] L. Hengehold, « Sorcellerie, subjectivation et souveraineté : Foucault au Cameroun », *Revue Cahiers Sens public*, 2009/2 n° 10, p.104.

[572] On peut dire que les autorités burkinabè l'ont compris. En effet dans la déclaration de politique nationale en matière de médecine et pharmacopée traditionnelles d'octobre 2004, ils affirment que : « certains domaines de la médecine traditionnelle ont difficilement une valeur expérimentale scientifique ; ils restent fortement ancrés dans nos valeurs culturelles. D'où la nécessité d'adopter une approche pluridisciplinaire qui prendrait en compte les sciences sociales. Ainsi, le rayonnement de la médecine et de la pharmacopée traditionnelles ne devrait plus être perçu comme l'affaire des seuls agents de santé. Le développement de ce patrimoine médico-traditionnel devra faire appel à d'autres disciplines non moins importantes comme la Sociologie, l'Ethnologie, l'Ethnobotanique, la Biologie, la Biochimie, l'Ecologie et la Phytochimie etc ».

[573] J. Glissen, op.cit, p.15.

encadrement sera inutile pour la population bénéficiaire (Paragraphe 1). L'analyse actuelle du traitement juridique de la médecine traditionnelle dans nos deux pays d'étude montre que le cadre institutionnel réservé à cette médecine est en net déphasage avec le droit interne en vigueur dans ces pays (Paragraphe 2).

Paragraphe 1 : L'encadrement juridique de la médecine traditionnelle

En Afrique la réaction des différents pays face à la nécessité de réglementer la médecine traditionnelle est lente et inorganisée. D'abord interdite[574], l'exercice de la médecine traditionnelle a été tolérée et aujourd'hui reconnue et encadrée dans certains pays comme le Burkina Faso, le Congo, le Mali, etc. Pris entre les pratiques des marabouts (mêlant soins et islamisme) et des autres praticiens de la médecine ancestrale, certains Etats africains au sud du Sahara ont préféré créer par décret un service dédié à la médecine traditionnelle au lieu de légiférer sur cette discipline. Cette tentative de revalorisation de la médecine traditionnelle peut-elle être considérée comme un cadre légal suffisant ? Même si ce statut infra législatif est une avancée, il faut noter qu'il est insuffisant, incertain, ambigu et ne permet pas un exercice serein d'une discipline complexe, large et qui est ancrée dans la culture des peuples africains. L'exercice de la médecine traditionnelle est pris entre l'exercice de fait dans des pays comme le Sénégal et un exercice encadré par le droit au Burkina Faso (B). Cependant, le traitement juridique de la médecine traditionnelle connaît une évolution de nos jours, somme toute lente, mais cette pratique n'est plus taboue et les politiques, les juristes, les médecins et pharmaciens en parlent à tous les niveaux de débats (A).

A : L'évolution du statut juridique de la médecine traditionnelle : fondements et notion.

La médecine moderne qui avait supplanté sa sœur aînée de la médecine traditionnelle, a perdu du terrain dans les zones où elle avait

[574] L'interdiction de l'exercice de la médecine traditionnelle a pour base légale le code de déontologie médicale de l'AOF issu en grande partie des dispositions du code de déontologie français de 1947, promulgué en AOF par l'arrêté n°5059 A.P du 8 décembre 1947.

conquis les esprits. En Asie son monopole s'est réduit et en Afrique avec beaucoup de difficulté il est en train de se réduire. La médecine occidentale venue pour sauver l'homme africain a révolutionné le domaine des soins en Afrique. Sa fulgurante ascension a conquis les esprits, et les populations attendaient d'elle beaucoup de miracles. Mais au fil des ans l'espoir recherché s'amenuisait, la difficulté d'accès à la guérison restait la même, sinon s'aggravait. Aujourd'hui le retour de cette médecine jadis combattue semble être unanimement sollicité. Apparue aujourd'hui, comme une médecine discriminatoire, tant sur le plan financier que sur le plan géographique, la médecine moderne a de ce fait permis à la médecine traditionnelle de renaître, de refaire surface. Il convient de donner les fondements de cette renaissance (1) avant de donner la définition juridique de la médecine traditionnelle (2).

1 : Les fondements de la renaissance de la médecine traditionnelle

164 - Les fondements socioculturels et religieux - En réalité la médecine traditionnelle n'a jamais été abandonnée en Afrique[575].Cette force de la pratique traditionnelle de guérison trouve son fondement dans les considérations socioculturelles et religieuses. En Afrique, toute chose, toute mort, toute maladie n'est jamais anodine. Tout événement interroge le monde visible qui cherche les causes dans le monde invisible. Comme le fait remarquer B. Diallo, « tout événement, maladie, accident prend inexorablement un caractère métaphysique, ou magico-religieux »[576]. La cause de toute maladie doit donc être recherchée, soit dans la colère des ancêtres, soit dans celle des dieux[577]. Le domaine de la psychiatrie est lui entièrement envahi par la médecine traditionnelle. En effet de par leur croyance, les populations africaines consultent en première intention les

[575] L'OMS estime à 80% le nombre de personnes qui y ont recours.

[576] B. Diallo, « Les crimes rituels au Sénégal », in *EDJA* n° 10, décembre 1988, p.4.

[577] Au Burkina Faso, chez les dagara, une femme qui fait une crise d'hémiplégie après un accouchement difficile est amenée en première intention chez le tradipraticien ; parce que la famille suppose que cette hémiplégie est liée à une infidélité antérieure de l'épouse et seul le tradipraticien peut renouer le lien entre cette femme et ses ancêtres.

tradipraticiens lorsqu'il s'agit d'une maladie touchant l'esprit[578]. Lorsqu'une personne est frappée d'un « délire », elle est dite possédée et il est tout à fait logique de consulter un « psychiatre traditionnel », qui connaît mieux les esprits et qui prescrira un sacrifice[579]. En somme, dans la majeure partie des pays africains, la folie est liée aux génies[580], c'est donc une action surnaturelle et il faut un traitement collectif. Dans pareil cas, il n'y a que le tradipraticien pour remédier à ce mal ou à cette punition[581]. Le malade « croit à l'action thérapeutique du [tradipraticien] parce que toute la société y croit »[582]. Mais la tradition et la croyance ne sont pas les seuls vecteurs de l'émergence de la médecine traditionnelle. Il y a sans doute ses bons résultats et surtout son coût relativement accessible.

165 - Les fondements économiques : un système de santé de type marchand dans une société insolvable - La popularité de la médecine traditionnelle en Afrique, peut également être rattachée à la très grande paupérisation de la population africaine. Cette paupérisation a été aggravée par la dévaluation du franc CFA en 1994[583]. Le coût des produits pharmaceutiques est passé du simple au double. On estime aujourd'hui que les pays d'Afrique subsaharienne francophone dépensent environ 360 à 460 millions d'euros par an pour

---

[578] En matière de maladies de l'esprit, nous avons le phénomène des « rabs » au Sénégal qui incarnent les esprits ancestraux, les « djinns » au Mali et en Guinée, ou les « kpimès » chez les peuples du sud-ouest du Burkina Faso.

[579] Il s'agit du rituel du « ndoep » au Sénégal (pour une explication plus approfondie de ces phénomènes voir S.Thiam., op.cit.) ou celui du « tégane » au Burkina Faso chez les dagara.

[580] Au Gabon on parlera de yamwei, au Burkina Faso chez les moosé de kinsirsi, ou Kontone chez les dagara.

[581] Dans les villages, le tradipraticien est reconnu comme celui qui connaît mieux la tradition et les esprits invisibles.

[582] C. Lévi-Strauss, op. cit., p. 226.

[583] Cette dévaluation a concerné l'ancienne espace AOF et AEF. Devenus indépendants les ex-colonies ont maintenu leur monnaie liée au franc français. Aujourd'hui leurs avoirs est détenus par la banque de France qui assure leur convertibilité par rapport à l'Euro. La dépréciation du FCFA s'est faite par rapport au franc français de l'époque. Cette dévaluation, qui avait été annoncée comme un levier de l'économie des pays africains de la zone « franc » a appauvri les populations en cherchant à dynamiser les économies nationales.

les médicaments[584]. De ce fait, 80% de la population se retrouvent exclu du système moderne de santé. Cette partie de la population s'est donc repliée sur une médecine de proximité, qui a l'avantage d'être plus accessible financièrement.

166 - L'inaccessibilité géographique[585] et le manque de personnel soignant- Les centres de santé sont une création coloniale et ont été continués après les indépendances. Le colonisateur avait légué à ses colonies à la veille des indépendances, comme le souligne L. Lapeyssonnie, une administration sanitaire en plein essor[586], mais ces infrastructures sanitaires nouvelles étaient sans personnel suffisant. Le rôle des gouvernements successifs était donc de pourvoir à cette carence. Mais les autorités africaines, occupées à asseoir leur pouvoir y ont consacré peu de temps. Aujourd'hui, en plus de l'éloignement des centres de soins de leurs usagers, l'exigence minimum du nombre de médecins et d'infirmiers par habitants est loin d'être satisfaite en Afrique[587]. En ce qui concerne la santé mentale par exemple, en Afrique on a un psychiatre pour 4 à 8 millions d'habitants[588]. Il est donc normal que dans ce secteur le reste du travail soit assuré par les tradipraticiens. Il faut noter que même là où

---

584 J.J. Cristofari, « Afrique : l'indépendance pharmaceutique est-elle vraiment possible ? », in Jeune Afrique, 5 septembre 2010, article disponible sur http://pharmanalyses.fr/afrique-lindependance-pharmaceutique-est-elle-possible/. Consulté le 15 mars 2013.

585 Il est unanimement reconnu que « la fonction et la qualité principale d'un système de santé résident sur sa capacité à assurer une égalité d'accès aux soins » et l'accessibilité géographique est l'un des critères déterminant. En France où il existe une prise en charge sociale des soins, les déserts médicaux sont une préoccupation première des autorités politiques. En effet il ne sert à rien d'être solvable et ne pas avoir de structure de soin près de soi. Voir H. Sanni Yaya, P. Bonnet, « Le concept d'accessibilité en santé et son articulation dans la réalité sanitaire en Afrique : une perspective critique », in H. Sanni Yaya (dir.), op.cit., p.62.

586 L. Lapeyssonnie, op.cit., p.122.

587 Le Burkina Faso dispose d'un médecin pour 20.516 habitants, d'un infirmier pour 6.131 habitants et d'un pharmacien pour 70.000 habitants. Alors que le nombre de tradipraticiens satisfait les exigences de l'OMS. Si l'on se réfère aux statistiques données en 2004 par le ministre de la Santé du Burkina Faso, il y a au Burkina Faso un tradipraticien pour 500 habitants. Les tradipraticiens installés dans les villages ls plus reculés.

588 Voir les statistique OMS sur : whqlibdoc.who.int/recueil_articles/2000/RA_2000_3_110-116_fre.pdf

il y a du personnel médical, se pose une autre difficulté liée à la langue[589].

167 - Les bons résultats de la médecine traditionnelle : une réussite là ou la médecine officielle échoue - Bon nombre de maladies sont aujourd'hui traitées traditionnellement[590]. Certains médicaments modernes, très coûteux, peinent à venir à bout des maux dont souffrent les populations. Ceux-ci préfèrent donc se tourner vers des thérapeutiques qualifiées « d'insuffisamment éprouvées », mais dont ils ont entendu dire beaucoup de bien.

Ensuite, le médicament moderne présenté par les grands groupes pharmaceutiques comme « roi » de toutes les thérapies a entamé une descente aux enfers ces cinquante dernières années. En effet, de la Thalidomide, dans les années 1950, 1960, du talc Morhange® dans les années 1970, à la récente affaire du Médiator® en passant par le vaccin contre l'hépatite B, le retrait du Di-Antalvic®, le médicament a fait des milliers de morts et engendré des millions d'handicapés à vie. Dans les hôpitaux modernes, haut lieux de la sécurité sanitaire et hygiénique, des maladies nosocomiales ont surpris les grands savants modernes. Il y a également le cas des antipaludéens qui peinent à venir à bout du germe du paludisme en Afrique. La médecine moderne et son cortège de savants semblent avoir atteint le fond de leur savoir. Le salut des peuples issus des pays aujourd'hui qualifiés de pauvres demeure la médecine traditionnelle et le droit ne doit pas l'ignorer. Il est urgent de dépasser les positions dogmatiques en contradiction avec la demande des patients africains, pour adopter un statut juridique opérationnel qui définit clairement et encadre efficacement la médecine traditionnelle.

2 : Définition de la médecine traditionnelle

168 - La médecine traditionnelle, une notion très large, ambiguë et trompeuse - Depuis 1994 le paysage juridique burkinabè s'est enrichi d'un nouveau CSP qui a introduit une originalité en droit burkinabè en reconnaissant l'exercice de la médecine traditionnelle.

---

[589] En effet, il arrive souvent que le médecin ne parle que français, alors que les patients s'expriment dans une langue locale.

[590] Il s'agit ici des maladies mentales, des maladies chroniques, du sida, du paludisme, de l'asthme, etc.

L'article 143 stipule que « l'exercice de la médecine traditionnelle est reconnu au Burkina Faso... ». La médecine traditionnelle y est définie comme « l'ensemble de toutes les connaissances et pratiques matérielles ou immatérielles, explicables ou non, utilisées pour diagnostiquer, prévenir ou éliminer un déséquilibre physique, mental, psychique et social en s'appuyant exclusivement sur des expériences vécues et sur des connaissances transmises de génération en génération, oralement ou par écrit»[591].

Cette définition permet de faire entrer dans la médecine traditionnelle le plus large possible de pratiques, dés lors qu'elles sont basées sur des expériences vécues et des connaissances transmises de génération à génération. La médecine traditionnelle admet en son sein des pratiques non explicables, ce qui signifie que ces pratiques peuvent ne pas être comprises par tous. Une pratique non explicable suppose une certaine difficulté dans son enseignement au public, ce qui complique la tâche des juges lorsqu'ils font face à de telles pratiques ; ils finissent par les qualifier d'actes de sorcellerie. Cela laisse également la porte ouverte aux charlatans de grands chemins. Il sera difficile, à travers ce cadre juridique de déterminer qui est un véritable praticien de cette médecine.

169 - La médecine traditionnelle, une définition permettant une inflation de pratiques - La définition de la médecine traditionnelle permet une inflation de pratiques. De l'exorcisme à la phytothérapie, en passant par la magie, la médecine traditionnelle charrie d'énormes disciplines lourdes pour son encadrement juridique. Il est urgent que les tradipraticiens soient associés à la revalorisation de leur pratique, afin de trouver un cadre commun. Comme l'a si bien relevé G. Koubi, « la finalité de toute définition est de situer un objet dans un champ de compréhension commun à ceux qui se doivent de l'employer »[592]. La médecine traditionnelle doit cesser d'être un concept valise, une expression fourre-tout, elle doit donc être circonscrite dans un champ de compréhension commun à tous les tradipraticiens. La réticence du président A. Wade du Sénégal, quant à l'encadrement de la médecine traditionnelle, serait liée à la présence

---

[591] Article 141 du CSP du Burkina Faso. Le législateur burkinabè s'est inspiré de la définition de l'OMS.

[592] G. Koubi, « Le médicament devant le juge administratif : emballage juridique ou produit scientifique ? », *AJDA*, 1991, p.420.

dans le projet de loi qui lui avait été soumis en 2007, de notions larges et floues. Il trouvait la définition trop large et avait conclu qu'une telle définition permettant d'adjoindre toutes sortes de pratiques, reviendrait à encadrer juridiquement l'activité de vrais praticiens mais également celle de charlatans[593]. Il faut reconnaître avec le président A. Wade, que cette large définition ne permet pas de démêler le vrai du faux tradipraticien.

L'inexistence de critères fiables pour accéder à la fonction de tradipraticien reste le problème à résoudre afin que de l'exercice de fait, les tradipraticiens passent dans l'ensemble des pays africains à un exercice de droit.

B : La médecine traditionnelle : entre fait et droit

Dans les pays d'Afrique noire francophone il y a un large consensus qui se dégage quant à l'intégration de la médecine traditionnelle dans le système de santé. Mais le traitement juridique de cette matière reste ambigu d'un pays à l'autre. L'exercice de la médecine traditionnelle au Sénégal est de fait ; les autorités politiques en parlent, mais n'ont pas encore franchi le pas de l'organisation juridique de cette matière. Pourtant il existe un répertoire de tradipraticiens au sein du ministère en charge de la Santé. Si le droit sénégalais hésite encore, au Burkina Faso cette pratique est reconnue et encadrée (1). Au niveau communautaire, il n'existe pas d'instruments contraignants sur la médecine traditionnelle. L'UA l'a reconnaît et la CEDEAO essaie d'élaborer des programmes pour sa promotion.et l'UEMOA(2).

1 : Le traitement national de la médecine traditionnelle : de la tolérance à la reconnaissance juridique

En Afrique noire francophone l'analyse de la réglementation sanitaire fait ressortir deux catégories de pays en matière d'encadrement de la médecine traditionnelle. Il y a d'une part les pays où la médecine traditionnelle est reconnue et dont l'exercice est encadré, et d'autre part les pays qui reconnaissent cette médecine,

---

[593] Entretien informel réalisé avec deux pharmaciens membres de la commission de réflexion sur le projet de loi qui avait été soumis au président A. Wade en 2007. Entretien réalisé en février 2013 à Dakar.

mais qui hésitent encore à encadrer son exercice. Dans notre étude l'exemple du Burkina Faso peut être extensible à la première catégorie de pays et le Sénégal sera le chef de file de la dernière catégorie.

170 - Encadrement de la médecine traditionnelle au Burkina Faso, un droit inachevé - Historiquement au Burkina Faso c'est l'ordonnance n°70-68 bis/PRES/MSP/AS du 28 décembre 1970 portant CSP[594], qui a le premier toléré la médecine traditionnelle et permis la réalisation de nombreuses actions en valeur du développement de la médecine traditionnelle[595]. La médecine traditionnelle sera officiellement reconnue à un niveau élevé dans la hiérarchie des normes en 1994. En effet avec la révision du CSP, le législateur burkinabè a déclaré que l'exercice de la médecine traditionnelle était reconnu au Burkina Faso et dix ans plus tard un décret[596] d'application a été pris marquant l'engagement des autorités burkinabè de doter cette pratique médicale de tous les moyens juridiques pour sa mise en œuvre. Ce décret, tout en organisant l'exercice de la médecine traditionnelle, a donné le cadre juridique de la mise sur le marché des médicaments issus de la pharmacopée traditionnelle. Dès lors la médecine traditionnelle est prévue dans l'organisation du système de santé au Burkina Faso. Mais on peut regretter que l'intégration réelle de cette médecine dans le système de soin tarde à se réaliser. En effet dans aucune structure publique on ne

---

594 Le premier CSP du Burkina Faso a été adopté en 1970 et la médecine traditionnelle y était tolérée. En effet le titre IV de l'ordonnance n°70-68/bis/PRES/MSP.P.AS du 28 décembre 1970 portant CSP de la Haute-Volta disposait : « l'exercice de la médecine traditionnelle est provisoirement toléré au bénéfice de personnes notoirement connues qui demeurent civilement et pénalement responsable des actes pratiqués ».

595 C'est ainsi qu'il y eut en 1974, un début d'investigation du domaine par le CNRST encouragé par le CAMES et l'OUA, puis en 1978 fut créé l'Institut de Recherche sur les Substances Naturelles. La volonté du gouvernement burkinabè de promouvoir et de valoriser la médecine traditionnelle va se poursuivre en 1984, avec la création, d'une Direction de l'Approvisionnement et de la Pharmacopée Traditionnelle, dans le même temps, l'Etat va encourager la mise en place de cellules de pharmacopée traditionnelle dans les structures sanitaires décentralisées du système de soins et la constitution d'associations de tradipraticiens de santé. Si les associations de tradipraticiens se sont créées, les cellules de pharmacopée traditionnelle n'ont jamais vu le jour. Les médecins pour la plupart y étaient opposés.

596 Il s'agit du décret n° 2004-568/PRES/PM/MS/MESSRS du 14 décembre 2004 portant condition d'exercice de la médecine traditionnelle au Burkina Faso.

trouve des tradipraticiens, pas même à la direction de la médecine traditionnelle, le droit burkinabè paraît inachevé dans la règlementation de la médecine traditionnelle.

171 - Encadrement de la médecine traditionnelle : hésitations du droit sénégalais - En ce qui concerne le statut de la médecine traditionnelle au Sénégal, il n'existe pas une réglementation spécifique ; on peut seulement déduire du décret n° 202-79 du 29 janvier 2002, portant organisation du ministère de la Santé et de la prévention, que la médecine traditionnelle est reconnue, sinon tolérée au Sénégal. Un projet de loi existe depuis 2007, mais il n'est toujours pas adopté. Ainsi en l'absence de définition légale et de conditions d'exercice, il convient de considérer que le silence des autorités sénégalaises vaut tolérance. Dans sa thèse de doctorat, S. Cissé affirme qu'un projet de code très avancé serait en cours de validation. Si ce CSP est adopté, il marquerait une innovation majeure au Sénégal, car selon l'auteur « la médecine traditionnelle occupe une place de taille dans ce projet de code »[597].

172 - Le paradoxe sénégalais - Au Sénégal la volonté politique existe, mais il y a un obstacle non avoué qui freine l'encadrement de la médecine traditionnelle. Si on remonte l'histoire récente du Sénégal en matière de traitement de cette pratique, on s'aperçoit qu'en 1985, le Sénégal avait érigé par décret un centre de traitement traditionnel en hôpital, ce centre avait également été reconnu d'utilité[598] publique. Ensuite, depuis 1989, le Sénégal réfléchit sur la possibilité d'encadrer la médecine traditionnelle. Dans sa déclaration de politique nationale de santé de juin 1989, le gouvernement indiquait que la médecine traditionnelle était un système « informel et non reconnu par le code

---

[597] S. Cissé, *L'offre de soins de santé au Sénégal*, thèse de doctorat en droit, université de Montpellier 1, mars 2012, p.75. Selon lui la Partie III, Livre 2 dudit projet de Code s'intitule : « De l'exercice de la médecine traditionnelle et du statut des tradipraticiens ».

[598] Il s'agit de l'hôpital traditionnel de Keur Massar, fondé par Yvette Parès, médecin français. Cet hôpital a vaincu la lèpre, ce qui a faire écrire à sa fondatrice, que « la médecine traditionnelle a une efficacité étonnante ». Y. Parès, *La médecine africaine, une efficacité étonnante : témoigne d'une pionnière*, éditions Yves Michel, Barret-sur-Méouge, 2004, 221p.

de déontologie médicale »[599]. La déclaration reconnaissait que cette médecine « joue un rôle important dans la santé des populations » et concluait que des efforts devaient être consentis pour son intégration dans le système de santé. Dans ce sens le gouvernement avait prévu l'élaboration de texte régissant l'exercice de la médecine traditionnelle dans un délai prévu entre mai 1989 et août 1989. Aujourd'hui, 24 ans après, le texte n'est toujours pas adopté.

Enfin, continuant son paradoxe sur la médecine traditionnelle, en 2003 une note de service du ministre de la Santé, a institué un comité technique chargé d'étudier les dossiers de demande d'autorisation de mise sur le marché des médicaments à base de plantes[600]. Le ministre de la Santé a chargé le comité d'élaborer des rapports d'étude sous forme de fiches techniques, pour être soumis à la commission nationale du visa en vue de l'obtention d'une AMM pour chaque médicament à base de plante. Nous pensons qu'il est inapproprié d'autoriser des médicaments issus d'une pratique non juridiquement encadrée. Le ministre demande à la commission de visa d'octroyer un visa à un objet qui n'a aucun cadre juridique. Il faut d'abord que le droit définisse ce médicament pour ensuite, soit l'intégrer dans le régime général des médicaments, soit lui réserver un régime juridique spécial comme l'a fait le droit burkinabè cela faciliterait l'homologation du médicament traditionnel par la commission d'octroi des AMM. Un autre texte a créé une commission nationale de la pharmacopée sénégalaise et du formulaire national avec comme mission principale, l'élaboration d'une pharmacopée et d'un formulaire « avec un accent particulier sur les ressources locales végétales, plantes médicinales, parties de plantes, extraits et essences minérales et animales dans la perspective de la valorisation de ces

---

[599] La référence au Code de déontologie médicale n'est pas pertinente, le tradipraticien n'étant pas médecin, l'encadrement de l'exercice de sa pratique n'est pas de la compétence du code de déontologie applicable aux médecins, il est donc normal que ce code n'en parle pas. Il n'est d'ailleurs pas étonnant que ce code n'évoque pas la médecine traditionnelle, il est issu en grande partie des dispositions du code de déontologie français de 1947, promulgué en AOF par l'arrêté n°5059 A.P du 8 décembre 1947.

[600] Il s'agit de la note de service n° 002739/MSHP/DPM du 06 mai 2003. Dans le comité, outre d'imminentes personnalités, le ministre a coopté le responsable de l'hôpital Keur Massar.

ressources, de la fabrication de médicaments à partir d'elles et de la simplification des procédures pour leur mise sur le marché »[601].

Au regard de ce qui précède, il appert que le droit sénégalais ne nie pas l'existence de la médecine traditionnelle, il l'accepte implicitement et admet que l'art du diagnostic et du traitement n'est plus du seul monopole de la médecine moderne. En effet, le Sénégal à travers le décret organisant le ministère de la Santé a décidé de confier la proposition d'une réglementation et la promotion de la médecine traditionnelle à un service créé au sein de la direction de la santé. Le décret associe médecine privée, médecine du travail et médecine traditionnelle dans une même division. Cette association est un signal fort. Il s'agit pour les acteurs de ce service de travailler de sorte que la médecine traditionnelle noue des liens très étroits avec la médecine moderne et s'imposer à la longue comme son partenaire visible. L'une des missions de cette direction est de définir un territoire propre à la médecine traditionnelle sans empiéter sur celui de la médecine moderne[602]. Enfin il existe auprès du ministère de la Santé un répertoire de tradipraticiens, la médecine traditionnelle et partant les tradipraticiens ont acquis un statut de fait, mais les autorités restent par contre très prudentes quant à légiférer sur la question. S. Thiam pense que cette prudence est liée au défaut de « critères objectifs pour évaluer »[603] la médecine traditionnelle, le tradipraticien étant jugé sur les faits. Qu'à cela ne tienne, il faudra tout de même définir des critères d'exercice et instaurer un régime de responsabilité pour ces praticiens qui sont plus nombreux que les médecins et plus sollicités que ces derniers.

Le droit communautaire ne semble pas être celui qui va précipiter l'adoption au Sénégal d'un cadre légal à l'exercice de la médecine traditionnelle et le renforcement du cadre burkinabè. Malgré la profusion d'organisations africaines aucune d'entre elles ne semble sortir des sentiers battus pour oser des normes contraignantes en matière de médecine traditionnelle.

---

[601] Article 4 de l'arrêté portant création d'une Commission nationale de la Pharmacopée sénégalaise et du Formulaire national.

[602] Article 3 du décret n°2002-79 du 29 janvier 2002, Journal officiel du Sénégal, 25-05-2002,6048 : 1205-1208

[603] S. Thiam, « Santé et discrimination : l'exemple du Sénégal », *Les cahiers de droit de la santé du sud-est* n°11, 2010, p 223.

2 : Le traitement communautaire de la médecine traditionnelle

173 - Les premiers pas vers la reconnaissance de la médecine traditionnelle - Les premières préoccupations africaines relatives à la reconnaissance de la médecine traditionnelle remontent à 1968. A peine réunis en union, les différents pays membres de l'OUA[604] ont eu le souci d'œuvrer pour une intégration complète de la médecine traditionnelle dans le système de santé qu'ils venaient d'hériter du colonisateur. A cet effet, l'organisation a tenu les premières rencontres sur la médecine traditionnelle et les plantes médicinales à Dakar en mars 1968[605]. Les actions de l'OUA ont été renforcées en 1969 avec l'adoption par l'OMS de la résolution WHA 22-54 relative à la nécessité de procéder à des recherches scientifiques préalables sur les ressources de la médecine traditionnelle, puis en 1976, par une autre résolution (WHA 30-49), l'OMS a recommandé au pays en développement d'intégrer la médecine traditionnelle dans les soins de santé primaire. Les actions de l'OUA en faveur de la médecine traditionnelle ont été poursuivies par l'Union Africaine (UA), après la dissolution de l'OUA[606].

174 - L'UA et la médecine traditionnelle - Aujourd'hui, à la suite de l'OUA, l'UA qui l'a remplacé œuvre également pour la revalorisation de la médecine traditionnelle. En 2007, lors de la troisième session de la conférence des ministres de la Santé dont le thème était : « Renforcement des systèmes de santé pour l'équité et le développement en Afrique », la médecine traditionnelle était inscrite dans les programmes de la session. La démarche des ministres en charge de la Santé visait non seulement à favoriser la collaboration entre les pays et les régions, mais également à aider à la diffusion des informations concernant la meilleure façon d'intégrer la médecine traditionnelle dans le secteur de la santé en général. Comme on le voit la volonté politique ne manque pas, mais ces belles propositions sont dénuées de force obligatoire.

---

[604] L'Organisation de l'Union Africaine (OUA), a été la première organisation panafricaine créée après les indépendances de la majorité des pays africains.

[605] Ce symposium interafricain organisé par la commission scientifique et technique de recherche de l'OUA, avait pour objectif de sensibiliser les différents pays membres sur la nécessité de reconnaître dans leur système de santé, la médecine traditionnelle.

[606] L'Union Africaine (UA) a été créée en 2002 pour remplacer l'OUA.

175 - La CEDEAO et la médecine traditionnelle - La contribution de la CEDEAO se fait à travers son organe chargé de la santé. Il s'agit de l'Organisation Ouest-Africaine de la Santé (OOAS). Cette dernière a défini un plan stratégique 2009-2013, où la stratégie 7 a été dédiée à la médecine traditionnelle. L'objectif est d'arriver à terme à « contribuer à institutionnaliser de manière effective la médecine traditionnelle dans les systèmes de santé de la sous région »[607] avec une harmonisation des législations de médecine traditionnelle. L'organisation œuvre aussi à la création ou au renforcement des associations sous-régionales de praticiens de la médecine traditionnelle. Elle encourage aussi les Etats à instaurer un dialogue entre les praticiens de la médecine traditionnelle et les personnels orthodoxes. Mais comme l'UA, la CEDEAO n'a adopté aucune mesure contraignante sur la réglementation des médecines traditionnelles dans son espace de compétence.

En ce qui concerne l'UEMOA dans son règlement de 2005 relatif à l'harmonisation du droit pharmaceutique, la médecine traditionnelle apparaît comme l'un des domaines prioritaires à harmoniser parmi les procédures d'AMM, la publicité sur les médicaments et la concurrence, mais à nos jours aucune action en faveur d'une harmonisation n'a été prise.

176 - Le point de vue des chercheurs africains à travers le CAMES - Le CAMES[608], dispose en son sein d'un programme « médecine et pharmacopée traditionnelle » ; ce programme est essentiellement géré par des chercheurs de la médecine moderne qui s'intéressent à la pharmacopée traditionnelle. Institutionnellement, il n'y a pas de coopération avec les tradipraticiens[609].

Depuis 1974 cet organisme de chercheurs africains a inscrit la valorisation de la pharmacopée traditionnelle dans ses actions. En 2004, il a appelé les Etats africains à normaliser la médecine

[607] Voir www.wahooas.org/spip.php?article302

[608] CAMES : Conseil Africain et Malgache pour l'Enseignement Supérieur. Il compte actuellement 19 Etats membres (Bénin, Burkina Faso, Burundi, Cameroun, Centrafrique, Congo, Côte d'Ivoire, Gabon, Guinée, Guinée Bissau, Guinée Equatoriale, Madagascar, Mali, Niger, République Démocratique du Congo, Rwanda, Sénégal, Tchad et Togo).

[609] Par exemple, le prix de médecine et pharmacopée traditionnelle institué par le CAMES, ne concerne que les chercheurs du circuit moderne. L'appel à candidature du concours n'intègre pas les tradipraticiens.

traditionnelle et à créer un lien durable entre les hôpitaux de médecine moderne et les cases de médecine traditionnelle. Une réconciliation entre les deux médecines longtemps plongées dans un conflit artificiel a été recommandée par le CAMES. Les chercheurs du CAMES ont appelé les tradipraticiens à rendre plus lisible leur méthode de travail et à travailler à l'élaboration de code de déontologie de leur profession. Mais il est certain que si les Etats n'offrent pas de garanties suffisantes aux tradipraticiens, ils ne consentiront pas à rendre lisible leur pratique. Pour passer des paroles aux actes, le CAMES pourrait par exemple ouvrir une chaire de médecine traditionnelle dirigée par des tradipraticiens et d'autres spécialistes en son sein, cela pourrait accélérer la réglementation du secteur ; ce qui permettrait d'équilibrer le cadre institutionnel avec le droit positif des Etats.

Paragraphe 2 : Le cadre institutionnel de la médecine traditionnelle : un cadre en déphasage avec le droit positif

Aujourd'hui, la situation sanitaire des populations africaines avec la survenue du VIH/SIDA et aujourd'hui du virus Ebola semble avoir régressée[610]. Les systèmes de santé peinent à prendre racine car la plupart d'entre eux ne correspondent pas aux réalités socioculturelles et surtout économiques de la majorité des populations[611]. La médecine moderne, mise en avant pendant la colonisation s'est opposée à la médecine traditionnelle, qu'elle a combattue de toute sa force. Aujourd'hui ce sont les africains les plus éclairés qui entretiennent la lutte, alors que ces deux médecines ne sont que les deux faces d'une même pièce de monnaie. Pour que la revalorisation de la médecine traditionnelle soit une réalité, il faut que les institutions mises en place, pour contenir et faire vivre la médecine moderne, intègrent la médecine traditionnelle. On peut regretter que le cadre existant au

---

[610] Le virus Ebola est apparu pour la première fois en 1976, lors de deux flambées simultanées à Nzara (Soudan) et à Yambuku (République démocratique du Congo). Yambuku étant situé près de la rivière Ebola, c'est de là qu'est venu le nom de la maladie. La maladie à virus Ebola (autrefois appelée aussi fièvre hémorragique à virus Ebola) est une maladie grave. Réapparue de façon épidémique en 2013-2014, il a fait 2300 morts en Afrique de l'ouest. Source OMS. http://www.who.int/mediacentre/factsheets/fs103/fr/

[611] H. Sanni Yaya, op.cit., p. 15.

Burkina Faso comme au Sénégal soit en déphasage avec la réalité (A). Il faut essayer donc d'analyser les obstacles d'un tel déphasage (B).

A : L'exercice de la médecine traditionnelle au Burkina Faso et au Sénégal

L'exercice d'une profession dans un Etat de droit doit être conforme à des règles juridiques établies par les organes compétents. Au Burkina Faso et au Sénégal la médecine traditionnelle n'a pas encore acquis une autonomie suffisante à son plein essor. L'exercice de cette médecine est toujours entre les mains d'individus difficilement appréhendables. Les pouvoirs publics, bien que mus par une volonté d'encadrer cette pratique, butent sur des praticiens inorganisés et dont les critères d'accès à la profession restent encore très flous. Si au Burkina Faso un cadre légal existe il manque l'élaboration de critères suffisants pour l'entrée dans la profession. Les critères juridiques posés par le législateur burkinabè sont les mêmes qu'au Sénégal, bien qu'au Sénégal le cadre reste encore informel. Dans les deux pays, la médecine traditionnelle est exercée en clientèle privée (1) et avec la réticence des tradipraticiens à s'immatriculer auprès du ministère de la Santé et de l'inexistence de critères objectifs d'accès à la profession, la qualification de l'infraction d'exercice illégal de la médecine traditionnelle demeure difficile et rare (2).

1 : Organisation de la médecine traditionnelle : entre exercice privé encadré et exercice privé informel

177 - L'exercice de la médecine traditionnelle : un exercice en clientèle privée - L'exercice de la médecine traditionnelle au Burkina Faso comme au Sénégal se fait actuellement en clientèle privée. Il n'existe pas encore de structures sanitaires publiques associant les tradipraticiens. Au Sénégal, malgré l'inexistence d'un cadre juridique d'exercice de la médecine traditionnelle, il existe par endroit des structures organisées d'exercice de la médecine traditionnelle. En effet il existe des établissements sanitaires privés de médecine traditionnelle agréés par l'Etat. En dehors de ces cas très rares, l'essentiel de la médecine traditionnelle est exercé dans un cadre informel, dans ce cas l'établissement de santé est le domicile du tradipraticien.

178 - Le lieu d'exercice de la médecine traditionnelle est un établissement sanitaire privé - Pour le droit burkinabè le lieu d'exercice de la médecine traditionnelle est un établissement sanitaire privé, défini comme « toute entreprise de santé, propriété d'une personne physique nantie d'un ou de plusieurs titres de profession de santé, d'une personne morale, d'une association de professionnel de santé »[612]. Selon le droit burkinabè l'établissement sanitaire privé est à but lucratif lorsqu'il est la propriété d'un et/ou de plusieurs professionnels de santé. Le tradipraticien étant un professionnel de santé reconnu comme tel, ses activités sont donc à but lucratif s'il n'exerce pas en association[613].

179 - La classification des établissements de médecine et pharmacopée traditionnelle - Au Burkina Faso, les établissements sont classés selon leur domaine d'intervention. Ainsi on distingue, au milieu des domaines les plus connus (comme les soins médicaux modernes, la réadaptation rééducation fonctionnelles, l'aide au diagnostic, la pharmacie) : les établissements de médecine et pharmacopée traditionnelle. Ils sont définis comme « des établissements dans lesquels l'ensemble de toutes les connaissances et pratiques, matérielles ou immatérielles, explicables ou non, sont utilisées pour diagnostiquer, prévenir ou éliminer un déséquilibre physique, mental, psychique et social en s'appuyant exclusivement sur des expériences vécues et sur des connaissances transmises de génération en génération, oralement ou par écrit »[614]. Les établissements de médecine traditionnelle se subdivisent en :

---

[612] Article 2 de l'arrêté interministériel n°2006-111/MS/MCPEA/MFB portant définition, classification et nomenclature des établissements sanitaires privés.

[613] L'établissement sanitaire privé est à but non lucratif lorsqu'il appartient à une association, à une confession religieuse ou à une ONG, ce qui est le cas de l'hôpital traditionnel de Keur Massar au Sénégal, du centre de traitement de Malango au Sénégal.

[614] Article 57 de l'arrêté interministériel n°2006-111/MS/MCPEA/MFB portant définition, classification et nomenclature des établissements sanitaires privés.

- Cabinet de consultation et de soins traditionnels[615] ;
- L'herboristerie[616] ;
- Le cabinet d'acupuncture[617].

Selon le décret de 2004 organisant l'exercice de la médecine traditionnelle, cet exercice s'inscrit dans le cadre du système national de soins de santé, de la protection et de la promotion de la santé des populations, de l'amélioration de la couverture sanitaire du pays. Mais on peut regretter que l'exercice de la médecine traditionnelle ait été planifié seulement pour un exercice privé sans une politique

[615] Il s'agit de cabinet où sont dispensés des soins de santé basés sur des méthodes et des produits traditionnels d'origine végétale, animale ou minérale. Ce lieu correspond à la majorité des cas d'exercice de la médecine traditionnelle. Sauf que la plupart d'entre eux exerce sans autorisation (article 59 et suivants de l'arrêté interministériel n°2006-111/MS/MCPEA/MFB).

[616] L'herboristerie est un établissement assurant le conditionnement et la vente des matières premières végétales à des fins thérapeutiques, elle est la propriété individuelle d'un ou de plusieurs herboristes associés (article 62 et suivants de l'arrêté ci-dessus cité).

[617] Il s'agit d'un établissement de soins préventifs et curatifs basés sur l'introduction sous la peau d'aiguilles métalliques en des points précis appelés méridiens, il est la propriété d'un médecin ou de plusieurs médecins acupuncteurs. L'acupuncture est une pratique traditionnelle chinoise qui a conquis le monde. Avec l'intégration de l'acupuncture dans la médecine traditionnelle burkinabè, le médecin va partager le monopole d'exercice de la médecine traditionnelle avec le tradipraticien (article 64 et 65 de l'arrêté ci-dessus cité).

d'intégration de cette médecine dans le secteur public de soin[618]. Il est temps que les deux médecines qui « se sont ignorées pendant longtemps »[619] se rencontrent.

180 - La nécessité d'une rencontre médecine moderne - médecine traditionnelle : sortir la médecine traditionnelle de son arrière boutique - Le tradipraticien est un indépendant qui gère un service public de santé. Il doit dans ce sens, avoir une symbiose parfaite entre tradipraticiens et médecins. Le signal fort serait de voir un jour ces deux médecines collaborer avec par exemple, la création d'un département de médecine traditionnelle dans les Centres Hospitaliers Universitaires, ce qui entraînerait une fonctionnarisation d'une partie des tradipraticiens. L'objectif n°3 de la déclaration de politique de la médecine traditionnelle au Burkina Faso, porte d'ailleurs sur la création d'un lien de collaboration entre médecine traditionnelle et médecine moderne. Les autorités burkinabè se sont données comme mission de définir le cadre de cette collaboration et d'essayer de le renforcer par la mise en place « d'un système de référence/recours entre la médecine traditionnelle et la médecine moderne ». Mais actuellement au Burkina Faso ainsi qu'au Sénégal, si le tradipraticien est fonctionnaire, il ne l'est pas parce qu'il est tradipraticien, il est le plus souvent fonctionnaire et ensuite

---

[618] La dichotomie entre la médecine traditionnelle et la médecine moderne existe un peu partout en Afrique. Un arrêt de la Cour suprême malgache a bien opéré cette dichotomie. En l'espèce, un fonctionnaire malgache a séjourné dans un centre de traitement traditionnel pour un mal dont il est de notoriété publique à Madagascar que le traitement ne peut se faire qu'en milieu traditionnel. L'administration ayant refusé de reconnaître l'attestation délivrée par le guérisseur traditionnel, l'a placé en position d'absence sans solde. Il a ainsi saisi les juridictions pour excès de pouvoir. La Cour Suprême en dernier ressort a reconnu que le mal dont souffre le requérant ne peut être traité qu'en médecine traditionnelle. Mais a estimé que « le traitement d'une maladie par la médecine traditionnelle ou auprès des guérisseurs ne peut constituer valablement un motif sérieux pour un fonctionnaire de quitter son poste de travail sans autorisation préalable du supérieur hiérarchique ni en l'absence d'un titre régulier de congé ou de permission d'absence ; que seule une formation sanitaire réglementaire et officielle peut octroyer à un agent public un repos de maladie ou un congé de convalescence à la suite d'une hospitalisation ; que l'attestation produite n'est pas valable dans la mesure où elle avait été délivrée par une autorité médicale non reconnue au regard de l'article 12 de la loi portant statut de la Fonction Publique » Cour Suprême Madagascar, Chambre administrative, 28 mars 1990, arrêt n°22/89-ADM affaire Ravelomasy c/Etat Malagasy.

[619] S. Cissé, op.cit., p.23.

tradipraticien. Les autres fonctionnaires qui touchent à la médecine traditionnelle sont le plus souvent des anthropologues, des médecins ou pharmaciens à qui l'Etat confie des responsabilités d'organisation de cette pratique. Au Burkina Faso outre l'organisation centrale[620] où il y a des pharmaciens responsables de l'organisation de la médecine traditionnelle, l'arrêté n°2010-068/MS/CAB portant fonctionnement de l'équipe cadre de district sanitaire, décentralise l'organisation de la médecine traditionnelle[621].

Des pays d'Afrique subsaharienne ont essayé de créer un cadre de collaboration entre la médecine traditionnelle et la médecine dite moderne, mais cela s'est révélé infructueux. Le Bénin par exemple, a, dans les années 1970, ouvert l'hôpital public aux tradipraticiens, ainsi ceux-ci en collaboration avec leurs homologues de la médecine officielle, traitaient les malades[622]. Mais un certain nombre de difficultés liées au fait que les tradipraticiens recrutaient les malades et les amenaient hors du circuit hospitalier pour les soigner, a obligé les autorités béninoises à abandonner le projet.

181- Un besoin de collaboration accepté par les tradipraticiens et certains médecins -Certains tradipraticiens reconnaissent et acceptent ce besoin de collaboration. Un tradipraticien congolais disait ceci à propos des médecins modernes : « nous n'avons pas de différences parce que nous guérissons tous. Il y a des maladies qu'ils ne peuvent pas guérir, et c'est moi qui le fait ; tantôt je ne peux pas et c'est eux qui le font »[623]. Ce même besoin existe du côté des praticiens de médecine moderne. En mars 2002, lors du premier Congrès panafricain sur la santé mentale à Dakar, le Pr. Momar Guèye disait que « les praticiens en santé mentale de la médecine moderne, comme ceux de la médecine traditionnelle, recherchent tous un même but qui

---

[620] Il s'agit ici du ministère de la Santé et de la DGPML.

[621] Dans le cadre de cette décentralisation, l'arrêté à confié au pharmacien du district sanitaire, la mission d'organiser et de contrôler l'exercice de la médecine traditionnelle dans sa zone de couverture. Cet arrêté crée également au sein des directions régionales de la santé un service de promotion de la médecine traditionnelle, qui devra aider sans doute le directeur régional de la santé lors de son avis sur les demandes d'autorisation d'exercer qui lui sont adressées.

[622] M. Bergeron, M. Kêdoté, B. Fayomi, D. Laudy, « Les essais cliniques en Afrique : de la contextualisation de la norme à l'évaluation éthique », in C. Hervé, M. Stanton-Jean, C. Ribau, M. A. Grimaud (dir.), *Pour des recherches biomédicales communes avec les pays du Sud*, Dalloz, Paris, 2010, p.105.

[623] Propos rapportés pas S. Mappa, op.cit., p.122.

est de faire retrouver au patient un bien-être physique, mental, psychique et social. Si telle pratique ou telle autre peut guérir un patient, nous devons tous en tenir compte et nous soutenir à travers des échanges mutuels »[624].

Il faudra sans doute pour que les pratiques traditionnelles de chaque pays trouvent un cadre d'expression utile, que les autorités cherchent de « lumineux » points de rencontres entre pratiques occidentales et africaines, qu'elles dégagent les limites objectives de la médecine traditionnelle pour déterminer enfin ce qu'il faut renforcer et comme le constate très justement S. Yonkeu, « une politique sanitaire qui occulterait le travail des dépositaires du savoir de la médecine traditionnelle, pourrait difficilement être efficiente »[625]. C'est en prenant en compte tous les aspects de la médecine traditionnelle que son encadrement juridique peut permettre de lutter contre le charlatanisme.

2 : L'exercice illégal de la médecine traditionnelle

182 - Toute profession légalement organisée est protégée par un monopole d'exercice - L'exercice de toute profession relative à la santé fait l'objet d'une protection, par l'instauration d'un monopole d'exercice. Le monopole professionnel, quel qu'il soit est pénalement

[624] Propos du Pr Momar Guèye, chef de la clinique de psychiatrie du CHU de Fann à Dakar, journal Le Soleil du 22 /03/2002 www.lesoleil.sn/archives/article. Consulté le 17 octobre 2012.

[625] S. Yonkeu, « A quoi un système de santé africain financièrement accessible et durable devrait-il ressembler au XXIe siècle ? », in H. Sanni Yaya (dir.), op.cit., p.107.

protégé[626]. L'infraction d'exercice illégal d'une profession est destinée selon A. Leca à protéger « un monopole de compétence »[627].

183 - La médecine traditionnelle, une protection difficile - Dans le cadre de la médecine traditionnelle, cette protection s'avère difficile. Si le monopole d'exercice sert à protéger une compétence il faut d'abord déterminer en matière de médecine traditionnelle, qui est compétent. Cela relance le débat des critères d'accès à la profession, critères mal définis permettant à tout charlatan « populaire d'un jour », de réclamer une notoriété et de se faire inscrire sur la liste officielle des tradipraticiens. En effet, l'exercice illégal de la médecine traditionnelle est particulier : aucun diplôme n'est requis pour exercer cette médecine et aucun ordre professionnel ne défend la moralité de la profession. La seule obligation du tradipraticien est de s'inscrire sur une liste détenue par le ministère de la Santé. Le CSP burkinabè, en réglementant les différentes professions liées à la santé, a défini dans le même temps l'exercice illégal desdites professions[628], mais en ce qui concerne la médecine traditionnelle, le code ne lui consacre que trois articles. Il définit la médecine traditionnelle, sans définir ce qui

---

[626] Selon l'article 300 du Code pénal du Burkina Faso « est puni d'un emprisonnement de trois mois à deux ans et d'une amende de 75.000 à 600.000 francs ou de l'une de ces deux peines seulement, à moins que des peines plus sévères ne soient prévues par un texte spécial, quiconque, sans remplir les conditions exigées pour le porter, fait usage ou se réclame d'un titre attaché à une profession légalement réglementée, d'un diplôme officiel ou d'une qualité dont les conditions d'attribution sont fixées par l'autorité publique ». Quant au Sénégal, il s'agit de l'article 227 du code pénal qui dispose que « toute personne qui aura publiquement porté un costume, un uniforme ou une décoration qui ne lui appartenait pas, sera punie d'un emprisonnement de six mois à deux ans et d'une amende de 20.000 à 100.000 francs CFA. Sera puni des mêmes peines celui qui, sans remplir les conditions exigées, aura fait usage ou se sera réclamé à une profession légalement réglementée, soit d'un diplôme officiel, soit d'une qualité dont les conditions d'attribution ont été fixées par l'autorité, soit d'une qualité dont l'attribution a été constatée par un acte de l'autorité publique ».

[627] A. Leca, Droit pharmaceutique, op.cit., p.109.

[628] On peut donner l'exemple de la médecine moderne. Selon l'article 132 du CSP burkinabè, exerce illégalement la médecine : « toute personne qui pose des actes de diagnostic ou de traitement d'affections médicales ou chirurgicales, congénitales sans être titulaire d'un diplôme d'Etat de docteur en médecine. Toute personne qui munie d'un diplôme de docteur en médecine mais qui ne remplit pas les conditions de nationalité. Tout médecin qui exerce la médecine sans être inscrit au tableau de l'Ordre des médecins. Toute personne munie d'un titre régulier sort des attributions que la loi lui confère ».

doit être entendu par exercice illégal de la médecine traditionnelle. Il a fallu attendre dix ans pour voir un décret définir l'exercice illégal de la médecine traditionnelle.

Des tradipraticiens, s'annonçant faussement comme pharmaciens, omnipraticiens, capables de guérir toutes les maladies, sont nombreux en Afrique. Il faut renforcer le cadre juridique pour les empêcher de vendre de faux espoirs aux malades ; la médecine traditionnelle ne doit pas servir de base arrière aux charlatans, elle doit devenir une médecine comme les autres. Il est urgent qu'elle se débarrasse des praticiens illusionnistes en commençant par avoir une définition solide et efficace[629].

184 - La sanction de l'exercice illégal de la médecine traditionnelle - Selon le décret de 2004 organisant l'exercice de la médecine traditonnnelle au Burkina Faso, nul ne peut exercer la médecine traditionnelle au Burkina Faso, s'il ne dispose d'une autorisation d'exercice délivrée par le ministre en charge de la Santé. Ainsi, exerce illégalement la médecine traditionnelle, toute personne qui le fait sans autorisation d'exercice ou avec des documents frauduleusement acquis. L'exercice illégal de la profession de tradipraticien est puni d'une amende de 25 000 (38 euros) à 200 000 FCFA (305 euros). En cas de récidive, il est prononcé la confiscation du matériel ayant permis à l'exercice illégal ainsi qu'une amende de 200 000 à 500 000 FCFA[630]. En ce qui concerne le Sénégal, l'exercice de la médecine traditionnelle n'étant pas réglementé, les tradipraticiens non autorisés peuvent être poursuivis comme exerçant illégalement la médecine en général.

---

[629] On peut citer le cas d'un « pseudo guérisseur » au Sénégal. Il s'agit d'une personne revenue d'Arabie Saoudite, où il servait comme aide-médical, bien que sans aucune formation, dans un hôpital militaire. Revenu au Sénégal, il s'est improvisé « médecin chef épiloptologue ». Mu par la recherche de guérison et face aux manques de structures modernes de soin, la population est disposée à suivre les soins de toute personne ayant quelques tours de magie dans son sac. Pour déjouer les plaintes de l'Ordre des médecins, l'intéressé affirme qu'il n'est pas médecin, mais médecin traditionnel et pratique des prix assez élevés. Les consultations sont de 10 000 francs CFA (15 euros) à 100 000 francs CFA (150 euros). L'Ordre des médecins s'est saisi du dossier mais aucune suite judiciaire n'a été donnée à l'affaire.

[630] Article 12 du décret n°2004-568/PRES/PM/MS/MCPEA/MECV/MESSRS du 14 décembre 2004 portant conditions d'exercice de la médecine traditionnelle.

B : Les obstacles à un encadrement efficace de la médecine traditionnelle

L'appel à la revalorisation des médecines traditionnelles dans le monde vise à faire intégrer cette médecine dans les systèmes nationaux des soins de santé. Pour atteindre cet objectif, il faut encadrer l'exercice de cette médecine en tenant compte des réalités de chaque pays. Mais l'encadrement juridique d'une matière nécessite, non seulement une connaissance de cette matière, mais également une volonté politique (1). La réglementation de la médecine traditionnelle en Afrique bute souvent sur le caractère irrationnel attribué à cette pratique (2).

1 : Les obstacles juridiques et politiques

185 - La réticence des Etats - L'organisation des systèmes nationaux de santé relève d'une volonté politique. Il appartient à chaque Etat de donner le cadre juridique qu'il juge adapté à son terrain. En ce qui concerne la médecine traditionnelle le premier obstacle à son encadrement réside dans sa définition très extensible. Compte tenu de l'intégration dans cette définition de pratiques non explicables, la médecine traditionnelle va nécessiter pour son encadrement une rencontre de plusieurs disciplines. Les Etats ne semblent pas vouloir se donner les moyens nécessaires et se bornent à faire une plate copie de la législation relative à la médecine européenne, qu'ils essayent d'adapter à leur contexte. Comment peut-on, avec des instruments purement modernes, réglementer une pratique ancienne qui n'épouse pas les principes modernes des soins ? Il faut le reconnaître, la règlementation de la médecine traditionnelle en Afrique noire francophone est encore embryonnaire, mais ne doit pas justifier la transposition de règles modernes impraticables. Certaines obligations imposées aux tradipraticiens, s'accommodent mal avec l'illettrisme de la majorité des tradipraticiens en Afrique[631]. Beaucoup de points restent en suspens, notamment les critères de reconnaissance des compétences des tradipraticiens. Aussi l'inorganisation des praticiens pose un énorme problème aux autorités de contrôle.

[631] Voir paragraphe n° 209, 211 et 212.

186 - L'inorganisation des tradipraticiens - Lorsqu'une profession est inorganisée, son exercice, quoique régi par le droit, vire le plus souvent à l'informel. L'éparpillement des tradipraticiens, est un frein au développement de la médecine traditionnelle. Les contours de la fonction de tradipraticien ne peuvent être dessinés que grâce à une mobilisation des professionnels de ce secteur. Si chaque tradipraticien se retranche dans sa zone et gère sa « patientèle » en dehors de tout contrôle, la médecine traditionnelle restera lettre morte quoique populaire. Et on assistera impuissamment à un plébiscite d'une médecine qui, paradoxalement, échoue sur le plan législatif. Les tradipraticiens doivent maintenir une pression constante sur les autorités politiques pour qu'ils consentent malgré eux à agir et à légiférer. En effet, dans toute profession, ce sont les praticiens qui sont garants de la légalité et de la moralité de leur pratique. L'organisation d'un ordre ou d'un réseau fort de professionnels, permettra d'éviter l'adoption de normes « ennuyeuses », qui ne tiendraient pas compte des tradipraticiens eux-mêmes. L'inorganisation des tradipraticiens renforce les allégations sur l'inefficacité et la dangerosité de la médecine traditionnelle.

2 : Le besoin de preuves scientifiques : l'innocuité et l'efficacité de la médecine traditionnelle

187 - La médecine moderne, une médecine vulgarisée- La médecine moderne s'est bâtie à travers les preuves. Aujourd'hui, il existe des points repères permettant à toute personne d'apprécier l'efficacité de cette médecine. Les juges peuvent se baser sur les « données acquises et actuelles de la science » pour apprécier le geste d'un médecin. La médecine moderne s'est dissociée du médecin et s'est universalisée par la possibilité pour toute personne de l'apprendre. La vulgarisation d'une médecine qui a révolutionné le monde et conquis les cœurs de façon imposée ou voulue continue d'être plébiscitée malgré les nombreuses carences qui apparaissent au fil des ans. Son accessibilité en termes d'apprentissage (tous les actes sont explicables) a conduit à une tolérance lorsque des erreurs surviennent. Par contre de telles erreurs ne sont pas tolérées lorsqu'il s'agit de la médecine traditionnelle, une médecine jugée irrationnelle, et comme le dit très justement L.-P. Aujoulat, « la médecine traditionnelle est toujours poursuivie pour ses erreurs ou ses accidents et jamais honorée pour ses victoires »[632].

188 - La médecine traditionnelle, une médecine difficile à contrôler - Des obstacles se dressent sur le chemin du contrôle de la médecine traditionnelle. L'action des autorités administratives se heurtent à des contraintes liées à la médecine traditionnelle. Parmi elles on peut citer :

- La difficulté à évaluer la toxicité à long terme des médicaments et des pratiques traditionnels ;
- La difficulté à évaluer la formation et le savoir du praticien ;
- La difficulté à évaluer les effets secondaires, surtout quand il s'agit de dosages non adéquats de plantes médicinales ;
- La difficulté à standardiser les dosages, les principes actifs pouvant varier suivant l'environnement (nature du sol, climat), le moment de la journée, de l'année où se déroule la cueillette, la partie de la plante utilisée, etc.[633]

189 - La médecine traditionnelle, une médecine regorgeant de pratiques occultes - La médecine traditionnelle est présentée comme étant une pratique non fondée sur les preuves. Si tel est le cas il sera difficile de l'encadrer. En Chine l'acupuncture n'avait-elle pas été présentée comme mystique ? Mais elle est, aujourd'hui, enseignée. Elle a été traduite en termes scientifiques et a été séparée de l'acupuncteur. Le caractère de la médecine traditionnelle comme étant non scientifique a été véhiculée par les africains eux-mêmes. Ce sombre tableau conduit les juges à assimiler la médecine traditionnelle à la sorcellerie. Ce caractère flou entretient une prolifération de thérapeutes qui improvisent le plus souvent et emploient des « procédés critiquables »[634] et dangereux. Les médecines traditionnelles africaines doivent essayer de se désacralisées afin de s'adapter aux exigences du monde scientifique.

---

[632] L.-P. Aujoulat, *Santé et développement en Afrique*, Armand Colin, Paris, 1969, p. 82.
[633] Voir Avant-projet du rapport sur la médecine traditionnelle et ses implications éthiques, un rapport élaboré par le Groupe de travail du Comité International de Bioéthique (CIB), dans le cadre du programme de travail du CIB pour 2010-2011, p.8. Document disponible sur http://unesdoc.unesco.org/images/0018/001895/189592f.pdf
[634] V. Kamgoui Kuitche, op.cit., p.12.

190 - La nécessité d'adapter la médecine traditionnelle à l'évolution du monde - Nous sommes dans un monde conquis par le rationnel, qui veut tout savoir ; il faut donc à la médecine traditionnelle, pour pouvoir collaborer sainement avec le monde moderne, sortir de ce flou et permettre à quiconque en a la possibilité, de l'apprendre. Cela est bien possible parce que derrière la mise en scène religieuse se cachent souvent des méthodes ou des médicaments efficaces que la médecine européenne n'aurait pas désavoués[635]. Pour permettre un contrôle efficace, il faudrait développer des laboratoires spécifiques afin de contrôler les produits issus des plantes, avec un comité de tradipraticiens ouvert à des scientifiques du monde moderne. Il faut arriver à standardiser les posologies et tester les effets secondaires des médicaments. Le tradipraticien doit, en outre, être formé en anatomie, en physiologie et en pathologie. L'exemple de l'Ouzbékistan est édifiant et devait éclairer les autorités africaines. En effet, les autorités ouzbeks ont, dès l'indépendance de leur pays, entrepris de revaloriser leur médecine traditionnelle. C'est ainsi qu'elles ont reconnu l'existence d'acteurs thérapeutiques bien particuliers : les médecins-tabib. Ce sont les tradipraticiens ouzbeks, mais leur particularité c'est qu'ils sont diplômés de l'université et disposent d'un savoir (acquis, hérité ou révélé) de tabib. Ces tabib pratiquent leur art au sein même du système de santé publique. Cette politique a été complétée par la création d'une Académie de médecine traditionnelle en 2002[636]. A travers cette évaluation académique des connaissances des praticiens ouzbeks de médecine traditionnelle, le critère de reconnaissance est débarrassé de toute subjectivité.

L'intérêt et l'urgence de débarrasser la médecine traditionnelle des préjugés et des caractères mystiques qui freinent son développement, c'est de pouvoir, avant tout statut juridique, lui appliquer les règles de bonnes pratiques, afin de garantir le respect d'un minimum d'hygiène. Mais, en imposant de véritables règles aux tradipraticiens, en les obligeant à faire quelques expérimentations pour attester l'innocuité de leurs produits, il y a sans doute un risque de voir

---

[635] L.-P. Aujoulat, op.cit., p.83.

[636] V. S. Hohmann, « Instrumentalisation politique de la médecine traditionnelle », *Le Courrier des pays de l'est*, 2008/3, n°1067, pp.24-27.

ces dernier augmenter les prix[637] de leurs médicaments ou les tarifs de leurs honoraires et l'on se retrouvera à la case départ avec les mêmes difficultés financières d'accès aux soins.

Sous-section 2 : La consécration juridique du tradipraticien : les tentatives de professionnalisation du métier

Comme l'écrit A. Leca, « en cherchant dans le passé, on découvre toujours de lointains précédents »[638]. S'agissant de la médecine aujourd'hui qualifiée de moderne, les premiers précurseurs n'étaient pas tous des professionnels formés dans les grandes écoles. Ils ont aussi commencé comme les guérisseurs en Afrique. Ils vendaient « sur les marchés des amulettes et des pierres précieuses »[639]. Le savoir se transmettait de génération en génération, avant de se déporter sur la place des écoles de médecine et de pharmacie pour être enseigné. Cette médecine, transposée en Afrique, a réussi à « neutraliser (sur le plan légal) la médecine traditionnelle »[640], en imposant un monopole médical. Aujourd'hui, avec l'accession aux indépendances et la reconnaissance de la médecine traditionnelle un peu partout en Afrique, le métier de tradipraticien a de ce fait été reconnu et sa professionnalisation mise en œuvre. Le droit burkinabè, en reconnaissant la médecine traditionnelle, a également défini le tradipraticien. Même si le Sénégal n'a pas formalisé un cadre d'exercice, le tradipraticien a un statut en droit sénégalais, puisque le ministère de la Santé délivre des autorisations d'exercice au

---

[637] Nous pouvons citer les produits du père César au Burkina Faso. Les prix pratiqués par ce tradipraticien qui a modernisé son cabinet sont approximativement les mêmes que pour les médicaments modernes. Les cabinets du père César ont la même configuration que les cabinets de soins modernes (le père César est un prêtre tradipraticien qui a créé au Burkina Faso et au Sénégal un réseau de soins traditionnels appelé Phytosalus). Les produits du père César ont obtenu chacun une AMM. Nous y avons fait un tour en décembre 2012 dans un de ses cabinets au Burkina Faso. Exemple de prix : Renalia 1000FCFA, Reintox 1500FCFA, Baciline 800FCFA.

[638] A. Leca, op.cit., p.29.

[639] P. Boussel, *Histoire illustrée de la pharmacie*, G. Le Prat éd., 1949, p.50 cité par A. Leca, op, cit., p.30.

[640] L. Monnais, « Paradoxe d'une médicalisation coloniale : la professionnalisation du médecin indochinois au XXe siècle, *Actes de la recherche en sciences sociales*, 2002/3, n°143, p36.

tradipraticien qui en font la demande (Paragraphe 1). Que la profession de tradipraticien soit encadrée ou tolérée, le tradipraticien est un professionnel en contact avec d'autres personnes venues lui solliciter des soins. Il va sans dire que le droit va se saisir de cette relation. Il convient de s'interroger sur la nature juridique de cette relation dans un contexte africain marqué par le fatalisme (Paragraphe 2).

Paragraphe 1 : Le statut juridique du tradipraticien : du guérisseur au tradipraticien

La médecine traditionnelle est une vielle pratique qui a existé dans presque toutes les zones de peuplement humain. Si l'évolution de son encadrement a été fulgurante dans de nombreux pays du monde, elle est lente et progressive en Afrique. Du guérisseur au tradipraticien, le droit a beaucoup participé à la professionnalisation d'un métier souvent exercé de façon informelle. L'encadrement juridique de la profession de tradipraticien signifie la définition de critères d'accès à la profession (A) et la dévolution par le droit d'un pouvoir de contrôle à un ou plusieurs organismes, pour veiller à ce que les obligations liées à l'exercice de la profession soient respectées (B).

A : L'accès à la profession de tradipraticien : de l'informel au statut juridique

Selon le droit burkinabè, le tradipraticien est « toute personne reconnue par la communauté dans laquelle elle vit, comme compétente pour diagnostiquer des maladies et invalidités y prévalant, dispenser des soins de santé et utilisant des méthodes et des produits traditionnels d'origine végétale, animale ou minérale »[641]. De cette définition, il appert que le savoir médical traditionnel se présume, que la qualité de tradipraticien s'obtient par la popularité, la notoriété du tradipraticien. Ce critère est propre à la médecine traditionnelle (1). En plus de la notoriété, la qualité de tradipraticien s'obtient par des conditions traditionnelles qui sont communes à toute profession de santé (2).

---

[641] Article 3 du décret n°2004-568/PRES/PM/PS/MCPEA/MECV/MESSRS, J.O du Burkina Faso n°53 du 30 déc 2004.

1 : Des conditions propres à la médecine traditionnelle : la notoriété comme critère d'accès à la profession

200 - La consécration de la notoriété du tradipraticien comme critère essentiel à l'exercice de la médecine traditionnelle - Le savoir thérapeutique traditionnel se transmet en Afrique de génération en génération ; il n'existe pas en Afrique noire francophone, d'enseignement diplômant de médecine traditionnelle. Le tradipraticien est celui reconnu comme tel dans sa zone. L'une des conditions retenues par le droit interne du Burkina Faso est la « notoriété ». Pour être agréé à exercer son art, le tradipraticien doit faire preuve de popularité. Il doit connaître et utiliser toutes les vertus des substances végétales, animales et minérales et tout cela doit pouvoir être apprécié par le plus grand nombre de personnes. Sa capacité à dispenser des soins traditionnels doit être de notoriété publique et cette notoriété doit être attestée par l'administration de la localité de résidence du tradipraticien[642]. En droit comparé, pour prétendre ouvrir un cabinet privé de consultation et de soins traditionnels au Mali[643], le tradipraticien doit présenter un certificat de notoriété et de moralité délivré par l'autorité administrative de la circonscription du requérant après avis motivé de l'autorité sanitaire locale et des ordres professionnels médicaux de ladite localité.

201 - La notoriété, un critère insuffisamment exploré par le droit burkinabè - Comment la notoriété peut-elle être gage de compétence, surtout quand le législateur ne précise pas les éléments entrant dans la notoriété ? Est-elle établie sur la base de témoignages ou d'enquêtes ? Au Burkina Faso, le droit n'indique pas si l'acte ainsi établi peut être contesté. Tout ceci renforce le caractère subjectif de la notoriété. Les compétences du tradipraticien sont ainsi soumises à la légitimité traditionnelle. Cette notoriété peut être facilitée par l'appartenance du thérapeute à une association de tradipraticiens, la collectivité des tradipraticiens en acceptant un membre en leur sein,

---

[642] Article 8 de l'arrêté n°2005-233/MS/CAB du 06 juillet 2005 portant modalité d'exercice de la médecine traditionnelle au Burkina Faso.

[643] Article 2 à 4 de l'Arrêté n° 95-1319 / MSS-PA / SG fixant les règles d'organisation et de fonctionnement de cabinets privés de consultation et de soins traditionnels, d'herboristeries et d'unités de production de médicaments traditionnels améliorés.

contribue à légitimer les compétences dudit membre[644]. Mais les critères d'adhésion aux associations de tradipraticiens n'étant pas fondés sur la compétence, on peut dire que ce critère est aussi subjectif. On peut regretter le manque de précision de la notion de « notoriété » dans les législations sur la médecine traditionnelle. Dans d'autres domaines du droit, notamment en matière des personnes et de la famille, le droit fait usage de la notoriété. Il en est ainsi de la possession d'état[645], du concubinage notoire[646], de l'inconduite notoire comme cause de divorce[647] ou de déchéance de l'autorité parentale[648] ou encore de l'exclusion de la tutelle[649]. Ainsi si le critère de notoriété était mieux défini dans le décret organisant la médecine traditionnelle, il pourrait être une force créatrice de droit et rendrait l'accès à la qualité de tradipraticien plus difficile.

202 - La notoriété peut être un critère sérieux et solide - La notoriété doit avoir ici un rôle probatoire et créateur de droit[650], puisque c'est de sa notoriété que dépend l'agrément du tradipraticien. La notoriété d'un tradipraticien doit s'entendre, comme la connaissance par une large fraction de la population des qualités de celui-ci. La notoriété n'est donc pas la réputation, qui peut être illusoire. La notoriété est le constat de la valeur du tradipraticien. Cela suppose que ce dernier a montré ses efforts de soins, que son cabinet de consultation grouille de monde de façon durable et que les patients ou leur entourage sont convaincus des connaissances thérapeutiques du tradipraticien. La notoriété doit également être distinguée de la rumeur. Par exemple, des personnes qui ont eu écho qu'un tradipraticien fait des miracles, cela peut par exemple être un simple succès d'un jour. La notoriété doit se concevoir dans la durée, c'est-à-

---

[644] On peut signaler à titre indicatif que le droit malien et le droit togolais prévoient que la notoriété peut être facilitée par l'appartenance à une association de tradipraticien (loi n° 2001-017 du 14 décembre 2001, relative à l'exercice de la médecine traditionnelle au Togo et pour le Mali arrêté n° 95-1319 / Mss-pa / Sg fixant les règles d'organisation et de fonctionnement de cabinets privés de consultation et de soins traditionnels, d'herboristeries et d'unités de production de médicaments traditionnels améliorés).

[645] Article 438 du Code des personnes et de la famille du Burkina Faso

[646] Article 683 du Code des personnes et de la famille du Burkina Faso.

[647] Article 367 du Code des personnes et de la famille du Burkina Faso.

[648] Article 535 du Code des personnes et de la famille du Burkina Faso.

[649] Article 592 du Code des personnes et de la famille du Burkina Faso.

[650] N. Raynaud de Lage, « La notoriété », *Recueil Dalloz*, 2000, p. 513.

dire que les connaissances du tradipraticien doivent, non seulement être avérées, reconnues par tous mais aussi s'inscrire dans la durée. Les critères d'exercice de la médecine traditionnelle gagneraient donc à être approfondis pour éclairer les autorités de contrôle. La simple appartenance à une association de tradipraticiens ne doit pas suffire à établir la notoriété. Appelés à connaître des litiges impliquant un tradipraticien, les juges devraient essayer de savoir si la notoriété existe, car il leur « appartient au nom de leur pouvoir d'interprétation des lois et règlement, de fixer le sens des mots et de donner aux concepts leur définition »[651]. C'est pourquoi, à notre sens, la notoriété d'un fait ne doit pas, en principe, dispenser celui qui l'invoque de rapporter la preuve de son existence[652].

En plus du critère de notoriété qui reste le plus important, il existe d'autres critères qui sont de critères communs à d'autres professions médicales.

2 : les critères traditionnels d'accès à la profession de tradipraticien

203 - Un préalable : la classification des tradipraticiens - Le droit burkinabè reconnaît comme tradipraticiens les professionnels suivants :

- Les naturothérapeutes, ceux là qui, sur la base des connaissances, n'utilisent que des substances naturelles comme moyen de soigne ;
- Les accoucheuses traditionnelles, reconnues comme compétentes pour prodiguer à une femme et à son nouveau-né,

---

651 C. Eisenmann, « Quelques problèmes de méthodologie des définitions et des classifications en sciences juridiques », in La logique du droit, *Archives de philosophie du droit*, t.XI, 1966, p. 25 et suivantes.

652 En droit comparé, le droit centrafricain a abandonné le critère de notoriété. Pour le législateur centrafricain, pour exercer la profession de tradipraticien sur le territoire centrafricain, les praticiens doivent détenir une attestation, non pas de notoriété, mais de reconnaissance de compétences dans le domaine de la pharmacopée et de la médecine traditionnelle. Cette attestation est délivrée par le ministre de la Santé, sur avis de la fédération des tradipraticiens de la Centrafrique. En l'absence de tout autre texte fixant les critères qui pourraient motiver les avis de la fédération, on peut dire que cette fédération évaluera les compétences diagnostiques et de soins du requérant. Avec cette mesure, les compétences du tradipraticien sont attestées par ses pairs et non par la population de sa zone d'exercice.

avant, pendant et après l'accouchement, des soins de santé basés sur les concepts prévalant dans la société où elle vit. C'est le seul corps qui était accepté à l'époque coloniale pour intervenir dans la médecine moderne et de nos jours le CSP burkinabè[653] les autorise à pratiquer les accouchements normaux (accouchement non dystocique) aux côtés du personnel du système moderne ;

- Les ritualistes, qui font appel principalement aux rites religieux ou non pour soigner[654] ;
- Les chirkinésithérapeutes, qui pratiquent principalement avec la main nue ou armée d'instruments, des massages ou des modifications sur le corps afin de donner ou rendre aux parties malades ou blessées leurs fonctions ;
- Les herboristes qui sont des personnes qui soignent sur la base des connaissances acquises en médecine et en pharmacopée traditionnelle, elles conditionnent et vendent des matières premières végétales à des fins thérapeutes[655] ;
- Les médico-droguistes, qui sont des praticiens qui sur la base des connaissances acquises en médecine et pharmacopée traditionnelle conditionnent et vendent des matières premières animales et/ou minérales à des fins thérapeutiques.

204 - L'autorisation d'exercer la médecine traditionnelle : un parcours du combattant pour les tradipraticiens - Pour exercice la médecine traditionnelle, les autorités burkinabè et sénégalaises obligent le tradipraticien à se faire enregistrer auprès du ministère chargé de la Santé. Au Burkina Faso le répertoire est tenu par la DGPML et pour être inscrit, le tradipraticien doit être majeur, de bonne moralité et de nationalité burkinabè[656].

Pour obtenir l'autorisation d'exercer la médecine traditionnelle, le tradipraticien doit soumettre une demande suivant

---

[653] Article 134 du CSP du Burkina Faso.

[654] Les ritualistes mêlent religion et soin. Ils sont très actifs en soins psychiatriques.

[655] Au Burkina Faso et au Sénégal, la plupart des herboristes sont des pharmaciens ou des enseignants du supérieur en science de la santé.

[656] Au Burkina Faso les étrangers peuvent exercer la médecine traditionnelle lorsqu'il existe un accord inter-Etat en matière de médecine traditionnelle. A l'heure actuelle de tels accords n'existent pas. Au niveau communautaire, aucune disposition n'encadre cet exercice et il n'y a pas de règles particulières comme c'est le cas des médecins, des pharmaciens et des avocats.

une procédure longue, inutile et dégradante qui risque de décourager les tradipraticiens[657]. En effet « toute demande d'autorisation d'exercice de la médecine traditionnelle doit comporter les avis du responsable administratif de la localité de résidence du demandeur, de l'infirmier chef de poste de la localité, du médecin-chef du district et du directeur régional de la santé »[658].

205 - Le rôle de l'infirmier-chef de poste - Celui-ci doit, pour faire son appréciation, établir l'évidence ethnomédicale sur la ou les pathologies revendiquées par le tradipraticien. Cette évidence ethnomédicale est établie sur la base d'un échantillon d'au moins 20 patients par pathologie. Les patients sont suivis sur le plan clinique par l'infirmier chef de poste qui en détermine l'évolution. En cas de besoin, ce suivi clinique peut être complété par un suivi biologique en rapport avec la pathologie et le plateau technique disponible. Sur la base de ces résultats, l'infirmier chef de poste émet un avis et transmet le dossier au médecin-chef de district. Il joint au dossier une copie du rapport d'évaluation de l'évidence ethnomédicale. Il dispose d'un délai de 90 jours pour transmettre son rapport au médecin-chef de district.

206 - Le rôle du médecin-chef de district et du directeur régional de la santé - Le médecin-chef de district analyse les rapports joints au dossier, il prend en considération les priorités en matière de santé et le respect de l'éthique médicale. Il dispose de 7 jours pour transmettre le dossier au directeur régional de la santé. Dès réception du dossier, celui-ci doit analyser les motivations des avis précédents et en cas de besoin, ordonner des investigations complémentaires en rapport avec l'évidence ethnomédicale. Il dispose d'un délai de 7 jours pour envoyer le dossier au ministre de la Santé.

L'autorisation est délivrée par le ministre en charge de la Santé, cette autorisation confère en même temps au tradipraticien sa spécialité, puisque l'autorisation indique les pathologies dont le praticien est capable de guérir.

---

[657] En effet leurs pratiques ne sont pas évaluées par un médecin, mais principalement par un infirmier.

[658] Article 4 de l'arrêté n°2005-233/MS/CAB du 06 juillet 2005 portant modalité d'exercice de la médecine traditionnelle au Burkina Faso.

Les difficultés ici résident au fait que ni l'infirmier, ni le médecin, ni les autorités régionales ne sont formés pour évaluer les pratiques du tradipraticien. Il aurait été intéressant de confier cette tâche à un réseau de tradipraticiens dans chaque région et y associer des inspecteurs de santé préalablement formés dans les méthodes de médecine traditionnelle.

Une fois le tradipraticien autorisé à exercer, ses activités sont placées sous le contrôle des autorités compétentes.

B : Le contrôle de l'exercice de la profession de tradipraticien

Aucune profession légalement organisée ne peut s'exercer sans un contrôle des autorités compétentes. Lorsque l'exercice de la profession touche à la santé, elle est encore plus réglementée. Ainsi, le tradipraticien, tout comme son homologue de la médecine moderne dans l'accomplissement de ses obligations (1), subit un contrôle de l'autorité de tutelle mais également celui du juge (2).

1 : Les obligations du tradipraticien

Le tradipraticien ne peut exercer sa profession s'il n'est légalement enregistré au ministère en charge de la Santé. Une fois ce sésame en main, il doit exercer son art comme tout professionnel de santé. Il doit privilégier l'intérêt du patient et de la santé publique. Les obligations principales du tradipraticien se rapprochent de celles des médecins.

207 - Obligation de protection de la santé publique - Au même titre que son homologue de la médecine moderne, le tradipraticien doit promouvoir la santé et le bien-être du malade et de son entourage. A ce titre, il doit s'abstenir de tout acte pouvant influencer négativement la santé du malade. Il a l'obligation d'exercer personnellement son art[659]. L'arrêté organisant l'exercice de la médecine traditionnelle au Burkina Faso, n'est pas très précis sur ce point ; il ne dit pas si le tradipraticien peut déléguer ses compétences à un assistant légalement

---

[659] Article 11 de l'arrêté organisant l'exercice de la médecine traditionnelle au Burkina Faso.

inscrit sur la liste des tradipraticiens[660]. Dans la recherche de la protection générale de la santé publique, tout professionnel de santé doit se tenir à la disposition des autorités sanitaires en cas de besoin. Le tradipraticien est donc un élément incontournable dans les programmes de santé publique, mais il n'a jamais été associé clairement dans les programmes de santé[661].

208 - Le respect de la vie et du patient - A travers cette obligation, le tradipraticien est soumis, comme les médecins, au respect de l'éthique médicale[662]. Dès qu'il reçoit son patient, un contrat moral le lie à ce dernier. En Afrique ce contrat moral est tripartite. Il y a le tradipraticien, le groupe formé par le patient et sa famille et enfin les divinités, c'est-à-dire le monde invisible. En acceptant de soigner un malade, le tradipraticien doit prendre toutes les précautions nécessaires pour protéger sa vie et sa dignité. La difficulté à ce niveau est relative à la signification de la dignité. La dignité de la personne en Afrique n'est pas seulement circonscrite à l'individu. La dignité supplante l'homme et atteint sa famille, ses ancêtres. Dans toutes les coutumes en Afrique, « l'individu ne compte pratiquement pas. La personne juridique est la famille, prise dans un sens très large »[663].

---

660 Le code de déontologie des tradipraticiens de la République centrafricaine prévoit expressément un tel remplacement. En effet, le législateur centrafricain indique que « le tradipraticien peut se faire remplacer, dans ce cas, l'assistant légalement enregistré doit exercer les prestations de soins selon les instructions reçues, celui-ci doit ensuite rendre compte à son supérieur, des réactions cliniques et effets secondaires observés au cours du traitement » (Article 2 et suivants du Code de déontologie des tradipraticien congolais).

661 Il faut noter que si le tradipraticien était associé efficacement aux différents programmes de santé, les Etats gagneraient en termes de sensibilisation des populations. Par exemple, un tradipraticien qui a été sensibilisé sur la nécessité d'une campagne de vaccination, aucun habitant de sa zone ne refusera de se faire vacciner ou de faire vacciner ses enfants. L'usage des préservatifs ou encore les politiques de planification familiale, si la campagne passe par le tradipraticien, il est sûr que l'on touchera un nombre important de personnes.

662 Il y a lieu de faire attention lorsque l'on évoque l'éthique en médecine traditionnelle ; il ne faut pas confondre l'éthique en médecine traditionnelle à celle en médecine moderne. En médecine traditionnelle l'éthique va de paire avec les us et coutumes des villages où elle est pratiquée, chaque village a ses bases morales. Les autorités compétentes doivent seulement veiller à ce que les us et coutumes ne soient pas contraires à la constitution.

663 E.-J. Guillot « Réflexions sur les coutumes de droit privé en Afrique noire et à Madagascar », *RIDC*, 1952, n°3, p.422.

209 - L'obligation au secret professionnel - Le respect du secret professionnel est un droit du patient. Il est normal qu'un patient qui va librement voir son soignant, qu'il trouve un homme à qui il peut tout dire. Le tradipraticien, tout comme son homologue de la médecine officielle, est dépositaire de secrets. En effet, comme le relevait le professeur Louis Porte, « il n'y a pas de médecine sans confiance, de confiance sans confidence et de confidence sans secrets ». A l'occasion de l'exercice de sa fonction, le praticien traditionnel recueille les plus grands secrets de ses malades, ses secrets transcendent le malade et atteignent toute sa famille. En effet, lorsque qu'un patient arrive, il raconte toute sa vie (passée et présent), il raconte les secrets de ses pères. Ensuite, certains thérapeutes traditionnels ont la capacité de lire les secrets des patients. Dans la pratique, le secret lorsqu'il est partagé avec le tradipraticien n'est plus un secret. Le tradipraticien, pour montrer ses compétences peut dire à la foule venue en consultation ce dont souffre l'individu qu'il vient de soigner. C'est ainsi qu'un journal burkinabè nous apprend qu'un tradipraticien de renom qui consulte et soigne sur une place publique, leur a dit ceci : «vous voyez tous ces hommes, ce sont des impuissants sexuels, ils sont venus pour que je les soigne ». Le tradipraticien après avoir prodigué des soins aux infortunés malades, leur a ordonné de toucher chacun son sexe pour être sûr qu'il fonctionne de nouveau[664]. Le respect du secret professionnel en matière médecine traditionnelle gagnerait à être renforcé.

210 - L'interdiction de faire toute publicité à caractère mercantile ou fausse - Les tradipraticiens, utilisent souvent les canaux habituels de communication pour faire passer leur message. Certains font usage dans leur publicité du titre de « docteur ». Pour le droit burkinabè, le tradipraticien doit s'abstenir de faire toute publicité à caractère mercantile sur ses produits, il doit éviter toute publicité tapageuse dans les médias et sur la place publique. En ce qui concerne le Sénégal c'est à travers l'interdiction générale de la publicité en matière de santé que le tradipraticien se trouve concerné.

211 - L'obligation de tenir un registre - Le tradipraticien doit tenir un registre où il inscrit les noms et adresses des malades traités,

---

[664] Elsa Sandrine Sawadogo, « Seydou Bikienga : dans les secrets du guérisseur de Nagréongo », *Fasozine* n° 39, Mai - Juin 2012, pp. 17-18.

ainsi que les noms des remèdes administrés. Cette obligation s'accommode mal avec l'illettrisme de la majorité des tradipraticiens. Si le tradipraticien connaît le nom de la plante dans sa langue, il ignore souvent la correspondance en français. Cela veut dire que le tradipraticien, pour ce type d'obligation, doit recruter un collaborateur sachant lire et écrire. Ils sont nombreux les praticiens de la médecine traditionnelle qui ne sont pas encore prêts a partager leur savoir, ils préfèrent toujours travailler seuls. Il est possible de contraindre les tradipraticiens à la collaboration mais en restant dans leur logique, le législateur doit veiller à l'élaboration de normes réalistes.

212 - L'obligation de préserver la moralité de la profession - Le tradipraticien dans son exercice doit s'abstenir de tout acte susceptible de compromettre sa moralité, il ne doit pas racoler la clientèle ou utiliser un intermédiaire pour le faire. La création d'un ordre des tradipraticiens participera à rendre visible cette profession en l'assainissant. Il faut extirper les charlatans qui entachent de leurs actes la profession du tradipraticien[665]. Le tradipraticien doit également s'abstenir d'utiliser ses connaissances pour corrompre les mœurs. Pour la moralité de la profession, le tradipraticien doit se faire rémunérer de façon raisonnable[666]. Jadis, l'acte du tradipraticien n'était pas rémunéré, le malade une fois guéri revenait honorer d'un présent son thérapeute. Mais de nos jours avec la marchandisation de la santé et les différentes dégradations des économies nationales, doublées de l'augmentation du cours de la vie, les actes des tradipraticiens deviennent de plus en plus payants, ce qui nécessite un renforcement du contrôle des activités du tradipraticien.

---

[665] La médecine traditionnelle souffre beaucoup des actes de personnes à moralité douteuse qui violent leur patiente ou font des actes d'escroquerie. Même si des cas d'accusation de viol, d'escroquerie existent dans le domaine de la médecine moderne, ils sont plus médiatisés quand cela concerne la médecine traditionnelle et participe à ralentir la promotion d'une médecine qui continue d'étonner le monde entier.

[666] Dans ce sens on peut consulter avec intérêt la thèse d'A. Thiam. L'auteur nous apprend à propos des honoraires des tradipraticiens qu'« au centre de Malango situé à Fatick [Sénégal], la préoccupation de l'argent est un critère d'exclusion d'un candidat à la reconnaissance de sa qualité de tradipraticien ». Le prix le plus élevé d'une consultation est de 3000 francs CFA et quiconque outrepasserait ce prix serait sanctionné par le comité de pénalité ou traduit devant le comité pour charlatanisme. A. Thiam, *L'offre de soin et la responsabilité médicale : l'exemple du Sénégal*, Thèse de droit, Université de Montpellier, décembre 2010, p.39.

2 : Le contrôle administratif et juridictionnel des activités du tradipraticien

213 - Le ministère de la Santé comme tutelle de la médecine traditionnelle - L'exercice de la médecine traditionnelle s'inscrit dans le même registre que celui de la médecine moderne. Elles s'exercent toutes dans le cadre du système national de soins de santé et cherchent à protéger la santé des populations, pour in fine améliorer la couverture sanitaire des pays. Tout comme dans la médecine occidentale, le ministère de la Santé est l'autorité de tutelle de la médecine traditionnelle. Malheureusement, cette médecine, quoique dotée d'une « efficacité étonnante »[667], dans son état actuel, n'est pas structurée et peine à jouer efficacement un rôle plus important dans la couverture des besoins sanitaires de la population. Les ministères de la Santé, chargés du contrôle administratif de son exercice, disposent au Burkina Faso et même au Sénégal où cette médecine n'a pas un statut juridique clair, d'une direction spécialisée, chargée de sa promotion et de son encadrement. Dans la pratique ce sont les inspecteurs de santé qui contrôlent les conditions d'hygiène et de sécurité des infrastructures destinées à servir de cadre d'exercice de la médecine traditionnelle, ils contrôlent les activités qui y sont menées ainsi que le respect des textes législatifs et réglementaires en vigueur[668]. S'il apparaît que les pratiques du tradipraticien de santé présentent un danger pour la santé publique, le ministre en charge de la Santé, peut ordonner, par décision motivée, l'interdiction d'exercice de ce dernier.

214 - Le juge et la médecine traditionnelle, des difficultés diverses - La quasi-inexistence de jurisprudence en matière de santé témoigne de la difficulté des juges de contrôler l'action médicale en général et les activités des tradipraticiens en particulier. En effet, la médecine traditionnelle repose sur les pouvoirs du tradipraticien, alors que la médecine moderne se base sur les données acquises et actuelles de la science. Si la médecine conventionnelle est bâtie sur des connaissances scientifiques, avec des résultats pouvant être prouvés, la médecine traditionnelle, a, essentiellement, une approche holistique du pathologique et de la santé. Elle admet difficilement les preuves scientifiques et l'esprit rationnel s'y perd. Le processus de soins

---

[667] Y. Parès, op.cit.

[668] Article 17 de l'arrêté n°2005-233/MS/CAB du 06 juillet 2005 portant modalité d'exercice de la médecine traditionnelle au Burkina Faso.

appartient aux seuls professionnels traditionnels. Les médecines traditionnelles africaines ne se sont pas encore séparées du tradipraticien, elles restent intimement liées à sa personne. Dans ce sens, les juges peuvent facilement épiloguer sur les pouvoirs d'un médecin moderne, car ils ont une échelle de mesure, une grille d'analyse. Leur formation académique ne leur permet pas d'appréhender efficacement les conflits impliquant un tradipraticien si ce conflit concerne un aspect irrationnel de la guérison. Les cours et tribunaux se contentent de réagir lorsqu'il y a une atteinte évidente de la vie d'un patient par un tradipraticien[669].

215 - Tradipraticiens et sorcellerie - Au Cameroun et au Gabon, les magistrats font un amalgame entre sorciers et tradipraticiens[670], alors qu'ils n'ont pas de moyens légaux et rationnels adaptés pour apprécier la sorcellerie. Comment peut-on juger d'un phénomène occulte, empreint de valeurs traditionnelles, à l'aune d'un ordre juridique hérité du colonisateur et resté inchangé depuis les indépendances ? Cet amalgame est sans doute lié à l'incapacité des juges à apprécier les phénomènes mystiques, les pratiques inexplicables. Chaque praticien de médecine traditionnelle a sa logique et ses formules magiques[671]. Comment le juge peut-il

---

[669] Les activités de soins à ciel ouvert de certains tradipraticiens, la publicité mensongère dans les médias ou par des tradipraticiens ambulants sont ignorées « volontairement » par les juridictions. Au Burkina Faso, lorsqu'en 2007, le substitut du procureur du Tribunal de grande instance de Bobo-Dioulasso a eu l'audace d'interpeler une tradipraticienne spécialisée dans la détection de voleur, qui avait fait sur les ondes de la télévision nationale, des démonstrations avec un balai enduit d'un liquide à base de poudre de gombo. L'affaire a été étouffée par intervention du ministre de la Justice. La tradipraticienne a été libérée et ses objets restitués. Elle a déclaré par la suite, que le ministre de la Justice lui avait donné l'autorisation verbalement de continuer ses pratiques.

[670] E. Rosny, « Justice et sorcellerie en Afrique », *Etude,* 2005/9, Tome 403, p.174.

[671] A Bobo-Dioulasso, une tradipraticienne, « gynécologue », affirme que son savoir est complété par un pouvoir magique. Puisqu'il « faut forcément prononcer une formule magique avant que le produit ne fasse son effet » et elle ajoute que cette formule ne doit être communiquée à personne avant la fin de ses jours. Une tradipraticienne sénégalaise abonde dans le même sens. La transmission des connaissances en matière de médecine traditionnelle est très opaque. Chaque tradipraticien garde jalousement son savoir qu'il tient de ses ancêtres. A ce propos une tradipraticienne du centre de Malango au Sénégal disait : « je respecte les consignes de mes grands-parents qui, de leur vivant, m'ont dit de ne donner mes secrets qu'à un proche ».

s'incruster dans les secrets de ces « magiciens », pour faire un contrôle objectif ? L'une des faiblesses à l'émergence de la médecine traditionnelle en Afrique noire francophone demeure donc son côté mystique[672]. Cette difficulté du juge africain aura des répercutions juridiques sur la mise en œuvre de la responsabilité du tradipraticien.

Paragraphe 2 : La nature juridique de la relation entre le tradipraticien et son patient

Il existe peu de travaux traitant de la nature juridique de la relation tradipraticien/ patient[673], cependant c'est de la qualification de ce rapport que dépend l'étendue de la responsabilité du tradipraticien. En plus de la pauvreté de la doctrine en la matière, aucun texte spécifique ne concerne cette relation. Il faut donc l'aborder sous l'angle du droit commun. C'est une relation qui met en cause deux personnes de droit privé, on peut donc envisager que cette relation est couverte par le droit des contrats. Le rapport du tradipraticien avec son malade compte tenu des pesanteurs socioculturelles peut-il entrer dans le cadre des contrats de droit privé ? (A). Si cette relation peut être qualifiée de contrat, il existe sans nul doute un déséquilibre qui appelle à une prise en compte du milieu africain pour parfaire ce type de contrat (B).

A : La relation tradipraticien/ patient : une relation contractuelle de droit privé

En intégrant juridiquement le tradipraticien dans le système national de soin au Burkina Faso, le droit garantit à ce dernier un exercice serein de sa profession, mais également au patient une protection de sa santé. En exécutant ses obligations légales le tradipraticien respecte de ce fait les droits du patient. Le gouvernement sénégalais même s'il n'a pas établi des obligations

---

[672]Nous restons convaincus que certaines formules prononcées servent juste à masquer les choses et à toujours conférer au praticien un grand pouvoir et rendre ainsi difficile tout contrôle sur sa pratique. Au Sénégal, Dadi Diallo, grand maître tradipraticien à transmis son savoir sans formules magiques à un médecin français, Yvette Parés, qui par la suite a œuvré pour l'ouverture d'un centre traditionnel de soins, reconnu d'utilité publique et transformé en hôpital traditionnel depuis 1985.

[673] Le seul travail dont nous avons eu connaissance est la thèse de V. Kamgoui Kuitche, op.cit.

légales pour le tradipraticien, doit assurer au nom de la Constitution de 2001, le droit pour tous à la santé, c'est-à-dire qu'il doit mettre les moyens nécessaires pour que les populations restent en bonne santé et la prise en compte des activités des tradipraticiens paraît une priorité. Le tradipraticien et son patient sont deux personnes de droit privé, que les activités du premier soient reconnues ou non, ses relations avec la personne qui vient lui solliciter la guérison n'est pas une relation de fait, elle doit se lire sous un angle contractuel. Cette relation est particulière eu égard au poids des traditions et à la large définition de la médecine traditionnelle[674]. Dès lors il convient d'examiner la formation d'un tel contrat à travers ses éléments constitutifs (1) puis d'analyser ses effets juridiques (2).

1 : La formation du contrat de soin entre le tradipraticien et son patient

Le tradipraticien de santé est une personne « compétente pour diagnostiquer des maladies et invalidités y prévalant, dispenser des soins de santé». Il offre à toute personne qui en fait la demande des soins tout comme le fait le médecin. C'est d'abord une relation de soin qui lie le patient et le tradipraticien. Cette relation est aujourd'hui saisie par le droit et il se forme entre le tradipraticien et son patient, tout comme en médecine moderne, un « véritable contrat »[675]. Au sens juridique, le contrat désigne « un accord de volontés établi entre deux personnes au moins et générateur d'effets de droit et notamment d'obligations »[676] et selon le Code civil burkinabè le « contrat est une convention par laquelle une ou plusieurs personnes s'obligent, envers une ou plusieurs autres, à donner, à faire ou à ne pas faire quelque chose »[677]. Comment ce contrat très particulier se forme-t-il ? Pour qu'il y ait contrat, il faut un accord de volonté, y a-t-il consentement en soin médicaux traditionnels ?

216 - L'offre et l'acceptation - L'offre de soins faite par le tradipraticien peut être explicite ou tacite. Elle est explicite, lorsque le

---

[674] V. Kamgoui Kuitche, op.cit., p.256.

[675] L'expression « véritable contrat » est tirée de l'arrêt Mercier, Cass. civ, 20 mai 1936, D.1936, 1, 88 concl. Matter.

[676] J.-L. Aubert, *Le contrat, droit des obligations*, 3ème édition, Dalloz, Paris, 2005, p.1.

[677] Article 1101 du Code civil du Burkina Faso.

tradipraticien fait sa publicité à travers des panneaux ou des pancartes. En effet il propose des soins aux éventuels patients. L'offre est tacite lorsque sans faire de publicité, sans tenir de pancarte, le tradipraticien, de par sa notoriété, révèle ses compétences. Parce qu'il tient un « cabinet de soin » et consulte dans sa zone on peut déduire qu'il accepte de soigner quiconque viendrait à lui. Ainsi « dès que le patient pénètre dans [son] cabinet de consultation, prend naissance entre celui-ci et le malade par lui-même ou pour lui-même un contrat de soins professionnels »[678]. En plus le patient racontera son histoire au tradipraticien, qui établit un diagnostic et prescrit un traitement ou fournit des conseils au patient. Il y a rencontre de l'offre et de la demande et le contrat est supposé être conclu. Il s'agit là d'un contrat consensuel qui n'a pas besoin de conditions de forme pour être valable. Le contrat médical entre le tradipraticien et son patient est tout comme le contrat médical en médecine moderne, un contrat de droit civil. Le patient va librement voir le tradipraticien qui accepte également librement. La qualification contractuelle d'une relation médicale s'est opérée pour la première fois en France avec l'arrêt Mercier[679], qui a introduit une nouveauté en droit français : la responsabilité contractuelle dans le domaine de la médecine. A la suite de cet arrêt, le juge sénégalais a aussi reconnu l'existence d'un contrat entre le médecin et son patient[680].

---

[678] Arrêt X.c./Mellen, 1957, B.R. 389, 408, 409. n° 5686 (S.C. 290-850), Montréal, 21 février, 1957, juges Bissonnette, Hyde, Taschereau. On peut dire que l'arrêt Mercier a eu une portée au Canada. L'arrêt porte sur la relation médecin/patient, nous l'avons transposé dans la relation tradipraticien/patient.

[679] Cass.civ., 20 mai 1936, D.P.1936, 1,88, concl. Matter, rapp. Josserand, note E.P.

[680] Le juge sénégalais dans l'affaire Agbo, a reconnu l'existence d'un contrat entre une patiente et son médecin. En l'espèce, la patiente admise à une clinique pour accouchement par césarienne a eu des complications suite à une blessure par mégarde du mur utérin. Cela a nécessité une transfusion sanguine pour corriger l'hémorragie provoquée. Le sang transfusé était de mauvaise qualité et a engendré des désagréments qui ont nécessité son évacuation en France. Elle a ensuite assigné ladite clinique en justice. Face aux arguments de la clinique qui voulait imputer le désagrément de la patiente au centre de transfusion sanguine, le juge a déclaré que « la responsabilité médicale est une responsabilité contractuelle fondée sur la faute prouvée » et que la faute de la clinique était prouvée dès lors que celle-ci n'était pas à mesure de démontrer que le sang souillé n'était de son fait. Tribunal Hors classe de Dakar 06 Décembre 2000 Mademoiselle Anne Marie AGBO contre Clinique Casahous n°2003.

217 - L'autonomie de la volonté[681] - La théorie de l'autonomie de la volonté signifie que la volonté individuelle est dotée d'un pouvoir autonome de créateur de droit, que l'individu par sa seule volonté peut créer des obligations qui le lient. C'est parce qu'il l'a voulu que le patient va voir le tradipraticien. Au Burkina Faso et au Sénégal, où il n'existe pas de prise en charge sociale généralisée des soins, le patient est beaucoup plus libre, il va vers le tradipraticien de son choix. Si le principe de liberté de choix du médecin de médecine moderne est compromis par le manque de personnel médical, il en est autrement de la médecine traditionnelle où le patient fait le choix parmi les tradipraticiens de son village ou des zones environnantes. Le principe de l'autonomie de la volonté est donc préservé, il y a une volonté libre du patient et partout où il y a volonté libre il y a contrat. En milieu africain, la reconnaissance d'une volonté autonome du patient semble être une fiction juridique permettant de ranger le rapport du tradipraticien avec son patient dans l'une des catégories juridique pour permettre aux juges de contraindre chacune des parties à respecter ses engagements, le poids des pesanteurs socioculturelles entache ce consentement.

218 - Les parties au contrat - La désignation des parties au contrat de soins n'est pas aisée en médecine traditionnelle. Si cette distinction ne fait aucun doute dans le contrat médical concernant la médecine occidentale, en Afrique il y a une certaine confusion. Peut-on parler de colloque singulier entre le tradipraticien et son patient ? L'observation de la vie en Afrique montre que la maladie est considérée comme un chemin vers la mort ; la mort est un événement qui n'est plus du ressort de l'individu seul. L'ensemble de la famille doit participer à empêcher que le membre malade sorte de la communauté[682] ; d'ailleurs la maladie d'un individu est celle de la communauté toute entière[683]. Dès lors qu'un malade va voir le tradipraticien, c'est toujours accompagné d'un membre de la famille, qui assiste au diagnostic, qui répond souvent aux questions à la place du malade et qui est garant de la bonne exécution des prescriptions du

---

[681] Pour une compréhension plus approfondie de l'autonomie de la volonté dans le droit de la santé, voir C. Berland-Benhaim, *Le consentement et la bienfaisance dans la relation médicale*, thèse de doctorat en droit, université Paul Cézanne, Aix-en-Provence, 2007, pp.77-79.

[682] S.-P. E. Mvone-Ndong, p. 45.

[683] S. Dembelé, op.cit., p.58.

tradipraticien. De ce fait la famille fait partie intégrante du contrat médical.

Si les parties au contrat sont identifiées, il faut maintenant s'interroger sur leur capacité à contracter. Concernant le patient, il doit être majeur ou ne pas être frappé d'insanité d'esprit. Lorsqu'il est mineur ou majeur incapable, il est représenté. Cependant dans la conception africaine de la maladie, tout malade est incapable et doit être assisté[684]. Concernant le tradipraticien, il doit être majeur et régulièrement inscrit sur la liste des tradipraticiens, c'est-à-dire avoir été autorisé à exercer la médecine traditionnelle.

219 - La cause et l'objet du contrat médical traditionnel - Comme dans tout contrat, l'objet et la cause doivent exister ; ils doivent être conformes à l'ordre public ou aux bonnes mœurs et ne pas être illicites. Par exemple si une patiente va voir son tradipraticien à l'effet que celui-ci lui pratique une ablation du clitoris (l'excision est une pratique courante dans beaucoup de pays africains, mais pénalement condamnée). Le tradipraticien ne pourra pas se prévaloir de l'accord de la patiente pour s'exonérer de sa responsabilité. Dans le cadre de l'excision, c'est l'ordre public qui est troublé, l'excision est pénalisée au Burkina Faso comme au Sénégal, alors que la loi pénale est d'ordre public. La notion de bonnes mœurs, elle, pose le problème de savoir s'il existe des mœurs nationales en Afrique ? Chaque village semble avoir ses mœurs.

220 - La preuve du contrat médical traditionnel - Si la preuve du contrat médical moderne peut être facilitée par le dossier tenu par le médecin ou encore par le remboursement des soins lorsqu'il existe une assurance maladie, en médecine traditionnelle, cette preuve est difficile à fournir. Mais avec les prescriptions du droit burkinabè le problème pourrait être résolu. En effet l'arrêté ministériel portant organisant de la médecine traditionnelle oblige le tradipraticien régulièrement autorisé à exercer, à tenir un répertoire de ses patients. Ce répertoire peut servir à prouver l'existence de relation de soins et

[684] Il est rare en Afrique de trouver un hôpital qui interdit les gardes malades. Les gardes malades sont des membres de la famille qui entourent le malade jour et nuit et qui prennent soin de son intimité. Certaines cliniques essaient de s'opposer à l'intrusion de la famille dans la vie du malade à l'hôpital, mais la pression sociale prend le pas sur les différentes règlementations. Le malade n'est jamais isolé, son entourage l'assiste et partage ses secrets médicaux.

présumer ainsi l'existence d'un contrat entre les deux personnes. A défaut de tout cela, la preuve de l'existence du contrat de soins entre le patient et le tradipraticien peut se faire par tout moyen.

Le contrat liant le tradipraticien à son praticien est un contrat synallagmatique, qui engendre des obligations des deux côtés.

2 : Les effets du contrat entre le tradipraticien et son patient : la force obligatoire du contrat de soin

221 - Le contrat médical traditionnel, un acte productif de normes - L'effet principal du contrat est de créer des normes juridiques. En effet le contrat, lorsqu'il est valablement formé, a une fonction normative pour ceux qui l'ont fait et doit être exécuté de bonne foi[685]. Pour H. Kelsen, le contrat se caractérise par le fait « que la norme conventionnelle n'est édictée que par la collaboration des parties contractantes et non par l'une ou l'autre partie seule »[686]. Le contrat médical traditionnel est donc un acte productif de norme, il lie deux centres d'intérêts. D'une part le patient qui recherche une bonne santé ou un bien-être et de l'autre le tradipraticien qui attend une rémunération, même si l'objet principal de son engagement n'est pas la rémunération.

222 - Les obligations des parties au contrat médical traditionnel - Le contrat liant le tradipraticien à son patient est un contrat particulier en ce sens que le tradipraticien contracte comme obligation de livrer des soins et pas n'importe quels soins, il doit livrer des soins conformes aux données ethnomédicales de sa zone. Lorsque les soins ne sont pas conformes et qu'ils causent un préjudice au patient, il y a inexécution du contrat de la part du tradipraticien engageant sa responsabilité contractuelle. Lorsque l'accord des volontés a eu lieu, le praticien contracte une obligation de moyen envers son malade et doit lui prodiguer des soins avec la plus grande vigilance.

---

[685] Article 1134 du Code civil du Burkina Faso, « Les conventions légalement formées tiennent lieu de loi à ceux qui les ont faites. Elles ne peuvent être révoquées que de leur consentement mutuel, ou pour les causes que la loi autorise. Elles doivent être exécutées de bonne foi ». Et pour l'article 96 du COCC sénégalais, « le contrat légalement formé crée entre les parties un lien irrévocable ».

[686] H. Kelsen, op.cit., p.75.

Le patient, lui, s'oblige à respecter le diagnostic et à suivre les prescriptions du tradipraticien[687]. Il doit également rémunérer ce dernier. Cette obligation de rémunérer le tradipraticien peut paraître difficile pour le patient. Généralement le tradipraticien laisse le choix du montant au patient[688]. Il ne fixe pas de prix minimum qui pourrait guider le patient. Qu'en serait-il si un patient refuse de payer ? Le droit burkinabè n'est pas très prolixe sur les honoraires du tradipraticien, il indique uniquement que ce dernier ne doit demander plus que ce qui est dû. Le tradipraticien doit donc fixer le montant de ses honoraires avec tact et mesure comme un bon père de famille. Le contrat entre tradipraticien et son patient est donc à titre onéreux, mais il reste un contrat qui nous paraît déséquilibré du fait des pouvoirs détenus par le tradipraticien.

B : L'équilibre du contrat liant le tradipraticien à son patient

223 - Les deux thèses dans la recherche de l'équilibre du contrat - L'équilibre du contrat en général a été posé depuis la création de la notion de contrat. Avec l'aspiration de tout peuple à la justice, c'est tout naturellement que la question de l'équilibre du contrat s'est invitée dans la doctrine. Dans tout contrat, il faut qu'il y ait une justice, il faut que les parties les plus faibles soient protégées. La recherche de l'équilibre du contrat va opposer d'une part les tenants de la thèse de « justice contractuelle », qui prônent le contrôle extérieur des conventions pour s'assurer que celles-ci sont objectivement équilibrées et que l'une des parties ne subit pas la tyrannie de l'autre partie, et d'autre part les tenants de la thèse du libéralisme absolu, qui préconisent pour préserver la sécurité juridique, le respect de la volonté et des prescriptions des parties au contrat. Pour ces derniers lorsque les parties ont donné valablement

[687] Si le patient ne respecte pas cette obligation, le tradipraticien peut mettre fin à leur contrat en se retirant de la relation de soin et en conseillant au patient soit le secteur public de soin, soit le recours à un autre tradipraticien.

[688] A ce propos un tradipraticien burkinabè affirme qu'il ne réclame pas d'argent pour le travail qu'il fait. Toutefois, il dit ne pas refuser les dons que ses malades lui font une fois guéris. Il ajoute que si une personne lui donne même jusqu'à 100 millions de francs CFA, il accepterait sans souci.

leur volonté, il existe un équilibre subjectif que les tiers doivent respecter[689].

224 - La position du Code civil - Le Code civil semble avoir opté pour la thèse libérale. En effet, selon le législateur, le contrat est valable si l'avantage que chaque partie tire du contrat est regardé par chacune d'elle comme équivalent de ce qu'on lui donne ou de ce qu'on fait pour lui. Chacune des parties, dès la conclusion du contrat, peut apprécier l'avantage que lui procure[690]le contrat. C'est sans doute pour cela que le droit civil limite la lésion comme vice de consentement à certains contrats ou à certaines personnes[691]. Au Sénégal, la lésion, bien que résultant d'un déséquilibre des prestations, ne peut entraîner la nullité ou la rescision du contrat qu'en vertu d'une disposition expresse de la loi.

La rencontre de la médecine traditionnelle et du droit va poser le problème du déséquilibre du contrat entre le tradipraticien et son patient. Régnant dans un univers dont il maîtrise seul les secrets, le tradipraticien est souvent vu comme « un envoyé de Dieu », sinon comme le médiateur entre les ancêtres et le patient, dans ce sens le patient n'a souvent pas le choix de la décision médicale (2) et sa liberté de contracter est remise en cause (1).

1 : L'atteinte à la liberté contractuelle : un contrat déséquilibré dès sa formation

225 - Le contrat médical traditionnel : un contrat influencé par les pouvoirs du tradipraticien - Le tradipraticien et son patient concluent un contrat dans lequel le premier s'engage à établir un diagnostic en vue de traiter la maladie ou de prodiguer des conseils au second qui s'engage à observer lesdites prescriptions, à payer l'acte et à respecter les règles établies pour la consultation[692]. En revanche, il

---

[689] G. Lardeux, « Rapport introductif », in G. Lardeux (dir.), *L'équilibre du contrat*, PUAM, 2012, p.9.

[690] Article 1104 du Code civil du Burkina Faso et 45 du COCC su Sénégal.

[691] Article 1118 du Code civil du Burkina Faso et article 75 du COCC du Sénégal.

[692] Voici quelques règles préalables à la consultation de certains tradipraticiens : toute personne doit se déchausser avant d'entrer dans le cabinet, ou encore le fait d'entrer à reculons dans la case du praticien, le fait pour les femmes qui ont leurs menstruations de ne pas entrer dans la case, ou encore l'obligation de couvrir la tête d'un voile pour les femmes etc.

faut s'interroger sur l'équilibre de ce contrat. A notre sens, ce contrat n'offre pas une sécurité juridique suffisante. Les textes sur les droits des malades sont quasi-inexistants dans la majorité des pays d'Afrique noire francophone ; quand ils existent, ils sont soit méconnus soit inopérants[693]. L'absence ou « l'inopérationnalité » de ces droits renforcent les pouvoirs déjà exorbitants des soignants en Afrique. En ce qui concerne la médecine traditionnelle, ce pouvoir est immense, car très souvent le tradipraticien officie comme un guide, comme un intermédiaire entre Dieu et le patient ou comme un prêtre sacrificateur. Ils « sont vénérés dans leurs villages et constituent des sages »[694] qui soignent, qui servent de modérateur dans la vie du village. Le patient et sa famille se retrouvent soumis au pouvoir du praticien. Il y a logiquement dans ce contexte, un déséquilibre des relations entre tradipraticien et patient. Ce déséquilibre existe également en médecine moderne, mais il tend à se résorber avec la possibilité de vérifier et de contrôler les actes du médecin.

226 - Les fondements de l'autonomie de la volonté et le milieu socioculturel africain- Pour que l'autonomie de la volonté s'affirme, l'individu doit être maître de ses engagements, le droit accompagne cette liberté de l'individu. Lorsque le contrat est formé librement ; il est « juste, quel qu'en soit le contenu »[695]. L'autonomie de la volonté est fondée sur « une analyse philosophique individualiste »[696], elle prône l'égalité des hommes et fait de la volonté individuelle la seule source de toute obligation juridique. Mais ce principe rencontre des limites une fois transposé dans le milieu traditionnel africain. Si de nombreux domaines du droit ont été débarrassés de leurs aspects

---

[693] On peut citer la charte du patient au Sénégal. Cette charte ne semble pas s'appliquer au patient consultant le tradipraticien. Au Burkina Faso on parle de « charte du patient hospitalisé ».

[694] L. A. Rees, « Face aux défis des systèmes publics de santé, quel rôle pour la médecine traditionnelle dans les pays en développement ? », in D. Kerouedan (dir), op.cit., p.339.

[695] E. Gounot, *Le principe de l'autonomie de la volonté en droit privé, contribution à l'étude critique de l'individualisme*, thèse de droit, Université de Dijon, 1912, p.76.

[696] J. Ghestin, *Traité de droit civil : la formation du contrat*, 3e édition, L.G.D.J, Paris, 1993, p.27.

culturels et traditionnels[697], le domaine des soins traditionnels demeure toujours attaché à ces valeurs. Ainsi, si les principes traditionnels admettent que les hommes sont libres et égaux, ils le sont parce qu'ils sont en communauté. Leur liberté ne prime pas sur l'honneur de la communauté. Lorsqu'une personne tombe malade, c'est d'abord l'intérêt de sa famille qui est en jeu. Sans même demander son consentement, la famille peut décider de le conduire chez le tradipraticien de son choix ou un tradipraticien conseillé par un voisin ou même par un médecin de médecine moderne. S. P. E. Mvone-Ndong nous conforte dans l'idée que le patient en lui-même n'existe pas, et que c'est sa famille qui est l'unité juridique. L'auteur note que les médecins au Gabon, lorsqu'ils trouvent la situation d'un malade désespérante et qu'ils n'arrivent pas à le soulager, demandent, non pas au patient, mais à sa famille de libérer le lit et d'aller consulter un tradipraticien. Que le patient accorde sa volonté de suivre cette voie ou pas, le résultat est le même. D'ailleurs c'est en bon père de famille que la famille agit de la sorte, c'est donc dans l'intérêt du patient. Dans ce contexte, l'autonomie de la volonté est dénuée de son fondement principal qui est la liberté première de l'individu. Le patient arrive chez son thérapeute affaibli par le poids de la famille, il n'a plus de volonté à exprimer, comme s'il était mineur ou majeur incapable[698]. Mais très souvent le malade lui-même adhère à cette démarche collective. De toute façon a-t-il vraiment le choix ? C'est donc dire que le contrat de soins médicaux traditionnels est rarement conclu intuitu personae ; le tradipraticien soignant la maladie et le malade, pose son diagnostic sur le malade et également sur sa famille. Le traitement ou les conseils qui suivront vont concerner en premier

---

[697] Il s'agit au Burkina Faso de l'héritage. Le Code des personnes et de la famille a aboli le système traditionnellement de l'héritage et harmonisé le système en s'inspirant du droit français. Article 869 du Code des personnes et de la famille (Zatu an VII 13 du 16 novembre 1989 portant institution et application d'un code des personnes et de la famille au Burkina Faso). La terre qui était incessible au Burkina Faso et au Sénégal, est devenu cessible, etc.

[698] Nous avons nous même assisté à des consultations chez des tradipraticiens. Nous avons accompagné un oncle malade. A notre arrivée, avant de voir l'oncle, le tradipraticien s'est d'abord entretenu avec le chef de la délégation qui était un sage du village. Cette pré consultation a sans doute servi à remonter l'histoire de la famille du malade, à poser les grandes lignes de ce qui va être la consultation à venir. Ensuite toute notre délégation a assisté à la consultation et c'est le chef de délégation qui répondait aux questions à la place de notre oncle, qui disposait pourtant de toutes ses facultés.

lieu le malade et ensuite sa famille[699]. Cela nous conduit à paraphraser les mots du professeur Portes, dans le domaine des soins médicaux traditionnels, l'expression célèbre devient : tout acte médical traditionnel normal en Afrique, est une confiance familiale qui rejoint librement une conscience, celui du tradipraticien[700]. Il faut tenir compte de cette réalité dans toute réglementation de la médecine traditionnelle. Vouloir associer la relation tradipraticien/ patient à de simples relations de droit civil, c'est courir le risque de légiférer pour rien, de faire des normes creuses et ennuyeuses.

227 - De la révocation du contrat de soins médicaux traditionnels - La remise en cause de la liberté contractuelle du patient réside également dans la possibilité de mettre fin au contrat le liant au tradipraticien. Juridiquement le Code civil prévoit que le contrat peut être révoqué par le consentement mutuel des parties. Cependant dans le cadre de la médecine traditionnelle, dans la majorité des cas, le patient n'étant pas seul, il ne peut arrêter ses soins sans un accord de la famille. Tout cela pose la question de l'importance du consentement du patient.

2 : Le consentement du patient en soins médicaux traditionnels

228 - La dignité comme fondement du consentement éclairé du patient - Le principe fondamental du consentement du patient se trouve dans le respect de la dignité reconnue à celui-ci. Au Burkina Faso, l'affirmation la plus élevée de la dignité est faite par la constitution. En effet depuis 1997, le constituant burkinabè à inséré le mot « dignité » dans le préambule de la constitution. Selon la Constitution burkinabè, l'Etat garantit la dignité comme « valeur fondamentale d'une société pluraliste de progrès »[701]. Le respect de la

---

[699] C'est le cas de l'excision. Lorsqu'une femme non excisée fait des fausses couches répétitives et que le tradipraticien lie cet état à l'existence du clitoris, qui toucherait à chaque fois le bébé tuant celui-ci, la femme sera excisée contre sa volonté pour le bien-être de la famille.

[700] Le professeur Louis Portes a déclaré que : « je dirai donc que l'acte médical normal n'étant essentiellement qu'une confiance [celle du patient] qui rejoint librement une conscience [celle du médecin] », L. Portes, « Du consentement à l'acte médical » (Communication à l'Académie des Sciences Morales et Politiques, 30 janvier 1950), in *A la recherche d'une éthique médicale*, Paris, Masson et PUF, 1955, p.170.

[701] Le mot dignité a été ajouté par la loi n° 002/97/ADP du 27 janvier 1997.

dignité du patient impose de recueillir pour tout acte médical son consentement. Le patient consent à son diagnostic, il consent également au traitement. « Permettre au patient de consentir aux soins qui sont proposés, c'est aussi lui permettre de les refuser »[702], pour cela il doit être informé afin de décider : c'est le principe du consentement éclairé.

229 - Le tradipraticien a une obligation d'information à l'égard de son patient - En médecine traditionnelle, le patient est insuffisamment informé sur le diagnostic et même sur le traitement. Il ne sait jamais les conséquences des remèdes et autres pratiques qu'on lui prescrit. Un prêtre guérisseur, qui entre en transe et qui, aussitôt revenu à son état initial, prescrit des décoctions d'herbes, des racines, suivies d'une série d'interdictions pour le patient, ne laisse à ce dernier ni le temps, ni le courage de lui demander une explication. Un tel contrat souffre de déséquilibre et met à mal le principe de l'autonomie de la volonté. Le droit médical exige, pour que le contrat soit valablement conclu, un consentement éclairé du patient. Le tradipraticien doit-il être exonéré de cette obligation d'information ? Nous ne le croyons pas, le patient doit être associé à l'acte de soin, l'essentiel n'est pas de guérir, mais de recevoir des soins qui préservent la dignité et qui mènent la guérison.

230 - La nécessité de rééquilibrer le contrat tradipraticien/patient - Pour épouser pleinement le droit civil, la médecine traditionnelle doit sortir de l'emprise du sacré. Lorsque l'on mêle sacré et droit, le contrat médical traditionnel s'apparente à un contrat d'adhésion, le patient n'ayant jamais le choix. Le refus des soins appellerait la colère des dieux. On a affaire à un contrat « structurellement déséquilibré »[703], qui appelle soit à atténuer les pouvoirs du tradipraticien en désacralisant la médecine traditionnelle, soit à renforcer la responsabilité de celui-ci, en admettant une responsabilité sans faute au profit du patient, soit à définir un régime juridique favorable aux patients de médecine traditionnelle comme il en existe pour la défense des consommateurs.

Cette complexité de la médecine traditionnelle est reconnue par les autorités burkinabè qui ont affirmé dans la déclaration de

---

[702] C. Berland Benhaim, op.cit., p.252.
[703] G. Lardeux, « Rapport introductif », in G. Lardeux, op.cit, p.10.

politique nationale de médecine traditionnelle, que « les repères classiques modernes ne suffisent pas toujours à cerner les contours de la médecine et de la pharmacopée traditionnelles. De ce fait il est nécessaire de prendre en compte d'autres repères ». Le juge Wally Faye abonde dans le même sens en prônant le rééquilibrage de la relation malade/thérapeute en général. Pour cela, il préconise une implication croissante du juge dans la sphère des activités médicales[704]. Il est juridiquement satisfaisant de pouvoir qualifier cette relation de contractuelle, mais la mise en œuvre demeurera abstraite et inefficace si l'on ignore la réalité des populations.

Après avoir exposé le cadre juridique de la médecine traditionnelle, nous pouvons maintenant nous appesantir sur le cadre juridique du médicament traditionnel.

Section 2 : Le médicament traditionnel : un objet complexe rempli de valeurs culturelles et traditionnelles saisi par le droit

Si dans les pays occidentaux le médicament est vu comme un simple objet pharmacologique à finalité thérapeutique, en Afrique, il est un objet étrange aux dimensions socioculturelles et ethnologiques importantes. Le droit positif des Etats tel qu'il est construit actuellement peut-il encadrer efficacement ce bien ? Ce qui est sûr, c'est qu'aujourd'hui, avec l'évolution de l'Etat de droit qui exige que les droits fondamentaux de tout citoyen soient efficacement garantis par les Etats, aucun domaine de la vie ne peut être ignoré par le droit. Aucune zone de non droit ne doit exister, aucune personne en dehors de l'Etat ne doit disposer de pouvoirs exorbitants de droit commun. Le médicament traditionnel quoique objet de valeurs culturelles et traditionnelles doit garantir la sécurité sanitaire et être de ce fait encadré par le droit (Sous-section 1). Le droit de la santé en Afrique doit être un droit qui intègre la médecine traditionnelle. Ainsi, les exigences de sécurité doivent être portées sur la mise sur le marché du médicament traditionnel (Sous-section 2).

---

[704] W. Faye, Vice-président du tribunal régional hors classe de Dakar, discours d'usage prononcé lors de l'audience solennelle de rentrée des cours et tribunaux de la République du Sénégal, 23 janvier 2009.

Sous-section 1 : Le cadre juridique du médicament traditionnel

L'universalisation de tous les secteurs a participé à faire reculer la médecine traditionnelle en Afrique. L'un des aspects de cette universalisation est la modernité. Aujourd'hui, l'homme africain aspire vers la modernité à telle enseigne que celui qui va consulter le tradipraticien en première intention en ville, est vu comme un « arriéré ». Mais comme le souligne très justement S. Mappa, la modernité participe à l'universel mais elle n'est pas universelle[705]. Le monde traditionnel doit être également un élément de l'universel.

Au Burkina Faso, en reconnaissant la médecine traditionnelle, le droit a également encadré le médicament issu des connaissances traditionnelles. Pour mieux les encadrer, le droit burkinabè a catégorisé ces médicaments (Paragraphe 1). Issus de connaissances locales ancestrales, les médicaments traditionnels font l'objet de toutes les convoitises. Pendant que la médecine traditionnelle est accusée d'être inefficace et dangereuse par certains scientifiques, les savoirs traditionnels africains sont appropriés illicitement, puis valorisés et brevetés pour être intégrés dans le système de santé occidental à travers les industries pharmaceutiques (Paragraphe 2).

Paragraphe 1 : Les différentes catégories de médicaments traditionnels

Le statut de médicament traditionnel est lié au statut juridique de la médecine traditionnelle. En Afrique noire francophone, la médecine traditionnelle a un statut juridique « incertain et ambigu »[706]. Au Burkina Faso, la manipulation et la vente des médicaments issus des plantes sont concurremment partagées par le tradipraticien de santé et les pharmaciens[707]. Le droit pharmaceutique burkinabè distingue le médicament traditionnel selon son mode de fabrication. Cette catégorisation du médicament traditionnel constitue une spécificité par rapport au droit pharmaceutique français des années 1950 dont est issu le droit pharmaceutique burkinabè. La reconnaissance juridique du

---

[705] S. Mappa, op.cit., p.8.

[706] B.A. Poda, « Le statut juridique de la médecine traditionnelle en Afrique noire francophone », *Revue de Recherche juridique*, n°3, 2012, p.1210.

[707] Article 222 du CSP du Burkina Faso.

médicament traditionnel singularise également le droit pharmaceutique burkinabè par rapport à celui du Sénégal. Selon le droit burkinabè, on distingue, le médicament traditionnel selon qu'il a été préparé artisanalement par un tradipraticien (A) ou de façon industrielle par une structure de fabrication agréée (B).

A : Les médicaments traditionnels préparés par le tradipraticien

Le législateur burkinabè reconnaît le médicament traditionnel dans le régime général du médicament mais lui a réservé un traitement spécifique. Parmi les médicaments préparés par le tradipraticien, on distingue le médicament selon qu'il a été préparé pour être vendu dans la communauté (2) ou préparé expressément pour un patient donné (1).

1 : Le médicament traditionnel préparé de façon extemporanée

231 - Le tradipraticien : soignant et préparateur de médicaments - Les médicaments traditionnels préparés de façon extemporanée sont rangés dans la catégorie 1. Cette catégorie comprend l'ensemble des « médicaments préparés par le tradipraticien de santé pour un patient donné »[708]. Le médicament est préparé pour un patient désigné chez qui on a diagnostiqué un mal nécessitant cette préparation. Le diagnostic ici est toujours fait par le tradipraticien, qui est en même temps « médecin prescripteur », « pharmacien préparateur » et « dispensateur » de médicaments. Cela signifie que le médicament dépend fortement des qualités du tradipraticien. Pour un même patient et pour une même pathologie on retrouvera des préparations différentes selon le tradipraticien. Le savoir ici est lié à chaque culture, à chaque croyance[709], il existe au tant de préparations différentes que de cultures.

---

[708] Article 3 du décret n°2004-568/PRES/PM/PS/MCPEA/MECV/MESSRS, JOBF, n°53 du 30 décembre 2004.

[709] Selon l'OMPI, « les savoirs traditionnels transmettent souvent l'histoire, les croyances, l'esthétique, les valeurs morales et les traditions d'un peuple particulier », OMPI, *Besoins et attentes des détenteurs de savoirs traditionnels dans le domaine de la propriété intellectuelle*, Rapport sur les missions d'enquête consacrée à la propriété intellectuelle et aux savoirs traditionnels, 1998-1999, Genève, 2001, p.25.

Le droit burkinabè indique sans les définir que ces médicaments sont préparés suivant les méthodes traditionnelles de fabrication. Il n'existe pas de pharmacopée, ni de formulaire précisant les formules de préparation ; tout est entre les mains des tradipraticiens[710]. En ce qui concerne la conservation de ce type de médicaments, le décret de 2010[711] relatif à l'exercice de la médecine traditionnelle indique qu'elle « est généralement de courte durée », mais ne précise pas ce qu'il faut entendre par courte durée. Doit-on exclure les poudres préparées à base de plantes ? On sait que ces poudres sont d'une conservation longue. La durée renvoie-t-elle, à des médicaments difficilement conservables en raison de la température ? Nous savons également qu'il existe des médicaments traditionnels qui entrent dans cette catégorie et qui se conservent tout le long de la maladie de celui qui a consulté. Le droit burkinabè, dans la définition du médicament traditionnel, cherche à rester près des caractéristiques du médicament moderne. La description de ce type de médicament se rapproche de celle de l'article 221 du CSP burkinabè relatif aux préparations magistrales.

2 : Le médicament traditionnel amélioré

232 - Un médicament traditionnel avec des conceptions modernes - Le médicament traditionnel est dit amélioré lorsqu'il est préparé par le tradipraticien de santé et couramment utilisé dans la communauté. Le décret du 14 décembre 2004, classe ces types de médicaments dans la catégorie 2. C'est un médicament qui est préparé, non pas pour un patient donné, mais pour être vendu à tous. Il est préparé à l'avance. Le terme « amélioré », laisse sous-entendre que le droit burkinabè prend comme repère le médicament moderne. Si tel est l'esprit du décret, « amélioré » voudrait dire que le médicament se rapproche du médicament moderne. La suite du décret nous conforte

---

[710] L'article 324 du CSP burkinabè, prévoit de faire une recherche appliquée en pharmacopée traditionnelle en vue d'améliorer les recettes et leur utilisation dans les services de santé. Et l'article 325 prévoit l'introduction des acquis de la pharmacopée dans les programmes de formations des différents professionnels de la santé. De nos jours une telle recherche n'est pas encore publiée et les différents professionnels n'ont pas encore vu leur programme de formation enrichi de ces nouvelles données.

[711] Il s'agit du décret n° 2004-568/PRES/PM/MS/MESSRS du 14 décembre 2004 portant condition d'exercice de la médecine traditionnelle au Burkina Faso.

dans cette position. On exige, pour cette catégorie, une fabrication conditionnée avec un numéro de lot pour la traçabilité du médicament et les principaux groupes chimiques du médicament doivent être connus, sa production est semi-industrielle.

233 - Des critères hybrides de validité du médicament - Pour attester de son innocuité et de son efficacité, le médicament traditionnel amélioré allie des critères modernes et des critères basés sur l'évidence ethnomédical. Le droit burkinabè indique que les matières premières utilisées pour fabriquer les médicaments traditionnels améliorés doivent être très bien connues de la population. La connaissance ici doit s'entendre d'une longue expérience d'utilisation du médicament ou des substances qui le composent. L'innocuité ou l'efficacité peut également être attestée par des essais cliniques ouverts. Les seuls tradipraticiens qui passent par la voie des essais cliniques sont ceux qui sont pharmaciens[712] ou sont soutenus par un organisme non étatique[713].

B : Les médicaments traditionnels fabriqués industriellement

234 - Des critères objectifs de validation - Le décret du 14 décembre 2004, distingue deux catégories de médicaments préparés industriellement :

- Les médicaments de la catégorie 3 : c'est le premier niveau de médicaments industriels. Il s'agit de médicaments issus de la pharmacopée traditionnelle préparés par des structures de fabrication agrées ou par des industries pharmaceutiques. Cette catégorie de médicaments se rapproche davantage du médicament moderne. Le décret exige « une formulation galénique avec une spécification du dosage, une connaissance des molécules biologiquement actives ». Il faut en outre que l'efficacité et l'innocuité soient prouvées par des essais précliniques, cliniques, conduits suivant les protocoles standards, ce qui le différencie des médicaments traditionnels

[712] On peut citer au Burkina Faso, le cas du docteur Dakyo, un pharmacien qui s'est intéressé à la médecine traditionnelle et qui est titulaire de plusieurs AMM de médicaments traditionnels améliorés.
[713] C'est le cas au Sénégal, de l'hôpital de médecine traditionnelle de Keur Massar et du centre de Malonga.

de catégorie 1, qui sont soumis à des critères subjectifs de validation.

- Les médicaments de la catégorie 4 : c'est le dernier niveau des médicaments traditionnels fabriqués industriellement. La seule différence d'avec la catégorie 3 est que pour la catégorie 4, « les principes actifs sont des molécules purifiées », alors que pour la catégorie 3, les principes actifs sont des extraits standardisés.

235 - Un régime juridique proche du régime général des médicaments - Le régime juridique appliqué aux médicaments traditionnels fabriqués industriellement est proche de celui des médicaments modernes. Ce type de médicaments doit avoir un nom commercial connu, une formule, une présentation et des indications et contre-indications bien précisées. Ce sont des médicaments soumis à autorisation préalable, leur publicité est soumise « aux dispositions réglementaires en vigueur en matière de publicité sur le médicament », donc au droit commun de la publicité liée aux médicaments.

236 - Intérêt de la distinction - L'intérêt de la distinction entre les différents médicaments traditionnels réside dans leur régime juridique en matière d'AMM. Si le médicament traditionnel fabriqué de façon extemporané (catégorie 1) n'a pas besoin d'AMM, les autres ont besoin pour être distribués d'une AMM dont le régime est précisé par un décret autre que celui concernant les médicaments modernes[714].

L'octroi d'une AMM aux médicaments issus des savoirs traditionnels est déjà une avancée, mais l'AMM ne protège pas contre l'usage abusif des savoirs traditionnels, il est donc urgent pour les PED de rechercher une protection desdits savoirs pour accompagner le développement de leur médecine.

Paragraphe 2 : De la recherche d'une protection des savoirs traditionnels pour les pays en développement

Si les pays en développement sont des pays pauvres économiquement ils sont riches en biodiversité et comptent environ 80% des ressources

---

[714] Cf infra, paragraphe 247 et suivants.

génétiques et des savoirs traditionnels[715]. Selon la convention de Rio sur la diversité biologique, les savoirs traditionnels recouvrent les « connaissances, innovations et pratiques des communautés autochtones et locales qui incarnent des modes de vie traditionnels revêtant un intérêt pour la conservation et l'utilisation durable de la diversité biologique »[716]. Les médicaments issus de la pharmacopée traditionnelle proviennent de ces savoirs qui sont entretenus par des décennies de générations. L'accent est mis sur le caractère ancien de ces connaissances locales qui sont intimement liées à la communauté qui les détient[717]. En matière pharmaceutique, le savoir traditionnel, signifie que le médicament est issu d'un savoir détenu par la communauté locale ou autochtone. Le savoir en cause ici n'est pas individuel ; il n'est pas dissociable de la communauté de peuple ou de territoire. Alors que le concept de brevet tel que mis en avant de nos jours veut que le brevet confère un monopole d'exploitation à un ou plusieurs inventeurs clairement déterminés. Il veut également que l'objet du brevet incarne un caractère de nouveauté, alors que les connaissances médicales traditionnelles et leur application à la pharmacie traditionnelle ont non seulement un caractère informel, mais sont liées à l'expérience accumulée par une lignée de guérisseurs qui tiennent ces connaissances comme sécrètes et les transmettent de façon orale à la jeune génération. Aujourd'hui, avec la mondialisation accompagnée de la marchandisation de tous les domaines, les savoirs traditionnels des peuples issus des pays pauvres se retrouvent illicitement sur les marchés. En effet des entreprises ou des scientifiques dans leur collaboration avec les guérisseurs traditionnels, profitent de l'absence de dispositifs efficaces de protection juridique de ces savoirs, pour soustraire certaines informations qu'ils brevettent ou qu'ils publient, mettant en cause leur caractère de nouveauté. Comme ces sociétés traditionnelles sont mal organisées, des bribes d'informations sont fournies inconsciemment et sont illicitement utilisées pour servir les sociétés scientifiques au détriment de leurs détenteurs autochtones. Ainsi le droit des brevets devient le

---

[715] W. Abdelgawad, « La biopiraterie et le commerce des produits pharmaceutiques face aux droits des populations locales sur leurs savoirs traditionnels », in I. Moine-Dupuis, op.cit., p.323.

[716] Article 8 (j) de la convention de Rio sur la diversité biologique de 1992.

[717] Ces savoirs regroupent des domaines aussi variés tels que l'alimentation et l'agriculture, l'environnement (en particulier la conservation de la diversité biologique), la santé, y compris les médecines traditionnelles.

« ravisseur des savoirs traditionnels médicinaux »[718]. Lorsque l'on aborde le médicament traditionnel sous l'angle de la propriété intellectuelle, il se pose deux grandes questions : la protection des savoirs médicaux traditionnels doit-elle être envisagée de façon défensive, c'est-à-dire que sans breveter ces savoirs, l'on développe des mesures pour éviter que des personnes étrangères à la communauté s'approprient illicitement lesdits savoirs (A) ? Ou doit-elle être envisagée de façon positive ? Autrement dit, doit-on conférer à ces savoirs un droit positif à valeur de brevet ? (B)

A : La protection défensive des savoirs traditionnels : éviter l'appropriation illicite des savoirs traditionnels

Selon l'OMPI[719], la protection défensive des savoirs traditionnels regroupe l'ensemble des mesures permettant de faire en sorte que les droits de propriété intellectuelle sur les savoirs traditionnels ne soient pas conférés à d'autres personnes que les détenteurs coutumiers des savoirs traditionnels. Il s'agit d'éviter que lesdits savoirs ne soient illicitement brevetés ou publiés dans des revues scientifiques, ce qui entraînerait indirectement une appropriation de ceux-ci par toute personne. Pour éviter de telles situations, diverses organisations sont mobilisées pour la défense des savoirs traditionnels (1). L'une des difficultés pour défendre les connaissances médicales des peuples autochtones est souvent l'inexistence de preuves matérielles. Aussi, est-il nécessaire, d'élaborer une base de données desdites connaissances qui servirait de preuve pour contester les dépôts éventuels d'inventions relatives aux savoirs médicaux traditionnels provenant de personnes étrangères à la communauté autochtone détentrice desdits savoirs (2).

1 : La défense des savoirs locaux : la recherche d'une reforme du droit des brevets

237 - Les obstacles à la brevetabilité des médicaments issus du savoir traditionnel - Les médicaments traditionnels représentent un

[718] C. Dumesnil, « Les savoirs traditionnels médicinaux pillés par le droit des brevets ? », *RIDE*, 2012/3, p. 321.
[719] Voir pour plus d'information : http : //www.wipo.int/tk/fr/tk/, site consulté le 8 mai 2013.

intérêt majeur à un double niveau : ils sont essentiels pour ceux qui en dépendent pour leur survie, mais sont également une source inépuisable et alternative pour les sociétés pharmaceutiques. C'est sans doute pour cela que la communauté scientifique défend la non-brevetabilité de tels savoirs. En effet, la problématique de la brevetabilité du médicament traditionnel réside dans le fait que le savoir en médecine traditionnelle est considéré comme appartenant « aux communautés et aux nations »[720]. De ce fait peut-on dissocier le médicament traditionnel de la communauté et donc du savoir qui l'a engendré ? Ces médicaments sont indissociables de leur source de connaissance, ce qui pose une autre difficulté, celle de l'identification claire des auteurs ou inventeurs de ces savoirs. Comment breveter un objet dont on ignore à qui il appartient ? Les multinationales se sont basées sur ces éléments pour considérer les plantes médicinales et le savoir qui lui est associé comme étant des ressources « sauvages », issues de la nature et donc de libre accès[721], ce que V. Shiva compare à la théorie de la « terre inoccupée » qui a prévalu à l'époque coloniale[722]. Ensuite le régime général du droit des brevets pose comme principe fondamental de brevetabilité, la nouveauté de l'objet candidat au brevet. Les médicaments traditionnels à base de plantes peuvent-ils remplir ce critère, quand on sait qu'ils sont issus de savoirs connus de tous et détenus par tout un groupe social ? Malgré ces difficultés, il paraît urgent de protéger ces savoirs traditionnels, objets de toutes les convoitises commerciales et d'autant plus que ces sociétés sont inorganisées et que la médecine traditionnelle est exercée de façon informelle ; ces savoirs pourraient se perdre.

238 - La défense des savoirs traditionnels auprès des offices de brevets - L'une des propositions pour conserver ces savoirs et ne pas les soumettre au monopole d'un groupe pharmaceutique est de défendre leur maintien en l'état, c'est-à dire de s'opposer à toute brevetabilité de médicaments issus de l'usage desdits savoirs. Cette méthode doit conduire à lutter contre les « mauvais brevets », c'est-à-dire la protection d'un médicament issu du savoir traditionnel au profit de personnes autres que les membres de la communauté autochtone à

---

[720] Voir Résolution WHA 56.31 de la cinquante-sixième Assemblée Mondiale de la santé du 28 mars 2003.
[721] W. Abdelgawad, op.cit., p.328.
[722] V. Shiva, *La biopiraterie ou le pillage de la nature et de la connaissance*, Alias, Paris, 2002, pp.14-15.

l'origine du savoir. Le « mauvais brevet » est donc un brevet attribué à tort et qui viole la loi sur les brevets du pays saisi de la demande. Le brevet attribué peut donc être révoqué. Dans ce sens on peut citer la révocation en 2010 d'un brevet portant sur un procédé d'extraction d'une substance active à partir de racines poussant en Afrique du Sud par l'Office européen des brevets(OEB)[723]. Il y a aussi l'exemple du neem ou margousier. Cette plante qui pousse au Burkina Faso et au Sénégal est également connue en Inde comme un antifongique. Des chercheurs ayant séjourné en Inde ont sollicité et obtenu auprès de l'OEB, un brevet de médicament utilisant cette plante et pour les mêmes propriétés au profit de la société américaine W.R. Grace. Le brevet a été révoqué par la suite au motif que le neem et les propriétés évoquées sont issus des savoirs traditionnels et qu'« aucun brevet ne doit être octroyé pour une chose déjà connue au préalable, par exemple, dans le cadre des connaissances traditionnelles communes »[724]. Ces décisions sont une avancée majeure dans la recherche de la protection des savoirs traditionnels mais elles sont très limitées dans la lutte contre la biopiraterie. En effet, ces décisions ne sont pas universelles, il existe aux Etats-Unis et au Japon des lois qui favorisent la protection des inventions issues du savoir traditionnel. En effet contrairement au droit européen en matière de brevet, ces deux droits permettent de qualifier de nouvelle des inventions, même si celles-ci existent déjà dans un pays étranger, mais sous forme non documentée. Les savoirs traditionnels étant par principe non écrits, leur brevetabilité est tout à fait légale aux Etats-Unis et au Japon[725]. Pour mieux défendre les savoirs traditionnels, il faut donc établir la

---

[723] Décision de la division d'opposition : révocation du brevet EP 1429795 du 20 avril 2010. Saisi à l'époque de la demande l'OEB ignorait l'existence de savoirs traditionnels à l'origine de l'invention, surtout que ces savoirs étaient basés à l'étranger.

[724] Décision du 13 février 2001, Neemfungicide, n° 90250319.2-2117/0436257. La société a fait appel, mais sans succès, la décision ayant été confirmée (Chambre de recours technique, affaire Neemfungicide OPPO 01, n°90250319.2-2117/0436257).

[725] Il s'agit d'un brevet attribué aux Etats-Unis (US Patent n° .5.206.241) sur le Pygeum, arbre utilisé en Afrique centrale, pour le traitement des troubles de prostate. Il y a également un brevet américain sur une plante éthiopienne de la famille des sapindacées utilisée comme savon et comme médicament contre la Bilharziose (US Patent n°5.252.330 attribué à des chercheurs de l'université de Toledo aux Etats-Unis). Quant au Japon, on peut citer le cas d'un citoyen japonais qui a pu breveter un médicament à base de myrrhe, dont l'usage est connu des égyptiens depuis l'époque des pharaons comme efficace dans le traitement de la schistosomiase.

preuve de leur existence et c'est dans ce sens que l'élaboration par les pays d'une base de données de leurs savoirs traditionnels est importante.

2 : L'élaboration d'une base de données des savoirs médicaux traditionnels comme preuve de leur l'existence

239 - Notion et utilité d'une base de données - Sur le plan mondial, l'OMPI s'est engagée à la construction d'une base de données électronique des savoirs traditionnels. La base de données peut être utilisée comme preuve de l'état de la technique pour faire échec à une demande de brevet sur les savoirs traditionnels. Il s'agit de documenter les savoirs traditionnels qui sont souvent transmis oralement et donc très peu connus sur le plan international. Le brevet étant octroyé sur la base de l'antériorité des techniques, si les autorités délivrant les brevets n'ont pas accès aux savoirs traditionnels, elles peuvent délivrer des brevets sur de fausses déclarations d'innovation. La compilation des savoirs traditionnels permettra de mettre à la disposition de chaque office des brevets, une liste de savoirs dont l'usage doit être exclu de toute demande de brevet. Ainsi lorsqu'ils sont saisis d'une demande de brevet, les offices de brevets peuvent consulter la base de données et s'assurer que les objets qui leur sont soumis satisfont les conditions de nouveauté et d'inventivité.

240 - Quelques exemples de base de données - Sur le plan international on peut citer la nouvelle édition de la classification internationale des brevets fait par l'OMPI. Cette classification a intégré un nouveau groupe basé sur les préparations phytothérapeutiques traditionnelles. On retrouve dans cette classification la majeure partie des savoirs traditionnels du domaine pharmaceutique[726].

---

[726] OMPI, « Un système international actualisé de recherche d'information en matière de brevets accessible en ligne », Actualité, Géneve, 9 août 2005, UPD/259/2005, www.wipo.int.

Sur le plan local, on peut citer l'exemple de l'Inde qui semble être le pays le plus atteint par la biopiraterie[727] ou du moins le plus médiatisé. Les autorités indiennes ont donc pris la protection des savoirs traditionnels avec beaucoup de volonté politique. C'est ainsi qu'elles ont créé une bibliothèque numérique de savoirs traditionnels[728].

241 - Les limites de la base de données - Il est indéniable que le fait de mettre une base de données sur le domaine public peut empêcher l'usage commercial en termes de monopole. En effet, aucun objet dérivé des savoirs répertoriés ne pourra être breveté, mais le danger est d'ouvrir lesdits savoirs à l'usage non autorisé[729] ; toute personne pouvant s'en servir, de plus, la publication de la base de données ne protège pas vraiment les détenteurs du savoir, il détache par contre le savoir de leurs détenteurs. L'autre limite est que la base de données ne pourra pas recenser l'ensemble des savoirs traditionnels. Il est peut être plus efficace de développer une protection sui generis pour les savoirs traditionnels.

---

[727] La biopiraterie est l'appropriation illicite par les entreprises multinationales et d'autres acteurs économiques des pays riches en biotechnologie (instituts de recherche, universités, collecteurs privés) des ressources biologiques et des savoirs traditionnels qui y sont associés des communautés autochtones et locales vivant dans les PED dans l'objectif d'obtenir, par le biais de brevets ou de tout autre instrument juridique comme les droits d'obtention végétale, un monopole légal ou un droit exclusif sur ces ressources et savoirs. Définition empruntée à W. Abdelgawad, op.cit., p.325.

[728] Pour l'histoire, deux indiens résidants aux Etats-Unis avaient réussi à se faire délivrer un brevet sur le curcuma dans le traitement des blessures. Ce procédé vieux de plusieurs décennies est issu des savoirs médicinaux indiens. L'Inde ayant demandé la révocation dudit brevet au bureau américain des brevets a obtenu gain de cause. Le brevet a été révoqué pour son caractère évident et son manque de nouveauté. L'Inde en a profité pour élaborer une base de données des savoirs traditionnels indiens en matière de médicaments traditionnels dont la brevetabilité est interdite.

[729] On peut citer le scandale lié aux activités du groupe consultatif international de recherche agricole. Ce groupe dispose de la plus importante base de données sur les plantes et le matériel génétique du monde. Alors que son objectif était une préservation de ces plantes et matériel génétique afin de faire avancer la recherche, des multinationales ont pu breveter certaines de leurs ressources (J. Kuanpoth, « Closing in on biopiracy : legal dilemmas and opportunities for the South », in R. Meléndez-Ortiz, V. Sanchez (dir.), *Traiding in genes*, ICTSD, London, Earthscan, 2005, p.139 et suivants.

B : La protection positive des savoirs traditionnels, ou la reconnaissance de droits positifs sur les savoirs traditionnels

La protection positive des savoirs traditionnels consiste à conférer par une législation sui generis des droits aux détenteurs de ces savoirs. Les autorités politiques des différents pays peuvent introduire dans leur droit interne des dispositions spécifiques qui protègent les savoirs traditionnels (1). La protection positive peut également s'inspirer des droits coutumiers des pays ou être internationale (2).

1 : Les possibilités nationales et régionales de protection des savoirs traditionnels

242 - La protection des savoirs traditionnels médicaux sur le plan national - Les constitutions burkinabè et sénégalaise garantissent le droit à la propriété intellectuelle. Sur cette base le législateur peut développer des initiatives pour protéger les savoirs issus des communautés locales et qui servent à la médecine traditionnelle. Dans ce sens l'objectif n°7 de la déclaration de la politique nationale en matière de médecine traditionnelle du gouvernement du Burkina Faso porte sur l'amélioration du système de production et de distribution des médicaments issus de la pharmacopée traditionnelle. Le gouvernement s'est fixé comme objectif de mettre en place une réglementation concernant la propriété intellectuelle et l'éthique en matière de médecine et pharmacopée traditionnelles[730]. Cette initiative est louable mais on peut regretter qu'elle soit restée au stade de déclaration politique sans jamais été traduite en droit. Au Burkina Faso aucune norme nationale ne permet de protéger les savoirs traditionnels.

En Afrique noire francophone, deux pays se distinguent dans leur législation en offrant une protection pour les tradipraticiens qui en viendraient à divulguer leurs savoirs sur un domaine précis de la médecine traditionnelle. Le législateur du Congo à travers le Code de déontologie des tradipraticiens offre une protection juridique à tout « tradipraticien qui accepte de livrer une recette ou formule pour des besoins de recherche scientifique »[731]. La Guinée Conakry abonde

[730] Document cadre de politique nationale en matière de médecine et pharmacopée traditionnelle, octobre 2004.

[731] Article 39 du code de déontologie des tradipraticien du Congo.

dans le même sens. Pour les auteurs du CSP guinéen, « il n'est pas éthique de laisser se perdre le secret d'une recette. Celui qui connaît une recette doit veiller à ce qu'elle soit recueillie » et si cette recette génère des profits, ce profit doit être partagé avec celui auprès de qui la recette a été recueillie. Cette disposition du CSP guinéen n'est pas vraiment une protection sui generis, elle ressemble aux arrangements contractuels qui existent dans ce domaine. Les arrangements contractuels consistent pour les firmes pharmaceutiques où d'autres entreprises intéressées à conclure un contrat avec les détenteurs d'un savoir traditionnel à l'issu duquel, le détenteur s'engage à fournir la recette et l'industriel à le rémunérer. L'OAPI semble pencher vers cette solution, elle encourage les tradipraticiens et les industriels à plus de collaboration pour évoluer vers une industrialisation des médicaments issus des savoirs traditionnels[732].

243- L'usage du droit coutumier pour protéger les savoirs traditionnels - Dans l'idée de savoirs traditionnels il y a l'usage collectif des savoirs ; les savoirs appartiennent à toute une communauté. Cette vision s'oppose à la vision occidentale de propriété privée qui a inspiré le modèle actuel de propriété intellectuelle. Le but de tels savoirs n'est pas la commercialisation. Ces savoirs étaient jadis utilisés pour servir la communauté qui les détient. La communauté désigne un gardien pour conserver ses savoirs et les transmettre à la génération suivante. Il serait logique de s'inspirer des droits coutumiers pour légiférer, car la valeur spirituelle et culturelle qui accompagne ses savoirs semble être leur essence. Ces savoirs identifient les différentes communautés et ne sauraient être convertis en valeur d'argent.

A l'heure actuelle ces voies ne sont pas explorées par les législateurs du Burkina Faso et du Sénégal. Au Sénégal, le droit coutumier a servi de base en matière familiale et foncière. On peut regretter que les autorités politiques n'explorent pas assez la tradition en matière de médecine traditionnelle.

---

[732] Cf infra paragraphe 246.

2 : Une solution régionale ou internationale de protection des savoirs traditionnels

244- Les actions de l'OAPI en matière de protection des savoirs traditionnels - En matière régionale, l'OAPI représente, pour le Burkina Faso et le Sénégal ainsi que pour un certain nombre de pays francophones d'Afrique, l'agence des droits de propriété intellectuelle[733]. Ces dernières années, cette institution a entrepris des actions tendant à encourager la protection des savoirs traditionnels. Ses initiatives ont commencé avec l'Initiative de Libreville adoptée en 2002 relative à la protection et à la valorisation des inventions africaines en matière de médicaments[734]. Cette initiative a été adoptée par les ministres africains de l'Industrie et ceux de la Santé. L'OAPI a invité les Etats à préserver l'énorme potentiel que représente la flore africaine en termes de plantes médicinales et d'en faire un usage rationnel pour la mise au point de nouveaux médicaments. Ce potentiel médicinal africain constitue une source d'informations précieuses pour la recherche de nouvelles molécules actives et dignes d'intérêt dans la prise en charge thérapeutique de pathologies majeures. L'OAPI a pris l'engagement d'aider les tradipraticiens à protéger leurs savoirs. Selon l'organisation, cette « créativité africaine, tant au niveau des tradipraticiens que des institutions de recherche, a besoin d'une meilleure reconnaissance et d'une valorisation par la production et la mise sur le marché de médicaments »[735].

---

[733] Cf infra paragraphe 692 et suivants.

[734] Selon l'OAPI, « la valorisation des inventions, en terme habituel, concerne essentiellement l'exploitation industrielle et la commercialisation d'un produit fini. En ce qui concerne le médicament issu de la pharmacopée traditionnelle, il convient d'intégrer à ce concept une étape essentielle de la mise au point que représente la constitution des dossiers de demande d'AMM et la promotion du médicament ». Conférence des Ministres chargés de l'Industrie et de la Santé des Etats membres de l'OAPI sur : L'Initiative pour la protection et la valorisation des inventions africaines en matière de médicaments, Libreville 11-13 septembre 2002.

[735] Conférence des Ministres chargés de l'Industrie et de la Santé des Etats membres de l'OAPI, op.cit.

L'existence de l'OAPI est certes louable, mais ses services sont peu utilisés par les Africains[736]. Le niveau de protection des inventions et innovations africaines en matière de médicaments est en nette contradiction avec les potentialités de la pharmacopée traditionnelle, la créativité des tradipraticiens et le dynamisme des chercheurs. Pour assurer la protection des inventions relatives aux médicaments issus de la pharmacopée traditionnelle, l'OAPI propose la création de cellules de propriété intellectuelle dans les institutions de recherche pour sensibiliser et aider à breveter les inventions ; elle propose également la formation en droit de propriété intellectuelle de personnes ressources, dans ces institutions de recherche. Malheureusement, elle n'indique nulle part la possibilité d'adopter des normes régionales de protection des savoirs traditionnels[737].

245- Les instances internationales de protection des savoirs traditionnels - Aucun mécanisme international ne permet de protéger les savoirs traditionnels. Le droit international regorge, en matière de protection des savoirs traditionnels de nombreuses dispositions de bonne conscience. En effet, les déclarations de principe, les résolutions, les lignes directrices[738] proclament toutes la reconnaissance et la protection des savoirs des peuples autochtones, mais elles sont non contraignantes pour les Etats, mêmes les conventions les plus célèbres ne permettent pas de protéger les savoirs traditionnels[739].

---

736 Par exemple, entre 1998 et 2001, elle a enregistré un total de 546 brevets portant sur des inventions relatives aux médicaments, mais seulement 9 de ces brevets ont été déposés par des ressortissants des pays membres de l'organisation. A titre de comparaison, l'Institut National de Propriété industrielle de France a enregistré pour la seule année 1998, un total de 582 brevets sur des médicaments.

737 L'OAPI est la gardienne de l'Accord de Bangui, accord qui sert de droit national en matière de propriété intellectuelle pour ses Etats membres. Dans ce sens une modification de son droit pouvait être envisagée pour protéger les savoirs traditionnels.

738 Les instruments proviennent de l'ONU, de l'UNESCO, de l'OMS etc. On peut citer la résolution 2000/7 sur les droits de propriété intellectuelle et les droits de l'Homme de la sous commission des droits de l'homme de l'ONU, les lignes directrices de Bonn sur l'accès aux ressources génétiques et le partage juste des avantages résultant de leur utilisation.

739 Il s'agit ici de la Convention sur la Diversité Biologique entrée en vigueur en 2003. C'est cette convention qui a reconnu pour la première fois que la conservation de la biodiversité était une préoccupation commune à l'humanité et une partie intégrante au processus de développement.

La convention sur la diversité biologique (CDB) entrée en vigueur en 2003, même si elle apparaît plus comme un concept politique, qu'un droit de propriété intellectuelle, assigne comme objectifs aux Etats de respecter, de préserver et de maintenir les savoirs traditionnels des communautés autochtones et locales. Cette convention pose clairement le problème des savoirs traditionnels. Sans appeler à un droit des brevets sui generis sur les savoirs traditionnels, elle appelle à défendre ces savoirs contre leur usage irrationnel[740].

A Côté de la CDB on peut citer le comité international de la propriété intellectuelle relative aux ressources génétiques, aux savoirs traditionnels et au folklore de l'Organisation mondiale de la propriété intellectuelle (OMPI/CIG) et l'UNESCO. L'UNESCO est partie du constat que l'exploitation des ressources traditionnelles des pays pauvres se fait sous le couvert d'aide au développement, c'est ainsi qu'elle a affirmé que « les communautés locales ne peuvent plus être considérées comme des récepteurs passifs de l'aide au développement. Elles possèdent des connaissances propres de leur milieu naturel et ont leurs propres interprétations de la manière dont celui-ci doit être géré »[741]. Elle appelle donc à défendre ces savoirs.

Si les savoirs traditionnels doivent être protégés afin d'éviter leur exploitation illicite, les médicaments issus de ces savoirs doivent pour accéder au marché recevoir une autorisation.

Sous-section 2 : La mise sur le marché du médicament traditionnel

Le médicament traditionnel tout comme le médicament moderne, doit être évalué pour s'assurer de sa qualité afin de pouvoir

---

[740] Avec l'obligation internationale de protéger les inventions, certains pays du Sud, riches en biodiversité se sont vus obligés de reconnaître la validité de brevets portant sur leur propre patrimoine culturel et biologique. Malheureusement, le guérisseur ou sa communauté ne peut pas établir la preuve que le médicament dérive de leurs savoirs détenus durant des décennies, ce qui impliquerait que le nouveau médicament n'est pas une innovation.

[741] L'UNESCO définit les savoirs traditionnels comme « l'ensemble des connaissances, savoir-faire et représentations des peuples ayant une longue histoire avec leur milieu naturel. Ils sont étroitement liés au langage, aux relations sociales, à la spiritualité et à leur façon d'appréhender le monde et sont généralement détenus de manière collective ».

l'homologuer (Paragraphe 1). Une fois autorisé à exercer, le tradipraticien assume la responsabilité de ses actes. Le tradipraticien sera doublement responsable : il est en même temps soignant, fabricant et dispensateur de médicaments. Il assume la responsabilité liée à ses actes de soins ainsi qu'aux produits qu'il vend (Paragraphe 2).

Paragraphe 1 : L'homologation des médicaments traditionnels

Compte tenu du recul de la médecine traditionnelle dans les systèmes de santé en Afrique et du mariage réussi de la médecine moderne avec les intellectuels africains, les différents pays ont encore du mal à intégrer la médecine traditionnelle dans leur droit interne. Ainsi cette pratique, pourtant plus populaire que sa sœur cadette, est toujours abordée de façon spécifique. Les déclarations d'intention, les séminaires et autres forums consacrés à sa promotion sont nombreux et anciens. Depuis que l'Afrique a recouvré la liberté politique et de gouvernance, sur le plan national ou sur le plan continental, les mesures en faveur de l'intégration complète de la médecine traditionnelle dans les systèmes de santé n'ont cessé de fleurir. Mais malheureusement le constat est amère, plus de cinquante ans après les indépendances, la médecine traditionnelle demeure inorganisée. Il convient de présenter la situation du médicament traditionnel en Afrique (A), avant de donner le cadre juridique burkinabè en matière d'homologation des produits pharmaceutiques issus de la pharmacopée traditionnelle (B).

A : La mise sur le marché des médicaments traditionnels : une procédure non harmonisée

Le statut juridique de la médecine traditionnelle en Afrique est disparate, si quelques pays reconnaissent et organisent cette pratique, la majorité, sans l'ignorer, laisse son exercice à la portée de tout charlatan. Le statut conféré à cette médecine est doublement paradoxale. D'abord la médecine traditionnelle est la plus utilisée, environ 80% de la population y a recours, ensuite depuis les indépendances, l'OUA s'est saisie de la question avant même que l'OMS ne lance son appel à revaloriser cette médecine[742]. Les déclarations qui se suivent sont sans force obligatoire ce qui ne suscite aucune réaction des Etats et explique sans doute pourquoi cette médecine est toujours sur le banc d'essais en ce qui concerne sa réglementation.

Si le processus d'homologation des médicaments modernes a été harmonisé dans certaines régions d'Afrique[743], ce n'est pas le cas des médicaments traditionnels. On peut seulement citer les travaux de l'OAPI qui œuvre pour l'harmonisation des procédures d'octroi de l'AMM en matière de médicaments traditionnels.

246 - Les initiatives de l'OAPI pour l'homologation des médicaments traditionnels - L'OAPI est une institution de propriété intellectuelle, son implication dans la médecine traditionnelle réside dans la recherche d'une industrialisation de ce secteur. Selon elle pour aboutir à un développement industriel du secteur de la médecine traditionnelle, il faut que les médicaments traditionnels tout comme les médicaments modernes suivent la voie de l'homologation. Pour ce faire, elle a engagé une sensibilisation de ses pays membres. Elle définit l'homologation comme « le processus qui conduit à l'octroi, par une autorité de réglementation pharmaceutique, de l'AMM d'un médicament » et inclut l'homologation dans la valorisation des inventions. Pour l'OAPI, si très peu de médicaments traditionnels sont homologués cela est dû à l'inadaptation des réglementations en vigueur dans les pays membres de l'OAPI. En effet le cadre juridique souvent réservé à la médecine traditionnelle diffère de très peu de celui de la médecine moderne, alors que les deux pratiques n'ont pas les mêmes réalités. Les tradipraticiens se découragent au vu des contraintes qu'on leur exige pour la mise sur le marché d'un médicament. L'OAPI propose pour améliorer les conditions d'homologation et de distribution des médicaments issus de la pharmacopée traditionnelle, la rédaction d'un référentiel d'homologation élaboré par les pays membres. Selon l'OAPI

[742] Les Chefs d'Etat et de Gouvernement de l'OUA ont institué, la période de 2001-2010 « décennie de la médecine traditionnelle en Afrique ». Cf Déclaration de Lusaka(http://www.africa-union.org/Official_documents/Heads%20of%20State%20Summits/Hog%20fr/AHG-Decisions%20-160-170%20_XXXVII_%20Lusaka%202001.pdf).

[743] L'UEMOA (Afrique de l'Ouest), la CEMAC (Afrique centrale), la SADC (Afrique australe) ont harmonisé leur procédure d'AMM.

l'identification des tradipraticiens selon des règles communes serait une solution efficace pour harmoniser les procédures d'homologation des médicaments issus de la pharmacopée traditionnelle.

L'OAPI pose selon nous les bonnes questions, la clé de voûte d'une réussite de l'intégration de la médecine traditionnelle dans le système de santé réside dans sa bonne définition, définition qui conduirait à une identification claire et sans ambiguïté du tradipraticien, ce qui contribuerait à réduire l'émergence des charlatans. Il y a un intérêt économique à organiser le marché des médicaments traditionnels, selon l'OMS ce marché représente 60 milliards de dollars par an, il est donc logique et urgent d'encadrer ce secteur pour une meilleure circulation des médicaments issus de la pharmacopée traditionnelle. Au Burkina Faso, le droit encadre déjà la mise sur le marché des médicaments traditionnels.

B : La mise sur le marché des médicaments traditionnels : un cadre juridique national

Au Burkina Faso, le tradipraticien ou l'industriel chercheur qui veut mettre son médicament issu de la pharmacopée traditionnelle sur le marché, doit satisfaire au dispositif d'AMM. Il doit déposer un dossier pour permettre à une équipe technique d'apprécier sur le plan scientifique les qualités du médicament (1). Le traitement juridique des médicaments traditionnels ne doit pas être moins rigoureux sous prétexte de promotion de la médecine traditionnelle. Que le médicament soit naturel ou synthétique, il est toujours dangereux. Les autorités étatiques, en réglementant la mise sur le marché des médicaments traditionnels, doivent également être très regardantes sur les effets secondaires desdits médicaments ainsi que sur les possibles interactions négatives qu'ils pourraient avoir avec leur association aux médicaments modernes (2).

1 : La procédure de demande d'AMM d'un médicament traditionnel

Pour être importé, détenu, distribué et dispensé au Burkina Faso, le médicament traditionnel doit, comme tout médicament, recevoir une AMM. L'AMM est délivrée au médicament de catégorie II, III et

IV. Les médicaments de catégorie I étant directement fabriqués ou préparés pour un patient donné sont exclus du champ de l'AMM.

247 - Le dossier de l'AMM du médicament traditionnel : des conditions complexes pour des tradipraticiens pauvres et analphabètes - Le demandeur d'une AMM de médicament traditionnel doit constituer un dossier de demande d'AMM rédigé en français. Une des difficultés est l'analphabétisme des tradipraticiens. Le dossier comprend une demande écrite par dénomination, par forme, par dosage et par présentation du médicament, des pièces administratives, des pièces techniques. Il faut noter qu'une redevance de 25 000 FCFA (38 euros) est demandée pour chaque dossier, ce qui est excessif pour des praticiens dont la majorité est issue des zones rurales très pauvres[744]. Les éléments constitutifs de ce dossier dépendent de la catégorie des médicaments. Seuls les médicaments de la catégorie 4 entrent dans le cadre des procédures actuellement en cours pour les médicaments conventionnels. Pour les médicaments de la catégorie II et III, le dossier est subdivisé en trois parties.

248 - Le dossier administratif - Il est constitué d'une demande et des pièces concernant la structure de production, des échantillons du médicament concerné, avec une preuve du paiement des frais d'enregistrement. Le dossier du médicament de la catégorie III doit comporter une compilation des protocoles d'accord, notamment une convention de partenariat entre le producteur et un institut de recherche[745].

---

[744]Un tradipraticien burkinabè interrogé par un journal de la place fait cas des difficultés rencontrés : « actuellement, nous avons entrepris des démarches auprès du ministère de la Santé dans le but qu'il reconnaisse ce que nous faisons. Mais c'est très difficile. En effet, pour chaque recette que nous avons, nous devons déposer cinq échantillons pour les analyses. Et, pour chaque échantillon, nous devons débourser vingt cinq mille (25 000) F CFA. Donc, pour une seule recette, cela nous revient à 125 000 F CFA. Pour dix recettes, nous sommes à plus d'un million de F CFA. Ce qui n'est pas évident. »

[745] Sur ce point un travail de sensibilisation mérite d'être fait car le tradipraticien est réticent à fournir sa recette. Les autorités burkinabè peuvent réfléchir à une facilitation pour l'obtention d'un brevet sur les recettes des produits, cela encouragera sans doute le tradipraticien à révéler sa recette et à accepter la collaboration avec un institut de recherche.

249 - Le dossier pharmaceutique - Il s'agit ici d'éléments permettant d'apprécier la qualité thérapeutique du médicament. L'autorité compétente porte un regard sur les matières premières utilisées[746]. Il faut noter que la formule doit être précisée[747], le mode et les étapes de fabrication, la méthode de contrôle en cours de fabrication, un rapport d'expertise concernant les bonnes pratiques de fabrication. Pour le produit fini, les informations figurant sur les étiquettes doivent à la fois rassurer le consommateur et lui permettre un usage correct du médicament.

250 - Dossier pharmaco-toxicologique et clinique - Il s'agit ici principalement des essais cliniques. Le médicament de catégorie 2 n'ayant pas besoin d'essai clinique, il est demandé au fabricant sollicitant une AMM pour cette catégorie d'apporter un rapport d'expertise attestant une longue expérience d'utilisation du médicament dans sa forme actuelle ou dans sa forme traditionnelle (au maximum 20 ans). Seulement l'arrêté ne précise pas qui délivre un tel rapport ni comment se la procurer. Une enquête des instituts de recherche et une déclaration des pharmaciens ayant commercialisé ce médicament sont requises. Une bibliographie exhaustive (publication, thèse, mémoire) peut également appuyer la demande.

Le médicament de catégorie III, quant à lui, a besoin d'essai clinique, il est donc demandé au fabricant sollicitant une AMM d'apporter les données de pharmacodynamie, les résultats des essais cliniques de toxicité aiguë et sub-chronique, une étude de littérature sur le médicament en question, un rapport d'expertise sur les essais cliniques, une autorisation des essais cliniques délivrée par le comité national d'éthique, un protocole d'essais clinique suivant les méthodes standards.

---

[746] L'évaluation porte également sur les éléments suivants : la monographie des plantes utilisées, la dénomination scientifique de chaque plante, leur nom en langue locale, les caractères organoleptiques et microscopiques, des précisions sur la station de récolte des plantes, le résultat des essais de stabilité et de contrôle de qualité des matières premières végétales et les excipients.

[747]Les propos du tradipraticien burkinabè est révélateur de l'échec de cette réglementation loin des réalités du terrain : « aussi, nous demande-t-on de donner la composition exacte de nos recettes, ainsi que leur préparation. Nous ne pouvons pas dévoiler nos recettes. Ce qui explique que beaucoup d'entre nous préfèrent ne pas être reconnus par le ministère de la Santé. »

251 - La décision administrative d'octroi ou de refus de l'AMM : une décision en amont d'un avis technique - Il existe une commission technique nationale spécifique chargée de l'examen de dossiers de demande d'AMM des médicaments issus de la pharmacopée traditionnelle. Il n'y a aucun tradipraticien dans la commission[748]. Elle est un organe consultatif du ministère de la Santé qui a pour mission de donner son avis sur les dossiers d'AMM, sur les suspensions et les projets de retrait définitif d'AMM ainsi que sur les dossiers de renouvellement.

Les médicaments traditionnels ne sont pas sans effets indésirables, il faut développer des mesures pour contrôler lesdits effets.

2 : La nécessité de contrôler les effets néfastes et les interactions médicamenteuses des médicaments traditionnels

Les écorces, racines ou feuilles de plantes utilisées brutes ou améliorées dans le traitement des maladies, dans le cadre de la médecine traditionnelle, peuvent engendrer des effets néfastes, des surdosages ou encore un sous dosage. Ces médicaments, vu les précautions sommaires d'hygiène mises en place par certains tradipraticiens, peuvent également être souillés et conduire à aggraver les maladies qu'ils sont censés traiter. Beaucoup de ces médicaments sont vendus à même le sol. Les autorités étatiques doivent intervenir pour faire respecter les règles d'hygiène minimum aux tradipraticiens.

252 - Les effets secondaires des médicaments traditionnels : la nécessité de renforcer la surveillance des médicaments avec ou sans AMM - Ce n'est pas parce que le médicament est traditionnel qu'il ne comporte pas de danger. Les médicaments traditionnels contiennent des principes actifs dont l'usage peut produire des effets non voulus. Il existe également un risque de surdosage. En matière de médecine traditionnelle, la notion de dose n'est pas souvent bien perçue. La pincée qui est généralement l'unité de mesure n'est pas

[748] Cette commission est composée du directeur général de la pharmacie et du médicament qui en est le président, du vice-président qui est le directeur de promotion de la médecine et de la pharmacopée traditionnelle de la DGPML, ainsi que des membres qui sont tous des professionnels, soit pharmaciens, soit universitaires.

efficace et peut conduire à des erreurs. Il y a lieu de surveiller l'usage de ces médicaments et sensibiliser les tradipraticiens sur les notions de dosage. Si nous ne disposons pas de cas d'effets indésirables signalés au Burkina Faso et au Sénégal sur l'usage de plantes médicinales, on peut citer le cas du kava-kava, utilisé pour lutter contre le symptôme du stress et qui a été retiré du marché, notamment en France[749] et au Canada[750], pour ses effets secondaires graves.

253 - Les risques d'interaction entre médicaments traditionnels et médicaments modernes - Ce risque est grand et est souvent attribué aux médicaments modernes. En effet lorsque le patient fait des va et vient entre médecine moderne et médecine traditionnelle, il se retrouve avec des médicaments des deux côtés, qu'il consomme, ce qui peut engendrer des effets contraires. Soit des interactions médicamenteuses peuvent survenir, soit les effets de l'un peuvent annuler les effets de l'autre et le patient se retrouve comme s'il n'avait pris aucun médicament.

En ce qui concerne les interactions médicamenteuses, on peut se référer à l'énumération du botaniste américain Mark Blumenthal ; selon lui certaines plantes ont des effets analogues aux médicaments modernes et peuvent donc interagir avec ceux-ci. Il cite l'exemple des glucosides cardiotoniques, utilisés dans le traitement de l'insuffisance cardiaque et de certains troubles du rythme cardiaque. De même, bon nombre de plantes possèdent des propriétés semblables à celles des anticoagulants. La combinaison des végétaux et des médicaments peut dans ce cas engendrer de graves interactions. Par exemple les diabétiques doivent porter une attention particulière aux plantes provoquant des variations de la glycémie[751].

---

[749] Décision du 13 mars 2003 portant interdiction de la mise sur le marché, à titre gratuit ou onéreux, de la délivrance et de l'utilisation à des fins thérapeutiques du kava (Kava-kava, Kawa-Kawa, Piper methysticum) et de produits en contenant, sous toutes formes, à l'exception des médicaments homéopathiques à des dilutions égales ou supérieures à la 5e dilution centésimale hahnemannienne, JORF n°72 du 26 mars 2003 page 5367

[750] Santé Canada a interdit le kava kava le 21 août 2002, au motif qu'elle ne « dispose pas de données suffisantes concernant l'innocuité de ces produits » et que ces derniers présentent un risque potentiel inacceptable pour la santé. Voir http://www.hc-sc.gc.ca/francais/protection/mises_garde/2002/2002_56f.htm

[751] http://www.floramedicina.com/interactions-plantes-medicinales-medicaments.

Lorsque son médicament est source de préjudice ou encore lorsque ses actes causent un dommage à un patient, le tradipraticien peut voir sa responsabilité engagée.

Paragraphe 2 : La responsabilité du tradipraticien

Le tradipraticien, dans sa relation avec son patient, peut voir sa responsabilité engagée pour inexécution du contrat de soin. Sa responsabilité peut également être mise en œuvre sur le fondement délictuel. Il n'existe pas de texte spécial régissant cette responsabilité, le tradipraticien est donc soumis à la responsabilité civile de droit commun, que son statut soit juridiquement organisé ou non (A). Cependant, compte tenu des pouvoirs exorbitants qu'il détient, il est urgent d'aménager un régime spécial de responsabilité pour le tradipraticien ou d'organiser des tribunaux spéciaux pour connaître des affaires impliquant le tradipraticien lors de l'exercice de ses activités de soins (B).

A : La responsabilité du tradipraticien : une responsabilité de droit commun

Selon le droit burkinabè, le tradipraticien de santé est civilement responsable de tous les actes qu'il pose[752]. Au Sénégal, en dehors de tout texte spécifique sur la responsabilité du tradipraticien, c'est le principe général du droit commun de la responsabilité qui s'applique selon lequel « est responsable celui qui par sa faute cause un dommage à autrui »[753]. Le tradipraticien étant également lié à son patient par un contrat, il va sans dire qu'en dehors du droit commun de la responsabilité, il peut engager sa responsabilité contractuelle. Que la responsabilité soit contractuelle ou délictuelle, la personne qui évoque la faute du tradipraticien doit la prouver (1). Le tradipraticien peut également être appelé à répondre de sa responsabilité pénale (2).

---

[752] Article 10 du décret n° 2004-568/PRES/PM/MS/ MCPEA/MECV/MESSRS portant conditions d'exercice de la médecine traditionnelle au Burkina Faso.
[753] Article 118 du COCC.

1 : La responsabilité civile du tradipraticien : une responsabilité pour faute

254- Le tradipraticien contracte une obligation de moyen - Dans l'exercice de tout acte médical, il peut survenir une faute entraînant un préjudice, il est alors normal que l'auteur de tels actes puisse en assumer les conséquences. En l'absence de tout texte spécifique, le tradipraticien est assimilé à tout citoyen en matière de responsabilité. Sa responsabilité est personnelle. La responsabilité civile du tradipraticien est basée sur le triptyque fait générateur - lien de causalité - dommage. Le tradipraticien, s'il ne contracte pas l'obligation de guérir son patient, contracte celle de lui donner des soins appropriés. Cette obligation qui est de moyen suppose de lui, qu'il use de tout son savoir, de toutes ses méthodes pour donner des soins raisonnables, c'est-à-dire qui vont vers l'amélioration du patient. Sa faute sera appréciée au regard de son comportement dans l'acte de soin. Cela veut dire que le tradipraticien doit agir selon les règles générales de bon sens et de prudence, autrement dit comme l'aurait fait un tradipraticien consciencieux et sérieux. Il appartient au patient d'apporter la preuve que le tradipraticien n'a pas usé de tous les moyens pour le soigner.

255 - La faute de diagnostic - La faute de diagnostic du tradipraticien suppose que celui-ci omette de faire un diagnostic et procède à la dispensation de médicaments ou encore qu'il n'use pas des moyens connus pour faire son diagnostic. Mais dans le cadre de la médecine traditionnelle, la faute de diagnostic comme fait générateur de la responsabilité du tradipraticien est difficile à établir. Il est admis d'une part que la médecine traditionnelle regroupe des pratiques inexplicables. Il peut arriver que le tradipraticien ne pose pas de diagnostic visible, mais dit avoir été guidé par ses génies dès que le patient a franchi le seuil de son cabinet de soin ; d'autre part il n'existe pas de données acquises en matière de médecine traditionnelle en Afrique ; les soins doivent être conformes aux pratiques de sa zone. Ces pratiques à l'heure actuelle ne sont pas encore bien connues au Burkina Faso, ainsi qu'au Sénégal. Cependant nous pensons que la faute de diagnostic peut être retenue dans certains cas. Le droit burkinabè par exemple, impose aux tradipraticiens de recourir à la médecine moderne pour certains diagnostics. Lorsqu'un tradipraticien ne le fait pas et pose un diagnostic qui se révèle faux, il peut engager sa responsabilité. C'est le cas d'un tradipraticien qui, pour diagnostiquer un diabète, employait des méthodes empiriques. Il remettait un bocal à ses patients avec instruction d'y uriner et de le placer sous le lit et ensuite de le ramener le lendemain. Lorsqu'il y avait des fourmis sur le bocal il concluait à un diabète dans le cas contraire le patient était déclaré n'avoir pas de diabète[754]. Ce tradipraticien dispose d'examens complémentaires pour son diagnostic mais refuse de le faire. Il y a également les cas de tradipraticiens « rebouteux », du fait de la méconnaissance de l'anatomie, ils peuvent faire des erreurs, l'essentiel du diagnostic est fait par la palpation. Lorsque le tradipraticien n'a pas recours à la radiographie et pose un mauvais diagnostic préjudiciable au patient sa responsabilité peut être engagée pour faute de diagnostic.

256 - La faute dans l'acte de soin - La faute dans l'acte de soin peut être retenue toutes les fois où le tradipraticien a été soit négligent, soit imprudent, soit maladroit. Les caractéristiques de la faute dans l'acte de soin posent d'énormes difficultés aux patients en termes de preuves. En effet, comment prouver que le tradipraticien, qui exerce dans une immense obscurité, sans informations, a commis une faute ? Ensuite, il y a l'acceptation de la fatalité par les patients, qui fait que peu d'entre eux accusent leurs praticiens. En Afrique « tout malheur répétitif ou durable s'explique d'emblée par la sorcellerie »[755]. Ainsi, lorsqu'un malade souffre d'une pathologie chronique et que le tradipraticien commet une faute, si la mort s'ensuit, le tradipraticien sera blanchi et l'accusation portée sur le sorcier.

257 - La faute dans le défaut d'information - Le droit des patients en général étant mal défini au Burkina Faso et au Sénégal, le droit à l'information du patient qui consulte un tradipraticien est relatif. Dans le comportement collectif, quand on va voir un tradipraticien, il est habituel de ne pas lui poser des questions impertinentes. Le tradipraticien surfe sur un îlot d'irresponsabilité

---

[754] On peut déduire de cette méthode empirique que le tradipraticien se base sur la présence de sucre dans les urines. En effet les fournis sont attirées par le sucre et la présence du sucre signe un diabète.

[755] D. Mbassa Menick, « La religiosité thérapeutique en Afrique noire, une piste pour une nouvelle forme d'assistance médicale et psychiatrique », *Perspective Psy*, 2010/4, vol 49, p. 339.

entretenu pas les croyances populaires et l'incapacité des Etats à encadrer sa profession.

258 - La faute du tradipraticien du fait des produits qu'il délivre- La responsabilité du tradipraticien peut être engagée du fait des produits qu'il délivre. Généralement le tradipraticien, après la consultation délivre un médicament à son patient et le soumet à toute une série d'interdits. Le patient est souvent tenu pour responsable de l'échec des traitements[756].

Au Cameroun, le tribunal correctionnel de Yaoundé a considéré qu'un tradipraticien qui tente un traitement relativement dangereux peut être condamné. En l'espèce, le tradipraticien avait administré des produits jugés dangereux par le tribunal à une patiente, ce qui a semblé aggraver son mal[757]. La responsabilité d'un tradipraticien a également été retenue au Rwanda, pour la mort d'un patient à qui il a délivré des médicaments traditionnels[758]. Les cas sont rares au Burkina Faso et au Sénégal ou ne sont pas médiatisés. On peut également citer le cas d'un tradipraticien togolais exerçant au Gabon qui a été reconnu responsable d'un homicide involontaire sur sa patiente après lui avoir administré une préparation à base de plantes pour la résorption d'une stérilité secondaire. Pour se défendre le tradipraticien a argué que les douleurs décrites par sa défunte patiente étaient normales et que l'efficacité du produit dépendait des organismes mais ne pouvait pas entraîner la mort[759].

259 - Le dommage, condition sine qua non de la responsabilité - La responsabilité civile a pour but de réparer un dommage, il va sans dire qu'elle n'existe pas à défaut de dommage. La faute ne suffit pas, elle doit avoir causé un dommage au patient. Un patient qui souffre d'un préjudice qu'il estime imputable à un tradipraticien, doit

---

[756] Un tradipraticien qui a prescrit une préparation médicamenteuse à un patient, qu'il a lui-même préparée, a expliqué après la mort du patient que ce dernier était tellement faible et lui, son produit tellement puissant, que le malade n'a pas pu résister.

[757] Trib.Cor. Yaoundé, 12 octobre 1970.

[758] Voir : http://www.rnanews.com/national/6271-arrestation-dun-tradipraticien-dans-le-district-de-rwamagama

[759] Affaire tirée du site : http://www.bdpmodwoam.org/articles/2008/02/07/gabon-un-charlatan-abreuve-sa-patiente-dune-potion-mortelle/#.UkyNWE9OLmQ

rechercher la responsabilité de celui-ci. Le dommage peut être physique ou morale.

260 - Le lien de causalité - La relation de causalité est celle qui permet de lier la faute du tradipraticien au dommage du patient. C'est-à-dire que la faute du tradipraticien doit être celle qui a provoqué ou aggraver le cas du patient. Le lien de causalité ne doit souffrir d'aucune ambigüité, il doit être direct, certain et exclusif. La faute du tradipraticien ou la défectuosité de son médicament doit avoir « une aptitude à expliquer la survenance du dommage »[760]. Le dommage et la faute peuvent exister mais le lien fait défaut[761]. Comment faire le lien entre l'aggravation du cas d'un patient et le geste d'un tradipraticien qui soigne par imposition de mains ?

Le tradipraticien peut également engager sa responsabilité pénale lorsqu'il pose des actes contraires au code pénal ou à des textes spécifiques.

2 : La responsabilité pénale du tradipraticien

La responsabilité pénale du tradipraticien renvoie à toute une série de faits condamnés par le code pénal. Le plus souvent au Burkina Faso comme au Sénégal le tradipraticien est poursuivi en matière pénale pour des faits qui s'éloignent de l'acte de soin. Il est souvent poursuivi, soit pour homicide volontaire ou involontaire, soit pour des cas de viol ou d'escroquerie.

261 - Les cas d'homicide involontaire[762] - Selon le Code pénal burkinabè, l'homicide involontaire est le fait de commettre « par maladresse, imprudence, inattention, négligence ou inobservation des

---

[760] J. Ghestin, G. Viney, P. Jourdain, *Traité de droit civil : les conditions de la responsabilité*, 3e édition, L.G.D.J, Paris, 2006, p.193.

[761] On peut citer utilement pour étayer l'absence de lien de causalité, l'exemple d'un arrêt de la Cour d'appel de l'Adamaoua au Cameroun. Cette cour a reconnu en 1999 la responsabilité d'un tradipraticien pour le décès d'un enfant. Mais les motifs de la décision des juges s'éloignent de la pratique de la médecine traditionnelle. En effet, les juges ont lié cette mort à des pratiques de sorcellerie, de magie susceptible de troubler l'ordre ou la tranquillité publique.

[762] Pour la qualification de l'infraction d'homicide involontaire, le lecteur peut consulter : CA Ouagadougou, 5 mars 1994, R.B.D. n° 29, 1er semestre 1996, p. 140, note Monique Ilboudo.

règlements involontairement un homicide ou en est involontairement la cause ». Le tradipraticien peut dans ses actes de soins causer involontairement la mort d'un de ses patients. C'est le cas d'un tradipraticien camerounais qui a pratiqué sur un de ses patients souffrant d'une hernie testiculaire, une chirurgie de fortune. En effet il a procédé, sur une simple natte posée à même le sol dans sa case, à l'ablation de la hernie. Sans suturer la plaie, il a laissé l'infortuné repartir. Le patient est décédé quelques jours plus tard d'une hémorragie[763].

262 - Les cas d'accusation de viol ou d'escroquerie - Le tradipraticien peut dans ses actes de soins être condamné pour viol. C'est le cas d'un tradipraticien ivoirien qui a fait absorber à sa patiente des somnifères puissants pour pouvoir abuser d'elle ou encore d'un autre condamné à un an de prison et 450 000 FCFA pour tentative de viol sur une de ses patientes[764]. Un autre a été condamné à 12 mois de prison ferme au Burkina Faso par le tribunal correctionnel de Bobo-Dioulasso, pour avoir escroqué une personne venue lui confier de l'argent afin qu'il les multiplie. Le tradipraticien avait évoqué pour se défendre, avoir pris la somme pour les besoins des soins. Dans le même registre, le tribunal correctionnel de Bobo-Dioulasso a condamné un tradipraticien à trois mois de prison ferme[765].

En dehors d'un Ordre de tradipraticien doté de pouvoir disciplinaire, le tradipraticien peut être sanctionné au correctionnel lorsqu'il méconnaît les normes régissant sa profession. Par exemple lorsqu'il divulgue des secrets médicaux ; le code pénal punit d'ailleurs la violation de secret[766].

Eu égard à l'ensemble des difficultés qui président à la mise en œuvre de la responsabilité du tradipraticien, il est important de définir

---

[763] Au moment de nos recherches, le tradipraticien était toujours incarcéré en attente d'un jugement (les faits ont eu lieu le 13 mars 2013).

[764] Trib. Cor. Tiassalé (Côte d'Ivoire), 17 avril 2013 affaire Koffi Kouakou Emmanuel, inédit.

[765]Trib. Cor. Bobo-Dioulasso, 23 janvier 2009, affaire H.K c/M.K inédit (H.K dans sa relation de soin avec M.K, a accepté une sollicitation de ce dernier qui voulait une recette miracle pour prospérer dans ses affaires. Le tradipraticien prépara une potion qui s'est avérée inefficace. Le tribunal a retenu le délit d'escroquerie et a condamné le tradipraticien à trois mois de prison ferme).

[766] Articles 374 et 375 du Code pénal burkinabè et l'art 363 du Code pénal sénégalais.

un régime spécial de responsabilité du tradipraticien pour protéger les droits de leurs patients.

B : La nécessité d'un régime spécial de responsabilité du tradipraticien

Peut-on efficacement transposer le régime général de la responsabilité issu du système de droit moderne dans la règlementation de la médecine traditionnelle, sans résoudre certains préalables ? Le fonctionnement de la justice et les affaires qu'elle a connues en matière de médecine traditionnelle nous laissent sceptiques. En effet la mise en œuvre de la responsabilité civile du tradipraticien suivant les règles générales de responsabilité issues du droit civil actuel comporte des limites qui compliquent l'indemnisation du patient où qui ternissent même l'image de la médecine traditionnelle, eu égard au glissement de qualification souvent effectué (1). Le patient, en matière de médecine moderne où il existe une échelle objective d'évaluation des pratiques, a des difficultés à faire le lien entre son dommage et la faute du médecin ou du médicament défectueux. En médecine traditionnelle cette difficulté est aggravée par l'inorganisation du secteur et l'inadaptation des règles en vigueur. Il est urgent, pour un exercice serein de la médecine traditionnelle et dans l'intérêt de la santé publique, de définir un régime spécial de responsabilité pour le tradipraticien (2).

1 : Les limites dans la mise en œuvre de la responsabilité du tradipraticien

263 - La difficile qualification des actes du tradipraticien : le juge et le milieu socioculturel africain - Confronté à des faits irrationnels, le juge relaxe souvent le mis en cause lorsqu'il n'existe aucune preuve matérielle, il ne va pas chercher dans le vécu des populations pour résoudre le problème qui lui est posé. De ce fait le tradipraticien est le plus souvent poursuivi pour escroquerie[767], pour sorcellerie[768], ou pour viol plutôt que pour des faits liés à sa profession de tradipraticien. Nous convenons, avec le procureur général A. Gaye, que « la responsabilité médicale mérite d'être analysée sous l'éclairage sociologique spécifique » aux différents pays. Le procureur Gaye nous conforte dans notre position quand il affirme qu'au « Sénégal, les juges semblent plutôt réticents à expérimenter le régime de responsabilité sans faute, contrairement à leurs homologues français, qui ont eu à prendre des initiatives parfois très audacieuses ». Le haut magistrat de la Cour Suprême pose ici l'épineuse question du manque d'audace du juge africain en général et sénégalais en particulier. Pour lui ce comportement du juge sénégalais peut être qualifié de « frilosité génératrice d'une lacune du droit de la responsabilité médicale »[769]. En effet, il appartient au pouvoir judiciaire, à travers une jurisprudence constante, de faire évoluer le droit, dès que le pouvoir exécutif ou législatif est défaillant.

264- Les difficultés liées au droit des preuves - Outre la difficulté de qualification, il existe deux autres difficultés qui sont liées d'une part au droit des preuves, en ce sens que le patient peine à apporter les preuves de la faute du tradipraticien ou à faire le lien entre la faute et son dommage et d'autre part aux pouvoirs exorbitants du tradipraticien, liant mysticisme et soins. Ces difficultés probatoires affaiblissent les patients et les éloignent de la justice.

Pour rendre opérationnelle la mise en œuvre de la responsabilité des praticiens traditionnels, il faut tenir compte de leur

---

[767] Le tribunal correctionnel de Bobo-Dioulasso en son audience du 25 mars 2013 a condamné une tradipraticienne pour escroquerie. En l'espèce, DC, une voyante a été accusée d'avoir escroqué plus d'une trentaine de femmes. La somme cumulée s'élèverait à près de quatre millions de FCFA. Il est reproché à la prévenue d'avoir trompé des femmes venues lui expliquer leur problème de santé, de stérilité ou encore de malheurs divers, espérant qu'elle les aiderait à les résoudre. Trib. Cor. Bobo-Dioulasso, 25 mars 2013, affaire dame DC contre trois autres femmes, inédit.

[768] TPI Bertoua, septembre 2010, affaire Emmanuel Mbombog Mbog Matip (il faut signaler que le droit burkinabè et sénégalais ne connaissent pas la sorcellerie comme infraction).

[769] Discours d'Abdoulaye Gaye, procureur de la Cour suprême du Sénégal, rentrée solennelle des cours et tribunaux, janvier 2009.

milieu, de l'analphabétisme de la population et surtout du mode de règlement traditionnel des conflits dans leur milieu[770].

2 : La nécessité d'un régime spécial de responsabilité : un modèle traditionnel de responsabilité adapté aux croyances africaines

265 - La coutume comme repère dans le règlement des conflits impliquant le tradipraticien - Aujourd'hui, la plupart des constitutions des Etats d'Afrique noire francophone reconnaissent « la pratique libre de la coutume »[771] et réservent à la loi la fixation de « la procédure selon laquelle les coutumes seront constatées et mises en harmonie avec les principes fondamentaux de la constitution ». Il ne s'agit pas pour nous de prôner un retour à la justice purement traditionnelle, mais il s'agit là d'une invitation à une réflexion sur la possibilité pour les différents Etats de se servir de la coutume pour résoudre des conflits qui dépassent l'esprit rationnel[772]. Le droit coutumier, s'il est développé, peut inciter les peuples autochtones à s'investir dans « les affaires qui affectent leur présent et leur avenir »[773]. Il faut relever que les coutumes ne sont applicables que si

---

[770] Il faut noter que si en droit occidental la vérité lie le juge et demeure un objectif de la justice, en droit traditionnel africain l'opinion individuelle reste subordonnée à l'intérêt du groupe et la vérité ne lie pas le juge traditionnel. Une vérité qui compromettrait un groupe social donné sera abandonnée au profit d'une solution qui préserve ce groupe.

[771] Voir article 7 et 102 de la Constitution du Burkina Faso, article 98 Constitution du Bénin, article premier de la Constitution du Cameroun, article 71 de la Constitution de la Côte d'ivoire, article 153 et 207 de la Constitution de la République du Congo.

[772] Quand on jette un regard comparatif en Afrique du Sud, la Constitution sud-africaine fait obligation aux tribunaux d'appliquer le droit coutumier où il est applicable. Cela veut dire que la constitution reconnaît une force créatrice à la coutume.

[773] J. Lasimbang, « Peuple autochtone et droit coutumier à Sabah, Malaisie », in Groupe International de Travail pour les Peuple Autochtones (GITPA), *Développement et droit coutumier*, L'Harmattan, Paris, 2012, p.63.

elles ne sont pas contraires à la constitution[774]. L'une des solutions peut résider dans l'établissement d'une responsabilité spéciale du tradipraticien et c'est là que revient la nécessité de parvenir à un droit de création africaine, d'inspiration coutumière. Il est reconnu que l'Afrique dans sa globalité était de tradition orale, les clés de la résolution des conflits étaient détenues par une autorité coutumière présidée par le chef du village. Cette autorité était compétente pour tout litige. La justice qu'il rendait s'appuyait sur un réseau d'obligations sociales. Dans les milieux ruraux, cette justice se déroulait sous l'arbre à palabre[775]. Comme le relèvent à juste titre N.-J. Mazen et Q. Azou Goyema, « la culture du continent africaine reste à la base une culture de palabre »[776]. Si l'ethnomédecine[777] est reconnue, le tradipraticien qui pratique les soins en s'écartant de la pratique ancestrale reconnue dans sa zone engage sa responsabilité.

---

[774]Lorsque l'application de la coutume porte atteinte à un droit fondamental de l'homme, la partie lésée n'a pas besoin d'attendre l'épuisement des voies de recours nationaux. C'est ce qu'a affirmé la Cour de justice de la CEDEAO dans l'affaire Dame Hadijatou Mani Koraou c/ République du Niger. En l'espèce, cette dame a été vendue dès l'âge de 12 ans à un riche commerçant nigérien selon une coutume locale du Niger (la Wahiya). Réduite en esclave et en concubine, dame Hadijatou s'est enfuie après avoir eu 4 enfants avec son maître et « mari ». Une série de procès aussi paradoxaux les uns que les autres s'en est suivie et dame Hadijatou n'obtenant pas gain de cause a saisi la Cour de justice de la CEDEAO sans avoir épuisé les voies de recours nationales pour voir condamner l'Etat du Niger pour non respect des droits de l'Homme et voir déclarer sa vente comme une pratique esclavagiste. L'Etat du Niger a soulevé une exception d'irrecevabilité basée sur le non épuisement des voies de recours internes. La Cour a répondu que « le législateur communautaire CEDEAO ne fait pas de la règle d'épuisement préalable des voies de recours internes, une condition de recevabilité devant la Cour ». La coutume a été jugée contraire au droit fondamental de l'Homme notamment aux dispositions de la Chartre africaine des droits de l'Homme et des peuples. Voir, Cour de justice de la CEDEAO, 27 octobre 2008, ECW/CCJ/JUD/06/08.

[775] « La palabre est une méthode pour réconcilier ce qui semble parfois irréconciliable, pour régler à l'amiable des conflits anciens ou même des conflits latents ». E. Ghomsi, *Les bamiléké du Cameroun, essai d'études historiques, des origines à 1920*, thèse de doctorat en histoire, université Paris I Sorbonne, 1972. La palabre se tient généralement dans un lieu public que les auteurs de « la démarche éthique à l'aune de « l'arbre à palabre » comparent à l'agora grecque. N-J. Mazen, Q. Azou Goyema, la démarche éthique à l'aune de « l'arbre à palabre, *RGDM*, n°43, juin 2012, p.305.

[776] Ibidem, p.306.

[777] Pour une meilleure compréhension de l'ethnomédecine, voir S. Genest « Introduction à l'ethnomédecine : essai de synthèse », *Anthropologie et Sociétés*, vol. 2, n° 3, 1978, p. 5-28.

Cela voudrait dire qu'en délivrant l'autorisation au tradipraticien, on lui délivre en même temps une sorte de « coutumier » de sa zone d'exercice.

266 - La responsabilité sans faute du tradipraticien - Notre deuxième proposition consiste à l'instauration d'une responsabilité sans faute du tradipraticien. Dès lors que l'on est en relation de soin avec un praticien de médecine traditionnelle et qu'un dommage survient, celui-ci est présumé responsable. Ce régime spécial est nécessaire, car toute consultation chez le tradipraticien est souvent une séance de divination-diagnostic, difficilement explicable à un esprit rationnel, les méthodes s'éloignent des données de la science. On peut même admettre « la découverte», par les magistrats des pays africains, de principes généraux de droit à coloration africaine et permettant de résoudre les litiges difficilement appréhendables par l'esprit formé à l'école française[778]. En droit comparé au Togo, la loi sur la médecine traditionnelle prévoit la mise en place de comité d'experts en cas d'infraction[779]. Ces experts devront déterminer la nature et la dimension de la responsabilité du tradipraticien, mais la loi reste muette sur la qualité de ces experts.

267 - Le panel des coutumiers comme juridiction coutumière de première instance - Une voie peut également être trouvée dans la gestion informelle des conflits. En effet dans les villages il existe un comité de règlement traditionnel de conflit, organisé autour du dépositaire des traditions. Ce comité peut être élargi à des médecins de médecine conventionnelle et à des spécialistes en sciences sociales. En outre, on sait que « la société traditionnelle n'admet pas l'impunité »[780], le tradipraticien peut être tenu responsable devant ce panel. Un tradipraticien qui cherche à s'exonérer de sa responsabilité en évoquant la faute du patient, peut être confronté à ce panel. Les experts pourront examiner les interdits prescrits au patient à l'aune de

---

[778] L'inadéquation du droit aux pratiques et croyances locales peut être fatale. Par exemple lorsqu'au Burkina Faso ou au Sénégal, une personne est poursuivie pour sorcellerie, le code pénal ne permettant pas de condamner une telle personne, elle est relâchée, mais une fois retournée dans son milieu social, elle est lunchée par la population convaincue qu'elle est l'auteur de la mort de leur proche.

[779] Article 17 de la loi n° 2001-017 du 14 décembre 2001, relative à l'exercice de la médecine traditionnelle au Togo.

[780] S-P. E. Mvone-Ndong, op., cit., p.122.

la tradition[781]. Les décisions de ce panel peuvent faire l'objet d'un appel devant une chambre coutumière de la Cour d'appel créée à cet effet et composée d'un magistrat professionnel et de deux tradipraticiens, détenteurs de la coutume.

L'intérêt de juger le tradipraticien dans son milieu et selon sa tradition est double. Cela permet de rassurer le tradipraticien qu'il sera jugé par des personnes qui connaissent sa culture suivant des règles propres à sa zone d'exercice, cela permet également de résoudre les questions irrationnelles.

[781] Par exemple le fait d'interdire à un patient de manger de la viande lorsqu'il prend son traitement traditionnel contre le paludisme, est-il traditionnellement justifié ?

Titre 2

Les mécanismes de contrôle des médicaments après l'obtention de l'autorisation : le médicament, un bien sous tutelle

Le médicament moderne a révolutionné le monde des maladies ; il a permis de combattre d'importantes maladies jadis incurables. Depuis sa découverte, il fait l'objet d'un espoir incommensurable : il porte en lui « l'espérance de vaincre les maladies qui dégradent et/ou qui abrègent la vie »[782]. Le monde médical, les pouvoirs publics et les patients attendent de lui qu'il résolve tous les soucis de santé. Avec l'élargissement de la notion de santé le médicament a suivi ce chemin élargi, des médicaments thérapeutiques, aux médicaments de confort, le monde de la recherche a été actif sur tous les points. « La découverte des médicaments est une des plus glorieuses conquêtes humaines »[783], ces découvertes se sont renforcées avec l'avancée des connaissances scientifiques et techniques. Si le progrès scientifique est source d'innovation, il permet également la mise en évidence de nouveaux éléments qui rendent dangereux le médicament « héro d'hier ». En effet, avec l'évolution de la vie du médicament mis sur le marché des désagréments sont apparus et ont nécessité de la part des autorités publiques des différentes nations, la recherche d'un dispositif efficace de surveillance des médicaments pour réduire le « risque pharmaceutique »[784]. La recherche du risque zéro est utopique on le sait bien, mais on peut essayer de réduire les risques au plus bas. La délivrance de l'AMM ne met donc pas fin au contrôle du médicament ; elle ouvre une autre voie qui est celle de la surveillance du comportement du médicament sur le marché. Cette surveillance ne

[782] E. Eben-Moussi, *Les médicaments aujourd'hui, nouveaux développements, nouveaux questionnements*, l'Harmattan, Paris, 2011, p.14.

[783] Ph. Meyer, op.cit., p.11.

[784] Le droit communautaire européen définit le risque pharmaceutique comme « tout risque pour la santé du patient ou la santé publique lié à la qualité, à la sécurité ou à l'efficacité des médicaments ». Article 1er du Code communautaire des médicaments.

se limite pas au comportement du médicament, elle s'étend à sa promotion[785] et nécessite de ce fait des capacités techniques suffisantes. Les directions de la pharmacie au Burkina Faso ou au Sénégal ont-elles une capacité d'expertise interne suffisante pour équilibrer la procédure d'expertise externe requise en matière de surveillance des médicaments ? En effet une trop grande faiblesse technique des structures étatique de contrôle et de suivi des médicaments est préjudiciable à la sécurité sanitaire.

Il convient d'examiner le dispositif de surveillance post-AMM du médicament mis en place par le droit burkinabè et le droit sénégalais (Chapitre 1). Ce dispositif est complété par **un mécanisme de régulation du marché des médicaments, afin de concilier promotion d'un usage rationnel du médicament et protection de l'économie libérale (Chapitre 2**).

[785] En autorisant plusieurs médicaments de même classe thérapeutique, cela induit une certaine concurrence, les industriels à travers leurs représentants mènent sur le terrain une offensive promotionnelle de leur molécule auprès des médecins, les incitant à des prescriptions irrationnelles de médicaments pouvant conduire à des risques graves de santé publique.

Chapitre 1

Le suivi post-AMM du médicament : la recherche d'une efficience permanente du médicament

> *« Jamais, dans son histoire, l'homme n'a détenu un pouvoir aussi grand pour le meilleur ou pour le pire. Jamais l'ambivalence du « pharmakon », n'a été aussi manifeste. Par le cumul de ses effets irréversibles sur la nature et sur l'homme, la puissance de la technologie crée chaque jour des problèmes nouveaux. La responsabilité commune qui en découle n'est pas limitée au présent, mais concerne l'avenir de la race tout entière »*[786].

Le médicament, une fois mis sur le marché, vit, produit ses effets et peut disparaître un jour. C'est dire que son AMM « n'est jamais accordée de façon éternelle ou immuable »[787], elle évolue dans le temps, s'adapte ou disparaît. L'impératif de protection de la santé implique que l'on recherche constamment la sécurité, la qualité et l'efficacité du médicament. Les autorités sanitaires et politiques veillent sur la vie du médicament pendant tout le temps que dure son AMM (Section 1). Cette veille permet d'éviter que le médicament mis sur le marché cause plus de désagréments que de bien. En effet, malgré les bienfaits du médicament, des effets non voulus, des effets non prévisibles peuvent apparaître. Aujourd'hui les réactions indésirables aux médicaments « comptent parmi les dix principales causes de mortalité »[788]. Pour éviter que le médicament soit une cause de préjudice aux patients, un mécanisme de surveillance des médicaments a vu le jour dans les pays développés : il s'agit de la pharmacovigilance. Ce mécanisme est en train d'émerger au Burkina Faso et au Sénégal (Section 2).

---

[786] Papa Oumar Sakho, premier président de la Cour suprême du Sénégal, extrait du discours prononcé à l'occasion de l'audience solennelle de rentrée des cours et tribunaux du Sénégal, janvier 2009.

[787] J.-A. Robert, A. Regniault, *Médicaments : les règles du jeu*, Lavoisier, Paris, 2010, p.62.

[788] OMS, « Pharmacovigilance : assurer la sécurité d'emploi des médicaments », *Perspectives Politiques de l'OMS sur les médicaments*, n°9, Octobre 2004, p.1.

Section 1 : Evolution de l'autorisation de mise sur le marché du médicament : la recherche d'une réduction du risque médicamenteux

Le médicament qui a satisfait la série de contraintes qui jalonne le parcours de la mise sur le marché, n'est toutefois pas à l'abri, son AMM n'est pas figée[789]. Des circonstances nouvelles peuvent survenir dans sa vie nécessitant une mise à jour des données initiales fournies par le demandeur de l'AMM. Ainsi le titulaire de l'AMM doit rester constamment proche de son médicament, de sorte à signaler toute nécessité d'actualiser les données sur son médicament. Avec la variation des connaissances scientifiques et médicales, toute information nouvelle susceptible de faire évoluer l'AMM doit être rapportée aux autorités compétentes dans le cadre de l'obligation générale d'information (Sous-section 1). Dès que la balance bénéfice/risque d'un médicament penche vers le risque, l'AMM doit être revue, afin d'adapter les nouvelles données et de permettre aux autorités nationales de tirer les conséquences de cette nouvelle donne. Dans leur rôle de garant de la sécurité sanitaire, les autorités compétentes peuvent être obligées de modifier, suspendre ou retirer l'AMM d'un médicament (Sous-section 2).

Sous-section 1 : L'obligation continue de qualité et de sécurité envers les consommateurs de médicament : la nécessité d'actualiser les données et les informations sur le médicament

Depuis la découverte des premiers médicaments industriels jusqu'à nos jours, de nombreux scandales liés aux médicaments ont secoué le monde de la pharmacie. Le recours à des techniques thérapeutiques ou industrielles nouvelles, jugées performantes, se sont révélées désastreuses[790]. Les premiers médicaments étaient perçus comme sans danger, mais avec l'évolution des techniques et de la science on a constaté que le médicament devait évoluer, que les

[789] E. Gastinel, « La procédure centralisée du droit communautaire d'autorisation de mise sur le marché des médicaments », *RTD Eur*, 1997, p.429.
[790] C. Schaegis, *Progrès scientifique et responsabilité administrative*, CNRS Editions, Paris, 1998, p.11.

informations liées aux médicaments et contenues dans son AMM devaient être remises à jour au gré des avancées des connaissances scientifiques et médicales. Le titulaire de l'AMM, responsable du médicament mis sur le marché, doit donc veiller sur son médicament, afin qu'il circule dans l'intérêt des patients. Une série d'obligations pèse sur lui (Paragraphe 1), sous le contrôle des autorités nationales de réglementation qui disposent d'un certain nombre de prérogatives, qu'ils exercent au nom de la sécurité sanitaire (Paragraphe 2).

Paragraphe 1 : Les obligations du titulaire de l'AMM : la recherche du risque zéro

268 - La mise sur le marché du médicament, une autre phase de préoccupations - L'obtention de l'AMM, libère certes le fabricant du médicament d'une angoisse, mais la mise sur le marché de son médicament va ouvrir pour lui, une nouvelle phase de préoccupations. Si le médicament peut être efficace, il peut aussi entraîner des dégâts non voulus. Ces dégâts peuvent apparaître avec l'évolution du médicament ou son association à une autre molécule. Les autorités sanitaires n'ayant plus la mainmise sur le médicament après sa mise sur le marché, ils font peser des obligations sur les titulaires de l'AMM. Ce mécanisme imposé aux exploitants du médicament gagnerait à être renforcé au Burkina Faso et au Sénégal où il n'existe pas de système d'indemnisation fondé sur la solidarité nationale. Les patients paient non seulement leurs médicaments, mais doivent également supporter seuls les préjudices qui résulteraient de la consommation des médicaments.

Les données de la science évoluent et des informations nouvelles peuvent apparaître sur le médicament, le titulaire de l'AMM doit en tenir compte à chaque instant. Ces données peuvent apporter des changements fondamentaux dans l'usage, la méthode de fabrication ou de contrôle du médicament[791]. Elles peuvent faire évoluer l'état de la recherche et nécessiter une réadaptation du médicament à son environnement scientifique et technique. Ces obligations concernent les progrès scientifiques et techniques (A), mais également toutes informations disponibles sur le médicament (B).

---

[791] T. Devred, op.cit., p.248.

A : Les progrès scientifiques et techniques et les obligations du titulaire de l'AMM

Bien qu'entré dans la sphère du droit, le médicament reste un produit scientifique, sa fabrication et son action sur l'organisme humain sont du domaine médical. Les données médicales connaissent des avancées au fil des ans, il est donc normal que le médicament s'adapte à ces évolutions pour le bien-être des patients. Mais que faut-il entendre par progrès scientifique et technique (1) et quelles sont les données pouvant donner lieu à une actualisation de l'AMM (2) ?

1 : La notion de progrès scientifique et technique

269 - Le progrès scientifique et technique, une notion non définie en droit burkinabè et sénégalais - La notion de progrès scientifique et technique n'a pas été définie par le droit au Burkina Faso et au Sénégal. C'est de la jurisprudence et de la doctrine qu'il faut rechercher la précision de cette notion. Mais compte tenu de la pauvreté de la littérature en la matière en Afrique et également de l'absence de jurisprudence conséquente, nous allons interroger le droit comparé et la littérature internationale.

Le progrès scientifique est un événement nouveau qui fait évoluer l'état des connaissances. Un médicament conçu sur des vérités du moment, peut révolutionner le monde, mais ces informations peuvent s'avérer lacunaires et erronées. Le progrès scientifique est cet instrument du moment qui fédère les esprits des scientifiques du monde, qui acceptent comme acquis certaines données dont le bénéfice l'emporte sur le risque. Au Burkina et au Sénégal, malgré les efforts des autorités politiques, il n'y a pas de communauté de scientifiques dotée de moyens de recherche capables de faire avancer les données de la science, nos deux pays sont donc assujettis à la littérature scientifique internationale.

270 - Le progrès scientifique et le droit - La science semble être la source privilégiée des vérités et le droit l'épouse bien. Le progrès scientifique est devenu un fait que le droit doit connaître[792], il est souvent une foi, ce qui cause d'énormes problèmes. Droit et progrès

---

[792] J.-R. Binet, *Droit et progrès scientifique, science du droit, valeurs et biomédecine*, PUF, 2002, p.4.

scientifique se rencontrent en maintes occasions. Au gré du travail des savants, le droit pharmaceutique a connu d'important progrès. L'AMM est bâtie suivant des paradigmes liés au progrès de la science et des techniques. Quand une situation change la manière de confectionner un médicament, le droit se modifie pour protéger les citoyens. Pour J.-R. Binet, le droit positif s'est « transformé pour permettre le progrès scientifique »[793]. Le progrès est donc un changement orienté vers le mieux, un changement qui implique un perfectionnement ou une amélioration[794]. Le progrès scientifique est l'évolution des savoirs faire, cette évolution doit être entendue comme celle qui est au service de la santé humaine. De ce fait lorsque l'opinion scientifique, qui est à la base du développement des médicaments, considère qu'un fait nouveau compromet la circulation d'un médicament tel qu'il est conçu à l'instant, le droit doit pouvoir obliger son concepteur à prendre des mesures pour sauvegarder la santé humaine, dans le cas contraire les autorités sanitaires doivent réagir pour préserver la santé publique, même en dehors de tout texte.

271 - Le progrès scientifique et le principe de précaution - Lorsque l'avancée des connaissances scientifiques rendent la réalisation d'un événement incertaine, c'est-à-dire lorsqu'il y a un doute, le droit oblige d'en tenir compte, c'est le « fameux » principe de précaution né en droit environnemental, mais qui a été transposé au fil du temps dans l'ensemble du droit positif. Dans le cadre des médicaments, il va se poser un problème par rapport à la particularité de ce produit et à son usage, qui touche la santé de l'homme. Les progrès doivent-ils être confirmés ou peut-on réagir selon le principe de précaution ? Nous savons que certaines découvertes sont appliquées à la hâte et peuvent s'avérer limitées dans le temps, le droit est donc confronté à un dilemme. Dans le monde du médicament, le principe de précaution n'a pas toujours été retenu, tel a été le cas du Médiator® et de la pilule Diane 35. Ce qui donne raison aux auteurs « des leçons du Médiator® » lorsqu'ils affirment que le médicament est autorisé sur la base de probabilité, mais il faut toujours une certitude pour retirer une AMM[795].

---

793 J.-R. Binet., op.cit., p.11.

794 P.-A. Taguieff, *Le sens du progrès, une approche historique et philosophique*, Flammarion, Paris, 2004, p.22.

795 Ph. Even, B. Debré, op.cit., p.15.

Le Haut Commissariat des Nations Unies pour les droits de l'Homme[796], intègre le progrès de la science et de la technique parmi les « facteurs les plus importants du développement de la société humaine ». Cette institution recommande de la vigilance car le progrès scientifique et technique peut, dans un certain nombre de cas, engendrer des problèmes sociaux et menacer les droits de l'Homme et les libertés fondamentales de la personne humaine. Il préconise alors de tenir compte du principe de précaution pour protéger la santé humaine qui est un droit de l'Homme. Nous nous rallions à la position de J. Dausset, pour dire que « les connaissances scientifiques ne doivent être utilisées que pour la dignité, l'intégrité et le devenir de l'homme »[797], ainsi le progrès scientifique ne doit pas se résumer à une simple accumulation de connaissances nouvelles, mais doit servir à la réalisation des objectifs de santé publique recherchés par tout gouvernement.

Au Burkina Faso et au Sénégal, cette obligation de tenir compte des avancées des connaissances scientifiques et technologiques, est mentionnée dans les actes officiels portant attribution d'AMM. Au Sénégal par exemple, le titulaire de l'AMM doit « respecter les conditions prévues dans sa demande d'AMM en ce qui concerne la fabrication et le contrôle de ce produit. Toutefois, les méthodes de contrôle devront être modifiées en fonction des progrès de la science et de l'évolution des techniques »[798]. Ce progrès scientifique doit être entendu comme défini ci-haut.

2 : Les données pouvant être affectées

272 - Les données contenues dans le dossier initial - L'AMM est délivrée au fabricant du produit ou le cas échéant à l'exploitant légalement déclaré de l'AMM, après l'examen du dossier qu'il a introduit. Cela va sans dire que les données pouvant être affectées sont

---

[796] Cette déclaration a été proclamée par l'Assemblée Générale de l'ONU (10 novembre 1975), Résolution 3384.

[797] J. Dausset président du Mouvement Universel de la Responsabilité Scientifique (MURS), discours prononcé lors de la célébration en 1989 du bicentenaire de la Déclaration des Droits de l'Homme. Pour lui, la poursuite de l'acquisition des connaissances ne doit en aucun cas être ralentie, à condition que les méthodes de recherche respectent la liberté et la dignité de l'homme. Déclaration visible sur le site internet www.documents.irevues.inist.fr

[798] Arrêté ministériel n°545 mspm-dpl du 6 février 2007 (Sénégal).

celles contenues dans le dossier initial. Dans ce dossier, il y a le résumé des caractéristiques du produit, qui comporte notamment :

- La forme pharmaceutique : cette forme peut être affectée avec le progrès scientifique lorsqu'avec l'évolution des connaissances la forme n'est plus adaptée ou est inappropriée. Ou encore lorsqu'en fonction des avancées scientifiques et techniques, il paraît nécessaire pour un industriel de développer une nouvelle forme galénique idéale pour un traitement donné ;
- La composition qualitative et quantitative du produit ;
- Les indications thérapeutiques : avec l'évolution des données de la science et des données médicales, il peut s'avérer que le médicament n'est plus indiqué pour un traitement donné ou pour un groupe de personnes données pour lequel il avait pourtant reçu une autorisation[799];
- Les modes et voies d'administration : l'avancée des connaissances peut révéler qu'une voie d'administration est plus médicalement toléré qu'une autre ou que l'absorption est plus efficace ;
- Les caractéristiques du médicament tant externe qu'interne peuvent être affectées.

Indépendamment du progrès scientifiques et technologiques, des informations nouvelles peuvent apparaître et nécessiter une modification de l'AMM, son titulaire a l'obligation de les notifier à l'autorité compétente.

B : Les informations nouvelles disponibles sur le médicament et les obligations du titulaire de l'AMM

Selon le droit communautaire UEMOA, les détenteurs de l'AMM sont tenus de transmettre immédiatement aux autorités compétentes, tout élément nouveau constituant une modification ou un complément d'information aux éléments du dossier présenté lors de la demande d'AMM. Les informations peuvent concerner le rapport

[799] Voir lettre circulaire n°2010-1625/MS/SG/DGPML/DRP du 01 octobre 2010 portant contre indication des mucolyptiques, mucofluidifiants et de l'hélicidine® chez les enfants de moins de deux ans (Burkina Faso).

bénéfice/risque du médicament ou toute autre information utile pour la protection de la sécurité sanitaire.

273- Les informations touchant le rapport bénéfice/ risque du médicament - La délivrance d'une AMM relève d'un pouvoir discrétionnaire du ministre de la Santé[800], mais le médicament candidat doit, au préalable, remplir des conditions d'innocuité, de qualité et d'efficacité. Lorsque ces conditions changent, l'AMM est appelée à évoluer. Les conditions de mise sur le marché du médicament imposent que les autorités sanitaires observent une vigilance accrue quant au comportement du médicament sur le marché et surtout de celui des industriels[801]. Face à la concurrence internationale les industriels pharmaceutiques recherchent de façon permanente des solutions d'innovation, ils cherchent donc à gagner du temps pour mettre leur médicament sur le marché, ce qui conduit à abréger souvent les expérimentations sur l'homme, toute chose qui peut être préjudiciable à la qualité du produit[802].

Au Burkina Faso comme au Sénégal, toutes modifications des éléments du dossier initial ou touchant les caractéristiques internes ou externes du médicament, doivent être transmises sans délai au ministre en charge de la Santé[803]. La suite donnée à ces informations dépend de la teneur de la variation. Lorsque ces informations font pencher la balance bénéfice/risque vers le risque, les autorités compétentes prennent des mesures pour protéger la santé des citoyens. Ces mesures peuvent aller de la modification de l'AMM, à sa suspension ou à son retrait.

274 - Une obligation en phase avec les données acquises et actuelles de la science -L'obligation d'information incombant à

---

[800] M. Gagné, « La mise en marché, la fabrication et la distribution des médicaments : les aspects légaux », in J. J. Lévy et C. Granier (dir), *La chaîne des médicaments : perspectives pluridisciplinaires*, presse de l'université du Québec, 2007, p.125.

[801] En effet, les industriels ayant intérêt à ce que les évaluations scientifiques se fassent rapidement, mettent la pression sur les différents législateurs afin que les contraintes sur les expérimentations baissent.

[802] B. Edelman, « Expérimentation sur l'homme : une loi sacrificielle », *La Recherche*, Vol.22, n°235, septembre 1991, p. 1058.

[803] Voir l'arrêté n° 2003-341/MS/SG/DGPML, portant conditions de délivrance des AMM (article 16).

l'exploitant de l'AMM, s'applique à « ce qui est connu lors de l'introduction du médicament sur le marché et à ce qui a été porté à la connaissance des laboratoires depuis cette date (...) »[804]. Cela veut dire que le titulaire de l'AMM doit non seulement fournir l'information adéquate le jour où il dépose sa demande, mais il doit également fournir toute information nouvelle pouvant modifier le rapport bénéfice/risque du médicament, à sa connaissance, depuis la date de mise sur le marché du médicament. Cette obligation est donc permanente. Il n'est pas fait obligation au titulaire de l'AMM ou au fabricant du médicament de prévoir tous les risques présentés par le médicament[805], il doit présenter les risques en fonction des données acquises et actuelles de la science. Le laboratoire doit transmettre les données complémentaires au fur et à mesure de l'évolution des connaissances. La révision de la notice est donc obligatoire en fonction de l'évolution des connaissances scientifiques et techniques, puisque l'information porte sur « ce qui est connu au moment de l'introduction du médicament sur le marché » mais aussi sur « ce qui a été porté à la connaissance des laboratoires depuis cette date »[806].

Une obligation de qualité et de sécurité pèse sur le titulaire de l'AMM ou son exploitant. C'est une obligation continue, le fabricant doit, de façon permanente, veiller sur son médicament afin de garantir à l'utilisateur une qualité et une sécurité dans les conditions normales d'utilisation du médicament.

275 –Le Vioxx® et du Médiator® : des scandales liés au défaut d'information - Dans le cas du Vioxx®, l'AMM aurait du être actualisée avec le progrès des connaissances scientifiques, mais sa notice est restée inchangée, malgré les mises en garde du monde scientifiques et de certains sénateurs américains[807]. Quant au Médiator®, l'évolution des informations et des nouvelles exigences européennes, imposait la révision de l'AMM de 1976, mais elle est

[804] Cass. 1er civ., 8 avril 1986, Bull. civ. I, n°82; JCP 1987, II, 20721, obs. J. Huet; RTD civ. 1986, p.779, obs. G. Vialla et A. Viandier.

[805] Le producteur n'est pas tenu de prévoir tous les risques, certains cas peuvent être liés à la sensibilité particulière du malade. Voir RG n°01/07515, Lambert c/Laboratoire Pharmacia.

[806] CA. Paris 16 juin 1989, D. 1991, Somm. p. 184, obs. J. Penneau.

[807] S. Simon, *Exercice illégal de la guérison*, Marco Pietteur, Embourg, 2002, p.69.

restée inchangée malgré les mises en gardes de certains scientifiques[808].

276 - L'interdiction ou la restriction touchant l'AMM effectuée dans un pays étranger - Le Burkina Faso et le Sénégal étant principalement dépendants de l'importation en matière de médicament, nombre de médicaments vendus sur leur territoire ont également une AMM dans le pays d'origine de l'industriel exploitant ou dans un autre pays où le médicament est commercialisé. L'évolution de l'AMM dans ces pays a donc une incidence sur l'AMM dans le pays importateur. Selon le droit communautaire UEMOA, le détenteur de l'AMM d'un médicament doit communiquer sans délai au ministre en charge de la Santé, « toute interdiction ou restriction » qui toucherait le médicament, décidée par les autorités responsables d'un pays où ledit médicament est commercialisé.

La mise sur le marché d'un médicament peut avoir « des conséquences humaines considérables »[809], une erreur dans l'appréciation des éléments peut entraîner à la longue des effets néfastes, l'histoire récente du Médiator®, des prothèses PIP[810], bientôt des pilules de troisième et quatrième génération nous enseigne la vigilance à l'égard des médicaments souvent plébiscités par la communauté des experts. Ainsi toute information, fusse-t-elle élémentaire doit être apportée aux autorités compétentes. Dès lors que les fabricants des médicaments sont éclairés sur les points dont il est important de tenir compte, ils doivent, lorsque ces données se réalisent, suivre la procédure fixée par le droit communautaire UEMOA.

---

[808] P. Even, B. Debré, op.cit., p.26.

[809] D. Tabuteau, « L'expert en santé publique et les conflits d'intérêts », in A. Laude, D. Tabuteau (dir), *Essais cliniques, quels risques?*, PUF, Paris, 2007, pp.87-112.

[810] L'affaire des prothèses PIP (Poly Implant Prothèse) a éclaté en France en 2012. Il s'agit d'implants mammaires utilisés par environ 30 000 femmes en France et qui se sont révélés défectueux. Un procès pour « tromperie aggravée » et escroquerie a été ouvert contre le promoteur de ces prothèses.

Paragraphe 2 : L'actualisation de l'AMM et les prérogatives des autorités compétentes

L'actualisation des données de l'AMM ne peut concerner que celles qui n'ont pas une influence sur la qualité du médicament. Elle permet au titulaire de conserver son AMM, tout en apportant de petites corrections à son dossier d'AMM. L'actualisation est faite suivant une procédure harmonisée (A). Les autorités compétentes disposent d'un pouvoir pour exiger à tout moment de la vie du médicament autorisé des informations le concernant (B).

A : L'actualisation de l'AMM : les modifications ne touchant pas le fond du dossier initial d'AMM

Dans le cadre de l'actualisation du dossier d'AMM le médicament est toujours en circulation, il s'agit de rectifier certains éléments. Ainsi, lorsque des éléments nouveaux surviennent dans la vie du médicament, deux situations peuvent se poser : en dehors de toute urgence, le titulaire de l'AMM doit solliciter une modification mineure de son AMM aux autorités compétentes(1), en revanche, lorsque l'usage d'un médicament autorisé est susceptible de devenir un danger pour les patients, le titulaire de l'AMM peut intervenir en urgence pour rectifier de lui-même l'AMM(2).

1 : Les modifications mineures : l'actualisation du dossier de l'AMM

277 - Notion de modification mineure - Les modifications considérées comme mineures ne nécessitent pas le dépôt d'un dossier complet de demande d'homologation. Toutefois, ces modifications ne peuvent être prises en compte que si le fabricant a obtenu l'autorisation de l'autorité nationale de réglementation. La modification mineure ne doit affecter ni la qualité, ni l'efficacité, ni la sécurité, ni l'innocuité, ni les propriétés du médicament concerné. Par exemple, un médicament conditionné dans une boîte carré, si le titulaire de l'AMM passe à une boîte allongée, avec un nouveau design, il lui suffira de signaler ce changement, son AMM restera valable.

Selon le droit UEMOA, les données mineures peuvent s'agir de données n'ayant aucune répercussion sur l'activité du médicament. Ce sont les données qui n'ont pas besoin d'une expertise technique. Le dossier d'un tel changement n'est pas réexaminé par la Commission nationale du médicament[811]. Le changement des données doit donc être sans incidence sur le médicament, c'est-à-dire qu'il ne touche pas à la biodisponibilité du médicament. Dans le cas contraire, le titulaire de l'AMM, devra introduire une demande d'un nouvel enregistrement, ce qui équivaut à redemander une nouvelle AMM.

278 - Le titulaire de l'AMM doit transmettre un dossier dans un délai raisonnable - Le dossier de notification des données est adressé au ministre en charge de la Santé. Le titulaire devant le faire sans tarder dans un délai raisonnable. La notion de délai raisonnable dépend des circonstances et des usages dans le domaine des procédures d'AMM. Elle est laissée à l'appréciation du juge[812].

Le titulaire de l'AMM doit, en outre, indiquer la nature de l'incidence sur les activités du médicament considéré. Ces modifications sont en fait une réactualisation. On réactualise le dossier de l'AMM conformément aux données nouvelles. Le dossier comporte en plus de la lettre de demande de variation, les informations qui renseignent sur la nature de la modification intervenue, accompagnées des raisons et des justificatifs nécessaires. Le droit communautaire de l'UEMOA donne une liste non exhaustive

---

[811]Art 1er, al.45 du Règlement n°06/2010/CM/UEMOA, relatif aux procédures d'homologation des produits pharmaceutiques à usage humains dans les Etats membres de l'UEMOA.

[812] CA. Paris 16 juin 1989, D. 1991, Somm. p. 184, obs. J. Penneau. La Cour a condamné le titulaire d'une AMM pour avoir transmis des données avec un retard jugé non raisonnable.

des données qui peuvent être considérées comme mineures[813] et laisse la liberté aux autorités nationales de demander des informations

---

[813] Selon l'annexe du règlement portant harmonisation des procédures d'AMM dans l'espace UEMOA, les données considérées comme mineures sont : changement du nom et/ou de l'adresse du fabricant d'une substance active pour laquelle on ne dispose pas de certificat de conformité à la pharmacopée ; changement du nom et/ou de l'adresse du titulaire de l'autorisation de mise sur le marché ; changement du nom du médicament ; changement de la dénomination commune internationale de la substance active ; changement du nom et/ou de l'adresse du fabricant du produit fini ; changement du code ATC ; remplacement ou ajout d'un site de fabrication pour une partie ou la totalité du procédé de fabrication du produit fini avec changement d'adresse ; changement des modalités de libération des lots et/ou des essais de contrôle de qualité du produit fini ; suppression d'un site de fabrication (y compris site de fabrication d'une substance active, d'une substance intermédiaire ou d'un produit fini, site de conditionnement, site du fabricant responsable de la libération des lots, site où est effectué le contrôle des lots) ; changement mineur du procédé de fabrication de la substance active sans changement des propriétés de la substance active); changement de la taille du lot de la substance active ou de la substance intermédiaire ; resserrement des limites des spécifications, ajout d'un nouveau paramètre d'essai aux spécifications d'une substance active ou d'une matière première/d'une substance intermédiaire/d'un réactif utilisé dans le procédé de fabrication de la substance active ; changement mineur apporté à une méthode d'essai approuvée, autres changements apportés à une méthode d'essai, dont remplacement ou ajout d'une méthode d'essai d'une substance active ou d'une matière première/d'une substance intermédiaire/d'un réactif utilisé dans le procédé de fabrication de la substance active ; changement d'un site d'un fabricant approuvé, de la substance active ou de la matière première/de la substance intermédiaire/du réactif utilisé dans le procédé de fabrication de la substance active, pour lequel on ne dispose pas de certificat de conformité à la pharmacopée ; présentation d'un nouveau certificat de conformité à une nouvelle pharmacopée ou à une pharmacopée actualisée pour une substance active ou une matière première/une substance intermédiaire/un réactif utilisé dans le procédé de fabrication de la substance active ; changement de la période de contrôle de la substance active, des conditions de stockage de la substance active ; remplacement d'un excipient par un excipient comparable ; changement de la synthèse ou de l'extraction d'un excipient ne figurant pas dans la pharmacopée et décrit dans le dossier ; changement apporté dans un élément du matériau de conditionnement (primaire) qui n'est pas en contact avec la formulation du produit fini par exemple couleur du bouchon amovible, anneaux de code couleur sur les ampoules, protecteur d'aiguille (utilisation d'un plastique différent) ; changement de la composition qualitative et/ou quantitative du matériau de conditionnement primaire. Le demandeur devra apporter la preuve que cette modification n'affecte pas les propriétés du médicament. Diminution du prix (fournisseur hors taxes) : Il faut noter ici que l'augmentation du prix constitue une variation majeure et devra être soumis à autorisation comme une demande initiale ; changement de la raison sociale ; changement du conditionnement secondaire ou du packaging.

complémentaires pour toutes les autres modifications qu'elles considèrent comme mineures mais non listées.

Pour parer aux situations urgentes il a été aménagé une procédure permettant au titulaire d'une AMM d'apporter des modifications à son AMM.

2 : Les modifications d'urgence de l'AMM

279 - Les mesures de restriction d'urgence - Ce sont des mesures qui visent à préserver la sécurité sanitaire, elles consistent à faire une modification provisoire des informations destinées aux usagers du médicament. Ainsi on peut, soit restreindre les indications, le dosage soit ajouter une nouvelle contre-indication ou précaution d'emploi. Ces mesures sont souvent prises à la suite de données entraînant un risque pour la santé publique.

280 - Qui peut prendre de telles mesures - Ces mesures peuvent être prises soit par le titulaire de l'AMM soit par les autorités compétentes. Les autorités burkinabè dans ce sens avaient en 2010, modifié l'AMM de 29 médicaments en restreignant leurs indications[814]. Lorsque la modification d'urgence est faite par le titulaire de l'AMM, celui-ci doit requérir l'avis des autorités compétentes. Cette modification étant provisoire, il doit présenter par la suite une demande de modification définitive des termes de l'AMM.

281 - Les conditions de mise en œuvre des modifications d'urgence - Pour modifier d'urgence son AMM, le titulaire doit adresser une demande écrite et motivée au ministre de la Santé. Pour que la modification soit valable le ministre doit marquer son accord. Le délai pour réagir est assez court, il est de 24 heures. Cette demande de modification d'urgence est présentée dans l'attente d'une modification définitive. La demande est faite par dénomination, par

[814] Voir lettre circulaire n°2010- 1625/MS/SG/DGPML/DRP du 1er octobre 2000. On peut également citer la modification par les autorités de réglementation pharmaceutique du Burkina Faso de l'AMM de la Cloxacilline® et de l'oxaciline®. La modification a concerné les indications et la posologie. Voir lettre circulaire n°2011- 1244/MS/DGPML/DRP du 23 juin 2011.

forme galénique, par dosage et par présentation du produit dont la modification est sollicitée.

Pour assurer le contrôle de la vie du médicament sur le marché, les autorités nationales disposent de pouvoirs de contrainte.

B : Les pouvoirs des autorités nationales : l'exercice des prérogatives de puissance publique

Ces pouvoirs interviennent dans le cadre de la police sanitaire confiée aux autorités étatiques afin de faire régner l'ordre public sanitaire. Ils permettent à l'administration, de façon unilatérale, d'agir pour l'intérêt général et d'être protégée par le droit. Les autorités nationales sont au cœur de l'homologation des produits pharmaceutiques, elles sont habilitées par la loi sur la santé publique[815], à prendre les dispositions utiles pour la mise en œuvre des dispositions légales. En plus de leur rôle dans l'instruction et le suivi des dossiers de demande d'homologation des produits pharmaceutiques, elles sont responsables de l'évolution de l'AMM. A ce titre, elles disposent de pouvoirs généraux de protection de la santé publique (1) complétés par des pouvoirs de sanctions (2).

1 : Des pouvoirs de police sanitaire

L'AMM est une décision administrative d'autorisation. Elle résulte de la volonté d'un Etat de s'octroyer un pouvoir d'approbation préalable[816]sur les produits pharmaceutiques circulant sur son territoire. La décision d'octroi de l'AMM s'appuie sur l'examen d'un dossier aussi bien administratif que technique. Les autorités nationales disposent, après la validation de ce dossier, d'un pouvoir d'exiger au titulaire de l'AMM, la preuve que le rapport bénéfice/risque reste favorable avec le temps et de tout pouvoir permettant de restaurer l'ordre ou de prévenir tout désordre public en matière de santé.

---

[815] Il s'agit au Burkina Faso de la loi n°23-94/ADP, portant CSP du Burkina Faso et au Sénégal de l'ensemble des lois ou décrets ayant modifié le CSP français de 1953 en ces dispositions transposées dans les territoires d'outre mer.

[816] Ph. Urfalino, « L'autorisation de mise sur le marché du médicament : une décision administrative à la fois sanitaire et économique », *RFAS*, n°4 Octobre-décembre 2001, p. 85.

282 - Le pouvoir d'exiger la preuve d'un rapport bénéfice/risque positif - Le rapport bénéfice/risque est « la clé du processus d'autorisation de mise sur le marché d'un médicament »[817], lorsque ce rapport est jugé défavorable, le médicament est interdit à la distribution. Autrement dit, le médicament qui a reçu une AMM, l'a reçu parce qu'il présente un intérêt pour le patient. Cet intérêt est calculé en tenant compte des bénéfices attendus du médicament et du risque qu'il peut représenter. Lorsque la balance est jugée profitable au patient, le médicament est autorisé. Ce rapport est apprécié à un moment précis : le moment du dépôt de la demande. Il peut donc connaître un glissement au fil des temps[818], rendant le médicament dangereux pour la santé publique. Un rapport jugé bénéfique pour le patient ne veut pas dire que le médicament est exempt d'effets secondaires, mais que ces effets secondaires sont moins graves que l'évolution de la maladie sans traitement. Quand la maladie est très grave et qu'il n'y a pas de traitement connu, l'on acceptera un médicament avec de nombreux effets indésirables ou un médicament expérimental[819], l'essentiel étant que le médicament guérisse ou prolonge la vie du patient. C'est le cas de nombreux médicaments contre le cancer. A contrario, un médicament contre le paludisme ne pourra être accepté que si ses effets indésirables sont moindres.

Dans les obligations générales de pharmacovigilance, l'UEMOA oblige les titulaires d'AMM à surveiller la vie de leur médicament. Au Sénégal, les laboratoires fabricants, les importateurs ou exploitants d'un médicament doivent envoyer annuellement à la direction de la pharmacie, des synthèses de cette surveillance. Il s'agit pour les autorités sénégalaises d'apprécier l'évolution du rapport bénéfice/risque. Nous savons que la qualité d'un médicament n'est pas seulement liée aux propriétés intrinsèques de la molécule évaluée lors

---

[817] J.-A. Robert, A. Regniault, op.cit., p.56.

[818] Ce glissement peut être engendré soit par les données du progrès scientifique, soit par les données issues de la pharmacovigilance.

[819] Récemment face l'expansion de la maladie à virus Ebola, le comité d'experts réuni par l'Organisation mondiale de la santé (OMS) a approuvé l'emploi de traitements non homologués, il s'agit d'un médicament encore au stade expérimental élaboré par la société pharmaceutique américaine Mapp Bio. Extrait du rapport du comité d'expert : « devant les circonstances de l'épidémie et sous réserve que certaines conditions soient remplies, le comité a abouti au consensus estimant qu'il est éthique d'offrir des traitements non homologués dont l'efficacité n'est pas encore connue ainsi que les effets secondaires, comme traitement potentiel ou à titre préventif. »

de son AMM, mais dépend également de son usage durant tout le processus de soins et de la vie effective du produit. Dans les sociétés où l'analphabétisme se mêle à une « inconscience » collective sur les dangers du médicament, l'observance des traitements, l'usage des médicaments virent souvent au drame[820]. La surveillance du marché pharmaceutique doit être continue et réactive. A tout moment de la vie du médicament, les autorités nationales peuvent donc demander au titulaire de l'AMM de leur fournir les preuves d'un rapport bénéfice/risque favorable.

283 - Le contrôle de plein droit du médicament - Selon le décret n° 2003-478/PRES/PM/MS portant création du laboratoire national de santé publique du Burkina Faso, le laboratoire national peut effectuer systématiquement et de plein droit un contrôle des médicaments autorisés afin de s'assurer que ce médicament respecte toujours les normes qui ont sous-tendues son autorisation. Ce contrôle inopiné est fait au frais du titulaire de l'AMM. Dans la pratique ces types de contrôle sont rares, aussi bien au Burkina Faso qu'au Sénégal.

284 - Le pouvoir de faire cesser la délivrance d'un médicament pour raison de santé public - Le droit communautaire laisse aux Etats une marge de manœuvre assez importante en ce qui concerne la santé publique. Ainsi sans entraver la libre circulation des médicaments, les autorités d'un pays peuvent interdire la commercialisation d'un médicament sur leur territoire, en attendant d'avoir des informations précises sur ledit médicament. Ce pouvoir peut consister à saisir le médicament dans le but de le rendre indisponible à la vente. Au Burkina Faso et au Sénégal, les services d'inspection du ministère de la Santé peuvent faire des contrôles et saisir tout médicament ne respectant pas la règlementation pharmaceutique ou encore tout médicament présentant un danger et dont des informations complémentaires sont nécessaires. Une fois ces médicaments saisis, ils sont soit détruits ou remis aux formations

[820] H. Tiéno et al, « Observance du traitement antidiabétique dans un pays en développement : le cas du Burkina Faso (Afrique subsaharienne) », *Médecine des maladies métaboliques*, mars 2010, Vol 4, n° 2, pp.207-211. Les auteurs ont montré que plus de 40% des patients diabétiques avait une mauvaise observance de leur traitement. L'enquête à révélé que cette mauvaise observance était due soit à l'oubli, soit à l'éloignement des centres de soins. Les décès sont souvent liés à la mauvaise observance des traitements.

sanitaires pour usage. Un arrêté ministériel du ministre de la Santé du Burkina Faso, interdit leur vente aux enchères[821].

285 - Les pouvoirs liés à la compétence générale d'information - En raison de ses pouvoirs de police sanitaire, l'Etat a une compétence générale d'information du public en cas de risque pour la santé publique[822]. Le CE français a rappelé qu'il appartenait au ministre en charge de la Santé, « même en l'absence de texte l'y autorisant expressément ; de prendre des mesures permettant de mettre en garde le public contre des produits dont la consommation présente un risque grave pour la santé »[823]. Pour le CE français, les actes du ministre agissant pour préserver la santé publique ne peuvent faire droit à une indemnisation, que si elles sont constitutives d'une faute[824].

Pour réussir cette mission de santé publique, les autorités nationales disposent d'un pouvoir de sanction.

2 : Les pouvoirs de sanctions : des pouvoirs affaiblis par la carence en industries pharmaceutiques.

286 - Des marges de manœuvre très réduites- La recherche de la sécurité sanitaire s'est accrue avec l'industrialisation du médicament[825]. De ce fait, tout au long des progrès scientifiques et techniques et des alertes de pharmacovigilance, les pouvoirs publics ont pris des mesures pour renforcer la sécurité sanitaire[826]. Le pouvoir de sanctionner directement le contrevenant, sans attendre un recours

---

[821] L'article 27 de l'arrêté du ministre de la Santé du 24 décembre 2003.

[822] L. Abenhaim, « Information et crise », *Les Tribunes de la santé*, n°9, hiver 2005, p.27.

[823] CE, 30 juill. 1997, 118 521, p. 312, concl. Pécresse.

[824] Les pouvoirs du ministre en cas de menace sanitaire grave ont été par la suite précisés en France par la loi la loi du 9 août 2004. Selon cette loi qui a modifié le CSP, les pouvoirs exceptionnels du ministre de la Santé ne peuvent être mis en œuvre que par un arrêté motivé (Art. L. 3131-1 CSP français).

[825] J.-A. Robert, A. Regniault, op.cit., p.3.

[826] En France, J. Peigné parle d'un éternel retour. Pour lui, aux « mêmes affaires, aux mêmes incuries, aux mêmes afflictions, les mêmes réponses législatives ». J. Peigné, « De la loi du 4 janvier 1993 à la loi du 29 décembre 2011 : de l'affaire du sang à l'affaire du Médiator », in A. Laude, P. Paubel, J. Peigné, *Le droit des produits de santé après la loi du 29 décembre 2011*, Editions de Santé, Paris, 2012, p.5.

en justice, leur a été accordé. Les sanctions se résument pour l'essentiel à la saisie des médicaments, à la fermeture de l'établissement de distribution, à la cessation de toute activité sur le territoire national et à des sanctions financières. L'essentiel est de prévenir ou de faire cesser le danger que constitue l'acte pour la santé des populations. Au Burkina Faso et au Sénégal, tout comme dans la plupart des pays en développement, ces pouvoirs de sanctions sont réduits. En effet, dans ces pays, il faut toujours veiller à ne pas décourager les industriels du médicament, surtout lorsqu'il s'agit de produits jugés essentiels. Par exemple, si un producteur de médicaments efficaces contre une maladie tropicale rare est passible de sanctions, les autorités nationales savent qu'une sanction lourde risque de priver des milliers de patients de traitement.

287 - De quelques cas pouvant entraîner une sanction - Lorsque le médicament est déjà mis sur le marché, les cas pouvant entraîner des sanctions de la part de l'autorité de réglementation sont multiples. On peut citer quelques uns :

- Les modifications sans autorisation ou encore les modifications d'urgence non notifiées aux autorités compétentes. Un tel cas peut conduire au retrait de l'AMM.
- La faute de pharmacovigilance : lorsque le laboratoire ne fournit pas les rapports annuels qui sont demandés ou encore malgré les progrès scientifiques nécessitant une modification de l'AMM, son titulaire ne fait aucune demande de modification, les autorités compétentes peuvent sanctionner le contrevenant selon la gravité.
- Les cas de manquements à l'obligation générale d'information qui incombent aux titulaires de l'AMM. Il peut s'agir d'un refus de prouver la positivité d'un rapport bénéfice/risque.

288 - Les recommandations de l'OMS en matière de sanctions - L'OMS est techniquement le garant de la santé publique mondiale ; elle doit donc comme le relèvent justement G. Velásquez et C. Correa, « veiller à ce que les considérations sanitaires soient dûment prises en compte chaque fois que le commerce et la santé sont en jeu »[827]. L'OMS est beaucoup présente dans la politique de santé des pays en développement (PED), elle leur fait des recommandations et les aide à

[827] G. Velásquez, C. Correa, op.cit., p.12.

les mettre en œuvre. Dans ces recommandations en matière de sanctions, la géante de la santé mondiale semble « souffler le chaud et le froid ». Elle ménage les industriels du médicament tout en proposant des sanctions aux PED. Des situations où le laboratoire met un produit sur le marché sans autorisation ou modifie son AMM sans autorisation de l'autorité compétente, sont traitées par l'OMS comme des situations qui doivent être prises avec diligence. L'OMS recommande dans ces cas des sanctions partielles ou des sanctions au cas par cas. Elle demande aux PED d'éviter les sanctions lourdes[828].

Lorsque l'infraction ou les événements qui se produisent dans la vie du médicament sont graves, la sanction est généralement la suspension ou le retrait de l'AMM.

Sous-section 2 : Le retrait, la suspension, la caducité de l'AMM

En matière d'AMM les autorités publiques disposent de prérogatives de police sanitaire. Ces pouvoirs discrétionnaires sont laissés à la souveraineté de chaque Etat par le droit communautaire UEMOA. Le pouvoir discrétionnaire est la liberté d'action de l'administration ménagée par les règles de droit. Pour G. Lebreton, « le pouvoir discrétionnaire est indispensable à une bonne gestion de l'intérêt général »[829]. Chaque pays dispose donc de ses motivations propres en ce qui concerne la décision de retrait, de suspension ou de modification d'une AMM, qui doit en revanche être en lien avec la protection de la santé publique (Paragraphe 1). Etant donné le caractère du pouvoir, de telles décisions sont soumises au contrôle des juges (Paragraphe 2).

---

[828] OMS, Autorisation de mise sur le marché des médicaments à usage humain notamment d'origine multisources (génériques), manuel à l'usage des autorités de réglementations pharmaceutiques, série réglementation pharmaceutique n°13, Genève, 2008, pp.93-94. Manuel disponible sur http://www.who.int/medicines/publications/SerieReglementationpharmaceutique13.pdf

[829] G. Lebreton, op.cit., p.74.

Paragraphe 1 : La décision de retrait, de suspension ou de modification de l'AMM

Le médicament est un bien aux contours insaisissables, son AMM doit faire l'objet d'un renouvellement par période de cinq ans et doit être modifiée lorsque des circonstances nouvelles touchant l'essence du médicament surviennent (A). Lorsque le médicament devient un danger pour la santé publique, le droit communautaire prescrit aux Etats membres de la suspendre ou de la retirer définitivement (B).

A : Le renouvellement et la modification majeure de l'AMM

L'AMM est délivrée pour une durée déterminée, c'est une période qui permet d'observer le comportement du médicament sur le marché et de voir si le rapport bénéfice/risque du médicament reste favorable. Au bout de cette période, le titulaire de l'AMM doit introduire une demande afin que son dossier soit réévalué (1). Avant la fin du délai de renouvellement d'une AMM, des situations nouvelles peuvent affecter le médicament dans ses éléments jugés essentiels. Dans ce cas le titulaire de l'AMM doit introduire une demande de modification des termes même de l'AMM (2).

1 : Le renouvellement : une réévaluation du dossier de l'AMM

289 - Le renouvellement de l'AMM : une prolongation de la vie de l'AMM - Le régime juridique du médicament, s'il est contraignant, c'est pour protéger la santé des consommateurs et rendre accessible ce bien qui leur est indispensable. Pour qu'un médicament soit autorisé, il doit subir toute une série de contrôle comme décrit dans notre premier chapitre. Cependant, ces contrôles ne permettent pas de garantir que le médicament sera sans risque. Il est donc aménagé une durée pour l'AMM et pour tenir compte de la faiblesse des contrôles dans les pays pauvres, ce délai est périodique. Pour l'article 19 du règlement UEMOA sur les procédures d'AMM, l'AMM doit faire l'objet d'un renouvellement avant l'expiration de sa durée de validité, qui est de cinq ans.

Pour le cas particulier du Sénégal, le renouvellement de l'AMM met fin à la possibilité de faire la promotion dudit médicament par remise d'échantillons gratuits. L'autorisation d'importer des échantillons gratuits n'étant accordée qu'aux médicaments de moins de cinq ans[830].

290 - Les conditions requises pour le renouvellement - Si l'autorisation initiale requiert obligatoirement la signature du ministre en charge de la Santé, le droit pharmaceutique de l'UEMOA en ce qui concerne le renouvellement laisse la possibilité pour le ministre de la Santé de « déléguer ses prérogatives à l'autorité de réglementation pharmaceutique »[831] qui peut renouveler l'AMM par une simple lettre de notification au laboratoire demandeur. Le dossier à fournir dans le cadre d'une demande de renouvellement est en tout point identique au dossier fourni lors de la demande initiale pour les spécialités pharmaceutiques, les médicaments génériques et les vaccins. Le contenu du nouveau dossier déposé diffère du dossier initial seulement si le titulaire de l'AMM a effectué des modifications propres avant l'expiration de la durée de l'AMM.

291 - Le dossier doit être déposé dans un délai impératif - Le titulaire de l'AMM doit déposer son dossier de renouvellement trois mois avant la date d'expiration de l'AMM en vigueur. En droit comparé ce délai est de 9 mois en France pour les médicaments ayant suivis une procédure purement nationale. Le renouvellement n'est pas systématique, puisqu'il s'agit pour les autorités de s'assurer que, durant les cinq ans, le médicament s'est « bien comporté » sur le marché. Le dossier est réévalué et lorsque l'évolution du médicament n'est pas jugée satisfaisante ou qu'un nouveau médicament est sur le marché et produit moins d'effets indésirables, l'AMM ne sera pas renouvelée.

292 - La caducité de l'AMM - Lorsqu'à la fin du délai prévu pour le renouvellement de l'AMM, le titulaire n'a pas fait de demande, son AMM devient caduque et il devra réintroduire une nouvelle demande selon le régime de la demande initiale. Le droit burkinabè précise que, passé 6 mois après l'expiration du délai, le médicament est retiré de la liste nationale. La caducité peut également

---

[830] Voir lettre circulaire du 24 décembre 2012 concernant les échantillons gratuit pour l'année 2013.

[831] Article 14 du règlement n°06/2010/CM/UEMOA, relatif aux procédures d'homologation des produits pharmaceutiques à usage humains dans les Etats membres de l'UEMOA.

intervenir lorsque le titulaire ne commercialise pas son médicament 6 mois après l'acceptation de l'AMM[832]. Le principe de renouvellement d'AMM consiste à analyser les retours sur terrain du médicament. Lorsqu'un médicament autorisé n'a pas été commercialisé, ce retour n'est pas possible ; il est donc normal de déclarer l'AMM caduque. Cette caducité est de plein droit.

293 - Le transfert d'AMM - Il s'agit du changement de titulaire de l'AMM. Ce volet est important car une responsabilité pèse sur le titulaire de l'AMM. Le droit UEMOA ne traite pas spécifiquement du transfert[833]. Le droit burkinabè parle de cession d'AMM sans organiser les règles relatives à cette cessation[834].

2 : La modification majeure de l'AMM

294 - La modification majeure : une incidence sur la biodisponibilité du médicament - La modification des termes de l'AMM est toute modification apportée aux éléments présentés par le demandeur dans le dossier de demande d'AMM ou sur les caractéristiques, tant internes qu'externes, du médicament. Il s'agit donc d'un ou de plusieurs éléments nouveaux qui interviennent dans la vie du médicament et qui lorsqu'ils ne sont pas rapportés à

---

[832] Nous n'avons pas trouvé de textes contenant la disposition selon laquelle l'AMM serait caduque six mois après son acceptation si son titulaire ne commercialisait pas le médicament. Mais les notifications d'AMM comportent des dispositions selon lesquelles « le produit doit être obligatoirement commercialisé au mois 6 mois après la réception de l'arrêté portant notification d'acceptation de l'AMM ». Voir notification n°200/MSAS/DPL/DCAM du 24 décembre 2012. Les notifications sont signées du Directeur de la pharmacie et ne sont pas publiées au JORS, elles sont visibles à la DPL.

[833] Le règlement UEMOA sur l'AMM, évoque seulement le transfert d'AMM dans les compétences de la commission nationale du médicament. Cette commission « statue dans le cadre de transfert d'AMM ».

[834] Article 5 du décret n°2003-382 du 31/07/2003, portant nomenclature nationale des spécialités pharmaceutiques et médicaments génériques (Burkina Faso).

l'autorité compétente rendent caduque l'autorisation[835]. La notion de modification est donc circonscrite aux éléments du dossier tel qu'ils ont été initialement approuvé par l'autorité compétente. C'est lorsque ceux-ci évoluent qu'on parlera de modification. La modification est le changement du contenu des documents formant le dossier d'origine du médicament. Elle est dite majeure parce qu'elle a « des répercussions sur l'activité du médicament » nécessitant ainsi un réexamen entier du dossier par le Comité d'experts et par la Commission nationale du médicament[836].

295 - La nature des variations majeures - Selon l'annexe au règlement relatif aux procédures d'homologation des produits pharmaceutiques à usage humain dans les Etats membres de l'UEMOA, les variations sont classées en fonction de leur impact sur la protection de la santé publique et sont de différentes natures[837]. Leur survenance oblige le titulaire de l'AMM à introduire une demande de modification de son AMM. Les Etats membres de l'UEMOA, outre les cas de variations décrits par le droit communautaire, doivent également tenir compte de toute évolution se rapportant à la classification des variations, selon les règles édictées par la Conférence internationale sur l'harmonisation des critères

---

[835]Le droit UEMOA n'a pas expressément indiqué que les modifications majeures non signalées rendaient caduque l'AMM, mais on peut le déduire. Les droits nationaux sénégalais et burkinabè l'on d'ailleurs prévu. L'article 10 du décret n°67-008 du 4 janvier 1967 relatif aux visas des spécialités pharmaceutiques au Sénégal, interdit toute modification des éléments majeurs du dossier d'AMM. Lorsque ces éléments sont modifiés et que le titulaire du visa n'a pas procédé à la réintroduction d'une nouvelle demande son visa est caduc. Au Burkina Faso, c'est l'article 16 de l'arrêté n°2003-341/MS/SG/DGPML du 24 décembre 2003 qui rend caduque l'AMM dont les éléments ont été modifiés sans autorisation préalable.

[836]Article 1er al 44 du Règlement n°06/2010/CM/UEMOA, relatif aux procédures d'homologation des produits pharmaceutiques à usage humains dans les Etats membres de l'UEMOA.

[837] Le droit communautaire dresse une liste des situations pouvant entraîner une modification majeure de l'AMM : Des modifications relatives au principe actif ; des modifications relatives à la forme pharmaceutique ; des changements dans le procédé de fabricant du principe actif (changement de la voie de synthèse, changement d'un produit intermédiaire de synthèse) ; des changements dans la composition du produit fini ; des changements de conditionnement primaire ; une hausse du prix ; un ajout d'une nouvelle indication ; un changement de la durée de conservation ; le transfert d'AMM ; un ajout ou un changement d'un excipient (notamment ceux à effet notoire) ; une extension de forme de dosage et de conditionnement.

d'homologation des produits pharmaceutiques à l'usage de l'homme (ICH)[838].

296 - Extension et variation : même régime juridique - L'UEMOA assimile les extensions de forme, de dosage, de présentation d'un produit pharmaceutique aux variations majeures, la composition et le contenu du dossier est donc identique à celui d'une variation majeure. En droit comparé, le règlement CE n°123/2008 distingue l'extension de la modification. Selon le droit européen, l'extension d'AMM correspond à des cas de modification bien précise. De ce fait, il exclut les procédures d'extension du régime juridique applicable à la modification d'AMM.

Toute variation des éléments du dossier d'une AMM doit faire l'objet d'une notification justifiant la modification au ministre en charge de la Santé[839]. Pour que la modification soit valable, le demandeur doit remplir certaines conditions.

297 - Les conditions de modification - Outre la demande écrite adressée au ministre en charge de la Santé[840], le titulaire de l'AMM doit joindre les pièces suivantes :

- L'AMM rectificative en vigueur dans le pays d'origine ou, en son absence, toute autorisation équivalente dont le libellé est conforme au système OMS de certification dûment authentifiée par l'autorité compétente[841] ;

---

[838] L'ICH est un organe créé en 1990 par les autorités de réglementation pharmaceutique et les laboratoires pharmaceutiques de l'Union Européenne, du Japon et des Etats-Unis. Son but selon ses initiateurs est de définir les normes à appliquer pour la mise au point des nouveaux médicaments. L'inconvénient c'est qu'il regroupe 17 pays à revenus élevés, ce qui suscite des critiques de la part des pays non représentés. Selon ces derniers l'ICH ne se base pas sur les travaux d'universitaires, de scientifiques et de la profession médicale, elle ne consulte pas les associations de patient ; elle s'apparente selon eux à une organisation créée pour satisfaire l'industrie pharmaceutique et les économies des grandes puissances. Source : WHO Drug Information, Vol. 14, n° 3, 2000.

[839] Article 18 du Règlement n°06/2010/CM/UEMOA, relatif aux procédures d'homologation des produits pharmaceutiques à usage humains dans les Etats membres de l'UEMOA.

[840] La demande doit préciser la nature de la modification intervenue dans les éléments fournis pour la demande d'obtention de l'AMM et celle de l'incidence sur l'activité du médicament considéré,

[841] Il faut rappeler que les pays membres de l'UEMOA sont majoritairement dépendants de l'importation des médicaments.

- Cinq modèles (ventes du produits pour les conditionnements publics ou un modèle vente pour les conditionnements hospitaliers), accompagnés du bulletin d'analyse du lot de fabrication dûment signé par le responsable du contrôle de qualité du laboratoire fabricant ou du responsable de la libération des lots. Nous faisons observer ici que les autorités nationales se contentent de tests déjà faits. Elles se fondent sur les résultats écrits fournis par le laboratoire. Le bulletin fait par le laboratoire fabricant du médicament n'est-il pas partisan ? A notre sens sa crédibilité pose un problème et suppose que les laboratoires aient un certain sens élevé de l'éthique.
- Le récépissé du paiement des droits d'enregistrement correspondants.

298 - Les effets de la modification de l'AMM - L'actualisation validée par le ministre de la Santé est opposable à tout usager du médicament sur le territoire national, elle ne change en rien la durée de l'AMM. Les données actualisées abrogent et remplacent les anciennes données et l'ensemble des acteurs du médicament devront désormais en tenir compte. La décision de modification est notifiée aux différents acteurs de la chaîne des médicaments et leur est opposable. Ceux-ci devront désormais s'en tenir aux termes de l'AMM modifiée.

Les pharmaciens et autres vendeurs de médicaments devront, dans leur obligation de conseil aux patients, tenir compte des nouveaux éléments de l'AMM. Les visiteurs médicaux sont également tenus, lors de la promotion du médicament dont l'AMM a été modifiée, de notifier cette modification au médecin. Le visiteur médical a l'obligation de donner des informations complètes, impartiales, conformes aux données les plus récentes de la recherche médicale et scientifique. Ces données doivent être conformes aux contenus des dossiers d'AMM[842].

299 - L'intérêt de la distinction entre modification mineure et modification majeure - L'intérêt de cette distinction est double. D'une part, en ce qui concerne les modifications mineures, le titulaire de l'AMM doit introduire une demande de modification, mais pour les

---

[842] Article 11, de l'arrêté n°2010-290/MS/CAB, portant condition d'exercice de la profession de visiteur médical au Burkina Faso.

modifications majeures il doit refaire une autre demande. D'autre part, la redevance à payer dépend de la nature de la modification. Lorsqu'il s'agit d'une modification majeure, la redevance due correspond à la redevance de base, alors que pour une variation mineure le demandeur doit s'acquitter d'une redevance équivalente à 10% de la redevance de base[843].

La gravité des situations peut conduire les autorités nationales à prononcer la déchéance du droit d'accès au marché d'un médicament.

B : La déchéance du droit d'accès au marché du médicament

Lorsque l'exploitation d'un médicament s'avère dangereuse pour la santé publique, le ministre en charge de la Santé peut suspendre pour un délai maximum de six mois l'AMM octroyée. Le retrait, peut être prononcé à la suite de la suspension. Les motivations doivent être fondées sur l'objectif de protection de la santé publique (1). Une fois suspendue ou retirée, la décision produit des effets (2).

1 : Les conditions de retrait ou de suspension de l'AMM

300 - Un cadre juridique harmonisé, avec une marge de manœuvre pour les Etats membres - Le cadre juridique de la suspension ou du retrait de l'AMM est harmonisé dans l'espace UEMOA depuis 2010. Dans cet espace, lorsqu'un médicament à usage humain présente un danger pour la santé publique, il peut faire l'objet d'une suspension pour une période de 6 mois et après ce délai, si le médicament est toujours considéré comme un danger, il est retiré du marché. Le ministre de la Santé semble avoir ici un pouvoir lié, le seul motif de suspension ou de retrait doit être la protection de la santé publique. Mais la compréhension de l'expression « protection de la santé publique » peut différer d'un Etat à un l'autre. Le droit communautaire n'oblige pas les Etats à suspendre systématiquement un médicament qui présente des dangers pour la santé. Il dit que le médicament « peut faire l'objet d'une suspension », cela laisse une certaine marge de manœuvre aux Etats pour agir selon leur

[843] Article 25 et 26 du Règlement n°06/2010/CM/UEMOA, relatif aux procédures d'homologation des produits pharmaceutiques à usage humain dans les Etats membres de l'UEMOA.

souveraineté, d'autant plus que le droit communautaire ne définit pas l'expression « danger pour la santé publique ».

301 - Qu'est-ce qu'un danger pour la santé - Le danger pour la santé peut s'entendre de toute menace des objectifs fixés par le CSP. Au Burkina Faso, les articles 1er et suivants de la loi portant CSP, fixent ces objectifs et rendent l'Etat responsable de l'atteinte desdits objectifs. Ainsi lorsqu'un médicament autorisé devient un obstacle à l'atteint d'un niveau de santé acceptable, il est dangereux pour la santé. Le médicament ayant été autorisé pour améliorer la santé des individus, il doit cesser de circuler lorsqu'il devient non plus un élément de vie, mais un destructeur du bien-être. Il va sans dire que la suspension ou le retrait peut également être motivée par un rapport bénéfice/risque devenu négatif. Il est contraire à la santé publique de mettre en vente un médicament dont on sait qu'il fait plus de mal que de bien, ses effets secondaires étant plus importants que ses effets thérapeutiques. Dans ce sens, le ministre de la Santé du Burkina Faso avait procédé en 2009, sur recommandation du comité de suivi de l'utilisation des ACT, à la suspension de la monothérapie antipaludique à base d'artemisinine. Les événements indésirables associés aux usages des médicaments peuvent donc conduire au retrait du marché d'une AMM.

302 - Le seuil critique des effets indésirables - Y'a-t-il un seuil d'effets indésirables au-delà duquel, le médicament est jugé dangereux pour la santé ? Il est unanimement reconnu que tout médicament possède en lui les germes d'un effet adverse aux objectifs qui lui sont assignés. A quel moment les autorités nationales doivent-elles réagir ? Nous savons que le retrait ou la suspension d'une AMM emportent des conséquences économiques pour les laboratoires pharmaceutiques et que ces laboratoires sont de puissants groupes de pression sur les Etats dont certains financent même le fonctionnement des agences de médicament ou encore participent au financement du système national de santé, il faut donc éviter les retraits trop rapides qui s'avèreront par la suite non fondés. Les effets indésirables n'ont pas de seuil, il existe un traitement multiple selon les cas. Les événements indésirables peuvent prendre diverses formes[844]. Les autorités étatiques se basent sur plusieurs critères pour déterminer le seuil critique d'atteinte à la santé publique :

- Le seuil peut être déclenché par la multiplication des affaires (scandales médiatiques, procès, retraits dans un autre pays, ou controverses dans la presse scientifique) ;
- La nature des effets indésirables peut déclencher le seuil. C'est l'exemple d'effets indésirables qui sont d'une visibilité éclatante que nul ne peut rester inactif. Par exemple la manifestation des maladies iatrogènes ou encore un nombre élevé de morts ;
- La réaction des autorités étatiques peut également être liée à une mobilisation forte de la société civile ou encore de la communauté des patients. Lorsque les autorités compétentes sont sourdes ou aveugles à des situations manifestement notoires, la société civile doit pouvoir peser pour obtenir des autorités l'exercice de leur devoir de garant de la sécurité sanitaire.

303 - Un médicament sans principe actif, est un danger pour la santé - Le danger pour la santé publique peut se comprendre également dans le cadre d'un médicament autorisé dont il est avéré qu'il ne contient aucun effet thérapeutique. Un tel médicament est dangereux parce qu'il donne un espoir de guérison à ceux qui le consomme. Il y a là une perte de chance de guérir.

304 - Le médicament doit être financièrement accessible - La règlementation du médicament est sous-tendue par l'idée de santé publique, mais également par l'idée d'accès à des médicaments de qualité. C'est dire que la primauté de toute règlementation pharmaceutique, de tout programme en matière de santé doit être l'intérêt général ; la pauvreté ne doit pas conduire à aliéner la dignité et la santé des populations africaines[845]. L'un des objectifs des politiques pharmaceutiques en Afrique est la promotion de l'accès économique aux médicaments. Ainsi dans nos deux pays d'étude, le prix du médicament est un élément essentiel dans l'octroi de l'AMM.

---

[844]C. Bonah, J.-P. Gaudillière, « Faute, accident ou risque iatrogène ? La régulation des événements indésirables du médicament à l'aune des affaires Stalinon et Distilbène », *RFAS*, 2007/3 n° 3-4, p. 125.

[845] Voir A. Laude, D. Tabuteau, *Essais cliniques quels risques ?*, op.cit, p.17.

Lorsque l'AMM est acceptée c'est parce que les autorités nationales ont jugé que le prix fixé dans le dossier de demande d'AMM permet à la majorité des patients de bénéficier de ce bien. L'augmentation d'un tel prix sans accord préalable des autorités compétentes constitue donc une menace à l'accès aux médicaments, donc à la santé des populations. L'AMM, dans ce cas, est suspendue immédiatement.

305 - Un médicament, dont la présentation contient des éléments erronés est un danger pour la santé publique - Un retrait peut également intervenir lorsque les éléments présentés se révèlent être erronés, ou lorsque le titulaire de l'AMM refuse de demander une modification des éléments de son dossier initial, alors que des événements nouveaux sont survenus dans la vie du médicament. En somme lorsqu'il ne respecte pas ses obligations en matière de suivi du médicament.

306 - La suspension ou le retrait pour interdiction de vente du médicament dans son pays d'origine - Au Burkina Faso et au Sénégal, les autorités peuvent se baser sur la décision des autorités de pays tiers où le médicament est autorisé pour suspendre ou retirer une AMM. Ainsi, le retrait peut intervenir lorsqu'un médicament importé cesse d'être de vente légale dans son pays d'origine. Par exemple au Burkina Faso, le directeur général de la DGPML[846], par délégation, a suspendu les AMM de l'hélicidine, des mucolytiques et des mucofluidifiants administrés par voie orale et exclusivement destinés aux nourrissons. Cette décision est survenue après une enquête menée par l'AFSSAPS, aujourd'hui ANSM, qui avait suspendu les AMM desdits médicaments.

Le Burkina Faso et le Sénégal semblent toujours suivre la France en matière de retrait d'AMM, alors que la France est « toujours le dernier pays développé à retirer les médicaments dangereux »[847]. La décision des autorités compétentes ne sera efficace que si le contrôle postérieurement à la mise sur le marché des médicaments fonctionne pleinement sur le plan national.

---

[846] Voir la lettre circulaire n°2010-1625/MS/SG/DGPLM/DRP (Burkina Faso).

[847] Ph. Even, B. Debré, op.cit., p. 4. Les auteurs citent pour étayer leur affirmation les cas du sel de bismuth, du Distilbène®, de la Cérivastine®, du Vioxx® et du Médiator®.

307 - Le retrait d'AMM et le principe de précaution - Le principe de précaution peut justifier le retrait d'une AMM. Dans le cadre d'une suspicion de risque, les premières réponses des autorités sanitaires doivent consister à une expertise scientifique[848] du médicament en cause afin d'évaluer le rapport bénéfice/risque. Lorsque le danger est grave, le ministre de la Santé peut procéder à un retrait immédiatement, ou encore il peut enjoindre au fabricant ou à l'exploitant de faire retirer le médicament du circuit national.

Pour le respect du droit des titulaires de l'AMM et pour garantir la sécurité des patients, la suspension ou le retrait de l'AMM suivent une procédure qui est normalement contradictoire sauf en cas d'urgence.

2 : La procédure de suspension et de retrait et leurs effets juridiques

308 - De la suspension de l'AMM - La suspension est prononcée pour un délai de six mois. Le ministre de la Santé doit notifier la décision de suspension au titulaire de l'AMM. Sa décision doit être motivée sous peine de sanction par le juge administratif. Des conditions de formes entourent cette décision. Elle doit être diffusée de manière à permettre à toute personne intéressée d'être informée. La conséquence directe de la suspension est le retrait de l'AMM au bout d'un délai de six mois. Si au bout des six mois aucune décision de retrait n'est prononcée, la suspension est levée de plein droit. La mesure de suspension n'ouvre droit à aucune indemnisation de la part des autorités sanitaires. La vente du médicament dont l'AMM est suspendue, est interrompue.

309 - Du retrait de l'AMM - Le retrait de l'AMM intervient après sa suspension, ou peut intervenir de façon directe sans passer par une suspension préalable[849]. Le ministre de la Santé prononce le retrait après avis de la Commission nationale du médicament. L'avis doit être motivé. On suppose qu'il concerne les aspects scientifiques du

---

848 J.-C. Boual, P. Brachet (dir.), *Santé et principe de précaution*, L'Harmattan, Paris, 2003, p.48.

849 Article 22 du Règlement n°06/2010/CM/UEMOA, relatif aux procédures d'homologation des produits pharmaceutiques à usage humains dans les Etats membres de l'UEMOA.

médicament, ce qui implique que la commission soit dotée de moyens techniques suffisants pour faire les évaluations nécessaires pour guider ses avis. En effet, le contrôle du médicament peut être entaché par l'incapacité des pays pauvres à mener les tests adéquats et surtout à réunir les informations sur les médicaments qui entrent sur leur territoire et qui sont déjà commercialisés dans d'autre pays. Dans la majorité des cas, les PED se basent sur les expertises étrangères[850]. Le docteur Louis De Brouwer pense qu'ils n'ont pas les capacités techniques, financière et humaines adéquates pour contrôler les médicaments, pour lui « des médicaments retirés du marché parce que ayant provoqués des accidents graves sont vendus aux pays du tiers-monde sous un autre nom de spécialité »[851].

310 - Les effets de la déchéance de l'AMM à l'égard de son titulaire - La déchéance du titre de commercialisation du médicament va avoir des conséquences diverses pour le titulaire de l'AMM. Lorsque le retrait est survenu après des dommages subis par des patients, la responsabilité du titulaire de l'AMM va être engagée. Ensuite, avec le retrait, il a l'obligation de rappeler partout où il se trouve sur le territoire national le médicament dont l'AMM a été retirée. Il devra prendre les mesures nécessaires pour faire cesser le danger que constitue désormais son médicament. Lorsqu'il ne prend pas les mesures nécessaires, il s'expose également à des sanctions.

Selon un arrêt du CE français, les pouvoirs publics ne peuvent légalement mettre en demeure un laboratoire pharmaceutique de reprendre la distribution d'un médicament qu'ils ont retiré du marché[852].

310 - Les effets à l'égard des tiers - Le premier effet immédiat va concerner les acteurs de la vente, de la prescription et les consommateurs. La déchéance de l'AMM entraîne l'arrêt de la commercialisation du médicament. Son importation, sa commercialisation, sa délivrance doivent cesser. Si l'AMM est retirée, le médicament est retiré de la liste nationale des médicaments ; ce qui

---

[850] L'ensemble des notifications de retrait que nous avons consulté au Burkina Faso et au Sénégal évoque comme motif de retrait, la réévaluation du rapport bénéfice/risque, ou encore des enquêtes effectuées par l'ANSM.
[851] L. de Brouwer, op.cit., p.244.
[852] CE, Section, 25 janv. 1991, 103143, p.30, concl. Stirn.

signifie que les médecins doivent être informés afin de cesser toute prescription et également les pharmaciens doivent cesser de délivrer ledit médicament[853]. En ce qui concerne les prescripteurs, il existe un danger au Burkina Faso et au Sénégal, en plus de leur défaut de recyclage, les plus gros prescripteurs sont les paramédicaux et ceux-ci sont difficilement identifiables. Ils exercent dans les coins les plus reculés des centres de décisions et l'information tarde à les atteindre et lorsqu'ils ont l'information, certains décident de liquider leur stock de médicament et donc de continuer à prescrire le médicament retiré[854].

Le retrait ou la suspension d'un médicament emporte des conséquences diverses, il peut priver une partie de la population d'un médicament qui était le seul efficace contre leur mal, il peut également constituer un manque à gagner économique pour les fabricants de médicament, le juge va donc exercer un contrôle afin que la décision ne soit motivée que par des arguments de protection de la santé publique.

Paragraphe 2 : Le contrôle juridictionnel des décisions en matière de retrait et de suspension d'AMM

Les actes de retrait ou de suspension d'AMM sont, tout comme l'AMM, des décisions administratives. La suspension ou le retrait d'AMM relève de la compétence des autorités nationales. Acte administratif, la décision suspendant ou retirant une AMM est placée sous le contrôle des juridictions administratives (A), mais la Cour de justice de l'UEMOA peut être saisie, soit en dernier recours, soit dans le cadre d'une question préjudicielle (B).

---

[853] Au Burkina un rapport du service de l'inspection technique de la santé révèle avoir trouvé dans une officine des médicaments retirés du marché pourtant toujours exposé sur les rayons. Ce pharmacien a sans doute voulu écouler son stock. Il s'agit de l'Amodiaquine® non associée, de la Chloroquine® et ses spécialités. Ministère de la Santé, Burkina Faso, Rapport de synthèse inspection pharmaceutique, 2011, 13p.

[854] La rédaction, « Résistance à l'abandon de la chloroquine », *La Lettre du CEDIM*, n°45, septembre 2010, p. 35. La rédaction du journal y démontre comment le personnel des centres de santé ont tenu à liquider leurs stocks avant de passer au nouveau protocole de soins qui avait été mis en place.

A : Le contrôle national de la décision de suspension ou de retrait de l'AMM

La décision de retrait ou de suspension d'une AMM engendre des conséquences économiques importantes pour celui qui a investi dans le développement du médicament. Le juge doit tenir compte de ces aspects économiques, mais également des aspects sanitaires lorsque qu'une plainte lui est adressée (2). Mais avant de se pourvoir au contentieux, le titulaire de l'AMM dispose d'un recours gracieux (1).

1 : Le recours gracieux auprès du ministre de la Santé

311 - Le recours pour absence de décision - Le recours pour absence de décision est un principe de droit administratif appliqué en droit pharmaceutique[855]. Il est formulé auprès du ministre chargé de la Santé. C'est un recours gracieux adressé au ministre afin qu'il se prononce lorsqu'un certain délai s'est écoulé. Ce recours respecte les principes de droit administratif. Il est formulé auprès du ministre de la Santé dans un délai de trois mois suivant l'introduction du recours[856]. Si à l'expiration de trois mois le ministre n'a pas fait savoir sa décision, le candidat à l'AMM est en droit d'introduire un recours contentieux[857]. Si l'administration n'a pas rejeté explicitement la demande d'AMM, mais se borne à ne pas répondre, elle doit fournir un motif au demandeur.

312 - Le recours pour suspension ou retrait de l'AMM - En cas de suspension ou de retrait, la décision est notifiée au titulaire de l'AMM, s'il conteste la situation évoquée, il peut saisir le ministre de la Santé dans un délai de trois mois à compter de la notification, pour

---

[855] Le droit pharmaceutique burkinabè le prévoit expressément (article 23 de l'arrêté portant condition de délivrance des AMM de médicaments).

[856] Lorsque le recours gracieux est introduit en dehors des délais impartis, l'administration est en droit de rejeter la demande. C'est ce qui s'est passé dans l'arrêt Société Laboratoire Glaxosmithkline c/AFSSAPS. CE, 29 décembre 2004, Recueil Lebon 2005.

[857] La chambre administration de la Cour suprême du Burkina Faso a indiqué que passé le délai de trois mois depuis la date d'introduction du recours gracieux « le silence de l'administration équivaut à une décision implicite de rejet dudit recours gracieux, liant le contentieux ». C. sup Burkina Faso, ch. Adm., 08 févr 2000, Dame AO C/ Centre Hospitalier National Yalgado de Ouagadougou, arrêt n°017/1999-2000.

demander qu'il se prononce sur sa demande. Le ministre de la Santé classe sans suite les recours introduits hors délai.

Au Sénégal, le recours auprès du ministre de la Santé est d'abord soumis à une commission de recours dont les membres sont désignés par le ministre chargé de la Santé[858].

Lorsque le recours gracieux ne donne pas satisfaction au demandeur, celui-ci peut saisir la juridiction administration afin qu'elle se prononce sur l'acte administratif contesté.

2 : Le contrôle par le juge administratif : le recours contentieux

La décision de suspension ou de retrait d'AMM est une mesure de police sanitaire prise par le ministre de la Santé. Cette mesure doit être proportionnelle au danger présenté par le médicament. Pour protéger la santé publique, le ministre en charge de la Santé doit veiller à circonscrire tout danger potentiel qui pourrait affecter la santé des populations. Le Conseil d'Etat peut être saisi pour une annulation de la décision ministérielle, dans le cadre d'un recours de plein contentieux ou d'un recours pour excès de pouvoir. Il peut être saisi également dans l'urgence par voie de référé pour obtenir la suspension de l'exécution de la décision du ministre.

313 - Le contrôle d'urgence - Le contrôle de l'administration est au cœur des relations entre le pouvoir et « ses sujets »[859]. Le droit permet de saisir les juridictions en cas d'urgence pour obtenir des mesures provisoires. Le titulaire de l'AMM demande donc par voie de référé, au président du Conseil d'Etat de suspendre l'exécution d'une décision de retrait ou de suspension d'AMM. Le juge administratif peut dans sa décision être guidé par l'urgence à suspendre la décision ou encore s'il existe un doute sérieux quant à la légalité de la décision de suspension ou de retrait.

---

[858] Cette commission comprend selon l'article 13 du décret relatif aux visas de spécialité : un membre de la Cour suprême, président ; le doyen de la faculté mixte de médecine et de pharmacie ; deux professeurs de médecine de la faculté mixte de médecine et de pharmacie et deux professeurs de pharmacie de la faculté mixte de médecine et de pharmacie.

[859] P. Chrétien, N. Chifflot, *Droit administratif*, 13e édition, Edition Dalloz, Paris, 2012, p.43.

314 - Le conseil d'Etat saisi au fond - Après un examen d'urgence, le Conseil d'Etat peut statuer au fond[860]. Il apparaît toujours problématique lorsqu'une commission scientifique doublée d'experts prononce une décision, qu'un juge, sur des éléments purement juridiques annule la décision scientifique. Le juge peut-il apprécier les données scientifiques versées à l'appui de la demande d'autorisation ayant conduit au retrait de l'AMM ? Cette question mérite bien d'être posée, eu égard aux compétences scientifiques limitées du juge. Une jurisprudence de la CJUE[861], répond que le juge national doit apprécier la légalité de la décision, le juge ne peut se baser que sur la légalité de la décision. Il peut apprécier s'il existe des indices sérieux concluant à un risque grave pour la santé des patients[862].

Lorsque l'AMM est délivrée à un exploitant, qui n'est pas le fabricant du médicament, le fabricant a-t-il un intérêt à agir en justice pour contester le retrait de l'AMM de son produit avant l'expiration du délai de validité de 5 ans ? Sur cette question le CE français a répondu par l'affirmative. Selon la haute juridiction administrative « le fabricant d'une spécialité pharmaceutique a intérêt à contester la légalité d'une décision de retrait de l'autorisation de mise sur le marché de ce produit, quand bien même il ne serait pas le titulaire de cette autorisation »[863].

---

[860] C'est ce qui s'est passé en France dans l'affaire du Ketum (voir CE, 7 juil. 2010, n°335101, Menarini) où la haute juridiction administrative a annulé la décision du 17 décembre 2009 par laquelle le directeur général de l'ANSM a suspendu l'autorisation de mise sur le marché de la spécialité pharmaceutique Ketum 2,5 %, gel. L'ANSM a été contraint de publier sur son site Internet l'intégralité de la décision, dans les deux jours suivant sa notification et pendant un délai approprié.

[861]Il s'agit de l'affaire Upjohn, du 21 janvier 1999. Par cet arrêt de principe, la CJUE considère que « le droit communautaire n'exige pas que la juridiction nationale saisie d'un recours en annulation contre une décision de retrait d'une autorisation de mise sur le marché d'une spécialité pharmaceutique déterminée statue sur celui-ci en prenant en compte tout élément d'appréciation scientifique pertinent relevé après l'adoption de cette décision ».

[862] CE, 7 juillet 2010, 335 101.

[863] C.E., 1ère et 6ème sous-section réunies, 6 juillet 2007, arrêt n° 286851286852, Recueil Lebon 2008

B : Le juge communautaire et l'AMM

Dans l'application du droit communautaire édicté par l'UEMOA, les juges nationaux peuvent se retrouver bloqués par une divergence de point de vue sur une question du traité ou du droit dérivé. Ils peuvent, dans ce cas, surseoir à statuer et demander à la cour de justice de se prononcer sur le sens, sur l'interprétation de la disposition. La Cour de justice peut également être saisie en dernier recours.

315 - Le juge communautaire et les questions préjudicielles - La Cour de Justice de l'UEMOA, veille à l'interprétation uniforme du droit communautaire et à son application. Il juge, également les manquements des Etats à leurs obligations communautaires. Lorsque les juridictions nationales sont confrontées à des difficultés liées à l'interprétation d'une disposition communautaire, elles peuvent surseoir à statuer pour demander l'avis de la Cour communautaire de justice, par une question préjudicielle. C'est l'article 12 du protocole additionnel n°1 relatif aux organes de contrôle de l'UEMOA[864] qui prévoit le recours pour question préjudicielle. Il indique que les juridictions nationales statuant en dernier recours sont tenues de saisir la cour de justice en cas de problème d'interprétation. Lorsque la Cour communautaire de justice statue, ses interprétations s'imposent aux autorités administratives et juridictionnelles. En matière de droit pharmaceutique aucune question préjudicielle n'a encore été posée au juge communautaire.

316 - Le juge communautaire et la libre circulation des marchandises : le cas des médicaments - Le droit communautaire est guidé par le principe de libre circulation des marchandises, l'harmonisation des législations concourt à la réalisation de ce principe. Ainsi l'élaboration d'un droit pharmaceutique harmonisé au sein de l'UEMOA participe, non seulement à rendre le marché du médicament libre, mais également à garantir une protection élevée de la santé publique dans chaque Etat membre. Le droit communautaire a laissé la liberté aux Etats d'évoquer la santé publique pour refuser, suspendre ou retirer une AMM. Pour l'uniformisation du droit pharmaceutique, la Cour de justice peut être saisie pour apprécier la

[864]Voir http://www.uemoa.int/Pages/Actes/NewPages/Protocole_additionnel_I.aspx

réalité d'un retrait. Le juge communautaire appréciera dans ce cas si les motifs évoqués concernent la protection de la santé publique puisque l'article 79 du Traité de l'UEMOA interdit l'usage des motifs de la protection de la santé comme moyen de discrimination arbitraire ou de restrictions déguisées dans le commerce entre les Etats membres.

Les précautions prises pour suivre et corriger l'AMM des médicaments sont doublées par la surveillance globale du marché des médicaments.

Section 2 : La surveillance des effets indésirables du médicament : logiques sanitaires et logiques économiques

La surveillance post AMM du médicament vise à prévenir ou à traiter tout risque lié à la consommation normale des médicaments. C'est une sorte de veille scientifique, effectuée sur un produit ambivalent. Cette veille est appelée pharmacovigilance et concerne selon l'OMS, « toute activité tendant à obtenir des indications systématiques sur les liens de causalités probables entre médicaments et effets secondaires dans une population » [865](Sous-section 1). A ses origines, elle se limitait « à la recherche d'effets indésirables nouveaux, non détectés lors des études préalables »[866], mais aujourd'hui, il est apparu nécessaire d'adjoindre à la recherche des effets indésirables, une étude médico-économique. L'économie de la santé, en intégrant ainsi le domaine du médicament, va apporter des logiques économiques à un milieu qui évoluait uniquement avec des logiques sanitaires (Sous-section 2).

Sous-section 1 : La pharmacovigilance au Burkina Faso et au Sénégal : un système embryonnaire

Les médicaments, une fois mis sur le marché sont placés sous surveillance pour permettre de détecter d'éventuels effets indésirables

---

[865] OMS, « Pharmacovigilance : assurer la sécurité d'emploi des médicaments », Perspectives Politiques de l'OMS sur les médicaments, n°9, Octobre 2004.
[866] J.-N. Bail, *Evaluation des médicaments après la commercialisation : Intérêt, objectifs et conséquences*, Edition John, Libbey, Montrouge, 2004, p.37.

qui n'auraient pas été détectés avant leur mise sur le marché. Cette surveillance du médicament est née avec l'évolution du temps. Considéré comme le roi des thérapies, le médicament était supposé guérir et non faire du mal. D'ailleurs ne disait-on pas que « le médicament qui soigne ne peut pas nuire »[867]. Mais les différentes crises survenues lors de la consommation du médicament ont entraîné une reconsidération des actions envers le médicament. Ces crises ont fait prendre conscience à la communauté scientifique et aux autorités politiques des différents pays que le médicament homologué demeure dangereux, surtout que cette homologation se base sur de « simple probabilité d'efficacité »[868], les nouvelles molécules étant homologuées sur la base de leur efficacité sur les placebos. C'est donc dire que la phase qui suit la mise sur le marché du médicament est la plus cruciale, car « on sait peu de chose sur un médicament quand il arrive sur le marché »[869]. Au Burkina Faso et au Sénégal, si les autorités politiques ont pris conscience des risques liés à l'usage normal du médicament, l'organisation de la pharmacovigilance émerge lentement (Paragraphe 1) et a besoin de la collaboration étroite et efficace des principaux acteurs intervenant dans le système national de pharmacovigilance pour prendre son envol (Paragraphe 2).

Paragraphe 1 : La mise en œuvre de la pharmacovigilance au Burkina Faso et au Sénégal : l'émergence d'un système dans un contexte difficile

Au lendemain des indépendances le Burkina Faso et le Sénégal étaient appelés à mettre en place leur droit interne. Ainsi, dans un décret du 9 mars 1960, le Sénégal, toujours dirigé par un Conseil général, réorganisait son service de la santé. Pour tenir compte de la sécurité sanitaire, qui a l'époque interpellait déjà le monde de la santé, le Sénégal avait créé une direction de la Santé publique, avec un service chargé du contrôle des produits toxiques, on peut dire que c'est l'ancêtre de la pharmacovigilance. Quant au Burkina Faso, il ne dispose pas d'un cadre juridique précis en matière de réglementation

---

[867] A. Helali, « Une pharmacovigilance au service de la santé publique » in *Revue REMED*, n°43, avril 2010, p.3.

[868] Ph. Even, B. Debré, op.cit., p.16.

[869] S. Sylvie, *Les 10 plus grands mensonges sur les médicaments*, Editions Dangles, 2007, Labège, p. 16.

de la pharmacovigilance. Il existe depuis le 28 décembre 2012, un décret créant un système national de vigilance des produits de santé à usage humain[870], mais l'organisation et le fonctionnement de ce système a été soumis à un arrêté du ministre de la Santé, arrêté qui n'a pas encore vu le jour. En attendant, c'est à travers les attributions de la DGPML et les obligations de certains professionnels de la santé[871] que l'on peut observer un essai de mise en œuvre d'une surveillance des effets indésirables des médicaments.

Le champ d'application de la pharmacovigilance renferme l'ensemble des effets adverses des médicaments (A). L'émergence de cette surveillance connaît quelques limites (B).

A : Le champ d'application de la pharmacovigilance : la traque des effets adverses des médicaments

Le patient occupe le centre de préoccupation du législateur en matière sanitaire. La règlementation du circuit du médicament a donc comme finalité, le respect de son droit fondamental à la protection de la santé. Le médicament étant destiné in fine au patient, il faut qu'il lui procure plus de bien que de mal, il est donc nécessaire de surveiller ce bien.

L'histoire de la pharmacovigilance est intimement liée aux crises mondiales imputées au médicament (1). Les autorités sanitaires traquent depuis la naissance de la pharmacovigilance, les effets indésirables des médicaments, domaine privilégié de la surveillance des médicaments (2).

1 : L'émergence de la pharmacovigilance : la nécessité de surveiller le médicament

317 - La surveillance du médicament : une urgence mondiale - Les essais cliniques qui servent à l'octroi de l'AMM sont basés sur un nombre réduit de population et certaines catégories ne sont pas représentées, c'est l'exemple des personnes âgées et des enfants. Les

---

870 J.O.BF n°01 du 03 janvier 2013, pp. 4417-4418.

871 Il y a le code de déontologie des pharmaciens du Burkina Faso, l'arrêté portant organisation des agences de promotion médicales au Burkina Faso, l'arrêté portant organisation de la profession de visiteurs médical au Burkina Faso.

effets indésirables constatés ne reflètent donc pas fidèlement la réaction que le médicament aura sur le marché confronté à une large population. Au niveau du droit des preuves le doute profite au médicament. Il a été urgent de mettre en œuvre une surveillance constante du médicament, même muni d'un permis valide de commercialisation. Mais cela n'a pas toujours été le cas, dans l'histoire du médicament.

La découverte des médicaments modernes a révolutionné le monde médical, les succès thérapeutiques des premiers médicaments[872]ont occulté leurs effets indésirables, parfois mortels. Les médecins, les pharmaciens ou encore les patients observaient les effets sans une prise de conscience du danger réel. Il a fallu la crise liée à l'usage de la thalidomide pour susciter une grande prise de conscience du monde médical et des autorités sanitaires sur les dangers que peuvent constituer les médicaments.

318 - La thalidomide® ou les débuts d'une méfiance à l'égard des médicaments - Tout a commencé avec la thalidomide dans les années 1950, qui, à l'origine, était un tranquillisant. Ce médicament a connu un vrai succès commercial dans le monde avant que des soupçons d'effets graves ne commencent à peser sur lui. En effet, des anomalies isolées d'agénésie des membres supérieurs ou inférieurs ont été constatées chez des bébés nés de femmes traitées à la thalidomide. Aucune réaction n'est survenue malgré le nombre important d'enfants atteints. Il a fallu attendre 1961 pour voir enfin l'établissement d'un lien de causalité entre ces déformations et la prise de thalidomide[873]. Le drame de la thalidomide a permis la mise en place d'un mécanisme de veille sanitaire, pour pallier la simple surveillance du médicament par les médecins. Les pays membres de l'OMS[874]ont, après ce drame, prié, l'OMS, de mettre en place des méthodes satisfaisantes pour identifier et surveiller les effets indésirables des médicaments. Ainsi naissait la pharmacovigilance.

---

[872]Il s'agit de la découverte des sulfamides, des antibiotiques, des diurétiques, des antihypertenseurs, des psychotropes, etc.

[873] McBride WG, Thalidomide and congenital abnormalities. *Lancet* 1961, p. 1358.

[874]Cette résolution a été adoptée par la vingtième Assemblée Générale de l'OMS. La résolution portait sur la création d'un système international de surveillance des effets indésirables des médicaments. Cette résolution va être la base du programme de l'OMS sur la pharmacovigilance.

Il est intéressant de signaler l'affaire du Stalinon®, une affaire qui a connu très tôt en France, une condamnation de son fabricant. En effet mis sur le marché en 1953 comme antiseptique contre les furonculoses à staphylocoques, ce médicament a causé une centaine de décès et de nombreux cas d'infirmités graves. Le stalinon® a été retiré en 1954 et son fabricant condamné par un jugement du Tribunal de la Seine en 1957[875].

319 - Les suites de la thalidomide - Quelques années après la thalidomide, un autre scandale survint concernant la femme enceinte et les bébés. Il s'agit de l'affaire du diéthylstilbestrol, commercialisé sous le nom de Distilbène® et utilisé à partir de 1948 dans la prévention des avortements spontanés. En 1953, déjà, le rapport bénéfice/risque de ce médicament avait été mis en cause : le risque l'emporterait sur le bénéfice, mais, comme dans le précédent cas, l'alerte n'a eu aucun effet sur la prescription du Distilbène®. En effet en 1971, des auteurs américains avaient mis en évidence une association significative sur le plan statistique entre la prise de Distilbène® par la mère durant la grossesse et la survenue de cancers génitaux (adénocarcinomes du vagin) chez les filles issues de cette grossesse ; cancers inhabituels à cet âge (19 ans en moyenne)[876]. D'autres complications ont ensuite été découvertes[877]. Cette crise de plus a permis de renforcer la prise de conscience des autorités politiques sur les dangers des médicaments[878].

---

[875] Trib. Cor.Seine ; 19 décembre 1957, S 1958, jur., p.137 ; note J.-D. Bredin. Ce jugement a été confirmé en appel (CA Paris, 3 juin 1958, S 1958, jur., p. 336, note J.-D. Bredin).

[876]Herbst AL et al. Adenocarcinoma of the vagina. Association of maternal stilbestrol therapy with tumor appearance in young women. N Engl J Med 1971;284(16), pp. 878-881.

[877] Il s'agit des complications suivantes : élévation de la fréquence des anomalies morphologiques de l'utérus, hypoplasie de l'utérus, du col de l'utérus ou utérus en T, altération de la fécondité, accroissement du risque de grossesse extra-utérine, d'avortement spontané et d'accouchement prématuré et même des anomalies de l'appareil génital chez le garçon.

[878] On peut également ajouter à ces scandales l'affaire du Talc Morhange, ce produit d'hygiène corporelle pour bébé a causé le décès de 36 nourrissons et 244 intoxications. C'est ce drame qui a donné lieu à la directive européenne 76/768 du Conseil du 27 juillet 1976 (directive portant rapprochement des législations des Etats membres relatives aux produits cosmétiques). Signalons que cette directive a été abrogée et remplacée par un règlement (n°1223/2009 du Parlement et du Conseil du 30 novembre 2009 (JOUE 22 décembre 2009)).

320 - L'histoire de la Cérivastatine® - Si certains drames ont été très médiatisés d'autres ont connu des traitements moindres le fabricant ayant retiré « volontairement son médicament » pour, sans doute, éviter une ampleur internationale des désastres. Il en est ainsi de la cérivastatine®. Cet agent régulateur de la lipidémie, mis sur le marché en 1997, a causé en trois ans seulement, 549 cas de rhabdomyolyse. L'OMS, via son centre collaborateur pour la pharmacovigilance internationale basé à Uppsala en Suède, avait publié une mise en garde et fit le lien entre la cérivastatine®, la myopathie et la rhabdomyolyse[879]. Face aux nombreuses mise en garde, le fabricant retira le 8 août 2001 la cérivastatine® du marché pour risque accru de rhabdomyolyse, notamment lorsque ce produit était utilisé en association avec du gemfibrozil®. Sur le plan européen, le retrait de la cérivastatine® a entrainé la mise en œuvre d'une nouvelle réglementation européenne[880] afin de minimiser le risque de survenue d'effets indésirables liés à la prise de médicaments. Il s'agit d'anticiper les risques avant que les produits soient commercialisés[881].

321 - Plébiscité aujourd'hui, retiré demain : l'histoire du Vioxx® - Un médicament peut être plébiscité, puis retiré du marché

---

[879] La réaction des différents pays face à ce scandale est divergente : En novembre 1999 aux Etats-Unis et en mars 2000 au Canada, les informations à l'usage des prescripteurs ont été modifiées pour contre-indiquer l'utilisation concomitante de cérivastatine® et de gemfibrozil®, un autre médicament antilipémiant. Des mesures analogues ont été prises en Australie en février 2001, et une mise en garde a été diffusée pour alerter les prescripteurs sur la possibilité de survenue d'une rhabdomyolyse avec toutes les statines. En juin 2001, des mesures réglementaires à l'échelle européenne ont été prises pour déconseiller l'association cérivastatine® et gemfibrozil®.

[880] L'UE a mis en place des plans de gestion de risques, afin de renforcer la surveillance des médicaments dès la mise sur le marché. Ce système vient s'ajouter à la surveillance classique basée sur l'alerte via la déclaration spontanée d'effets indésirables graves et/ou inattendus par les professionnels de santé. Cette démarche permet de rechercher les populations à risque et les pratiques non conformes au bon usage du médicament dans les conditions réelles d'utilisation. Avec ce système le rapport bénéfice/risque est constamment évalué. Ce mécanisme vise encore à mieux connaître dès l'AMM le profil de sécurité afin d'entreprendre précocement des actions permettant de maîtriser le risque.

[881] Mais il faut noter qu'en droit communautaire européen le terme de pharmacovigilance apparaît pour la première fois en 2000, avec la directive 2000/38/CEE.

quelques mois plus tard, nul ne maîtrise l'évolution d'un médicament. En 2003, le Vioxx® avait été choisi comme « médicament de l'année » par plus de 6000 médecins généralistes lors des MEDEC[882]. Un an plus tard il fut retiré du marché car on estimait qu'il était à la base de plus de 28 000 attaques cardiaques et décès depuis 1999.

322 - L'affaire du Médiator® et des pilules de 3*ème* et 4*ème* génération - L'affaire du Médiator® en France a encore révélé un pan de la dangerosité du médicament. L'usage de ce médicament, selon les enquêtes, a entraîné entre 500 et 2000 décès. Ce médicament a eu 35 ans pour causer ces dégâts. Ce cas n'est certes pas isolé mais a permis de remettre en cause la chaîne du médicament, depuis les essais cliniques jusqu'à sa prescription, en passant par son autorisation de mise sur le marché. Un rapport à été demandé à l'Inspection Générale des Affaires Sociales (IGAS), et le 15 janvier 2011, le rapport a décelé : que le Médiator® était en réalité un anorexigène[883]. Le rapport met en cause la responsabilité directe de la firme, qui, dès l'origine, a déployé une stratégie de positionnement du Médiator® en décalage avec la réalité pharmacologique de ce médicament. Le rapport met également en cause la responsabilité de l'agence chargée du médicament, qui a été, selon le rapport, « incompréhensiblement tolérante à l'égard du Médiator® et gravement défaillante dans les méthodes et l'organisation de son système de pharmacovigilance ». La responsabilité des pouvoirs publics est aussi mise en cause parce que trop lents à dérembourser ce médicament et globalement trop faibles dans leur pilotage de la chaîne du médicament. Ce scandale de plus a occasionné la mise en place des « Assises du médicament », à la suite de nombreuses autres enquêtes. L'ensemble de ces réflexions et enquêtes a abouti à une réponse législative pour renforcer la sécurité sanitaire et au changement du nom de la structure de contrôle des médicaments, mettant à nu le malaise français dans le contrôle des médicaments[884]. Les pouvoirs politiques qui n'ont jamais accepté leur

---

[882]Ce prix vise à récompenser le médicament le plus performant de l'année sur le plan de la santé. Le MEDEC est un congrès annuel de médecine générale.
[883] A. Morelle, A.-C. Bensadon, E. Marie, *Enquête sur le Mediator* ®, Inspection générale des affaires sociales, janvier 2011, 261p.
[884] Il faut noter qu'en France chaque scandale a entraîné une réponse législative. Alors qu'aux Etats-Unis la FDA est resté tel que depuis 1930, en France la structure de contrôle des médicaments est passé d'une direction, à l'agence du médicament, puis en AFFSAPS avant de devenir aujourd'hui ANSM.

défaillance dans le système de surveillance des médicaments[885] vont-ils enfin se remettre en question[886].

323 - L'Afrique et la naissance de la pharmacovigilance - Le centre de collecte des données sur la pharmacovigilance de l'OMS, est sans doute à vocation internationale, mais il ne faut pas occulter le fait que la surveillance des médicaments est nationale et que chaque pays doit pouvoir mettre les moyens nécessaires pour y arriver. Sur le plan africain, il faut noter la création en 1989, au Maroc du Centre National de Pharmacovigilance. En 1992, ce centre devenait le premier centre africain à être admis comme membre du Centre International O.M.S de Pharmacovigilance.

Au Sénégal, les prémices d'une pharmacovigilance remontent au décret de 1960, mettant en place un service de contrôle des produits toxiques. Mais il a fallu attendre près de 14 ans pour voir une organisation du secteur de la pharmacovigilance[887] . Après une amorce ratée en 1998, le Système national de pharmacovigilance fut instauré en 2009. Mais il se focalise plus sur les programmes nationaux de santé comme le Programme de lutte contre la tuberculose, le Programme national de lutte contre le paludisme, les Programmes élargis de vaccination, de lutte contre le Sida, que sur les autres pathologies.

Au Burkina Faso, un décret de 2009 organisant le ministère de la Santé a institué au sein de la DGPML, une direction de l'approvisionnement pharmaceutique, chargée entre autres missions « d'organiser, de contribuer à la promotion du système de vigilance des produits pharmaceutiques ». Cette mission est également confiée à la direction de la médecine et de la pharmacopée traditionnelle ainsi

---

[885] En 1957, lorsqu'ils ont été condamnés dans l'affaire du Stalinon, le fabricant et ses assureurs se sont retournés contre l'Etat pour faute de la puissance publique dans la mise sur le marché du médicament. Mais ils sont été déboutés en application de la règle « nemo auditur propriam turpitudinem allegans ». CE, Ass, 28 juin 1968, Société mutuelle d'assurance contre les accidents en pharmacie et société des Etablissements Février-Decoisy-Champion, rec.411, RDP 1969, p.312, note M. Waline.

[886] Tout porte à croire que cette affaire du Médiator® présage un traitement juridique intéressant quant à la responsabilité de l'Etat en France, il faut attendre l'aboutissement de toutes les procédures pour tirer une conclusion.

[887] La première organisation de la pharmacovigilance est intervenue avec l'arrêté du 6 février 1998, il a été abrogé en 2009 et remplacé par un autre.

qu'à la direction de la règlementation pharmaceutique[888]. Le système de pharmacovigilance reste encore à organiser. Le décret du 28 décembre 2012 a créé le système national de pharmacovigilance, il reste maintenant sa mise en application par un arrêté du ministre de la Santé.

L'histoire de la sécurité sanitaire des produits de santé s'est bâti autour du couple scandale/réforme législative[889] modelant ainsi les objectifs de la pharmacovigilance au fil des crises, mais très souvent les réponses législations n'apportent pas les éléments nécessaires. C'est le cas en France avec la réponse législation suite au scandale du Médiator®[890]

2 : Domaines et objectifs de la pharmacovigilance : un champ en constance évolution

324 - L'importance de la pharmacovigilance - Le champ de la pharmacovigilance ne cesse d'évoluer avec les habitudes de consommation des populations. Le médicament, une fois autorisé, est l'objet d'usages divers. De l'automédication à l'achat de médicament par internet, la consommation du médicament s'éloigne souvent des professionnels médicaux et pharmaceutiques. En Afrique, il faut ajouter l'usage prépondérant de médicaments vendus illicitement dans les marchés, dans les rues et dans les boutiques. Aujourd'hui, les risques liés aux médicaments ont augmenté avec la banalisation du médicament. Des médicaments réservés au traitement de certaines dysfonctions sont utilisés à des fins récréatives[891]. L'AMM constitue

---

888 Article 53 et suivants du décret.

889 J. Peigné, « De la loi du 4 janvier 1993 à la loi du 29 décembre 2011 », op.cit., p.23.

890 A. Laude pense que la loi du 29 décembre censée restaurer la confiance dans le système de sécurité sanitaire du médicament n'a été la « révolution sanitaire » annoncée. Selon elle, le législateur n'a fait que transposer la directive européenne du 15 décembre 2010 sur la pharmacovigilance. L'obligation que la loi fait peser sur les professionnels en matière de prescription hors AMM, n'est pas nouvelle, elle découle de l'obligation générale d'information mise à la charge des professionnels de santé par la loi du 4 mars 2002 relative aux droits des malades. A. Laude, « La loi du 29 décembre 2011 sur le médicament : quels sont les enjeux ? », Recueil Dalloz 2012, p. 272. Il faut donc attendre les effets de la loi pour tirer d'éventuelle conclusion.

891 J.J. Lévy et al, « La pharmacologisation de la sexualité, le cas des dysfonctions érectiles », in J.J. Lévy, C. Garnier (dirs.), op.cit.

selon certains auteurs « le moment décisif de la vie du médicament »[892], elle permet au médicament de circuler librement, et c'est d'ailleurs cette autorisation de traverser les frontières qui constitue le risque lorsque des effets indésirables sont découverts, le problème devient alors planétaire. En matière de droit des médicaments, la pharmacovigilance est donc très importante, elle permet de suivre l'évolution possible du rapport bénéfice/risque. Le bénéfice doit s'entendre comme l'ensemble des effets positifs et l'ensemble des gains qui sont attendus de l'utilisation d'un médicament ; à contrario le risque est l'ensemble des effets négatifs, des réactions toxiques ou paradoxales qui peuvent survenir à l'usage normal d'un médicament[893].

325 - Objet de la pharmacovigilance - L'objet de la pharmacovigilance est la surveillance du risque d'effets indésirables résultant de l'utilisation des médicaments. Les objectifs de la pharmacovigilance évoluent avec le temps et en fonction des crises et des connaissances scientifiques et techniques. La pharmacovigilance vise à traquer les effets indésirables, qui peuvent être graves, attendus ou inattendus. Elle est, selon le droit sénégalais « la science et les activités relatives à la détection, à l'évaluation, à la compréhension et à la prévention des effets indésirables ou de tout autre problème lié au médicament »[894].

326 - Notion d'effets indésirables - Les effets indésirables sont définis par le droit sénégalais et burkinabè comme « une réaction nocive et non voulue suite à l'administration d'un médicament, se produisant aux posologies normalement utilisées chez l'homme pour la prophylaxie, le diagnostic ou le traitement d'une maladie ou la

---

[892] P. Cassia, E. Saulnier, « L'AMM des médicaments à usage humain dans l'Union Européenne », *Revue du marché commun et l'Union Européenne*, n°403, décembre 1996.

[893] J-H. Trouvin, « Matrice bénéfice/risque pour l'individu et la collectivité dans le contexte de l'AMM, in J. N. Bail, A. El Hasnaoui (dir), *Evaluation médico-économique du médicament : bénéfice pour le patient et intérêt pour la santé publique*, op.cit., p.83 et p.84.

[894] Article 1er de l'arrêté n° 05036/MS/DPL, du 22-04-2009, portant organisation du système national de pharmacovigilance.

modification d'une fonction physiologique »[895]. L'effet indésirable est dit grave lorsqu'il peut entraîner le décès ou mettre le pronostic vital en jeu ou lorsqu'il peut entraîner une invalidité, une incapacité significative, une hospitalisation, une prolongation d'hospitalisation, une anomalie ou malformation congénitale. Il est dit inattendu lorsqu'il n'a pas été mentionné dans le dossier de demande d'AMM et dont la survenance ne peut être expliquée par l'une des propriétés pharmacologiques du médicament. Il s'agit d'un effet rare, voire exceptionnel qui n'a pratiquement aucune chance d'être détecté au cours des essais cliniques.

327 - Le domaine de la pharmacovigilance - La pharmacovigilance s'exerce sur tous les médicaments soumis à AMM après la délivrance de cette autorisation. Le domaine de la pharmacovigilance doit s'étendre à l'environnement. L'effet des médicaments sur l'environnement doit être regardé de près parce que dans la recherche de la sécurité sanitaire, il y a obligatoirement la prévention et cette prévention exige que l'on tienne compte des effets en amont de la santé et l'environnement est l'un de ces éléments là[896]. La pharmacovigilance doit aussi s'intéresser en Afrique à la sécurité d'emploi des médicaments.

Il est indéniable que le médicament autorisé reste dangereux et peut avoir des « conséquences humaines considérables »[897]. Il est du rôle de l'Etat, garant de la sécurité sanitaire d'organiser un système national de pharmacovigilance pour traquer ces effets indésirables et tenter de réduire le risque lié au médicament.

---

[895] Article 2 du décret n°2012 -1033 / PRES/PM/MS portant création, attributions et organisation d'un système national de vigilance des produits de santé à usage humain (Burkina Faso). Article 1er de l'arrêté n° 05036/MS/DPL, du 22-04-2009, portant organisation du système national de pharmacovigilance (Sénégal).

[896] B. A. Poda, « L'interdépendance santé – environnement : état des lieux des politiques sanitaires et environnementales des pays d'Afrique subsaharienne », in A. Bugada (dir.), *Energies, environnement et développement durable*, PUAM, 2013, pp.69-95.

[897] D. Tabuteau, « L'expert en santé publique et les conflits d'intérêts », op.cit., p. 99.

B : Le système national de pharmacovigilance[898] : un partenariat interdisciplinaire pour des médicaments de qualité

L'évaluation et la gestion des risques liés à l'usage des médicaments mobilisent un certain nombre d'acteurs qui doivent nécessairement travailler en lien étroit pour la réussite de la surveillance des médicaments. En amont de la prise de décision, des acteurs techniques travaillent pour détecter les effets indésirables, faire le lien de cause à effet entre la consommation du médicament et ses effets indésirables (1), afin de permettre aux autorités compétentes de prendre la décision en aval (2).

1 : Les structures en amont de la décision de pharmacovigilance : collecte et évaluation des risques

Il incombe aux autorités étatiques de mettre en place une politique efficace de pharmacovigilance. Cette politique doit veiller à intégrer l'ensemble des acteurs de la chaîne du médicament dans la surveillance post AMM. Au Burkina Faso comme au Sénégal la surveillance du médicament incombe à des acteurs périphériques, collecteurs de données (a) et à des acteurs techniques qui évaluent les risques afin de formuler des avis aux autorités compétentes (b).

a : Les acteurs périphériques : les collecteurs de données

328 - Les établissements et organismes de santé - Dès que le médicament est autorisé, l'autorité de réglementation n'a plus seule la mainmise sur ce médicament, sa surveillance doit donc faire intervenir l'ensemble des personnes qui utilisent le médicament autorisé ou qui sont proches de ce bien de santé. Le système national de pharmacovigilance mobilise donc en premier lieu les établissements et

---

[898] Le système national de pharmacovigilance est défini par le droit burkinabè comme : « le dispositif de surveillance qui permet à l'autorité sanitaire de détecter, d'évaluer, de comprendre et de prévenir les risques d'effets indésirables, ainsi que tout autre incident ou accident lié à l'utilisation des produits de santé à usage humain après leur mise sur le marché, y compris les produits sanguins labiles, depuis la collecte du sang et de ses dérivés jusqu'au suivi des receveurs » (article 2 du décret n°2012 -1033 susvisé).

organismes de santé, mais également les centres régionaux dans le cadre d'une décentralisation de la gestion des risques.

Au Burkina Faso, les visiteurs médicaux sont associés à la pharmacovigilance. L'arrêté ministériel du 1er octobre 2010 leur fait obligation de transmettre dans les meilleurs délais, aux services compétents, tout effet indésirable nouveau dont ils ont eu connaissance concernant les médicaments dont ils assurent la promotion[899]. Il en est de même pour les pharmaciens responsables dans les pharmacies hospitalières, l'article 15 de l'arrêté n°2008-048/MS/CAB portant conditions d'exploitation d'une pharmacie hospitalière, adjoint au rôle du pharmacien responsable, la promotion de l'usage rationnel du médicament ainsi que la pharmacovigilance.

Au Sénégal, les établissements publics de santé, les cabinets médicaux ou dentaires, les officines de pharmacie, les cliniques privées sont impliqués dans la notification des effets indésirables. L'arrêté ministériel de 2009 organisant la pharmacovigilance leur fait obligation de notifier directement à la direction de la pharmacie les effets indésirables qu'ils constatent ou qui leur sont rapportés[900].

329 - Le plan de gestion des risques du titulaire de l'AMM - Le titulaire de l'AMM ou le fabricant du médicament occupe un rang important dans le système national de pharmacovigilance. La notification des effets indésirables est une obligation qui découle de l'AMM. En effet dans le cadre de l'obligation générale d'information, le titulaire de l'AMM doit organiser et gérer un plan de gestion des risques. Ce plan doit lui permettre de détecter d'éventuels effets indésirables et de les notifier aux autorités compétentes. Il doit transmettre chaque fin d'année un rapport de synthèse des informations relatives à ses produits, à la direction de la pharmacie en ce qui concerne le Sénégal. Si cette obligation de transmettre annuellement un rapport de synthèse existe au Burkina Faso, elle n'est

---

[899] Article 15 de l'arrêté n°2010-290/MS/CAB, portant condition d'exercice de la profession de visiteur médical au Burkina Faso.

[900] Au Burkina Faso, les établissements sanitaires privés ; le Centre de documentation et d'information sur le médicament ; les organismes internationaux implantés au Burkina Faso et travaillant dans le domaine de la santé ont été associés au système national de pharmacovigilance par le décret du 28 décembre 2012, mais leur rôle n'a pas été défini. Le décret laisse le soin au ministre de la Santé d'organiser leur participation au système de surveillance des produits de santé.

pas juridiquement organisée, le décret créant le système national de vigilance des produits de santé est muet sur cet aspect.

330 - Les centres régionaux de pharmacovigilance - Au Burkina Faso, le décret du 28 décembre 2012 a créé des comités régionaux de pharmacovigilance, mais pour l'heure leur rôle et leur organisation n'a pas encore été définis. Par contre au Sénégal, l'arrêté de 2009, a créé et à organisé des régions médicales chargées de :

- Recueillir, analyser et transmettre à la direction de la pharmacie les informations relatives aux effets indésirables des médicaments et aux manifestations post vaccinales indésirables qui leur sont communiquées par les centres de santé, les postes de santé et les professionnels de santé de la région médicale ;
- Soutenir les études et travaux demandés par le directeur de la pharmacie et des laboratoires ;
- Contribuer à l'information et à la formation en matière de pharmacovigilance, notamment pour les professionnels de la santé.

L'ensemble des données recueillies par les collecteurs périphériques vont être soumises pour évaluation et imputation à des structures techniques.

b: Les acteurs techniques : analyse des données et formulation d'avis techniques

331 - Le comité technique de pharmacovigilance - Pour des résultats pertinents, le système national de pharmacovigilance doit disposer de personnes compétentes. Car, après le recueil des données, il faut un examen scientifique pour imputer ou non l'effet indésirable à la prise du médicament. L'arrêté de 2009 au Sénégal, instaure au sein du système national sénégalais de pharmacovigilance, un comité technique[901], dont la mission principale est de recueillir et d'enregistrer les notifications d'effets indésirables. Il reçoit à cet effet les déclarations, les rapports et toutes les informations transmises par la DPL. Il fait ensuite l'imputabilité en collaboration avec le centre anti-poisson et retourne les données et les résultats à la DPL.

L'imputabilité consiste en une analyse au cas par cas du lien de causalité entre la prise d'un médicament et la survenue d'un événement indésirable[902]. Il s'agit pour le comité, technique d'analyser individuellement les notifications. Il n'apprécie pas la dangerosité générale du médicament dans une population donnée. En d'autres termes, il cherche à savoir si les désagréments ressentis par un individu sont liés au médicament qu'il a consommé. Enfin, le comité évalue les risques encourus par la population si le médicament en cause reste en circulation, il s'agit de juger de l'ampleur des risques médicamenteux.

332 - La commission nationale de pharmacovigilance - Elle est instituée auprès de la DPL et intervient après que le travail d'imputabilité ait été fait. Elle assiste le ministre en charge de la Santé dans sa prise de décision. Ces avis doivent aller dans le sens de faire cesser les incidents et accidents qui sont liés à l'emploi des médicaments. La commission peut demander des enquêtes et travaux qu'elle estime nécessaires à l'exercice de la pharmacovigilance. Sa

---

901 Le comité technique est composé de : le chef du centre anti poisson (président), le chef du bureau de la pharmacovigilance de la direction de la pharmacie (vice-président), le responsable de l'unité de pharmacovigilance du centre anti poison (secrétaire), un représentant de la direction de la prévention médicale, un pharmacologue, un toxicologue, un épidémiologiste, un neurologue, un dermatologue, un pédiatre, un immunologiste. Les membres du comité sont désignés par le ministre en charge de la Santé sur proposition des chefs de service concernés.

902 Au Burkina Faso, le décret du 28 décembre 2012 susvisé définit l'imputabilité comme « l'analyse individuelle, pour une notification donnée, du lien de causalité entre la prise ou l'utilisation d'un produit de santé et la survenue d'un événement indésirable ».

composition[903] est assez pléthorique et pose la question de son efficacité lors de ses travaux. En plus, il y a une prédominance des membres de la DPL, son directeur, se trouve impliqué dans tous les processus : du processus d'octroi des AMM à celui de la pharmacovigilance en passant par la publicité sur les médicaments. Nous croyons que pour une certaine indépendance et vue l'importance de la surveillance du médicament, cette commission gagnerait à sortir des arcades de la DPL, pour avoir une autonomie financière, intellectuelle et technique propre.

Au Burkina Faso, cette instance prend le nom de commission nationale de vigilance des produits de santé, sa composition, ses missions et son fonctionnement n'ont pas encore été définis[904].

Lorsque les données ont été traitées et que les imputabilités ont été faites, le dossier est transféré aux autorités administratives compétentes pour une prise de décision.

---

[903] Elle est composée du : directeur de la pharmacie et des laboratoires qui en est le président, du directeur de la santé, vice président, du directeur de la prévention médicale, du directeur des établissements de santé, du directeur de la PNA, du pharmacien chef du Laboratoire nationale de contrôle des médicaments, du chef du centre antipoison, un médecin chef de région désigné par le ministre en charge de la Santé, le chef de la division du contrôle administratif des médicaments de la direction de la pharmacie et des laboratoire, secrétaire, le chef du bureau de la pharmacovigilance de la DPL, le président du conseil national de l'ordre des pharmaciens, le président du conseil national de l'ordre des médecins, de celui des chirurgiens dentiste, le chef du service de la santé publique de la faculté de médecine, pharmacie et d'odontostomatologie de l'UCAD, le chef du service de neurologie de la Faculté de médecine, pharmacie et d'odontostomatologie de l'UCAD, le chef du service de dermatologie de l'UCAD, le chef du service de pédiatrie de la Faculté de médecine, pharmacie et d'odontostomatologie de l'UCAD, le chef du service des maladies infectieuses de la Faculté de médecine, pharmacie et d'odontostomatologie de l'UCAD, le chef du service de toxicologie de la Faculté de médecine, pharmacie et d'odontostomatologie de l'UCAD, le chef du service de pharmacologie, le chef du service de chimie thérapeutique de la Faculté de médecine, pharmacie et d'odontostomatologie de l'UCAD, le chef du service de bactériologie-virologie de la Faculté de médecine, pharmacie et d'odontostomatologie de l'UCAD, un médecin généraliste du secteur privé, un pharmacien d'officine, un chirurgien dentiste (tous désignés par leurs ordres respectifs).

[904] L'article 6 du décret du 28 décembre 2012 indique que « la création, les attributions, la composition et le fonctionnement de la commission nationale de vigilance, des comités régionaux de vigilance et des comités techniques spécialisés de vigilance, sont définis par arrêtés du ministre chargé de la santé ».

2 : Les structures de décision en matière de pharmacovigilance : la gestion des risques médicamenteux

333 - L'Autorité Nationale de Réglementation Pharmaceutique (ANRP) - Les ANRP sont chargées de gérer les risques d'effets indésirables après un travail technique réalisé en amont. Ce sont elles qui organisent, définissent les orientations et veillent au respect des procédures de surveillance.

334 - Le ministre de la Santé - La décision finale revient au ministre en charge de la Santé. Au Sénégal, après validation des travaux d'imputabilité, la commission nationale de pharmacovigilance se réunit pour donner son avis au ministère de la Santé en vue de la décision à prendre : retirer le produit, le suspendre ou le maintenir. Les avis sont en même temps transmis au centre de collaboration de l'OMS pour la surveillance internationale des médicaments. En réalité la décision est presque prise par le directeur de la pharmacie, mais le ministre intervient pour élever la décision à un niveau supra circulaire et infra décrétale.

L'affaire du Médiator® a révélé l'incapacité des autorités burkinabè et sénégalaises à assurer la qualité des médicaments. Retiré du marché français depuis le 30 novembre 2009, il le sera au Sénégal le 09 août 2010. Il a fallu attendre que l'ANSM réagisse pour que les autorités sénégalaises et burkinabè réagissent à leur tour. On ne saura jamais s'il y a eu des morts dans ces deux pays ou encore s'il y a eu des cas de valvulopathies. En tout cas aucune alerte n'a été émise par les ANRP.

335- L'OMS et la pharmacovigilance[905] dans les pays en développement - Lorsqu'un médicament est fabriqué, l'objectif du laboratoire propriétaire de la molécule est de pouvoir le commercialiser à travers le monde entier. Le médicament mis sur le marché international va échapper au contrôle du laboratoire, les effets néfastes des médicaments vont s'internationalisés. Pour rendre plus efficace la pharmacovigilance, l'OMS œuvre depuis 1968 à la mise en place de programmes internationaux afin d'aider les différents pays à

---

[905] Pour l'OMS, la pharmacovigilance est « toute activité tendant à obtenir des indications systématiques sur les liens de causalité probables entre médicaments et effets secondaires dans une population ».

mieux lutter contre le fléau des effets indésirables de médicament. L'action de l'OMS est particulièrement plus forte dans les pays pauvres où les carences dans la surveillance des médicaments sont très importantes. L'OMS est une alliée importante en matière de pharmacovigilance pour ces pays. Elle intervient dans la formation et dans l'aide à l'organisation des systèmes de vigilance en matière de médicament.

Malgré la qualité et les compétences des acteurs de surveillance des médicaments, il est apparu impossible de prévoir tous les effets indésirables des médicaments candidats à l'AMM. L'OMS a pris conscience de ce danger et a développé au fil des crises des actions qui se veulent internationales. Elle a favorisé la naissance d'une coordination des informations provenant des Etats concernant les effets indésirables et a contribué à la mise en place des systèmes de pharmacovigilance nationaux.

336 - La création par l'OMS d'une base de données : la vigibase - L'OMS considère que la gestion des risques associés à l'utilisation des médicaments nécessite une collaboration étroite et efficace entre les principaux acteurs intervenant dans le domaine de la pharmacovigilance. Elle préconise donc une collaboration franche entre les différents acteurs de la pharmacovigilance. Elle recommande et appuie les pays pour mettre en place des systèmes solides et intégrés de pharmacovigilance. Elle a développé depuis 1968 un programme de pharmacovigilance d'envergure internationale afin de mettre en commun les données existantes sur les réactions indésirables aux médicaments. Ce programme a été élargi à plusieurs pays dans le monde et 86 pays y participent actuellement. Le centre collaborateur[906] des données internationales est basé à Uppsala en Suède. C'est lui qui alimente la base de données mondiale (Vigibase) sur les réactions indésirables aux médicaments. Actuellement, cette base de données contient plus de 3 millions de notifications de réactions indésirables.

---

[906] Le centre collaborateur de l'OMS analyse les notifications arrivant dans la base de données afin : de recenser précocement les signaux d'alerte concernant des réactions indésirables graves à des médicaments ; d'évaluer le risque ; d'entreprendre des recherches sur les mécanismes pouvant aider à mettre au point des médicaments plus sûrs et plus efficaces.

Malgré les différents efforts internationaux et nationaux pour mettre en place des systèmes efficaces de pharmacovigilance, les pays en développement rencontrent d'énormes difficultés qui limitent l'émergence d'un système opérationnel de pharmacovigilance.

Paragraphe 2 : Les limites à l'émergence d'un système de surveillance des effets indésirables des médicaments dans les pays en développement(PED)

Selon A. Helali, « la pharmacovigilance est un débat des nations riches »[907], les PED semblent éloignés de ce débat. L'histoire de la pharmacovigilance à travers les crises qui ont secoué le monde ou qui continuent de le secouer, montre que les risques liés aux médicaments semblent avoir épargné l'Afrique. Personne n'en parle pas même les autorités africaines. Mais il y a peut être plus de morts ou de cas d'invalidités en Afrique, seulement aucune étude n'est menée pour le savoir. Est-ce parce que l'Afrique est déjà suffisamment préoccupée par la gestion des problèmes du VIH/SIDA, du paludisme et des autres maladies incurables, qu'il faut laisser le suivi des médicaments aux nations riches ? Ceux-là même qui ont les moyens de s'en préoccuper ? La réponse à ces questions n'est pas aisée. De nombreuses difficultés freinent l'émergence du système de surveillance des médicaments en Afrique. Ces difficultés sont d'ordre technique et institutionnel (A), mais l'analphabétisme et le contexte culturel sont également d'autres handicaps (B).

A : Les limites techniques et institutionnelles

337 - Le sous-équipement technique - Le contrôle de la qualité des médicaments requiert une technologie avancée. Les laboratoires de contrôle des médicaments doivent, non seulement être aptes à contrôler tous les médicaments, mais doivent également avoir une certaine autonomie financière et décisionnelle. Si au Sénégal il existe un laboratoire spécifique de contrôle des médicaments, au Burkina Faso c'est un laboratoire unique pour l'ensemble des produits de consommation, c'est un laboratoire de santé publique. Ce laboratoire généraliste de santé voit intervenir, en plus du ministre en charge de la

---

[907] A. Helali, « Une pharmacovigilance au service de la santé publique », in *Revue REMED* n°43, avril 2010, p.3.

Santé, d'autres autorités telles que le ministre en charge de l'Agriculture et de l'Elevage pour le contrôle des produits phytosanitaires, le ministre du Commerce pour les produits de consommation. Il y a un risque de surcharge d'activité, ce qui ne permet pas de donner une priorité aux médicaments.

338 - Des notificateurs[908] peu nombreux et peu qualifiés- En matière de pharmacovigilance, les notificateurs potentiels sont entre autres les médecins, les pharmaciens et les chirurgiens-dentistes. Dans les PED, ceux-ci sont peu formés sur la notion de pharmacovigilance. En effet la formation des médecins et des pharmaciens dans les facultés n'est pas complète ; il faudrait plus d'heures consacrées à l'enseignement des modules sur la sécurité sanitaire liée aux médicaments. Ensuite la formation continue n'est pas obligatoire pour tous les professionnels de la santé, ce qui fait que la plupart d'entre eux ne se recycle pas. Les médecins prescripteurs et les pharmaciens, eux-mêmes, ne perçoivent pas l'utilité de faire les notifications des effets secondaires des médicaments[909]. Leurs pratiques demeurent la même en dépit des retours d'informations fournies par les patients surtout si les effets indésirables rapportés par le patient sont ceux inscrits sur la notice du médicament concerné. Si les médecins ne déclarent pas facilement les accidents et incidents qui se produisent avec les médicaments qu'ils prescrivent c'est qu'ils se sentent souvent responsables de ce qui arrive aux patients.

Les officines de pharmacie au Burkina Faso et au Sénégal emploient des vendeurs en pharmacie. S'il leur est demandé un certain niveau d'étude, aucune formation scientifique ne leur est donnée. Ce

---

[908] Selon le décret du 28 décembre 2012 créant un système de vigilance des produits de santé au Burkina Faso, la notification est « la déclaration obligatoire d'un effet indésirable présumé d'un produit de santé. Celle-ci est réalisée à travers le remplissage d'une fiche de notification qui est transmise à une structure du système national de vigilance » et le « notificateur est personne physique habilitée à établir des notifications d'évènements ou effets indésirables ».

[909] Dans ce sens nous conseillons la lecture d'une enquête faite dans la région de Dakar. Les auteurs ont constaté dans une population cible de chirurgiens-dentistes que 85% d'entre eux rencontrent des cas d'effets indésirables liés à la consommation normale des médicaments qu'ils prescrivent. 77% d'entre eux réagissent soit en abandon le traitement soit en le changeant et seulement 3,8% notifient les cas rencontrés aux autorités supérieures. Voir M. Diouf et al., « Pharmacovigilance chez les chirurgiens-dentistes : enquête dans la région de Dakar, Sénégal », *Santé Publique*, 2013/1 Vol. 25, p.74.

sont ces vendeurs qui sont le plus souvent en contact avec les malades. Ils n'ont aucune notion de pharmacovigilance et ne rapportent pas aux pharmaciens titulaires les effets dont leur font part quelques rares patients.

339 - Une base de données inexistante - La pharmacovigilance est un système dont l'efficacité dépend de l'existence d'une base de données dynamique, permettant les prises de décisions de santé publique. Au Burkina Faso comme au Sénégal, la base de données est presque inexistante, ce qui handicape les autorités compétentes dans leur décision. Les différentes alertes de sécurité sanitaire sont basées sur les données collectées ; cela va sans dire que sans une base de données fiable, les alarmes de sécurité ne fonctionneront pas. L'absence de base de données ampute le système de surveillance des médicaments d'un élément fondamental. Les bases de données au Sénégal, selon le journal sénégalais la Gazette, ne contiennent pas plus de cent notifications, ce qui est nul par rapport à la moyenne de l'Uppsala Monitoring Centre (UMC), qui établit le nombre de notifications nécessaires à 100 rapports pour 1 000 000 d'habitants.

Au vue de toutes ces difficultés, on peut se demander comment sans les données de pharmacovigilance, les AMM sont renouvelées, puisqu'une fiche de synthèses des effets indésirables doit être jointe à la demande, c'est donc dire que les autorités accordent le renouvellement sur les allégations du demandeur.

340- Le non respect du principe de précaution - Au Sénégal, les autorités compétentes[910]dénoncent un manque de moyens pour mener toute étude de pharmacovigilance. Mais le premier moyen en matière de pharmacovigilance est la volonté politique. Parce qu'il arrive parfois que certains pays du monde retirent l'AMM d'un médicament et que ce produit continue à être autorisé en Afrique. Nous ne disons pas qu'il faille à chaque fois qu'il y a retrait d'AMM dans un pays donné en faire de même au Burkina Faso ou au Sénégal. Mais le retrait d'une AMM pour raisons scientifiques dans un pays, doit permettre de prendre des précautions. En 1992, le directeur général de la pharmacie du Sénégal a été accusé d'avoir reçu un pot-de-vin afin de ne pas retirer l'AMM d'un médicament contre l'anémie du groupe

---

[910] Voir l'interview du Docteur Birame Dramé dans le journal sénégalais la gazette du 2 février 2011, p.7.

français Innothéra. En effet, en pleine affaire de la vache folle, les autorités françaises avaient décidé d'interdire tout médicament qui contiendrait du tissu bovin. Alors que l'anti anémique tot'hema contient du foie de bovin, il a continué à être distribué au Sénégal. Sans autorisation d'exportation plusieurs containers du produit ont été expédiés vers le Sénégal. Le journal français Libération indique dans sa livraison du 11 juin 1996, que si le médicament a continué à circuler au Sénégal c'est bien « parce que la directrice régionale d'Innotech a versé un pot-de-vin au directeur de la pharmacie et du médicament du pays ». Ce qui n'a pas manqué d'être contesté par Issa Lo directeur de la pharmacie à cette époque. La Cour de Cassation du Sénégal lui a d'ailleurs donné raison en condamnant l'auteur de l'article et son journal à des dommages et intérêts[911].

Sur le plan théorique, un système est organisé au Burkina Faso comme au Sénégal, mais dans la réalité le système est atrophié par l'absence de moyens humains et financiers. Au Sénégal par exemple « il n'y a pas de budget spécifique pour la politique de pharmacovigilance » [912] et seulement deux pharmaciens sont dédiés à la gestion des risques médicamenteux à la DPL. Cette carence de personnel entraîne une indisponibilité des fiches de notification des effets indésirables médicamenteux dans les officines de pharmacies, dans les cliniques privées ou cabinets dentaires ou encore dans les structures de santé[913].

341 - Une pharmacovigilance tournée vers des agences étrangères - Le dysfonctionnement du système de collecte des données de pharmacovigilance peut expliquer la tardivité des décisions de retrait ou de suspension d'AMM et la dépendance de nos deux pays de l'extérieur notamment de la France. Le Burkina Faso et le Sénégal sont suspendus à la réaction des autorités françaises, c'est lorsque l'agence chargée du contrôle des médicaments en France, fait une alerte, que les autorités de nos deux pays réagissent, et là encore de façon tardive. Pour le moment le Burkina Faso et le Sénégal sont incapables de produire leur propre alerte pour manque de données. Ils

---

[911] Cour de Cass (Sénégal), chambre pénale, 19 juillet 2005, arrêt n°29.

[912] Voir l'interview du Docteur Birame Dramé dans le journal la gazette du 2 février 2011, p.7.

[913] Lorsque nous sommes passés en Février 2013 dans une dizaine de pharmacies au Sénégal, il n'existait pas de fiches de notification.

dépendent exclusivement des alertes de l'OMS, de la FDA, de l'ANSM dont la crédibilité reste toujours posée en France[914]. En plus de ces difficultés, il y a le contexte culturel, qui conduit les populations à minimiser le risque et à ne pas notifier les effets néfastes à leur médecin.

B : Les limites liées au contexte culturel

342 - Fatalisme et risques liés au médicament - Au Burkina Faso, aussi bien qu'au Sénégal, le fatalisme met le droit du médicament en danger. En effet, il n'y a pas encore une prise de conscience collective du risque sanitaire lié à l'usage des médicaments, alors que l'usage du médicament est aujourd'hui banalisé dans le monde entier. Le médicament est devenu pour beaucoup un bien de consommation comme les autres[915]. Comment armer des gens contre un danger dont ils n'ont pas conscience ? Les pouvoirs publics sont confrontés dans la mise en œuvre de la pharmacovigilance à un bloc culturel difficilement accessible par le droit tel que défini aujourd'hui. La grande consommation des médicaments de la rue témoigne d'une prise de conscience insuffisante du danger que peut constituer le médicament.

343 - Analphabétisme et risques liés au médicament : l'ignorance médicale - Le faible niveau d'alphabétisation soustrait une bonne partie de la population aux informations sur les médicaments. Même lorsque les scandales éclatent aucun relai communicationnel ne permet d'informer les populations rurales. Celles-ci vivent dans l'ignorance des effets néfastes des médicaments. Il faut noter également les problèmes d'observance des traitements prescrits. Ce problème se pose dans toutes les régions du monde, mais est plus accentué dans les régions où l'ordonnance est prescrite dans une langue étrangère au patient. Les explications du médecin ou encore celles du pharmacien ne sont pas suffisamment puissantes devant les explications d'un ancien patient, qui, s'improvisant momentanément médecin, apporte son propre comportement face au même traitement à un patient désemparé. L'OMS a justement senti le

---

[914] Ph. Even, B. Debré, op.cit., p.11.
[915] C. Daburon Garcia, *Le médicament*, Thèse de doctorat en droit, Les Etudes Hospitalières, Bordeaux, 2001, p.39.

danger en déclarant qu'« améliorer l'observance représentait un progrès plus important que n'importe quelle innovation médicale ».

A côté de la surveillance pharmacologique des médicaments, il y a une surveillance économique qui vise à rendre le médicament disponible.

Sous-section 2 : L'évaluation médico-économique du médicament : intérêt médical et coût du médicament

Parler d'économie en matière de santé peut paraître illégitime, car pour soigner on ne compte pas. Mais avec les contraintes budgétaires que connaissent les systèmes de santé de nombreux pays du monde, il est nécessaire que les plans et programmes sanitaires tiennent compte de l'économie, de la capacité des pays à honorer pleinement les dépenses de santé. Si dans les pays où il existe une prise en charge sociale du coût de la santé, la préoccupation est de réduire le budget de l'assurance maladie, dans les PED, l'économie intervient pour aider les populations à mieux affronter le coût de la santé. Les politiques pharmaceutiques tentent d'éviter que pour une même pathologie, il existe une multitude de médicaments sur la liste nationale des médicaments.

La mise sur le marché du médicament emporte le suivi de celui-ci depuis le jour de sa mise sur le marché jusqu'à son éventuel retrait. Il y a donc une évaluation permanente du médicament, une évaluation technique mais aussi économique. L'évaluation économique s'associe une évaluation médicale et offre ainsi aux autorités politiques un instrument d'optimisation des choix au bénéfice des patients (Paragraphe 1). Mais au Burkina Faso et au Sénégal, cette évaluation semble connaître des difficultés de mise en œuvre (Paragraphe 2).

Paragraphe 1 : L'analyse médico-économique du médicament : un outil d'optimisation des choix au bénéfice des patients

Dans les pays où le médicament est d'accès difficile aux patients, l'analyse médico-économique du médicament devrait être une priorité. Elle devrait permettre aux autorités nationales d'éviter les ruptures de stocks et garantir un approvisionnement efficace et continu des médicaments essentiels[916]. L'analyse médico-économique permet d'une part, sur un plan microéconomique, d'alléger la charge financière des familles en matière d'achat de médicaments, en fixant un prix accessible à tous et d'autre part, sur un plan macroéconomique, d'assainir les comptes nationaux en matière de santé. Si l'on prend l'exemple de la France, où il y a une prise en charge sociale du coût des médicaments, le Code de la sécurité sociale encadrant les modalités selon lesquelles sont fixés les prix de vente au public des médicaments, précise que la fixation de ce prix tient également compte « des résultats de l'évaluation médico-économique»[917]. L'évaluation médico-économique est guidée par des critères médicaux, mais également économiques (A), ses résultats sont destinés à aider les autorités politiques dans leur prise de décision en matière de politique pharmaceutique (B).

A : Les fondements de l'évaluation médico-économique du médicament : critères médicaux et critères économiques

344 - Les justifications de l'incursion de l'économie dans le secteur de la santé - Associer des critères médicaux et des critères économiques pour aboutir à une décision, c'est faire cohabiter des objectifs antagonistes. En effet, la recherche de la bonne santé nécessite que l'on soigne sans compter, alors que les objectifs économiques appellent à une optimisation du soin. Cependant, avec la croissance de la demande de soins dans un contexte d'insuffisance de ressources financières, une évaluation économique de l'ensemble des actions de santé est incontournable pour peu que les pays à faibles revenus souhaitent avoir un système de soins de qualité et accessible à tous. La combinaison de critères médicaux et de critères économiques apportent des résultats objectifs, l'achat de tel ou de tel médicament n'est plus basé sur des critères intuitifs ou publicitaires. L'inscription des médicaments sur la liste nationale devient transparente. Mais la

[916] S.O. Coulibaly, M. Keita, « Economie de la santé au Mali », *Cahier Santé*, 1996, n°6, p.353-359. Les auteurs font état de la nécessité d'intégrer l'économie dans les programmes de santé au Mali. Cette étude faite en 1996 pour le Mali, est toujours d'actualité et est transposable sur l'ensemble des pays pauvres en Afrique.
[917] Article L. 162-16-4 du CSS.

santé relève-t-elle de l'économie se demande les auteurs de « Economie de la santé »[918] ?

Face aux contraintes budgétaires, l'économie doit aider aux prises de décision. Le médicament est ainsi évalué à l'aune de ses avantages médicaux, mais aussi de son coût. Il est normal qu'avec l'augmentation sans cesse du coût des soins, que les Etats, notamment dans les pays à faibles revenus, mettent l'accent sur l'accès de tous aux médicaments. Même si la prise en compte des aspects économiques en matière de santé, n'est pas bien acceptée par les soignants, il est urgent que dans leur décision, les autorités des PED, tiennent compte de l'économie dans l'élaboration de leur politique pharmaceutique (1). Cette évaluation doit être soigneusement menée pour permettre un « bénéfice pour le patient et un intérêt pour la santé publique »[919] (2).

1 : La relation entre économie et santé : une relation nécessaire dans les PED

De nos jours, l'économie est omniprésente dans toutes les composantes politiques d'une nation. Longtemps tenue à l'écart de la santé, elle a gagné ce secteur au fil des crises de l'Etat providence. L'économie tente d'apporter une aide à la santé publique pour une pérennité des politiques sanitaires. Dans les PED, fortement touchés par la pauvreté, on constate un déphasage parfait entre le prix des médicaments et le pouvoir d'achat de la population. Seuls, face à leurs ordonnances médicales, les patients attendent sans doute de l'Etat qu'il développe une politique qui leur permettra d'avoir accès aux médicaments essentiels à des prix adaptés à leur budget. L'économie, débarrassée de ses questionnements éthiques peut permettre d'atteindre cet objectif, mais il lui faudra s'adjoindre des objectifs médicaux : c'est le mariage de l'économie et de la santé publique, dont il faudra préciser la notion et donner les raisons de cette combinaison dans le secteur pharmaceutique.

345 - Notion d'économie de la santé - L'économie de la santé est « la science permettant de réaliser des arbitrages entre différentes

[918] B. Majnoni d'Intignano, P. Ulmann, *Economie de la santé*, PUF, Paris, 2001, p.3.
[919] J-N. Bail, A. El Hasnaoui (dir*), Evaluation médico-économique du médicament : bénéfice pour le patient et intérêt pour la santé publique*, op.cit., p.34.

options d'organisation dans le système de santé, en tenant compte à la fois des besoins médicaux et des contraintes budgétaires »[920]. L'économie aide à l'évaluation des politiques pharmaceutiques lors de leur révision. L'évaluation en général est comme le note Contandriopoulos, une « démarche consistant fondamentalement à porter un jugement de valeur sur une intervention (une technique, une pratique, une organisation, un programme ou une politique) dans le but d'aider à la décision »[921]. Quand on parle d'évaluation en matière de santé on peut noter que les techniques médicales connaissaient déjà à leur apparition une évaluation, mais c'est l'adjonction de critères économiques à cette évaluation qui est nouvelle[922]. Cette adjonction permet de mesurer les aspects économiques d'une action de santé et de faire des choix de soins efficients, de sorte que les ressources allouées à la santé puissent soigner le plus de monde possible. C'est cette combinaison des objectifs économiques et des objectifs sanitaires qui prend le nom d'évaluation médico-économique.

346 - Notion d'évaluation médico-économique - L'évaluation médico-économique consiste à « comparer l'intérêt médical d'un acte, d'une pratique, d'un médicament, d'une organisation innovante, d'un programme de dépistage, et les coûts qu'ils engendrent »[923]. En ce qui concerne le médicament, l'évaluation permet de sélectionner les médicaments en fonction de leurs prix. Pour une même pathologie, il existe plusieurs médicaments efficaces, l'évaluation va consister à choisir parmi ceux-ci le juste médicament, c'est-à-dire celui qui convient à la maladie et qui est le moins cher. Elle permet, comme l'écrit le professeur N. Vaillant de « rationaliser les dépenses de santé, de chercher la rentabilité des ressources dans l'intérêt des professionnels, des usagers, des pouvoirs publics, des entreprises,

---

[920] S. Bourguignon, « Système de santé : les nouveaux enjeux de la médico-économie », article disponible sur le site internet http://pharmanalyses.fr/systeme-de-sante-les-nouveaux-enjeux-de-la-medico-economie/.

[921] A. P. Contandriopoulos. « L'évaluation dans le domaine de la santé : concepts et méthodes », In T. Lebrun, J. C. Sailly, M. Amouretti (dir.), *L'évaluation en matière de santé : Des concepts à la pratique*. Sofestec/Cresge, 1991, p.15.

[922] L'on situe cette intervention de l'économie dans les choix en matière de soin, vers le milieu des années 1980.

[923] Définition donnée par la Haute Autorité de Santé française (HAS).

etc. »[924]. Son intérêt pour les PED est indéniable. En somme l'évaluation médico-économique en matière de médicament consiste à comparer deux médicaments intervenant dans la même pathologie, et dans le cas d'une équivalence d'efficacité et de tolérance, l'on retient le médicament le moins cher sur la liste nationale des médicaments[925].

347 - L'économie ne doit pas se mêler des questions de santé : il faut soigner à tout prix - Toute population aspire à une meilleure santé et les constitutions de nombreux pays mettent une obligation aux Etats d'œuvrer à la réalisation de ce vœu. Chaque pays organise selon sa propre politique, selon son histoire et ses valeurs, son système de santé[926]. La santé ayant un coût, les différentes politiques doivent nécessairement désigner qui paie. C'est à ce moment que l'économie s'invite dans les débats[927]. L'intrusion de l'économie comme élément d'arbitrage des actions de santé n'est pas très appréciée dans le milieu médical. Pour le personnel soignant, le caractère spécifique de la santé nécessite que ce domaine soit débarrassé de considérations économiques ; l'éthique médicale veut que l'on vienne au secours de

---

[924] Définition donnée lors de son intervention au colloque organisé par Eurasanté, en juin 2009 sur le thème : « L'impact médico-économique d'une innovation : quels enjeux pour les industries de santé ? »

[925] Il faut noter que dans les pays développés, qui ont mis en place une assurance malade, l'évaluation médico-économique vise à permettre à la collectivité de continuer à assurer le financement de la santé. En œuvrant pour le juste soin, la collectivité fait l'économie des soins inutiles, en sélectionnant les actions en fonction de leur coût et de leur qualité. Dans le domaine du médicament, on recherche l'efficience du médicament, on recherche le « juste médicament ». C'est le meilleur rapport coût/ efficacité de la molécule qui est recherché.

[926] A. Beresniak, G. Duru, *Economie de la santé*, 6e édition, Elsevier Masson, Paris, 2008, p.3.

[927] Le défaut d'évaluation médico-économique a eu raison du plan d'assurance maladie au Sénégal. En effet en instaurant le plan Sésame chargé de prendre en charge gratuitement les personnes âgées de plus de 60 ans, l'Etat n'a pas planifié les dépenses, tout était pris en charge. Le concept de soigner à tout prix a été privilégié au détriment du concept du « juste soin ». Aujourd'hui le plan est criblé de dette et aucune structure sanitaire ou pharmaceutique ne veut encore participer au programme. Nous avons mené une enquête en février 2012 à l'Hôpital principal de Dakar auprès de 10 agents de santé (médecins, pharmaciens et infirmiers). L'échantillon n'est pas significatif mais révèle l'opinion générale des agents de santé. Ce personnel trouvait l'idée d'une prise en charge des soins de santé bonne, mais concluait à l'échec du plan sésame, car selon eux les personnes bénéficiaires du plan se soignent, mais personne ne paie et de ce fait aucune structure de soins n'était encore disposé à leur faire cette faveur tant que les dettes ne sont pas réglées.

toute personne malade, quel qu'en soit le coût. L'on ne doit pas refuser des soins au nom de considérations économiques, l'on ne doit pas refuser d'inscrire un médicament sur la liste nationale pour des raisons économiques. Pour le médecin, au nom de sa liberté de prescription, il doit pouvoir prescrire les médicaments qu'il juge bon pour son patient quel qu'en soit le coût. Reste qu'il faut nécessairement déterminer la personne qui paie ces médicaments prescrits. C'est en cela que l'usage des techniques économiques est nécessaire.

348 - L'économie comme instrument d'une bonne gouvernance sanitaire : le juste médicament - A l'inverse, pour les économistes de la santé, il y a une nécessité de tenir compte du coût des médicaments et de leur apport au patient. Pour l'économiste, il faut, avec les moyens alloués, soigner le plus de personnes possibles, ou encore permettre à un plus grand nombre de personnes d'avoir accès au bien de santé. L'économie de la santé permet de poser les questions nécessaires à la formulation des priorités en fonction du budget des pays[928], y adjoindre des objectifs sanitaires permet de faire des choix réalistes. Mais choisir c'est abandonner d'autres options qui, en matière de santé peuvent être vitales. L'économie peut-elle se concilier avec l'éthique ? La réponse n'est pas évidente, car les objectifs[929] sont particulièrement nombreux et aussi importants les uns que les autres en matière de santé.

En Afrique, le prix des médicaments est encore très élevé. Cette cherté des médicaments conjuguée avec une pauvreté structurelle grandissante renforce les inégalités sociales et doit conduire les autorités sanitaires à faire entrer l'économie dans le cadre réglementaire en matière de médicament. L'évaluation médico-économique permettra de classer les médicaments en fonction de leur efficacité et de leur coût et d'éclairer plus tard le législateur lors de l'instauration de l'assurance maladie qui se prépare[930]dans de nombreux pays d'Afrique. Il est donc nécessaire de tenir compte des critères économiques dans les choix de politiques sanitaires en général et pharmaceutiques en particulier. Si l'on prend un pays comme la France, l'évaluation médico-économique des produits de santé était

---

[928] A. Beresniak, G. Duru, op.cit., p.168.
[929] A. Laude, B. Mathieu, D. Tabuteau, op.cit., p.13.
[930] Il s'agit du Burkina Faso, du Sénégal, du Bénin et de la Côte d'Ivoire.

réalisée de préférence lors de la révision des lignes génériques d'un ensemble de produits. Elle pouvait néanmoins s'effectuer à titre exceptionnel lors de leur inscription au remboursement. Désormais, avec le projet de loi de financement de la sécurité sociale (PLFSS) de 2012[931], la mission médico-économique de la HAS a évolué vers un recours plus fréquent, mais non systématique à l'évaluation économique en première inscription pour les médicaments et dispositifs médicaux. On peut donc affirmer que l'évaluation médico-économique est un pilier des politiques pharmaceutiques nationales.

2 : L'analyse médico-économique : un pilier de la politique pharmaceutique nationale (PPN)

L'analyse médico-économique du médicament n'est pas dissociable des analyses faites sur la qualité du médicament. Elle intervient après que le médicament ait été déclaré apte à accéder au marché. Cette étude permet plutôt aux autorités politiques de mettre sur le marché des médicaments essentiels à moindre coût. Elle vise donc à éclairer les pouvoirs publics dans leur décision en matière pharmaceutique à travers la PPN, elle peut également orienter les pouvoirs publics dans la sélection et l'achat des médicaments.

349 - L'analyse médico-économique et la politique pharmaceutique nationale - L'un des objectifs de l'analyse médico-économique est d'éclairer les choix des décideurs, elle donne à la décision une base rationnelle et claire. Le médicament étant un bien essentiel de santé, l'évaluation économique doit viser à éclairer les décisions des autorités politiques quant au prix des médicaments. Les décisions des autorités politiques sont matérialisées par la déclaration tenant lieu de politique pharmaceutique. La PPN vise à rendre accessible financièrement et géographiquement les médicaments, il faut donc pouvoir évaluer efficacement les médicaments à mettre sur le marché. Dans les pays en développement, l'évaluation médico-économique doit être une priorité, elle doit être au cœur de la PPN pour éviter d'inonder le marché de produits coûteux et non efficaces, ou à efficacité égale à d'autres ayant un faible coût.

---

[931] Article 33 du PLSS 2012.

En matière d'évaluation du médicament, l'expertise scientifique[932] reste la première et la plus importante. En effet, l'objectif principal de l'AMM est de rechercher la sécurité et l'efficacité du médicament qui doivent être doublées d'un souci d'accès pour tous aux médicaments. Dans ce sens, pour éviter la discrimination financière et en dehors de toute socialisation du coût des médicaments, les autorités burkinabè et sénégalaises doivent mettre l'accent sur le prix des médicaments candidats à l'AMM. En somme, un médicament doit rendre un service à la collectivité, c'est ce qui a justifié l'instauration en France d'un Service Médical Rendu du médicament, socle du prix ou du remboursement du médicament.

350- L'évaluation médico-économique, un outil d'assainissement de la liste nationale des médicaments - Il s'agit de permettre à chaque patient l'accès à des médicaments efficaces contre la maladie et à moindre coût. Avec le développement de l'industrie pharmaceutique, qui a atteint un seuil économique important, la recherche du profit a pris les devants, au détriment du bien-être des patients. Aussi il existe des médicaments qui sont une simple réorganisation de molécules existantes[933], ces molécules améliorées présentées comme plus efficaces que les anciennes, sont très chères, mais ne résolvent pas forcement le mal ou peuvent le résoudre mais exactement comme les anciennes qui ne coûtent pas très chère. L'évaluation médico-économique devait permettre d'extirper ces médicaments de la liste nationale et permettre ainsi au patient d'aller à l'essentiel. Elle peut également inciter les industriels qui couvrent l'Afrique à plus de vigilance et d'innovation dans leurs activités pharmaceutique.

B : L'évaluation médico-économique du médicament et l'accès aux médicaments

Les résultats de l'expertise médico-économique doivent être regardés de près par les autorités politiques. La décision finale concernant la vision pharmaceutique du pays revient aux seules autorités politiques. En France par exemple, c'est le déficit sans cesse

---

[932] J. Morisson, « Evaluation du médicament », *Pharmaceutique*, novembre 2008, p. 24.

[933] Voir infra paragraphe n°646.

croissant de la sécurité sociale, qui a poussé à introduire l'économie dans les prises de décision en matière de santé. Au Burkina Faso et au Sénégal cette analyse a un impact sur l'établissement de la liste nationale des MEG, en permettant d'offrir des médicaments pas chers aux populations.

351 - L'inscription du médicament sur la liste nationale des MEG : la recherche de l'efficience du médicament - La liste nationale des médicaments, révisée tous les deux ans par une commission technique, conditionne les prescriptions et la délivrance des médicaments. En effet, aucun distributeur ne peut s'approvisionner et distribuer des médicaments autres que ceux visés dans la liste nationale. La liste nationale est le document officiel de référence pour tout acte en matière d'importation, de détention, de distribution à titre gracieux ou onéreux et de délivrance de médicaments au Burkina Faso et au Sénégal.

Pour être inscrit sur la liste nationale des médicaments, le médicament doit remplir certaines conditions. La première est d'avoir l'AMM. Lorsque le médicament a son AMM, cela suppose que tous les aspects techniques ont été évalués et que les valeurs thérapeutiques du médicament au moment de la demande d'AMM sont avérées. Ensuite le médicament devra satisfaire à des critères économiques. En effet le coût du traitement journalier et du traitement complet, est comparé à celui des produits similaires déjà enregistrés[934]. C'est pourquoi dans le dossier d'AMM, la réglementation oblige le demandeur à proposer un prix de vente au public. Le prix rentre donc dans le cadre de l'attribution de l'autorisation d'inscription sur la liste des médicaments. Dans ce sens des demandes ont déjà été rejetées[935], ajournées[936] ou acceptées sous réserve[937] par la DGPML au Burkina

---

[934]Voir l'arrêté n°2005-232/MS/CAB, portant création d'une commission technique chargée d'évaluer les demande d'AMM des médicaments issus de la pharmacopée traditionnelle au Burkina Faso.

[935] Avis n°2011-0325/MS/SG/DGPML/DRP du 11 janvier 2011. Le CTEM a rejeté une demande d'augmentation du prix d'un médicament ayant déjà une AMM en cours de validité, au motif que les prix de vente grossistes ne doivent pas connaître d'augmentation lorsque l'AMM est encore valable.

[936] Avis n°2011-0081/MS/SG/DGPML/DRP du 11 janvier 2011. La demande a été ajournée pour des causes multiples dont un prix de vente grossiste trop élevé. Le demandeur a eu 6 mois pour corriger son dossier, qui devait être réexaminé.

Faso parce le prix proposé par le demandeur de l'AMM était trop élevé.

Au Sénégal, une analyse de l'arrêté ministériel n°2583 du 05 avril 1994, portant création de la commission technique permanente chargée de la révision des listes de médicaments et produits essentiels[938], permet de déduire l'usage de l'évaluation médico-économique dans l'établissement de cette liste. En effet l'article 6 dispose que « la révision de la liste ne devra se faire qu'après évaluation sur le terrain et sur l'avis d'experts portant sur le coût, l'administration selon le niveau de soin, la nocivité et sur l'efficacité de la molécule thérapeutique ». Mais la commission est limitée dans son travail par l'article 5, qui lui interdit d'extraire ou d'ajouter de la liste des médicaments un trop grand nombre de molécules de sorte à désorienter les prescripteurs.

L'économie dans le principe conditionne l'inscription d'un médicament sur la liste des MEG. Le médicament qui ne montre pas un pouvoir thérapeutique suffisamment efficace par rapport aux autres produits similaires existants ne sera pas inscrit sur la liste. Entre deux produits efficaces, mais similaire, on retiendra le moins couteux, qui présente moins d'effets secondaires.

352 - Les controverses de l'usage de l'analyse médico-économique dans l'établissement de la liste des médicaments - L'évaluation économique peut compromettre l'inscription d'un médicament pourtant efficace sur la liste nationale et de ce fait faire perdre une chance de guérison pour certains patients sensibles à ce médicament. La non-inscription d'un médicament sur la liste nationale peut également faire perdre à l'industrie pharmaceutique un retour sur investissement. C'est sans doute pour cela que cette dernière s'oppose à l'utilisation des résultats de l'évaluation médico-économique dans les décisions sanitaires. En France par exemple, l'évaluation économique est critiquée par l'industrie pharmaceutique. Pour le vice-président délégué des Entreprises du Médicament, « introduire

[937] Avis n°2011-0048/MS/SG/DGPML/DRP du 11 janvier 2011. La CTEM a émis un avis d'acceptation sous réserve après examen d'un dossier d'AMM d'un hydrocortisone, aux motifs que « le prix grossiste hors taxe est élevé par rapport au prix de vente fixé par le ministère de la Santé ». Le demandeur avait trois mois pour proposer un autre prix.

[938] JORS, n° 5581 du 21-05-1994, p.246.

l'évaluation économique au sein de la Commission de la Transparence[939] pourrait faire glisser l'évaluation du médicament du domaine de la santé publique à celui du coût »[940]. Ce qui serait selon lui une véritable perte de chance pour le patient. Mais il semble difficile de croire que l'industrie pharmaceutique se soucie des patients, elle œuvre plutôt à préserver ses intérêts.

353 - L'évaluation médico-économique et la fixation des prix des médicaments - Si en économie libérale, la fixation des prix est libre, il existe en matière sanitaire, une dérogation pour tenir compte des objectifs de santé publique. En effet, dans de nombreux pays, le législateur s'est réservé le droit d'intervenir dans la fixation des prix des biens de santé. Au Burkina Faso et au Sénégal, il n'y a pas de prix imposé en ce qui concerne les médicaments, le prix doit seulement être raisonnable et correspondre aux modalités fixées par les autorités réglementaires. L'évaluation du prix des médicaments n'est pas dissociée de la procédure d'AMM, c'est dans le dossier de demande d'AMM que le prix est proposé. Il est accepté ou refusé par les autorités compétentes[941]. Dans certains pays comme en France, la fixation du prix des médicaments est une procédure séparée réalisée entre chaque laboratoire pharmaceutique et le Comité économique des produits de santé (CEPS) et à défaut d'accord, le CEPS fixe unilatéralement le prix.

L'analyse médico-économique, si elle existe au Burkina Faso et au Sénégal, elle est peu utilisée dans les PPN.

---

[939] Il faut noter que la commission de la transparence est en France une instance scientifique qui évalue les médicaments ayant obtenu leur AMM, lorsque le laboratoire qui les commercialise souhaite obtenir leur inscription sur la liste des médicaments remboursables. Voir les articles L.162-17 du code de la sécurité sociale et L.5123-2 du CSP français.

[940] Propos de Bernard Lemoine, vice-président délégué de Les Entreprises du Médicament (LEEM), lors de la séance plénière du 18 décembre 2007 de la Haute autorité de santé (HAS).

[941] Si les autorités n'interviennent pas directement dans la fixation du prix des médicaments candidats à une AMM, le prix conditionne l'attribution de l'AMM. En effet dans les dossiers d'AMM, il y a un dossier concernant le prix du médicament que le demandeur de l'AMM propose, mais également le prix pratiqué dans le pays d'origine du demandeur.

Paragraphe 2 : L'analyse médico-économique du médicament : un outil peu utilisé dans les politiques de santé au Burkina Faso et au Sénégal

Malgré le regard porté sur le prix des médicaments dans les décisions de politiques pharmaceutiques, la liste nationale des MEG et le prix des médicaments ne reflètent pas la réalité du terrain. Il y a un antagonisme entre le prix du médicament et le pouvoir d'achat de la population. Cette difficulté pour profiter de l'économie dans les politiques pharmaceutiques est liée à l'inadéquation d'une part des politiques de santé (A) et d'autre part à la faiblesse du cadre juridique et institutionnel pharmaceutique (B).

A : L'inadéquation des politiques de santé : obstacle à une visibilité de l'analyse médico-économique des médicaments

Les politiques en matière de médicament doivent pouvoir s'insérer parfaitement dans la politique sanitaire des pays. Au Burkina Faso comme au Sénégal, les effets de l'évaluation médico-économique ne sont pas visibles. Le prix du médicament reste encore très élevé. Tout ceci est lié à une difficulté de réguler efficacement le prix des médicaments. Le prix repose sur des artifices[942] qui peuvent être réformés (1). Cette difficulté est sans doute liée à la faiblesse du tissu

---

[942] Au Burkina Faso, la structure des prix du médicament vendu au public diffère selon le secteur (privé ou public) et selon le type de médicament (essentiel générique ou non). En effet, dans le secteur public les prix sont administrés annuellement et les taux de marge à ne pas dépasser sont : 25% sur le prix de revient pour la CAMEG, 7.5% sur le prix de cession CAMEG pour le dépôts-répartiteur de district (DRD) et environ 50% sur le prix de cession DRD pour les formations sanitaires. Ainsi lorsque la CAMEG achète à l'étranger un médicament à 100 FCFA, elle revend ce médicament à 125FCFA au DRD, ces derniers le cèdent à environ 135FCFA aux formations sanitaires et le public peut l'acheter à son tour à 200FCFA soit le double du prix à l'étranger. Au niveau du secteur privé, la libéralisation des prix en vigueur depuis la dévaluation de 1994, engendre une certaine disparité dans les taux de marge appliqués par les grossistes et les officines pharmaceutiques. Le prix du médicament au public se compose : du prix CAF (Coût Assurance Fret), des taxes douanières, de la taxe de contrôle qualité, de la marge du grossiste et de la marge du détaillant. A noter que dans l'espace UEMOA les médicaments sont exonérés de Droit de douane et de Taxe sur la valeur ajoutée (TVA). Ministère de la Santé, *Mesurer les prix, la disponibilité, l'accessibilité financière et les composante des prix des médicaments au Burkina Faso*, Rapport d'étude, mars 2010, 70 p.

industriel pharmaceutique. Ces obstacles sont renforcés par l'échec des politiques d'accès aux MEG (2).

1 : La difficile régulation des prix des médicaments : un prix encore très élevé

354 - Le pouvoir d'achat des populations et le prix des médicaments : l'impuissance des Etats à négocier le prix des médicaments - Dans un environnement où l'accès aux médicaments est une préoccupation majeure, la non-maîtrise du prix du médicament par les pouvoirs publics risque d'accroître l'écart de pauvreté et le prix du médicament. Au Burkina Faso et au Sénégal, il n'existe aucune réglementation nationale qui oblige les différents partenaires à négocier le prix du médicament. Le prix est fixé par le demandeur de l'AMM. La marge de manœuvre des autorités nationales est mince. Ce manque de régulation du prix met en difficulté les populations déjà atteintes par une pauvreté structurelle sans solution durable.

Une analyse socio-anthropologique[943]sur la consommation des médicaments vendus dans les rues nous enseigne que cet attrait auxdits médicaments est lié en partie au pouvoir d'achat des populations. Dépourvu du moindre argent capable de tenir une journée de traitement[944], les populations s'approvisionnent sur le marché illicite qui a l'avantage de proposer des médicaments pas chers, avec une vente au détail permettant au patient de pouvoir acheter son médicament au jour le jour, suivant son budget journalier.

355 - Pouvoir d'achat et politiques économiques - Le pouvoir d'achat des populations a été gravement atteint par les politiques

---

[943] A. Ouattara, « Achat de médicaments de la rue en Afrique : essai de compréhension d'un comportement «irrationnel » », *Market Management*, 2009/1 Vol. 9, p. 59-73, C. Baxerres, J.-Y. Hesran, « Le marché parallèle du médicament en milieu rural au Sénégal : les atouts d'une offre de soins populaire », *Anthropologie et Sociétés*, vol. 30, n° 3, 2006, p. 219-230, D. Fassin, « La vente illicite de médicament au Sénégal : économies parallèles, Etat et société », *Politique Africaine*, 1986, n°23, pp.123-130.

[944]V. Ridde, A. Nitièma, M. Dadjoari, « Améliorer l'accessibilité des médicaments essentiels génériques aux populations d'une région sanitaire du Burkina Faso », *Cahiers Santé*, vol. 15, n° 3, juillet-août-septembre 2005, pp. 175-182. Les auteurs montrent la difficulté financière d'accès aux médicaments des populations des zones rurales du Burkina Faso. Selon l'enquête 35% des patients trouvent les MEG chers.

économiques de la Banque mondiale. Les populations rurales ont été encouragées à produire des cultures de rentes[945], destinées à la vente. Ainsi, les cultures de subsistances, qui servaient pour l'alimentation de base, ont été délaissées. Une fois les populations enfoncées dans cette spirale, les prix de ventes mondiales ont commencé à baisser, occasionnant des pertes énormes en ressources financières pour les paysans. Il faut souligner que la vente de ces produits permettait aux paysans d'acheter de quoi manger puisqu'ils produisent très peu de céréales pour l'alimentation. Lorsque la rareté des pluies s'est ajoutée à la baisse des prix d'achat de culture de rente, la pauvreté et la famine se sont installées. Le pouvoir d'achat s'est logiquement retrouvé atteint[946]. Le CNUCED a d'ailleurs reconnu en 1990 dans un rapport, que le PAS et principalement son volet désengagement de l'Etat dans le secteur public, était l'une des causes de l'érosion de la classe moyenne dans les pays d'Afrique[947]. Aujourd'hui la dévaluation du franc CFA a aggravé le pouvoir d'achat des populations de la «zone franc» en Afrique. Alors que le pouvoir d'achat baisse, le prix des médicaments augmente. L'évaluation économique des médicaments n'est pas suffisamment prise en compte dans les politiques pharmaceutiques. Les PED en général sont incapables de réagir individuellement face aux politiques extérieures et aujourd'hui avec l'échec des nombreuses politiques d'accès aux médicaments, la situation sanitaire s'empire de jour en jour.

2 : L'échec des politiques d'accès aux médicaments

356 - Des politiques basées sur la promotion des médicaments génériques - Les politiques d'accès aux médicaments sont basées dans plusieurs pays du monde sur l'encouragement à une forte pénétration des génériques. Au Burkina Faso tout comme au Sénégal, les politiques de génériques peinent à décoller. Ce phénomène est doublé de l'absence d'une assurance maladie, qui annihile les effets de l'évaluation médico-économique des médicaments. En effet, une

[945] Il s'agit du coton, de l'arachide, du cacao, toute culture destinée à l'exportation. Les cultures vivrières sont celles qui procurent le repas quotidien au paysan. Il s'agit du mil, du riz, du maïs, etc.

[946] Les populations ont manifesté dans les rues du Burkina Faso et du Sénégal en 2008 contre ce qu'elles ont appelé « la vie chère ».

[947] CNUCED, Rapport sur le commerce et le développement, Genève, 2000, p.71 et suivants.

politique de promotion de l'accès aux médicaments qui tient compte de l'insolvabilité des populations, si elle ne parvient pas à réduire le prix des médicaments, doit mettre en place une prise en charge des coûts liés aux médicaments. Dans les PED, près de 90% de toutes les dépenses pharmaceutiques sont à la charge des ménages[948].

357 - La promotion des MEG : une politique en déphasage avec le terrain - Selon l'OMS, « les deux voies les plus couramment suivies pour assurer la disponibilité des médicaments à un prix abordable sont, le contrôle des prix et la politique des médicaments génériques ». En ce qui concerne le marché des produits génériques, dans la plupart des pays, il ne se développe que très lentement. En fait, la réussite commerciale des génériques dépend largement de la volonté politique des pouvoirs publics. Pour réussir une grande pénétration des génériques, il faut des normes juridiques favorables aux génériques, il faut des politiques incitatives pour amener non seulement le public à accepter les génériques, mais également pour encourager les professionnels prescripteurs et « vendeurs » à conseiller les génériques à leurs patients. Au Burkina Faso et au Sénégal, le personnel de la santé, quel que soit son niveau, a toujours une réticence à prescrire le médicament sous le nom DCI. Selon G. Millot c'est « l'habitude ou la meilleure connaissance des spécialités pharmaceutiques sous nom de marque, héritées du cursus médical ou infirmier »[949] qui est souvent la raison évoquée. Si on s'éloigne de ces raisons on remarquera que les délégués médicaux y sont pour beaucoup dans la prescription des médecins et autres paramédicaux. Ces délégués médicaux ne présentent au personnel de santé que des médicaments de spécialité et dénigrent souvent les génériques.

358 - Comment améliorer la pénétration des MEG - Pour réussir ce vaste programme, surtout à la veille de l'instauration d'une Assurance Médicale Universelle au Burkina Faso et au Sénégal, les autorités doivent accompagner les médecins et les paramédicaux dans leurs prescriptions en DCI, par :

---

[948] Voir supra paragraphe 354.

[949] G. Millot, « Le médicament essentiel en Afrique : pour une vision globale », *Med Trop* 2006, n°66, p.562.

- L'élaboration de référentiels : il faut offrir aux médecins prescripteurs des outils d'aide à la prescription, des informations récentes sur tous les MEG de la liste nationale ;
- L'élaboration et la publication officielle de guides d'équivalence thérapeutique entre spécialités de marque et génériques sous DCI ;
- Une incitation financière aussi bien pour les prescripteurs que pour les personnes qui délivrent le médicament.

Si l'analyse médico-économique n'est toujours pas devenue un allié à la décision des autorités sanitaires dans les PED, c'est sans doute également pour son organisation peut efficace.

B : Organisation de l'analyse médico-économique sur le plan national et communautaire

Le droit burkinabè et le droit sénégalais comportent quelques ambigüités quant à l'organisation du secteur pharmaceutique. La réglementation de ce secteur qui a connu un véritable essor dans les années 1990, comporte quelques zones d'ombres, notamment en ce qui concerne la fixation du prix des médicaments et l'élaboration de la liste des médicaments, il faut également noter l'insuffisance du cadre institutionnel.

359 - Un droit essentiellement réglementaire - Le droit pharmaceutique burkinabè et sénégalais est essentiellement réglementaire. Cet aspect réglementaire perturbe souvent la mise en œuvre des actions de santé publique, qui changent au gré des changements de régime ou de ministres. L'intérêt de régir le secteur du médicament par des lois, réside dans la valeur hiérarchique de la loi, qui empêche à un ministre de modifier presque systématiquement les mesures prises par son prédécesseur. Aujourd'hui, les changements constants instaurent une grande instabilité et perturbe la mise en œuvre des acquis[950].

[950] Au Burkina Faso, en dehors du CSP, qui est issue d'une loi qui institue une liste de médicament et lie cette liste de médicament à l'enregistrement du médicament, il n'existe pas de loi instituant un système d'évaluation économique des médicaments. Il en est de même au Sénégal.

360 - Des institutions surchargées - Pour qu'une règle de droit puisse produire les effets escomptés, il faut des institutions fortes, dotées d'une certaine autonomie de fonctionnement. En matière pharmaceutique il faut que l'autorité de réglementation soit clairement désignée ; il faut éviter les cadres flous, confiant à la seule institution l'ensemble du secteur pharmaceutique. Au Burkina Faso et au Sénégal, les directions de la pharmacie cumulent toutes les compétences liées aux médicaments ; les mêmes experts évaluent le médicament, de la demande d'AMM, à la pharmacovigilance, en passant par le prix. Une insuffisance de l'autorité de réglementation se ressent sur l'ensemble de la mise en œuvre des politiques pharmaceutiques. L'ANRP est encombrée et malgré la charge de travail, malgré l'élargissement constant de ses compétences son budget demeure limité. C'est une autorité sans autonomie financière.

361 - La nécessité d'une transparence dans le contrôle des prix - Pour contrôler les prix appliqués par les producteurs et les marges des distributeurs de médicaments, l'Etat dispose de plusieurs moyens. L'Etat peut jouer sur les prix dès la demande d'AMM, dans ce cas, il peut contraindre les demandeurs d'AMM à baisser considérablement leur prix. Il peut également jouer sur les marges bénéficiaires des grossistes et des détaillants, en veillant à ce que ceux-ci appliquent les marges légales fixées par les autorités sanitaires nationales. Mais ce qui est paradoxale dans les PED, c'est que pendant que les gouvernements des pays industrialisés se préoccupent de plus en plus des prix des médicaments, dans les PED, on a tendance à assouplir le contrôle des prix des médicaments. La transparence des prix, que ceux-ci soient soumis ou non à un contrôle, devrait toujours constituer un objectif central[951]. Pour instaurer cette transparence, au Sénégal, le gouvernement a crée en 1994[952], un comité de suivi des prix des produits de santé. Dans la pratique ce comité n'a pas fonctionné.

La maîtrise des prix des médicaments doit être une priorité pour pallier le faible pouvoir d'achat des populations. Le défi à relever en matière de gestion de la PPN est énorme, il faut pour y arriver, des

---

[951]G. Velásquez, Y. M. Quick, « Réformes de la santé et financement des médicaments », *Série Economie de la santé et médicaments*, n°6 Série, p. 12.

[952] Voir l'arrêté interministériel n°1539 MEFP-MCA-MSAS du 4 mars 1994 créant un Comité de suivi des prix des produits pharmaceutiques. JORS, n° 5578 du 30-04-1994, p.226.

politiques pharmaceutiques spécifiques au continent africain. Le droit communautaire doit se saisir du sujet et fédérer les moyens pour rechercher l'accès pour tous aux médicaments de qualité.

Compte tenu de sa spécificité, le médicament est un objet dont le marché doit être fortement régulé. Pour bénéficier pleinement des effets de l'évaluation médico-économique, mais également pour réduire les risques liés à l'usage du médicament, les autorités politiques doivent veiller à ce que la promotion commerciale et les règles de l'économie libérale n'entravent pas sa distribution.

Chapitre 2

La régulation du marché des médicaments : la recherche d'un usage rationnel du médicament et la protection de l'économie libérale

> « *J'ai la conviction très nette que de même que l'on est d'accord pour affirmer que la liberté et le pouvoir doivent être limités par les droits des autres, de même, l'éthique doit être constituée comme la mesure obligatoire de l'exercice de tout droit, de toute liberté et de tout pouvoir* »[953].

362 - Marché et santé : deux grandeurs à concilier- Le médicament réunit autour de lui trois grands éléments inconciliables, « la santé publique, la concurrence et l'innovation »[954]. L'économie de marché veut que le médicament comme bien marchand respecte les normes de l'économie libérale. Cependant le médicament ne peut se dissoudre totalement dans l'océan des intérêts privés, au risque de voir les inégalités sanitaires déjà grandes, se creuser davantage.

L'industrie pharmaceutique représente de nos jours l'un des secteurs les plus dynamiques dans le monde économique. Elle produit des biens commerciaux distincts des autres biens, en ce sens que d'une part, ces produits de consommation sont essentiellement destinés à rétablir ou à prévenir un mal de l'homme et d'autre part, elle a l'exclusivité de la production de ce bien. Bien que ce produit soit particulier, l'industrie pharmaceutique poursuit des objectifs économiques. Le droit pharmaceutique tente donc de contenir les intérêts de l'industrie pharmaceutique et ceux de la santé publique.

Pour faire face à la concurrence, les laboratoires pharmaceutiques rivalisent d'innovation. Il leur faut également

[953] « L'éthique aujourd'hui », extrait de la leçon inaugurale donnée par le Juge Kéba Mbaye à l'Université Cheikh Anta Diop de Dakar, le 14 décembre 2005.
[954] M-A. Frison-Roche (Dir.), Concurrence, santé publique, innovation et médicament, op.cit., p. V.

affronter cette concurrence en développant la promotion de leur produit. Le médicament va ainsi intégrer le circuit commercial traditionnel, avec la publicité comme vecteur de la croissance industrielle. La promotion de ce produit particulier va heurter de multiples sensibilités, le médicament étant « un bien qui s'inscrit à la croisée de la politique de santé, des problématiques d'assurance maladie et de l'économie industrielle »[955]. D'abord, promouvoir le médicament comme tout bien marchand, heurte l'éthique, qui considère que l'on ne peut faire de bénéfices énormes sur la maladie ou la vie des individus. Ensuite, dans les pays où le médicament est pris en charge socialement, on craint de voir s'envoler le budget de l'assurance maladie, dû à des prescriptions médicales exagérées. Et enfin, dans les pays à faibles revenus où l'ignorance médicale est énorme. La publicité étant un puissant moyen d'orientation de la volonté[956], il y a également la crainte d'un usage irrationnel du médicament. La publicité des médicaments se trouve ainsi tiraillée entre le besoin de protection de la santé publique et l'esprit des marchés qui veut que l'industrie pharmaceutique puisse faire connaître ses produits pour mieux les vendre et sortir ainsi vainqueur de la concurrence (assez importante dans ce domaine). L'industriel commerçant est confronté à la volonté politique de règlementer le bien objet de son commerce, tout au long de sa vie. Ces « commerçants pas comme les autres » doivent, en plus des obligations qui pèsent sur tout commerçant, supporter les contraintes liées à la particularité du produit qu'ils vendent. En matière pharmaceutique, la publicité va être contrôlée dans l'intérêt de la santé publique (Section 1).

La publicité participe à un meilleur exercice de la concurrence. Il faut une surveillance permanente pour que de la concurrence saine sortent des médicaments de qualité, à un prix raisonnable. Mais peut-il y avoir une compatibilité entre le principe de la concurrence et celui de la santé publique[957] ? L'application du droit de la concurrence dans le secteur pharmaceutique devra permettre de répondre à cette question (Section 2).

[955] F. Hada, « Les sources d'informations et de données sur le médicament », *RFAS*, 2007/3 n° 3-4, p.87.
[956] G. Rousset, « Publicité, médicaments et monopole : le débat est lancé », *Recueil Dalloz* 2008 p. 1964.
[957] E. Cadeau, op.cit., p.69.

Section 1 : Le contrôle de la publicité sur les médicaments : favoriser un usage rationnel des médicaments

363 - Un droit communautaire non appliqué- Le contrôle de la publicité sur le médicament consiste à jeter un regard particulier sur l'information qui accompagne le médicament. L'information est une composante permanente et fondamentale du médicament, de son bon contrôle dépend l'usage rationnel du médicament par les populations. En réglementant la publicité sur le médicament, le Burkina Faso et le Sénégal ne se sont pas appesantis sur l'information médicale et scientifique. Il existe par contre une décision communautaire dans le cadre de l'UEMOA. Cette décision ne semble pas en pratique avoir été suivie par les Etats membres[958]. De ce fait la réglementation de la publicité est purement nationale.

364 - La publicité, une procédure purement nationale - Le Burkina Faso a réglementé la publicité sur le médicament en mai 2010, soit cinq mois avant l'adoption par l'UEMOA des lignes directrices sur la publicité des médicaments[959]. Quant au Sénégal, c'est la loi n°65-33 du 13/05/65 portant modification des dispositions du CSP relative à la préparation, à la vente et à la publicité des spécialités pharmaceutiques qui a abrogé les dispositions coloniales qui réglementaient la publicité. Cette loi indique que la publicité sur les médicaments est encadrée par un décret, mais ce décret n'a jamais été pris. Compte tenu du vide juridique laissé par la loi, la publicité sur les médicaments a été essentiellement règlementée par des circulaires prises par le directeur général de la pharmacie et des laboratoires du Sénégal. Eu égard à cette divergence de cadre juridique, nous nous proposons de présenter d'abord les lignes directrices communautaire (Sous-section 1), puis de présenter le cadre

---

[958] Pourtant selon l'article 43 du Traité révisé de l'UEMOA, « les décisions sont obligatoires dans tous leurs éléments pour les destinataires qu'elles désignent ». La décision est donc un acte juridique issu du droit dérivé de l'UEMOA. Elle est obligatoire dans tous ses éléments, cela veut dire qu'elle ne peut être appliquée de manière sélective ou incomplète. Aucun Etat membre n'a déjà été sanctionné pour manquement à son obligation communautaire.

[959] Il faut signaler que l'arrêté d'application est intervenu le 01 octobre 2010, soit le même jour que l'adoption de la décision UEMOA portant sur le contrôle de la publicité et de l'information médicale.

juridique actuel en matière d'encadrement de la publicité sur les médicaments dans chacun de nos deux pays d'étude (Sous-section 2).

Sous-section 1 : Le cadre communautaire du contrôle de l'information et de la publicité sur les médicaments à usage humain : des lignes directrices pour un rapprochement des cadres nationaux

365 - Les lignes directrices, une aide à l'élaboration d'une législation en matière de publicité sur les médicaments - La protection de la santé publique justifie, à l'évidence, que la publicité et l'information faites en faveur des médicaments soient strictement réglementées. Le cadre juridique de la publicité pharmaceutique est national et divergeant. L'harmonisation voulue par la décision n°10/2010/CM/UEMOA n'a pas encore produit d'effets significatifs. En effet la décision de 2010 relève qu'il est « nécessaire d'établir des règles communes harmonisées sur l'information et la publicité sur le médicament », mais se borne à prescrire des lignes directrices pour aider les Etats membres à règlementer le domaine. Le droit communautaire ne donne aucune définition des lignes directrices, il ne précise pas non plus leur valeur juridique. Mais si l'on se réfère à l'introduction et à la conclusion desdites lignes on peut en tirer une valeur juridique. En effet, elles affirment d'une part, que « le présent document pourrait servir de lignes directrices pour l'élaboration de texte réglementaire au niveau de chacun des Etats membres de l'Union » et d'autre part que, « le présent guide reste un outil d'orientation pour l'élaboration d'une réglementation spécifique dont il appartient aux Etats membres de l'UEMOA de cadrer les contours ». Les lignes directrices sont donc une aide importante à l'élaboration d'une réglementation, elles décrivent les voies à suivre pour l'élaboration, par les Etats, de textes juridiques.

Les lignes directrices ont été annexées à une décision qui est un acte juridique communautaire, elles acquièrent donc la même valeur juridique que la décision les adoptant. Ce sont donc des instructions communautaires qui méritent d'être suivies. Aussi allons-nous suivre ici la subdivision proposée par la décision communautaire de 2010. Elle présente d'abord les orientations à suivre pour contrôler l'information médicale et scientifique (Paragraphe 1), avant d'exposer les lignes directrices concernant la publicité auprès des professionnels de santé (Paragraphe 2).

Paragraphe 1 : Les orientations communautaires sur l'information médicale et scientifique

La publicité met en scène deux cibles avec un objectif à atteindre. En matière de médicament, le bénéficiaire de la publicité cherche à convaincre d'autres individus afin de déclencher l'acte de prescription, de vente ou de consommation du produit. Dans la publicité il y a donc un message à passer, tout comme dans l'information médicale et scientifique. Il faut savoir distinguer les informations à finalité publicitaire de celles à finalité médicale et scientifique (A). Pour cela le droit communautaire recommande un contrôle rigoureux de l'information médicale et scientifique (B).

A : Un préalable : les frontières entre publicité et information médicale et scientifique

Si l'information médicale vise à aider les professionnels et les patients, la publicité vise à faire vendre un produit. L'information médicale et scientifique guide, sensibilise sur les différents aspects d'un médicament et l'usage de celui-ci. Cependant, la frontière entre les deux est mince. Il faut savoir les dissocier pour leur appliquer le cadre juridique qui sied et éviter que la publicité ne soit déguisée en information pour se soustraire au cadre juridique contraignant qui lui est imposé. Si publicité et information médicale ont quelques points communs, elles ont également des divergences de sens (1) et de finalités (2) qu'il convient d'analyser.

1 : La publicité et l'information : des divergences de sens

366 - Notion générale de publicité et d'information médicale - Selon l'UEMOA, « on entend par publicité sur les médicaments à usage humain toute forme d'information y compris le démarchage de prospection ou d'incitation, qui vise à promouvoir la prescription, la délivrance, la vente ou la consommation de ces médicaments, à l'exception de l'information dispensée, dans le cadre de leurs activités, par les professionnels de santé »[960]. L'information médicale et scientifique, elle, recouvre « l'ensemble des données relatives au médicament et destinées à promouvoir, à soutenir et à encourager l'amélioration des soins de santé par l'usage rationnel des produits pharmaceutiques »[961]. Comme on le voit, l'information médicale et scientifique et la publicité sont d'abord toutes deux des informations, des messages, leur distinction n'est pas aisée[962].

367 - L'information médicale permet un dialogue direct, la publicité met en jeux des intermédiaires - L'information médicale a un avantage en ce sens qu'elle peut permettre un dialogue fructueux entre le patient et son médecin. En effet, un patient bien informé peut interroger son médecin sur la prescription d'un médicament qu'il souhaitait consommer, le médecin peut engager un dialogue avec son patient, tout en restant dans l'éthique médicale, car c'est à lui que revient la décision finale de prescription. L'information doit être donnée de façon objective sans intention cachée. Il appartient donc aux autorités nationales d'identifier les sources crédibles pour trouver une information utile et de qualité, dans une démarche active et avec un esprit critique et lorsqu'aucune réglementation ne le permet, le juge doit, au cas par cas, apprécier l'information pour savoir s'il s'agit d'une publicité ou d'une information à caractère médicale et scientifique.

La publicité médicale, elle, est la pierre angulaire de la stratégie commerciale des industries pharmaceutiques, c'est une « des armes de la concurrence »[963]. De par la publicité des médicaments, les laboratoires ne vendent pas directement les médicaments, ils suggèrent, selon la formule de O. Diamant-Berger et G. Sabat, des « intermédiaires qualifiés ; d'imposer à d'autres individus l'usage de

---

[960] Cette définition reprend mot pour mot la définition française de la publicité issue du CSP français (art L 5122-1).

[961] Annexe de la décision n°10/2010/CM/UEMOA portant contrôle de la publicité sur les médicaments.

[962] Dans l'annexe à la décision sur la publicité des médicaments, les auteurs expliquent qu'un article d'information dans les médias peut être assimilé à de la publicité, mais dans ce cas à notre avis il faut être vigilant, il appartient au juge de qualifier ledit article en cas de litige. Il ne faudrait pas tomber dans l'arbitraire au point d'enfreindre à la liberté de presse et d'opinion.

[963] M. Duneau (dir.), *L'exercice officinal : droits et devoirs du pharmacien*, Le Moniteur des pharmaciens, Rueil-Malmaison, p.152.

substances qui mettent en question la santé de ces individus »[964]. La publicité participe à la « construction sociale des maladies »[965].

368 - Les éléments exclus du champ de la publicité[966]- Compte tenu du champ d'application assez large de la publicité, les lignes directrices de l'UEMOA sur le contrôle de la publicité sur les médicaments excluent expressément certains actes du champ de la publicité, ainsi ne sont pas considérées comme de la publicité les actions suivantes:

- Des correspondances, accompagnées le cas échéant de tout document non publicitaire, nécessaire pour répondre à une question précise sur un médicament particulier ;
- Les informations concrètes et les documents de référence relatifs, par exemple, aux changements d'emballages, aux mises en garde concernant les effets indésirables dans le cadre de la pharmacovigilance, ainsi qu'aux catalogues de ventes et listes de prix s'il n'y figure aucune information sur le médicament ;
- Les informations relatives à la santé humaine ou à des maladies humaines, pour autant qu'il n'y ait pas de référence même indirecte à un médicament.

369 - Intérêt de la distinction - L'intérêt de distinguer publicité et informations scientifiques et médicales réside dans l'encadrement de ces deux pratiques. Si la publicité est strictement encadrée, l'information est encouragée. La publicité des médicaments à usage humain peut mettre en danger la vie humaine. Elle peut alourdir les charges en matière de dépenses en médicaments. Il faut donc œuvrer pour que les informations scientifiques et médicales ne soient pas utilisées abusivement pour déguiser une véritable publicité. Le médicament n'étant pas un produit anodin, il faut donc que sa réglementation soit stricte pour protéger la santé des citoyens. La distinction des notions d'information et de publicité est importante eu égard à la différence de régime juridique qui leur est appliqué.

---

964 O. Diamant-Berger, G. Sabat, *Information médicale et publicité pharmaceutique : règlementation et revue de jurisprudence*, Masson, Paris, 1974, p.12.

965 J.J. Lévy, C. Garnier, op.cit., 37.

966 Il s'agit également des mêmes éléments exclus par le CSP français (Art L 5122-1).

Si les notions de publicité et d'information médicale et scientifique sont différentes, il n'en demeure pas moins que les risques de confusion sont grands. Pour mieux les cerner il convient de se référer à leur finalité et aux intentions de leurs auteurs.

2 : La publicité et l'information : des finalités divergentes

370 - La publicité et l'information médicale et scientifique : des intérêts inconciliables - La publicité et l'information médicale et scientifique sur le médicament, drainent des intérêts divers, contradictoires et inconciliables. Pour J. Dru, publicitaire français, la publicité est un facteur de productivité[967]. Une entreprise quelle qu'elle soit, lorsqu'elle investit, attend un retour sur investissement, et la publicité lui permet de faire connaître ses produits afin de pouvoir augmenter ses ventes. La publicité a donc un effet sur la demande. Elle les crée ou les fait augmenter. Alors que l'information médicale et scientifique vise à rationaliser l'usage des médicaments, c'est-à-dire qu'elle informe sur les médicaments, tout en conseillant un usage modéré, un usage utile. Elle ne vise pas à diminuer la demande, mais à éclairer positivement les demandeurs.

L'information médicale est celle qui sensibilise le patient quant à l'usage d'un médicament. Elle ne doit jamais inciter ce dernier à en consommer, mais à connaître les bienfaits et les méfaits. Pour être valable, l'information doit être adéquate. Elle ne doit pas être fournie au malade de façon brute. L'idéale serait qu'elle soit fournie par les médecins et les pharmaciens, chaque fois que cela est possible. Lorsque l'information s'adresse directement aux malades, sans intermédiaire, les notices figurant dans les emballages ou les prospectus doivent donner les informations approuvées par l'autorité de réglementation pharmaceutique lors de la demande d'AMM. C'est pourquoi il est nécessaire de pouvoir adapter les notices aux langues officielles des pays où est vendu le médicament.

371 - L'information médicale a besoin de preuves scientifiques, la publicité est un marketing - Le droit communautaire UEMOA recommande que les professionnels de la santé s'appuient sur une information objective, récente, d'accès aisé, élaborée dans le respect

---

[967] J.-M. Dru, « Les métamorphoses de la publicité. Entretien », *Le Débat*, 2006/2 n° 139, p.78.

du principe de la médecine, basée sur les preuves. Mais également que le niveau de protection des consommateurs soit assuré par une réglementation sur la publicité dont l'objectif est une utilisation rationnelle des médicaments, en toute objectivité, sur la base d'informations correctes et complètes. Si l'information médicale est basée sur des preuves, la publicité, elle, n'a pas besoin de preuves, elle doit seulement ne pas être trompeuse, mais comment mesure-t-on cette qualité de la publicité ? A travers le contenu de la publicité peut-on savoir si elle est trompeuse ? L'appréciation de cette qualité va se baser uniquement sur les éléments de l'AMM. Lorsque le contenu cadre avec l'AMM, la publicité sera sans doute autorisée. Mais nous croyons que cette échelle est insuffisante. Le cas du Médiator® nous édifie sur les méfaits d'une publicité qui respectait pourtant les caractéristiques de l'AMM. En effet, les laboratoires Servier ont occupé le cinquième rang au classement des chiffres d'affaires, ils ont été classé premiers en matière de promotion des médicaments en France en 1975[968], aujourd'hui le monde entier connaît les dégâts de ce médicament, d'ailleurs retiré du marché.

372 - Les laboratoires pharmaceutiques face à l'information médicale et à la publicité - Les médicaments sont des marchandises dotées « d'une importance économique et des ressources recélant une valeur politique»[969]. Il faut veiller à ce que l'information destinée aux patients ou aux professionnels de santé ne fasse en même temps la promotion de ce médicament. Il est vrai que patients et professionnels de santé ont besoin d'informations objectives, indépendantes et comparatives sur les avantages et les inconvénients de tout type de traitement, mais il est éthique que cette information se dissocie du marketing pharmaceutique. Cela implique-t-il que l'information médicale ne soit pas donnée directement par les compagnies pharmaceutiques elles-mêmes ? Les rédacteurs des lignes directrices sont septiques, ils n'ont pas prévu cette possibilité dans les sources officielles de diffusion de l'information. Ils affirment d'ailleurs qu' « en raison des impératifs de rentabilité inhérents à toute industrie, les laboratoires ont souvent tendance à surestimer les avantages et à minimiser les inconvénients de leurs spécialités » ; leur symbiose avec

[968] M. J. Cuny, *Une santé aux mains du grand capital*, Editions Paroles Vives, Paris, 2011, p.29.
[969] E. Sanabria, « Le médicament, un objet évanescent », *Techniques & Culture*, n°s 52-53, 2009, p.175.

le personnel de la santé peut faire perdre à ces derniers « leur esprit critique et leur faire ainsi oublier leur rôle social : le service rendu au patient »[970]. Il faut donc que la conformité des informations médicales soit contrôlée par l'autorité de réglementation pharmaceutique.

B : Le contrôle de l'information médicale et scientifique : assurer l'usage rationnel des médicaments

L'information étant une composante essentielle du médicament, le contrôle de sa circulation doit être efficace. Il faut une réglementation claire et adaptée pour encadrer l'information destinée aux professionnels de la santé ou aux patients. Le droit communautaire UEMOA encourage les Etats membres à mettre en place un système efficace de contrôle de l'information (2), il donne pour cela les caractéristiques d'une information médicale et scientifique ainsi que ses sources officielles de diffusion (1).

1 : Caractéristiques et sources de l'information médicale et scientifique

373 - Des caractéristiques permettant de protéger la santé publique - Pour être qualifiée d'information médicale et scientifique, l'information doit être [971]:

- Fiable : c'est-à-dire objective et scientifiquement rigoureuse[972];
- Adaptée aux besoins : les besoins diffèrent selon les utilisateurs[973] ;

[970] G. Bardelay, « Firmes pharmaceutiques, démons de la formation des soignants et de l'information des patients », *Les Tribunes de la santé*, 2007/3 n° 16, p. 77.

[971] Voir l'annexe à la décision sur la publicité UEMOA.

[972] Les autorités sanitaires doivent disposer de toutes les informations fiables et utiles sur les médicaments, afin de pouvoir garantir au mieux la protection de la santé publique.

- Bien indiquée et fournie dans le dossier de la demande d'AMM[974] ;
- Facilement utilisable : en particulier pour celle destinée aux professionnels de la santé[975] ;
- Actualisée, afin de permettre aux professionnels de la santé de renouveler et d'approfondir leur connaissance sur le médicament. Cet aspect ne doit pas occulter le besoin de formation continue des professionnels de santé.

L'information ainsi définie doit provenir de sources limitativement définies par les différents Etats. Les lignes directrices relatives au contrôle de l'information et de la publicité sur les médicaments distinguent deux sources d'informations pour les médicaments : les sources dites officielles et d'autres sources de diffusion.

374 - Les sources officielles de diffusion - Contrôlée par les pouvoirs publics, l'information médicale doit être véhiculée sur des supports limitativement désignés par les autorités réglementaires. L'information scientifique et médicale est diffusée par :

- Un service en charge de l'information ;
- Un centre d'information et de documentation sur le médicament, sous le contrôle de l'autorité sanitaire. Le Burkina Faso dispose d'un tel centre, il s'agit du Centre de

[973] L'information médicale doit être adaptée aux besoins du patient, dans les PED, où généralement le patient n'exprime qu'un besoin de guérison, sans se soucier des effets néfastes du médicament, le besoin doit-il se limiter à l'objectif de guérison ? Il est évident que l'objectif de l'information ne se limite pas à la guérison, elle doit permettre au patient de connaître tous les risques connus du médicament et également les dangers d'une consommation immodérée. Il est urgent pour le Burkina Faso et le Sénégal de développer un système d'éducation thérapeutique pour aider les patients à mieux comprendre et à s'approprier les informations médicales.

[974] Le demandeur d'AMM doit en effet réunir toutes les informations de sources diverses et indépendantes, pour permettre à l'autorité de réglementation d'évaluer ce médicament sur le plan de ses avantages, de son efficacité, de sa tolérance et de son coût par rapport aux autres médicaments disponibles. Ce caractère de l'information permet également de veiller sur le médicament sur le plan de la pharmacovigilance.

[975] Les documents d'information sur les médicaments, destinés aux professionnels de santé (guides, bulletins, circulaires, etc.) ne sont utiles que s'ils sont adaptés aux compétences et aux besoins de chacun ; une information compréhensible dans la langue officielle de l'utilisateur, facile à utiliser, débouchant sur une conduite à tenir réaliste (moyens de diagnostic, disponibilité des médicaments, par exemple).

Documentation et d'Informations sur le médicament (CEDIM) ;
- Des institutions de formation, de soins et de recherche qui touchent le domaine de la pharmacie et de la médecine ;
- Des associations à caractère scientifique et social, notamment les associations de consommateurs, sous le contrôle de l'autorité de réglementation pharmaceutique.

375 - Les autres sources de l'information médicale - L'information médicale et scientifique peut également être diffusée par :

- Des dictionnaires thérapeutiques ;
- Des revues professionnelles ;
- Des visiteurs médicaux ;
- Des congrès, forum de lancement d'un médicament.

La conformité des informations doit être contrôlée par l'autorité de réglementation pharmaceutique. Elle ne concerne que les médicaments qui ont obtenu une autorisation de mise sur le marché.

2 : L'information médicale et scientifique : un contrôle à priori

Si la publicité est destinée à faire vendre un produit, l'information médicale et scientifique vise à éclairer les patients ou les professionnels de santé sur les avantages ou les inconvénients d'un produit de santé. Il est donc normal qu'elle soit placée sous le contrôle des autorités sanitaires. Un médicament efficace, sans informations ou accompagné de fausses informations peut être préjudiciable aux patients. Afin d'améliorer et de promouvoir efficacement l'usage rationnel des médicaments, le droit communautaire propose un contrôle à priori de l'information destinée aussi bien aux professionnels de la santé qu'au public.

376 - Le contrôle de l'information destinée aux professionnels de la santé - L'information destinée aux professionnels de santé commence avec la formation initiale. C'est sur les bancs des facultés de médecine, de pharmacie ou encore des écoles d'infirmiers que commencent les premiers pas dans la profession, c'est là que les informations sur les médicaments sont fournies aux futurs professionnels. Or la formation de ces professionnels ne permet pas d'introduire une grande partie de pharmacologie dans les programmes. Ainsi, ils s'installent avec très peu de connaissances sur les effets des médicaments. Il est donc urgent pour les autorités nationales de réaménager les programmes de formation pour donner des bases solides aux professionnels de la santé mais aussi une bonne compréhension de la déontologie médicale ou pharmaceutique. Il est aussi important pour les pays où le nombre de prescripteurs paramédicaux dépasse celui des médecins, de revoir la formation des paramédicaux afin d'introduire des notions de pharmacologie dans l'ensemble des programmes. Dans les PED, les professionnels de la santé reçoivent énormément d'informations sur les différents médicaments. Ces informations sont fournies soit directement par les laboratoires fabricants soit par leurs intermédiaires[976]. Les industries pharmaceutiques mettent beaucoup de moyens humains, financiers et techniques dans l'élaboration de communication sur leur médicament. La quantité d'information contraste avec le manque de personnels compétent au Burkina Faso et au Sénégal. La capacité des institutions compétentes pour contrôler ces informations doit être renforcée[977] pour détecter les messages de l'industrie pharmaceutique. L'information médicale est dans le principe basée sur le RCP, sinon sa diffusion n'est pas autorisée. Lorsqu'elle est fournie directement par l'industrie pharmaceutique, l'information présente toujours le médicament comme bénéfique avec des risques le plus souvent occultés[978]. En effet, les visiteurs médicaux présentent aux professionnels de la santé des informations que B. Varet[979]qualifie de « tendancieuses et de biaisées ». Comment le professionnel de la santé, sommairement formé, peut-il faire le tri entre les informations, pour déceler celles qui sont justes et bonnes pour son patient ? Cela pose l'épineuse question de la formation continue des professionnels de santé. Un professionnel de la santé « bien informé soigne mieux les

---

[976] Il s'agit principalement des visiteurs médicaux, des représentants des laboratoires pharmaceutiques, ou des distributeurs en gros.

[977] P. Jolliet, « Le contrôle de l'information et de la publicité par les autorités sanitaires », in A. Laude, D. Tabuteau (dir.), op.cit., p. 65.

[978] A. North, « La notion d'information scientifique et son accessibilité », in A. Laude, D. Tabuteau (dir.), op.cit., p.30.

[979] B. Varet, « Les gestionnaires de l'information : le point de vue des professionnels de santé quant à l'information à donner sur les produits de santé », in A. Laude, D. Tabuteau (dir.), op.cit., p.100.

patients »[980] disait J.-D. Flaysakier. C'est donc dire que l'accent doit être porté aussi bien sur les prescripteurs que sur les patients.

377 - L'information destinée au public - Selon les lignes directrices de l'UEMOA, l'information destinée au public est fournie par les médecins, les infirmiers prescripteurs, les pharmaciens et les autres agents de la santé habilités à prescrire. Pour le droit communautaire, ceux-ci doivent mettre à la disposition de leurs patients des informations adéquates sur l'usage des médicaments. Ces informations doivent éclairer le malade et contribuer à apaiser ses inquiétudes, elles doivent lui permettre de faire un usage rationnel des médicaments.

En ce qui concerne la diffusion directe des informations sur le médicament au public (à travers les notices ou les prospectus véhiculés par les fabricants et distributeurs), l'UEMOA recommande à l'autorité de réglementation de s'assurer que les informations sont conformes au dossier d'AMM.

Le malade a besoin que son médecin l'aide, qu'il le rassure[981], qu'il lui dise que les médicaments prescrits sont bons ou mauvais. En somme qu'il l'informe sur les risques des produits prescrits. Dans ce sens, des études ont révélé que les médecins peuvent être des obstacles à la circulation efficace de l'information sur les médicaments. Dans un ouvrage consacré au silence des médecins, J. Kartz[982], montre que les médecins utilisent leur pouvoir médical pour manipuler les informations afin d'arriver à leurs fins thérapeutiques. Le médecin, lorsqu'il donne une information, oriente, la décision du malade vers ses propres souhaits en matière de choix thérapeutiques. S. Fainzang[983] renchérit en notant qu'en « vérité, il n'est pas rare que les médecins pratiquent une rétention de l'information même sur les risques d'un traitement, dans le but d'inciter le malade à le prendre ». Sur la base d'une enquête, l'auteur en vient à conclure que certains

[980] J.-D. Flaysakier, « Le rôle de la presse grand public dans l'information sur les produits de santé », in A. Laude, D. Tabuteau (dir.), op.cit., p.124.
[981] D. Vittecoq, « La détermination et l'évolution de l'information dans le cadre de l'AMM », in A. Laude, D. Tabuteau (dir.), op.cit., p.43.
[982] J. Katz, *The Silent World of Doctor and Patient*, The John Hopkins University Press, Baltimore, 1984, 265p.
[983] S. Fainzang, « Secret et mensonge dans le discours médical », *Cités*, 2006/2 n° 26, p.31.

médecins découragent leurs patients de lire les notices pharmaceutiques, sous prétexte que ceux-ci ont une lecture rapide et une compréhension erronée des informations contenues dans ladite notice. Le médecin va jusqu'à infirmer les informations contenues sur ces notices pharmaceutiques.

En plus de ces orientations sur la nécessité d'encadrer l'information médicale et scientifique, l'UEMOA décrit également comment encadrer la publicité auprès des professionnels de la santé.

Paragraphe 2 : Les lignes directrices de l'UEMOA sur la publicité auprès des professionnels de la santé

Selon l'article 2 de la décision sur la publicité sur les médicaments dans les Etats membres de l'UEMOA, « les autorités compétentes des Etats membres sont tenues de contrôler l'information et la publicité sur les médicaments auprès des professionnels de la santé ». Dans ce sens la décision leur offre des lignes directrices pour les aider à mettre en place un cadre juridique. En proposant ces lignes directrices, on peut dire que l'UEMOA n'a pas entendu harmoniser le cadre juridique de la publicité, il a voulu que chaque Etat ait un cadre juridique conformément aux principes contenus dans les lignes directrices. Ces lignes donnent les conditions qu'une publicité devrait réunir pour être acceptée (A) et met en place des orientations en matière de contrôle de la publicité (B).

A : Les conditions requises pour la diffusion d'une publicité : la protection de l'ordre public sanitaire

La publicité a une action psychologique certaine sur ses destinataires. La distinction entre publicité et information médicale étant difficile, l'UEMOA a mis l'accent sur l'encadrement de la publicité auprès des prescripteurs. Les Etats membres doivent s'assurer que la publicité est conforme à l'AMM (1) et qu'elle ne comporte pas d'éléments susceptibles de tromper ou de constituer un risque pour la santé des individus (2).

1 : La publicité doit être conforme à l'AMM …

378 - La publicité ne doit pas être trompeuse - La notion de publicité, est très large et peut renfermer toute information relative aux médicaments. Elle comporte des messages qui orientent ses destinataires. En matière de médicaments, elle cherche à « déclencher l'acte de prescription, de vente ou de consommation du produit ». Pour E. Mercedes, patron d'une puissante agence de publicité européenne, l'efficacité d'une publicité dépend du message qui est véhiculé : plus le message est fort plus le changement de comportement peut être obtenu. Pour le publicitaire son métier consiste à modifier des comportements[984]. En matière de médicament, la modification des comportements des patients peut s'avérer dangereux pour leur santé. En ce qui concerne les professionnels de la santé en Afrique, le défaut de formation et de moyens d'information suffisante les rendent vulnérables face aux moyens déployés par les laboratoires pharmaceutiques dans la promotion de leur médicament, ce qui renforce le rôle négatif de la publicité en tant que prescripteur discret. Mais la publicité auprès des professionnels de la santé reste malgré tout autorisée. Cependant, elle est soumise à des conditions d'exercice.

L'UEMOA cherche à garantir aux patients un usage rationnel des médicaments en incitant ses Etats membres à mettre en place un contrôle rigoureux de la publicité, car on le sait, « la publicité est un puissant moyen d'orientation de la volonté»[985]. Si, pour les produits et service de consommation courants, l'influence de la publicité n'est pas regardée comme une entrave des actions des gouvernements, il en va autrement pour les médicaments.

Seuls peuvent faire l'objet d'une publicité, les médicaments pour lesquels l'AMM a été obtenue. Cela veut dire que, toute publicité à l'égard d'un médicament doit, non seulement respecter les dispositions de l'AMM, être conforme aux renseignements figurant dans le RCP, mais aussi favoriser l'usage rationnel du médicament. Lorsque la publicité n'est pas conforme à son AMM, on dira qu'elle est trempeuse.

---

[984] E. Mercedes, « Quand la publicité repense ses méthodes de création », *Le journal de l'école de Paris du management*, 2006/6, n°62, p.9.

[985] G. Rousset, « Publicité, médicament et monopole : le débat est lancé », *Recueil Dalloz* 2008, p.1964.

2 : … Et ne pas comporter certains éléments

379 - La publicité ne doit pas inciter à la consommation des médicaments - La publicité peut façonner une société, elle peut faire la promotion de phénomènes anodins en maladies. Ainsi le normal peut tourner au pathologique et la population va immédiatement chercher des solutions pour les contrecarrer ou encore, le médecin insuffisamment formé, peut en faire son « livre de chevet ». Par exemple, quoi de plus normal que le repos pour un cultivateur africain, occupé à bêcher son champ à la main du matin au soir, que d'être fatigué une fois rentré chez lui ? Mais, le soir en allumant son poste radio, il entend une publicité sur RFI vantant le CAC 1000 de Sandoz, comme un médicament réservé à l'adulte fatigué[986]. Une telle publicité incite à la consommation des médicaments.

380 - La publicité ne doit pas menacer la sécurité sanitaire - La publicité par finalité n'informe pas, elle n'est pas impartiale, le consommateur ne peut en tirer aucun élément objectif pour guider sa décision en matière de santé. La publicité cherche à vendre un produit ou à faire oublier que le produit a un défaut ou des effets secondaires. C'est pourquoi des hommes en bonne santé, des femmes séduisantes et des modèles de la société sont choisis pour faire passer le message. Dans ce sens on peut affirmer que la publicité sur le médicament lorsqu'elle n'est pas suffisamment contrôlée, menace la sécurité sanitaire. Pour tenter de réduire les effets de la publicité sur les prescriptions médicales ou encore sur les patients, les lignes directrices donnent des éléments dont il est important pour les Etats

[986] La publicité met en évidence des gens fatigués qui prennent du CAC 1000 et qui se remettent au travail. La Radio France Internationale (RFI) est très écoutée en Afrique.

membres d'exclure du contenu de la publicité[987] et organisent les bases de leur contrôle.

B : Le contrôle de la publicité : des conditions contraignantes selon la cible

Selon les lignes directrices relatives à la publicité et à l'information sur les médicaments, la publicité doit être autorisée avant sa diffusion afin que les autorités de contrôle s'assurent qu'elle ne va pas nuire à la santé publique. Pour cela elle doit revêtir le visa de publicité qui peut être suspendu ou retiré à tout moment lorsque les nécessités de protection de la santé publique l'imposent. Le contrôle de la publicité est fonction du destinataire du message. Les lignes directrices visent en principe un seul destinataire puisqu'elles s'intitulent « lignes directrices pour le contrôle de l'information et la publicité sur les médicaments auprès des professionnels de la santé dans les Etats membres de l'UEMOA », mais en plus des professionnels de la santé (1), ces lignes énoncent une interdiction de principe de la publicité auprès du grand public (2).

---

[987] Il s'agit : des éléments qui font apparaître l'acte médical comme superflu, en particulier en offrant un diagnostic ou un traitement par correspondance. Cela veut dire que la publicité ne doit pas permettre à son destinataire de consommer directement le médicament sans intermédiaire. C'est le cas pour les publicités qui présentent le médicament avec des critères suffisants pour que le patient diagnostique lui-même son mal et prenne ledit médicament. Il s'agit également des éléments qui laissent croire que l'effet du médicament est acquis. Il est interdit à la publicité dans ce sens de porter la mention « satisfait ou remboursé », comme l'on trouve pour les produits de consommation courants ; les mentions « médicament sans effets indésirables ». Les notices mentionnent les effets indésirables, mais il est rare de voir une publicité s'attarder sur les effets indésirables. Lorsque le promoteur de médicament est apostrophé par un prescripteur sur les effets indésirables, il dit toujours, « mon médicament a un effet indésirable comme tout médicament », cela atténue la peur du patient ou du médecin ; la publicité ne doit pas comporter des termes qui laissent croire que le médicament en question est supérieur ou égal à celui du traitement par un autre médicament. Les éléments qui assimilent le médicament à une denrée alimentaire ; la publicité ne doit pas se référer à des attestations de guérison. Ce cas spécifique est courant chez les tradipraticiens. La publicité ne doit pas présenter des images montrant le malade avant et après le traitement. La publicité ne doit pas insister sur le fait que le médicament a obtenu une AMM. Cela laisserait déduire que l'AMM est une assurance de qualité pour le médicament et donnerait une assurance stérile aux patients ou aux médecins.

1 : La publicité auprès du grand public : une interdiction de principe

381 - La publicité auprès du grand public est inutile et dangereuse - L'UEMOA prescrit à ses Etats membres d'interdire la publicité auprès du grand public sauf si elle concerne une campagne publicitaire sur des programmes de santé prioritaires. Dans ce cas, la publicité doit avoir un caractère préventif ou de protection de la santé publique. Pour les rédacteurs des lignes directrices, la publicité directe au public ne fournit aucune information médicale ou scientifique aux patients. Les compagnies font du marketing et non de la publicité informative. Selon une étude menée par des scientifiques américains[988], près de 9 publicités sur 10 décrivent les avantages d'une médication en termes vagues et qualitatifs tout en n'apportant aucune preuve confirmant ces affirmations. Les termes « soulagement éprouvé, efficacité prouvée ou cliniquement prouvé » étaient utilisés dans un quart des cas et près d'un cinquième des publicités mentionnaient une utilisation à grande échelle pour soutenir les affirmations sur les avantages et enfin un huitième des publicités présentaient des témoignages personnels. A la suite de cette étude, une autre démontre que la valeur éducative des publicités était minimale et conclut que :

- 91 % des publicités examinées ne disaient rien sur les probabilités de succès des traitements ;
- 76 % ne faisait aucune mention d'autres activités bénéfiques telles l'exercice physique ou l'alimentation ;
- 73 % ne mentionnait aucune cause ou facteurs de risque liés au problème traité ;
- 71 % ne faisait aucune mention d'autres traitements possibles ;
- 64 % n'expliquait pas le mécanisme d'action du médicament[989].

---

[988] Etude faite par Steven Woloshin et compagnie. Ils ont étudié en 2001 les contenus de publicités directes aux consommateurs dans 10 magazines aux Etats-Unis publiés en 1998 et 1999. Woloshin S, Schwartz LM, Welch HG . The value of benefit data in direct-to-consumer drug ads. *Health Affairs* 2004: pp. 234-245

[989] L'étude a été menée en Californie par des chercheurs, qui ont examiné le contenu éducatif de publicités publiées dans des magazines américains sur une période de 10 ans (1989-1998). Etude cité par la Revue Prescrire, « Publicité directe au public : la désastreuse expérience américaine », octobre 2002, Tome 22, n° 232, p.702.

Si la publicité auprès du grand public est interdite par l'UEMOA, celle auprès des professionnels dispose d'un cadre juridique assez souple.

2 : La publicité auprès des professionnels de la santé : un cadre juridique souple

382 - Principe général - L'UEMOA recommande à ses Etats membres de prévoir dans leur règlementation que la publicité destinée aux professionnels de santé est contrôlée par l'ANRP. Cette publicité doit comporter l'ensemble des informations essentielles, compatibles avec le RCP. Pour les lignes directrices, les laboratoires pharmaceutiques peuvent se faire représenter auprès des autorités réglementaires par des agences de promotion et /ou délégués médicaux. L'UEMOA laisse le soin aux Etats de définir les conditions d'exercice de la profession de délégué médical, ainsi que celles d'octroi des autorisations des agences de promotion.

383 - Les moyens matériels de publicité des produits pharmaceutiques destinés aux professionnels de la santé - L'UEMOA énumère de façon exhaustive les moyens que peuvent utiliser les laboratoires pour la publicité de leurs médicaments, il s'agit :

- Des colloques, congrès, conférences, séminaires, symposiums, enseignements post universitaires[990] ;
- Des encarts dans les journaux spécialisés. Les journaux spécialisés sont destinés en priorité à un public de professionnels. On suppose qu'ils sont inaccessibles aux patients.
- Des documents audiovisuels à l'exception de la radio et de la télévision ;

---

[990] L'UEMOA indique que, le contenu scientifique et les objectifs de ces réunions devraient être du plus haut niveau, et les exposés présentés par les spécialistes scientifiques et les professionnels de la santé indépendants, de manière à ce qu'ils contribuent utilement à la diffusion d'une information qui ait un rapport étroit avec le bon usage des médicaments. Et pour que ces réunions aient une valeur éducative importante, elles doivent être organisées par des organismes scientifiques ou professionnels. Lorsque les organisateurs sollicitent l'appui d'un parrain, celui-ci lorsqu'il est un fabricant ou un distributeur de produits pharmaceutiques devrait être clairement mentionné à l'avance, lors de la réunion et dans les comptes rendus.

- De matériel promotionnel (échantillons médicaux, gadgets, fiches posologiques, etc.)

384 - Des échantillons médicaux - Selon l'UEMOA, les échantillons médicaux sont remis directement, à titre gracieux, aux professionnels de la santé autorisés à les recevoir, par les délégués médicaux, et sont destinés à faire connaître ou rappeler l'existence de ces médicaments. Ces échantillons ne doivent pas être vendus. Ils doivent être identiques aux modèles-vente et porter la mention : « échantillon gratuit » avec une durée de validité suffisante. Ils ne peuvent contenir des substances classées comme psychotropes ou stupéfiants auxquelles la réglementation des stupéfiants est appliquée en tout ou partie. Le droit communautaire laisse la liberté aux autorités nationales de fixer la quantité des échantillons gratuits. La distribution d'échantillons médicaux gratuits dans les enceintes ouvertes au public (notamment à l'occasion des congrès médicaux et pharmaceutiques) doit être formellement interdite.

Les lignes directrices rendent les délégués médicaux personnellement responsables de la qualité pharmaceutique des échantillons médicaux remis. Leurs conditions d'importation doivent être régulées par l'autorité de réglementation et le contenu de la publicité apprécié à priori par une commission installée à cet effet.

385 - La commission nationale de la publicité - Les lignes directrices relatives à la publicité sur les médicaments préconisent la mise en place dans chaque Etat membre d'une Commission chargée du contrôle et de la diffusion des recommandations[991] sur le bon usage des médicaments[992].

---

[991] Ces recommandations concernent : les projets d'autorisation et de rectificatif des publicités pour les professionnels de santé qui auraient fait l'objet d'un manquement aux dispositions réglementaires ; les visas et éventuels suspensions ou retraits de visas des publicités destinées au public et qui concernent les médicaments et les autres produits de santé.

[992] Selon l'UEMOA, cette commission, pour être efficace doit comprendre principalement les membres suivants : le Directeur en charge de la pharmacie et du médicament ou son représentant, un représentant du ministère du Commerce, un représentant de l'organe de régulation de la publicité relevant du ministère chargé de la Communication et de l'Information, un représentant des agences de promotion pharmaceutique, le président de l'Ordre national des pharmaciens ou son représentant, le président de l'Ordre national des médecins ou son représentant, le président de l'Ordre national des chirurgiens dentistes ou son représentant.

386 - Des sanctions administratives pouvant être prononcées- Les lignes directrices énumèrent quelques sanctions pouvant être prononcées par les autorités nationales de réglementation pharmaceutique. Elles sont de trois ordres :

- La mise en demeure de modifier le document (en général dans un délai d'un mois) ;
- L'interdiction d'utiliser un document promotionnel avec éventuellement l'obligation de diffuser un rectificatif auprès des professionnels ciblés par cette publicité afin de rectifier le message erroné ;
- La suspension d'urgence d'une campagne de publicité en cas de risque pour la santé publique.

La décision portant contrôle de la publicité sur les médicaments ne prescrit pas aux Etats membres d'adopter textuellement les lignes directrices qui lui sont annexées, elle les oblige à mettre en place un cadre institutionnel et juridique pour le contrôle de l'information et de la publicité sur les médicaments auprès des professionnels en s'inspirant desdites lignes[993]. Quel est l'état actuel de la réglementation de la publicité et de l'information médicale au Burkina Faso et au Sénégal ?

Sous-section 2 : Le cadre juridique actuel de la publicité des médicaments à usage humain au Burkina Faso et au Sénégal : des cadres non encore harmonisés

Dans le domaine de la publicité sur les médicaments, l'UEMOA a choisi non seulement de légiférer par décision, mais également d'annexer à cette décision des lignes directrices sous forme de propositions faites aux Etats membres afin de les aider à mettre en place une réglementation en matière de publicité sur les médicaments. Les Etats membres ont été invités à mettre en place un cadre juridique concernant la publicité sur les médicaments, sans être obligés de suivre à la lettre les instructions de la décision. C'est ainsi que, d'un Etat à l'autre, le cadre juridique est différent. Si le Burkina Faso

[993] Selon l'article 3 de la décision de 2010 à compter de son entrée en vigueur « les Etats membres disposent d'un délai de douze mois pour mettre en place un cadre institutionnel et juridique pour le contrôle de l'information et de la publicité sur les médicaments auprès des professionnels de santé dans les Etats membres de l'UEMOA ».

dispose d'un cadre législatif et réglementaire précis, le Sénégal manque d'un tel cadre, une circulaire du directeur de la pharmacie et des laboratoires fixe chaque année les conditions d'exercice de la publicité sur les médicaments (Paragraphe 1). Ces deux pays se différencient également au niveau des organes de contrôle de la publicité (Paragraphe 2).

Paragraphe 1 : Les modalités d'encadrement de la publicité au Burkina Faso et au Sénégal : un cadre juridique ambigu

La règlementation de la publicité sur les médicaments a connu une évolution historique au Burkina Faso et au Sénégal. Anciennes colonies françaises, ces deux pays sont passés de la libre publicité des médicaments à la publicité encadrée. En effet, le CSP français de 1953, étendu à ces territoires par la loi n°54-418 du 15 avril 1954, disposait que la publicité auprès des médecins, pharmaciens, chirurgiens-dentistes et sages-femmes est libre. Le code interdisait toutefois la remise de primes, d'objets publicitaires ou d'avantages matériels de quelle que nature que ce soit, ainsi que les échantillons gratuits. La publicité auprès du public était également libre, sous condition de mentionner le nom et la composition du produit, celui du pharmacien préparateur, ses titres et son adresse. Après les indépendances, le Burkina Faso et le Sénégal vont s'affranchir du CSP française en ce qui concerne la publicité des médicaments. Le Sénégal en 1965 et le Burkina Faso à travers son CSP de 1970. Il faut noter que le Sénégal ne s'est pas véritablement affranchi du CSP français. Lorsqu'il a déclaré abroger les dispositions du CSP français concernant la publicité des médicaments, le législateur sénégalais a prévu qu'un décret viendrait réglementer cette publicité, décret toujours en attente d'adoption près de cinquante ans après. Le vide a été comblé par la DPL qui encadre le domaine par lettres circulaires[994]. Désormais la sécurité sanitaire guide les politiques en matière de publicité pharmaceutique, la publicité étant soumise à des

[994] Lettre circulaire n°0073/MSPM/DPL du 10/01/2008 portant promotion des médicaments par remise d'unités gratuites, lettre circulaire n°013/MSPM/DPL du 04/05/2008 portant sur les échantillons médicaux à importer pour l'année 2008, lettre circulaire n°00173/MSP/DPL/DCAM, portant sur les échantillons médicaux à importer pour l'année 2011, lettre circulaire du 12 janvier portant sur la promotion par remise d'unités gratuites pour l'année 2011.

conditions d'autorisation, ces conditions sont variables selon le destinataire (A) et doivent être contrôlées avant la diffusion de la publicité (B).

A : Un contrôle porté sur la cible de la publicité : les destinataires de la publicité

Que l'on soit avisé ou profane, la publicité, lorsqu'elle ne respecte pas un cadre éthique et déontologique, trouble notre manière de voir le produit et nous transporte vers les objectifs du publicitaire. Les professionnels prescripteurs peuvent changer leur manière de prescrire, les patients consommateurs peuvent augmenter leur envie d'automédication ou guider les prescriptions vers un médicament de leur choix. Pour contraindre les laboratoires pharmaceutiques à utiliser la publicité, pour faire connaître leur produit en ce qu'il existe, les autorités nationales ont défini deux cadres juridiques distincts en matière de publicité des médicaments. La publicité est destinée soit au grand public (1), soit aux professionnels prescripteurs (2).

1 : La publicité auprès du grand public : incitation à la consommation ou promotion de la santé ?

387 - Une publicité autorisée mais encadrée au Burkina Faso - Le médicament est un produit de santé, sa manipulation a été confiée à des professionnels dotés d'un niveau d'étude confirmé par un diplôme en matière médicale ou pharmaceutique. Le patient doit donc être tenu à l'écart de sa manipulation. Qu'il soit moyen ou confirmé, le consommateur de médicament lorsqu'il se trouve face à la douleur, s'en remet à son médecin, à qui il appartient de prescrire le traitement qui lui semble le plus adapté. Les médicaments sont scindés en médicaments à prescription obligatoire et en médicaments de libre accès. La publicité auprès du grand public va surtout concerner ces derniers. La publicité en ce qui concerne les médicaments d'ordonnance directement au public est interdite dans presque tous les pays du monde, à l'exception des États-Unis et de la Nouvelle-Zélande[995].

La décision communautaire de 2010 relative à la publicité sur les médicaments, recommande aux Etats d'interdire la publicité faite au grand public. Mais au Burkina Faso, le droit n'est pas en harmonie avec la décision et la publicité des médicaments auprès du grand public est acceptée et encadrée. En effet, selon l'article 248 du CSP burkinabè, la publicité auprès du grand public et dans les lieux publics est autorisée dans les conditions prévues par voie réglementaire, à condition que les méthodes utilisées ne comportent pas de risques pour la santé.

388 - Le cadre juridique burkinabè - Un arrêté ministériel du 1er octobre 2010, est venu préciser le sens de la loi portant CSP. L'arrêté de 2010, en son article 12, précise que la publicité auprès du grand public est interdite. Le principe est donc l'interdiction, ce qui rejoint l'esprit et la lettre de la décision communautaire. Les autorités burkinabè ont-elles voulu se conformer au droit communautaire ? L'arrêté a été pris le même jour que la décision communautaire. Si l'on considère que les Etats membres sont mis au courant avant l'adoption des actes communautaires, on peut admettre que les autorités burkinabè ont voulu anticiper en mettant leur cadre juridique en harmonie avec le droit communautaire. Mais l'exception faite au principe de l'interdiction de la publicité auprès du grand public par le droit burkinabè nous éloigne de cette analyse. En effet, les lignes directrices autorisent la publicité auprès du grand public seulement si cette publicité a un caractère préventif ou de protection de la santé publique et elle ne peut viser que les programmes de santé prioritaires. Qui peuvent être pour l'espace UEMOA : le paludisme, le VIH/SIDA, la tuberculose, etc. L'arrêté burkinabè est moins restrictif. Si l'interdiction est le principe, il aménage une exception pas seulement pour les programmes prioritaires de santé mais pour l'ensemble des programmes de santé. Ensuite, l'arrêté ministériel de 2010, distingue là où le droit communautaire ne distingue pas. En effet, l'arrêté distingue les médicaments à prescription obligatoire et les

[995]Voir l'étude faite par le groupe Health Action International (HAI)-Europe sur « Publicité directe aux consommateurs des médicaments d'ordonnance : les changements législatifs proposés par la Commission européenne », HAI-, janvier 2002, disponible sur le site http://www.haiweb.org

médicaments de libre accès et leur applique un régime différent. Le droit communautaire, lui ne fait pas référence aux médicaments de libre accès. Doit-on en déduire que les lignes directrices ont entendu dire aux Etats de faire une interdiction absolue et générale de la publicité auprès du public ? En l'absence d'une interprétation de la Cour de Justice de l'UEMOA, les Etats membres ont pris des positions différentes. L'interdiction est absolue et générale au Sénégal[996], alors que le droit burkinabè distingue deux régimes différents.

389- Le régime des médicaments de libre accès - Pour le droit burkinabè, la publicité sur ces médicaments auprès du public est libre et peut se faire au moyen d'encarts dans les journaux, de site web, de moyens audio-visuel, de présentations lors de colloques, d'affiches, de posters, de panneaux, ou de présentation dans les locaux des établissements de santé et des établissements pharmaceutiques. Cependant, l'arrêté interdit la distribution d'échantillons médicaux gratuits au public. Toute publicité sur les médicaments de libre accès auprès du grand public est soumise à autorisation préalable[997]. Il faut noter qu'il est cependant interdit de présenter un tel médicament au public de telle manière que celui-ci soit induit directement ou indirectement en erreur sur les propriétés ou la composition qualitative ou quantitative de sa préparation, sur ses avantages ou la sécurité dudit médicament.

Le fait pour le droit burkinabè d'autoriser la publicité auprès du grand public par des moyens audio-visuels et par la presse écrite va avoir comme conséquence l'intervention d'un organe non spécifique au domaine de la santé. Il s'agit de l'organe général de régulation des médias. Cet organe étatique va intervenir pour contrôler l'ensemble des publicités diffusées donc celle sur les médicaments[998].

390- Les médicaments soumis à prescription obligatoire - La publicité auprès du grand public de ce type de médicament est encadrée et doit se faire selon les conditions suivantes[999] :

---

[996] Nous n'avons trouvé aucune disposition sur la publicité auprès du grand public concernant le Sénégal, mais au niveau de la DPL on nous a signalé que la publicité auprès du grand public était interdite.

[997] Article 17 de l'arrêté n° 2010-291/MS/cab portant publicité sur les médicaments.

[998] Voir infra paragraphe 406 et suivants.

[999] Article 13 de l'arrêté n° 2010-291/MS/cab, op.cit.

- La publicité doit se faire dans le cadre d'une campagne concernant les programmes de santé. Il faut noter que les programmes de santé concernent les programmes prioritaires mais également les autres ;
- La publicité ne doit pas s'adresser aux enfants ou les impliquer ;
- Les médicaments ne doivent pas comporter des pictogrammes ou images qui incitent à une consommation abusive.

391 - Les conditions communes aux deux types de médicaments[1000]- Au Burkina Faso, la publicité s'adressant au grand public doit comporter les mentions obligatoires suivantes quel que soit le type de médicament :

- Le ou les noms de la ou des substance(s) active (s) désignée(s) par la dénomination commune internationales ou les noms des produits végétaux, s'il y a lieu ;
- Le nom de marque ;
- La ou les principales indications ;
- La ou les précaution(s) à prendre, contre-indication, les effets indésirables, les interactions médicamenteuses et des mises en garde ;
- La ou les adresses du responsable de la mise sur le marché ;
- Le ou les prix de vente régulier(s).

2 : La publicité auprès des professionnels de santé : la publicité est un prescripteur discret

392 - Les moyens matériels de la publicité auprès des professionnels de santé - Pour atteindre efficacement sa cible, la publicité est véhiculée sur des supports matériels accompagnés le plus souvent d'un modèle du produit publicisé. En matière pharmaceutique, l'usage de modèle de produit est très fréquent. Les laboratoires utilisent pour ce faire des échantillons de leur produit pour donner un avant goût aux professionnels de santé. Pour éviter un usage abusif de ces produits distribués gratuitement aux professionnels de santé, le droit encadre l'usage de ces moyens publicitaires. Si au Burkina Faso cette publicité est encadrée par des

[1000] Article 15 de l'arrêté n° 2010-291/MS/cab, op.cit.

dispositions législatives et réglementaires, au Sénégal, le cadre juridique est ambigu et nécessite qu'on y jette un regard particulier.

393 - La publicité auprès des professionnels de santé au Sénégal : un cadre juridique ambigu - L'ambigüité du cadre juridique sénégalais en matière de publicité sur les médicaments réside dans l'inexistence du décret annoncé par la loi n° 65-33 du 19 mai 1965. En effet selon l'article 2 de ladite loi, « l'article 551 du CSP[1001] est abrogé et remplacé par les dispositions suivantes : « La publicité concernant les spécialités et les établissements pharmaceutiques n'est autorisée que dans les conditions fixées par un décret pris après avis de l'Ordre des médecins[1002] » ». La loi de 1965 a entendu abroger l'article 551, alors que les articles suivants réglementent également la publicité[1003]. Ces dispositions non expressément évoqués sont-elles également abrogées ? A défaut du décret précisant l'esprit du législateur, on est en droit de penser que ces dispositions ne sont pas abrogées. Mais lorsque l'on s'éloigne de la lettre de la loi pour s'intéresser à son esprit on peut dire que le législateur a entendu abroger l'ensemble des dispositions relatives à la publicité sur les médicaments pour leur appliquer un cadre spécifique, en phase avec l'évolution du droit pharmaceutique à une époque où le cadre juridique français avait connu une évolution avec l'entrée en matière du droit communautaire européen. La suite de la réglementation de la publicité laisse croire que lesdites dispositions sont abrogées. En effet, avec l'application des circulaires de la DPL, la

---

[1001] L'article 551 du CSP dont fait référence la loi de 1965, dispose que « sous réserve des dispositions applicables aux produits sous cachets, la publicité technique concernant les médicaments est libre auprès des médecins, pharmaciens, chirurgiens-dentistes et des sages-femmes. Toutefois, il est interdit aux pharmaciens et aux fabricants de produits pharmaceutiques de donner à ces praticiens des primes, des objets publicitaires ou des avantages matériels de quelque nature que ce soit, en dehors des échantillons médicaux destinés aux essais thérapeutiques et de la remise habituelle sur le prix des médicaments destinés à leur usage personnel ».

[1002] Le législateur évoque ici l'avis de l'Ordre des médecins pour un domaine lié à la pharmacie. Cette référence à l'Ordre des médecins se justifie par l'absence à cette époque d'un Ordre des pharmaciens. L'ordre des pharmaciens a été créé au Sénégal en 1973.

[1003] Selon l'article 553, la publicité s'adressant au public est libre lorsqu'elle mentionne exclusivement le nom et la composition du produit, celui du pharmacien préparateur, ses titres universitaires, ses noms et adresses.

publicité est réglementée autrement que selon le CSP dont fait référence la loi de 1965.

394 - La publicité auprès des professionnels de santé au Sénégal : un cadre juridique instable - L'instabilité du cadre juridique sénégalais en matière de publicité sur les médicaments, tient au fait que la promotion des médicaments est régie annuellement par une circulaire du directeur de la pharmacie et des laboratoires. Depuis 2008, il existe chaque année une circulaire[1004] qui précise pour l'année le cadre juridique applicable à l'obtention du visa de publicité ou à l'encadrement des échantillons médicaux ou des unités gratuites.

395 - La publicité auprès des professionnels de santé au Sénégal : un cadre juridique spécifique - La spécificité du cadre juridique sénégalais en matière de publicité sur les médicaments réside dans sa très grande différence avec les lignes directrices communautaires et avec le droit burkinabè en la matière. Pour pouvoir importer les échantillons destinés à la promotion des médicaments, les laboratoires pharmaceutiques exerçant au Sénégal doivent demander une autorisation à la DPL[1005]. L'autorisation n'est accordée que pour les médicaments de moins de cinq ans, c'est-à-dire ceux dont l'AMM n'a pas fait l'objet de renouvellement. Si le médicament a déjà bénéficié d'un renouvellement d'AMM sa promotion par distribution

[1004] On peut citer : la lettre circulaire n°03718- MSP/DPL du 24 décembre 2012 concernant le visa publicitaire des médicaments pour l'année 2013, une autre lettre de la même date porte sur la promotion par remise d'unités gratuites pour l'année 2013 et une autre concernait les échantillons médicaux pour 2013, la lettre circulaire n°00172- MSP/DPL/DCAM du 12 janvier 2011, concernant le visa publicitaire des médicaments pour l'année 2011, La lettre circulaire n° 0002495 MSP/DPL relative à la promotion des médicaments par remise d'unités gratuites pour l'année 2009, la lettre circulaire n° 0002496- MSP/DPL du 30 décembre 2008 relative aux échantillons médicaux pour l'année 2009.

[1005] Lettre circulaire du directeur de la pharmacie et des laboratoires du Sénégal du 24 décembre 2012 concernant les échantillons gratuits pour l'année 2013.

d'échantillon gratuite est interdite[1006], à cet effet le demandeur doit adresser à l'autorité réglementaire une copie des AMM des produits objets de sa demande et indiquer leur lieu de stockage. Lorsque la demande est acceptée, les échantillons doivent parvenir au Sénégal en un seul envoi, avec obligation de porter la mention « échantillon gratuit ». L'objectif étant d'assurer la traçabilité et le suivi de la gestion des échantillons. Le nombre d'échantillons est fixé en fonction du médicament et des prescripteurs ciblés. Si le droit burkinabè exige une autorisation pour importer les échantillons médicaux gratuits, il ne pose pas une condition de durée d'AMM, médicaments anciens et médicaments issus de l'innovation ont tous le même régime juridique en matière de publicité.

Au Sénégal, la promotion des médicaments est limitée aux produits conseils, les médicaments soumis aux régimes des substances vénéneuses sont exclus[1007]. Le médicament conseil (encore appelé médicament OTC (Over The Counter)), est un médicament ayant obtenu l'AMM et dont les principes actifs ne sont pas des substances vénéneuses et qui peuvent être conseillés par le pharmacien en dehors de toute prescription médicale[1008]. La promotion des médicaments est soumise à une autorisation préalable. Pour chaque produit, la promotion est autorisée et ne peut excéder trois mois.

A la lecture des dispositions réglementant la publicité sur les médicaments, il ressort très clairement que lorsqu'elle s'adresse aux

---

[1006] Lorsque la DPL a interdit pour la première fois les échantillons médicaux gratuits, un médecin a contesté la décision dans le journal sénégalais Walfadjiri. Selon ce dernier, les échantillons permettaient aux médecins et paramédicaux de commencer les traitements auprès des personnes âgées et des personnes nécessiteuses en attendant que ceux-ci trouvent de l'aide au sein de leurs familles. Il faut noter qu'au Sénégal, pour faire la promotion de leurs spécialités, 200 à 300 laboratoires pharmaceutiques distribuaient gratuitement aux spécialistes 3 000 à 4 000 boîtes (par an et par laboratoire), soit environ 1 200 000 boîtes gratuites. Il faut dire que s'il est vrai que la population est insolvable, les échantillons médicaux gratuits ne doivent pas servir à pallier la carence de la collectivité à prendre en charge les soins de santé. Journal Walfadjiri, 10 avril 2009 disponible en ligne http://fr.allafrica.com/stories/200904100454.html

[1007] Lettre circulaire du directeur de la pharmacie et des laboratoires du Sénégal du 24 décembre 2012 relative à la promotion des médicaments par remise d'unités gratuites pour l'année 2013.

[1008] Voir annexe à la décision n°10/2010/CM/UEMOA relative au contrôle de la publicité et de l'information médicale sur les médicaments à usage humain dans l'espace UEMOA.

médicaments, la publicité, même si son objectif commercial doit demeurer, elle doit constituer un outil d'information pour le prescripteur afin d'aider celui-ci à connaître le médicament pour mieux le prescrire et surtout pour une meilleure optimisation du rapport bénéfice/risque pour un patient donné[1009]. Il est donc légitime que, pour concilier les deux logiques (santé et économie), le contenu des messages publicitaires dans le domaine de la santé préoccupe les autorités de réglementation nationales en matière pharmaceutique.

396 - Le contrôle du contenu de la publicité destinée aux professionnels de santé : un contrôle à priori au Sénégal - Au Sénégal, le contenu de la publicité est contrôlé avant sa diffusion. Ainsi la circulaire de 2013 sur le visa de publicité au Sénégal indique que « la remise de toute documentation dans le cadre de la promotion d'un médicament, ainsi que la mise à disposition d'objets ou de gadgets utilisés comme matériel, sont soumises à une autorisation préalable de la DPL ». Pour cela le demandeur doit soumettre deux exemplaires du moyen matériel qui sera diffusé. Cette disposition, selon l'autorité nationale de réglementation, vise à vérifier que les informations essentielles contenues dans les supports sont compatibles avec le RCP du produit fourni dans le dossier de demande d'AMM. On en déduit que ne seront autorisés à être diffusés que les contenus publicitaires ayant obtenu le visa publicitaire délivré par la DPL[1010].

397- Le contrôle du contenu de la publicité destinée aux professionnels de santé : un contrôle à postériori au Burkina Faso - Au Burkina Faso, plus de 16 ans après l'adoption de la loi portant CSP, les autorités burkinabè ont adoptés les actes d'application dudit code en matière de publicité sur les médicaments. Ainsi le décret n°2010-244/PRES/MS/PM/MS et l'arrêté n° 2010-291/MS/CAB sont venus compléter et préciser les articles 247 et suivants du CSP. Il ressort de cette réglementation que seuls peuvent faire l'objet d'une publicité les médicaments et autres produits pharmaceutiques ayant une AMM valide au Burkina Faso. Lorsque la publicité s'adresse aux professionnels de santé son contenu n'est pas vérifié avant sa

---

[1009] C. Desmares, « Contrôle de la publicité en faveur des médicaments et recommandations », *RGDM*, n°30, mars 2009, p.66.

[1010] Au Sénégal, il n'y a pas de commission technique chargé du contrôle de la publicité sur les médicaments comme recommandé par l'UEMOA dans les lignes directrices sur le contrôle de l'information et de la publicité sur les médicaments.

diffusion. C'est pourquoi ce contenu de la publicité doit être vérifiable et ne pas comporter d'allégations ou d'indications ou de fausses présentations de nature à induire en erreur. Les médicaments soumis à publicité doivent avoir une notice accompagnant le produit ou des inscriptions précises sur le conditionnement.

398 - La publicité sur les médicaments doit tenir compte de valeurs éthiques - Le domaine des médicaments est très sensible. Bien marchand, le médicament agit sur la santé des populations. Son accès est difficile dans certaines zones de la planète comme dans de nombreux pays africains dont le Burkina Faso et le Sénégal. La publicité sur de tels biens doit savoir mélanger incitation à la prescription et principes éthiques. L'OMS a formulé des critères éthiques applicables à la promotion des médicaments à la suite de la Conférence d'experts sur l'usage rationnel des médicaments tenue à Nairobi en novembre 1985. En 1986, la Trente-neuvième Assemblée mondiale de la Santé dans sa résolution WHA39.27 a approuvé ces critères. Dans son texte, l'OMS reconnaît que la notion d'éthique varie selon les régions du monde et selon les sociétés, mais l'éthique en matière de promotion des médicaments devrait s'inspirer des critères éthiques conformément au souci de véracité et de droiture. Les messages publicitaires doivent donc être vrais et exempts de toute critique. Selon l'OMS l'adoption de critères éthiques est importante pour renforcer le contrôle du contenu de la publicité sur les médicaments. En effet, certaines compagnies pharmaceutiques cherchent à contourner l'interdiction ou la règlementation stricte de la publicité en mettant un accent particulier sur les études scientifiques après commercialisation et la pharmacovigilance. En magnifiant les informations contenues dans les fiches de pharmacovigilance, elles peuvent ainsi abusivement faire de la promotion déguisée de leur médicament[1011].

399 - Le contenu des messages publicitaire en Afrique, un contrôle difficile - Une étude faite par J.-P Ibiassi sur la qualité des publicités au niveau d'une officine au Congo Brazzaville, révèle une absence de qualité de l'information sur les médicaments. Sur au moins

---

[1011] Il faut signaler que l'industrie pharmaceutique dépense de nos jours plus en marketing qu'en R&D. Plus de 40% de son chiffre d'affaire est consacré à la publicité dans les médias, les charters de congrès, la formation continue des médecins. Voir Ph. Even, B. Debré, op.cit., p.64.

un tiers des médicaments, l'auteur a constaté une absence ou une illisibilité des contre-indications et pour les deux tiers des documents, les effets indésirables n'étaient pas mentionnés ou étaient illisibles[1012]. Les informations à faire passer aux professionnels de la santé sont sélectionnées. Ce phénomène n'est pas propre à l'Afrique, on peut citer le cas des Etats-Unis, où les visiteurs médicaux sélectionnent également les informations à fournir aux médecins[1013]. Mais il faut noter qu'aucun laboratoire n'acceptera vraiment de prendre en compte les inconvénients de son produit dans ses programmes publicitaires. Ils dépensent énormément d'argent dans les campagnes publicitaires et ne sont pas prêts à supporter des dépenses pour présenter les côtés négatifs d'un médicament de peur que le destinataire de la publicité ne se focalise que sur les inconvénients. Il appartient donc aux autorités nationales de renforcer leur cadre réglementaire de contrôle de la publicité pour garantir une protection efficace de la santé des populations.

B : Un contrôle porté sur le contenu et sur les personnes habilitées à faire la publicité sur les médicaments

La publicité sur les médicaments se fait à travers la promotion médicale, définie par le droit burkinabè comme, « toute activité de visite médicale et d'information médicale et scientifique destinée à faire connaître une marque de médicament ou de tout autre produit pharmaceutique, à montrer les qualités et autres avantages des médicaments et autre produit pharmaceutique en vue de leur plus grande prescription dispensation ou utilisation »[1014]. En droit burkinabè, cette promotion médicale ne peut être faite que par des agences de promotion médicale (1), par des représentants

---

[1012] J.P. Ibiassi, « Enquête sur les publicités pharmaceutiques au niveau d'une officine au Congo Brazzaville », *Med Trop* 2006, n°66, p.582.

[1013] M. Angell, op.cit., p.143. Selon l'auteur le comité consultatif sur les médicaments contre l'arthrite de la FDA avait le 7 février 2001 décidé à l'unanimité que les médecins devraient être avertis des effets cardiovasculaires du Vioxx® commercialisé par le laboratoire Merck. Le lendemain Merck a envoyé ses recommandations à 3000 représentants, leur enjoignant de ne pas mentionner l'opinion du comité consultatif de la FDA sur l'arthrite, ni les résultats de l'étude VIGOR sur son produit. Le laboratoire demandait à ses visiteurs médicaux de ne fournir aux médecins que certaines études agréées.

[1014] Article 4 du décret n°244/PRES/PM/MS du 20 mai 2010 portant publicité sur les médicaments et autres produits pharmaceutiques.

d'établissements pharmaceutiques de préparation ou par toute autre personne physique ou morale autorisée par le ministère de la santé (2).

1 : Les agences de promotion médicale

400 - Notion et conditions d'ouverture d'une agence de promotion médicale - L'agence de promotion médicale est toute entreprise dûment autorisée ayant pour activité la promotion des médicaments et autres produits pharmaceutiques[1015]. Pour exercer cette activité l'agence doit remplir certaines conditions :

- Des conditions de propriété : la propriété d'une agence de promotion médicale est réservée à trois catégories de personne : une personne morale, un professionnel de santé ou un visiteur médical.
- Des conditions d'autorisation et d'ancienneté : lorsque l'agence est la propriété d'un professionnel de santé ou d'un visiteur médical, ceux-ci doivent avoir au préalable une autorisation d'exercer leur profession au Burkina Faso et avoir une ancienneté d'au moins cinq ans consécutifs, cela veut dire que l'activité professionnelle ne doit pas avoir été interrompue.
- L'agence doit s'attacher les services d'un pharmacien-conseil, qui ne doit pas être nécessairement un employé de ladite agence. Cependant il doit résider au Burkina Faso et être régulièrement inscrit au tableau de l'Ordre national des pharmaciens du Burkina Faso. Le pharmacien-conseil ne peut être lié qu'à une seule agence.

Une fois ces conditions remplies le demandeur doit soumettre un dossier pour examen.

401 - Le dossier de demande d'autorisation d'ouverture d'une agence de promotion de médicaments au Burkina Faso - L'ouverture d'une agence est soumise à l'autorisation du ministre en charge de la Santé après avis de la commission chargée de l'examen des demandes d'autorisation d'ouverture des établissements sanitaires privés. Le dossier doit comporter outre, la demande, des éléments prouvant l'existence légale de l'agence, notamment les statuts et

---

[1015] Article 2 Arrêté n°2010 n°2010-288/MS/CAB portant conditions d'ouverture et d'exploitation d'une agence de promotion médicale.

règlement de l'agence. Elle doit comporter une copie de l'acte de désignation du premier responsable de l'agence et du pharmacien-conseil : cela permet de vérifier les pouvoirs confiés à ces derniers. Leur rôle ne doit pas être une coquille vide. La demande doit également comporter tout document prouvant que le demandeur et le pharmacien responsable sont inscrits à leurs ordres respectifs. Ils doivent également prouver leur ancienneté. Le ministre dispose d'un délai de 90 jours pour faire connaître sa décision, dans le cas contraire l'autorisation est réputée être accordée.

402 - Les obligations de l'agence de promotion médicale - L'agence est destinée à mener que des activités relatives à la publicité sur les médicaments et autres produits pharmaceutiques. Elle doit conserver les informations dont elles détiennent sur les échantillons médicaux pour fin de traçabilité. Il est interdit à l'agence de conditionner la fourniture d'échantillons médicaux ou de tout autre avantage financier ou bénéfice par la prescription, la dispensation ou l'utilisation de médicaments par les professionnels de santé

Certaines obligations pèsent sur le responsable de l'agence et sur le pharmacien-conseil. Ainsi, le responsable de l'agence doit exercer personnellement son activité. Il doit à ce titre être disponible à temps plein. Lorsque l'agence cesse temporairement ou définitivement ses activités ou lorsqu'il y a modification dans sa gérance, le responsable a l'obligation d'informer dans un délai de 60 jours, le ministre chargé de la Santé. Le pharmacien conseil est solitairement responsable avec l'agence du respect des dispositions législatives et réglementaires sur les médicaments et autres produits de santé.

403 - L'agence de promotion médicale : un partenaire indispensable du système de pharmacovigilance - Le responsable de l'agence et le pharmacien-conseil sont tenus de participer à la protection de la santé publique, notamment dans le cadre de la pharmacovigilance. Dans ce sens, lorsqu'une alerte est émise, l'agence doit faciliter le retrait immédiat et effectif des médicaments dont elle assure la promotion y compris les échantillons médicaux. L'agence ainsi que ses employés sont responsables de la qualité pharmaceutique des échantillons médicaux qu'ils détiennent. Elle reste responsable des déclarations et des activités de ses visiteurs médicaux.

2 : Le visiteur médical

404 - Notion et conditions d'exercice de la profession de visiteur médical - L'article 247 du CSP burkinabè autorise la publicité auprès du personnel de santé lorsqu'elle est faite par une agence de promotion médicale ou un visiteur médical. L'arrêté n°2010/290/MS/CAB, portant conditions d'exercice de la profession de visiteur médical définit le visiteur médical comme « toute personne physique employée par un établissement pharmaceutique de préparation ou une agence de promotion médicale pour présenter des informations médicales et scientifiques sur un médicament ou autre produit pharmaceutique, en vue de sa promotion ». La visite médicale est donc la promotion des médicaments et autres produits pharmaceutiques auprès des professionnels de santé autorisés.

Pour être habilité à faire la promotion des médicaments, le visiteur médical doit être détenteur d'une carte de visiteur médical délivrée par le ministre en charge de la Santé. La carte est délivrée aux détenteurs d'un diplôme de visiteur médical ou d'un diplôme jugé équivalent. L'arrêté ne précise pas les conditions d'acquisition d'un tel diplôme, ni le niveau requis pour accéder aux études de visiteur médical. Au Burkina Faso, il n y a pas de cadre de formation de visiteur médical. Le droit exige un diplôme de visiteur médical, il n'y a donc pas un niveau légal requis. Tout diplôme est valable[1016]. Selon l'OMS « les délégués médicaux devraient avoir un niveau d'instruction approprié. Ils devraient recevoir une formation adéquate. Ils devraient avoir suffisamment de connaissances médicales et techniques ainsi que l'intégrité pour présenter des informations sur les produits et s'acquitter d'autres activités de promotion avec rigueur et sens des responsabilités »[1017]. Dans la pratique le niveau des visiteurs médicaux en connaissance médicale et pharmaceutique est bas.

405 - Les obligations du visiteur médical - Le visiteur médical est soumis à certaines obligations de santé publique. Il doit porter à la

---

[1016] En France le niveau minimum requis est de Bac +2 et au Sénégal, il faut avoir le Bac pour accéder à la formation qui dure environ un an.

[1017] OMS, Critères éthiques applicables à la promotion des médicaments, Genève 1998, 8p. Document disponible sur le site : http://apps.who.int/medicinedocs/fr/d/Jwhozip07f/8.html

connaissance du ministre de la Santé tout changement intervenu dans sa situation professionnelle. Il doit en outre :

- Exercer sa profession avec rigueur, sens de la responsabilité et respect des règles relatives à la publicité sur les médicaments ;
- Donner des informations complètes, impartiales, conformes aux données les plus récentes de la recherche médicale et scientifique, vérifiables et conformes aux contenus des dossiers d'AMM des produits dont il fait la promotion. Cela veut dire que le délégué médical doit être constamment informé, il doit subir des formations pour rester proche de l'évolution des connaissances sur les médicaments dont il fait la promotion. Mais ce point n'est jamais réalisé en pratique. Lorsque le visiteur médical subit une formation c'est notamment pour renforcer ses connaissances en marketing commercial. A ce propos, un journal français avait publié une interview édifiante d'un visiteur médical de Besançon qui assimilait la vente de médicaments à celle de lessive[1018]. Dans le même sens l'ancien directeur de la sécurité sociale française déclarait que « la visite médicale n'est qu'une dépense de rivalité entre les laboratoires : au sein d'une même classe thérapeutique, essayer de déplacer la prescription du médicament A vers le médicament B»[1019]. La visite médicale crée un contact permanent avec les prescripteurs, c'est une évidence qu'il s'agit d'une démarche commerciale. Il faut une charte de la visite médicale pour limiter les visées commerciales de l'industrie pharmaceutique et instaurer une éthique dans la démarche d'information des professionnels prescripteurs ;
- Il ne doit pas importuner les professionnels de la santé. La durée et la fréquence de ses visites doivent être raisonnables. Ce point pose la question du système de rémunération des visiteurs médicaux. En effet la rémunération est fonction du

[1018] « Un visiteur médical n'est employé par un laboratoire que pour vendre. Les compétences scientifiques qu'il a accumulées pendant sa carrière lui ont été essentiellement dispensées par son employeur, et sont donc forcément orientées (la direction des visiteurs médicaux ne s'appelle pas direction des ventes inutilement). Pour cela, tous les moyens sont bons. Un médicament se vend comme de la lessive, les méthodes sont les mêmes... » G. Saint- Dizier, Visiteur Médical, Besançon, L'Express, 9/1/97.

[1019] M. J. Cuny, op.cit., p.160.

volume des ventes générées par le délégué médical. Pour augmenter ses ventes le visiteur médical va user de tous moyens, même en importunant les médecins. Lorsqu'il ne rapporte pas suffisamment, le visiteur médical est licencié pour manquement aux obligations contractuelles[1020] ;

- Il doit participer à la construction de la pharmacovigilance en déclarant systématiquement tout effet indésirable dont il aura eu connaissance ;
- Il ne doit pas conditionner la remise des avantages à la prescription des médicaments.

Paragraphe 2 : Les organes de contrôle de la publicité sur médicaments

La publicité sur les médicaments est confrontée à des normes diverses. Il y a en premier lieu le respect du droit commun de la concurrence et de la consommation, notamment en matière de publicité trompeuse et comparative, mais elle doit répondre également à des obligations spécifiques imposées par la santé publique. Les autorités techniques et administratives doivent dans leur rôle de protection de la santé publique, composer avec les objectifs commerciaux des fabricants de médicaments (A). Il convient d'examiner par la suite les sanctions qui peuvent être prononcées en matière de publicité sur les médicaments (B).

A : Les organes administratifs et techniques

Les organes de contrôle de la publicité dépendent du régime juridique applicable à la publicité sur les médicaments. Au Sénégal, la publicité sur les médicaments est interdite au grand public, cela veut dire que les publicitaires dans ce domaine ne sollicitent pas les supports audiovisuels publics, telle que la radio, la télévision et la

[1020] Cour de Cass du Sénégal, 16 décembre 1987, affaire Floret Michel c/Dramé Suzanne, arrêt n°8. En l'espèce Dame Dramé recrutée par Floret comme visiteuse médicale, a reçu comme obligation contractuelle, de faire une prospection régulière pour les produits de divers laboratoires pharmaceutiques. A l'expiration de son contrat le 31 décembre 1987, Floret, lui signifia qu'il n'entendait pas poursuivre la collaboration en raison des manquements de cette dernière à ses obligations contractuelles. La vente semble n'avoir pas été à la hauteur des attentes de l'employeur.

presse générale. Alors qu'au Burkina Faso une telle publicité est autorisée sous contrôle. Dès lors que la publicité sur les médicaments utilise la voie des ondes, elle va être contrôlée par l'organe général de contrôle des médias (1). A côté de cet organe général, il existe un organe spécifique qui est composé de personnes choisies pour leurs connaissances techniques dans le domaine de contrôle de la publicité sur médicament ou de la médecine. Ces personnes vont constituer la commission technique de contrôle de la publicité sur les médicaments, commission qui prépare la décision du ministre en charge de la Santé (2).

1 : L'organe général de contrôle de la diffusion de la publicité : un contrôle à posteriori

Le régime juridique appliqué à la publicité sur les médicaments auprès du grand public au Burkina Faso permet l'intervention d'un organe non spécifique à la santé : le Conseil Supérieur de la Communication (CSC). Il intervient en tant qu'organe de régulation de la publicité en général. Il intervient dans le cadre du médicament lorsque la publicité est déjà diffusée. Cet organe est garant de l'ordre public en matière de gestion des médias au Burkina Faso.

406 - Le statut juridique du CSC : une institution constitutionnelle - Le CSC est une institution d'appui à la démocratie qui a vu le jour en 1995[1021]. Vu l'importance de cet organe et les objectifs qui lui sont assignés, il a été élevé à un niveau législatif en 2000[1022] avant d'être portée à un niveau constitutionnel en 2012[1023]. En effet l'article 160.4 de la Constitution du Burkina Faso révisée dispose qu' « il est institué une autorité administrative indépendante de régulation de la communication au public dénommée Conseil supérieur de la communication en abrégé (CSC) ».

407 - Le CSC a des compétences en matière de publicité - Selon l'article 17 de la loi portant création du CSC, celui-ci « veille au respect des principes fondamentaux régissant la publicité à travers les

[1021] Il a été crée par le décret n° 95-304/PRES/PM/MCC du 1er août 1995.
[1022] C'est la loi n°020-2000/AN du 28 juin 2000 qui a élevé le CSC à un niveau législatif.
[1023] Voir loi constitutionnelle n°033-2012/AN du 11 juin 2012.

médias ». Ce contrôle se fait à travers les auto-saisines et les saisines. L'auto-saisine intervient lorsque le CSC prend l'initiative d'examiner une situation suite à une atteinte à la loi ou à la déontologie par un média. La saisine intervient lorsqu'une personne ayant intérêt saisit le CSC pour qu'il diligente une enquête sur une violation des principes fondamentaux défendus par le CSC. Ainsi cet organe de régulation de l'information contrôle le respect par les médias des grilles des programmes ainsi que de la publicité. Dans le domaine du médicament les principes fondamentaux du CSC vont être ceux fixés par les lois et règlements non seulement en matière de publicité générale, mais également en matière de publicité sur les médicaments. Le CSC veille à éviter que la publicité ne heurte la déontologie ou qu'elle ne soit trompeuse, pour cela elle apprécie au cas par cas les situations qui se présentent.

408 - Le titre et le chapeau d'un article de journal peuvent suffire à qualifier une interview de nature publicitaire - Le CSC a interpellé le journal mensuel burkinabè « Votre santé » qui, dans sa livraison n°176 a publié l'interview d'un tradipraticien se prononçant sur son expérience dans le traitement de certaines maladies. Le titre et le chapeau choisis par le journal ont été qualifiés par l'organe de régulation de « pratique déguisée de la publicité » et comme l'article concernait des médicaments à base de plantes le CSC a conclu que « la publicité dans le domaine de la santé est soumise à des règles particulières allant de l'obtention d'un visa du ministère de la Santé à l'interdiction pure et simple »[1024] et que le journal a de ce fait violer cette disposition. Le journal a été rappelé à l'ordre par une lettre du président de cette institution.

409- Une publicité qui a reçu un visa de diffusion du ministre en charge de la Santé peut être interdite par le CSC - Le CSC avait interpellé le journal l'Observateur Paalga du Burkina Faso, qui, à travers une publicité de produit pharmaceutique avait fait la publicité d'une pharmacie : « la pharmacie du bon Dieu ». Le conseil a estimé qu'eu égard aux éléments constituant la publicité parue dans le journal en date du 4 mai 2010, ladite publicité concernait l'établissement et

[1024] Voir le Rapport du CSC, 2011, p.49.

non les produits, alors que le visa avait été accordé pour la publicité des produits uniquement[1025].

410 - Une grille de programme autorisée peut être détournée en des fins publicitaire - Le CSC l'a relevé en condamnant la radio Jam FM, basée à Ouagadougou au Burkina Faso. En l'espèce, lors d'une émission musicale le 31 juillet 2010, l'animateur a interviewé un tradipraticien, détournant ainsi l'objectif de l'émission en une publicité en faveur des produits dudit tradipraticien.

411 - La publicité peut être contraire aux dispositions du CSP et également à celles du code de la publicité - Une publicité en date du 14 février 2010 d'une télévision locale burkinabè, a été jugée contraire à la recommandation n° 2003-002/CSI relative à la diffusion des messages publicitaires dans le domaine de la santé et également au code de la publicité, notamment en ses articles 21[1026], 31[1027] et 115[1028] et suivants.

412 - Des mesures prises après constat d'une violation des normes en matière publicitaire- Lorsque le CSC juge moins grave certains faits, il adresse des lettres d'observation ou de mise en demeure. Il l'a fait dans l'affaire qui l'opposait au mensuel « Votre santé » lorsque ce dernier a publié un article sur des guérisseurs censés soigner « des kyrielles de maux »[1029]. En 2008, une lettre de mise en demeure a également été adressée à la radio burkinabè Salankoloto pour la diffusion d'émission sur la médecine traditionnelle et la publicité sur les produits de la pharmacopée traditionnelle sur les antennes de la radio. Cette publicité a été jugée trompeuse et mensongère par l'organe de régulation.

Lorsque les faits sont jugés graves, le CSC peut suspendre le programme en cause. Il l'a fait en 2009, après avoir contrôlé la

---

[1025] Rapport public CSC 2010, p.57.

[1026] Selon l'article 21 du Code burkinabè de la publicité : « Tout message publicitaire doit être conforme aux exigences de véracité, de décence et de respect de la personne humaine ».

[1027] L'article 31 du Code burkinabè de la publicité lui dispose que : « Toute publicité de produits pharmaceutiques ou de pharmacopée traditionnelle doit ou préalable obtenir un visa délivré par le ministre en charge de la Santé ».

[1028] Les articles 115 et suivants concernent la publicité mensongère ou trompeuse.

[1029] Voir Rapport public du CSC 2010, pp.43-44.

diffusion d'une publicité sur des produits pharmaceutiques sur les ondes de la radio Savane FM, le CSC a constaté que cette publicité ne disposait pas d'un visa préalable, il a donc prononcé une décision de suspension de l'émission[1030].

En plus de cet organe général qui puise ses compétences générales en matière de publicité dans le code de la publicité, il existe des organes spécifiques à la publicité sur les médicaments.

2 : Les organes spécialisés en matière de contrôle de la publicité des médicaments

L'objectif promotionnel d'une publicité peut être difficile à appréhender[1031], les autorités nationales doivent donc avoir les compétences nécessaires pour analyser les contenus des messages publicitaires. Quel est le seuil à partir duquel une information est jugée comme ayant un caractère promotionnel ? Les droits internes du Burkina Faso et du Sénégal ne permettent pas de répondre à cette question. Les autorités étatiques devraient se référer aux lignes directrices de l'UEMOA qui donnent une liste d'actions exclues du champ de la publicité[1032].

413 - La commission de contrôle de la publicité au Burkina Faso - Au Burkina Faso l'arrêté ministériel du 7 octobre 2010, a créé conformément au décret n°2010-244/PRES/PM/MS, une commission de contrôle de la publicité sur les médicaments. Cette commission, logée au sein du ministère chargé de la Santé est compétente pour examiner et donner son avis sur les demandes de visa de publicité[1033]. Au Sénégal, une telle commission n'existe pas les dossiers sont directement examinés par la DPL.

[1030] Voir Rapport public CSC 2009, p.73.

[1031] A. Laude, « Les programmes d'aide à l'observance », in A. Laude, D. Tabuteau (dir.), op.cit., p.108.

[1032] Cf paragraphe 368.

[1033] La commission est également compétente pour examiner et donner un avis motivé sur les dossiers de demande d'autorisation d'ouverture des agences de promotion médicale. Elle peut aussi donner un avis motivé pour la suspension et le retrait du visa de publicité sur les médicaments et autres produits pharmaceutiques.

Les lignes directrices de l'UEMOA suggèrent pour la composition de cette commission un nombre restreint de membres[1034], mais le droit burkinabè en a prévu une pléthore. L'arrêté ministériel du 7 octobre 2010 donne une composition de 14 membres. La présidence de la commission est assurée par le directeur général de la pharmacie, du médicament et des laboratoires, avec comme rapporteur le directeur de la réglementation pharmaceutique. Outre ces deux membres issus de la DGPML, il y a encore 4 autres membres issus de cette direction. L'arrêté ne prévoit pas la présence d'un représentant des visiteurs médicaux comme prévu par l'UEMOA.

414 - L'autorité de réglementation de la publicité pharmaceutique au Sénégal - Au Sénégal, cet organe joue à la fois le rôle d'organe administratif et d'organe technique en matière de publicité sur les médicaments. L'encadrement de la publicité est essentiellement construit par cette direction. Elle assure la police[1035] en matière de répression de la publicité sur les médicaments en même temps qu'elle apprécie la qualité des messages publicitaires.

B : La répression en matière de publicité sur les médicaments

415 - Les infractions en matière de publicité des médicaments : la publicité trompeuse et la publicité mensongère - La publicité est dite trompeuse lorsqu'elle ne respecte pas les dispositions de l'AMM ou concerne un médicament n'ayant pas obtenu d'autorisation. Elle est dite mensongère lorsqu'elle comporte des allégations ou des prétentions fausses ayant pour but d'induire en erreur le consommateur. Pour être constitué, dans le domaine des médicaments, le délit de publicité mensongère doit porter sur l'existence, la nature, la composition et les qualités substantielles du médicament. Cela implique que le médicament qui fait l'objet de la publicité ne doit pas être faux. Il ne doit pas être sans principe actif. Il doit avoir des actions thérapeutiques réelles sur les maladies dont il est question dans la publicité. Il doit avoir une AMM. Une publicité qui donne un faux prix est également une publicité mensongère.

[1034] L'annexe de la décision de 2010 portant lignes directrices sur le contrôle de la publicité et de l'information sur les médicaments propose 7 membres ex qualité.

[1035] Le terme police renvoie à différents services ayant pour mission la préservation de l'ordre public. Ici l'ordre public sanitaire.

L'article 117 du Code de la publicité du Burkina Faso, assimile le délit de publicité mensongère ou trompeuse d'une part à la concurrence déloyale, toutes les fois que des concurrents subissent ou non des préjudices, d'autre part à l'escroquerie, toutes les fois, qu'il fait croire à l'existence d'une guérison imaginaire. Le délit de publicité mensongère ou trompeuse constitue une infraction instantanée. La publication ultérieure d'informations rétablissant la réalité des faits est sans effet.

416 - Les personnes responsables - Selon les articles 136 et suivants du Code de la publicité du Burkina Faso l'annonceur est la personne responsable à titre principal, c'est la personne pour le compte duquel la publicité est diffusée, même si elle a la qualité de mandataire. Lorsque l'annonceur est une personne morale, la responsabilité pénale incombe à son dirigeant. En matière pharmaceutique, il s'agit du pharmacien propriétaire de l'établissement fabricant, du pharmacien responsable ou encore du titulaire de l'AMM lorsqu'il y a exploitation d'AMM. Tout dirigeant peut, conformément au droit commun, déléguer ses pouvoirs. Toutefois, cette délégation n'emporte décharge de responsabilité que si elle est expresse, suffisamment précise et acceptée sans équivoque par le délégataire. Celui-ci doit être pourvu de la compétence nécessaire pour agir efficacement. Le CSP burkinabè ajoute à ces personnes responsables :

- Le pharmacien qui aurait bénéficié d'une publicité irrégulière[1036].
- L'agence ou support publicitaire,
- L'organe de presse qui a servi à la diffusion de la publicité.

Ils peuvent être tenus pour complicité, pour aide ou assistance.

417 - Les titulaires de l'action en justice*[1037]* - Toute personne victime d'une infraction en matière de publicité peut poursuivre l'annonceur et ses complices suivant les voies de droit commun. Le Procureur du Faso[1038] ainsi que toute administration spécialisée de l'Etat peuvent engager des poursuites contre tout auteur d'infraction

---

[1036] Article 251 alinéa 2 du CSP burkinabè.

[1037] Les articles 138 et suivants du Code de la publicité du Burkina Faso.

[1038] La Constitution du Burkina Faso indique à son article 31 que le Faso est la forme républicaine de l'Etat. C'est ainsi que pour dire procureur de la République, l'on dit procureur du Faso. Président de la République se dit président du Faso.

aux dispositions régissant la publicité sur les médicaments. Lorsque les inspecteurs du ministère en charge de la Santé constatent une infraction en matière de publicité sur les médicaments, ils peuvent en plus de leur prérogative en matière de sanction, engager des poursuites judiciaires contre le contrevenant.

Le Code de la publicité prévoit également que les associations régulièrement déclarées ayant pour objet statutaire explicite la défense des intérêts des consommateurs peuvent exercer devant toutes les juridictions compétentes, l'action civile, cela signifie qu'une association de patient peut exercer l'action, il en est de même pour les différents ordres professionnels en matière de santé.

418 - Les sanctions - Pour le CSP burkinabè, toute infraction aux dispositions liées à la publicité est punie d'une amende de 20 000 à 300 000 F CFA et en cas de récidive, d'une amende de 300 000 à un million FCFA. Le code prescrit que le tribunal saisi devra interdire la vente du produit bénéficiant d'une publicité irrégulière. Lorsqu'une publicité ne respecte pas la réglementation en vigueur, son visa peut être suspendu ou retiré par le ministre en charge de la Santé sur proposition de la commission de contrôle de la publicité sur les médicaments[1039].

Lorsque le visa de publicité fait défaut, le responsable est passible d'une peine d'emprisonnement de 3 mois à 2 ans, d'une amende de 100 000 à 2 000 000 FCFA ou de l'une de ces deux peines seulement[1040]. La publicité mensongère ou trompeuse est punie d'une amende de 500 000 à 5 000 000 FCFA et d'un emprisonnement de 3 mois à 2 ans ou de l'une de ces deux peines seulement. Le maximum de l'amende peut être porté à 50 % des dépenses de la publicité constituant le délit, au cas où celles-ci seraient supérieures à 5 000 000 FCFA.

Lorsque le juge ordonne la cessation de la publicité et que sa décision n'est pas suivie ou encore que la personne responsable ne rectifie pas les annonces dans le délai imparti, elle encourt une astreinte de 10 000 à 50 000 FCFA par jour de retard, à compter de la date retenue pour la production de ces documents. En cas de

---

[1039] Article 21 de l'arrêté n° 2010-291 portant contrôle de la publicité sur les médicaments.

[1040] Article 146 du code de la publicité du Burkina Faso.

condamnation, le tribunal ordonne la publication du jugement et la diffusion aux frais du condamné d'une ou plusieurs annonces rectificatives[1041].

On peut relever d'une part que la sanction financière encourue par les laboratoires contrevenants est très dérisoire ; qu'elle n'est pas efficace pour les dissuader d'enfreindre les règles régissant la publicité sur les médicaments. D'autre part, que la réglementation et les infractions en matière publicité se rapprochent des règles du droit de la concurrence appliquées dans le secteur de la santé.

Section 2 : Le droit de la concurrence appliqué au marché du médicament : équilibre et régulation d'un marché spécifique

419 - Notion de droit de la concurrence - Le droit de la concurrence, désigne l'ensemble des règles qui ont pour objet le maintien de la libre concurrence entre entreprises sur le marché[1042]. C'est un droit qui recherche l'intérêt général. Quand il protège un intérêt particulier c'est pour le maintien de la libre concurrence, libre concurrence qui est l'essence même de l'économie de marché[1043]. La libre concurrence suppose que l'on laisse faire le marché, que l'on laisse la « main invisible » chère à Adam Smith, diriger le marché. Mais cette liberté a montré ses limites et la nécessité d'une main bien visible s'est posée. C'est ainsi que l'État, accompagne toute mise en concurrence des acteurs du marché. Le droit de la concurrence protège donc le « fonctionnement normal du marché »[1044].

La concurrence peut être mise au service d'autres objectifs que la seule recherche de rentabilité et d'efficacité des entreprises et de l'économie nationale. Aujourd'hui, la concurrence touche à tous les domaines du secteur marchand, elle organise l'offre et la demande de biens ou de services. La santé, bien qu'étant un domaine sensible,

---

[1041] C'est le juge qui fixe les termes des annonces rectificatives et les modalités de leur diffusion. Il impartit au condamné un délai pour exécuter la décision.

[1042] A. Decocq, G. Decocq, *Droit de la concurrence, droit interne et droit de l'Union Européenne*, 5e édition, LGDJ, Paris, 2012, p.17.

[1043] J.-M. Gogue, *La libre concurrence en procès*, L'Harmattan, Paris, 2007, 183p.

[1044] A. Guedj, *Pratique du droit de la concurrence national et communautaire*, 2e édition, LITEC, Paris, 2006, p.1.

n'échappe pas à la concurrence. Dans le secteur sanitaire il y a un marché de biens, mais également un marché de services, ces échanges se font pour le dynamisme et l'efficacité économique de ce secteur. Mais « la concurrence pourra-t-elle s'organiser librement autour de ce secteur, en toute quiétude et d'une manière conforme à ce qui existe dans les secteurs marchands ? »[1045]

420 - L'Etat est le régulateur de la concurrence - Pour éviter que la concurrence ne desserve l'économie, elle est administrée par la puissance publique. Il n'y a pas comme le relève G. Marc « de concurrence sans régulation étatique »[1046]. L'industrie pharmaceutique, comme toute entreprise recherche, l'efficacité économique. Le droit de la concurrence est donc appliqué à ces entreprises très particulières. Malgré sa spécificité et sa sensibilité le médicament est soumis à la libre concurrence, les règles de l'économie de marché lui sont appliquées (Sous section 1).

La concurrence étant « la définition par l'État d'un espace de règles juridiques visant à assurer le bon fonctionnement des marchés »[1047], le marché des médicaments, marché porteur de nombreuses considérations éthiques, connaît des restrictions pour tenir compte de la santé publique. Ainsi, les règles en matière de concurrence des médicaments vont s'enrichir de règles spécifiques aux produits de santé, pour tenir compte non seulement de la déontologie particulière et exigeante en matière de santé, mais également pour protéger la santé des populations (Sous section 2).

Sous-section 1 : Le médicament est une marchandise soumise au libre marché : les règles du marché appliquées aux médicaments

Le droit de la concurrence s'applique à tous les secteurs d'activité, y compris celui de la santé. Le marché du médicament a besoin, comme tout marché, d'être protégé contre certaines pratiques. Les

[1045] A. Leca, « L'ouverture des service de santé à la concurrence », in A. Leca (dir.), *La déontologie médicale*, Acte du colloque national, droit, histoire, médecine, des 1 et 2 décembre 2006, PUAM, Aix-en-Provence, 2007, p.7.
[1046] G. Marc, « La concurrence en économie de la santé : une liaison difficile mais légitime », *Les Tribunes de la santé*, 2007/2 n° 15, p. 23.
[1047] Ibidem, p.25.

entreprises pharmaceutiques ont également besoin d'entrer en compétition avec d'autres entreprises du même domaine[1048]. Cette protection est assurée par des normes nationales (Paragraphe 1), mais avec la volonté affichée des autorités burkinabè et sénégalaises de ne pas s'enfermer dans un marché national, des règles supranationales régulent également la concurrence (Paragraphe 2).

Paragraphe 1 : La réglementation de la concurrence au Burkina Faso et au Sénégal : état du droit national en matière de concurrence

La libre concurrence dans les pays d'Afrique subsaharienne est intervenue avec les programmes d'ajustement structurels (PAS) imposés par la Banque mondiale dans les années 1980. Tous les programmes d'aide internationale ont été soumis au respect du PAS. A la suite du PAS, les pays de la zone « franc » ont subi la dévaluation de leur franc accompagnée de politiques de libéralisation. Selon J. Coussy[1049], la France aurait reçu des pressions du FMI et de la Banque mondiale pour que la dévaluation du franc CFA intervenue en 1994 s'accompagne de mesures de libéralisation et de privatisation. Au Burkina Faso, la liberté de concurrence a été formalisée avec l'adoption en 1994, de la loi n° 15/94/ADP du 05 mai 1994 portant organisation de la concurrence[1050]. Au Sénégal, il s'agit de la loi 94-63 du 22 août 1994. La volonté des autorités nationales est de garantir à l'ensemble des investisseurs un climat apaisé dans un marché sans obstacles artificiels (A). Le contrôle de la concurrence est assuré par des structures étatiques, l'Etat reste maître de la régulation économique (B).

[1048] M.-A. Frison-Roche, M.-S. Payet, *Droit de la concurrence*, 11e édition, Dalloz, Paris, 2006, p.1.

[1049] J. Cousssy, « La participation française aux aides multilatérales », in J.-J. Gabas (dir.), *L'aide publique française au développement*, Paris, La Documentation française, 2005, p. 25.

[1050] Cette loi a été modifiée par la loi n°033-2001/AN du 04 décembre 2001.

A : Les principes nationaux de la concurrence : une volonté politique de lutter contre les obstacles qui entravent le libre marché

Les autorités burkinabè et sénégalaises ont, depuis l'instauration de la libre concurrence pris l'engagement de lutter contre les obstacles au libre marché. Cet engagement a accru le rôle de l'Etat dans l'économie. L'Etat est devenu le « gendarme » de la libre concurrence. Les industries pharmaceutiques rencontrent les mêmes problèmes que les autres entreprises, lorsque le jeu de la concurrence est faussé. C'est ainsi que les lois nationales garantissent un contrôle efficace des pratiques anticoncurrentielles (1) et interdisent les pratiques restrictives de concurrence (2).

1 : Les pratiques anticoncurrentielles

Le principe de l'économie de marché est la libre concurrence, les entreprises sont donc libres de se faire concurrence afin de conquérir une clientèle et surtout de la retenir. La recherche de la clientèle implique la séduction des clients des entreprises concurrentes. La manière de conquérir la clientèle et les moyens utilisés vont être regardés de près, l'entreprise ne devant pas utiliser de moyens illicites ou de comportements qui entraveraient la libre concurrence en désorganisant ou en affaiblissant l'activité d'un concurrent[1051]. Les entreprises doivent s'abstenir de certains actes ou de certaines pratiques contraires à la loyauté et à la morale des affaires, et de nature à porter atteinte à la confiance légitime qui doit régner dans les rapports d'affaires[1052].

421 - Des ententes et des abus de position dominante - Le droit burkinabè et sénégalais interdisent toutes formes d'actions concertées, de conventions, d'ententes expresses ou tacites ou de coalitions ayant pour objet ou pouvant avoir pour effet d'empêcher, de restreindre ou de fausser le jeu de la concurrence sur un marché. L'entente réunit

[1051] P. Lehuédé, *Droit de la concurrence*, Bréal, Paris, 2012, p.12.

[1052] Cour d'appel de Paris, arrêt du 8 avril 1842 : « Attendu que si la libre concurrence est permise au commerce, cela ne peut s'entendre que d'une concurrence loyale, et non de celle qui tendrait à nuire à l'industrie des autres par des moyens que réprouverait la délicatesse et la probité commerciale ».

nécessairement deux ou plusieurs entreprises[1053]. Elle peut consister à s'entendre sur les prix, dans ce sens on peut citer la condamnation le 9 juillet 1987 par le Conseil national de la concurrence français, de pharmaciens et des organisations professionnelles pour entente illicite. Le Conseil, après les avoir sanctionnés, a enjoint aux fédérations de syndicats de pharmaciens et à l'Ordre national des pharmaciens, de « s'abstenir à l'avenir de toute ingérence dans le comportement des fabricants et des pharmaciens en matière de prix et d'agrément des distributeurs»[1054] .

Il est également interdit, l'exploitation abusive par une entreprise ou groupe d'entreprises, d'une position dominante sur le marché intérieur ou une part substantielle de celui-ci, mais également l'exploitation abusive de l'état de dépendance économique dans lequel se trouve à son égard, une entreprise cliente ou fournisseur qui ne dispose pas de solution équivalente. Ces abus peuvent notamment consister en des refus de ventes, en des ventes liées, en des conditions de ventes discriminatoires ou en des pratiques de prix imposé ainsi que dans la rupture injustifiée de relations commerciales.

422 - Abus de position dominante et médicaments génériques - L'abus de position dominante peut consister à retarder le

[1053] V. Pironon, *Droit de la concurrence*, Gualino, Paris, 2009, p.54.

[1054] Décision n°87-D-15 du 9 juin 1987 relative à la situation de la concurrence dans la distribution en pharmacie de certains produits cosmétiques et d'hygiène corporelle (article 5 de la décision). Décision confirmée par la Cour de cassation le 26 janvier 1989.

développement des médicaments génériques[1055]. C'est dans ce sens qu'en France, le CNCC a condamné le 5 mars 1996 la société Lilly France, fabricant de deux médicaments l'un encore breveté (le Dobutrex®) et l'autre voyant son brevet tomber dans le domaine public (la Vancomycine®)[1056]. Pour mieux vendre la Vancomycine® tombée dans le domaine public, dont sujet à concurrence, le laboratoire a adopté une politique de vente liée de ces médicaments incitant par une remise substantielle sur le Dobutrex®, à condition que les acheteurs se procurent de la Vancomycine®. Du fait de l'absence de médicament substituable, l'abus de position dominante a été retenu contre la société Lilly.

2 : La prohibition des pratiques restrictives de concurrence

Il s'agit ici des prix imposés, de la revente à perte, du refus de vente à l'égard du consommateur, des pratiques discriminatoires entre professionnels, de la publicité mensongère ou trompeuse.

423 - La publicité mensongère ou trompeuse - La publicité lorsqu'elle comporte des allégations, indications ou présentations

---

[1055] Pour établir la position dominante d'une entreprise, il faut apprécier la part de marché qu'elle détient. C'est ce qu'a fait le CNCC français à l'occasion de sa décision GlaxoSmithKline du 14 mars 2007. Pour retenir la position dominante de l'entreprise sur le marché de l'aciclovir® injectable, le Conseil constate qu'elle a détenu un quasi-monopole sur ce marché jusqu'en 2002. La décision mentionne ceci : « jusqu'en septembre 1999, le laboratoire Glaxo était en monopole sur ce marché, la molécule étant protégée par un brevet. En 2000, un premier générique est apparu sur le marché hospitalier mais avec des quantités relativement faibles, de l'ordre de 10%. Selon les données communiquées par l'AFSSAPS, les parts de marché du laboratoire Glaxo sur le marché de l'aciclovir® injectable (Zovirax® injectable et génériques), sont restées très élevées : environ 90 % en 2000 et 80 % en 2001, aussi bien en valeur qu'en volume. Il faut ajouter que la protection du médicament princeps était revendiquée par le laboratoire Glaxo jusqu'en septembre 2002 et qu'aucun autre générique que celui de Merck n'est entré sur le marché jusqu'à cette date. Conformément à une jurisprudence constante, l'importance de telles parts de marché et la faiblesse de la concurrence réelle ou potentielle permettent de retenir l'existence d'une position dominante, du laboratoire Glaxo, au moins jusqu'en 2002 ». Voir également CJUE, 6 décembre 2012, Affaire C-457/10, 6 décembre 2012 (abus de position dominante retenue contre le laboratoire Astra Zeneca).

[1056] Cette décision du Conseil de concurrence a été confirmée par la Cour d'appel de Paris (C.A, Paris, 6 mai 1997 société Lilly France SA contre Conseil de la concurrence) puis par la Cour de Cassation (Cass. com., 15 juin 1999, B.O.C.C.R.F., 27 juillet 1999).

fausses ou de nature à induire en erreur, est qualifiée de trompeuse. En effet de telles publicités peuvent non seulement induire les consommateurs en erreur, mais également porter atteinte à l'image d'entreprises concurrentes. Dans le domaine pharmaceutique en plus de porter atteinte aux intérêts des autres entreprises concurrentes, la publicité mensongère ou trompeuse peut porter atteinte à la sécurité sanitaire, elle peut aggraver l'usage irrationnel des médicaments.

424 - Le refus de vente à l'égard du consommateur - Sont concernés ici le fait de refuser de vendre un produit, un bien ou la prestation d'un service à un consommateur sauf pour motif légitime ou encore le fait de subordonner la vente d'un produit à l'achat d'une quantité imposée ou à l'achat d'un autre produit ou d'un autre service, ou enfin la subordination de la réalisation d'un service à l'achat d'un produit.

425 - Des pratiques discriminatoires entre professionnels - Il est interdit à tout producteur, industriel, commerçant ou artisan de :

- Pratiquer à l'égard d'un partenaire économique ou d'obtenir de lui des prix, des délais de paiement, des conditions de vente ou d'achat discriminatoires et non justifiés par des contreparties réelles, en créant de ce fait pour ce partenaire un désavantage ou un avantage dans la concurrence ;
- Refuser de satisfaire aux demandes des acheteurs de produits ou de biens ou aux demandes de prestation de service lorsque ces demandes ne présentent aucun caractère anormal, qu'elles sont faites de bonne foi et que le refus n'est pas justifié ;
- Subordonner la vente d'un produit ou la prestation d'un service soit à l'achat d'une quantité imposée d'autres produits, soit à la prestation d'un autre service sous réserve que cette vente ne soit soumise à une réglementation spéciale.

B : Les structures nationales en matière de contrôle de la concurrence[1057]

426 - La Commission Nationale de la Concurrence et de la Consommation (CNCC) : le cas du Burkina Faso - Le contrôle non juridictionnel de la concurrence est effectué par les commissions nationales de la concurrence. Au Burkina Faso, à sa création, la CNCC n'avait qu'un rôle consultatif. Elle ne pouvait être saisie que par le ministère chargé du Commerce pour avis sur les problèmes de concurrence ou les plaintes déposées auprès de ce ministère par les opérateurs économiques contre d'autres opérateurs économiques. Elle n'avait pas de pouvoir de sanction. La commission avait un rôle d'observatoire du marché national. Elle remettait un rapport annuel au président de la République, charge à l'Etat de prendre les mesures pour sanctionner les éventuels contrevenants. Il a fallu attendre la loi n°033-2001/AN du 04 décembre 2001 pour voir évoluer le rôle de la CNCC. Cette loi a élargi les prérogatives de la CNCC, qui peut désormais être saisie en plus du ministère du Commerce par les opérateurs économiques ou les groupements professionnels, les associations de consommateurs légalement reconnues et la CNCC elle-même en auto-saisine. En outre, la Commission est dotée d'un pouvoir de sanction. Elle peut prononcer des amendes pécuniaires à l'encontre d'opérateurs économiques qui ne respectent pas les règles de la concurrence. En plus de la CNCC, il y a certaines administrations comme l'Inspection générale des affaires économiques, et les juridictions nationales qui interviennent dans le contrôle de la concurrence. Les décisions de la CNCC peuvent être attaquées en appel devant la Cour d'Appel de Ouagadougou.

427 - La Commission Nationale de la Concurrence au Sénégal - Au Sénégal, c'est la loi 94-63 du 22 août 1994, qui a créé la commission de la concurrence[1058] avec pour missions principales le traitement de toutes les affaires relatives aux pratiques

[1057] Selon l'article 1er de la directive n° 02/2002/CM/UEMOA, il faut entendre par structure nationale de concurrence « toute institution nationale, à compétence générale ou sectorielle, intervenant dans le domaine du contrôle de la concurrence ». Le Burkina Faso et le Sénégal, avaient déjà organisé la concurrence depuis 1994.

[1058] Dans son rapport 2002-2003, la commission nationale de la concurrence sénégalaise n'avait traité que deux affaires. Une première dans le domaine des transports et une autre dans le domaine de la boulangerie.

anticoncurrentielles. Elle ne peut être saisie que de faits remontant à plus de trois ans, s'il n'a été fait aucun acte tendant à leur recherche, leur constatation ou leur sanction. Elle joue également un rôle de consultant du gouvernement sur tout projet de texte réglementaire instituant un régime nouveau pouvant restreindre l'exercice d'une profession ou l'accès d'un marché , ou pouvant imposer des pratiques uniformes en matière de prix ou des conditions de vente. Lorsqu'elle est saisie, la commission de la concurrence examine si les pratiques dont elle est saisie sont prohibées par la loi sur la concurrence ou peuvent se trouver justifiées en vertu de celle-ci. Lorsque la matière à traiter relève d'une spécialité technique ou concerne particulièrement un produit ou une profession, elle peut s'adjoindre toute personne compétente ou requérir l'avis d'un expert

Pour jouer pleinement son rôle, la commission de la concurrence dispose d'un pouvoir de sanction[1059], la procédure est contradictoire. Les décisions de la commission de la concurrence sont notifiées aux parties en cause qui peuvent dans le délai d'un mois introduire un recours en annulation devant le Conseil d'Etat[1060].

De nos jours, « les politiques régionales de la concurrence sont légions dans les pays en développement »[1061], le droit de la concurrence s'est ainsi fortement communautarisé et plusieurs organisations africaines s'intéressent à la régulation de la concurrence. Ces organisations travaillent en symbiose avec les autorités communautaires « pour une régulation efficiente de la concurrence dans l'espace communautaire»[1062].

[1059] La commission de la concurrence peut ordonner aux intéressés de mettre fin aux pratiques anticoncurrentielles dans un délai déterminé. Elle peut infliger une sanction pécuniaire applicable en cas d'inexécution des injonctions. Le montant de l'amende est compris entre 100 000 francs CFA et 200 000 francs CFA. La commission de la concurrence peut ordonner la publication de sa décision dans les journaux ou publications qu'elle désigne, l'affichage dans des lieux qu'elle indique. Les frais sont supportés par la personne intéressée.

[1060] Il faut noter que le recours n'est pas suspensif. Toutefois, le premier président du Conseil d'Etat peut ordonner qu'il soit sursis à l'exécution de la décision si celle-ci est susceptible de conséquences manifestement excessives ou s'il est, intervenu, postérieurement à sa notification des faits nouveaux d'une exceptionnelle gravité.

[1061] B. Mor, « Perspectives africaines d'une politique de la concurrence dans l'espace OHADA », *RIDE*, 2011/3, p.355.

[1062] L. Boy, « Quel droit de la concurrence pour l'Afrique francophone subsaharienne ? », *RIDE*, 201, p. 263-280.

Paragraphe 2 : Le droit communautaire et la concurrence : une inflation de normes supranationales

L'ouverture à la concurrence est devenue aujourd'hui, comme le relève M. Ngom « une exigence fondamentale »[1063]. La concurrence est l'essence du développement des entreprises et partant de l'économie des pays. Aujourd'hui avec l'ouverture du marché international, tous les pays du monde s'ouvrent à la libre circulation des marchandises dans leur territoire, il est normal que ces pays instaurent des règles pour attirer les investisseurs et leur garantir la liberté de concurrence. Le Burkina Faso et le Sénégal sont deux pays membres des mêmes organisations en matière de développement économique. Ces organisations se sont dotées de politiques économiques et d'un droit de la concurrence. Il y a lieu d'examiner ces cadres juridiques communautaires en matière de concurrence et leur influence sur les droits nationaux burkinabè et sénégalais (A), et de voir leurs systèmes respectifs de contrôle de la concurrence (B).

A : Les cadres juridiques communautaires en matière de concurrence

Dans le cadre de l'harmonisation des droits en Afrique, les pays africains se sont regroupés en de petites organisations sous-régionales. Ainsi en ce qui concerne le Burkina Faso et le Sénégal, on peut citer trois organisations sous régionales qui peuvent influencer sur le droit de la concurrence dans ces Etats. Il y a l'UEMOA dans un cadre sous-régional réduit, qui, à travers sa directive n°02/2002/CM/UEMOA, a posé la base du droit de la concurrence concernant ses huit pays membres (1), ensuite la CEDEAO qui regroupe les Etats de l'Afrique de l'Ouest dont font partie le Burkina Faso et le Sénégal réglemente à son tour la concurrence et enfin l'OHADA qui regroupe un plus grand nombre de pays (2).

1 : La régulation de la concurrence dans l'espace UEMOA

428 - Une régulation basée sur la coopération avec les Etats membres - L'UEMOA a été créée pour promouvoir l'économie de ses

[1063]M. Ngom, « Intégration régionale et politique de la concurrence dans l'espace CEDEAO », *RIDE*, 2011/3, p. 333.

Etats membres. La clé de voûte de cette union est l'instauration d'un marché commun, il est donc clair que, pour la réussite de ce marché, les Etats doivent envisager de mettre en commun certaines règles pour réguler le marché. Ce sont les articles 88 à 90 du Traité de l'UEMOA qui traitent de la concurrence dans l'espace UEMOA. Pour créer un cadre harmonieux d'exercice de la concurrence, l'UEMOA a adopté en 2002 une série de textes qui définissent et précisent le droit communautaire de la concurrence[1064]. Le champ de coopération entre la Commission de l'UEMOA et les structures nationales de la concurrence a également été précisé. La directive n° 02/2002/CM/UEMOA assigne aux structures nationales une mission générale d'enquête, sur initiative nationale ou sur mandat express de la Commission, conformément aux pouvoirs et aux procédures d'investigation prévus par le droit communautaire et les droits nationaux. Pour l'UEMOA, les structures nationales doivent surveiller le marché national afin de déceler les dysfonctionnements liés aux pratiques anticoncurrentielles et le marché du médicament n'est pas exclu de ce mécanisme.

429 - Le dispositif communautaire de la concurrence - Le Traité de l'UEMOA pose la base du libre marché, en proscrivant :

- Les accords, associations et pratiques concertés entre entreprises, ayant pour objet ou pour effet de restreindre ou de fausser le jeu de la concurrence à l'intérieur de l'Union ;
- Toutes pratiques d'une ou de plusieurs entreprises, assimilables à un abus de position dominante sur le marché commun ou dans une partie significative de celui-ci ;
- Les aides publiques susceptibles de fausser la concurrence en favorisant certaines entreprises ou certaines productions.

[1064] Il s'agit du règlement n° 02/2002/CM/UEMOA relatif aux pratiques anticoncurrentielles à l'intérieur de l'UEMOA ; du règlement n° 03/2002/CM/UEMOA relatif aux procédures applicables aux ententes et aux abus de position dominante à l'intérieur de l'UEMOA, du règlement n° 04/2002/CM/UEMOA relatif aux aides d'État à l'intérieur de l'UEMOA. Ensuite il y a eu la directive n° 01/2002/CM/UEMOA relative à la transparence des relations financières d'une part entre les États membres et les entreprises publiques, et d'autre part entre les États membres et les organisations internationales ou étrangères et, enfin, la directive n° 02/2002/CM/UEMOA relative à la coopération entre la Commission et les structures nationales de concurrence des États membres pour l'application des articles 88, 89 et 90 du Traité de l'UEMOA.

Cependant, dans la pratique, le cadre juridique UEMOA de la concurrence souffre d'une carence institutionnelle[1065]. L'équilibre des compétences et le partage du pouvoir de contrôle entre le niveau communautaire et les niveaux nationaux font défaut[1066]. De ce fait les autorités nationales restent très actives en matière de concurrence.

2 : La régulation de la concurrence dans la CEDEAO

430 - La recherche par la CEDEAO d'un cadre régional solide en matière de droit de la concurrence - La CEDEAO à l'instar de l'UEMOA, est également une organisation d'intégration économique ; il est donc normal que dans sa recherche d'un marché commun, elle fasse de la libre concurrence un facteur de réussite de l'espace de libre-échange[1067]. Pour ce faire la CEDEAO a adopté un document intitulé « Cadre régional de politique de concurrence »[1068]. Les rédacteurs dudit document indiquent en introduction que « les initiatives actuelles visant à promouvoir l'intégration économique au sein de l'espace CEDEAO et à stimuler la croissance économique à l'échelle régionale seront considérablement renforcées par l'adoption d'un solide cadre régional en matière de droit de la concurrence ».

431 - La base juridique du droit de la concurrence dans l'espace CEDEAO - Le cadre CEDEAO de la concurrence est constitué par l'Acte additionnel A/SA.1/12/08 portant adoption des règles communautaires de la concurrence et de leurs modalités

---

[1065] Quand bien même que la Cour de Justice de l'UEMOA affirme que les dispositions concernant la concurrence « relèvent de la compétence exclusive de l'Union » et que « les Etats membres ne peuvent exercer une partie de la compétence dans le domaine de la concurrence », l'essentiel du contrôle de la concurrence et la gestion des conflits se passent sur le plan national. La Commission de l'UEMOA n'est pas encore suffisamment outillée pour exercer pleinement ses compétences en matière de concurrence. Cour de Justice de l'UEMOA, avis n°003/2000 du 27 juin 2000, observation de J.I. Sayegh, F.M. Sawadogo, Ohadata. J.02-32.

[1066] B. Mor, «Cohérence institutionnelle et effectivité d'une politique régionale de la concurrence : le cas de l'Union Économique et Monétaire Ouest-Africaine (UEMOA) », *RIDE*, 2011/3 t.XXV, p. 305.

[1067] B. Mor, « Cohérence institutionnelle et effectivité d'une politique régionale de la concurrence : le cas de l'Union Économique et Monétaire Ouest-Africaine (UEMOA) », op.cit., p. 307.

[1068] CEDEAO, Cadre Régional de Politique de Concurrence, mars 2007, voir: http://www.ecowas.int/publications/fr/actes_add_commerce/1.Cadre_Regional_Polit ique_Concurrence_CEDEAO-fi nal-P.pdf.

d'application au sein de la CEDEAO du 19 décembre 2008, mais aussi par l'Acte additionnel A/SA.2/12/08 portant création, attributions et fonctionnement de l'Autorité régionale de la concurrence de la CEDEAO. La CEDEAO proscrit, en matière de concurrence, les mêmes actes que l'UEMOA. La différence des deux cadres se trouve dans le fonctionnement des organes de contrôle de la concurrence.

B : Le contrôle communautaire de la concurrence

432 - L'autorité régionale de la concurrence dans la zone CEDEAO - La CEDEAO et l'UEMOA disposent d'organes pour la régulation de la concurrence dans leur espace respectif. Si l'UEMOA a confié l'essentiel des pouvoirs en matière de concurrence à la commission, la CEDEAO a opté pour l'instauration d'un organe spécialisé. L'Acte additionnel A/SA.2/12/08, a créé une Autorité régionale de la concurrence de la CEDEAO avec comme missions principales, la surveillance du marché commun de la CEDEAO en matière de respect des règles de la concurrence et, le cas échéant, la sanction des pratiques anticoncurrentielles. En procédant ainsi, la CEDEAO a voulu éviter les difficultés rencontrées par les organes de contrôle de l'UEMOA[1069]. L'article 13.3 de l'Acte additionnel A/SA.1/12/08 fait obligation à l'autorité régionale de collaborer avec les autres agences de la concurrence existantes dans la mise en œuvre des règles de la concurrence de la Communauté. On peut seulement regretter que cet organe n'est toujours pas été créé dans la pratique.

433 - La Commission de l'UEMOA comme organe de régulation de la concurrence dans la zone UEMOA - Au niveau de l'UEMOA c'est la Commission[1070] qui a reçu la compétence générale en matière de régulation de la concurrence. Elle peut engager et conduire des enquêtes dans tous les domaines visés par les articles 88

[1069] Le contrôle de la concurrence est confié à la Commission qui est physiquement présente à Ouagadougou au Burkina Faso. Les difficultés financières de cette union ne lui permettent pas d'avoir des agents dans tous les Etats membres. L'UEMOA s'appuie donc sur les Etats qui lorsqu'ils ne coopèrent pas efficacement ralentissent le fonctionnement du système au niveau communautaire.

[1070] Il faut noter également, dans une moindre mesure, l'existence du Comité Consultatif de la Concurrence (CCC) qui a compétence pour donner un avis sur les affaires pendantes. Son avis ne lie pas la Commission.

et 89 du Traité de l'UEMOA. Elle a une compétence exclusive pour connaître les pratiques ci-après :

- Les aides d'État ;
- Les pratiques anticoncurrentielles imputables aux Etats membres ;
- Les pratiques anticoncurrentielles susceptibles d'avoir un effet sur les échanges entre Etats membres.

Toutes ces règles participent à ouvrir l'ensemble du marché africain à la libre concurrence, mais le médicament étant un bien de santé, des objectifs de santé ont participé à atténuer le droit général de la concurrence.

Sous-section 2 : Le médicament est un bien de santé: la conciliation des règles du marché et des impératifs de santé publique

434 - La protection de la santé, un critère suffisant de régulation du marché des médicaments - Lorsque l'on évoque la concurrence dans le secteur de la santé, il existe toujours une certaine méfiance, car « concurrence et santé semblent appartenir à des sphères étrangères l'une à l'autre »[1071]. La médecine ne doit pas être pratiquée comme un commerce, le corps humain et ses éléments ne devant pas faire l'objet d'un droit patrimonial[1072]. La santé concerne la personne, elle est dépourvue en ce sens de toute valeur patrimoniale attachée à la propriété d'un bien.

Les constitutions burkinabè et sénégalaise font de la protection de la santé publique un droit inviolable et dans ce sens le droit à la santé prime sur la liberté de commerce et d'industrie. En droit communautaire UEMOA, la santé publique peut justifier la dérogation aux règles du marché[1073].

[1071] Voir l'étude thématique réalisée sur le thème : concurrence et droit de la santé, disponible sur le site http://www.autoritedelaconcurrence.fr/doc/etudes_ra08.pdf, p.85.

[1072] Selon l'article 265 du COCC sénégalais « Toute chose dans le commerce peut être vendue librement sous réserve des dispositions spéciales de la loi en interdisant l'aliénation ou de stipulations la rendant inaliénable », or le corps humain n'est pas dans le commerce. On pourrait être tenté de conclure que la santé qui concerne les personnes est exclue du marché libéral.

[1073] Il s'agit des articles 79 et 91 à 94 du traité de l'UEMOA.

Parler de concurrence renvoie amplement à des notions et à des raisonnements économiques[1074], alors que, dans le secteur de la santé, les notions économiques s'accommodent mal avec certaines normes de santé publique. Si l'on observe le secteur de la santé et les dérogations qui l'accompagnent en matière de concurrence, l'on peut convenir avec J.-L. Fourgoux, que « la nature de la concurrence au sein du secteur de la santé diffère de celle des autres secteurs de l'économie ». Cette différence n'empêche pas que soit appliqué au secteur de la santé le droit de la concurrence. Le droit de la concurrence a été adapté pour tenir compte de la spécificité du domaine de la santé[1075]. La primauté de la santé sur l'économie justifie que l'Etat intervienne dans l'économie du médicament, lorsque les contraintes budgétaires et la situation sanitaire l'obligent (Paragraphe 1). Les règles de la concurrence vont également être écartées pour assurer la sécurité sanitaire et protéger les patients (Paragraphe 2).

Paragraphe 1 : Médicaments et régulation des dépenses de santé

Le droit de la concurrence n'est pas un droit « tabou »[1076], il peut réguler le secteur du médicament tout en ouvrant les débats sur les questions éthiques, c'est dans ce sens que intérêts économiques et santé publique peuvent cohabiter. Lorsque la situation sanitaire d'un pays l'exige, les autorités nationales ont un choix politique à faire. Pour maîtriser les dépenses de santé dans les pays où il existe une prise en charge sociale des médicaments, l'Etat n'hésite pas, soit à imposer les prix des médicaments, soit à prendre les rênes de la négociation des prix. Dans les PED, notamment au Burkina Faso et au Sénégal, il n'y a pas pour l'instant d'assurance maladie universelle et les dépenses en matière de médicaments sont supportées par les ménages. Pour soulager la population dans ces deux pays, il existe une politique de gratuité de certains médicaments ou des prix forfaitaires. L'Etat intervient donc pour permettre aux populations d'avoir un

---

[1074] L. Arcelin, *Droit de la concurrence : les pratiques anticoncurrentielles en droit interne et communautaire*, PUR, Rennes, 2009, p.33.

[1075] J.-L. Fourgoux, « Santé et concurrence, un traitement spécifique ? », *Gaz Pal.,* 14 mars 2000 n°74, p. 47.

[1076] M.-A. Frison-Roche, « Protection de la santé publique, maîtrise des dépenses de santé, droit général de la concurrence et régulation sectorielle », in M.-A. Frison-Roche (dir.), op.cit., p.3.

accès financier aux MEG (A). L'Etat intervient également, dans la vente des médicaments pour imposer des monopoles ou contrôler les marges bénéficiaires (B).

A : L'interventionnisme étatique dans la recherche de l'accessibilité financière aux MEG

435 - L'Etat et la prise en charge des maladies tropicales négligées - Pour permettre à certaines catégories de personnes d'avoir accès aux médicaments, il existe des systèmes de gratuité de médicaments ou d'allégement des prix. L'Etat en choisissant de rendre gratuit une molécule parmi d'autres, porte atteinte à la libre concurrence, mais permet à une catégorie de population de bénéficier de médicaments efficaces. C'est l'exemple du traitement du paludisme où le choix des gouvernements sénégalais et burkinabè s'est porté sur les dérivés d'artémisinine.

436 - Médicaments génériques et concurrence - Les médicaments génériques ouvrent la voie à la concurrence par les prix. Le fait d'œuvrer pour la pénétration des génériques sur les marchés nationaux est « un fait de prince », c'est une volonté des Etats pour réaliser l'accès pour tous à des médicaments de qualité. Le droit de substitution conféré aux pharmaciens au Burkina Faso[1077] et au Sénégal[1078] porte un coup à la liberté du marché. Le fait pour le pharmacien de substituer une spécialité par un générique, porte atteinte à la vente des spécialités. Cette atteinte est acceptée pour raison de santé publique.

437 - Le droit communautaire et la fiscalité des médicaments - Depuis 1997, l'UEMOA œuvre à baisser la fiscalité sur les produits de santé pour réduire les prix sur le marché et favoriser ainsi l'accès aux médicaments aux populations. Il y a eu la recommandation 06/1997/CM/UEMOA, appelant les pays membres à adopter une fiscalité adaptée aux MEG et à baisser la fiscalité pour les réactifs et les consommables de laboratoire. Et comme pour montrer l'exemple l'UEMOA a adopté le Règlement 02/1997/CM/UEMOA portant

[1077] Au Burkina Faso il s'agit de l'arrêté n°94-080/SASF/SG/DGSP/DSPh du 11 mars 1994.
[1078] Au Sénégal, c'est le décret 96–395 du 15 mai 1996 qui autorise la substitution.

adoption du tarif extérieur commun (TEC) qui exonère les médicaments de droits de douane[1079]. Ce règlement a été suivi un an plus tard de la directive 02/1998/CM/UEMOA portant harmonisation des législations des États membres en matière de TVA et exonère les médicaments de la TVA[1080].

Sur un plan plus large et concernant la « zone franc», les recommandations de la 3ème rencontre de Libreville (Gabon) en 1998, a appelé les Etats à modifier la nomenclature douanière des produits pharmaceutiques, à supprimer les taxes sur les produits pharmaceutiques, à supprimer également la vérification avant expédition pour tous les produits pharmaceutiques dans tous les pays de la zone CFA et pays associés. A la suite de la «zone franc», l'ensemble des ministres africains de la Santé ont recommandé en 1999, l'application d'une fiscalité adaptée aux MEG et la baisse de la fiscalité pour les consommables et réactifs, suivie de l'exonération des taxes douanières.

438 - Les dispositions nationales et la fiscalité des médicaments - La loi n°78-50 du 14 août 1978, exonère de tous droits et taxes à l'importation les produits pharmaceutiques au Sénégal. Cette loi a été suivie par une autre en 1985[1081] qui visait à exonérer de TVA les matières premières et les articles de conditionnement utilisés pour la production de médicaments au Sénégal.

Au Burkina Faso, il existe deux lois majeures dont une exonère tous les médicaments de droit de douane[1082] et l'autre exonère les MEG de toutes taxes, c'est-à-dire que les MEG ne sont soumis à

[1079] Dans la classification TEC, les médicaments sont classés au chapitre 30, aux positions 3003 et 3004. La distinction entre ces deux positions repose sur le conditionnement. Le TEC ne permet pas de différencier les MEG des spécialités. Presque tous les médicaments importés (positions 3003 et 3004) sont concernés. C'est pourquoi au niveau national des dispositions sont prise pour exonérer les MEG de d'autres taxes.

[1080] La directive 06/2002/CM/UEMOA établit la liste de médicaments, consommables et équipements médicaux exonérés de TVA.

[1081] Voir la loi n°85-05 du 3 janvier 1985 portant modification des taxes sur les chiffres d'affaires applicables aux articles de conditionnement, des médicaments etc.

[1082] Il s'agit de la loi n°006/94/ADP du 11/03/1994, portant suppression du droit de douane sur les produits pharmaceutiques.

aucun droit de douane et à aucune taxe douanière[1083]. En plus de ces deux lois, l'Etat burkinabè a octroyé depuis le 13 octobre 2003, une exemption de droits et taxes à l'importation à la CAMEG pour les MEG.

B : L'interventionnisme étatique et la vente des médicaments

La maîtrise de la fiscalité des médicaments n'est pas suffisante pour réduire le prix des médicaments au bout de la chaîne de distribution. Les Etats essaient, difficilement, de maîtriser les prix des médicaments en contrôlant les marges bénéficiaires des grossistes-répartiteurs et des pharmaciens détaillants, mais également en réservant un monopole pour certains médicaments à des structures dont ils maîtrisent la gestion.

439 - Le monopole des centrales d'achat : un monopole de santé publique - La loyauté de la concurrence impose l'égalité de traitement entre les secteurs privés et publics[1084]. Ainsi l'Etat ne devrait pas accorder d'avantages trop importants à certains « vendeurs de médicaments », mais les questions de santé publique plaident en faveur de l'Etat, qui est le garant de l'accès pour tous aux médicaments de qualité.

Les MEG étant un élément essentiel de la politique pharmaceutique nationale, au Burkina Faso comme au Sénégal leur vente est réservée à des structures dont l'orientation est assurée par l'Etat. Si au Sénégal, cette structure est entièrement étatique, au Burkina Faso, c'est une association qui exerce au nom de l'Etat cette mission de santé publique. Le monopole s'exerce au niveau du circuit de distribution du médicament au secteur public. Les structures publiques de santé ont obligation de s'approvisionner en MEG uniquement dans les centrales étatiques[1085]. Mais ce monopole n'a pas

[1083] Il s'agit ici de la loi n°007/94/ADP du 11 Mars 1994, portant suppression totale des droits et taxes de Douane sur les Médicaments Essentiels Génériques (MEG).
[1084] N. Charbit, *Le droit de la concurrence et le secteur public*, L'Harmattan, Paris, 2002, p.231.
[1085] L'Etat justifie l'instauration de ce monopole par le souci de contribuer à l'accès des populations à des médicaments de qualité et à moindre coût. Les entreprises privées n'étant pas créées pour assurer la réussite d'objectifs sociaux, l'Etat craint de voir s'envoler les prix des médicaments jugés essentiels pour les populations.

manqué d'être contesté par le secteur privé pharmaceutique au Burkina Faso.

440 - Un monopole contesté - L'attribution du monopole du secteur public à une structure dont l'Etat contrôle la politique a été contestée par les grossistes privés au Burkina Faso. Ceux-ci accusent l'Etat de violer la loi portant liberté de la concurrence. Un groupe de grossistes privés a alors saisi la CNCC[1086] pour dénoncer des pratiques anticoncurrentielles de la part de l'Etat en faveur de la CAMEG (qui dispose du monopole public des MEG). Ces grossistes voudraient que l'Etat lève ce monopole pour qu'ils puissent à leur tour vendre des MEG aux structures publiques. Ils dénoncent également l'exemption des droits et taxes à l'importation détenus par la CAMEG. Selon eux la levée du monopole permettra la mise en concurrence des MEG avec comme corolaire la baisse de leur prix au public. Sur cet argument nous restons très septiques, car les spécialités sont soumises à la concurrence, mais leur prix reste toujours élevé. La concurrence ne joue pas sur le prix des médicaments. La CNCC, qui a rendu sa décision le 7 février 2008, a d'abord reconnu l'existence d'aide publique à la CAMEG, mais s'est déclarée incompétente au motif que les faits incriminés relevaient de la compétence de la Commission de l'UEMOA, garante du respect du droit communautaire depuis son entrée en vigueur en 2002. Saisie en avril 2010, la Commission de l'UEMOA, a jugé la demande recevable. Mais sa décision n'a pas été publiée[1087]. Aujourd'hui ce monopole a toujours cours. Ce monopole

---

[1086] C'est le 14 juin 2004 qu'un groupe de grossistes-répartiteurs a saisi la CNCC pour « pratiques anticoncurrentielles et restrictives de la concurrence ». Selon ce groupe, le monopole accordé à la CAMEG est illégal et emporte d'énormes conséquences. Le groupe a essayé d'étayer sans convaincre ses positions par des arguments de santé publique. En effet, ils assurent que « la CAMEG, à elle seule, n'est pas à même d'assurer un approvisionnement continu et complet du marché des produits pharmaceutiques », ce qui serait grave pour la sécurité sanitaire. Ces arguments ne sont pas prospères parce que dans la pratique, le circuit public est alimenté. Les ruptures de stock ne sont pas uniquement notées au niveau de la CAMEG, le secteur privé connaît également des cas de rupture de stock.

[1087] Jusqu'en janvier 2011 la commission de l'UEMOA affirmait dans son rapport annuel que la procédure était en cours. Cette procédure a sans doute été abandonnée par les plaignants. Voir Commission de l'UEMOA, Rapport annuel sur le fonctionnement et l'évolution de l'Union (année 2010), 22 janvier 2011, p.21. Rapport disponible sur http://www.uemoa.int/Documents/Commission_de_L_UEMOA/Activites/Rapport2010com.pdf

est justifié s'il est exclusivement instauré pour la promotion de l'accès pour tous à des médicaments de qualité à des coûts moindres.

Paragraphe 2 : Le médicament et la protection de la santé publique : la recherche de la sécurité sanitaire

Les autorités politiques d'un pays sont les seuls, comme le fait remarquer, M.-A. Frison-Roche, habilitées à exercer les choix fondamentaux pour la vie en société et l'avenir de leur peuple[1088]. S'occuper de la sécurité sanitaire est donc une question de choix politiques. Au Burkina Faso et au Sénégal, les autorités politiques ont fait l'option d'œuvrer pour un accès pour tous aux soins de santé, il est donc légitime que celles-ci s'engagent à travers diverses actions pour atteindre cet objectif. Le médicament étant un vecteur essentiel de la santé, de sa qualité et de son accessibilité dépendent l'état de santé des populations d'un pays.

Si les règles de l'économie libérale sont appliquées aux entreprises pharmaceutiques, l'accès au marché, lui n'est pas libre. Les produits pharmaceutiques, lorsqu'ils rentrent dans la définition du médicament, doivent recevoir au préalable une autorisation. Au nom de la santé publique, des molécules peuvent être rejetées non pas parce qu'elles sont dangereuses pour la santé, mais parce qu'elles n'apportent rien de nouveau dans le paysage thérapeutique national. Cette restriction à la libre concurrence est faite pour des raisons de santé publique (A). Malgré les efforts des Etats pour que le droit de la concurrence ne fasse pas souffrir la santé publique, il existe des limites et les industriels pharmaceutiques n'hésitent pas à faire usage de pratiques éthiquement condamnables qui annihilent les efforts des gouvernements et aggravent la difficulté d'accès aux médicaments (B).

[1088] M.-A. Frison-Roche, « Protection de la santé publique, maîtrise des dépenses de santé, droit général de la concurrence et régulation sectorielle », in M.-A. Frison-Roche (dir.), op.cit., p. 9.

A : La protection des patients et la recherche de l'usage rationnel des médicaments

La recherche de la sécurité sanitaire explique la mise à l'écart de certaines règles en matière de concurrence. Il s'agit d'une régulation du marché d'un bien sensible. Pour accéder au marché, le médicament doit être autorisé, ce qui n'est pas le cas pour les autres biens de consommation. Ensuite, lorsque le médicament est mis sur le marché, l'industrie pharmaceutique ne dispose pas des mêmes règles pour assurer le marketing de son produit.

441 - Des critères d'accès au marché dénués de tous objectifs économiques[1089] - Si la liberté d'accès au marché exige que les Etats lèvent tout obstacle au libre-échange, dans le domaine de la santé, ce concept a été adapté. Dans le secteur économique en général, un industriel peut lancer toutes sortes de produits sur le marché, le contrôle de la qualité se fera à posteriori. En matière de médicament, le contrôle se fait à priori. Le laboratoire pharmaceutique doit d'abord assurer que son médicament n'est pas toxique et ensuite qu'il a des effets thérapeutiques à l'égard d'une maladie de l'homme. Le médicament en lui-même justifie l'exigence d'un droit de régulation.

442 - Une publicité encadrée pour le maintien de l'ordre public sanitaire - Il est unanimement reconnu que l'usage du médicament doit être contrôlé. Le médicament étant une « marchandise pas comme les autres », il va sans dire que son consommateur est également un « consommateur pas comme les autres » et mérite une protection de la part de l'Etat. En effet le patient consommateur de médicament ne choisit pas en « toute liberté » le produit qui permettra de satisfaire son besoin bien identifié[1090]. Dans la plupart des cas, c'est une tierce personne qui choisit le médicament qu'il juge capable de venir à bout de ses souffrances.

Le besoin de maîtriser cet usage est double. Il y a d'abord que l'usage incontrôlé du médicament peut nuire, mais aussi il y a un besoin de maîtriser les dépenses en médicaments. Dans cette optique, si les autres entreprises peuvent faire librement et sans autorisation

---

[1089] Cf supra paragraphe 121 et suivants.

[1090] V. Parel, « L'imprécise figure du consommateur de médicament », *Mouvements*, 2004/2, n°32, p.18.

préalable la promotion de leur bien, l'entreprise pharmaceutique, elle, doit se soumettre à toute une série de règles juridiques encadrant la publicité sur le médicament[1091].

B : Les entraves aux règles de la concurrence en matière de médicament : le médicament générique et le brevet

443 - Les médicaments génériques pour faciliter l'accès aux médicaments - Depuis l'apparition des médicaments génériques, les politiques du monde entier ont jeté leur dévolu sur ce bien pour permettre à l'ensemble de leurs citoyens d'avoir accès à des médicaments pas chers et de bonne qualité. Ainsi, lorsque le brevet d'un médicament innovant tombe dans le domaine public, tout laboratoire peut faire une copie de ladite spécialité. Une concurrence est ainsi engagée entre le générique et le médicament princeps. Le génériqueur n'ayant pas fait les mêmes investissements, va vendre son produit à un prix plus bas que la spécialité ce qui entraîne souvent des actions de la part du laboratoire du princeps. Ces actions sont le plus souvent anticoncurrentielles et violent le droit d'accès aux médicaments des patients.

444 - L'abus du droit des brevets - Malgré la prospérité du marché pharmaceutique, les laboratoires pharmaceutiques continuent d'user de stratégies pour contourner le droit des brevets.

Le brevet confère un monopole d'exploitation à son titulaire pour une période donnée ; celui-ci peut être tenté d'user de sa position dominante pour « tuer » la concurrence et nuire ainsi au marché. Il peut aussi étirer inutilement son brevet et empêcher la concurrence par les génériques en déposant des brevets pour des produits qui ne sont pas vraiment innovants, créant ainsi comme le note J. Azema, un véritable « abus dans l'obtention du droit de brevet »[1092]. Ou encore conclure des accords de report d'entrée avec des génériqueurs, c'est-à-dire, qu'en prévision de l'expiration de son brevet, l'entreprise s'entend avec les génériqueurs pour que ceux-ci consentent, contre rémunération, à ne pas produire de génériques de la molécule concernée pendant un certain temps.

[1091] Cf supra paragraphe 363 et suivants.

[1092] J. Azema, « L'abus dans l'obtention du droit de brevet : l'exemple des médicaments génériques », Propriété industrielle, octobre 2010, p.34.

CONCLUSION DE LA PREMIÈRE PARTIE

L'étude de la mise sur le marché du médicament nous a montré que le médicament, au Burkina Faso et au Sénégal, est saisi partiellement par le droit communautaire de l'UEMOA. En effet, si la procédure d'AMM est harmonisée par le droit communautaire, beaucoup d'autres domaines sont restés nationaux[1093]. Il en est ainsi de la médecine traditionnelle dont le traitement juridique est différent d'un Etat à un autre. Si le Burkina Faso a encadré l'exercice de la médecine traditionnelle, le Sénégal est toujours à la recherche d'un cadre juridique pour cette médecine. Après l'étude du statut juridique de la médecine traditionnelle, nous pouvons dire que, malgré l'encadrement du cadre burkinabè, la pratique de la médecine traditionnelle n'a guère évoluée. Il existe très peu de médicaments traditionnels sur le marché et la qualification du tradipraticien demeure une difficulté. Dans les faits, le terrain burkinabè reste identique à celui du Sénégal en matière d'exercice de la médecine traditionnelle. Dans nos deux pays, le savoir du tradipraticien est souvent survalorisé, parce que mêlant connaissances médicales, pratiques religieuses et coutumes. Le tradipraticien, lui-même, entretient le mythe sur son savoir, un savoir qu'il présente comme sacré. Tout cela contribue à compliquer le travail des juristes lorsqu'ils abordent ce sujet. C'est l'un des éléments de la complexité du droit de la santé en Afrique. Outre, les médicaments traditionnels dont la définition est partiellement appréhendée par le droit, les droits burkinabè et sénégalais n'encadrent pas les médicaments homéopathiques (pourtant vendus dans les officines) et les médicaments de thérapie génique.

La mise sur le marché du médicament implique le contrôle de son évolution. L'examen du cadre juridique du contrôle des médicaments révèlent une carence des collecteurs de données en matière de pharmacovigilance et une instabilité du cadre juridique de la promotion des médicaments préjudiciable à la sécurité sanitaire.

[1093] Pour la réussite d'un droit communautaire pharmaceutique dans l'espace UEMOA, il est important que la juridiction communautaire se saisisse du sujet du médicament.

Le médicament, produit spécifique, doit intégrer un circuit de distribution spécifique[1094] et le rôle du droit est de concilier dans ce circuit intérêts privés et intérêts publics. Il est indéniable que ces deux intérêts doivent cohabiter. C'est dans ce sens que l'accès aux médicaments de qualité sera une réalité.

[1094] I. Leonetti, op.cit., p.112.

Deuxième partie

Le médicament objet de commerce : la recherche d'une conciliation entre sécurité sanitaire et logiques de marché

Le droit entretient des relations très étroites avec le secteur de la santé en général, et plus particulièrement avec la pharmacie. Les produits pharmaceutiques, s'ils sont dans le commerce, ne sont pas de « simples denrées commerciales »[1095]. Les autorités compétentes ont un regard étroit sur leur circulation.

La pharmacie demeure aujourd'hui, un secteur où l'intervention de l'Etat est très prononcée. Les normes pharmaceutiques sont orientées par des choix politiques. L'approvisionnement en médicaments d'un pays découle des choix faits par les autorités politiques en termes de sélection de médicaments et de politique sanitaire globale. Cependant, leur choix est orienté par l'objectif de protection de la santé publique qui doit primer dès que l'on envisage de mettre un médicament en contact avec des individus. Il faut donc une réelle volonté politique pour conduire la règlementation de ce secteur. Si dans les pays développés, cette volonté est ancienne, dans les PED, elle commence juste à émerger. Le Burkina Faso et le Sénégal sont donc dans cette vague de promotion du secteur pharmaceutique.

Avec l'industrialisation galopante et la fin de la fabrication artisanale des médicaments, les industries pharmaceutiques sont devenues les fleurons des économies nationales, mais nos deux pays souffrent d'un manque important de capacité de fabrication de médicaments. Dans ce contexte, comment élaborer une réglementation pharmaceutique suffisamment forte pour protéger la santé publique et suffisamment souple pour inciter durablement les laboratoires pharmaceutiques à intégrer leur marché ? L'industrie pharmaceutique influence énormément les politiques publiques. Certains auteurs vont jusqu'à affirmer qu'« en règle générale, les politiques de régulation sont obtenues par l'industrie et sont définies et mises en œuvre pour son

[1095] E. Wondemagegnehu, « Pour une réglementation efficace des médicaments : que peut faire un pays ? », OMS, Genève, 1999, p.1.

bénéfice»[1096], pour d'autres, l'industrie pharmaceutique a « fait main basse sur les autorités sanitaires »[1097]. Leur puissance financière et leur expertise font d'elles un puissant lobbying sur le secteur du médicament à travers le monde. Il convient d'examiner **le circuit de distribution des médicaments au Burkina Faso et au Sénégal** pour voir comment sont pondérées les visées commerciales des acteurs de la distribution du médicament (**Titre 1**).

Si le circuit de distribution du médicament doit être assaini pour protéger la santé des patients, le médicament doit être financièrement accessible. La découverte de médicaments dépend de l'innovation et l'innovation est protégée pour encourager les industriels à investir dans la découverte de nouvelles molécules. Cette protection a été universalisée dans le cadre de l'OMC. Si la problématique du brevet et du prix des médicaments est ancienne, elle a resurgi avec l'épidémie du sida et son ravage dans les pays du Sud. Pendant que les malades mourraient par milliers, l'industrie pharmaceutique appliquait un prix très élevé pour le traitement de cette maladie, qui était inaccessible aux patients. Il était urgent de trouver une solution pour concilier durablement le droit des brevets et les logiques d'accès aux médicaments pour tous. Ces considérations ont pesé en faveur des pays du Sud qui ont bénéficié d'avantages en matière d'accès aux médicaments. En effet, la partition du monde en fonction des revenus a permis à certains de bénéficier de faveurs[1098] en matière de droit des brevets. C'est ainsi qu'il existe des Pays moins avancés (PMA), des pays en développements(PED) et des pays développés. Les PMA sont les plus « chanceux », leur accès aux flexibilités offertes par les ADPIC est de plein droit. Ces pays ne sont pas seulement des pays pauvres, ils sont aussi inexpérimentés dans les négociations commerciales. Pourront-ils tirer durablement profit des faveurs qui leur sont faites ? Le médicament est le fruit d'un investissement important, s'il est logique que ses inventeurs attendent un retour sur investissement encourageant, ce retour doit être en revanche raisonnable. Quand on examine le droit des brevets à l'aune de la santé publique, on constate que, **l'accès aux médicaments est pris entre des intérêts économiques et des intérêts sanitaires** (**Titre 2**).

[1096] B. Hauray, « Les laboratoires pharmaceutiques et la construction d'une régulation européenne des médicaments », *RFAS*, 2007/3 n° 3-4, p. 237.

[1097] British medical journal du 16-11-2002 (page de couverture).

[1098] J.-J. Gabas, *Nord-Sud : l'impossible coopération ?*, Presse de Science Po, Paris, 2002, p.15.

Titre 1

Le circuit de distribution des médicaments au Burkina Faso et au Sénégal : comment pondérer les visées commerciales par des objectifs de santé publique ?

L'AMM est née pour valider « l'évaluation scientifique de chaque médicament »[1099] et assurer la qualité de celui-ci avant sa vente. Quant au monopole pharmaceutique, il a été instauré pour garantir l'usage sécurisé du médicament par le patient. La problématique de l'accès aux médicaments de qualité interroge donc le médicament en amont et en aval du marché ; la sécurité sanitaire apparaît comme un élément clé de cet accès aux médicaments. Si le médicament est un bien de santé, il est également appréhendé par le commerce. En effet, son circuit emprunte le circuit traditionnel de distribution. De sa fabrication à sa vente au consommateur, de nombreux intermédiaires utilisant des techniques commerciales interviennent et chacun doit pouvoir tirer un profit économique de son action. L'Etat doit donc contrôler ces profits et les marges des différents acteurs de la vente du médicament, c'est une des manifestations de sa souveraineté[1100]. Cela suppose la maîtrise par l'Etat du circuit national de distribution des médicaments. La situation économique du Burkina Faso et du Sénégal justifie l'intervention d'acteurs humanitaires dans le circuit de distribution ; la faiblesse du pouvoir d'achat des populations favorise les circuits parallèles de vente de médicaments. Dans ce contexte, la réglementation de la distribution des médicaments permet-elle de protéger la santé des populations ? L'objectif de protection de la santé publique doit être présent aussi bien au niveau de la chaîne de distribution en gros (Chapitre 1) qu'au niveau de la délivrance du médicament au consommateur (Chapitre 2).

[1099] T. Devred, *Autorisation de mise sur le marché des médicaments*, Lamy, Rueil-Malmaison, 2011, p.9.

[1100] M-A. Frison-Roche (dir.), *Concurrence, santé publique, Innovation et médicament*, op.cit., p.37.

Chapitre 1

L'approvisionnement en médicaments : politiques pharmaceutiques et chaîne de distribution en gros des médicaments au Burkina Faso et au Sénégal

> *« Actuellement, les industries pharmaceutiques sont aussi puissantes que les États qui sont censés leur imposer la loi et qui, dès lors, parviennent difficilement à la faire respecter. »*[1101]

La réussite de la règlementation du secteur pharmaceutique nécessite que les différentes volontés politiques se traduisent en une politique pharmaceutique propre à chaque nation[1102]. Dans les PED la volonté politique des gouvernements est confrontée à une carence de l'industrie pharmaceutique qui les rend largement dépendants des pays industrialisés pour leur approvisionnement en médicaments. Cette dépendance pharmaceutique conduit-elle à aliéner la sécurité sanitaire dans ces pays ? Les politiques nationales pharmaceutiques (PPN) adoptées dans ce contexte peuvent-elles faciliter l'accès aux médicaments de qualité ?

Pour atteindre le consommateur, le médicament va suivre un circuit très réglementé, qui devra permettre à l'Etat de pondérer les visées commerciales des entreprises pharmaceutiques. Le médicament étant un objet particulier, sa distribution est sous monopole depuis sa fabrication jusqu'à sa distribution aux patients. Après sa fabrication, le médicament est mis sur le marché à travers la distribution en gros suivant la politique définie par chaque Etat (Section 1). Chaque acteur de la chaîne du médicament peut engager sa responsabilité en cas de violation d'une norme impérative, mais également dans les cas où son fait quelconque cause un dommage à autrui (Section 2).

[1101]Propos de J. Braithwaite, directeur Fédération Australienne des Consommateurs http://www.lespacearcenciel.com/quelques-citations-qui-devraient-faire-reflechir.html

[1102] Au Burkina Faso, le CSP prévoit en son article 207, l'élaboration d'une politique nationale du médicament.

Section 1 : La chaîne de distribution en gros des médicaments : une volonté politique confrontée à un tissu industriel embryonnaire.

L'une des particularités du droit pharmaceutique au Burkina Faso et au Sénégal[1103] est le rôle de l'Etat dans la chaîne de distribution en gros des médicaments. En effet, dans ces pays, l'Etat intervient comme un grossiste-répartiteur. Ce rôle est justifié par la volonté de mettre à la disposition des patients des médicaments accessibles financièrement. Compte tenu de l'absence d'industries pharmaceutiques sur le plan local, l'Etat apparaît comme la seule structure capable d'importer les médicaments essentiels au traitement des maladies les plus courantes et de pouvoir les mettre à la disposition des patients à des prix accessibles. Cependant, l'intervention de l'Etat ne doit pas perturber l'esprit de l'économie libérale. Ainsi, ce rôle va se confiner à la distribution en gros des MEG (Sous-section 1). Pour le reste des médicaments, le marché est ouvert à la libre concurrence où des acteurs non étatiques interviennent sous le contrôle juridique de l'Etat (Sous-section 2).

Sous-section 1 : Le secteur public de la distribution en gros des médicaments : garantir l'accès pour tous à des médicaments de qualité

Afin d'assurer l'accès aux médicaments essentiels et leur disponibilité, tout en assurant leur efficacité et leur innocuité, l'OMS avait lancé, en 1975, le concept de politique pharmaceutique[1104]. Ce concept a eu un grand succès et plusieurs pays, dont le Burkina Faso et le Sénégal, l'appliquent. Il s'agit d'un engagement des gouvernements envers leur peuple (Paragraphe 1). Les MEG sont un élément essentiel de cette politique et pour les rendre disponibles, à un

[1103] A la différence du droit français dont ils sont issus, les droits burkinabè et sénégalais admettent l'intervention de l'Etat comme grossiste-répartiteur pour les médicaments jugés essentiels. L'intervention de l'Etat permet de vendre le médicament sans visée commerciale. Cette situation est la même pour la majorité des pays africains dont la capacité de fabrication de médicament est nulle ou faible (Bénin, Côte d'Ivoire, Togo, Niger, Congo, Guinée Conakry, Mali etc.)

[1104] Voir la Résolution WHA 28.66, adoptée lors de la 28ème Assemblée Mondiale de la santé. OMS, Official Records, n°226, annexe 13, p. 96-110.

coût abordable, la PPN dans nos deux pays s'est bâtie autour d'un approvisionnement étatique des MEG (Paragraphe 2).

Paragraphe 1 : Un préalable à la distribution des médicaments : la politique pharmaceutique nationale(PPN) ou la traduction de la volonté politique de l'Etat

La PPN est un élément essentiel dans le droit pharmaceutique du Burkina Faso et du Sénégal. Elle présente l'orientation des pays sur les programmes pharmaceutiques et guide la législation en la matière. Pour l'OMS, la PPN est la pierre angulaire de toute action en matière pharmaceutique. Elle vise donc à résoudre la sempiternelle question de l'accès aux médicaments, afin d'assurer une « autosuffisance pharmaceutique »[1105] dans les différents pays (A). Mais malgré les efforts politiques des autorités burkinabè et sénégalaises, l'état sanitaire des populations demeure précaire. Cela conduit les différents gouvernements à assouplir les règles en matière de distribution de médicaments, laissant intervenir dans le secteur pharmaceutique des acteurs étrangers, au risque de perturber les choix politiques. Car chaque acteur qui intervient a sa propre organisation, sa « propre vision du monde, son corpus de doctrine et sa stratégie »[1106]. Toute chose qui perturbe le processus de mise en œuvre de la PPN élaborée par les pays (B).

A : Les fondements de la politique pharmaceutique nationale (PPN) : la recherche de l'indépendance pharmaceutique

La PPN est un cadre interne, elle est propre à chaque Etat. Pour aider les PED à mettre en place des PPN efficaces, l'OMS leur donne des orientations à travers les guides[1107]qu'elle élabore et il appartient à chaque pays de les adapter à son terrain. L'intervention de l'OMS en

[1105] OMS, *Comment élaborer et mettre en œuvre une politique pharmaceutique nationale*, deuxième édition, Genève, 2002. Disponible en ligne (http://apps.who.int/medicinedocs/pdf/s5409f/s5409f.pdf).
[1106] J.-M. Severino, O. Ray, « La fin de l'aide publique au développement : les enjeux de l'action hypercollective », *Revue d'Economie du Développement*, n°2, juin 2012, p.88.
[1107] Voir OMS Bureau Régional Afrique, WHO/AFRO/EDP/01.5, *Guide pour la formulation et la mise en œuvre, le suivi et l'évaluation des politiques pharmaceutiques nationales*, Hararé 2001.

matière de PPN remonte à 1986, où la 39ème Assemblée mondiale de la santé lui avait recommandé d'appuyer les pays dans l'élaboration des PPN[1108].

Le fondement principal de la PPN est constitutionnel. En effet, en astreignant l'Etat à garantir un droit à la santé à tous ses citoyens, la constitution a instauré à son égard une obligation de moyen. L'Etat doit, par tout moyen, rechercher la santé pour tous. Le médicament étant un vecteur du droit à la santé, son accès à tous doit être une priorité pour les autorités politiques des différents pays. Son accessibilité géographique et financière est un défi majeur des PPN. La recherche d'une indépendance pharmaceutique dans un contexte de carence industrielle pharmaceutique, va concerner la mise sur le marché de médicaments à moindre coût. Le concept de MEG, mis en avant par l'OMS, apparaît comme la clé de toutes les PPN(1). Pour assurer la continuité de l'approvisionnement des structures sanitaires en MEG, les autorités africaines ont été contraintes d'abandonner la politique de gratuité qui existait depuis les indépendances, pour instaurer un recouvrement communautaire des coûts. Cette nouvelle politique, censée accélérer l'accessibilité aux MEG, a été adoptée en 1987 à Bamako et porte le nom d'Initiative de Bamako (IB). Elle est devenue le véhicule de la distribution par l'Etat des MEG (2).

1 : Le concept de Médicament Essentiel (ME) comme élément principal de la politique pharmaceutique nationale (PPN)

445 - Le médicament essentiel, un concept politique créé par l'OMS - Le médicament essentiel est une invention de l'OMS. La naissance de ce concept date de 1975 lorsque, faisant face aux graves problèmes de santé, la mondiale de la santé a bâti une politique pour permettre un accès aux médicaments dans les PED. Elle est partie du constat que, pour une même pathologie, beaucoup de médicaments existent à des prix différents et qu'une bonne sélection permettrait de résoudre la moitié des problèmes de santé dans les PED. Il était donc urgent de développer une politique autour de ces médicaments. En 1977, l'OMS a accompagné sa politique de médicament essentiel par

[1108] L'OMS définit la PPN, comme « un engagement visant à atteindre un but et guide opérationnel. Elle exprime et donne la priorité aux objectifs visés par le gouvernement pour le secteur pharmaceutique et identifie les stratégies principales pour les atteindre ».

la publication de la première liste modèle desdits médicaments ; puis en 1978, la Déclaration d'Alma Ata incluait l'approvisionnement en médicaments essentiels parmi les objectifs à atteindre pour les pays membres de l'OMS. Pour l'OMS, les médicaments essentiels sont ceux qui répondent aux besoins de santé prioritaires de la population ; ils doivent être sélectionnés non seulement sur la base de leur intérêt pour la santé publique, mais également sur celle de leur efficacité, de leur innocuité avérée et surtout de leur coût.

446 - Les médicaments essentiels comme pilier de l'accès aux médicaments - Dans un contexte de systèmes de santé opérationnels, l'objectif principal de la PPN est de rendre les médicaments essentiels disponibles à tout moment, en quantité suffisante et sous les formes pharmaceutiques appropriées, d'en garantir la qualité et de leur adjoindre les informations nécessaires et ce, à un prix abordable pour chaque individu et pour les collectivités[1109]. Pour paraphraser un ministre africain de la santé cité par le Dr Margaret Chan[1110], un médicament qui ne serait pas d'un coût abordable pour l'Afrique serait pire que l'absence de médicaments. En effet, lorsqu'on observe la part de dépenses de médicament assumée par les ménages dans les PED[1111], le concept de médicament essentiel est particulièrement indispensable pour accompagner les personnes démunies, afin de promouvoir leur droit aux soins de santé[1112], mais encore faut-il savoir les sélectionner[1113] ?

[1109]OMS, *La sélection et l'utilisation des médicaments essentiels*. Rapport du comité d'experts de l'OMS, Série de rapports techniques de l'OMS n° 914. 2002, p.14.

[1110]Dr Margaret Chan, Directeur général de l'OMS, Allocution prononcée lors du lancement du nouveau vaccin contre la méningite en Afrique (MenAfriVac), Ouagadougou, Burkina Faso, 6 décembre 2010.

[1111] Près de 90% des médicaments sont directement payés par les ménages au moment de la maladie.

[1112] H. Vandenbrink, « Existe-t-il des médicaments essentiels auxquels privilégier l'accès ? », in *Le médicament et la personne* op.cit., p.105.

[1113] L'OMS estime que dans un grand nombre de situations, les possibilités des médicaments essentiels ne sont pas pleinement utilisées. Soit les PPN ne sont pas cohérentes, soit la sélection des médicaments n'est pas efficace, soit il y'a une incompétence des personnes chargées de mettre en œuvre les PPN. Voir OMS, « Comment élaborer et mettre en œuvre une politique pharmaceutique nationale », op.cit.

447 - La sélection des médicaments essentiels : réduire le nombre de médicaments inutiles sur les marchés - Le concept de ME a connu une évolue fulgurante depuis 1975. Ce concept a conquis presque l'ensemble des pays membres de l'OMS, qui publient chacun périodiquement[1114] des listes nationales de ME[1115]. La sélection des médicaments doit être rigoureuse pour permettre de lutter contre la sous-consommation de médicaments dans les PED et la surconsommation dans les pays développés en limitant le nombre de molécules semblables sur le marché. La sélection des médicaments est confrontée à des choix politiques et financiers. Dans les PED, malgré les efforts pour assurer un accès équitable aux médicaments, le faible pouvoir d'achat des populations constitue un frein à l'accès pour tous aux médicaments. Par contre, dans les pays développés, c'est l'abondance de médicaments qui interroge les politiques internes. Le ministre français de la Santé l'a d'ailleurs reconnu au début du scandale lié à la consommation du Médiator®. Selon X. Bertrand, en France, « on consomme trop de médicaments et il y a trop de médicaments sur le marché français »[1116].

Si le concept de ME est indéniablement une bonne politique pour les pays pauvres, leur sélection a souvent été confrontée à des intérêts contradictoires. En effet, sélectionner un médicament d'un laboratoire signifie mettre de côté le médicament d'un autre, et comme la liste des ME conditionne la prescription des médicaments, cela suppose que le médicament non sélectionné ne sera pas présent sur le marché. Les laboratoires pharmaceutiques ont dénoncé une entrave à la libre concurrence amenant l'OMS à réintégrer certains médicaments inutiles dans sa liste modèle[1117].

Un des critères de sélection est le coût du médicament. En se basant sur ce critère financier de nombreux médicaments utiles pour le

---

[1114] L'institution d'une liste nationale de ME au Burkina Faso remonte en 1992 (décret n°92-128 du 21 mai, JOBF du 21 mai 1992, p.631).

[1115] En 1999, 157 pays membres de l'OMS avaient publié une liste officielle de ME. Voir (http://www.who.int/medicines/publications/essentialmedicines/fr/index.html).

[1116] Propos rapportés par C. Micas, « Vers une baisse des prix et des volumes : attention à la marge », *Le quotidien du Pharmacien*, n°2849, 30 juin 2011, p.2.

[1117] H. Van Den Brink, « Existe-t-il des médicaments essentiels auxquels privilégier l'accès », op.cit., p.109.

traitement de maladies prioritaires peuvent être écartés[1118]. Ce paradoxe a conduit l'OMS en 2001 à aménager de nouveaux critères et dès lors, « un médicament ne sera plus exclu de la liste modèle en raison de son coût s'il remplit les critères de sélections… »[1119].

448 - Le concept de ME doit être accompagné d'une politique de prise en charge sociale des coûts du médicament - Les politiques d'accès aux médicaments ne doivent pas se borner à mettre à la disposition des patients des médicaments moins chers, elles doivent également veiller à ce que les populations aient effectivement accès financièrement à ces médicaments. Dans les PED, les politiques de gratuité[1120] ont disparu depuis 1987, suite à une réorganisation des PPN. En effet, les Etats qui s'étaient engagés à fournir gratuitement les ME, n'arrivaient plus à renouveler les stocks, causant ainsi perpétuellement des ruptures de stocks, qui avait fait fuir les patients des centres de santé devenus de véritables « couloir de la mort ». Pour remédier à ces insuffisances, les Etats africains ont adopté l'Initiative de Bamako (IB) en 1987. La politique arrêtée en 1987 à Bamako a été un grand tournant dans les politiques pharmaceutiques et apparaît paradoxale. Alors que dans les pays développés où les revenus sont bien meilleurs, les politiques étaient à une prise en charge sociale des soins, dans les PED on s'acheminait vers un transfert desdits coûts de la collectivité vers les ménages déjà rongés par une pauvreté structurelle.

[1118] Si l'on se réfère au traitement du sida, en 1997, seule la Zidovudine (Rétrovir®) était inscrite sur la liste modèle de l'OMS. Dans un premier temps les médicaments destinés à traiter le sida, pour des raisons financières n'étaient pas des médicaments essentiels.

[1119] OMS, *Stratégie pharmaceutique de l'OMS : procédure révisée pour la mise à jour de la liste modèle OMS des médicaments essentiels*, EB109/8, 7 décembre 2001.

[1120] Au Burkina Faso comme au Sénégal, les vaccins, les soins de santé primaire, certains médicaments pour soigner certaines maladies prioritaires étaient fournis gratuitement (paludisme, méningite, maladies liées à l'eau etc). Voir I. Diallo, O. Fall, A. Sarr, « L'initiative de Bamako au Sénégal », in J. Brunet-Jailly, *Innover dans les systèmes de santé, expérience de l'Afrique de l'Ouest*, Karthala, Paris, 1997. pp. 209-218.

2 : L'Initiative de Bamako (IB) : de fragiles succès pour un effondrement social

449 - Le transfert des coûts des médicaments vers les ménages : le retour à la solidarité familiale - Lorsque les premières autorités ont pris en main la gestion des Etats en Afrique, après les indépendances, elles se sont inspirées des grands modèles d'Etat-providence prévalant dans les pays industrialisés[1121]. Elles ont donc fait de la gratuité des soins, un principe de base dans le fonctionnement des systèmes de santé. Mais la planification du système de gestion de l'approvisionnement des médicaments n'a pas été faite. Les dotations d'argent dans le secteur sanitaire n'ont pas connu d'amélioration. La même dotation devait servir à la fois à la construction des dispensaires, à l'équipement des services de santé et également au renouvellement des stocks de médicaments. Le système sanitaire des pays africains, alors soutenu par l'aide extérieure, a commencé à s'effondrer. Pour contrecarrer la dégradation rapide de ces systèmes de santé, les pays africains, sous un climat de « grande déprime sociopolitique et économique »[1122], ont signé l'IB, sous les bons auspices de l'OMS et de l'UNICEF[1123]. Officiellement, l'IB est une stratégie correctrice de la déclaration d'Alma Ata[1124]. En remettant en cause la gratuité des soins qui prévalait depuis les indépendances, elle vise à créer les conditions d'accès des populations aux soins de santé de qualité dans l'équité, la disponibilité et

[1121] H. Sanni Yaya, « Transition épidémiologique et santé dans le tiers-monde : entre diversité et complexité, quel diagnostic pour l'Afrique ? », in H. Sanni Yaya (dir.), op.cit., p. 5.

[1122] H. Sanni Yaya, op.cit., p.7.

[1123] Au Burkina Faso l'IB a été effectivement instauré par le Kiti 202 du 4 février 1991, qui précise les bases d'un système de tarification des actes des professionnels de la santé et des hospitalisations dans les structures de soins de base et hospitalières, et le Raabo 84-91, qui fixe les tarifs correspondants (Il faut signaler que le Kiti signifie décret en langue locale et le Raabo, arrêté et Zatu signifie loi). Ces termes ont été introduits par la révolution de 1983, mais à la fin des années 1991, le nouveau régime qui a succédé à la révolution à mis fin à l'usage de ces termes).

[1124] La déclaration d'Alma-Ata est le fruit de la conférence internationale sur les soins de santé primaire tenue au Kazakhstan. L'accessibilité géographique des soins de santé était l'un des points phares de la conférence. Aux termes de cette conférence, les Etats membres de l'OMS ont pris l'engagement, selon lequel « les gouvernements ont vis-à-vis de la santé des populations une responsabilité dont ils ne peuvent s'acquitter qu'en assurant des prestations sociales adéquates ».

l'accessibilité des médicaments à moindres coûts sur toute l'étendue du territoire national. Dans son principe, des dépôts de MEG sont mis en place et gérés par les communautés locales, l'IB instaure ainsi une démocratie dans la gestion des services de santé. Les recettes issues de la vente des MEG servent à reconstituer régulièrement les stocks et les marges bénéficiaires sont réinvesties dans le financement du fonctionnement et dans le renforcement de l'efficacité des formations sanitaires, pour ainsi améliorer les prestations des services de santé.

450 - L'IB : un succès économique, mais une situation sanitaire et sociale désastreuse - Pour lancer l'IB, les premiers stocks de médicaments ont été offerts aux pays africains participants. Au Sénégal, l'IB, qui a été lancé officiellement en 1990, a bénéficié d'un don suisse de MEG d'une valeur d'un milliard de FCFA. La vente des médicaments a largement contribué à la réussite de l'IB, mais son succès sur le plan social reste mitigé[1125]. En effet selon de nombreux auteurs[1126], l'IB a mis l'accent sur l'efficacité, tout en ignorant l'équité. Selon V. Ridde, « les personnes qui sont dans l'incapacité de payer les soins demeurent exclues du système de santé, et aucune mesure en leur faveur n'a été mise en place »[1127]. L'IB a, par ailleurs, engendré des dérives dans la gestion du recouvrement des coûts, compte tenu de la carence de gouvernance et surtout de l'insolvabilité des populations. Lorsque le taux de recouvrement est bon dans une localité, les sommes recouvrées servent souvent à « palier au déficit de financement des frais de fonctionnement »[1128]. C'est ainsi que la vente des médicaments pouvait servir, entre autre, à verser des primes de technicité, d'éloignement ou de transport du personnel. Le concept semble avoir été détourné, ce qui a amené J.

[1125] A. Desclaux, « Accès aux soins en Afrique : un changement de culture ? », *Bulletin Amades*, 2007, mis en ligne le 04 février 2009, Consulté le 19 juillet 2011 (http://amades.revues.org/index428.html).

[1126] Y. Jaffré, « Pharmacies des villes, pharmacies « par terre » », *Bulletin de l'APAD*, n°17, 1999, mis en ligne le 04 octobre 2006. Consulté le 17 janvier 2013 (http://apad.revues.org/482) ; S. Tizio, Y.-A. Flori, « L'initiative de Bamako : santé pour tous ou maladie pour chacun ? », *Tiers-Monde*, 1997, tome 38 n°152. pp. 837-858 ; J. Brunet-Jaily, « Santé : une occasion manquée ? Le Mali et l'initiative de Bamako », *Afrique contemporain*, n°161, 1991, pp.3-18.

[1127] V. Ridde, « Politique publique de santé, logiques d'acteurs et ordre négocié au Burkina Faso », *Cahiers d'études africaines*, 2011/1, n°201, p.116.

[1128] G. Millot, « Le médicament essentiel en Afrique : pour une vision globale », *Med Trop*, 2006, n°66, p.561.

Brunet-Jailly à se demander si l'IB n'était pas une occasion manquée pour les Africains d'évoluer vers des circuits de distribution viables des médicaments[1129]. L'auteur, en concluant à un échec de l'IB, regrette que cette opportunité n'ait pas été saisie à bon escient.

L'IB n'a pas produit les effets escomptés, et aujourd'hui les ruptures de stocks demeurent toujours une réalité dans les dépôts pharmaceutiques des centres de santé[1130].

B : La mise en œuvre de la politique pharmaceutique nationale (PPN) : l'introuvable indépendance pharmaceutique

Pour que la PPN puisse s'appliquer, il faut lui trouver un cadre juridique efficace. Elle doit avoir une force obligatoire, au risque de rester comme un simple engagement sans valeur juridique. Si la PPN est un engagement du gouvernement, sa rédaction implique un nombre important d'acteurs qui aident celui-ci à cerner l'ensemble des points à prendre en compte. Une fois élaborée, la PPN doit s'insérer dans l'ordre juridique national (1). Sa mise en œuvre rencontre d'énormes difficultés qui freinent la réalisation optimale des objectifs fixés par les pouvoirs publics (2).

1 : Cadre juridique et financement de la politique pharmaceutique nationale (PPN)

451 - Processus d'élaboration et de mise en œuvre de la PPN - La PPN doit être visible et objectivement réalisable[1131]. Elle doit pouvoir se traduire sur le plan juridique. Elle est écrite et doit être approuvée par une autorité compétente. La PPN vise à instaurer une réglementation efficace qui permettrait la mise sur le marché de médicaments sûrs et de bonne qualité, pour éviter comme le souligne

---

[1129] J.Brunet- Jailly, op.cit., p.1.

[1130] S. Thiam, « Santé et discrimination : l'exemple du Sénégal », *Les Cahiers de droit de la santé du Sud-est*, n°11, 2010, p.209.

[1131] Selon l'OMS, l'élaboration d'une PPN comporte dix phases : la création d'un groupe de travail, l'analyse de la situation, l'élaboration d'un avant-projet de PPN, la large diffusion de l'avant-projet, la convocation d'un séminaire national de formulation de la PPN, la finalisation du document de PPN, l'approbation de la PPN par le gouvernement, la publication du document de PPN, le lancement de la PPN, la planification de la mise en œuvre de la PPN.

l'OMS, des échecs thérapeutiques et les résistances aux traitements[1132]. Lorsque des médicaments de qualité médiocre sont mis sur le marché, cela peut engendrer de graves dangers, mais également conduire à des gaspillages d'argent[1133]en achats de médicaments sans principes actifs par exemple.

Pour aboutir à la rédaction d'une PPN efficace et opérationnelle, les Etats doivent impliquer l'ensemble des acteurs concernés par le secteur pharmaceutique[1134]. Une fois adoptée, la PPN devient partie intégrante de la politique nationale de santé.

Au Burkina Faso comme au Sénégal, ce sont les directions de la pharmacie qui sont chargées de mettre en œuvre la PPN[1135]. Elles sont chargées de la « traduire en programmes de développement et de promotion ». Elles doivent en outre concevoir et coordonner ces programmes. C'est donc dire que ces directions sont un pilier incontournable dans la rédaction et la mise en œuvre de la PPN. Sur le plan pratique, la PPN au Burkina Faso date de juillet 1996, mais compte tenu des nouvelles stratégies mondiales dans le secteur de la santé et des besoins sanitaires du Burkina Faso, une nouvelle PPN a été élaborée et a été validée en octobre 2010 lors d'un atelier national. Quant au Sénégal, sa PPN date du mois d'août 2006 avec un plan directeur adopté en octobre 2008.

452 - La valeur juridique de la Politique Pharmaceutique Nationale (PPN) - Au Burkina Faso ainsi qu'au Sénégal, lorsque la PPN est élaborée, elle est adoptée en Conseil des ministres et prend la forme d'un décret. Ce statut juridique infra législatif nous paraît

---

[1132] M. Chisale, J.-M. Trapsida, « La réglementation pharmaceutique dans les pays francophones de la région africaine », *Lettre d'information pharmaceutique*, OMS, Bureau régional pour l'Afrique, Vol 3, numéro 1, avril 2006.

[1133] Perspectives Politique de l'OMS sur les médicaments, « Une réglementation efficace : assurer l'innocuité et la qualité des médicaments », Décembre 2003, OMS, Genève.

[1134] Les acteurs clés d'une PPN sont : le ministère de la santé et tout ministère concerné, les industriels pharmaceutiques, les grossistes importateurs, les professionnels de la santé ; les différents ordres (médecins, pharmaciens, infirmiers etc.), les tradipraticiens, les partenaires internationaux, les associations des malades.

[1135] Au Burkina Faso, c'est le décret n°2009-109/PRES/PM/MS portant organisation du ministère de la Santé qui confie la mise en œuvre de la PPN à la DGPML. Au Sénégal, il s'agit du décret n° 2004-1404, du 04 novembre 2004 portant organisation du ministère de la Santé et de la prévention médicale, qui donne compétence à la DPL d'organiser et de mettre en œuvre la PPN.

insuffisant pour un document essentiel censé orienter l'ensemble du droit pharmaceutique d'un pays. Il aurait été intéressant, pour donner une importance juridique plus élevée à la PPN, d'élever sa valeur à un statut législatif. La PPN découle de la constitution qui fait obligation à l'Etat de promouvoir la santé et d'élaborer des programmes pour assurer le droit à la santé pour tous ses citoyens. Il est donc nécessaire que le document qui contribue à mettre en œuvre cette obligation constitutionnelle soit d'un niveau élevé dans la hiérarchie des normes juridiques. Au Burkina Faso, le CSP définit la PPN comme « l'ensemble des orientations et dispositions définies par le gouvernement en matière de médicament et de pharmacie »[1136], il n'indique pas quelle valeur juridique doit avoir cette politique, contrairement à d'autres politiques où il indique qu'elles doivent être adoptées par voie réglementaire[1137]. Rien n'empêche donc d'élever la PPN à une valeur législative.

Il est certain qu'une PPN, quelle que soit sa valeur juridique, est appréciée en fonction de son contenu, qui se doit d'être clair et précis. A travers ce document, chaque pays permet à ses partenaires, à sa population et aux professionnels de santé de voir les objectifs et l'orientation que le pays s'est donnés pour résoudre les difficultés d'accès aux médicaments.

453 - Le financement de la PPN : l'indépendance pharmaceutique est-elle possible ? - Dans la PPN, la place du financement des soins de santé est très importante. En effet, en l'absence d'industries locales suffisantes, le Burkina Faso et le Sénégal font de l'importation des médicaments l'essence de leur politique pharmaceutique. L'Etat doit pouvoir garantir un financement stable et adéquat de l'ensemble des soins de santé. Mais avec les différentes contraintes qui pèsent sur les budgets nationaux, la question de prise en charge des soins de santé par les Etats devient

[1136] Article 207 du CSP du Burkina Faso.

[1137] Il s'agit de la politique nationale de la Santé Maternelle et Infantile (article 84), de la politique nationale de planification familiale (article 87), de la politique en matière de santé mentale (article 107) et de la politique nationale de lutte contre les carences nutritionnelles (article114).

cruciale[1138]. Dans les PED, on constate un resserrement du financement des programmes de santé, accompagné d'une baisse des revenus des ménages. Il faut donc des politiques de financement crédibles. Les Etats doivent également, dans leur politique de santé, assurer le financement des médicaments pour le traitement des maladies prioritaires en faveur des plus démunis, en optant pour une politique des prix accessibles à ces derniers. La PPN doit aussi s'intéresser aux prix des médicaments[1139]dans les établissements privés. Pour cela, les inspections pharmaceutiques doivent pouvoir contrôler les marges bénéficiaires relatives à la vente des médicaments.

Pour atteindre l'autosuffisance pharmaceutique les PPN doivent être repensées pour y intégrer des politiques de développement de l'industrie locale de fabrication des médicaments. L'Afrique toute entière souffre d'un manque énorme d'industries pharmaceutiques[1140]. Les solutions pour résoudre la difficulté d'accès

---

[1138] Un rapport de la DGPML sur les prix des médicaments fait ressortir qu'annuellement l'Etat burkinabè dote son ministère de la santé de 100 000 000 de FCFA pour l'acquisition des MEG pour le compte des directions décentralisées de la CAMEG et 20 000 000 FCFA pour les hôpitaux publics.

[1139] La négociation des prix des médicaments doit intégrer tous les acteurs de la chaîne du médicament (l'organisation des industries pharmaceutiques, les médecins, les pharmaciens, l'Etat et sans oublier les patients à travers leurs associations les plus représentatives), comme cela se fait en Grande Bretagne. Voir pour une étude de la réglementation pharmaceutique, S. Cohu, D. Lequet-Slama, D. Raynaud, « La régulation du médicament au Royaume-Uni », *RFAS* n°s 3-4, 2007, p.260.

[1140] De nombreux pays africains sont dépendants de l'importation des produits pharmaceutiques. L'environnement de la couverture en médicament est très défavorable dans l'ensemble des pays, à l'exception du Maroc et de l'Afrique du Sud. Le Maroc, qui produit plus de 85% des médicaments vendus sur le continent africain, tire son épingle du jeu. Lorsqu'on trouve des pays qui disposent d'une production locale de médicaments, la quantité reste insuffisante. C'est l'exemple du Sénégal, qui avec quatre unités de productions (Sanofi Aventis, Pfizer, Valdafrique Canonne et l'institut Pasteur) qui assurent sous licence la production de spécialités et de génériques, le taux de couverture atteint à peine 15% pour un chiffre d'affaire global d'un peu moins de 35 milliards de FCFA. Encore que, à l'exception de Valdafrique, la totalité des unités de production est constituée de filiales de firmes pharmaceutiques étrangères et importe la quasi-totalité de la matière première, ce qui ne participe pas à réduire le coût des médicaments produits localement. Si l'on prend l'ensemble de la zone UEMOA, d'où sont issus le Burkina Faso et le Sénégal, l'importation de médicaments prédomine. L'UEMOA compte près de 17 unités de production dont 8 en Côte d'Ivoire et 4 au Sénégal, le taux de la production locale cumulée est de 10%.

aux médicaments demeurent, depuis les indépendances, tournées vers l'extérieur, vers les différents bailleurs de fond. Il est à noter qu'avec une volonté politique, les autorités africaines peuvent mettre en place des structures de production de médicaments en Afrique[1141]. Faisant un diagnostic de la situation, le 12e Forum pharmaceutique international, qui s'est tenu du 6 au 9 juillet à Dakar a conclu que la carence de l'industrie pharmaceutique en Afrique se résume à la lourdeur de la taxation, à la difficulté d'accès aux intrants et matières premières, à la forte concurrence des laboratoires étrangers, à l'absence de Recherche et Développement, à l'absence d'un système éprouvé de pharmacovigilance et à l'absence de ressources humaines qualifiées[1142]. Ces difficultés, à notre sens, peuvent être surmontées si les Etats consentent à lever les taxes et à définir des politiques pharmaceutiques fortement orientées vers la recherche de l'implantation d'unités locales de fabrication de médicaments essentiels.

454 - L'évaluation de la PPN ou comment assurer une meilleure gouvernance du secteur pharmaceutique - La réussite de la PPN dépend de son suivi et surtout de la capacité des gouvernements concernés à assurer une bonne gouvernance dans les pratiques pharmaceutiques. Lorsque les autorités instaurent le flou dans l'achat public des médicaments, les dépenses de santé augmentent inutilement et l'accès aux MEG se complique d'avantage[1143]. La corruption, qui touche presque tous les pays du monde, est plus accentuée dans les PED, son éradication commence à mobiliser les autorités des PED, mais la corruption est un problème immense et complexe[1144], elle nécessite une volonté politique sans ambigüité de la part des premiers responsables des différents pays. Si la lutte contre la corruption nécessite une volonté politique, il faut, en

---

[1141] Le Tchad est sur la bonne voie avec la construction depuis décembre 2012, d'un complexe pharmaceutique. Cette industrie doit permettre à terme, selon le gouvernement tchadien de faire passer le médicament antisida de 1700 dollars le traitement par malade chaque année à 120 dollars.

[1142] M. Diouf, « Production de médicaments : le Sénégal et l'Afrique à la recherche d'une souveraineté thérapeutique », *La Gazette* (journal sénégalais) du 3 août 2011, article disponible sur le site http://www.lagazette.sn/spip.php?article3126

[1143] L'ONG Transparency International estime qu'en moyenne, la part de corruption représente 10 à 25% des achats publics dans le secteur de la santé.

[1144] http://apps.who.int/medicinedocs/documents/s14122f/s14122f.pdf, consulté le 24 janvier 2013.

outre, que les pouvoirs judiciaires soient réellement indépendants et disposent de tous les moyens pour punir, non seulement les corrompus, mais également les corrupteurs. Au Burkina Faso pour la première fois une enquête parlementaire s'est intéressée à l'approvisionnement des médicaments[1145]. Ce rapport a pointé du doigt la gouvernance globale de la CAMEG. Les enquêteurs ont relevé d'énormes irrégularités dans les passations de marché et dans la gestion de la structure. Cela a conduit au limogeage du directeur général, mais l'affaire est restée extrajudiciaire.

Outre la mauvaise gouvernance et la carence des industries pharmaceutiques au Burkina Faso et au Sénégal, il existe d'autres difficultés qui freinent la recherche de solutions pour venir à bout des inégalités en matière d'accès aux médicaments.

2 : Les obstacles à la mise en œuvre de la politique pharmaceutique nationale

La recherche de l'indépendance pharmaceutique au Burkina Faso et au Sénégal est entravée par de nombreux aspects dont les plus récurrents sont l'insuffisance de ressources financières et humaines.

455 - Le manque de moyens financiers - Les directions de la pharmacie chargées de mettre en œuvre les PPN dépendent entièrement des ressources allouées par l'Etat. Cette dotation étatique, déjà insuffisante pour le financement des soins, l'est encore plus pour le fonctionnement des directions du médicament[1146]. Cette insuffisance financière assujettit entièrement ces directions à leur tutelle, toute chose qui porte atteinte à leur autonomie de décision.

456 - Le manque de moyens humains compétents - L'insuffisance de personnel qualifié constitue un grand handicap pour l'élaboration, la mise en œuvre et le suivi des PPN au Burkina Faso et

---

[1145] Assemblée Nationale du Burkina Faso, Rapport d'enquête parlementaire sur les marchés publics, mars 2012 (http://www.an.bf/Rapport/Rapportscommissionsadhoc/PagedegardeREmarchespublics.pdf)

[1146] En 2008 le budget de fonctionnement de la DPL au Sénégal était d'environ 98 millions de FCAF (environ 150 000 euros).

au Sénégal. Nos deux pays manquent de pharmaciens inspecteurs[1147]. Outre les pharmaciens, la PPN a besoin d'un personnel pluridisciplinaire, ce qui fait défaut dans les directions de la pharmacie. Il y a un réel déséquilibre entre les tâches définies et le nombre d'agents en exercice dans les directions.

Lorsque le personnel existe, il y a une deuxième difficulté : comment les motiver et les pérenniser dans leurs postes ? Le manque de motivation salariale dans la plupart des cas, entraîne un mouvement des pharmaciens vers les organismes internationaux ou sous régionaux. A ces difficultés il faut ajouter les fréquentes ruptures de stocks de médicaments[1148] et de consommables médicaux au niveau des formations sanitaires, ruptures qui interrogent le circuit d'approvisionnement mis en place.

Paragraphe 2 : L'approvisionnement en médicaments génériques par l'Etat : la régulation étatique de la distribution des MEG

Aux lendemains des indépendances, il existait dans chaque ancienne colonie française une pharmacie nationale qui servait de grossiste pour le compte de l'Etat, mais aussi de centrale d'approvisionnement pour le secteur privé. Avec les exigences des institutions de Bretton Woods[1149] et leur programme de réduction des dépenses de l'Etat, une série de privatisations a été engagée. La distribution de gros des médicaments a été libéralisée. Au Burkina

[1147] Au Sénégal, un seul pharmacien inspecteur assermenté officie à la DPL ; au Burkina s'il existe des pharmaciens inspecteurs, ils n'ont pas été formés pour cette tâche.

[1148] Les ruptures d'approvisionnement ne sont pas l'apanage des PED, il existe également dans certains pays développés des ruptures de stocks. On peut citer l'exemple de la France où ce problème a conduit les autorités politiques, en 2012, à obliger les exploitants à approvisionner tous les établissements autorisés à l'activité de grossistes-répartiteur afin de leur permettre de remplir leur obligation de service public de manière à couvrir les besoins des patients. Des centres d'appel d'urgence ont également été mis en place par les exploitants pour que les pharmaciens d'officine et les grossistes puissent leur signaler d'éventuelles ruptures. Voir décret n° 2012-1096 du 28 septembre 2012 (JORF du 30 septembre 2012).

[1149] Les institutions de Bretton Woods désignent le FMI et la Banque Mondiale. En effets ces deux institutions ont été créées lors de la conférence internationale qui s'est tenue à Bretton Woods en 1944.

Faso, l'Etat a cédé au privé sa pharmacie nationale, quant au Sénégal, la pharmacie nationale est restée étatique. Avec la mise en place de l'IB, l'Etat est revenu au Burkina Faso dans la distribution des médicaments pour assurer la réussite de la nouvelle politique d'accès aux médicaments. En intervenant de nouveau dans la distribution en gros des médicaments, l'Etat peut contrôler la circulation des médicaments essentiels, et surtout, peut avoir la maîtrise de la fixation des prix pour permettre aux populations d'accéder financièrement au MEG. Cette distribution se fait dans un cadre juridique associatif au Burkina et étatique au Sénégal (A) suivant le même circuit et chaque centrale rencontre des difficultés liées à son statut juridique, mais également au contexte national (B).

A : Le cadre juridique de la distribution en gros des médicaments par l'Etat

Pour une mise en œuvre efficace de sa PPN, l'Etat intervient dans la vente des médicaments en gros. Un monopole lui a été réservé pour la vente des MEG. Ce monopole a été instauré dans un intérêt de santé publique. Si au Burkina Faso, c'est une association qui sert de bras armé à l'Etat pour vaincre la spirale de la difficulté d'accès au médicament, au Sénégal, il s'agit d'un démembrement de l'Etat (1). Ces structures, pour distribuer les MEG, doivent d'abord les acheter. Les raisons de santé publique vont également plaider pour que les appels d'offres et les règles du marché soient dérogatoires du droit des marchés publics (2).

1 : Le statut juridique des centrales d'approvisionnement des MEG

457 - La distribution des MEG par l'Etat : un monopole encadré - L'intervention de l'Etat dans la distribution en gros des médicaments est encadrée à un double niveau pour atténuer la concurrence faite au secteur privé de distribution en gros. L'encadrement concerne l'objet distribué et la clientèle. L'objet est limité au MEG. L'Etat n'est pas autorisé à distribuer les médicaments de spécialité, sauf si ceux-ci sont inscrits sur la liste des MEG. Ensuite, la clientèle de l'Etat se limite aux structures publiques de soins, mais exceptionnellement, l'Etat peut approvisionner des officines privées[1150]. Ainsi encadré, le rôle de l'Etat dans la distribution des médicaments vise à assurer l'accès pour tous à des médicaments de qualité, en quantité suffisante, à tout moment et en tout lieu à un coût accessible aux plus démunis. Pour ce faire, l'Etat doit avoir la maîtrise totale de cette distribution, il doit donc avoir une structure capable de permettre la mise en œuvre de cet objectif. C'est donc la structure chargée d'exprimer la volonté politique de l'Etat qui aura le monopole de la distribution des MEG. La forme juridique de cette structure diffère selon les Etats. Si au Burkina Faso, l'Etat a opté pour une structure associative dotée d'une personnalité juridique à qui il a confié une mission de service public, au Sénégal, l'organe chargé de la mise en œuvre de la politique de distribution des médicaments essentiels est une structure publique de l'Etat : un établissement public de santé non hospitalier.

458 - La CAMEG, un instrument de la politique sanitaire nationale au service des populations et un partenaire privilégié de l'Etat dans le cadre de la mise en œuvre de l'initiative de Bamako - Pour répondre à l'appel lancé à Bamako en 1987, le gouvernement du Burkina Faso a créé en 1992, une structure sous forme de projet d'une durée de cinq ans dénommée CAMEG[1151], ayant pour mission principale la mise en œuvre de l'IB au Burkina Faso. A la fin du projet, en 1997, deux tendances se sont dégagées pour la création d'une structure pérenne et viable. D'un côté certains penchaient pour la transformation du projet en établissement public, comme c'est le cas au Sénégal, et de l'autre, d'autres suggéraient de lui donner une forme associative. Le gouvernement burkinabè et ses partenaires ont fini par opter pour la seconde forme[1152]. La CAMEG est régie aujourd'hui par la loi n°10-92 portant liberté d'association, ses statuts

[1150] Au Sénégal, c'est depuis janvier 2003 que la PNA a été autorisée à vendre des MEG aux grossistes privés. 69 produits ont été autorisés. Voir l'arrêté interministériel n°0188 du 15 janvier 2003. Au Burkina Faso seules 30 molécules ont été autorisées.

[1151] Décret n°92-127/SAN-ASF du 21 mai 1992 portant création d'une Centrale d'Approvisionnement en Médicaments Essentiels Génériques.

[1152] Le choix de cette forme est double. D'abord elle permet à la communauté des bailleurs d'être membre de l'association. A ce titre, elle peut faire valoir ses points de vue sans qu'on lui oppose la souveraineté des Etats. En deuxième lieu, la forme association confère à la CAMEG, un statut de droit privé dans ses relations avec ses fournisseurs. Elle dispose d'un compte et paie librement ses partenaires, ce qui évite les lourdeurs administratives dont sont assujetties les structures étatiques.

ont été adoptés le 23 janvier 1998 et ses missions sont restées inchangées[1153]. Devenue depuis 1998, association à « but non lucratif et à finalité sociale »[1154], la CAMEG gère une mission de service public, elle est dotée d'une personnalité juridique doublée d'une autonomie financière. En 1999, une convention a été signée entre l'Etat et la CAMEG, consacrant cette dernière comme « un instrument de la politique sanitaire nationale au service des populations et un partenaire privilégié de l'Etat dans le cadre de la mise en œuvre de l'initiative de Bamako »[1155].

Les comptes de la CAMEG sont tenus selon les formes propres à une entreprise privée[1156]. Etant une association, sa dissolution est prévue par les statuts, dans un tel cas, les bénéfices seront versés intégralement à l'Etat pour pourvoir à l'approvisionnement en MEG.

459 - La CAMEG, un monopole contesté- Le secteur de la distribution des médicaments recouvre d'énormes enjeux politiques, économiques, sociaux et sanitaires. Au Burkina Faso, la CAMEG a le monopole de l'approvisionnement des hôpitaux nationaux, régionaux et des districts sanitaires en MEG, en consommables médicaux, en petits matériels médicaux et en réactifs de laboratoires[1157]. Le

---

[1153]Elle est composée des principaux partenaires suivants : l'Etat, la communauté des bailleurs de fonds intervenant dans le secteur de la santé (OMS, UNICEF, Union Européenne, Banque mondiale, Coopération française, Pays-Bas) et les utilisateurs de la CAMEG (la communauté des utilisateurs est composée de : les conseils de santé de district, les associations de consommateurs, les ONG du secteur de la santé présentes au Burkina Faso, l'ordre des médecins, celui des pharmaciens). Ils sont membres de plein droit. Les patients sont donc représentés dans le Conseil d'administration de la CAMEG, mais ont-ils vraiment la parole ? La CAMEG est organisée autour de trois instances : le Conseil d'Administration, la direction générale, et le comité de supervision. La communauté des utilisateurs comprend : les conseils de santé de district, les associations de consommateurs, les ONG du secteur de la santé présentes au Burkina Faso, l'ordre des médecins, celui des pharmaciens. Ils sont membres de plein droit.

[1154] Préambule des statuts adoptés le 23 janvier 1998.

[1155] La convention a été adoptée par le conseil des ministres du 20 octobre 1999 et publié au JOBF du 21 octobre 1999. Cette convention qui accorde à la CAMEG certains avantages, notamment sur le plan fiscal, complète les statuts et règlement intérieur de la CAMEG. Voir le compte rendu du conseil des ministres sur le site suivant : http://presidence.bf/pageArticle.php?id=872&sid=16

[1156] Article 16 des statuts de la CAMEG disponible sur le site de la CAMEG (www.cameg.com).

[1157] Voir la lettre circulaire interministérielle N°1993/MEF/MS.

monopole conféré à la CAMEG a été réaffirmé par plusieurs textes[1158]. Ce monopole est dénoncé par les sociétés privées, réunies au sein de l'Union des distributeurs des biens de santé (UDISAB). L'UDISAB conteste à la CAMEG le droit à un monopole de distribution et demande à ce que l'Etat ouvre la distribution des MEG dans le secteur public à la libre concurrence. Ce monopole est doublé d'une exemption de droits et taxes à l'importation ce qui apparaît aux yeux des distributeurs privés comme l'avantage de trop[1159].

S'il est indéniable que cette situation monopolistique porte atteinte à la libre concurrence, il n'en demeure pas moins qu'il est légitime et adapté aux exigences de service public nécessaire pour la protection de la santé publique. Son maintien s'impose car au regard de la pauvreté de la population, il est bon de disposer de médicaments à petit prix. Une question mérite cependant d'être posée. Pourquoi l'Etat burkinabè ne fait pas bénéficier l'exemption de taxes aux importateurs privés, en leur imposant par exemple le même prix de vente que la CAMEG. Le choix est sans doute politique et ce choix est soutenu par l'ensemble des partenaires financiers du Burkina Faso[1160].

460 - La PNA, un établissement public de santé non hospitalier - Au Sénégal, la distribution dans le secteur public s'appuie sur la PNA. Créée en 1954 pour répondre aux besoins en médicaments de l'AOF, elle est devenue un service public rattaché au ministère de la Santé en 1960. Son fonctionnement devait donc respecter les règles de droit public, notamment la comptabilité publique et les règles des marchés publics. Cette exigence de droit public, est apparue inadaptée au fonctionnement de la PNA. En effet, dans sa mission d'approvisionnement en MEG, elle est en partenariat avec des commerçants qui exigent que soient respectées les règles du commerce international. Les fournisseurs éprouvaient beaucoup de difficultés pour se faire payer. La procédure devant le trésor public étant longue, certains fournisseurs ont suspendu leur partenariat, ce

[1158] Il s'agit de l'arrêté n°1992/MS/CAB du ministre de la Santé en date du 12 octobre 2000, de l'arrêté n°2001-02050/MS/CAB du ministre de la Santé du 21 novembre 2001 et la convention signée entre le gouvernement burkinabè et la CAMEG le 4 août 2000.

[1159] L'UDISAB a d'ailleurs porté l'affaire devant la commission de la concurrence du Burkina Faso. Pour un examen de ce cas voir supra paragraphe 459.

[1160] Il s'agit des partenaires membres de la CAMEG.

qui engendrait souvent d'importantes ruptures de stocks[1161]. En 1990, l'Etat a autorisé exceptionnellement la PNA, bien que service public, à fonctionner, avec une comptabilité de type privé. Puis en 1998, la loi n° 98-12 du 2 mars 1998, relative à la création, à l'organisation et au fonctionnement des établissements publics de santé est venue régulariser cette situation de fait qui prévalait depuis 1990. Cette loi a créé une nouvelle catégorie d'établissements publics au Sénégal, il s'agit des établissements publics de santé[1162]. L'établissement public de santé est « une personne morale de droit public spécialisée, dotée d'un patrimoine propre dont l'objet consiste, dans le secteur sanitaire et social, à prendre en charge des patients, à produire des biens et des services, à former des personnels et à effectuer de la recherche »[1163]. L'article 20 de la loi cite la PNA parmi les établissements publics de santé et soumet son entrée en vigueur à un décret, qui est intervenu en 1999[1164]. En tant qu'établissement public, la PNA dispose de ressources propres qu'elle peut déposer dans des comptes ouverts dans les établissements bancaires ou postaux, ce qui n'était pas le cas lorsqu'elle était un service détaché du ministère de la Santé. De ce fait elle peut payer directement ses fournisseurs. Mais ce statut semble toujours inadapté et les autorités sénégalaises réfléchissent à lui trouver le meilleur statut qui lui permettrait de garantir aux sénégalais un accès facilité aux MEG.

1161 Il faut noter que la PNA n'avait pas d'autonomie financière, elle n'avait pas de ligne budgétaire propre. Lorsque l'Etat s'engageait avec les fournisseurs de médicaments, ceux-ci devaient passer à la caisse comme tout usager du service public. Le trésor public avait d'autres priorités, parmi lesquelles le paiement des salaires des fonctionnaires et les décaissements en faveur des fournisseurs étaient retardés.

1162 Il faut préciser que depuis la loi n° 90-07 du 26 juin 1990 relative à l'organisation et au contrôle des entreprises du secteur parapublic, des personnes morales de droit privé bénéficiant du concours financier de la puissance publique au Sénégal, le droit sénégalais connaissait un nombre limite d'établissements à caractère parapublic. Il s'agissait : des établissements publics à caractère industriel et commercial, les sociétés nationales et les sociétés anonymes à participation publique majoritaire. La loi n° 98-12 du 2 mars 1998, relative à la création, à l'organisation et au fonctionnement des établissements publics de santé, a créé une nouvelle catégorie d'établissements publics, à savoir les établissements publics de santé, personnes morales de droit public, disposant de l'autonomie administrative et financière.

1163 Article 1er de la loi n° 98-12 du 2 mars 1998 précitée relative.

1164 Il s'agit du décret n° 99-851 du 27 août 1999 portant érection de la Pharmacie nationale d'Approvisionnement en établissement public de santé.

461 - Vers un nouveau changement de statut de la PNA -. L'ACAME[1165], lors de sa 15ème assemblée générale tenue en février 2013 au Burundi, a souhaité que l'ensemble des centrales d'achat puisse converger vers des statuts d'association. Les autorités sénégalaises ont jugé que la PNA était un instrument essentiel à leur politique de santé et n'ont pas souhaité perdre une partie de son contrôle. Un contrôle financier de la présidence et la Cour des Comptes, dans son rapport de 2004, avaient plutôt préconisé de transformer la PNA en agence. Une directive présidentielle a été prise dans ce sens, mais semble avoir été abandonnée pour une autre voie. En effet une réflexion est en cours pour sa transformation en société d'Etat de type commercial et industriel. Le statut actuel de la PNA limite ses activités et ne lui permet pas de se développer et de produire d'autres types d'activités rentables comme la production de médicaments. Aussi, les procédures de passation des marchés entravent les processus d'approvisionnement en médicaments essentiels[1166].

2 : L'achat des médicaments : des règles dérogatoires de marché public

Les centrales d'achats des MEG, au Burkina Faso comme au Sénégal, fonctionnent comme des structures commerciales. Elles mènent des activités d'achats et de reventes de biens avec une marge bénéficière. Elles représentent le grossiste-répartiteur du secteur public et parapublic. La procédure d'achat diffère selon les statuts des centrales.

462 - La CAMEG : un statut idéal pour l'approvisionnement des MEG - Compte tenu des missions assignées à la CAMEG, notamment celle de rendre accessibles et disponibles les MEG et de son statut de personne privée gérant une mission de service public,

[1165] L'ACAME, est l'association des centrales d'achat de médicaments essentiels. Elle regroupe les centrales d'achat de 21 pays africains dont le Burkina Faso et le Sénégal. Etant elle-même une association, elle encourage les structures membres à aller vers des statuts d'association.

[1166] Par exemple l'article 52 du Code des marchés publics du Sénégal interdit aux établissements publics de faire des appels d'offres internationaux, or l'essentiel des médicaments est importés.

c'est une convention signée entre elle et l'Etat qui fixe les règles d'achat des médicaments. Le code des marchés publics ne lui est donc pas appliqué. Pour atteindre ces objectifs, la CAMEG a été autorisée à acheter et à importer par appel d'offres, les MEG nécessaires au fonctionnement des formations sanitaires publiques et des établissements de soins privés à but non lucratif. Ainsi, les achats se font par la procédure d'appel d'offres international scindée en deux phases.

463 - La phase de la présélection ou la constitution d'une base de données de fournisseurs de MEG - Les fournisseurs sont d'abord présélectionnés, puis il y a une consultation restreinte à la liste présélectionnée. La présélection des fournisseurs permet d'alléger les procédures d'appel d'offres et les délais de livraison, mais aussi de connaître ces fournisseurs et leurs produits[1167]. Les fournisseurs présélectionnés sont agréés pour une période de trois ans, ils sont soumis à une évaluation annuelle pour s'assurer qu'ils remplissent toujours les critères. Un fournisseur peut donc être rayé de la liste s'il ne remplit plus les conditions pour lesquelles il avait été retenu. Chaque année, un nouvel appel d'offres international est lancé pour permettre à de nouveaux fournisseurs d'être présélectionnés, mais également pour permettre aux anciens d'élargir leur gamme de produits.

464 - La phase de la commande, une procédure d'appel d'offres restreint - Lors de la présélection, les dossiers des candidats ayant déjà été analysés, la phase finale va permettre de s'intéresser aux prix des médicaments, à leur présentation et à la performance du fournisseur dans le domaine pharmaceutique, seuls les fournisseurs présélectionnés sont autorisés à concourir.

[1167] Les principaux critères pris en compte lors de cette présélection sont les suivants : l'autorisation d'exercer en tant qu'établissement pharmaceutique, la présence d'un personnel compétent pour assurer la qualité des produits. Pour chaque site de production, le laboratoire doit disposer d'un certificat de bonne pratique de fabrication ou tout autre document (Certificat ISO ou CEE) certifiant de la qualité des produits proposés. Les produits doivent avoir un certificat de produit pharmaceutique (CPP), modèle OMS ou un certificat de libre vente. Ils doivent être enregistrés au Burkina Faso ou, à défaut, dans le pays d'origine, les fournisseurs négociants, doivent fournir un certificat de négoce ; et enfin, un échantillon de tous les produits proposés doit être joint au dossier de présélection.

La CAMEG dispose d'une marge de manœuvre pour baisser les prix. En effet, pour couvrir ses frais de fonctionnement, elle revend les MEG avec une marge bénéficiaire fixée annuellement par une convention avec l'Etat. Elle place également ses fonds qui peuvent générer des intérêts. Lorsque cette marge est dépassée, la CAMEG reverse l'excédent dans un compte spécial, appelé « réserve sociale ». Cette réserve, ainsi que les produits du placement, vont servir à couvrir une éventuelle augmentation des prix des MEG à l'importation et permettre aux patients de continuer à payer leur médicament au même prix. Cependant, quand on fait une analyse des prix des médicaments au Burkina Faso[1168], ils sont toujours très chers pour la population, ce qui relance le débat sur l'ouverture du monopole détenu par la CAMEG. Si les grossistes privés bénéficient des mêmes avantages que la CAMEG, ils peuvent vendre directement sans intermédiaire aux structures de soins. En effet lorsque la CAMEG vend aux dépôts-répartiteurs des districts de santé, ceux-ci ajoutent une marge bénéficiaire pour la revente au CSPS et aux CM, qui à leur tour appliquent une marge bénéficiaire, ce qui alourdit le prix du médicament. A notre sens la CAMEG fait déjà un profit en vendant le médicament et cela devait suffire à prendre en charge ses frais de fonctionnement. Le coût du médicament même s'il est bas reste cher pour le patient[1169], ce qui remet en cause l'objectif recherché par la CAMEG. Créée pour permettre l'accessibilité pour tous aux médicaments, il ne devait pas avoir un écart aussi grand entre le prix de cession CAMEG et le prix dans les centres de santé. L'Etat trouve en la CAMEG, un moyen pour alléger sa subvention au centre de santé, car le bénéfice réalisé par la revente sert à financer une partie du fonctionnement des centres de santé.

[1168] Voir l'arrêté n°2010-00020/MCPEA/MS portant fixation des prix de vente au public des MEG

[1169] Par exemple la combinaison artésunate 250mg+ Amodiaquine 50mg utilisée dans le traitement du paludisme coûte 831, 15 F.CFA (1,26 euros) lorsqu'elle est cédée par la CAMEG. Le public l'achète à 950 F.CFA (1, 44euros). Il y a un écart de 118, 85 F CFA. Cet écart ne paraît pas énorme, mais quand on le compare au salaire minima interprofessionnel garanti (SMIG), il est considérable. En effet l'article 1er du décret n°2007/PRES/PM/MTSS/MFB a fixé le SMIG à 32218 F.FCFA (49,11 euros). Ce qui fait moins de 2 dollars par jours (Selon des statistiques de la Banque mondiale 31, 7% des burkinabè vivent avec moins de deux dollars par jours (http://donnees.banquemondiale.org/indicateur/SI.POV.2DAY)).

465 - La PNA, un statut non adapté aux urgences en matière d'approvisionnement des MEG - Si les achats se font par appels d'offres internationaux en DCI et sur la base de la liste nationale, comme au Burkina Faso, la PNA, contrairement à la CAMEG est soumise à la réglementation relative au code des marchés publics, il n'y a plus la dérogation[1170] que lui accordait la commission nationale des contrats de l'administration. La liste nationale conditionne les appels d'offres. Depuis août 2003, la PNA importe des médicaments génériques en DCI pour le public et le privé.

Si la CAMEG et la PNA sont différentes quant à leur régime juridique, elles empruntent le même circuit pour distribuer leurs produits.

B : Le circuit d'approvisionnement et les difficultés des centrales nationales

La politique de distribution des médicaments, telle que mise en place au Burkina Faso et au Sénégal, laisse largement la place aux structures privées d'exercer leur commerce. L'Etat est intervenu pour réguler un marché dont l'abandon aurait été préjudiciable à la mise en œuvre des politiques d'accès aux médicaments. La ligne directrice de la distribution par l'Etat des médicaments est le tracé d'un plan national d'approvisionnement (1). Avec ce circuit, l'Etat peut mettre à la disposition de la population des médicaments moins chers. Malgré les différents efforts consentis par l'Etat, le fonctionnement de la chaîne de distribution étatique de gros connaît souvent des ruptures de stocks (2).

1 : Les plans nationaux d'approvisionnement : un circuit essentiellement public

466 - L'Etat, grossiste-répartiteur des MEG - En développant leur PPN, le Burkina Faso et le Sénégal, tout comme les autres pays

[1170] Il faut noter que la PNA bénéficiait d'une dérogation en matière de passation des marchés publics. Elle pouvait ne pas faire d'appel d'offres et négocier des marchés de gré à gré puis la direction des marchés publics faisait un contrôle du marché à posteriori, avantage qu'elle a perdu en 2002, avec le nouveau code des marchés publics. Voir décret n°2011-1048 du 27 juillet 2011 portant code des marchés publics, JORS, n°6604 du 27 juillet 2011.

africains, ont fait l'option de ne pas laisser la maîtrise de tout le circuit de distribution au secteur privé. Quelle que soit la forme de la structure gérant les MEG, les objectifs recherchés sont les mêmes. La PNA et la CAMEG apparaissent comme les bras armés de l'Etat en matière d'amélioration de la disponibilité et de l'accessibilité des médicaments. Il est normal, dans des pays où l'industrie pharmaceutique est absente et où il n'y a pas de prise en charge sociale du coût des médicaments, que l'Etat intervienne dans le secteur de la distribution pour réguler le marché. Cette intervention de l'Etat dans le commerce des médicaments porte atteinte à l'économie libérale optée par nos deux pays, mais elle se justifie par son objectif de santé publique si toutefois l'Etat recherche uniquement cet objectif.

467- Un circuit décentralisé - Au Sénégal, le système d'approvisionnement en MEG repose sur la PNA qui, avec ses structures régionales, assure la distribution des MEG. Pour certains produits, comme les antituberculeux[1171], les programmes se chargent eux-mêmes de la distribution après commande de la PNA. Pour d'autres, tels que les contraceptifs et les vaccins, les partenaires assurent eux-mêmes l'approvisionnement puis les programmes s'occupent de la gestion et de la distribution des produits.

La PNA approvisionne les Pharmacie Régionale d'Approvisionnement (PRA) qui eux, approvisionnent les districts qui à leur tour, approvisionnent les centres et les postes de santé. Les districts disposent d'un dépôt pharmaceutique dit dépôt-répartiteur de district qui approvisionne les dépôts de médicaments des centres de santé, des postes et cases de santé. Les médicaments sont vendus aux malades consultés à l'intérieur des structures et sur présentation obligatoire d'une ordonnance. Cette stratégie de recouvrement réel des coûts de médicaments est une composante de l'IB.

468 - La CAMEG et les dépôts-répartiteurs de district - Au Burkina Faso, ce sont également des structures décentralisées qui permettent d'approvisionner les centres de santé ruraux en médicaments. Les dépôts-répartiteurs de MEG des districts sanitaires approvisionnent les dépôts pharmaceutiques des structures sanitaires publiques du niveau périphérique, tels que les CM, les CMA, ensuite au niveau des centres médicaux, il y a des dépôts pour alimenter les

---

[1171] Voir supra paragraphe 108.

CSPS de leur ressort. Tous les dépôts-répartiteurs de district s'approvisionnent prioritairement auprès de la CAMEG mais en cas de rupture, ils peuvent s'approvisionner dans une autre structure de distribution après l'autorisation de la Direction régionale de la santé de leur ressort[1172].

2 : Les difficultés du système d'approvisionnement en MEG

469 - Un circuit de distribution parasité par des distributions parallèles - Il existe au Burkina Faso et au Sénégal, comme c'est le cas dans les pays à faibles revenus, une insuffisance dans la coordination des acteurs intervenant dans le système d'approvisionnement. Cela a conduit à la création d'un circuit complexe de distribution des MEG. Chaque bailleur de fonds distribue son produit. Même quand le produit est commandé par la centrale d'achat, la distribution se fera par le bailleur de fonds au bout de la chaîne. Souvent il arrive que le médicament soit distribué par les agences de réglementation nationales, ce qui est contraire à leur mission[1173].

470 - Des clients insolvables- Les structures publiques qui s'approvisionnent auprès des centrales d'achat le font sur le budget de l'Etat, cela va sans dire que si l'Etat ne leur fait pas de dotation suffisante, elles ne peuvent pas honorer leurs dettes. Les pénuries dans les hôpitaux ou dans les centres périphériques de soins sont souvent dues à un défaut de paiement. Au Burkina Faso, en avril 2010, la CAMEG estimait à plus de 2 milliards 378 millions de FCFA les dettes cumulées des formations et districts sanitaires[1174].

471 - Les MEG, des prix inaccessibles aux plus démunis - Malgré la gestion par l'Etat du circuit public d'approvisionnement des

---

[1172] L'approvisionnement effectué auprès d'autres structures de distribution représente moins de 10% des approvisionnements. OMS, *Cartographie des systèmes d'approvisionnement et de distribution des médicaments et autres produits de santé au Burkina Faso*, décembre 2010, p.36.
[1173] Ibidem, p.42.
[1174] Pour la CAMEG, les 12 grands centres de santé (centres hospitaliers universitaires et hôpitaux régionaux) cumulaient à eux seuls 1 milliard 154 millions de FCFA de dettes, tandis que les arriérés de paiements des districts s'élèvent à 1 milliard 224 millions de FCFA.

MEG, le médicament reste cher. En effet, les centrales d'achat vendent les médicaments avec une marge bénéficiaire. Lorsque les structures périphériques les achètent, elles les revendent également avec une marge. Toutes ces marges alourdissent le prix du médicament. Lorsque l'on observe le chiffre d'affaire réalisé par les centrales d'achat, on peut s'interroger sur la politique des prix des MEG[1175]. La pratique de ristournes grève également le prix des MEG et risque, à terme, de donner raison aux grossistes privés qui soutiennent qu'ils peuvent également approvisionner le marché des MEG et vendre au même prix que la CAMEG.

Sous-section 2 : Le circuit non étatique de distribution en gros des médicaments

En dehors de l'Etat, garant de la protection de la santé publique nationale, le médicament ne peut être fabriqué, stocké et exploité qu'au sein d'un établissement pharmaceutique dûment autorisé. Le principe est donc que la vente en gros des médicaments est du monopole des établissements pharmaceutiques de distribution en gros[1176]. La vente en gros désigne, en droit burkinabè, le débit à intermédiaire se livrant à une distribution en gros à des structures de ventes en détail. Sont autorisés à faire la distribution en gros, les établissements et les entreprises pharmaceutiques (Paragraphe 1). Mais dans les pays considérés comme pauvres comme le Burkina Faso et le Sénégal, la difficulté d'accès des populations aux ME entraîne une interférence dans la chaîne de distribution en gros de nombreux organismes. Certains sont organisés et rentrent dans le circuit mis en place par les autorités, mais gardent le contrôle de leurs activités. C'est notamment le cas des organisations interétatiques qui interviennent dans des programmes qui se rapportent à leur mission

---

[1175] Le chiffre d'affaire de la CAMEG est passé de 3, 5 milliards FCFA en 1998 à 30, 5 milliards en 2011 et avoisinait 32 milliards en 2012. Voir http://www.cameg.com/spip.php?article215. En ce qui concerne le Sénégal, la PNA avait un chiffre d'affaire de 2 milliards FCFA en 1994, puis 4 milliards en 1998 et 10 milliards en 2006 (Chiffres donnés par A. Mangane (http://www.remed.org/Communication_Senegal.pdf))

[1176] Selon l'article 226 du CSP burkinabè, « on entend par établissement pharmaceutique de distribution en gros, une entreprise qui a pour activité, l'achat, le stockage et la distribution en gros de médicaments, de produits et objets soumis au monopole pharmaceutique ».

internationale. D'autres, par contre, sortent du circuit et mènent des activités, certes bénéfiques pour la population, mais qui posent souvent de nombreuses questions juridiques et éthiques, il s'agit des associations et autres ONG humanitaires (Paragraphe 2).

Paragraphe 1 : Les établissements et entreprises pharmaceutiques de distribution de gros

La fin du processus de demande de mise sur le marché du médicament permet à ce dernier d'intégrer le secteur de la commercialisation. Le médicament est « assailli » par des règles nationales, communautaires ou internationales qui concourent à mettre le patient à l'abri de mauvaises surprises[1177]. Il s'inscrit dans un circuit complexe, de sa fabrication à sa délivrance, il fait intervenir un nombre important d'acteurs. Ce nombre est beaucoup plus élevé dans les PED. Il existe un circuit à but non lucratif et un autre, qui lui, est à but lucratif. En ce qui concerne ce dernier, il se limite aux entreprises de fabrication (A) et aux établissements pharmaceutiques d'importations qui sont essentiellement pour le Burkina Faso et le Sénégal, les grossistes-répartiteurs (B).

A : Les entreprises pharmaceutiques de fabrication

Selon l'article 223 du CSP burkinabè, « la fabrication et la vente en gros des drogues simples et des substances chimiques destinées à la pharmacie sont libres, à condition que ces produits ne soient jamais délivrés directement aux consommateurs pour l'usage thérapeutique et sous réserve de réglementation particulière concernant certains d'entre eux ». Les entreprises pharmaceutiques sous réserve de respecter les conditions requises pour leur ouverture et les autorisations de débit, peuvent donc librement fabriquer les médicaments au Burkina Faso tout comme au Sénégal. Si au Burkina Faso, il n'existe plus d'établissements de fabrication de médicaments modernes, au Sénégal il en existe un petit nombre.

Bien qu'intervenant dans un domaine sensible, les établissements de fabrication de médicaments sont des sociétés

[1177] Certaines des règles tendent à assurer la sécurité sanitaire, d'autres à rendre accessible géographiquement et financièrement le médicament.

commerciales, qui voient certaines règles du droit commercial leur être appliquées, notamment des règles issues du droit commercial unifié dans le cadre de l'OHADA (1), avec une particularisation pour tenir compte de la protection de la santé publique (2).

1 : L'établissement pharmaceutique de fabrication est une entreprise soumise au droit OHADA

472 - Notion d'entreprise de fabrication de médicament - L'article 224 du CSP du Burkina Faso désigne par établissement pharmaceutique de préparation, « toute entreprise qui a pour activité la fabrication, le stockage et la vente en gros des médicaments, produit et objet soumis au monopole pharmaceutique ». L'histoire de l'industrie pharmaceutique est riche en événements. D'abord artisanale, la fabrication des médicaments s'est débarrassée du couvert de l'apothicaire pour embrasser une modernisation galopante[1178]. Aujourd'hui, dans le monde, l'industrie pharmaceutique connaît un succès pharaonique et occupe une bonne place dans le tissu économique mondial. Au Sénégal, on estime le chiffre d'affaires annuel du marché intérieur pharmaceutique à environ 40 milliards de FCFA[1179].

Aucune industrie de fabrication de médicaments modernes n'existe au Burkina Faso, quant au Sénégal, il existe quatre unités de production de médicaments qui sont en réalité des filiales de grands groupes pharmaceutiques étrangers[1180]. La quasi-inexistence d'entreprises du médicament influence le développement du droit

---

[1178] X. Deroy, « Le secteur pharmaceutique et l'histoire du contrôle de l'innovation », *Revue Française de Gestion*, n°188-189, 2008, p.176.

[1179]Etude réalisée par F. Coti-Cabot, pour la Mission Économique de Dakar, Ambassade de France au Sénégal http://www.keewu.com/IMG/pdf/la_pharmacie_au_Senegal.pdf consulté le 28 janvier 2013.

[1180] Il s'agit de : Pfizer, Sanofi Aventis, Valdafrique et l'institut Pasteur de Dakar qui produit le vaccin amaril (fièvre jaune).

pharmaceutique industriel dans nos pays d'étude[1181]. La réglementation du secteur est très embryonnaire. Au Burkina Faso par exemple, le CSP se borne à définir l'établissement pharmaceutique de fabrication sans donner le cadre juridique dans lequel les activités pharmaceutiques de ces entreprises sont exercées. Au Sénégal, à part quelques notions et les règles issues du CSP français transposé en 1954 au Sénégal, on sait très peu sur le cadre juridique des entreprises de fabrication des médicaments.

473 - L'entreprise pharmaceutique de fabrication est une société commerciale - Le caractère commercial d'une société est « déterminé par sa forme ou par son objet »[1182]. Pour le droit OHADA, la commercialité par l'objet suppose l'accomplissement d'actes de commerce à titre de profession habituelle. Quant à la commercialité par la forme, elle s'adresse à certains types de sociétés[1183]. En droit pharmaceutique, le problème de la qualification de l'entreprise pharmaceutique ne se pose pas. En effet, le droit pharmaceutique burkinabè et sénégalais indique que l'établissement pharmaceutique est une société commerciale[1184]. Ainsi quelle que soit sa forme, l'entreprise de fabrication de médicament est une société commerciale. En indiquant que l'établissement pharmaceutique est une entreprise commerciale, le CSP permet qu'il accède à une personnalité juridique propre et être, de ce fait, soumis aux obligations du droit commercial.

[1181] Il faut signaler que cette partie du droit pharmaceutique, a été élaborée tardivement en France (loi du 11 septembre 1941). Lorsque la France implantait son système juridique en AOF et en AEF, l'entreprise pharmaceutique de fabrication était confondue à l'officine, en ce sens que les pharmaciens préparaient eux-mêmes les médicaments qu'ils dispensaient. Dans son laboratoire, le pharmacien d'officine pouvait copier librement les molécules, celles-ci n'étaient pas protégées par un brevet à l'époque. L'industrie pharmaceutique qui aujourd'hui s'est dissociée de l'officine est donc historique née de cette dernière, ce qui a fait écrit très justement A. Leca qu' « en France l'industrie pharmaceutique est la « fille aînée de l'officine » ». A. Leca, Droit pharmaceutique, op.cit., p.327.

[1182] Article 6 de l'AUDSCGIE.

[1183] En droit OHADA, il s'agit : SNC, SCS, SARL, SA (ces formes de sociétés sont commerciales quelle que soit la nature de leur objet).

[1184] L'article 224 du CSP burkinabè dispose que « l'établissement [pharmaceutique de fabrication] est une entreprise commerciale soumise à toutes les obligations du droit commercial ».

Société commerciale, l'industrie pharmaceutique utilise pour son expansion les stratégies commerciales qui existent. C'est ainsi que, pour faire la promotion de ses produits, elle utilise la visite médicale qui consiste en des dizaines de « contacts journaliers avec les professionnels prescripteurs »[1185]. Il s'agit d'une démarche commerciale, que l'on peut comparer au marketing que fait un commercial, sauf que dans le cadre de la santé ce commercial est appelé visiteur médical ou délégué médical pour distinguer la santé du secteur marchand.

474- Société commerciale, l'entreprise pharmaceutique est soumise au droit OHADA- En signant le traité constitutif de l'OHADA le 17 octobre 1993, le Burkina Faso et le Sénégal ont soumis leurs cadres juridiques relatifs au droit des affaires à cette organisation. Ainsi le droit commercial général et le droit des sociétés commerciales se retrouvent régis par les règles unifiées de cette organisation africaine et les lois nationales lorsque celles-ci ne sont pas contraires aux dispositions OHADA[1186]. Le champ d'application de l'Acte uniforme relatif au droit des sociétés commerciales est étendu selon l'article 1 à « toute société commerciale, dont le siège social est situé sur le territoire de l'un des Etats parties au Traité relatif à l'harmonisation du Droit des Affaires en Afrique ». Pour être régie par l'Acte uniforme sur les sociétés commerciales, la société commerciale doit avoir son siège social dans l'espace couvert par le droit OHADA. Cela veut dire que l'essentiel des entreprises pharmaceutiques de fabrication au Sénégal ne sont pas régies par ce droit. Par contre, étant des commerçants, leurs actes sont régis par l'Acte uniforme portant droit commercial général. En effet l'AUDCG est applicable aux commerçants qui possèdent un établissement, une succursale ou un siège sur le territoire d'un Etat partie.

Si le médicament est une marchandise, il va sans dire que son « vendeur ne voit plus en lui que la contrepartie qu'il pourra en

---

[1185] E. Caniard, « Rapport introductif », in A. Laude, D. Tabuteau (dir.), *Information et produits de santé, quelles perspectives* ?, PUF, Paris, 2006, p.11.

[1186] Les droits nationaux face au droit OHADA ont un caractère résiduel ou supplétif, le droit commun étant le droit uniforme. La CCJA l'a affirmé dans un avis en 2001. Pour la Cour « toute législation nationale contraire au droit unifié est sans effet ». CCJA, avis n°001/2001/EP, 30 avril 2001.

tirer »[1187], il faut donc développer des normes spécifiques pour encadrer le marché du médicament, afin d'atténuer les effets du droit commercial sur le droit à la santé.

2 : L'établissement pharmaceutique de fabrication est une entreprise pas comme les autres : les dérogations aux règles du droit commercial

Si les laboratoires pharmaceutiques, producteurs de médicaments, sont des entreprises soumises au droit commercial OHADA, des contraintes particulières destinées à protéger la santé publique pèsent sur eux.

475 - L'entreprise pharmaceutique de fabrication, une entreprise aux activités limitées - Un établissement pharmaceutique de fabrication se crée pour produire des biens spécifiques destinés à améliorer la santé des patients. L'entreprise ainsi créée vend un bien pas comme les autres, il est donc normal que des règles contraignantes pèsent sur elle comme il est le cas dans l'ensemble du droit pharmaceutique. Ainsi, l'activité de l'établissement est fixée aux activités de préparation[1188] totale ou partielle des médicaments, produits et objets définis par le monopole pharmaceutique, à la vente en gros ou à la distribution en gros[1189] de ces mêmes médicaments, produits et objets.

476 - Une clientèle fixée à l'avance - L'établissement pharmaceutique de fabrication a pour clientèle les grossistes-répartiteurs ou les pharmaciens d'officine. Il ne peut pas vendre au détail directement au public des produits inclus dans le monopole pharmaceutique. Toutefois cette interdiction est levée dans les cas de délivrance pour usage professionnel après avis des services

---

[1187] J.-P. Sylvestre, « Marchandisation et société », in E. Loquin, A. Martin (dir.), *Droit et marchandisation*, Litec, Paris, 2010, p.31.

[1188] La préparation, est « l'ensemble des opérations de division, de changement de conditionnement ou de présentation des médicaments, produits et objets avec les obligations de contrôle des opérations y afférentes » Article 225 du CSP burkinabè.

[1189] Selon l'article 227 CSP burkinabè, « la vente en gros désigne le débit à un intermédiaire se livrant à une distribution en gros à des structures de vente au détail » et « la distribution en gros désigne le débit à un intermédiaire se livrant à la vente au détail ».

compétents et cela à des personnes limitativement désignées. Il s'agit pour le droit burkinabè :

- Des praticiens spécialistes et chirurgiens-dentistes pour les médicaments et matériels utilisés pour le diagnostic médical en anesthésiologie, allergologie, odontostomatologie et en chirurgie pour les articles de suture ;
- Des services ou centres de vaccinations collectives pour les produits nécessaires aux vaccinations, sur commande écrite du responsable sanitaire.

477 - La propriété et la direction des établissements pharmaceutiques n'est pas libre - L'établissement de fabrication doit être la propriété d'un pharmacien ou d'une société à la gestion ou à la direction générale de laquelle participe un pharmacien dans les conditions fixées par arrêté du ministre chargé de la Santé. Le fait de réserver la propriété des établissements de fabrication à un pharmacien ou à une société à la gestion ou à la direction générale de laquelle participe un pharmacien est justifié par des raisons de santé publique. Le pharmacien doit être inscrit à l'Ordre des pharmaciens, il est responsable de l'application des règles édictées dans l'intérêt de la santé publique.

478 - Les règles de bonnes pratiques - Si les entreprises commerciales se créent librement, dans le secteur pharmaceutique, les entreprises de fabrication sont soumises à des règles de santé publique. Il existe une autorisation préalable pour la fabrication de leurs produits. Au Sénégal, les établissements de fabrication doivent, selon le décret n°75-454 du 24 avril 1975, avoir une autorisation de débit pour les spécialités fabriquées au Sénégal. Les inspecteurs du ministère de la Santé doivent, dans ce sens examiner la demande de débit, inspecter les locaux devant accueillir la fabrication du médicament. De plus, les médicaments doivent être fabriqués suivant des normes de bonnes pratiques de fabrication. Ces normes ont été harmonisées dans le cadre du droit de l'UEMOA[1190].

La recherche de la sécurité sanitaire impose donc que l'on tienne compte de la spécificité des entreprises pharmaceutiques. Si

---

[1190] Voir décision n°08/2010/CM/UEMOA portant adoption du guide de bonnes pratiques de fabrication des produits pharmaceutiques à usage humain dans les Etats membres de l'UEMOA.

l'entreprise de fabrication de médicament, est une société de droit privé, la mission d'approvisionnement en médicament est d'intérêt général. Ce qui oblige le producteur de médicament à suivre un circuit sécurisé pour la distribution de son médicament. Il doit, en principe, passer par des intermédiaires pour assurer la distribution de ses produits. Ces intermédiaires doivent également être des établissements pharmaceutiques dirigés par un pharmacien.

B : Les grossistes-répartiteurs

Une fois le médicament fabriqué, les industriels pharmaceutiques cherchent à l'écouler sur le marché. Pour cela ils se dotent d'intermédiaires. Au Burkina Faso, l'essentiel de la distribution en gros des médicaments modernes est assuré par les grossistes-répartiteurs. Au Sénégal, les grossistes interviennent en plus des laboratoires de fabrication présents sur le territoire.

479 - Notion et conditions d'exploitation d'un établissement pharmaceutique de distribution de gros - Le grossiste-répartiteur est toute entreprise qui se livre à l'achat, au stockage de médicaments ou tout produit entrant dans le monopole pharmaceutique, en vue de leur vente aux pharmaciens détaillants. Les grossistes-répartiteurs, contrairement aux dépositaires[1191], sont propriétaires de leur stock. Ils achètent, stockent et « répartissent » des médicaments sans les transformer.

L'ouverture d'un établissement de distribution en gros est soumise à une autorisation. Au Burkina Faso, les conditions d'ouverture et d'exploitation des établissements pharmaceutiques de distribution de gros sont régies par le CSP et par les décrets et arrêtés d'application y afférents. L'autorisation d'exploitation est

[1191] Le droit pharmaceutique du Burkina Faso et celui du Sénégal ne connaissent pas le dépositaire. En droit français par exemple le dépositaire est, « l'entreprise se livrant, d'ordre et pour le compte d'un ou plusieurs exploitants de médicaments, (...) au stockage de ces médicaments, produits, objets ou articles dont elle n'est pas propriétaire, en vue de leur distribution en gros et en l'état » article R 5124-2 du CSP français.

conditionnée par la présence obligatoire d'un pharmacien dont le nom doit figurer dans l'arrêté d'autorisation[1192].

480- Les obligations du grossiste-répartiteur - Le grossiste-répartiteur est un acteur dans la protection de la santé publique. Pour la sécurité des patients consommateurs de médicaments, les établissements de distribution et d'importation de produits pharmaceutiques à usage humain, établis dans l'espace UEMOA, sont tenus de se conformer à des règles de bonnes pratiques[1193] de distribution et d'importation des produits pharmaceutiques à usage humain et aux différentes évolutions s'y rapportant édictées par l'Union[1194]. Ils doivent, en outre :

- Veiller à la disponibilité permanente des médicaments ; dans ce sens, ils ne doivent pas refuser de livrer des officines qui en font la demande. Ainsi, tout titulaire d'une AMM doit obligatoirement s'assurer que l'approvisionnement en médicament est approprié et surtout continu pour les pharmaciens et les personnes autorisées à délivrer des médicaments de manière à couvrir les besoins des patients de l'Etat où le médicament est autorisé.
- Collaborer avec les autorités sanitaires nationales qui peuvent les solliciter en cas d'épidémies, de catastrophes, de famine, de guerre et de difficultés dans l'obtention de vaccins ou de médicaments essentiels[1195].

[1192] Un rapport de l'inspection pharmaceutique, souligne que certains établissements pharmaceutiques n'ont pas d'acte de désignation du pharmacien responsable. En outre, ces établissements fonctionnent avec un nombre insuffisant de pharmaciens par rapport à leurs activités. Lorsque le pharmacien responsable est absent il est souvent remplacé par un préparateur en pharmacien. Ministère de la Santé, Rapport de synthèse de l'inspection pharmaceutique, Burkina Faso, 2011, 13p.

[1193] Les bonnes pratiques de distribution sont définies comme, « la partie du système d'assurance qualité garantissant que les différentes activités liées au processus de distribution sont réalisées conformément aux règles de qualité établies ». Voir l'annexe de la décision n°09/2010/CM/UEMOA portant adoption du guide de bonnes pratiques de distribution et d'importation des produits pharmaceutiques à usage humain dans les Etats membres de l'UEMOA.

[1194] Article 2 de la décision n°09/2010/CM/UEMOA.

[1195] Article 9 de l'arrêté n°2000-068 portant conditions d'ouverture et d'exploitation des établissements pharmaceutiques de vente ou de distribution en gros au Burkina Faso.

- Ils doivent disposer de locaux adéquats pour le stockage des médicaments et des autres produits[1196].

L'activité de grossiste-répartiteur est incompatible avec l'exercice de toute autre activité de pharmacien.

481 - L'activité des grossistes-répartiteurs et le prix des médicaments - Le grossiste-répartiteur est un intermédiaire entre le fabricant et les pharmaciens d'officine. Il est un commerçant, ses activités sont donc à but lucratif. Il lui est interdit de vendre dans ses locaux le médicament au détail. Sur le prix d'achat au fabricant, il ajoute une marge bénéficiaire pour vendre ses produits aux pharmaciens détaillants qui, à leur tour augmentent le prix d'une marge bénéficiaire. Avec cette pratique d'intermédiaire, le prix du médicament ne peut que connaître une hausse quand il est proposé aux patients. En effet, plus le nombre d'intermédiaires est élevé plus le prix du médicament sera élevé. En Algérie, pour baisser le prix des médicaments produits localement, le gouvernement, en plus de l'exonération de certaines taxes[1197], avait décidé en 2010[1198], de réduire le nombre d'intermédiaires dans le circuit de distribution du médicament produit localement. C'est ainsi qu'il a été décidé d'obliger les producteurs locaux de médicaments à constituer leurs propres réseaux de distribution et à distribuer eux-mêmes leurs produits. Cette pratique, à notre avis, est bénéfique pour le patient et participe à la politique de facilitation de l'accès aux médicaments.

Outres les sociétés commerciales, il existe d'autres organisations qui sont actives dans la distribution en gros des médicaments.

[1196] Ces locaux ne peuvent être librement modifiés sans l'accord des autorités compétentes.

[1197] Dans la loi de finances complémentaire pour 2010, le gouvernement algérien a exonéré la production locale de médicament de la taxe sur les activités professionnelles.

[1198] Voir l'instruction n° 446 datée du 23 mai 2010, émanant du premier ministre et adressée aux directeurs régionaux du commerce.

Paragraphe 2 : L'approvisionnement par d'autres organismes : la distribution humanitaire des médicaments[1199] et les aides aux programmes de santé

Depuis l'introduction du médicament moderne dans les systèmes de santé africains, l'Afrique n'a jamais réellement maîtrisé la circulation de ce bien de santé sur ses terres. De la colonisation à nos jours, les autorités africaines semblent avoir abandonné le soin aux pays industrialisés de déterminer leurs normes de santé et les moyens de les satisfaire et cela, en dehors du contexte et des valeurs intrinsèques à chaque pays. Cette situation a conduit à mimer les systèmes de santé occidentaux et l'Afrique est devenue un vaste circuit complexe en matière de distribution des médicaments. En cas de crises sanitaires à envergure continentale comme la tuberculose, le paludisme et le SIDA, c'est en masse que les bienfaiteurs de l'Afrique accourent pour lui venir en aide. Ces bienfaiteurs, craignant de voir leur don finir dans les méandres de la corruption ou de la mal gouvernance, distribuent eux-mêmes les médicaments nonobstant tout circuit légal mis en place par le législateur (A). A côté de ce circuit, il y a un autre circuit qui approvisionne, de façon ponctuelle, directement des centres de santé ou des populations ciblées. Ces médicaments sont souvent des médicaments non utilisés dans les pays d'origine (B).

A : Les organismes interétatiques et les ONG : l'approvisionnement des programmes prioritaires de santé

Les programmes prioritaires de santé dans les PED concernent, en général, les maladies endémiques dont l'éradication peine à se réaliser. Ces maladies sont, pour la plupart, maîtrisées dans les pays du Nord. En Afrique, il s'agit de certaines maladies tropicales dont la prise en charge est coûteuse et les médicaments absents sur les territoires nationaux. De nombreuses stratégies ont été développées, aussi bien sur le plan national que sur le plan international, pour éradiquer ces fléaux. La volonté politique des acteurs africains face à

[1199] Est qualifié de distributeur en gros à vocation humanitaire, tout organisme à but non lucratif se livrant à l'acquisition à titre gratuit ou onéreux et au stockage de médicaments autres que ceux destinés à être expérimentés sur l'homme, en vue de leur distribution en gros ou de leur exportation.

ces maladies s'est confrontée à la pauvreté de leur pays. A l'origine, l'aide était fournie au ministère de la Santé qui gérait les dons de médicaments dans le cadre général de la politique sanitaire. Mais avec les lourdeurs administratives, les ruptures de stocks étaient récurrentes. Pour simplifier ce circuit compliqué, les bailleurs de fonds ont estimé qu'il était nécessaire que chacun gère l'approvisionnement du programme qu'il a choisi, en distribuant directement les médicaments concernés aux structures ayant en charge lesdits programmes, sans l'intervention du ministère de la Santé. Ce changement de stratégie a engendré dans son fonctionnement une complication du circuit de distribution des médicaments, avec de nombreux acteurs intervenant sans aucune coordination (1). Aujourd'hui, le besoin de coordination est urgent (2).

1 : L'aide au programme de santé : quand la simplification aggrave la complexité du circuit de distribution des médicaments

482 - La lutte contre les maladies endémiques en Afrique, des acteurs multiples pour un accès équitable aux médicaments - La lutte contre les fléaux en Afrique a mobilisé de nombreux acteurs. Parmi toutes les maladies, nous allons retenir les plus fréquentes à savoir la tuberculose, le paludisme et le sida. Ces maladies font intervenir un nombre important d'acteurs qui visent tous à faciliter l'accès des malades aux médicaments. On peut citer le Fonds mondial de lutte contre le sida, la tuberculose et le paludisme, l'UNICEF, le PNUD, l'OMS, l'UNITAID[1200]. A côté de la mobilisation des organes interétatiques, il y a des initiatives étatiques comme USAID des Etats-Unis ou privées comme la fondation Bill and Melinda Gates. Si ces nombreuses interventions internationales apportent une bouffée d'oxygène aux populations du Sud, pour la plupart insolvables, il faut noter que les systèmes de distribution mis en place manquent d'efficacité, ce qui conduit parfois, comme le note le réseau ReMeD, « à un gaspillage de la précieuse marchandise »[1201] qu'est le médicament.

[1200] Facilité internationale d'achat de médicaments, cette organisation est alimentée en grande partie par une taxe de solidarité sur les billets d'avion.

[1201] Pour plus d'information sur la question on peut consulter utilement le site http://www.irinnews.org/fr/Report/75547/AFRIQUE-Quand-les-ARV-ratent-leur-cible consulté le 16 mai 2013.

483- Quand la recherche d'une simplification du circuit de distribution complique celui-ci - Le circuit légal mis en place par le Burkina Faso et le Sénégal a été jugé trop complexe par les donateurs de médicaments. C'est ainsi qu'ils ont souhaité sa simplification en intervenant directement dans la chaîne comme distributeurs de gros. Ce souci de recherche de simplification a fait entrer dans la chaîne du médicament un grand nombre d'acteurs qui ne communiquent ni entre eux ni avec les autorités nationales. En effet les bailleurs de fonds ne communiquent souvent pas avec les différents intervenants des programmes de santé nationaux dans le domaine de l'achat, de la distribution et même de la dispensation de médicaments. Cela a abouti, en 2007, à une rencontre entre ces différents acteurs à Paris. Des difficultés ont été relevées sur le danger de ces modes de distribution. Selon le docteur Jean-Louis Rey[1202], expert en santé publique, des médicaments sont souvent envoyés dans les pays bénéficiaires « sans concertation avec les autorités sanitaires locales, lesdits médicaments arrivent au port et y demeurent pratiquement jusqu'à la date de péremption » parce que, tout simplement, les personnes devant les réceptionner n'ont pas été informées de leur arrivée.

Certains bailleurs ont leurs propres mécanismes de distribution qui ne passent pas par les centrales d'achat et lorsqu'ils sont nombreux, comme c'est le cas au Burkina Faso et au Sénégal, la stratégie adoptée pour simplifier le circuit de distribution se révèle être une stratégie de complication dudit circuit. L'ACAME a d'ailleurs plaidé pour une meilleure intégration des organismes qui interviennent dans l'achat et l'approvisionnement des médicaments dans le processus national de distribution[1203].

Si les acteurs nationaux de la distribution et les ONG semblent pointer du doigt les bailleurs, cela n'a pas manqué d'être contesté par ces derniers. D'abord, le Fonds mondial a estimé qu'il travaille étroitement avec les structures nationales. S'il reconnaît des cas

---

[1202] http://www.irinnews.org/fr/Report/75547/AFRIQUE-Quand-les-ARV-ratent-leur-cible consulté le 16 mai 2013.

[1203] En substance l'ACAME affirmait que « Pour nous, pharmaciens et autres acteurs de santé impliqués dans des actions de développement, tout volet pharmaceutique des programmes, qu'ils soient financés au niveau national ou par des contributions internationales, doit être établi, mis en place et exécuté par les centrales d'achat et les instances nationales spécialisées ».

d'arrivées de médicaments périmés, il trouve cela isolé pour compromettre leur action[1204]. L'UNITAID pour sa part, reconnaît que son organisation n'impliquait pas les centrales d'achat, mais, a nié le fait que ses médicaments n'arrivaient pas aux patients ou arrivaient périmés.

484 - Des problèmes pourtant réels - Chacun semble rejeter les accusations, mais il est pourtant vrai, à travers l'observation sur le terrain ou l'analyse, que les médicaments distribués directement sans être introduits dans le circuit normal perturbent le système national pharmaceutique. Il est arrivé que des médicaments contre le paludisme, en l'occurrence des ACT[1205], soient directement distribués aux centres périphériques de santé où il n'y a pas de pharmacien et de médecin. Ces centres sont gérés par un infirmier chef de poste qui fait office de prescripteur et par un agent de santé sans grand niveau qui gère le dépôt de MEG. Personne ne connaissait ces produits à l'époque, puisque cette combinaison était nouvelle dans le paysage thérapeutique au Sénégal et n'était pas encore intégrée dans la formation des prescripteurs. Ensuite au Sénégal, en 2007, il y eut un cas regrettable où la non concertation a conduit à la destruction d'un lot d'ACT[1206].

Au Burkina Faso, un rapport de l'OMS, estime que seulement 35.7% des partenaires financiers utilisent la CAMEG pour l'achat et l'importation des médicaments et d'autres produits de santé qu'ils

[1204] Pour Nicolas Demey représentant le Fonds mondial, le fonds, « travaille main dans la main avec les structures sanitaires nationales déjà en place et avec les autres institutions ou organisations afin d'éviter d'acheter deux fois les mêmes médicaments », il a ajouté qu' « il est arrivé que des médicaments achetés avec les ressources du Fonds mondial, expirent lorsqu'ils arrivent à destination ». Mais il a minimisé ces cas. Pour plus d'information sur la question on peut consulter utilement le site http://www.irinnews.org/fr/Report/75547/AFRIQUE-Quand-les-ARV-ratent-leur-cible (site précité).

[1205] Les ACT (Artemisinin based Combination Therapy) sont des combinaisons à base d'artémisinine reconnues aujourd'hui comme les seules véritablement efficaces contre le paludisme.

[1206] Le problème posé par ces ACT était lié à leur durée de vie. Au Sénégal, le cas s'est posé en 2006. Des commandes avaient été passées sans vraie concertation avec les autorités nationales, une importante commande d'à peu près trois millions de doses a été lancée en 2006. Ce lot est arrivé à péremption fin 2007, forçant le Sénégal à puiser dans ses fonds d'une part pour détruire ces médicaments, d'autre part pour s'en procurer de nouveaux.

financent[1207], ce qui est contraire à la déclaration de Paris sur l'efficacité de l'aide au développement[1208]. De plus, le concept d'achats groupés, adopté par le ministère de la Santé à travers la CAMEG, n'est pas respecté par les partenaires. Ensuite, la politique d'assurance qualité des partenaires et des agences d'approvisionnement international pour l'achat des médicaments, n'est pas connue au niveau national, ce qui ne permet pas à la DGPML de s'assurer de la qualité des médicaments importés par ses partenaires[1209]. Il faut relever qu'en outre l'autorisation spéciale d'importation des médicaments[1210] est délivrée aux agences d'approvisionnement internationales sur la base d'une facture/bordereau ce qui ne permet pas de s'assurer de la qualité des médicaments.

Plus de 46.6 % des partenaires n'utilisent pas le système public de distribution qui consiste à aller du centre vers les périphéries[1211]. Il est urgent de remédier à cette situation pour assainir le circuit de distribution des médicaments.

2 : La nécessité d'une coordination des actions des bailleurs de fonds : pour une sécurité juridique et une sécurité sanitaire

485 - La coordination de la distribution des médicaments, un gage de sécurité juridique et sanitaire - Il est indéniable que les pays africains ont besoin des nombreux programmes de santé qui concourent à faciliter l'accès des populations aux médicaments, mais il est tout aussi vrai que, dans un Etat de droit, le respect des institutions et des cadres légaux est d'ordre public. Un circuit désorganisé en matière de médicaments menace la sécurité sanitaire,

---

1207 OMS, Cartographie des systèmes d'approvisionnement et de distribution des médicaments et autres produits de santé au Burkina Faso, op.cit, p.38.

1208 La déclaration de Paris a été approuvée le 2 mars 2005. Il s'agit d'un accord international auquel une centaine de ministres, de responsables d'organismes d'aide et d'autres hauts fonctionnaires ont adhéré en s'engageant à ce que les pays et organismes qu'ils représentent accentuent les efforts d'harmonisation, d'alignement et de gestion axée sur les résultats de l'aide.

1209 Dans une cartographie des systèmes d'approvisionnement des médicaments au Burkina Faso, les auteurs ont relevé qu'il était impossible, pour l'autorité de règlementation burkinabè, de contrôler la qualité des médicaments issus du don, car aucun des partenaires n'apporte d'attestation de qualité aux autorités.

1210 Cf supra paragraphe 138 et suivants.

1211 OMS, Cartographie des systèmes d'approvisionnement et de distribution des médicaments et autres produits de santé au Burkina Faso, op.cit., p.39.

en ce sens que les prescripteurs sont souvent mis face à des médicaments dont ils n'ont aucune information. Ces médicaments peuvent arriver déjà périmés mais prescrits malgré tout. Ensuite, sans coordination, les médicaments peuvent se retrouver dans le circuit informel, délicatement soustrait par des agents se souciant peu de la déontologie de leur profession. L'approvisionnement en médicaments des programmes de santé vise à permettre l'accès au traitement pour la population ciblée. Il a, par conséquent, une fonction de service à la population et doit donc s'organiser au mieux en fonction des besoins des intéressés. Cependant les besoins des populations sont multiples et ne se limitent pas aux objectifs couverts par les programmes. Un système d'approvisionnement national est donc nécessaire afin de répondre à ces besoins. La plupart des systèmes d'approvisionnement des programmes de santé sont gérés de façon autonome sans que les autorités sanitaires ne soient impliquées, ni même parfois informées, des modalités de gestion de ces produits pharmaceutiques. Le non respect de la liste nationale des MEG, le choix de médicaments non adaptés aux protocoles nationaux, la difficulté pour les Etats de contrôler le respect de la législation en matière de produits pharmaceutiques et l'impossibilité de contrôler la qualité ou de produire des statistiques fiables, sont quelques-uns des reproches formulés à l'encontre de cette stratégie[1212]. Aussi, peu de programmes ont en leur sein les compétences pharmaceutiques et les moyens matériels suffisants pour assurer l'expression des besoins, le stockage, la répartition et la distribution des médicaments dans les conditions requises.

Il est important, lorsque le droit pharmaceutique établit un circuit de distribution, que ce droit soit respecté et ce quel que soit le revenu des pays. Il est urgent de réorganiser le circuit de distribution des médicaments, pour assurer une sécurité juridique et redonner confiance à tous les acteurs de la chaîne du médicament et surtout pour restaurer la crédibilité du droit pharmaceutique en Afrique.

486 - La coordination de la distribution des médicaments, instrument nécessaire pour la cohérence du système national d'approvisionnement - Le foisonnement des acteurs de distribution du médicament crée un risque de concurrence pour les systèmes

[1212] Ministère de la Santé du Burkina Faso, 2007.

d'approvisionnement nationaux qui pourraient, à terme, les fragiliser. L'aide internationale, pour être efficace, doit être cohérente avec les systèmes nationaux mis en place. En 2005, dans la déclaration de Paris sur l'efficacité de l'aide au développement, les signataires se sont engagés à aligner l'aide internationale sur les stratégies nationales. Selon ce principe de l'alignement, les donateurs doivent faire reposer l'ensemble de leur soutien sur les stratégies nationales de développement, les institutions et les procédures des pays partenaires. Le développement de systèmes autonomes ne respectant pas les politiques nationales va donc à l'encontre de ce principe. Nous convenons avec J.-M. Severino et O. Ray[1213]que les interventions multilatérales mal coordonnées troublent la scène des politiques globales dans les pays bénéficiaires. Ces auteurs qualifient ce foisonnement d'institutions internationales de « jungle institutionnelle », car toutes ces institutions sont dépourvues de cadre réglementaire compréhensible, n'ont aucun sens d'orientation clair et se mènent une concurrence malsaine. Chacune a sa conception de ce qu'est une bonne politique de santé. « Cet empilement institutionnel »[1214], est un danger pour les politiques des pays en développement. Une étude commanditée par la Banque mondiale et publiée en 2004[1215], avait conclu qu'un lourd fardeau administratif était imposé aux bénéficiaires de l'aide internationale. Selon cette étude, 38 PED ont affaire à au moins, 25 bailleurs bilatéraux et à de nombreuses ONG et chacun d'entre eux exigent des autorités nationales la rédaction de rapports suivant des normes différentes. Ce travail quotidien absorbe une partie de leurs tâches et celles-ci travaillent en réalité pour permettre à chaque bailleur de montrer son efficacité sur le terrain, délaissant souvent les priorités nationales.

Si la problématique de l'approvisionnement des programmes de santé, semble trouver un début de solution, ce n'est pas le cas de la distribution humanitaire des médicaments où la pratique, quoique interdite continue de faire son chemin.

[1213] J.-M. Severino, O. Ray, op.cit., pp. 95-100.

[1214] J.-M. Severino, O. Ray, op.cit., p.99.

[1215] Voir l'étude faite par F. Stephen, F. Knack, A. Rahman, « Donor Fragmentation and bureaucratic quality in aid recipients », World Bank policy researche working paper 3186, January 2004, 30p.

B : La distribution humanitaire des médicaments ou l'usage des médicaments non utilisés

Dans les pays d'Afrique subsaharienne en général et au Burkina Faso et au Sénégal en particulier, le médicament reste encore inaccessible pour une grande partie de la population malgré les efforts consentis par les autorités nationales et internationales. C'est dans ce contexte de précarité que la dévaluation du franc CFA est venue aggraver les problèmes d'accès aux médicaments, en multipliant par deux les prix des médicaments. Les politiques des génériques avec l'Initiative de Bamako n'ont pas réussi à vaincre les difficultés d'accès aux médicaments. Cependant, il semble impératif, pour les autorités nationales, d'assurer l'accès aux médicaments, surtout pour la prise en charge des maladies particulières, telles que le paludisme, la tuberculose et le VIH/SIDA. Mais, aussi, il est urgent de créer un cadre juridique capable de réguler le secteur du médicament. L'Afrique, bien que manquant de médicaments, a besoin de médicaments de qualité.

Face à toutes ces difficultés d'accès aux médicaments, des ONG, des associations ou des particuliers du Nord, viennent en assistance aux malades du Sud, avec des médicaments dont certains sont des Médicaments Non Utilisés (MNU)[1216]. Ainsi, des médicaments à prescription obligatoire sont en libre accès dans des circuits non pharmaceutiques, livrés à des malades, à des associations de malades ou à des structures de soins. Pour des questions éthiques et d'organisation des systèmes de santé locaux, ces pratiques ont été interdites ou encadrées. Il convient avant d'exposer la réglementation des dons humanitaires de médicaments (2), de préciser les fondements d'un tel encadrement (1).

1 : Les fondements de l'encadrement de la distribution des médicaments issus du don

487 - La difficulté d'accès aux médicaments dans les PED : une réalité ancienne et actuelle - Si dans certains pays développés, les médicaments sont pris en charge par la collectivité, dans les PED, le prix du médicament est assumé par le patient, qui souvent ne

[1216] Ces médicaments sont souvent livrés à des populations sans médecins, sans conseillers en matière médicale et pharmaceutique.

dispose pas de moyens nécessaires à son achat. Toutes les stratégies semblent avoir été explorées, mais le problème demeure non résolu. Les grands décideurs mondiaux refusent de toucher le nœud sensible du problème. Comment convaincre les industriels du médicament qu'ils ont une responsabilité à rendre accessible les médicaments ? Comment les amener à renoncer à leurs gros dividendes ? En somme, comment moraliser les profits dans l'industrie pharmaceutique ? Rappelons que l'industrie pharmaceutique soutient faire d'importants efforts pour l'accès aux soins dans les pays pauvres. Selon la fédération Internationale de l'Industrie Pharmaceutique (IFPMA), plus de 200 programmes d'actions visant à favoriser l'accès aux soins dans les PED, ont été entrepris entre 2000 et 2005. Ces programmes auraient permis de toucher 539 millions de personnes[1217]. A l'aune de la fonction du médicament, il faut s'inquiéter que son accès soit limité dans les pays du Sud. C'est pour répondre à cette urgence bien réelle, que des personnes physiques ou morales décident de venir en aide aux patients démunis du Sud en leur apportant des médicaments.

488 - Le don de médicaments, une épine ôtée du pied des autorités africaines ?- Le malaise des autorités africaines est grand quand on aborde la question des dons de médicaments[1218]. Interrogé sur le sujet, le ministre burkinabè de la Santé affirme que les « dons de médicaments dans le contexte du Burkina Faso sont utiles », mais, reconnaît plus loin que ces médicaments « font plus de mal que de bien », et qu'ils doivent respecter la réglementation pharmaceutique, notamment celle relative à la qualité et au respect de la liste nationale des médicaments et des protocoles nationaux de traitements[1219]. Les autorités nationales ne sont pas sollicitées pour vérifier la qualité

[1217] M. Dupont, « Les politiques d'accès aux soins de l'industrie pharmaceutique dans les pays du sud : outil de communication ou véritable engagement ? », in D. Kerouedan, op.cit., pp.303-317.

[1218] Depuis 1982 il existe au Burkina Faso des « pharmacies villageoises ». L'arrêté ministériel organisant ces pharmacies indique que « les pharmacies villageoises sont des dépôts communautaires de médicaments financés par dons, legs à la communauté villageoise ou par le ministre de la Santé publique ». Voir arrêté 52 MSP.SG.DSPH du 1er septembre portant réglementation de l'ouverture des pharmacies villageoises (JORHV du 9 septembre 1982, p.781). Ces pharmacies villageoises étaient la propriété de l'Etat, mais étaient gérées par la communauté villageoise. Après la libéralisation intervenue en 1994, ces pharmacies ont été cédées à des pharmaciens privés ou à des gérants commerçants.

[1219] Interview réalisée par le journal burkinabè l'Opinion du 19-25 octobre 2005.

desdits médicaments, le ministre lui-même le reconnaît quand il affirme ignorer si ces médicaments sont de bonne qualité.

Le don des MNU est toujours une réalité actuelle, il semble soulager les autorités nationales qui voient une partie de leurs centres de santé dotés de médicaments. L'opinion nationale semble également les apprécier, ils sont appelés « médicaments France au revoir »[1220] dans le jargon populaire. Mais ces médicaments posent d'énormes problèmes sanitaires et éthiques.

489 - Les MNU, enjeux sanitaires et éthiques - Face à une population traumatisée par la maladie, atteinte dans sa dignité par le manque de ressources pour acquitter l'ordonnance que lui tend le médecin, les médicaments issus du don paraissent la solution. Les organisations internationales jouent sur cette fibre sensible. Beaucoup croient leur acte tout à fait justifié mais ils ne mesurent pas les risques que peuvent apporter leurs médicaments[1221].

Les MNU sont souvent inutilisables dans les pays qui les reçoivent, car ils ne correspondent pas aux pathologies les plus fréquentes[1222]. En outre, ils peuvent être périmés, altérés ou encore peuvent manquer d'informations, soit parce que la notice est absente, soit parce que cette notice est écrite dans une langue non connue du

---

[1220] Dans le langage populaire, France au revoir est utilisé pour traduire deux choses : la provenance du médicament et son caractère de médicaments de seconde main.

[1221] Il est courant d'entendre en ce qui concerne les dons de médicaments, certains donateurs dire que tout médicament est utile pour l'Afrique. Une enquête menée par M. F. Atchadé, dans le cadre de son mémoire de DEA, révèle que pour les donateurs, « les MNU sont une opportunité que les pays en voie de développement doivent saisir pour régler les problèmes sanitaires dans leur pays », pour ces derniers, qu'importent les molécules envoyées, ils serviront sans doute à sauver des vies. « Le don de MNU est un salut, un salut pour beaucoup de vies » souligne un des enquêtés. En face, ils trouvent toujours des récipiendaires pour leur dire « merci » F. Atchadé, *Les médicaments non utilisés : quelle place dans la stratégie d'accès aux médicaments ? Une étude sur des échange France-Sénégal*, Mémoire de DEA Santé Publique et pays en développement, 202-2003, Université Pierre et marie Curie, p.17.

[1222] A. Haroche, « Les médicaments non utilisés ne seront plus utilisés », *Actualités pharmaceutiques*, n° 477, Septembre 2008, p.6.

public du pays bénéficiaire[1223]. Lorsque les médicaments sont inutilisables, il appartient aux bénéficiaires de gérer les déchets, chose qu'ils ne savent pas faire. Ces déchets sont donc déversés dans la nature, sans être recyclés et seront retrouvés dans les eaux de boissons, posant ainsi un nouveau problème, d'ordre environnemental.

Cette distribution « artisanale »[1224] de médicaments de qualité douteuse[1225], représente un danger pour les populations qui affrontent déjà une situation sanitaire désastreuse.

490 - Les MNU et les détournements de destinataires - Dans la pratique, l'usage de MNU dans les Etats en développement permet d'alimenter un marché parallèle au même titre que les médicaments contrefaits[1226] et représentent une menace pour la mise en œuvre des politiques locales telles qu'elles ont été préconisées avec l'IB. Ces médicaments peuvent également créer des habitudes de consommation de produits de marque en lieu et place des génériques. Leur distribution gratuite remet en cause la volonté d'une participation communautaire et, à long terme menacerait la pérennité des centrales d'achat[1227].

L'accès aux médicaments, vu sous l'angle de la pauvreté légitimerait un laisser-aller des dons pour combler le vide, car il faut trouver une solution pour un accès à tous aux médicaments de qualité. Mais la sécurité sanitaire exige que tous médicaments reçoivent non seulement une AMM avant sa mise sur le marché, mais également une fois l'AMM reçue, le médicament doit suivre un circuit de distribution

---

1223 Alors que selon l'article 5 de l'arrêté ministériel n° 07137, du 23 juillet 2009, fixant les conditions d'importation, de gestion et d'utilisation des dons de médicaments au Sénégal, « le conditionnement et la notice des médicaments doivent être libellés en français… . » et 7 de l'arrêté n°2011-245/MS/SG/DGPML/DRP portant conditions d'importation, de détention et de distribution des médicaments obtenus par don au Burkina Faso.

1224 D. Thierry, « La fin de la distribution humanitaire des médicaments non utilisés », *RDSS* 2009, p. 707

1225 A. Ba, J-Y. Videau, « La qualité des produits de santé à destination du tiers-monde », *AMIPS Info*, n°68, 1er et 2e trimestre 2004, p.51.

1226 Des études ont montré que des agents de santé ayant reçu des dons de médicaments de spécialité les ont mis sur le marché informel ou les ont vendus aux dépôts privés des médicaments. Ainsi les médicaments issus du don servent à arrondir les fins de mois d'agents de santé peu scrupuleux.

1227 Voir pour plus de détail le rapport présenté par l'inspection générale des affaires sociales française, rapport n°2005, 001, janvier 2005.

agréé. Il faut donc encadrer juridiquement le secteur de la distribution humanitaire pour permettre à l'Etat de s'assurer que le médicament fourni au patient, s'il ne le guéri pas, n'aggravera pas son mal. Ici se trouve tout le questionnement entre l'éthique médicale et les enjeux d'accès aux soins.

2 : La règlementation de la distribution des médicaments issus du don au Burkina Faso et au Sénégal[1228]

491- L'encadrement des dons de médicaments au Burkina Faso - Au Burkina Faso, c'est en 2008, que le gouvernement a essayé de réglementer les dons de médicaments par un décret pris en conseil des ministres. Au terme de ce décret, « tout don de médicament doit se faire conformément à la liste nationale des médicaments essentiels ou à la nomenclature nationale des spécialités pharmaceutiques et médicaments génériques autorisés au Burkina Faso »[1229] et avoir une durée de péremption appropriée, au moins égale à un an après l'arrivée au Burkina Faso. Le médicament obtenu par don est défini comme « tout médicament offert gratuitement à une institution ou à une communauté par une personne physique ou morale ». L'arrêté prévu par l'article 6 du décret de 2008, est intervenu le 22 juin 2011. Ni l'arrêté, ni le décret n'excluent expressément le don des MNU[1230]. Aucun médicament ne peut faire l'objet d'une importation sans avoir reçu au préalable une autorisation délivrée par la direction générale de

[1228] L'interdiction des MNU est une recommandation de l'OMS. En effet, abordant la question des dons de médicaments, l'OMS a remis en cause le bien fondé du recours aux MNU parce que de tels dons sont souvent considérés comme inutiles et parce qu'ils s'avèrent incompatibles avec les politiques pharmaceutiques locales.

[1229] Article 2 du décret n°2008-524/PRES/PM/MS/MEF, portant réglementation de l'importation, de la détention et de la distribution des médicaments obtenus par don et des échantillons médicaux. JO n°39 du 28 septembre 2008.

[1230] Les dons de médicaments au Burkina Faso ou au Sénégal proviennent dans leur majeure partie de la France. En France depuis le 1er janvier 2009, la collecte à des fins humanitaires de MNU a été interdite[1230]. Le législateur français, dans une nouvelle version de l'article L. 4211-2 du CSP, prévoit que désormais « toute distribution et toute mise à disposition des médicaments non utilisés sont interdites » et que « ces médicaments sont détruits dans des conditions sécurisées».

la pharmacie et des médicaments[1231]. Mais, il reste à contrôler la qualité de ces médicaments issus du don. En effet, il est difficile de s'assurer des bonnes pratiques de stockage des médicaments rendus par les patients dans les pays d'envoi, ce qui peut entraîner « des modifications chimiques des principes actifs ou des excipients »[1232], rendant le médicament inutile, voire dangereux à la consommation. Lorsque les dons arrivent en douane au Burkina Faso, les bénéficiaires ou le représentant de l'importateur doivent, pour les enlever, présenter l'autorisation délivrée par les services de la DGPML. L'utilisation des médicaments obtenus par dons doit se faire sous le contrôle de la Direction régionale de la santé et seules les formations sanitaires publiques ou privées sont autorisées à distribuer les médicaments obtenus par dons[1233] ; cela signifie que l'on exclut le don aux associations de malades et aux personnes physiques directement.

492 - L'encadrement juridique des dons de médicaments au Sénégal - Au Sénégal, l'encadrement de la distribution humanitaire des médicaments est intervenu en 2009. Selon l'article 1er de l'arrêté ministériel n°7137 MSPHP-DPL en date du 23 juillet 2009[1234], « les médicaments objets de dons, doivent au préalable obtenir le visa avant leur entrée au Sénégal ». Les dons de médicaments doivent répondre à un besoin exprimé par les bénéficiaires. Les médicaments objets du don doivent figurer sur la liste de médicaments essentiels établie par arrêté du ministre de la Santé, de la Prévention et de l'Hygiène publique.

1231 Selon l'article 5 de l'arrêté n°2011-245/MS/SG/DGPML/DRP portant conditions d'importation, de détention et de distribution des médicaments obtenus par don, « La lettre de demande d'importation datée et signée, est déposée à la Direction générale de la pharmacie, du médicament et des laboratoires contre récépissé, au moins quarante cinq (45) jours avant la date prévue pour l'arrivée du don concerné. Elle devra mentionner le nom, l'adresse, la qualité et le statut du ou des bénéficiaire(s) ainsi que du donateur des médicaments considérés. La lettre de demande d'importation doit être accompagnée : d'une attestation ou d'un certificat de don ; d'une liste de colisage détaillée ; du mode de gestion des dons ; du nom des structures sanitaires chargées de la gestion. Celles-ci doivent disposer d'un personnel compétent et complet, incluant un pharmacien et / ou un médecin.

1232 A. De Groot, « Les médicaments non utilisés et les pays en développement : réalité de terrain », *Cahier Santé*, Vol 15, n°2, avril-mai-juin 2005, p.125.

1233 Article de l'arrêté de 2011.

1234 JORS, n° 6497 7 novembre 2009.

Les autorités sénégalaises conditionnent l'acceptation desdits médicaments sur le territoire sénégalais, à leur conformité aux normes de qualité du pays de provenance et à celles en vigueur au Sénégal. Pour éviter que les médicaments n'arrivent déjà périmés, l'arrêté prévoit qu'ils doivent avoir à leur arrivée au Sénégal, une durée de validité supérieure ou égale à une année. Toutefois, une exception peut être consentie pour les dons directs à des établissements de santé déterminés. Ces conditions obligent les personnes donatrices à se rapprocher des autorités de réglementation pharmaceutique.

En définitive, les médicaments de don subissent les mêmes règles de sécurité que les médicaments vendus dans le circuit normal sénégalais[1235]. La même exigence de conformité aux règles internationales en matière d'expédition d'emballage leur est demandée. Le donateur doit avoir reçu une autorisation d'importation auprès des autorités sénégalaises pour effectuer son don[1236]et une fois le don reçu, les bénéficiaires en informent la DPL.

Pour l'efficacité du circuit de distribution et pour protéger la santé publique, les acteurs de la chaîne de distribution des médicaments peuvent voir leur responsabilité engagée sous divers fondements.

Section 2 : La responsabilité du producteur de médicaments et des autres acteurs de la chaîne de distribution en gros des médicaments

La responsabilité selon G. Cornu est « l'obligation de répondre d'un dommage devant la justice et d'en assumer les conséquences

[1235] Selon l'OMS, pour améliorer la qualité des dons de médicaments, le don doit répondre aux principes suivant : être le plus utile possible au bénéficiaire, être conforme aux politiques sanitaires et aux modalités administratives du pays et enfin répondre aux normes de qualité dans le pays donateur.

[1236] Selon l'article 10 de l'arrêté de 2009, « pour obtenir l'autorisation d'importer des médicaments le bénéficiaire doit formuler une demande d'autorisation adressée au ministre de la Santé sous le sceau de la DPL.

La demande d'autorisation est accompagnée des pièces suivantes : une attestation d'acception de l'autorité sanitaire du lieu de destination des médicaments, une liste des produits objets du don et les documents requis (AMM, certificat d'analyse, bordereaux de colisage, dates de péremption).

civiles, pénales et disciplinaires, etc. »[1237]. Toute personne, lorsque la loi ne l'exonère pas, doit pouvoir répondre de ses actes. C'est ainsi que les acteurs de la distribution du médicament engagent leur responsabilité dans l'exercice de leur fonction de distribution. Cette responsabilité est polymorphe[1238] selon les termes du Pr A. Leca, elle varie en fonction de l'activité de la personne concernée et selon qu'il existe ou non un contrat. Longtemps fondée sur le droit commun, la responsabilité en matière de médicament a connu une évolution vers un régime spécial dans les pays européens. Mais au Burkina Faso et au Sénégal, le législateur n'a pas suivi cette modification et on assiste toujours à l'application dans le domaine des médicaments du régime général de la responsabilité, qui apparaît insuffisant pour protéger les consommateurs (Sous-section 1). Il urge donc pour ces pays de bâtir un régime spécial de responsabilité pour, non seulement prendre en compte la spécificité du médicament, mais également pour renforcer cette responsabilité afin de tenir compte du contexte africain (Sous-section 2).

Sous-section 1 : Le régime général de la responsabilité appliqué dans le domaine des médicaments : un régime insuffisant pour la sécurité des consommateurs

Au Burkina Faso et au Sénégal, il n'existe pas en matière civile un régime spécifique de responsabilité en matière de médicament, c'est le droit commun de la responsabilité qui s'applique. Pour le droit commun de la responsabilité, la faute ne se présume pas, il faut pour l'évoquer la prouver. En matière pharmaceutique la difficulté d'apporter les preuves de la faute réduit les chances des victimes d'être indemnisées, ce qui limite l'efficacité du régime de droit commun. La responsabilité du producteur de médicaments est donc de droit commun, elle peut être engagée sur le plan civil lorsque son produit cause un dommage à un patient (Paragraphe 1). Sa responsabilité peut être également engagée sur le plan pénal, lorsqu'il enfreint une norme impérative (Paragraphe 2).

[1237] G. Cornu, op.cit., p.908.
[1238] A. Leca, op. cit. p.346.

Paragraphe 1 : La responsabilité civile des fabricants de médicaments en cas de dommage subi par le consommateur de médicament : une responsabilité de droit commun

Que la responsabilité soit engagée pour « négligence » ou pour « imprudence », qu'elle soit évoquée sur la base du « défaut de surveillance » ou du « défaut d'entretien », sa base juridique réside dans l'existence d'une faute. Une analyse du comportement de l'individu en cause est nécessaire, c'est une responsabilité subjective[1239]. Le médicament n'est pas un produit anodin. De par son étymologie grecque, pharmakon, il est un poison, selon la dose, il soigne, rend invalide ou tue. Lorsque le « médicament rencontre la vie »[1240], nul ne peut prévoir sa réaction sur toutes les personnes l'utilisant. Cependant, il est nécessaire et incontournable de nos jours dans le quotidien des patients et même des bien-portants recherchant l'amélioration de leur bien être. Si, en droit européen, un système dualiste est apparu dans les années 1985, en Afrique, notamment au Burkina et au Sénégal, la responsabilité du producteur, premier élément de la chaîne de distribution, est de droit commun. Il convient de nous interroger sur le fondement de cette responsabilité (A) avant d'examiner sa mise en œuvre en droit burkinabè et sénégalais (B).

A : Les fondements de la responsabilité civile du producteur de médicament

Rechercher le fondement d'une responsabilité, c'est poser la question de savoir pourquoi l'auteur d'un dommage est obligé de le réparer[1241]. Dans les pays de l'espace UEMOA, la responsabilité civile des laboratoires fabricants de médicaments n'a pas subi de modifications législatives. Il est toujours fait application des régimes traditionnels de responsabilité délictuelle ou contractuelle. En droit comparé, la responsabilité du producteur de médicament a connu de nombreux retournements. Une partie de la doctrine et de la jurisprudence a évoqué l'existence d'un contrat entre l'utilisateur du

---

[1239] Ph. Le Tourneau, *La responsabilité civile*, Que sais-je ?, PUF, Paris, 2003, p.9.

[1240] J.-C. Dousset, « La part de l'inattendu dans la recherche pharmaceutique », *Revue d'histoire de la pharmacie*, n°3338, 2° trimestre 2003, p.195.

[1241] V. Bach, « Réflexions sur le problème du fondement de la responsabilité civile en droit français », *RTD civ.*1977, p.17.

médicament et son producteur, ce qui fonderait la responsabilité du producteur de médicament sur l'existence du contrat et engagerait sa responsabilité contractuelle en cas de dommage subi par l'utilisateur de médicament, cocontractant supposé (1). L'autre partie de la littérature a soutenu pour sa part, un fondement délictuel de la responsabilité du fabricant de médicaments(2). Depuis lors en Europe, le droit communautaire a réglé la question en adoptant une responsabilité objective basée sur la défectuosité du produit.

1 : La responsabilité civile du producteur de médicament : une responsabilité contractuelle

La responsabilité du producteur de médicaments est-elle fondée sur l'existence d'un contrat entre celui-ci et l'utilisateur du produit fabriqué ? Cette question a alimenté la littérature occidentale jusqu'en 1985 où le droit communautaire a apporté une solution plus aisée aux juges en adoptant une responsabilité objective[1242]. Mais la question mérite toujours d'être posée, vu qu'en droit burkinabè et sénégalais, la responsabilité pour produits défectueux n'est pas en vigueur. L'hypothèse du contrat comme fondement de la responsabilité du producteur de médicament, invite à un rappel succinct des principes de formation du contrat.

493 - Quelques généralités sur la formation du contrat - Selon l'article 40 du COCC sénégalais, le contrat est un accord de volontés, générateur d'obligations. Le droit burkinabè, lui, le définit comme « une convention par laquelle une ou plusieurs personnes s'obligent, envers une ou plusieurs autres, à donner, à faire ou à ne pas faire quelque chose »[1243]. Il en résulte que la volonté est primordiale dans la notion de contrat. Les volontés des cocontractants doivent se rencontrer et s'échanger, chacun promet à l'autre la réalisation d'une prestation. Il s'en suit une obligation, qui doit être exécutée de bonne foi. Les parties au contrat doivent avoir l'intention de s'obliger, elles doivent s'engager en connaissance de cause. Cela va sans dire que tous ceux qui n'ont pas entendu donner leur accord à un contrat sont considérés comme des tiers au contrat : c'est l'effet relatif du contrat

---

[1242] Voir directive 85/374 du 25 juillet 1985 sur les produits défectueux qui reconnaît une responsabilité objective pour pallier les errements de la jurisprudence.
[1243] Article 1101 du Code civil burkinabè.

des articles 110 du COCC et 1165 du Code civil. Le contrat se forme suivant le principe de l'autonomie de la volonté, c'est ce principe qui donne au contrat sa force obligatoire. Lorsque les volontés ont été valablement exprimées, le contrat tient lieu de loi à ceux qui l'ont fait[1244], l'une des spécificités du contrat « c'est d'être la chose des parties, une affaire privée »[1245].

Si l'on se fie à la théorie de Kelsen, le contrat a un effet normateur, Kelsen définit le contrat comme une procédure créant une norme[1246]. Si l'on admet que le contrat est générateur de normes juridiques, le contractant qui manquerait à ses obligations contractuelles verrait sa responsabilité contractuelle engagée. Il a commis une faute contractuelle, la faute contractuelle étant l'inexécution de l'obligation née du contrat ou rattachée à celui-ci[1247].

494 - La responsabilité contractuelle : notion générale - La responsabilité contractuelle est l'obligation de réparer le dommage causé au créancier par l'inexécution du contrat. Le contrat n'est pas la source de cette responsabilité, mais un fait générateur. C'est par la faute du débiteur qu'il y a inexécution du contrat. Le contrat s'il est valablement formé met à la charge des parties des obligations, il a une force obligatoire[1248]. Il engage selon les termes de J.-L. Aubert, « de façon globale celui qui le souscrit »[1249]. Il va sans dire que le producteur de médicament s'est engagé par le seul fait de la mise sur le marché de son produit. Mais le patient consommateur est-il son cocontractant ?

495 - De la qualification de la relation entre le producteur de médicaments et son utilisateur - La distribution des médicaments fait intervenir de nombreux acteurs dans la chaîne. Du fabricant du médicament à son acheteur, il y a, outre l'intervention du fabricant, celle d'un grossiste-répartiteur, des pharmaciens et des particuliers

---

[1244] Article 1134 du Code civil et … du COCC.

[1245] C. Atias, *Précis élémentaire de contentieux contractuel*, 2ème édition, PUAM, Aix-en-Provence, 2003, p.15.

[1246] H. Kelsen, op.cit., p. 170 à 194.

[1247] G. Viney, P. Jourdain, *La responsabilité : conditions*, n°486, cités par J.-M. Lhuillier, *La responsabilité civile, administrative et pénale*, 3e édition, ENSP, Rennes, 2004, p.37.

[1248] Ph. Malaurie, L. Aynès, *Droit civil, Obligations*, 9e éd. 1998-1999, p. 337.

[1249] J.-L. Aubert, *Le contrat*, Dalloz, Paris, 1996, p. 96.

vendeurs autorisés de médicament. Ainsi l'utilisateur du médicament qui va acheter son médicament en officine, à l'hôpital ou dans un dépôt privé de vente, est-il un tiers vis-à-vis du fabricant, avec lequel aucun contrat de vente ne lie apparemment, ou comme son cocontractant[1250] ? La question n'a jamais été posée devant le juge burkinabè ou sénégalais, mais en droit comparé nous avons beaucoup d'exemples.

La Cour d'appel de Rouen, a répondu à cette question dans un arrêt du 14 février 1979[1251]. Pour la Cour, « il se forme implicitement mais nécessairement, et malgré l'intervention d'intermédiaires, entre le pharmacien fabricant et l'utilisateur du médicament un véritable contrat spécifique analogue à celui existant entre le médecin et son malade ». La Cour s'est référée à l'arrêt Mercier instituant un contrat entre médecin et malade. Elle s'est également basée sur les ventes successives[1252]pour déclarer qu'« entendu qu'ainsi, de même qu'en matière de ventes successives d'un même produit, l'action contractuelle en garantie se trouve transmise par les sous-acquéreurs au dernier d'entre eux, le fabricant d'une spécialité pharmaceutique demeure débiteur envers l'utilisateur d'une obligation contractuelle résultant notamment de l'article 1135 du Code civil, de renseigner celui-ci sur les dangers éventuels et sur les conditions précises d'emploi du médicament ».

En 1986[1253], la Cour de cassation a suivi indirectement la trajectoire de la responsabilité contractuelle, en admettant que le consommateur de médicaments jouit d'une action directe, en garantie des vices cachés, contre le fabricant de la spécialité. La thèse de la responsabilité contractuelle a été également confirmée par la Cour d'appel de Caen en 1988[1254], la cour de cassation en 1989[1255] puis en

[1250]J. Calvo, « La responsabilité du fait des effets secondaires des produits de santé », *LPA*, 16 février 1999 n°33, p. 14.

[1251] J.C.P. éd. G. 1980. II, 19360, note Patrick Boinot.

[1252] En matière de ventes successives de véhicule d'occasion, il existe quelques jurisprudences en droit burkinabè où le juge a reconnu la responsabilité du premier vendeur. Pour le juge celui-ci est tenu de garantir les vices caché du véhicule même s'il n'a pas conclu de contrat de vente directement avec le deuxième acquéreur. Trib. prem. inst. Ouagadougou, 4 janvier 1984 ; CA Ouagadougou 17 juillet 1985 note F.M. Sawadogo, R.B.D. n° 11, janvier 1987, p. 347 à 361 ; C. Appel Ouagadougou, 23 janvier 1987, R.B.D. n° 14 - Juillet 1988, p. 405.

[1253] J.C.P. éd. G. 1987. II. 20721, note G. Viala et G. Viandier.

[1254] Caen, 10 mars 1988, Juris-Data n° 024559

1991[1256], la Cour d'appel de Paris en 1992[1257], la Cour d'appel de Versailles en 1996[1258]. Récemment en 1998, la cour de cassation a encore réaffirmé sa position de 1988[1259].

La même solution pourrait être transposée en droit burkinabè et sénégalais où une disposition existait en 1997 en droit OHADA. Selon le droit commercial de l'OHADA en vigueur en 1997, « la garantie due par le vendeur, bénéficie tant à l'acheteur contre le vendeur, qu'au sous-acquéreur contre le fabricant ou un vendeur intermédiaire, pour la garantie du vice caché affectant la chose vendue dès sa fabrication »[1260]. Mais avec la révision de 2010, cette partie a été abrogée et l'Acte uniforme ne parle plus que de la garantie d'éviction aussi bien du fait d'un tiers que du fait personnel du vendeur. Qu'en est-il de la garantie des vices cachés en matière de vente commerciale ? La solution doit être recherchée dans les droits nationaux. Au Sénégal, le COCC avait été modifiée pour incorporer le droit OHADA, la disposition n'étant pas contraire à l'AUDCG, elle devrait rester en vigueur.

Si l'existence d'un contrat est retenue, cela veut dire que la responsabilité des fabricants sera retenue sur la base d'un manquement à leur obligation contractuelle résultant de l'article 1147 du Code civil. Le fabricant de médicament étant un vendeur professionnel, une présomption de responsabilité des vices cachés de ses produits pèse sur lui[1261] et il appartient au patient de prouver que son dommage est lié à un défaut du médicament.

496 - La responsabilité contractuelle du fabricant peut être évoquée en droit burkinabè et sénégalais, mais le patient y a-t-il intérêt ? - Même si la doctrine paraît encore hésiter, la thèse de la responsabilité contractuelle a bien existée en France et a été appliquée. Aujourd'hui, la directive communautaire relative à la responsabilité des fabricants du fait des produits défectueux est venue rendre le débat

---

1255 Cass. civ. 1re, 28 février 1989, Juris-Data n° 000877 (médicament vétérinaire)
1256 Cass. Civ. 22 janvier 1991, Bull. civ. I., 1991, n° 430 (produit cosmétique)
1257 C.A. Paris, 23 janvier 1992, Mutuelles du Mans c/ Erhart, Juris-Data n° 20557
1258 C.A Versailles, 25 janvier 1996, Juris-Data n° 040440.
1259 Cass civ., 3 mars 1998, pourvoi no M 96-120.78
1260 Ancien article 231 de l'AUDCG, avant la révision de 2010.
1261 Voir Cass. civ. 3e, 3 janvier 1984, Bull. civ. III n° 4. Pour la cour « le vendeur professionnel ne pouvait ignorer les vices de la chose ou était tenu de les connaître »

entre pro responsabilité contractuelle et pro responsabilité délictuelle, quelque peu sans importance juridique majeure, puisque que désormais il n'y a plus lieu de rechercher un fondement quelconque, le « producteur est responsable du dommage causé par un défaut de son produit, qu'il soit ou non lié par un contrat avec la victime ». Mais en droit burkinabè et en droit sénégalais cette question demeure et la responsabilité contractuelle du producteur de médicament devait pouvoir être invoquée en l'absence de tout texte interdisant cette possibilité. C'est ce que relève très justement H. Mazeaud, lorsqu'il affirme que « la responsabilité contractuelle ne peut jouer que là où le législateur n'a pas entendu en exclure l'application, soit en disposant qu'aucune sanction ne frappera celui qui n'exécute pas, soit en remplaçant par un autre régime la responsabilité contractuelle »[1262].

Cependant, il n'y a pas un grand intérêt à invoquer la responsabilité contractuelle du fabricant de médicaments. Les obligations nées à l'occasion de la vente de médicaments se prescrivent par cinq ans, si elles ne sont pas soumises à des prescriptions plus courtes[1263]. En effet l'article 301 de l'AUDCG, abrège le délai à deux ans en matière de vente commerciale. L'articulation entre la prescription de l'article 16 et celle de l'article 301 n'est pas évidente. Pour la Cour d'appel de Bobo-Dioulasso, « la prescription abrégée de l'article 301 ne saurait s'appliquer en l'absence d'un contrat de vente »[1264]. La Cour exige donc, pour appliquer ce délai abrégé, un contrat écrit, ce qui n'est pas le cas dans l'achat de médicament par le patient. Dans tous les cas, la victime gagnerait, pour éviter des désagréments, à agir sur le fondement de la responsabilité civile où le délai de droit commun est de dix ans.

2 : La responsabilité civile du producteur de médicaments : une responsabilité délictuelle

497 - Notion de responsabilité délictuelle - La responsabilité du producteur de médicament est-elle fondée sur la faute de celui-ci ? Cette question qui se pose toujours au Burkina Faso et au Sénégal est celle qui est la mieux partagée. En effet la jurisprudence même si elle

[1262] H. Mazeaud, Cours de droit civil approfondi : la responsabilité contractuelle, Les cours de droit, Paris, 1946-1947, p.53.

[1263] Article 16 de l'AUDCG. Ce délai peut être raccourci dans certains cas.

[1264] CA Bobo-Dioulasso, 18 avril 2005, arrêt n°30, inédit.

n’a pas traité de cas de producteurs de médicaments a eu à intervenir dans le cadre de la responsabilité délictuelle basée sur les articles 1382 et suivants du Code civil burkinabè[1265] et118 et suivants du COCC sénégalais. La responsabilité délictuelle est fondée sur la violation d’une obligation quelle qu’en soit l’origine. Ici comme on le voit la responsabilité n’est pas déclenchée par un acte juridique, elle découle d’un fait juridique qui va déclencher l’application d’une règle légale[1266]. Le fait ici peut résulter d’un comportement personnel, d’une chose ou provenir d’un tiers dont on a la responsabilité.

498- Le producteur du médicament est tenu du fait de son médicament - Si l’utilisateur acheteur de médicament est considéré comme un tiers par rapport au fabricant du médicament, c’est le terrain délictuel qui intervient. La responsabilité du fabricant sera alors une responsabilité de nature délictuelle fondée sur les articles 1382 et suivants du Code civil ou 118 du COCC. La jurisprudence française est très riche en la matière. Longtemps divisés sur la question, les cours et tribunaux français ont hésité, changé de position avant que la directive de 1985 ne vienne donner une possibilité plus objective d’engager la responsabilité du fabricant de médicaments.

Par exemple, la Cour d’appel de Paris a dans un arrêt du 4 juillet 1970[1267], écarté la thèse contractuelle et considéré qu’il ne se forme pas de contrat entre l'acheteur de médicaments et le fabricant et que « dès lors le seul terrain sur lequel peut être recherchée la responsabilité éventuelle des laboratoires... est celui des articles 1382 et 1383 du Code civil », c'est-à-dire la responsabilité délictuelle du fait personnel.

[1265] CA de Ouagadougou, 5 novembre 2004, Naba Arsène c/ Société DTP/CSE, arrêt n°101, Ohadata-J-09-12 (Suite à des travaux routiers la société DTP/CSE a utilisé l’eau d’un petit lac qui a asséché ledit lac et suite à cela le sieur Naba a eu ses arbres fruitier desséchés. Il a assigné la société pour réparation. Il a d’abord saisi de façon extrajudiciaire les appareils de la société entraînant un arrêt des travaux. En justice la société a fait une demande reconventionnelle pour que le juge condamne plutôt le sieur Naba à l’indemniser pour dommage subi suite à l’arrêt de ses travaux. Le juge a retenu la responsabilité du sieur Naba sur la base des articles 1382 et suivants du Code civil).

[1266] Ph. Le Tourneau, op.cit., p.4.

[1267] D. 1971, p. 73, note Monique Plat et Michel Duneau.

En 1972, la Cour de cassation[1268] retenait elle, sur la base de l'article 1384 du Code civil, la responsabilité délictuelle du fait de la chose. Onze ans plus tard, en 1983, la Cour d'appel de Paris [1269]se ralliait à cette thèse en retenant la responsabilité délictuelle du fait personnel.

Si le fabricant de médicaments est responsable sur le plan délictuel, cette responsabilité n'est pas présumée, il faut la prouver.

B : La mise en œuvre de la responsabilité civile du producteur de médicaments

Sauf disposition contraire, la responsabilité pour faute des articles 1382 du Code civil et 110 du COCC a vocation à s'appliquer à toute situation. Ainsi, en cas de difficultés de qualification de la relation liant le producteur du médicament au consommateur, la victime peut toujours évoquer les articles précités. La responsabilité dans ce cadre est une responsabilité subjective. Elle découle de la faute personnelle du producteur. La personne qui évoque la responsabilité du producteur doit en apporter la preuve (1), le producteur dispose cependant de cas où il peut s'exonérer de cette responsabilité (2).

1 : Les éléments constitutifs de la responsabilité civile délictuelle

499- Définition de la faute - La responsabilité du producteur de médicaments suppose l'existence de trois éléments : la faute, le dommage et le lien de causalité entre la faute et le dommage. Chacun doit répondre du dommage qu'il cause à autrui. Ainsi, lorsque par la faute civile d'une personne, un dommage se produit, ce dernier doit en assumer les conséquences et réparer le préjudice. Encore faut-il démonter l'existence de la faute ? Si le droit burkinabè ne définit pas la faute, le COCC sénégalais a le mérite de la définir. La faute suppose, selon le droit sénégalais, un manquement à une obligation préexistante de quelque nature qu'elle soit. Il faut donc démontrer, à défaut de tout contrat, que le producteur, a, à l'égard de l'utilisateur du médicament, une obligation. Les obligations du producteur sont multiformes lorsqu'il met son médicament en circulation. Le médicament a certes reçu une autorisation, mais le droit

[1268] D., 5-6 janvier 1973.
[1269] D. 1985, p. 278.

communautaire de l'UEMOA en matière d'AMM qui est allé dans le même sens que les droits nationaux, prescrit que le producteur du médicament n'est pas exonéré de sa responsabilité du seul fait de l'autorisation que lui ont donnée les autorités nationales, de mettre son médicament sur le marché.

500 - Les manquements à l'obligation de vigilance - Cette obligation découle du système national de pharmacovigilance dont l'adhésion est obligatoire pour tout titulaire d'une AMM. En effet, le titulaire de l'AMM a l'obligation de surveiller le marché et les réactions négatives observées lors de la prise de son médicament. Toute réaction inverse constatée, que ce soit sur le plan national ou sur un autre marché, doit l'alerter et il doit sans attendre une réponse des autorités nationales, demander à retirer son produit du marché[1270].

Le Médiator® par exemple a été retiré en Espagne en 2003 et en 2005 les autorités espagnoles ont interdit toute préparation magistrale contenant cette substance. En Italie, il fut retiré en 2004 et en France le retrait est intervenu en 2009. Au Burkina Faso, l'AMM du Médiator® est arrivée à expiration en janvier 2009, mais la lettre du CEDIM[1271] indique que, jusqu'en décembre 2009 ce médicament était encore vendu dans les circuits officiels. Au Sénégal, c'est le 09 août 2010 que le Médiator® a été officiellement retiré du marché. On peut également citer l'affaire « Innothera », de ce fabricant de médicaments anti-anémiques appelés tho'thema. Alors que le ministère français de la Santé avait, par décret, le 22 juillet 1992, ordonné le retrait des surfaces pharmaceutiques de tous les médicaments à base de tissus bovins pour raison de risque grave à la santé, selon le journal Libération en sa livraison du 11 juin 1996, le laboratoire Innothera aurait continué à expédier les commandes dans divers pays dont le Sénégal. L'ensemble de ces affaires n'a jamais été porté devant les tribunaux. La seule affaire qui a connu un dénouement judiciaire est la dernière citée, mais pas pour condamner le laboratoire. L'affaire a été portée devant les juges pour condamner la journaliste et son journal pour diffamation, car l'article a évoqué un

---

[1270] Dans ce sens voir la lettre n°AZ/ZE/TC/JI 155/204 du 21 juin 2011 du laboratoire Sanofi-Aventis adressée aux autorités burkinabè à l'effet de retirer du circuit de distribution sa spécialité Artésunate Amodiaquine Winthrop 100mg/270mg.

[1271] La lettre du CEDIM, Vol 12, n°42, décembre 2009, p.54.

possible pot-de-vin qui aurait favorisé la continuité de la mise en circulation du médicament alors que le rapport bénéfice/risque était jugé défavorable[1272]. Les affaires de responsabilités des fabricants de médicaments devraient dépasser les débats journalistiques pour atterrir sur les bureaux des juges. En droit comparé, un arrêt de la Cour de Versailles avait, dans l'affaire dite du Distilbène®, condamné le fabricant pour avoir continué à commercialiser son médicament en France, alors que le même médicament avait été retiré depuis six ans aux Etats-Unis[1273].

501 - Les manquements à l'obligation d'information - Le fabricant de médicament, comme tout vendeur, a une obligation générale d'information, il doit fournir les informations nécessaires à son acheteur afin que celui-ci puisse acheter son bien en toute connaissance. La faute du fabricant en matière d'information peut résider dans l'absence d'informations ou dans l'insuffisance de l'information qu'il devait fournir aux utilisateurs du médicament.

502 - La faute pour absence d'informations - Le droit des patients à l'information s'est bâti au fil des ans. Aujourd'hui, il est unanimement accepté que le patient, au même titre que tout consommateur doit être éclairé sur les actes que l'on veut faire sur lui ou sur les produits qu'on lui prescrit. En matière de médicament, cette tâche appartient au fabricant. Ce dernier étant un professionnel, « il sait et il doit donc faire savoir au patient, qui, lui, ne sait pas »[1274]. L'absence d'information prive le patient d'une décision éclairée, son consentement ne sera donc pas valable. Pour être valable, le consentement doit être donné en ayant les éléments importants, le consentement doit être éclairé. Par l'obligation d'information, le législateur cherche à équilibrer les rapports entre le professionnel et le patient consommateur. Le producteur de médicament va être soumis,

---

[1272] Voir supra, paragraphe 340.

[1273] C.A. Versaille, 3e ch.sect. 1,30 avril 2004, n°02/05924, SA UCB Pharma c. /Melle Ingrid Criou- n°02/05925 SA UCB Pharma c./Melle Nathalie Bobet, cité par A. Leca, op., cit, p.407.

[1274] L. Leveneur, « L'obligation d'information et le consentement en droit de la consommation », in A. Laude, D. Tabuteau, Sécurité des patients, sécurité des consommateurs : convergences et divergences », PUF, Paris, 2009, p.13.

d'une part, à une obligation générale d'information[1275]pesant sur tout vendeur de produits, et d'autre part, à une obligation spéciale d'information pour tenir compte de la protection de la santé publique et de la particularité du consommateur de médicament. Dans ce sens la Cour de cassation française[1276], a condamné un laboratoire pour avoir omis de faire apparaître des mentions d'effets indésirables dans la notice d'information remise au praticien mais également dans la brochure publicitaire destinée aux patients. Cette jurisprudence a été confirmée quelques jours plus tard, lorsque la Cour[1277]a condamné un autre laboratoire pour ne pas avoir fait mention dans la notice disponible au jour de l'administration du produit d'un effet indésirable pourtant mentionné dans le dictionnaire Vidal.

503 - La faute pour insuffisance d'information - L'information fournie aux patients doit être complète pour leur permettre d'émettre un consentement « réfléchi »[1278]. Les effets indésirables doivent donc être portés à leur connaissance. Même si l'on sait que très souvent le patient n'a pas le choix, il suit ce que lui dit son médecin malgré la connaissance des effets secondaires graves du médicament. Le principe d'obligation de l'information permet de respecter un droit fondamental : celui de la dignité du patient, en préservant l'autonomie de sa volonté. Les informations contenues dans les annexes des AMM doivent être complètes sur les risques liés à l'usage normal du médicament. Lorsque l'information est mentionnée dans le Vidal, sans être contenue dans la notice, cela constitue une insuffisance d'information[1279]. Cette décision ne doit pas conduire le fabricant à

[1275] Il s'agit ici des informations sur les caractéristiques de son médicament, sur le prix qui doit être clairement déterminé et affiché.

[1276] Cour de cassation, 1e civ., 25 juin 2009 .

[1277] Egalement Cour de cassation, 1e civ, 9 juillet 2009.

[1278] L. Leveneur, op.cit, p.24.

[1279] Cour de cassation, 1e civ, 24 janvier 2006 : la Cour a rejeté le pourvoi formé par un laboratoire contre un arrêt de la Cour d'appel de Versailles qui avait retenu le caractère défectueux de son produit: « il résulte des constatations de la cour d'appel que, contrairement aux énonciations du moyen, à la date de la prescription, l'annexe II de l'AMM de l'Isoméride, correspondant à l'information reprise dans la notice, ne faisait aucune référence à l'existence d'un risque d'HTAPP et l'annexe I, correspondant au résumé des caractéristiques du produit dont disposait M. X..., mentionnait seulement que des cas d'hypertension artérielle avaient été rapportés chez des patients généralement obèses sans qu'aucun lien de causalité n'ait été établi avec la prise d'Isoméride ». Information insuffisante du fait de la mention de l'effet indésirable dans la monographie Vidal mais pas dans la notice.

reprendre dans la notice in extenso les mentions du RCP ou du Vidal, cela est également considéré comme une insuffisance d'information[1280].

L'insuffisance de l'information peut également résider en l'absence de mentions des contre-indications. Lorsqu'un laboratoire omet d'inscrire des informations de type, « utiliser avec prudence chez le sujet âgé »[1281]ou même l'absence d'informations alors que le risque allergisant du principe actif est connu.

504 - La faute dans la fabrication ou dans la conception de la formule - Il s'agit de la défectuosité du médicament. Le médicament est de mauvaise qualité et cette faute résulte soit d'une négligence, soit d'une imprudence dans la conception de la formule ou dans sa mise en œuvre. Le fabricant peut commettre une erreur dans la formule du médicament, ce qui a pour effet de dénaturer le médicament. La faute de fabrication suppose que le produit fini n'est pas conforme à la formule qui figure sur les dossiers de demande d'AMM[1282].

Une lourde responsabilité pèse sur le producteur de médicament, mais celui-ci peut s'exonérer dans certains.

2 : Les cas d'exonération de la responsabilité civile du producteur

Le producteur de médicaments, comme tout vendeur, peut s'exonérer de sa responsabilité si certaines conditions sont remplies. En matière de médicaments nous allons nous baser sur la

[1280]Cour d'appel d'Orléans, 31 octobre 2011 : Pour la cour le fabricant ne doit pas reprendre les mentions du RCP et du Vidal dans la notice, la notice étant un document destiné aux patients. La Cour affirme qu' « au contraire s'agissant d'un document, contrairement aux deux autres, ne s'adresse pas à un professionnel mais au patient profane, il est certain que la notice doit apporter une certaine vulgarisation dans l'approche du médicament en ne comportant que les éléments essentiels et suffisamment fiables pour ne pas qu'une information non vérifiée aboutisse à l'effet inverse de celui recherché en détournant le patient d'une vaccination dont les effets bénéfiques sont généralement admis en polarisant son attention sur des effets indésirables non avérés faisant simplement l'objet d'une suspicion[…] »

[1281] Cour d'Appel de Versailles, 25 janvier 1996, Juris-Data n° 040440, confirmé par la Cour de cassation.

[1282] TGI Bordeaux, 4 décembre 1959, S. 1960, p.94. Il s'agit ici de la poudre de Baumol contenant à tort un dérivé de l'arsenic.

jurisprudence française d'exonération de la responsabilité du producteur de médicament.

505 - La sensibilité particulière du patient - L'obligation de garantie du fabricant n'est ni générale, ni absolue, elle ne couvre pas les risques de développement qui n'étaient pas prévisibles au moment de la mise sur le marché. Il est normal qu'une clause d'exclusion de la garantie du fabricant soit constituée par la sensibilité particulière du patient ou du consommateur. En effet, nous ne sommes pas tous égaux devant les médicaments et plus généralement les produits de santé. Des médicaments anodins pour la très grande majorité peuvent déclencher des réactions allergiques qui peuvent être parfois mortelles chez d'autres. La jurisprudence, confrontée très tôt à ce problème, a consacré l'existence d'une cause exonératoire dans ce cas.

Dans un arrêt du 4 juillet 1970 [1283], la Cour d'appel de Paris a déclaré très clairement « qu'il est bien certain que le fabricant s'engage par là même ni à assurer, en toute hypothèse, l'efficacité thérapeutique du médicament, ni à garantir son innocuité totale dans tous les cas où des accidents dus à l'état ou à la sensibilité particulière du malade ne sauraient être raisonnablement prévus par l'expérimentation ; qu'ainsi donc, la loi, si elle impose au fabricant une prudence exceptionnelle lors de l'élaboration de ses produits, ne met pas cependant à sa charge l'obligation de prévoir tous les risques présentés par le médicament dans tous les cas et ne le rend pas responsable du seul fait de la réalisation de ces risques ». Cet arrêt indique qu'il est impossible de garantir dans tous les cas l'efficacité thérapeutique et/ou l'absence de risques d'un médicament. Il exonère le fabricant du médicament sur la base de l'état du patient ou encore de sa sensibilité particulière. La même formule a été quasiment reprise par la Cour d'appel de Paris dans un arrêt du 15 décembre 1983[1284]. En 1991, la Cour de cassation

---

[1283] D.1971, p.73.

[1284] La cour a affirmé « qu'il est bien certain que le fabricant ne peut s'engager à garantir, en toute hypothèse, l'efficacité thérapeutique du médicament non plus que son innocuité totale dans tous les cas où les accidents dus à l'état ou à la sensibilité particulière du malade ne sauraient être raisonnablement prévus par l'expérimentation ». (D. 1985, p.228.)

a consacré ces principes[1285] à propos de produits cosmétiques, dans une espèce où la victime se prévalait d'une réaction allergique au menthol contenu dans le produit.

Ainsi, la responsabilité d'un fabricant de produits de santé, du fait des effets secondaires, des effets indésirables de ses produits, ne pourra être engagée que de façon très restrictive. Plus l'effet secondaire sera circonscrit à un nombre limité de personnes, plus les chances d'aboutir seront faibles. Par contre, si l'effet secondaire devenait catégoriel, et affectait toute une catégorie de personnes sans qu'une information précise ait été donnée dans la notice d'utilisation sur ce risque, la responsabilité du fabricant sera retenue plus facilement. Tout se résume donc entre un équilibre à instituer entre l'obligation de sécurité et d'information auxquelles peuvent légitimement prétendre les patients et plus généralement les consommateurs, et l'impossibilité de prévoir pour les fabricants tous les risques liés à leurs produits. C'est l'appréciation des ratios bénéfices / risques, et risques / information suffisante qui semblent être les meilleurs guides de la jurisprudence française.

506 - En matière d'obligation d'information - Le laboratoire peut s'exonérer de sa responsabilité si l'état des connaissances sur les effets indésirables du produit lors de la réalisation du dommage était limité. On peut citer une jurisprudence de la Cour d'appel de Paris[1286], qui a reconnu l'absence d'information mais a néanmoins rejeté la mise en cause du laboratoire. Pour la Cour le défaut d'information existe car « ni la notice ni le RCP ne mettait en garde le professionnel de santé ou le patient contre l'existence d'effets secondaires, même exceptionnels, consistant en une atteinte rénale subi par le demandeur », mais le dommage, imprévisible, de nature immuno-

---

[1285] Pour la Cour « attendu que si le fabricant et le vendeur de certains produits d'usage courant spécialement destinés aux soins ou au confort du corps humain sont tenus d'une obligation de sécurité, celle-ci se limite à la délivrance de produits qui, employés dans des conditions conformes aux recommandations des fournisseurs, ne présentent normalement pour leurs utilisateurs aucun caractère dangereux ; que cette obligation ne comporte pas une garantie de plein droit de tous les dommages pouvant résulter de l'usage de ces produits ; que la Cour d'appel ayant constaté que l'affection dont a souffert Mme L... n'était pas liée à des caractéristiques dangereuses ou à un vice du produit de beauté litigieux, mais à des caractères propres à la personne qui l'a utilisé, la décision attaquée est légalement justifiée ». (Cass.civ. 1er bull. civ. I. n°30.)

[1286] CA paris, 23 septembre 2004.

allergique, et pouvant survenir à tout moment, aurait pu se réaliser même si une surveillance rénale avait été recommandée dans la notice ou dans le RCP.

L'exonération du fabricant peut également intervenir lorsque les effets indésirables ne sont pas démontrés. Il s'agit ici de l'absence de lien de causalité entre le défaut d'un vaccin et la survenance d'un dommage. La Cour d'appel de Paris dans deux décisions[1287]a écarté l'absence d'information aux motifs, qu'« il n'est pas établi que les premières interrogations sur l'éventualité d'un lien de causalité entre la vaccination et les affections démyélinisantes étaient suffisamment étayées et auraient donc dû être portées à la connaissance de l'utilisateur; que dès lors en l'état, l'existence d'un défaut du vaccin comme d'un lien de causalité entre celui-ci et le dommage subi en raison d'une absence d'information sur les risques encourus n'est donc pas établie ».

Lorsqu'au moment de la mise en circulation d'un médicament, aucun trouble n'était connu et que le laboratoire qui a ultérieurement connaissance des premiers cas d'effets indésirables, ouvre une enquête et modifie la notice du médicament incriminé, sa responsabilité pour absence d'information doit être levée[1288].

Le producteur de médicament peut également dans le cadre de ses activités enfreindre à des dispositions pénales et engager de ce fait sa responsabilité.

Paragraphe 2 : La responsabilité pénale des distributeurs de médicaments

Les acteurs de la distribution en gros des médicaments peuvent être appelés à répondre de leurs actes lorsque ceux-ci sont constitutifs d'infraction génératrice de sanction pénale. En matière pénale, le comportement à éviter est prévu d'avance ainsi que les conséquences qui en découleront. C'est un principe constitutionnel. Selon la constitution burkinabè, « nul ne peut être jugé et puni qu'en vertu d'une loi promulguée et publiée antérieurement au fait punissable ».

[1287] Première décision, CA. Paris, 29 avril 2011, cette décision a été confirmée le 6 mai 2011 par la Cour de cassation.

[1288] CA Bordeaux, 5 décembre 2006. Décision confirmée par la Cour de cassation le 19 mars 2009.

La loi prévoit donc les infractions et leur sanction : c'est la légalité des délits et des peines.

Le délit pénal selon J. Pradel est un « comportement légalement prévu et puni d'une peine »[1289]. L'auteur de l'infraction porte atteinte à ce qu'E. Durkheim appelle les « états forts et définis de la conscience collective »[1290] ; il porte atteinte à un ordre établi par une communauté.

Les distributeurs de médicaments peuvent commettre deux types d'infraction : des infractions d'ordre général, en ce sens qu'ils peuvent commettre les infractions prévues par le Code pénal, ils peuvent également plus spécifiquement commettre des infractions d'ordre pharmaceutique prévues par des lois ou des règlements spécifiques à la pharmacie, c'est-à-dire liées à leurs activités. Dans ce paragraphe nous allons nous intéresser uniquement aux infractions proprement pharmaceutiques. Nous exposerons donc les actes pouvant engager la responsabilité du fabricant de médicament dans ses activités (A) et les actes pouvant être qualifiés d'infractions pénales pour les autres acteurs (B).

A : La responsabilité pénale du fabricant de médicament

La responsabilité pénale du fabricant en matière pharmaceutique intervient toutes les fois où sa négligence ou son imprudence porte atteinte à une disposition du CSP ou aux dispositions règlementant la santé publique. Les infractions dans l'industrie pharmaceutique vont de la création de l'unité de fabrication à la distribution du produit fini.

507 - Les infractions pénales relatives à l'ouverture des établissements pharmaceutiques de fabrication - L'ouverture d'un établissement pharmaceutique de préparation de médicaments est subordonnée à l'octroi d'une autorisation du ministre chargé de la Santé. Nul ne peut donc fabriquer des médicaments sans en avoir été autorisé. L'ouverture sans autorisation d'un établissement de fabrication est sanctionnée par la fermeture définitive de l'établissement.

[1289] J. Pradel, *Traité de droit pénal et de science criminelle comparée*, n°3, p.21.
[1290] E. Durkheim, *De la division du travail social*, 12e édition, PUF, p.35.

508 - Les infractions relatives à la mise sur le marché du médicament - Lorsque les services d'inspection du ministère chargé de la Santé constatent une mise sur le marché de médicaments sans autorisation, ils établissent un procès verbal et le contrevenant encourt une peine d'amende de 250 000 à 5 000 000 de F CFA et d'un emprisonnement d'un à six mois, ou de l'une de ces deux peines seulement. Le produit est saisi et remis aux formations sanitaires publiques pour usage ou pour destruction. En cas de récidive l'amende est portée au double. Lorsqu'il s'agit d'un fabricant de médicament traditionnel, l'amende est de 100 000 à 1 000 000 FCFA. L'autorisation d'ouverture peut également être retirée.

509 - Les infractions relatives au contrôle de qualité - Ces infractions concernent toute fausse déclaration portant sur la quantité ; le nombre ; l'origine ou la provenance des médicaments. Elles concernent également toute utilisation ou tentative d'utilisation d'un certificat de contrôle délivré à un tiers, toute réutilisation ou tentative de réutilisation du certificat de contrôle, toute complicité et toute manœuvre frauduleuse pratiquée en vue d'échapper ou de faire échec à la réglementation du contrôle de qualité des médicaments.

510 - Les infractions relatives à la distribution des médicaments - Les établissements de fabrication s'exposent à des sanctions pénales lorsqu'ils livrent les produits inclus dans le monopole pharmaceutique directement au public, sauf dans les cas prévus par la loi. Les médicaments mis sur le marché doivent respecter les prix fixés par arrêté du ministre chargé du Commerce en accord avec le ministre de la Santé. Nul ne peut, sans s'exposer à une sanction pénale, pratiquer un prix supérieur à celui qui résulte de cette règlementation. En matière de publicité, le fabricant, lorsqu'il contrevient à la règlementation, encourt une amende de 20 000 à 300 000 FCFA et en cas de récidive, d'une amende de 300 000 à 1 000 000 FCFA. Le produit sera, en outre, interdit de vente.

511 - La détermination des personnes responsables - Selon la Constitution burkinabè, la peine est personnelle et individuelle, dès lors, il faut en matière pharmaceutique, déterminer qui doit assumer la responsabilité. Tout établissement de fabrication de médicament doit être la propriété d'un pharmacien ou d'une société à la gestion ou à la direction générale de laquelle participe un pharmacien. Le CSP burkinabè, en son article 228, indique que le pharmacien responsable est personnellement responsable de l'application des règles édictées dans l'intérêt de la santé publique, sans préjudice, le cas échéant, de la responsabilité solidaire de la société.

B : La responsabilité des autres acteurs de la chaîne du médicament

Si le producteur de médicament est le premier élément de la chaîne de distribution des médicaments, il existe d'autres acteurs qui interviennent pour permettre au médicament d'atteindre ses destinateurs. L'Etat est le premier de ces intermédiaires. Dans son rôle de garant de l'accès pour tous aux médicaments de qualité, l'Etat peut voir sa responsabilité engagée. Le grossiste-répartiteur, ainsi que les acteurs de la distribution des médicaments issus du don peuvent voir également leur responsabilité engagée.

512- La responsabilité de l'Etat - Le rôle de l'Etat, en matière de médicaments va de l'autorisation de mise sur le marché à l'organisation de la chaîne de distribution. L'Etat est le garant de la protection de la santé publique. Lorsqu'un médicament accède au marché revêtu d'une AMM, il a la caution de l'Etat, c'est pourquoi la responsabilité de l'Etat ou de la structure chargée de délivrer les AMM peut être mise en œuvre. En France, dans l'affaire du Médiator® la responsabilité de l'Etat a été reconnue récemment par le tribunal administratif de Paris[1291].

L'Etat peut également, dans l'organisation des services pharmaceutiques, engager sa responsabilité.

La responsabilité de l'Etat peut résider dans une faute quant à l'organisation ou au fonctionnement d'un service pharmaceutique : rupture de stock dans une pharmacie hospitalière ou dans un dépôt-répartiteur de district causant la mort ou l'invalidité d'un patient. La responsabilité peut également découler d'une faute commise par un pharmacien hospitalier dans la délivrance des médicaments ou encore lorsqu'un produit défectueux cause un dommage à un patient en milieux hospitalier. En France par exemple, le Conseil d'Etat a retenu

---

[1291] Trib adm paris, 16 juin 2014, n°1312345/6.

la responsabilité pour défaillance des produits de santé d'un établissement hospitalier[1292].

Les centrales d'achat peuvent également enfreindre à la réglementation. Au Sénégal, le problème ne se pose pas, la PNA est un démembrement de l'Etat, sa responsabilité rejoint la responsabilité générale de l'Etat. Mais au Burkina Faso, la CAMEG est une association, et sa responsabilité pénale devrait pouvoir être engagée comme tout distributeur en gros.

513 - La responsabilité des autres acteurs - Pour les acteurs de la distribution humanitaire de médicaments, lorsqu'ils délivrent des médicaments sans AMM, c'est-à-dire des médicaments hors liste nationale, ou encore des médicaments qui ne respectent pas la règlementation, une sanction sera prononcée en fonction de la gravité : l'interdiction temporaire ou définitive, la saisie et la destruction des médicaments et éventuellement, une amende ou la peine de prison.

Sous-section 2 : La nécessité d'un droit spécial de responsabilité du producteur de médicaments en droit burkinabè et sénégalais

Malgré la finalité sanitaire des produits de santé, il n'y a pas au Burkina Faso et au Sénégal, de régime spécifique de responsabilité pour ce type de produits. Les responsabilités pouvant être encourues du fait de la fabrication et de la commercialisation de produits de santé relèvent du droit commun, ce qui est regrettable. Il est nécessaire de construire en droit burkinabè et sénégalais ou plus globalement en droit communautaire de l'UEMOA, un régime spécifique de responsabilité en matière de produits de santé, comme l'a fait l'Allemagne en 1976 et l'Union européenne en 1985. L'urgence d'un tel régime résulte des limites du droit commun de la responsabilité appliqué au médicament (paragraphe 1). Il faut donc évoluer vers l'adoption d'un régime de responsabilité spécifique renforcé pour tenir compte de la spécificité du médicament, mais également de celle des pays africains (Paragraphe 2).

[1292] En France, ce régime est susceptible d'entrer en concurrence avec le régime de responsabilité du fait des produits défectueux issu d'une directive du 25 juillet 1985, au Burkina Faso au Sénégal compte tenu de l'absence de la responsabilité pour produit défectueux, la responsabilité sans faute de l'Etat reste donc la seule voie.

Paragraphe 1 : Les limites du droit commun de la responsabilité dans le secteur du médicament

Le droit commun de la responsabilité exige la réunion du triptyque faute, dommage et lien de causalité. Le patient, qui estime que son dommage est imputable à un produit pharmaceutique doit en apporter la preuve. Le droit des preuves appliqué dans le droit commun de la responsabilité est une limite à l'application de ce régime dans le milieu pharmaceutique (A), ces limites sont renforcées par le contexte africain (B).

A : Des limites liées au droit des preuves

514 - La charge de la preuve appartient aux parties - Le droit des preuves dans les pays de tradition romano-germanique laisse la prérogative au juge d'établir la vérité dans son jugement, mais la production des éléments de preuve repose avant tout sur l'initiative des parties. L'effort repose en principe sur chaque partie pour le succès de ses prétentions devant le juge. Selon l'article 1315 du Code civil burkinabè « celui qui réclame l'exécution d'une obligation doit la prouver »[1293]. Transposé en matière pharmaceutique, l'utilisateur d'un produit pharmaceutique, qui s'estime victime et qui impute son dommage à un produit, doit apporter la preuve d'une faute du professionnel qu'il accuse et ensuite, il doit justifier que son dommage est bien lié à l'usage du produit pharmaceutique en question.

515 - La difficulté pour le patient victime d'apporter la preuve de la faute - Lorsqu'un médicament est mis sur le marché il est difficile pour tout scientifique de prédire les effets néfastes que son usage normal pourrait engendrer. Pour obtenir son AMM, le médicament a été testé sur un nombre réduit d'individus et sur une courte période, son action sur le long terme n'est pas testée. Il faut souvent des années pour conclure qu'un médicament est dangereux pour la population. Si la preuve de la faute peut paraître aisée dans d'autres domaines, en matière pharmaceutique du fait de la nature même des produits, le patient victime est un profane, il lui est difficile

[1293] Et selon l'article 9 du COCC, « celui qui réclame l'exécution d'une obligation doit en prouver l'existence et celui qui se prétend libérer doit prouver que l'obligation est inexistante ou éteinte ».

d'apporter des preuves scientifiques pour objectiver la faute du professionnel. La preuve d'un défaut du médicament nécessite une expertise coûteuse. Lorsque le patient n'a pas les moyens, il ne peut que se borner à évoquer la faute du fabricant et laisser le juge tirer les conclusions.

516 - La difficulté pour le patient victime d'établir le lien de causalité entre son dommage et la faute du professionnel - Le dommage doit découler de la faute du producteur du médicament, « sans qu'aucun fait postérieur ait encouru à sa réalisation »[1294]. En matière pharmaceutique, il demeure toujours une incertitude, surtout si le même produit pris pour la même pathologie par un autre patient n'a pas produit d'effets néfastes. Les cas en jurisprudences burkinabè ou sénégalaise sont rares, mais si l'on interroge le droit comparé, les victimes en droit français ont longtemps vécu dans l'impasse[1295] quant à l'établissement du lien de causalité entre leur dommage et la faute du producteur de médicament. Cette difficulté freinait les chances d'indemnisation des victimes. Les juges français ont, à un certain moment, eu une attention envers les victimes en abandonnant l'exigence d'une preuve véritable pour épouser les outils donnés par l'article 1354 du Code civil. Selon cet article, « les présomptions qui ne sont point établies par la loi sont abandonnées aux lumières et à la prudence du magistrat, qui ne doit admettre que les présomptions graves, précises et concordantes ». Ainsi, le juge français va bâtir, à partir de cet article une nouvelle théorie dans le droit commun de la responsabilité civile : la théorie de la « présomption de causalité »[1296]. Avec cette théorie, la position des victimes était apparue dès lors plus confortable. Le juge pouvait condamner le laboratoire à indemniser le patient sans que le lien de causalité entre son dommage et le produit litigieux ait été véritablement établi. C'est ainsi que plusieurs affaires ont pu voir leur dénouement en faveur des victimes. Par exemple la Cour d'appel de Versailles[1297] a condamné un laboratoire malgré l'absence de certitude prouvée dans l'affaire de l'Isoméride® où les

---

[1294] Article 127 du COCC.

[1295] L. Bloch, « Pour une autre présentation de la responsabilité du fait des produits de santé », *Res.civ. et assurance*, n°12, décembre 2009, pp.7.13. Cité par A. Leca, op.cit., p.403.

[1296] CA. Pau, 16 janvier 2002, Gaz. Pal., Table analytique, 2003-1, p.570. Arrêté cité par A. Leca, op.cit., p.403.

[1297] CA Versaille, 10 mai 2001,

experts avaient conclu à l'incertitude du lien entre l'usage de ce coupe-faim et les valvulopathies cardiaques ou l'HTAPP évoquées par les patients. Dans cette affaire, les experts n'épargnaient pas totalement l'Isoméride®, selon eux, si le lien n'est pas certain, il n'en demeure pas moins qu'il est adéquat. Le juge s'est donc basé sur cette présomption forte pour condamner le laboratoire. D'autres juridictions civiles françaises ont suivi ce raisonnement, avant qu'en 2003 la Cour de cassation n'opère un tournant sévère pour les victimes en affirmant que le lien de causalité devait être scientifiquement bien établi[1298]. La portée de ce revirement jurisprudentiel est à relativiser[1299], car la Cour n'avait pas entendu en 2003, fonder l'indemnisation des victimes sur les seuls motifs de certitudes scientifiques. Pour la Cour lorsque les données connues de la science permettent d'étayer la causalité[1300], rien ne doit empêcher le juge d'envisager une indemnisation sur la base de « présomptions graves, précises et concordantes »[1301]. La cour de cassation a d'ailleurs reprécisé en 2013, que, « si l'action en responsabilité du fait d'un produit défectueux exige la preuve du dommage, du défaut et du lien de causalité entre les deux, une telle preuve peut résulter de présomptions, pourvu qu'elles soient graves, précises et concordantes »[1302]. Ce qui est intéressant pour les victimes, mais la cour a aussi exigé que la victime « prouve la

---

[1298] La cour de cassation l'a affirmé d'abord dans un premier arrêt rendu le 9 juillet 2003. La cours a admis qu'il était nécessaire que le lien entre la défectuosité du produit et le lien de causalité soit clairement établi (Cass.civ. 1°, 9 juillet 2003, n°00-21.163°). Ensuite dans deux arrêts du 23 septembre 2003, la Cour a réaffirmé sa position dans l'affaire du vaccin obligatoire contre l'hépatite B, dont un patient tentait d'établir un lien entre sa sclérose en plaque et l'injection de ce vaccin. Le lien avait été présumé en appel, mais la haute cour en a jugé autrement, en demandant à la victime d'apporter des preuves scientifiques certaines établissant le lien entre sa maladie et l'injection du vaccin présumé défectueux (Cass.civ. 1°, 23 septembre 2003, Sté Laboratoire GlaxoSmithKline c/Mme Leroy, n°01-13.063, Gaz.Pal., Rec., mars-avril 2004, p.869.

[1299] La haute juridiction a voulu selon A. Leca, mettre fin « aux dérives inquiétantes » des cours et tribunaux à une époque où l'usage de la solution de 1354 du Code civil était devenu de principe. A. Leca, op.cit., p.410.

[1300] Par exemple lorsque le principe actif du médicament est médicalement connu pour être susceptible de favoriser l'HTAPP (Cass.civ. 1° 24 janvier 2006, n°02-16.648).

[1301] En 2005, la Cour de cassation a condamné deux laboratoires solidairement à indemniser le patient, sur la base d'incertitude, mais d'existence de forte présomption que le syndrome de Lyell pouvait être imputé à l'un ou l'autre des deux médicaments que prenait le patient (Cass. Civ., 1°, 5 avril 2005, n°02-11.947.)

[1302] C. cass, 1er civ, 29 mai 2013, n° 12-20.903, arrêt n°544.

participation du produit à la survenance du dommage ». Cette exigence semble difficile.

Les difficultés demeurent donc toujours pour les victimes d'apporter la preuve du lien de causalité et cette difficulté issue du droit des preuves est renforcée au Burkina Faso et au Sénégal par le milieu socioculturel.

B : Des limites renforcées par le milieu africain

Si le droit commun de la responsabilité connaît des limites qui sont une réalité pour beaucoup de victimes dans le monde, ces limites sont renforcées en Afrique par l'analphabétisme qui rend difficile la compréhension de l'information qui accompagne le médicament (1), mais également par la croyance africaine qui rend souvent inopérantes les voies de recours dont dispose l'utilisateur du médicament (2).

1 : Médicaments et analphabétisme

517 - Notion d'analphabétisme - L'analphabétisme selon le dictionnaire Larousse est l'état de quelqu'un qui ne sait ni lire ni écrire, cela signifie qu'une personne dans cet état est incapable d'appréhender de lui-même une information. A contrario, l'alphabétisme suppose la compréhension de la langue écrite et de la langue parlée[1303]. Il constitue un facteur clé dans la capacité de comprendre et de suivre les instructions verbales des professionnels de la santé. A la notion de savoir lire et écrire s'ajoute celle de comprendre l'information reçue, le plus moyennement possible. L'analphabète est donc également, selon un groupe de chercheurs canadiens, celui qui est incapable de comprendre et d'utiliser l'information qu'il a lue ou écoutée[1304]. L'alphabétisme désigne donc tout un continuum de capacités que certains ont rangé sous le vocable de littératie. La littératie est selon l'OCDE, « l'aptitude à comprendre et à utiliser l'information écrite dans la vie courante, à la maison, au travail et dans la collectivité en vue d'atteindre des buts personnels et

---

[1303] Il faut signaler qu'il s'agit bien évidemment de la langue officielle. Au Burkina Faso et au Sénégal, l'analphabétisme se mesure par rapport au français.

[1304] Burt Perrin et autres, Effets du niveau d'alphabétisme sur la santé des Canadiens et des Canadiennes : étude de profil, Ottawa, Travaux publics et Services gouvernementaux Canada et Santé Canada, 1998, 26 p.

d'étendre ses connaissances et ses capacités»[1305]. L'usage de la notion de littératie dans notre contexte, permet de montrer l'étendue du problème de la compréhension de l'information médicale et pharmaceutique dans les PED. La littératie en matière de santé est la capacité des individus d'obtenir, de traiter et de comprendre l'information de base sur la santé et d'obtenir les services nécessaires pour prendre des décisions appropriées.

518 - L'analphabétisme et la compréhension des informations médicales et pharmaceutiques - Lorsque la notice mentionne des effets indésirables, ces informations sont écrites en français, langue officielle du Burkina Faso et du Sénégal. Lorsque le patient achète son médicament, sans que la notice ne lui ait été expliquée dans sa langue, il y a défaut d'information. Une fois à la maison il consomme le médicament comme indiqué par le prescripteur, il n'est pas en mesure de faire usage de la notice, ni même de l'ordonnance. Lorsqu'il oublie ce que lui a dit le médecin, il peut consommer le médicament selon ses propres méthodes.

L'analphabétisme peut rendre inefficace un rappel de lots. Par exemple, un laboratoire qui s'aperçoit qu'un lot de médicaments déjà distribué est défectueux et doit être rappelé, il informe les autorités compétentes et en fait de même avec l'ensemble de ses clients. Avec l'obligation de traçabilité il pourra retrouver ses clients. Mais lorsque ceux-ci ont déjà vendu les médicaments du lot défectueux au patient, le laboratoire ou les autorités nationales peuvent passer des annonces publiques. Si cela est relativement efficace dans les pays occidentaux, ce procédé est inefficace en Afrique. Pour déterminer le lot concerné chaque utilisateur qui a déjà acheté le médicament doit lire le numéro ce qui n'est pas donné à la majorité des patients.

Dans les PED, il est unanimement reconnu que le taux d'alphabétisation est faible. Ce taux est de 21,8% au Burkina Faso et de 39,3% au Sénégal[1306]. Il faut donc rendre accessible l'information à tous. Pour cela il convient d'adapter les documents écrits au niveau réel de la population, il faut employer un style clair et simple pour aider les patients à comprendre le danger des médicaments. Dans les

---

[1305] OCDE, dans le rapport publié le 14 juin 2000 : La littératie à l'ère de l'information.

[1306] Source CIA World Factbook - Version du 01 janvier 2012.

hôpitaux, les professionnels devraient distinguer les malades selon leur niveau de compréhension afin de faciliter leur accès à l'information.

519- La prescription et la délivrance des médicaments par du personnel non qualifié - A cela il faut ajouter le fait que la prescription médicale n'est pas le seul fait des médecins. Des infirmiers, des sages femmes, des kinésithérapeutes, des agents de santé communautaires prescrivent les médicaments[1307]. Si le médecin a reçu une formation lui permettant de donner des informations correctes sur les médicaments, le personnel non médical souffre d'une incompétence justifiée, car dans leur cursus ils étudient insuffisamment le médicament. Ceux-là sont incapables de fournir une bonne information aux patients, alors qu'au Burkina Faso et au Sénégal, c'est le personnel le plus nombreux.

En aval de la prescription, la délivrance des médicaments souffre également de l'incompétence du personnel officiant comme « pharmacien ». Si la loi oblige les pharmaciens d'officine à exercer personnellement la pharmacie, cela n'est pas toujours le cas sur le terrain, où l'on retrouve, confondus, au pharmacien, des vendeurs sans aucune qualification, formés sur le tas en quelques mois[1308]. Ces derniers vendent le médicament comme n'importe quel « boutiquier », pire, ils substituent les génériques sans la surveillance d'un pharmacien. L'étude de N. Nao précise que 90,9% d'entre eux pratique cet acte librement sans se référer au pharmacien qui souvent est absent de l'officine[1309]. Toutes ces situations viennent alourdir les difficultés du patient africain à être indemnisé en cas de litige.

[1307] Article 131 du CSP du Burkina Faso : « les sages-femmes / maïeuticiens et les infirmiers(es) ne peuvent prescrire que dans les conditions fixées par arrêté du ministre chargé de la Santé ». Mais dans la pratique cet arrêté n'a pas été pris et sur le terrain pour pallier le manque de médecin, ce personnel prescrit.

[1308] Selon une étude menée en 2009 au Burkina Faso, le niveau maximal des vendeurs en pharmacie dans les officines est le brevet d'étude du premier cycle (BEPC) détenu par 66,7 % d'entre eux alors que 33,3 % n'ont que le certificat d'étude primaire (CEPE). Voir, C. Nanga, D. Zouré, « Analyse de la situation démographique du secteur pharmaceutique au Burkina Faso », Ordre National des Pharmaciens du Burkina Faso, avril 2009, p.48.

[1309] N. Nao, op.cit., p.85.

2 : Le fatalisme et l'inconscience collective sur le danger du médicament

520 - Le fatalisme explique la rareté de recours en justice en matière pharmaceutique - Avec la disparition dans le monde du côté sacré de la médecine, les médecins, ainsi que les autres professionnels de la santé ont perdu leur image d'antan d'homme de Dieu ou d'homme doté de pouvoirs divins. Ils sont devenus de simples « prestataires de service »[1310]comme les autres. Le juge s'est emparé de leur relation avec les patients. Le principe de responsabilité est comme, le relève J.-C. Magendie, un des piliers du droit et de la société toute entière, même si en matière médicale ce principe reste complexe[1311]. Dans l'esprit de nombreux patients dans le monde, le professionnel de santé peut être attrait devant les tribunaux en cas de dommages causés par lui à l'occasion de l'exercice de sa profession. Mais en Afrique, le poids des croyances éloigne les patients victimes des tribunaux et même quand une affaire se retrouve en justice, son traitement n'est pas satisfaisant[1312].

L'Afrique est un continent profondément marqué par les croyances. Tout événement doit être lié à une puissance divine. Ainsi le poids des religions et de la coutume renforce le fatalisme et éloigne les Africains des juridictions. Ce fatalisme entretient un culte du médicament, le médicament ne faisant que du bien dans la conception populaire, la prise de conscience collective de sa dangerosité est encore loin. Lorsqu'un préjudice survient suite à la consommation d'un médicament le lien est rarement fait vers le produit, ce qui empêche toute réflexion vers un éventuel procès. Il faudrait sans doute imaginer un régime spécial de responsabilité pour prendre en compte l'ensemble des difficultés que nous venons d'exposer.

[1310] Propos tirés de la préface faite par J.-C. Magendie, in T. Cassuto, *La santé publique en procès, questions judiciaires*, PUF, Paris, 2008, p.XI.

[1311] J.-C. Magendie, in T. Cassuto, op.cit., pp.XI-XII.

[1312] C'est ce qui s'est passé dans l'affaire dame Traoré TGI de Banfora. Cf infra paragraphe 526.

Paragraphe 2 : La nécessité d'un cadre juridique spécifique à la responsabilité du fait des médicaments : un régime spécifique de responsabilité objective renforcée.

Au Burkina Faso et au Sénégal et plus globalement dans un droit communautaire régional, il est nécessaire de renforcer le cadre juridique en matière de responsabilité liée aux médicaments pour mieux protéger la santé publique. Pour cela ces pays peuvent s'inspirer de l'histoire de la responsabilité dans les pays européens, une responsabilité qui a d'abord été de droit commun, avant d'évoluer vers une responsabilité objective (A). Cette responsabilité objective dégagée par le droit européen, peut être renforcée pour tenir compte du contexte africain (B).

A : Rappel du modèle européen de responsabilité civile en matière pharmaceutique : une responsabilité civile objective

Le droit français dont s'inspire la plupart des droits en Afrique francophone, est aujourd'hui influencé par le droit européen. En matière de responsabilité pharmaceutique, la France a longtemps résisté avant de céder sur les condamnations de la CJUE. En effet la France a été condamnée, une première fois en 2002 pour mauvaise transposition de la directive de 1985, qui laissait subsister à côté de la responsabilité objective instaurée par l'Europe, une responsabilité subjective de droit commun[1313] puis une deuxième fois en 2006, pour mauvaise transposition également. Il s'agissait cette fois-ci de la définition du producteur ; la Cour a jugé la définition française trop extensive et trop protectrice de la victime. La France assimilait le fournisseur du produit défectueux au producteur, même dans les cas où le fournisseur donnait à la victime les indications précises pour identifier le producteur[1314].

[1313] CJCE, 25 avril 2002, affaire C-52/00, Commission/France.
[1314] CJCE, 14 mars 2006, affaire C-177/04, Commission/France.

521 - La responsabilité du producteur de médicament[1315] : une responsabilité sans faute - Le régime spécial instauré en 1985 par le droit communautaire européen est une responsabilité sans faute. Cette responsabilité est lourde et vaste[1316], car le producteur de médicament est responsable du dommage causé par un défaut de son produit, qu'il soit ou non lié par un contrat avec la victime, qu'il ait ou non commis de faute[1317].

522 - Le domaine de la responsabilité du fait des produits défectueux - Selon l'article 1386-4 du Code civil, issu de la révision dudit code en France, « un produit est défectueux lorsqu'il n'offre pas la sécurité à laquelle on peut légitimement s'attendre. Dans l'appréciation de la sécurité à laquelle on peut légitimement s'attendre, il doit être tenu compte de toutes les circonstances et notamment de la présentation du produit, de l'usage qui peut en être raisonnablement attendu et du moment de sa mise en circulation. Un produit ne peut être considéré comme défectueux par le seul fait qu'un autre, plus perfectionné, a été mis postérieurement en circulation ».

La notion de défectuosité est vaste, elle englobe la qualité du médicament, la présentation du médicament, le défaut d'information. Cela signifie que le médicament peut avoir été fabriqué suivant les normes communautaires mais être déclaré défectueux.

La responsabilité du fait des produits défectueux est une responsabilité qui a pour but d'assurer de façon systématique la réparation du préjudice subi par la victime. Le droit européen a fait un glissement de l'examen du comportement du producteur vers l'examen de la qualité du produit. Ce qui est intéressant pour la victime, c'est l'abandon de la charge de la preuve scientifique qui l'incombait.

Avec ce régime spécifique, le patient a plus de chance d'être indemnisé. Un régime spécial est tout aussi nécessaire pour le droit de la responsabilité en Afrique.

[1315] La directive de 1985 définit le producteur comme le fabricant d'un produit fini, le producteur d'une matière première ou le fabricant d'une partie d'un produit fini. A été assimilé à un producteur, la personne qui a titre professionnel se comporte comme un producteur en apposant sur le produit son nom, sa marque ou tout autre signe distinctif.

[1316] A. Leca.op.cit., p.394.

[1317] Article 1er de la directive du 25 juillet 1985.

B : Quel droit de la responsabilité en matière de produits défectueux en Afrique : proposition d'un régime spécial en matière de médicament

523 - La responsabilité sans faute du producteur de médicaments : une responsabilité objective - La définition du médicament en Afrique doit être juridiquement bien cernée pour protéger le consommateur africain « des abus de son ignorance »[1318]. L'ignorance du consommateur de médicament est universelle ; partout dans le monde il est présumé ignorer les aspects scientifiques qui entourent ce bien, mais nous insistons sur ce fait en Afrique où le médicament moderne est étranger aux pratiques quotidiennes et où la langue officielle est également étrangère. Une attention particulière doit donc être portée sur cette catégorie de consommateurs. Le consommateur de médicaments en Afrique est une personne que l'on a soumise à un mode de vie diamétralement opposé à ses us et coutumes. Nous sommes convaincus qu'un consommateur occidental serait confronté aux mêmes difficultés s'il devait brutalement se passer de la médecine moderne pour adopter une médecine traditionnelle empreinte d'irrationalité à ses yeux.

Nous préconisons donc d'abord, pour tenir compte de la spécificité du domaine pharmaceutique, l'instauration d'une responsabilité sans faute du producteur de médicaments. Cette responsabilité sans faute peut s'inspirer de la responsabilité du fait des produits défectueux de la directive européenne de 1985.

524 - Une obligation de résultat renforcé - Si l'obligation du producteur en matière d'information est de résultat, pour tenir compte du contexte africain, il faut renforcer cette obligation. Si l'on tient compte du fait que l'analphabétisme ne se résume pas seulement au fait de ne pas savoir lire et écrire, si l'on étend cette notion à l'usage de l'information, en disant qu'est analphabète celui qui ne peut pas comprendre et utiliser une information, plus de la moitié de la population Burkinabè et sénégalaise est concernée. Ainsi le patient

[1318] E. Cadeau, op.cit., p.169. L'auteur utilise ce terme pour désigner le consommateur européen en général. Mais nous pensons que ce terme est universel et vise à protéger toute personne qui est en situation d'infériorité par rapport à un professionnel du domaine. En Afrique cette ignorance est doublée de la transmission d'une information incompréhensible.

sera présumé n'avoir pas été informé toutes les fois où, compte tenu de son analphabétisme, aucune mesure n'a été prise pour lui faciliter la compréhension de la notice.

Le médicament demeure un mystère dans le monde et en Afrique, la présentation des « efficaces délégués des laboratoires pharmaceutiques »[1319] est un facteur important dans la consommation des médicaments dans un contexte de pauvreté et d'analphabétisme. Ce taux élevé d'analphabétisme a fait écrire à D. Sy qu'il faudra inverser « la présomption de connaissance du droit et dire que nul n'est censé connaître la loi »[1320] ; nous disons qu'il doit en être de même en matière pharmaceutique où la responsabilité du producteur pour défaut d'information adaptée doit être retenue. Ainsi une sorte de responsabilité objective renforcée se mettra en place. Dans ces conditions, il sera impossible au producteur du médicament ou à la personne qui lui est assimilée de s'exonérer de sa responsabilité en se basant sur la faute de la victime. Il ne pourra pas non plus évoquer les mauvaises conditions d'utilisation par le patient, qui est présumé ignorer les bonnes conditions d'utilisation.

Pour éviter une prolifération de procès qui risque de décourager les investisseurs pharmaceutiques, on peut imaginer que l'information soit fournie aux médecins. Cela veut dire que le laboratoire peut s'exonérer s'il prouve qu'il a fourni suffisamment d'informations aux médecins qui à leur tour sont chargés de relayer l'information à un niveau compréhensible par le patient. Cette obligation des fabricants existe aux Etats-Unis où les laboratoires informent, non pas le patient, mais le médecin.

525 - Renforcer la prescription de l'action civile - Enfin, il y a la prescription de l'action en responsabilité civile. Il ne sera pas intéressant d'adopter la prescription européenne qui est de dix ans après la mise en circulation du produit qui a causé le dommage. On peut, soit garder la prescription de droit commun qui est dix ans depuis la découverte du dommage, soit opter pour la prescription

[1319] Y. Landry, *Petite histoire des médicaments, de l'antiquité à nos jours*, Dunod, Paris, 2011, p.158.

[1320] D. Sy, « Le juge sénégalais et la création du droit administratif », in La création du droit en Afrique, op.cit, p. 395.

trentenaire si l'on veut donner toutes les chances à la victime d'être indemnisée.

526 - La nécessité de créer un régime d'indemnisation des victimes - Le régime d'indemnisation peut contribuer à faire respecter le droit des patients. En effet, la mise en œuvre du droit à la santé suppose également la mise en place d'un mécanisme permettant aux professionnels de santé de répondre de leurs actes. Lorsqu'on observe la jurisprudence en matière de réparation des dommages au Burkina Faso et au Sénégal, on constate une certaine hésitation des juges. Si au Sénégal la responsabilité médicale a fait l'objet de quelques décisions favorables aux victimes, au Burkina Faso la situation est tout autre. En effet le juge sénégalais a toujours dans ses décisions le souci de l'indemnisation de la victime[1321], ce qui le conduit à retenir la responsabilité non pas du médecin mais de la structure dans laquelle a eu lieu l'acte fautif[1322].

Ce souci est toutefois manifeste dans l'arrêt Tabara Dia, où suite à un viol commis par un agent de santé sur une fille hospitalisée, le juge retient la faute de l'hôpital au motif que la responsabilité de l'hôpital est une « contrepartie de sa liberté de choix de son préposé et du devoir de contrôle et de surveillance qu'il contracte de ce fait vis à vis des tiers dans l'exercice des tâches confiées à ce dernier...»[1323]. Pour le juge l'hôpital a commis une faute dans le choix de son salarié et doit être déclaré responsable.

[1321] Voir le discours d'usage prononcé lors de la rentrée solennelle des cours et tribunaux du Sénégal par Wally Faye, vice-président du tribunal hors classe de Dakar en janvier 2009.

[1322] Cour d'Appel de Dakar, 10 Mai 1985, veuve Nemer Sabbah C/ Hôpital Principal de Dakar arrêt n°420 ; Cours d'Appel de Dakar, 27juillet 1984, arrêt n°501, Demoiselle Diop C / Etat du Sénégal.

[1323] Cour d'Appel de Dakar, 18 janvier 1988, Tabara Dia c/ l'Hôpital Principal de Dakar, les Annales africaines 1989-1990, p.240.

Le juge burkinabè est dans une dynamique de protection du personnel soignant[1324] ou de l'Etat[1325] au détriment de l'indemnisation des victimes.

La question s'est posée sur le plan médical au juge, nous sommes certains que le juge aura le même souci d'indemnisation du patient en matière pharmaceutique. De tels traitements judiciaires peuvent freiner les investissements du marché africain déjà sous alimenté en produits pharmaceutiques. Tout en gardant l'idée d'une responsabilité sans faute, nous préconisons la création d'un fonds national d'indemnisation des victimes d'accidents médicaux. Ce fonds à l'image de l'ONIAM en France, informerait les patients et servirait d'assurance. Ce fonds pourra être financé en partie par l'industrie pharmaceutique sans préjudice d'une augmentation des prix des médicaments.

Lorsque le médicament est produit et que le marché national est approvisionné le droit pharmaceutique interdit aux fabricants et à leurs intermédiaires de vendre le médicament au public. Il existe donc un autre circuit qui permet aux médicaments d'atteindre son consommateur.

[1324] TGI de Banfora, ayant droit dame Traoré Sita c/Dao Yissou, jugement n°021/2010 du 09 février 2010. Suite à une intervention chirurgicale lors d'un accouchement difficile, la dame Traoré est décédée d'un arrêt cardiaque. Bien que le juge ait reconnu une faute de l'anesthésiste, il n'a pas retenue sa responsabilité (l'anesthésiste n'a fait aucun examen préalable avant d'injecter son produit). Ensuite sans se baser sur une expertise médicale, le juge a conclu à la non culpabilité du médecin gynécologue et de son anesthésiste au motif que les sensibilités particulières de la patiente pouvaient être la cause du décès eu égard à ses antécédents chirurgicaux.

[1325] Trib. Cor. Bobo-Dioulasso, 21 octobre 2011, affaire dame Sita Traoré, inédit. Dans cette affaire, une accoucheuse auxiliaire et un agent itinérant de santé ont été mis en cause pour le décès d'une femme en couche (il faut préciser que l'accoucheuse auxiliaire est pour la sage femme ce que l'aide soignant est pour l'infirmier en France et que l'agent itinérant de santé est pour l'infirmier ce que l'accoucheuse auxiliaire est pour la sage femme). Ces deux agents malgré leur faible niveau médical ont été affectés par l'Etat dans une maternité périphérique comme cela se fait au Burkina Faso. En septembre 2011, elles ont reçu une femme en travail, ayant abandonné la femme dans une salle sans surveillance sur une table de travail, celle-ci a été retrouvée morte couchée à même le sol. Le juge a reconnu la faute des agents et les a condamné, l'accoucheuse auxiliaire à six mois de prison ferme et trois millions de francs CFA d'amende et l'agent itinérant de santé à six mois de prison avec sursis assortis de trois millions de francs CFA d'amende. La responsabilité de l'Etat n'a pas été engagée.

Chapitre 2

La délivrance du médicament au consommateur : entre sécurité sanitaire et manque de ressources humaines qualifiées

> *« Le pharmacien est un marchand d'espoir aussi bien pour les héritiers que pour le malade »*[1326]

Lorsque le médicament reçoit l'autorisation de vente, il ne doit pas être manipulé par des mains inexpertes, sa vente doit être réservée à un personnel capable de garantir une sécurité aux patients. Il ne s'agit pas de vendre, mais d'abord de soulager ou de guérir un patient. Au Burkina Faso ainsi qu'au Sénégal, la sécurisation de la chaîne de distribution au détail des médicaments bute sur le manque de personnel qualifié. Il existe très peu de pharmaciens pour couvrir l'ensemble des zones sanitaires des pays[1327]. Ce manque de personnel qualifié est doublé de l'insolvabilité des patients, ce qui entraîne une concentration des officines dans les grandes villes où la population est capable d'honorer leurs ordonnances. Pour pallier cette carence, les gouvernements ont ouvert le monopole de la vente des médicaments à des personnes non pharmaciens[1328]. Les règles qui encadrent cette dérogation sont-elles suffisamment bien organisées pour continuer à assurer la sécurité des patients, malgré l'intrusion de personnes non compétentes dans le secteur pharmaceutique ? Cette dérogation introduit dans le circuit de distribution pharmaceutique de nouveaux acteurs qui, souvent, occupent une place prépondérante au milieu des acteurs traditionnels (Section 1). L'ensemble de ces acteurs est soumis à des obligations dont le manquement engage leur responsabilité (Section 2).

[1326] André Prévot, extrait de *Petit dictionnaire à l'usage des optimistes*, Schiffer, Paris, 1947.

[1327] Au Burkina Faso en 2012, le nombre de pharmaciens inscrits au tableau de l'Ordre des pharmaciens était estimé à 590 dont à peu près 200 pharmaciens d'officine. Au Sénégal en 2010 on dénombrait 1094 pharmaciens dont 920 pharmaciens d'officines.

[1328] Au Sénégal en 2010, on dénombrait 18 dépôts de vente de médicaments contre 898 officines pharmaceutiques. Au Burkina Faso en 2010 il existait 418 dépôts de vente de médicaments contre 179 officines pharmaceutiques.

Section 1 : Les acteurs de la distribution du médicament au détail : officine pharmaceutique et dépôt de médicaments

Le droit pharmaceutique appliqué au Burkina Faso et au Sénégal tire ses sources historiques, nous l'avons vu, du droit pharmaceutique français des années 1950. Le droit pharmaceutique français est aujourd'hui influencé par l'évolution du droit européen. Malgré cette influence le droit pharmaceutique français, en matière de distribution des médicaments, garde sa spécificité historique : le monopole pharmaceutique. En effet, ce monopole distingue la France de beaucoup de pays européens où le médicament peut être vendu dans des supermarchés avec présence obligatoire de pharmaciens[1329], dans la grande distribution et dans les stations services sans pharmaciens[1330] ou dans des magasins d'alimentation[1331]. Le droit pharmaceutique burkinabè et sénégalais, comme d'ailleurs celui de l'ensemble des ex-colonies françaises en Afrique, se distingue du droit français par l'ouverture du monopole pharmaceutique[1332]. Si le principe veut que la distribution des médicaments en ville se fasse dans des officines pharmaceutiques, ce principe connaît des limites qui ouvrent le monopole de vente des médicaments à d'autres structures dont les gestionnaires ont une connaissance limitée du médicament (Sous-section1). Par contre, le cadre juridique de l'exercice de la profession de pharmacien reste attaché à l'histoire de la réglementation pharmaceutique en France, en ce sens qu'il garde les grands principes du droit pharmaceutique français énoncé dans la loi

[1329] Il s'agit ici de l'Italie depuis 2006.

[1330] Au Danemark et aux Pays-Bas.

[1331] En Suède. En effet, dans un arrêt rendu le 31 mai 2005 dans l'affaire C-438/02, la CJUE a confirmé que le monopole suédois de vente au détail des médicaments était contraire à la législation communautaire. Consécutivement à cet arrêt, le gouvernement suédois a décidé, en décembre 2006, de procéder à une restructuration du marché pharmaceutique. C'est ainsi que, dès 2009, le monopole pharmaceutique a été aboli et tant les médicaments sans ordonnance que ceux délivrés sur ordonnance peuvent être achetés en divers points de vente. Il faut signaler que le monopole pharmaceutique en Suède était exercé par l'Etat depuis les années 1970 à travers le réseau « Apoteket ». Cette vente était réservée aux pharmaciens du réseau étatique, moins de 1000 pharmaciens pour l'ensemble du pays. C'est ce monopole qui a été jugé contraire au droit communautaire européen.

[1332] On pourrait dire que le système de nos deux pays d'étude se rapproche du système suédois.

du 11 septembre 1941 (Sous-section 2). Ces principes sont-ils vraiment adaptés au contexte actuel du Burkina Faso et du Sénégal ?

Sous-section 1 : L'officine ou la distribution du médicament en ville : statut juridique et création

Il est unanimement reconnu que le médicament est une marchandise pas comme les autres. Sa distribution doit donc tenir compte de certaines normes de sécurité sanitaire pour garantir à son consommateur, un effet bienfaisant. Au Burkina Faso et au Sénégal, la recherche de la sécurité sanitaire a conduit à réserver la vente du médicament aux pharmaciens, supposés avoir les compétences nécessaires à l'exercice de l'art pharmaceutique. Ce monopole exclut de son contenu tout objectif économique, le pharmacien ne doit pas s'en servir pour augmenter déraisonnablement son chiffre d'affaire, il doit s'engager à être un guide pour le patient qui arrive dans son officine. Le patient, muni d'une ordonnance ou cherchant un médicament en vente libre, doit pouvoir être conseillé sur le bien qu'il va acheter. C'est dans ce souci que l'accès libre aux médicaments lui est limité, il ne peut entrer en contact avec ce bien que par des canaux légalement autorisés et limitativement désignés. Si l'officine est le cadre commun de l'exercice de la pharmacie (Paragraphe 1), il existe deux autres circuits particuliers : le premier parce qu'il restreint sa clientèle, le deuxième parce qu'il ne fait pas recours à des pharmaciens pour la vente des médicaments (Paragraphe 2).

Paragraphe1 : Le statut juridique de l'officine pharmaceutique : entre mission de santé publique et logique économique

L'exercice de la pharmacie se situe à la croisée de deux logiques dont il faut absolument surveiller l'évolution. La pharmacie est l'une des disciplines de santé qui flirte avec le commerce. C'est aussi l'un des domaines commerciaux où l'interventionnisme étatique reste encore très prononcé[1333]. L'officine, qui est le lieu privilégié de

[1333] Cette intervention de l'Etat est survenue très tôt en France pour garantir aux utilisateurs du médicament une sécurité minimale. Cf supra paragraphe 026 et suivants.

l'exercice de la pharmacie, « la boutique où se vend les biens de santé », a un statut hybride. Elle doit procurer un bénéfice au pharmacien et une sécurité sanitaire aux patients, sa création est donc entre des missions de santé publique et des logiques économiques. Si l'officine peut se présenter comme un fonds de commerce (A), il existe des règles particulières pour encadrer sa création afin que la pharmacie ne soit pas exercée exclusivement comme un commerce (B).

A : La nature juridique de l'officine : l'officine, un fonds de commerce

L'officine est un établissement affecté à l'exécution des ordonnances, à la préparation des médicaments inscrits aux pharmacopées reconnues et des médicaments spécialisés de l'officine, ainsi qu'à la vente au détail des produits entrant dans le monopole pharmaceutique[1334]. Elle est un outil qui permet au pharmacien de faire le commerce de marchandises figurant sur une liste arrêtée par le ministre chargé de la Santé sur proposition de l'Ordre des pharmaciens[1335]. Dans ce sens elle est un fonds de commerce, dont il convient de donner la nature juridique et les éléments constitutifs (1), avant de s'interroger sur les règles relatives à la propriété et à la création de l'officine fonds de commerce (2).

1 : L'officine est un fonds de commerce

527 - Notion de fonds de commerce en droit OHADA- Selon l'article 135 de l'Acte uniforme portant droit commercial général (AUDCG), « le fonds de commerce est constitué par un ensemble de moyens qui permettent au commerçant d'attirer et de conserver une clientèle ». C'est l'instrument essentiel du commerçant. Sans cet instrument il n'y a point de commerce, car le fonds de commerce constitue, eu égard à sa composition, l'unité économique qui permet

[1334] Il s'agit des produits définis comme médicaments par l'article 208 du CSP burkinabè et par la loi n° 94-57 abrogeant et remplaçant l'article L.511 du CSP au Sénégal, op.cit.

[1335] Article 161 du CSP burkinabè. Quant au Sénégal, il existe actuellement un flou sur l'application du CSP de 1954. A défaut de dispositions contraires, l'officine est actuellement définie par l'article 568 de ce code.

au commerçant de réaliser son chiffre d'affaire. Il n'a pas la personnalité juridique et n'a ni actif, ni passif. Il fait partie du patrimoine de son propriétaire. Le fonds de commerce est une fiction juridique qui permet de ranger un bien dans les catégories de biens citées par le Code civil et de pouvoir ainsi le céder ou le nantir dans une seule opération juridique. En effet, le fonds de commerce est une universalité de fait, c'est-à-dire composé de biens qui sont autonomes ayant le même objectif : concourir à l'exploitation commerciale du fonds.

528 - L'officine est donc un fonds de commerce -. Si le droit burkinabè et le droit sénégalais ne le mentionnent pas expressément comme l'a fait le CSP français[1336], l'officine est bel et bien un fonds de commerce. Elle est l'instrument qui permet au pharmacien, professionnel libéral, de vendre des produits particuliers. En revanche,

---

[1336] En effet selon l'article 5125-7 du CSP français traitant de cession d'officine, « la licence ne peut être cédée par son ou ses titulaires indépendamment du fonds de commerce auquel elle se rapporte ».

l'officine est assujettie à la spécificité des biens vendus en son sein. L'officine est attachée au pharmacien, il est le bien de celui-ci[1337].

529 - La composition du fonds de commerce - L'AUDCG distingue deux catégories d'éléments constitutifs du fonds de commerce : les éléments obligatoires et les éléments facultatifs :

- **Les éléments obligatoires** : Selon l'article 136 de l'AUDCG, « le fonds de commerce comprend nécessairement la clientèle et l'enseigne ou la clientèle et le nom commercial, sans préjudice du cumul de la clientèle avec l'enseigne et le nom commercial ». Le droit OHADA ne définit pas la clientèle, il se borne à le présenter comme l'élément essentiel du fonds de commerce. La clientèle peut être définie comme les personnes qui s'approvisionnent habituellement auprès d'un fonds de commerce en raison des qualités personnelles et du savoir-faire du commerçant. La clientèle doit être distinguée de l'achalandage dont ne parle pas le droit OHADA. L'achalandage désigne la clientèle de passage qui est attirée par la commodité et la

---

[1337] Si l'officine est le bien du pharmacien il n'est donc pas une personne morale qui peut posséder des dettes propres. Les dettes dans ce cas sont celles du pharmacien titulaire. Le traitement du statut de l'officine dans la jurisprudence africaine n'est pas uniforme. Il y a deux positions différentes. Une première position traite par ignorance l'officine comme une personne morale distincte de la personne du pharmacien titulaire. En effet, le statut juridique de l'officine a été posé dans un arrêt de la Cour d'appel de Bouaké. En l'espèce la pharmacie N'Gattarkro, qui a livré des médicaments à un club de football, n'a pas été payée par ce dernier. Une injonction de payer a été délivrée. Le débiteur a soulevé une exception d'irrecevabilité au motif que l'injonction ne précise pas la qualité de personne morale de l'officine conformément à l'article 4 du l'Acte uniforme du traité OHADA. Sa requête a été rejetée par les premiers juges au motif que rien n'indique que la pharmacie N'Gattarkro est une personne morale. La cour d'appel de Bouaké, pour annuler la décision du premier juge n'a pas été explicite. Sa position est restée ambigüe Elle s'est bornée à déclarer irrecevable l'injonction de payer. Pour la cour si la pharmacie est une personne morale, mention devait être faite de cette qualité dans l'injonction de payer et si elle ne l'est pas, le pharmacien titulaire ne peut pas ester en justice en son nom. CA Bouaké, 7 février 2001, ASCB c/ Pharmacie N-Gattakro, arrêt n°27, Le juris OHADA n° 2/2002 Avril, mai, juin 2002, p.50. D'autre part une deuxième position considère l'officine comme le bien du pharmacien et dans ce cas admet que le pharmacien este en justice pour des dettes relatives à son officine. CA de Niamey, 23 août 2006, affaire dame Omar Félicité c/Pharmacie Biopharm, arrêt n°86, observation B. Talfi. Ohadata J-10-282 ; CCJA, 30 avril 2009, affaire Docteur Attoumbre Christophe c/ Société de Distribution Pharmaceutique de la Côte d'Ivoire, arrêt n°030/2009, Recueil de Jurisprudence OHADA n°13, janvier-juin 2009, p.88.

proximité de l'emplacement du fonds de commerce. En droit pharmaceutique l'ensemble des personnes qui sont de passage les jours de garde font sans doute partie de l'achalandage, c'est une clientèle occasionnelle. Il faut souligner que l'achalandage n'a aucune conséquence juridique sur le fonds de commerce, c'est peut être la raison pour laquelle le droit commercial de l'OHADA n'a parle pas.

- **Les éléments facultatifs** : Selon l'article 137 de l'AUDCG, le fonds de commerce peut comprendre différents éléments mobiliers, corporels et incorporels[1338].

En ce qui concerne l'officine, si le droit ne précise pas clairement que la clientèle est son élément indispensable, c'est sans doute pour des raisons éthiques. L'officine est ouverte pour participer à la protection de la santé des patients. Le patient, principal client de l'officine, est un élément capital de l'existence de celle-ci. On peut donc affirmer que la clientèle est un élément obligatoire à l'officine comme fonds de commerce. Par contre, certains éléments considérés comme facultatifs sont obligatoires à l'officine, c'est l'exemple des installations, aménagements et agencements, ainsi que le droit au bail[1339].

[1338] Il s'agit des éléments suivants : les aménagements et agencements ; le matériel ; le mobilier ; les marchandises en stock ; le droit au bail (droit au renouvellement du bail) ; les licences d'exploitation ; les brevets d'inventions, les marques de fabrique et de commerce, les dessins et modèles, et tout autre droit de propriété intellectuelle nécessaires à l'exploitation.

[1339] En effet, nul ne peut ouvrir une officine si elle ne comprend pas au moins les aménagements, une salle de vente, une salle de réserve de produits pharmaceutiques, un bureau du pharmacien, un préparatoire adapté et des sanitaires. L'article 17 de l'arrêté 2010-360 du 27 octobre 2010 (Burkina Faso) ajoute à ces éléments, des étagères de qualité et en quantité suffisante pour les bonnes pratiques de stockage, une armoire à médicament fermant à clé, un réfrigérateur muni d'un thermomètre pouvant être réglé entre 2 et 8°C, un extincteur d'incendie fonctionnel, un système informatique et de gestion.

Si en droit commercial général, la propriété du fonds de commerce nécessite que le juge examine les différents éléments[1340], en matière pharmaceutique, le pharmacien titulaire doit être propriété de l'ensemble des éléments du fonds de commerce.

2 : La propriété de l'officine et l'exercice personnel de la pharmacie

530 - Le principe de l'indivisibilité de la propriété et de l'exploitation de l'officine : un héritage du droit français[1341]. - Ce principe est ancien en droit français[1342] et aujourd'hui, le CSP burkinabè dispose que le pharmacien doit être propriétaire de l'officine dont il est titulaire[1343]. En réservant la distribution des médicaments au détail aux pharmaciens, le droit a entendu confier à des personnes qualifiées, qui ont une connaissance suffisante des pathologies et des médicaments, un domaine aussi sensible que la santé. La loi cherche à assurer aux pharmaciens une indépendance

---

[1340] CA Bobo-Dioulasso, 6 décembre 2006, arrêt n°68 (disponible sur www.juriburkina.org). Dans cette affaire il s'agissait d'un commerçant non titulaire du bail, qui exerçait son activité sous le nom commercial et l'enseigne d'un autre et qui réclamait la propriété du fonds en arguant qu'il est propriétaire du matériel et de la marchandise. La cour a évalué chacun des éléments du fonds et a conclu que ledit commerçant n'avait pas la propriété de la clientèle et ne pouvait donc prétendre à la propriété du fonds de commerce. En droit pharmaceutique, un tel litige ne risque pas de se présenter, car le pharmacien a l'obligation d'être propriétaire du bail, de l'enseigne et donc de la clientèle.

[1341] Les juges français n'ont pas admis au départ le principe de l'indivisibilité des officines. Ils ont beaucoup hésité (CA. Paris, 8 juillet 1833 ; C.A, Rouen, 31 mars 1838), avant d'admettre que l'officine doit être la propriété exclusive du pharmacien (Cass.crim., 23 juin 1859, D.P., 1859, I, 288 ; C.A. Paris, 19 février 1869). Dans un monde, à l'époque, où l'industrialisation avait précipité le libéralisme au cœur de la société, il était paradoxe de fermer un secteur aussi lucratif à l'accès des grands capitaux. Mais, fort heureusement que le législateur et la jurisprudence française sont restés fermes. Aujourd'hui, avec le commerce électronique des médicaments, ce principe va peut être à la longue être contourné. Pour l'heure les autorités françaises assurent vouloir lutter pour préserver le triptyque maillage territorial-capitaux-monopole pharmaceutique si cher au droit pharmaceutique français.

[1342] En effet, depuis 1777, en France, l'apothicaire, ancêtre du pharmacien d'officine, ne pouvait avoir qu'une seule boutique et devait exercer personnellement son art.

[1343] Article 163 du CSP burkinabè. Au Sénégal, à défaut d'une législation postcoloniale, c'est l'article 575 du CSP étendu aux territoires d'outre mer qui règle cette question.

d'exercice, elle cherche, pour reprendre les mots de F. Mégerlin, à « garantir l'indépendance vigilante et critique du pharmacien à l'égard des produits »[1344]. Cette indépendance a pour finalité l'intérêt des patients et le pharmacien doit constamment, dans ses actes pharmaceutiques, être débarrassé de toute logique de marché.

Le pharmacien doit non seulement être propriétaire de son fonds de commerce, mais il doit également exercer personnellement son art, ce qui a des conséquences en cas d'absence temporaire ou définitive du propriétaire de l'officine. Dès lors qu'elle a été créée et ouverte, l'officine doit assurer la mission de santé publique à elle confiée, ce qui suppose son ouverture effective suivant les normes en vigueur[1345].

531 - La poursuite de l'exploitation du fonds de commerce en l'absence du pharmacien titulaire : les cas d'absence volontaires du pharmacien titulaire[1346] - Le principe est qu'une officine ne peut rester ouverte en l'absence de son titulaire. Plusieurs situations peuvent se présenter : les absences volontaires et les absences contraintes.

Lorsque le pharmacien prévoit d'être absent, il doit organiser régulièrement son remplacement. Le remplacement est strictement encadré et ne peut dépasser un an sauf dans les cas où le pharmacien doit effectuer son service militaire ou s'il est appelé sous les drapeaux, le délai peut être prolongé jusqu'à son retour.

Lorsque l'absence du propriétaire de l'officine est supérieure à huit jours, il a l'obligation d'informer la direction chargée de la pharmacie, l'inspection des services de pharmacie et l'Ordre des pharmaciens de son absence, il doit également donner à cette occasion le nom et les qualités de son remplaçant. Le pharmacien, s'il a le

---

[1344] F. Mégerlin, « L'opinion pharmaceutique, Une révolution à l'officine», *RDSS* 1998 p. 665.

[1345] Exceptionnellement le ministre de la Santé peut accorder la fermeture temporaire d'une officine à la demande motivée de son titulaire, de l'Ordre des pharmaciens ou de l'inspection des services pharmaceutiques. Cette fermeture ne peut excéder un an. Article 32 de l'arrêté n°2010-360, du 27 octobre 2010 portant conditions d'autorisation, d'ouverture et d'exploitation d'une officine.

[1346] Au Burkina Faso, cette matière est régie par le CSP et par l'arrêté n°2010-360, du 27 octobre 2010 portant conditions d'autorisation d'ouverture et d'exploitation d'une officine.

choix de son remplaçant, est contraint de respecter les conditions suivantes :

- Si son absence est supérieure à un mois, il doit choisir, un pharmacien n'ayant pas d'activité professionnelle et inscrit à l'Ordre national des pharmaciens ou un étudiant en pharmacie ayant au moins quatre années validées[1347] et si l'officine emploie plusieurs pharmaciens, le pharmacien titulaire peut être remplacé par un de ses collaborateurs ;
- Si son absence n'excède pas trente jours, le propriétaire de l'officine peut confier son officine à un autre pharmacien titulaire d'une officine, qui assure être capable d'exercer effectivement[1348].

532 - La poursuite de l'exploitation du fonds de commerce en l'absence du pharmacien titulaire : les cas d'absences non volontaires[1349] - Le pharmacien titulaire d'une officine peut être contraint de ne plus se présenter à son officine et donc de ne plus exercer l'art pharmaceutique. Si cette absence est due à une condamnation par la chambre de discipline de l'ordre des pharmaciens, plusieurs situations se posent :

- Lorsque l'interdiction est inférieure à 15 jours, le remplacement peut se faire par un pharmacien déjà titulaire d'une officine.
- Si l'interdiction est comprise entre quinze jours et un an, le pharmacien titulaire peut être remplacé par un pharmacien inscrit à l'ordre et n'ayant pas d'autres activités professionnelles.
- Si l'interdiction est permanente ou si le pharmacien est radié, la licence étant attachée non pas à la personne du pharmacien, mais au fonds de commerce, reste valable. Dans un tel cas le remplacement est effectué par un pharmacien inscrit à l'Ordre et n'ayant pas d'autres activités professionnelles pour une période n'excédant pas deux ans.

[1347] Il faut noter que l'étudiant doit avoir reçu l'autorisation du doyen de la faculté où il est inscrit.

[1348] Article 20 et suivants de l'arrêté n°2010-360, du 27 octobre 2010 portant conditions d'autorisation d'ouverture et d'exploitation d'une officine.

[1349] Articles 169 et suivants du CSP du Burkina Faso.

533 - L'officine peut appartenir à une société de pharmaciens - Les pharmaciens sont autorisés à constituer entre eux une société[1350] en nom collectif ou une société à responsabilité limitée en vue de l'exploitation d'une officine. Tous les pharmaciens associés doivent remplir les conditions d'exercice de la pharmacie et ne peuvent exercer aucune autre activité pharmaceutique[1351]. Un pharmacien ne peut être propriétaire ou copropriétaire que d'une seule officine. L'exercice en copropriété ne doit pas servir à valider l'absence de diplôme d'un pharmacien. Dans tous les Etats francophones d'Afrique, la loi tient pour nulle et non avenue toute stipulation destinée à établir que la propriété ou la copropriété d'une officine appartient à une personne non titulaire du diplôme d'Etat en pharmacie. La Cour d'appel de Niamey l'a rappelé à l'occasion d'un litige opposant une pharmacienne et un héritier d'une officine qui, pour couvrir son incapacité à être propriétaire de l'officine, a formé une société avec une diplômée en pharmacie. La Cour a déclaré que « la société en participation conclue entre une pharmacienne et un non pharmacien doit être annulée en ce qu'elle a un objet illicite, car violant l'article 47 de l'ordonnance 97-002 du 10 janvier 1997, qui dispose qu'est nulle et de nul effet toute convention destinée à établir que la propriété ou la copropriété d'une officine appartient à une personne non pharmacienne »[1352]. Les conventions de propriété doivent, pour être valables, revêtir la forme écrite, une copie de la convention devant être déposée auprès de l'ordre des pharmaciens et de l'inspection des services de pharmacie.

[1350] Selon l'article 4 de l'AUDSCGIE, « la société commerciale est créée par deux ou plusieurs personnes qui conviennent, par un contrat, d'affecter à une activité des biens en numéraire ou en nature, dans le but de partager le bénéfice ou de profiter de l'économie qui pourra en résulter. Les associés s'engagent à contribuer aux pertes dans les conditions prévues par le présent Acte uniforme ».

[1351] Si des pharmaciens décident de s'associer et d'opter pour une forme de société qui leur est proposée par le CSP (article 164 Burkina Faso et au Sénégal c'est l'article 575 de l'ancien CSP datant du temps des territoires d'outre mer), la société sera régie par le droit OHADA. En effet selon l'article1 de l'AUDSCGIE, « toute société commerciale(…), dont le siège social est situé sur le territoire de l'un des Etats parties au Traité relatif à l'harmonisation du droit des affaires en Afrique est soumise aux dispositions du présent Acte uniforme ».

[1352] CA Niamey, 18 août 2003, Dame Roufai Fatoumata c/Fréderic Jean Berthoz, arrêt n° 96. Cette décision a été confirmée par la CCJA de l'OHADA. CCJA, 30 décembre 2008, Dame Roufai Fatouma c/Fréderic Jean Berthoz, arrêt n°059/2008, Recueil de jurisprudence OHADA, n°12, juillet-décembre 2008, p.82.

534 - La société en nom collectif (SNC) - L'article 270 de l'AUDSCGIE définit la SNC comme une société « dans laquelle tous les associés sont commerçants et répondent indéfiniment et solidairement des dettes sociales ». La SNC est désignée par une dénomination sociale qui doit être immédiatement précédée ou suivie en caractères lisibles des mots : « société en nom collectif » ou du sigle : « S.N.C ». Le capital social est divisé en parts sociales de même valeur nominale. Les parts sociales ne peuvent être cédées qu'avec le consentement unanime des associés. Dans le domaine pharmaceutique, lorsque les pharmaciens associés ne parviennent pas à l'unanimité, les parts ne peuvent être cédées, sauf si les statuts ont aménagé une procédure de rachat pour permettre le retrait de l'associé cédant. Il faut noter que conformément au CSP burkinabè, les parts dans ce cas ne peuvent être cédées qu'à des pharmaciens remplissant les conditions d'exercice. La cession de parts doit être constatée par écrit et cet écrit, en plus des procédures de droit des sociétés, doit être adressé à l'Ordre des pharmaciens et à l'inspection des services pharmaceutiques.

535 - De la dissolution de la SNC - La SNC, en dehors des critères qui mettent fin à l'ouverture d'une officine, prend fin avec le décès d'un associé, sauf si les statuts ont prévu que la société continuera soit entre les associés survivants, soit entre les associés survivants et les héritiers ou successeurs de l'associé décédé, avec ou sans l'agrément des associés survivants. Dans le cadre de l'officine, pour que la société se poursuive, les associés survivants doivent racheter aux héritiers ou successeurs les parts de l'associé décédé. La société peut également prendre fin lorsqu'un associé a été interdit d'exercer la pharmacie ou en cas de faillite.

536 - La société à responsabilité limitée (SARL) - La SARL est une société dans laquelle les associés ne sont responsables des dettes sociales qu'à concurrence de leurs apports et dont les droits sont représentés par des parts sociales[1353]. Elle peut être constituée par une personne physique ou morale, ou entre deux ou plusieurs personnes physiques ou morales. Elle est désignée par une dénomination sociale qui doit être immédiatement précédée ou suivie en caractères lisibles des mots : « société à responsabilité limitée » ou du sigle : « S.A.R.L.»

[1353] Article 309 AUDSCGIE.

Le capital social doit être égal à 1.000.000 FCFA au moins. Il est divisé en parts sociales égales dont la valeur nominale ne peut être inférieure à 5.000 FCFA. Les statuts organisent librement les modalités de transmission des parts sociales entre associés. A défaut, la transmission des parts entre associés est libre. La SARL, à la différence de la SNC, peut être unipersonnelle. C'est-à-dire qu'un seul pharmacien peut créer une société sous forme de SARL.

537 - De la dissolution de la SARL - Selon l'article 384 de l'AUDSCGIE, « la société à responsabilité limitée est dissoute pour les causes communes applicables à toutes les sociétés. La société à responsabilité limitée n'est pas dissoute en cas d'interdiction, faillite ou incapacité d'un associé ». Dans le cas de la pharmacie lorsque la SARL est constituée de deux pharmaciens, l'empêchement définitif de l'un entraîne la dissolution de la société sauf si l'associé restant entend racheter les parts de l'autre et transformer la société en SARL unipersonnelle.

Si l'officine est un fonds de commerce, il n'en demeure pas moins qu'elle peut échapper à l'application de règles régissant les fonds de commerce lorsque des règles nationales particulières la régissent. C'est ce qu'a reconnu la CCJA, en affirmant qu'« en application de l'article 916 alinéa 1er de l'AUDSCGIE, aux termes duquel « le présent Acte uniforme n'abroge pas les dispositions législatives auxquelles sont assujetties les sociétés soumises à un régime particulier, ce qui est le cas des officines de pharmacie »[1354].

B : La naissance de l'officine : l'officine, un fonds de commerce pas comme les autres

La qualification de l'officine comme fonds de commerce permet de lui soumettre des règles de droit commercial. Cet instrument, qui participe aux échanges commerciaux, doit cependant être à notre avis regardé comme un fonds de commerce pas comme les autres, même s'il existe une jurisprudence française[1355] affirmant le contraire. Les

---

[1354] CCJA, 30 décembre 2008, affaire madame Rouffai Fatouma contre Monsieur Fréderic Jean Berthoz, Arrêt n° 059/2008, Recueil de Jurisprudence OHADA n° 12, Juillet-Décembre 2008, p. 82.

[1355] La Cour de Cassation française en 1935 considérait l'officine comme un fonds de commerce ordinaire. Cass.27 novembre 1935, DH 1936, 17, S.1936, 1, 146.

règles qui s'appliquent à ce fonds nous confortent d'ailleurs dans notre position. Sa création, son ouverture, son transfert, sa cession et sa gérance suivent des règles dérogatoires du droit commercial général, qui sont des règles de droit pharmaceutique, on est tenté de dire de « droit pharmaceutique des affaires »[1356].

De sa création, à son ouverture effective, l'officine est soumise à des règles strictes qui visent la préservation de la santé des populations (1). Ensuite son transfert n'est pas libre comme toute boutique ou comme toute entreprise commerciale qui peut changer le site de son siège social au gré de ses propriétaires (2).

1 : De la création à l'ouverture d'une officine : la primauté des règles de santé publique

538 - Un préalable : quelques précisions terminologiques - Le droit burkinabè distingue la création d'officine de l'ouverture d'une officine. La création précède l'ouverture, sauf dans les villes, commune ou arrondissement où il n'existe pas d'officine. Dans ces localités la première officine à s'implanter n'a pas besoin d'autorisation d'ouverture, car l'autorisation de création vaut autorisation d'ouverture[1357].

Le pharmacien doit d'abord demander au gouvernement la création d'une officine en son nom, puis lorsque cette étape lui est favorable, il doit mettre en place son fonds de commerce et introduire à ce moment une demande d'ouverture et d'exploitation, qui lui est accordée lorsqu'il dispose de tous les éléments aux normes. La création d'une officine est l'autorisation d'implanter une officine dans une ville, une commune ou un arrondissement. C'est la possibilité d'ouvrir une officine, elle n'est pas l'ouverture de l'officine. En droit français, la création d'une officine est « l'ouverture d'une nouvelle officine ou la réouverture d'une officine fermée volontairement par

---

[1356] A. Leca, *Droit pharmaceutique*, op.cit., p.24.

[1357] Article 16 de l'arrêté n°2010-359 du 27 octobre 2010 portant conditions d'octroi d'une autorisation de création d'une officine pharmaceutique privée.

décision volontaire ou judiciaire »[1358], les deux notions sont donc assimilables. En droit burkinabè l'officine est ouverte après l'examen de deux dossiers, un premier dossier permettant d'examiner les qualités du requérant et l'existence de site pour implanter l'officine ; la deuxième étape concerne le fonds de commerce et aboutit à l'ouverture et à l'exploitation de l'officine. Le droit sénégalais est plus proche du droit français dans ce domaine. Au Sénégal les autorités préétablissent une liste de sites où les officines peuvent être créées et les pharmaciens font leur demande en conséquence.

539 - La création d'officine : une procédure inutilement hiérarchisée au Burkina Faso[1359] - Si au Sénégal le nombre d'officines à créer est déterminé à l'avance, au Burkina Faso le pharmacien désirant s'installer doit demander aux autorités compétentes la création d'une officine à son nom. L'autorisation de

---

[1358] CE, 10 avril 1959, Dame Habert et autres, Rec., p.223, Doc. Pharm. C.E n°333, 27 mai 1960, Bellocq et dame Baudin, Rec. P.373, Doc. Pharm ; C.E. n°332, 13 juillet 1961, Campana, Doc. Pharm ; C.E n°334, 26 juin 1981, Dame Gardrat, Rec., Tables, p.896, Inf. Pharm., 1981, p.1144, RDSS. 1982, p.83. Rapportés par A. Leca, *Droit pharmaceutique*, op. cit., p.281.

[1359] La voie à suivre est la suivante : 1) Le médecin chef de district de la localité où le pharmacien projette ouvrir son officine : Nous trouvons sans intérêt l'avis demandé au médecin-chef. Si les critères d'octroi sont connus. 2) Le maire de l'arrondissement (Il est important de souligner ici l'allongement des procédures des pharmaciens sollicitant une ouverture dans les deux grandes villes du Burkina Faso, à savoir Ouagadougou et Bobo-Dioulasso. En effet il n'y a que dans ces deux villes qu'il y a des arrondissements. Cela signifie qu'en plus de requérir l'avis du maire de l'arrondissement ils doivent également solliciter l'avis du maire centrale de la ville). 3) Le maire de la commune. 4) Le directeur régional de la santé. 5) Le gouverneur de la région. 6) Le secrétaire général du ministère de la Santé. L'avis de l'Ordre des pharmaciens intervient à ce niveau. L'arrêté indique que le secrétaire général requiert l'avis de l'Ordre des pharmaciens et prépare le dossier pour le ministre qui est l'autorité finale qui octroie ou qui refuse la création de l'officine. La réponse du ministre doit intervenir dans un délai de trois mois à compter de la date d'arrivée du dossier dans son cabinet, passé ce délai la demande est réputée avoir été acceptée. Sur ce point, nous pensons que l'arrêté aurait dû prévoir les cas de force majeure. Supposons que le ministre passe le délai de trois mois sans donner de réponse et qu'il n'y a pas de possibilité de création d'officine dans la ville demandée, en ce moment la demande est acceptée mais sans objet, car impossible de réalisation. Si l'arrêté précise le délai dont dispose le ministre, il est muet sur le délai des autres autorités. La présence de certaines autorités est pléthorique et préjudiciable à l'aboutissement de la demande (Article 5 de l'arrêté n°2010-359 du 27 octobre 2010 portant conditions d'octroi d'une autorisation de création d'une officine pharmaceutique privée).

création d'une officine est accordée par le ministre en charge de la Santé. Malgré l'existence d'une déconcentration des services de l'Etat, le représentant local de l'Etat, ou encore le directeur régional de la santé, n'est pas l'autorité qui accorde les autorisations en matière de création des officines au Burkina Faso. Avant d'atterrir sur le bureau du ministre, le dossier de demande d'ouverture suit une voie hiérarchique inutilement longue, qui peut engendrer des lourdeurs administratives et retarder les ouvertures d'officines.

540 - Les personnes pouvant solliciter une création d'officine pharmaceutique - Ce critère est propre au Burkina Faso, il n'existe pas au Sénégal. Au Burkina Faso, seuls les pharmaciens ayant au moins trois ans d'expérience peuvent prétendre à la création d'une officine pharmaceutique privée. Ceux-ci peuvent le faire individuellement ou associés. Lorsqu'ils sont associés les pharmaciens concernés ne peuvent créer qu'une seule officine quel que soit leur nombre. Tout demandeur fait l'objet d'une enquête de moralité diligentée par les autorités administratives de la localité. Le rapport doit être annexé au dossier.

541 - Les critères minimaux d'implantation d'une officine - Au Burkina Faso, L'arrêté n°2010-359 du 27 octobre 2010 portant conditions d'octroi d'une autorisation de création d'une officine pharmaceutique privée fixe les critères de création d'une officine en tenant compte du nombre d'habitants et de la distance minimale entre deux officines. On peut relever ici la suppression d'un troisième critère qui prévalait en 2003. En effet, un arrêté ministériel de juillet 2003, fixait comme critère, outre le nombre d'habitants et la distance minimale entre deux officines, le pouvoir d'achat de la population. L'arrêté n'avait pas défini en quoi le pouvoir d'achat pouvait servir de critère pour l'autorisation de création d'une officine. Nous pouvons tenter une explication. Si l'on admet que le monopole pharmaceutique a été instauré dans l'intérêt de la santé publique et que l'ouverture d'une officine doit permettre de répondre de façon satisfaisante au besoin en médicaments de la population de la zone concernée par la demande de création, il ne faut pas occulter que ces critères permettent également aux pharmaciens de pouvoir se faire une certaine économie nécessaire au maintien de leurs activités. Les critères évitent aux pharmaciens de se faire concurrence. En tenant compte du pouvoir d'achat, lorsque celui-ci est élevé, on peut croire, avec ce troisième critère de 2003, que les autorités peuvent déroger au nombre d'habitants et pourquoi pas à la distance minimale, puisque le besoin en médicaments sera couverte et les pharmaciens auront une clientèle solvable. Mais ce critère n'a pas prospéré, il a été supprimé en 2010.

542 - Le critère du nombre d'habitants - L'implantation d'une nouvelle officine pharmaceutique obéit à la progression par tranches entières de la population. En ce qui concerne le Burkina Faso, les critères suivants sont appliqués :

- Une officine pour 10 000 habitants par commune dans les villes de plus de 500 000 habitants ;
- Une officine pour 20 000 habitants par commune dans les villes dont le nombre d'habitants est comprise entre 250 000 et 500 000 habitants ;
- Une officine pour 30 000 habitants pour les localités (villes, communes) de moins de 250 000 habitants.

Au Sénégal, la répartition est nationale. En effet, le décret du 3 décembre 2007, portant fixation des critères de création, de transfert et répartition des officines[1360] dispose que, sur toute l'étendue du territoire national, le nombre d'habitant requis pour la création d'une officine est de 5000.

543 - Le critère de la distance minimale[1361] - Au Burkina Faso la distance minimale entre deux officines pharmaceutiques est fixée à 500 mètres, distance mesurée à vol d'oiseau et certifiée par un géomètre qualifié. Toutefois dans les zones commerciales des villes, cette distance peut être revue à la baisse sans être inférieure à 300 mètres. Au Sénégal, quelle que soit la zone, la distance minimale est fixée à 300 mètres, en outre, les officines doivent respecter une distance de 300 mètres avec les hôpitaux ou centre de santé[1362]. Cette précision du droit Sénégal, vise à promouvoir l'IB. En effet les hôpitaux et les centres de santé disposent d'une pharmacie où est mise

---

[1360] JORS du 5-4-2008, n°6400, p.351.

[1361] En droit comparé au Maroc, le respect de ce critère est contrôlé par le juge. Selon la Cour de cassation du Maroc, « doit être confirmé, l'arrêt qui statue sur l'obligation de respecter la distance légale devant séparer les pharmacies, en tenant compte de tout obstacle matériel ou de servitudes ». C. cass Maroc, 18 mars 2009, arrêt n°2642 disponible sur http://www.juricaf.org/arret/MAROC-COURDECASSATION-20090318-2642412006

[1362] Voir arrêté, portant répartition des officines de pharmacie du 31 décembre 2011.

en œuvre la politique nationale de l'IB. Les autorités sénégalaises ont sans doute voulu éviter une concurrence entre le secteur privé et le secteur public et encourager les patients à faire usage des pharmacies internes à ces structures de soins. Mais cela peut constituer aussi une difficulté pour les patients, en cas de rupture de stock dans les structures publiques.

544 - La gestion de la liste d'attente : une situation spécifique au droit burkinabè - Lorsqu'il n'existe plus de possibilité de création d'officine, l'administration est tenue de constituer une liste d'attente pour pourvoir à la création lorsque les critères d'implantation progresseront[1363]. Cette liste d'attente est dressée par ville, commune ou arrondissement et est régulièrement mise à jour. Elle est tenue pas la direction chargée de la législation pharmaceutique qui la réactualise tous les ans. Tout pharmacien non titulaire peut s'inscrire sur trois listes de communes différentes. Dès qu'une possibilité de création se présente le pharmacien prioritaire[1364] est informé par une correspondance de la direction chargée de la règlementation pharmaceutique. Il a dès lors trois mois pour confirmer ou infirmer par écrit son intention de création, passé ce délai, le site est proposé au postulant suivant. Le postulant peut désister s'il n'est pas prêt, dans ce

[1363] Pour suivre la progression des critères d'implantation, un comité d'identification des sites d'implantation avait été créé par arrêté ministériel en 2007, mais ce comité n'a jamais été évoqué dans les arrêtés qui ont suivi. Il s'agit d'une série d'arrêté pris en octobre 2010, dont les deux arrêtés portant l'un portant sur les conditions de création, l'autre sur les conditions d'ouverture d'officine pharmaceutique. Ce comité a reçu comme mission de planifier les implantations d'officines pharmaceutiques au Burkina Faso chaque année. Il doit à cet effet : déterminer en début d'année, les villes et arrondissements susceptibles d'accueillir de nouvelles officines, déterminer le nombre d'officine à créer par an au Burkina Faso ; déterminer les sites prioritaires d'implantations d'officines pharmaceutiques pour l'année en cours (article 2 de l'arrêté n° 2007-206/MS/CAB).

[1364] Le critère de priorité en droit burkinabè est un critère ratione temporis. La demande la plus ancienne est prioritaire. En droit comparé, le CSP français tient compte de la qualité de la personne. En effet l'article L. 5125-5 dispose que « parmi les demandes de création, celles qui sont présentées par des pharmaciens n'ayant jamais été titulaires d'une licence d'officine ou n'en étant plus titulaires depuis au moins trois ans à la date du dépôt de la demande bénéficient d'une priorité. Lorsque la demande de création est présentée par une société ou par plusieurs pharmaciens réunis en copropriété, le principe de priorité ne s'applique que lorsque tous les pharmaciens associés ou copropriétaires exerçant dans l'officine remplissent les conditions pour en bénéficier ».

cas, il est réinscrit en tête de liste, mais après deux désistements il sera réinscrit en queue de liste.

545 - Ouverture et exploitation d'une officine - En droit burkinabè, l'ouverture d'une officine est l'acte qui matérialise l'existence de l'officine. Seules les personnes titulaires d'une autorisation de création d'officine peuvent introduire une demande d'autorisation d'ouverture et d'exploitation d'une officine. Lorsque le pharmacien a satisfait à l'ensemble des exigences légales, le ministère de la Santé vérifie son stock initial de médicaments, ses locaux et équipement pour s'assurer que les éléments essentiels du fonds de commerce existent et sont aux normes[1365].

546 - Les obligations liées à l'autorisation d'ouverture d'une officine- L'autorisation d'ouverture d'une officine emporte comme conséquence l'obligation de se conformer aux textes législatifs et réglementaires en vigueur. Ainsi le bénéficiaire de la licence d'ouverture est obligeé :

- De demeurer propriétaire de son officine ;
- D'exercer personnellement sa profession conformément à la déontologie[1366] et aux règles de l'art pharmaceutique ;
- D'acheter, de détenir et de distribuer les médicaments selon la nomenclature nationale des spécialités pharmaceutiques et des médicaments génériques en vigueur dans le pays;
- De respecter les orientations de la PPN ;

[1365] Les normes exigées sont : Le site d'implantation et les locaux de l'officine doivent être « d'accès facile, aménagés et agencés de manière à ce que la salubrité, l'hygiène et la sécurité des lieux soient permanentes. Les locaux seront tels que les règles de bonnes pratiques de stockage et de distribution des médicaments garantissant leur qualité et leur bonne conservation, soient observées et appliquées conformément à la réglementation nationale, aux conventions, normes et traités internationaux en vigueur en la matière ». Article 12 de l'arrêté n°2010-360, du 27 octobre 2010 portant conditions d'autorisation d'ouverture et d'exploitation d'une officine Article 13, « aucune officine pharmaceutique ne peut être régulièrement ouverte et exploitée si la disposition des locaux ne permet pas de s'assurer en permanence : la bonne aération et circulation de l'air ambiant, la sécurité des biens, en particulier des médicaments vis-à-vis de l'humidité, la chaleur, les insectes, les rongeurs et tous les autres animaux nuisibles, la facilité d'entretien des locaux et la bonne accessibilité des stocks. »

[1366] Cf infra paragraphe 570.

- De veiller à l'application des règles édictée dans l'intérêt de la santé publique.

547 - La nature juridique de la licence - La licence d'ouverture d'une officine permet de contrôler les activités du pharmacien. C'est elle qui fixe l'emplacement de l'officine, elle comporte donc son adresse. L'officine ne doit donc pas changer d'adresse sans autorisation préalable. La licence n'est pas attachée à la personne du pharmacien titulaire, elle se transmet à l'acquéreur lors de la cession de l'officine. Egalement le décès du titulaire n'entraîne pas la disparition de la licence, elle reste valable jusqu'à la fin du délai de gérance. La licence, étant attachée au fonds de commerce, elle suit le sort de ce fonds. Si le fonds de commerce n'a plus de clientèle, la licence disparaitra. La licence est caduque six mois après sa délivrance si son titulaire n'a pas ouvert l'officine. Cependant pour empêcher une telle caducité, il doit adresser au ministre de la Santé une demande de prorogation du délai, qui peut être accordée pour une nouvelle durée de six mois, passé ce délai la licence devient caduque ainsi que l'autorisation de création de l'officine.

2 : Les règles relatives au transfert d'une officine

548 - Critères généraux du transfert : le transfert ne doit pas compromettre le système d'approvisionnement en médicaments des populations du lieu de départ - Au Burkina Faso, c'est l'arrêté n°2006-040/MS/CAB qui réglemente le transfert d'une officine pharmaceutique privée. Il définit le transfert d'une officine pharmaceutique comme le déplacement de l'officine d'un lieu à un autre.

Alors que tout fonds de commerce peut être transféré librement en fonction du lieu où son propriétaire pense redynamiser son entreprise, l'officine n'est pas librement transférable. L'encadrement strict du transfert, dans ce domaine, permet d'éviter « les spéculations, susceptibles de porter atteinte aux intérêts de la santé publique en entraînant un abandon de clientèle »[1367]. Le transfert d'une ville à une

---

[1367] Ce principe a été posé en droit français, mais également valable en droit burkinabè et sénégalais. Voir C.E. 17 décembre 1954, syndicat des pharmaciens de la Moselle et autres, Doc. Pharm., C.E., 258. Cité par A. Leca, *Droit pharmaceutique*, op.cit, p.284.

autre ville est interdit en droit burkinabè et sénégalais. Ce type de transfert est assimilé à une demande de création ou d'ouverture d'une nouvelle officine. Le transfert ne peut donc se faire que dans une même localité, c'est-à-dire que, dans la même ville, le demandeur sollicite le déplacement de son officine d'un arrondissement à un autre arrondissement, d'une commune à une autre commune ou encore dans le même arrondissement ou dans la même commune il souhaite changer de quartier et enfin dans le même quartier, il souhaite seulement changer d'adresse en se déplaçant dans une autre rue[1368].

Le départ de l'officine ne doit pas être préjudiciable aux populations d'origine, le transfert doit pouvoir respecter les quotas dans le site d'arrivée. C'est-à- dire que l'officine n'est transférable que s'il existe une possibilité de création d'une officine dans le lieu sollicité. Si le pharmacien souhaite uniquement changer d'adresse et rester dans le même quartier ou secteur, le seul critère à respecter est la distance entre deux officines : il doit respecter au Burkina Faso, la distance minimale de 500 mètres et si c'est en zone commerciale la distance d'au moins 300 mètres et au Sénégal 300 mètres quelle que soit la zone. Le transfert ne doit pas avoir pour effet la violation du maillage territorial, il ne doit pas être utilisé pour contourner un tel critère, qui avec le monopole pharmaceutique et la propriété des officines constituent le socle de l'exercice de la pharmacie.

549 - De l'autorisation de transfert[1369] - Le transfert d'une officine n'est pas libre, il est soumis à une autorisation préalable du ministre chargé de la Santé, après avis de l'Ordre national des

---

[1368] Au Sénégal le décret de 2007 relatif aux critères de création, de transfert et de répartition des officines indique que « le transfert se fait dans une localité de la même commune d'arrondissement pour la Région de Dakar, de la même commune pour les autres régions ou de la même communauté rurale ».

[1369] Selon l'article 4 de l'arrêté n°2006-040/MS/CAB portant réglementation du transfert d'une officine pharmaceutique privée, « le dossier complet de demande d'autorisation de transfert est adressé au ministre chargé de la santé et se compose outre la demande manuscrite comme suit : une copie légalisée de l'autorisation d'ouverture et d'exploitation de l'officine concernée ; une copie du permis d'occuper ou du contrat de bail ; le plan coté du local devant abriter l'établissement ; le plan de masse de la localité si celle-ci est lotie (il faut noter qu'au Burkina Faso, l'urbanisation n'est pas achevée en termes de modernisation, de viabilisation des espaces habitables. C'est ainsi que le terme loti ici signifie un lieu qui a été cadastré et doté de toutes les commodités urbaine, eau courante, électricité, téléphone, voirie).

Pharmaciens. Pour bénéficier du transfert, l'officine doit respecter une condition d'ancienneté qui est, au Burkina Faso, de cinq ans d'existence à compter de la date de son ouverture, sauf cas de force majeur dûment constatée et de deux ans au Sénégal[1370].

Dans le cas où plusieurs pharmaciens d'officine postuleraient pour le transfert vers un même lieu, la priorité est accordée en fonction de l'ancienneté de la demande. L'autorisation de transfert est personnelle[1371] mais peut faire l'objet de transactions conformément à la règlementation en vigueur en matière de cession d'officine. Le ministre de la Santé dispose d'un délai de 90 jours pour faire connaître sa décision, au delà de ce délai son silence vaut acceptation[1372]. Toute officine autorisée à transférer doit être ouverte au public dans un délai n'excédant pas six mois. Toutefois le bénéficiaire peut solliciter une prorogation qui peut lui être accordée pour une nouvelle période de six mois, passé ce délai l'autorisation devient caduque.

[1370] L'exploitation de l'officine transférée ne peut débuter qu'après l'inspection du site d'implantation et des locaux ainsi qu'après le contrôle du stock par les services compétents du ministère chargée de la Santé.

[1371] L'autorisation précise pour toute fin utile les noms, prénoms et qualification du bénéficiaire, le lieu d'implantation, l'objet et les conditions d'ouverture de l'établissement à la clientèle.

[1372] Cour Suprême du Bénin, 17 mars 2005, affaire Kamaldine Moutaïrou c/ Ministre de la santé publique, arrêt n°51/CA. En l'espèce le sieur Moutaïrou, pharmacien titulaire d'une officine à Sodjèatinmè centre au bord de la rue 1421 à Cotonou, a trouvé un emplacement beaucoup plus commode dans la même rue, mais à deux carré plus loin que l'ancien emplacement dont l'autorisation d'ouverture lui avait été accordé le 16 avril 2003. Ayant déposé une demande de transfert le 06janvier 2004, il resta près de six mois sans réponse de l'autorité compétente. Il a interpréter ce silence comme une décision d'acceptation et a transféré son officine. Mais le directeur de la pharmacie par décision n°1026/MSP/DPED/ SPM/CNOP/SA du 10 juin 2004 lui enjoint de fermer provisoirement sa nouvelle officine. Saisi, le TPI de Cotonou par jugement n°26/04/ ordonne le déplacement et l'installation du requérant sur le site qui lui a été attribué à Sodjèatinmè en 2003. N'ayant pas eu gain de cause en appel, il a saisi la Cour Suprême, qui a annulé la décision du directeur de la pharmacie. En effet pour la cour, dès lors que le sieur Moutaïrou a adressé au Directeur des Pharmacies et des Explorations Diagnostiques une demande de changement de site et une implantation à la même adresse, le silence de l'administration doit être interprété comme une acceptation. En plus de ce critère de droit administratif, la Cour s'est également appuyée sur la loi n°97-020 du 17 juin 1997 fixant les conditions de l'exercice en clientèle privée des professions médicales et paramédicales. Cette loi en son article 12, indique que le silence de l'administration en matière d'ouverture d'établissement médical ou pharmaceutique vaut acceptation.

Lorsque l'administration refuse le transfert sans motif légal, sa décision peut être annulée par le juge administratif[1373].

Paragraphe 2 : La distribution au détail du médicament hors officine : les limites du monopole pharmaceutique

Le monopole pharmaceutique, s'il est instauré dans l'intérêt de la santé publique, doit réellement concourir à la réalisation des objectifs fixés dans les politiques de santé des Etats. Il n'a de sens que si le système de santé mis en place fonctionne correctement. Au Burkina Faso et au Sénégal, si des efforts sont réalisés pour offrir à la population un système de santé efficace, il manque encore de nombreux éléments pour son aboutissement. La protection de la santé publique requiert, non seulement des infrastructures adéquates, mais également un personnel suffisant. Le médicament doit être accessible financièrement et géographiquement à la population. Pour permettre au système de santé de fonctionner malgré la carence de personnel, surtout en matière pharmaceutique, la loi a porté une dérogation au monopole pharmaceutique. Cette dérogation porte atteinte au principe de l'indivisibilité des officines et de la délivrance des médicaments par les seuls pharmaciens. Ainsi, pour soutenir les activités thérapeutiques, de diagnostic et de prévention qui se mènent dans les établissements hospitaliers, la loi aménage l'exercice de la pharmacie dans lesdits lieux (A). Si dans les pharmacies hospitalières, c'est seulement la propriété de la pharmacie qui est atteinte, en ce sens que la pharmacie hospitalière n'appartient pas à un pharmacien, dans d'autres cas c'est non seulement la propriété qui est atteinte, mais également la délivrance des médicaments qui est faite par des non pharmaciens : il s'agit ici des dépôts privés de vente de médicaments (B).

A : La distribution des médicaments par les pharmacies hospitalières

Si la délivrance des médicaments en ville est assurée principalement par les pharmacies d'officine, dans les établissements

---

1373 Cour Suprême du Bénin, 17 mars 2005, précité et CE, 20 juillet 2012, Agence Régionale de la Santé des pays de la Loire, Recueil Lebon, inédit, arrêt n°11NT01123.

de soins publics ou privés, elle est assurée par les pharmacies hospitalières. Pour éviter que ces structures dérogatoires n'entravent la liberté commerciale, leur organisation et leurs missions sont strictement encadrées (1), ainsi que leurs conditions d'ouverture et d'exploitation (2).

1 : Notion et organisation des pharmacies hospitalières[1374]

550 - Notion de pharmacie hospitalière - Au Burkina Faso, le CSP dispose que « tous les établissements sanitaires publics ou privés où sont hospitalisés des malades peuvent être propriétaires d'une pharmacie hospitalière, affectée exclusivement à l'usage interne ». Si l'ouverture d'une pharmacie hospitalière dans un établissement public de soins n'a pas besoin d'autorisation, pour les pharmacies hospitalières des établissements privés de santé, le titulaire doit faire une demande d'ouverture. La pharmacie hospitalière désigne une structure où se mène l'ensemble des activités relevant du monopole pharmaceutique, qui sont organisées à l'intérieur d'un établissement de soins public ou privé, au bénéfice exclusif des malades qui y sont hospitalisés ou soignés[1375]. Parmi les établissements de soins, il n' y a que les établissements de soins hospitaliers publics et privés[1376] qui sont obligés d'avoir une pharmacie en leur sein, les autres doivent disposer d'un dépôt de vente, le décret parle d'une armoire à médicament.

551 - De la gérance des pharmacies hospitalières - La gérance d'une pharmacie hospitalière doit être assurée à plein temps ou à temps partiel par un pharmacien qui est personnellement responsable

---

[1374] Au Burkina Faso, les pharmacies hospitalières sont organisées par le décret n°2000-008/PRES/PM/MS portant organisation de la pharmacie hospitalière (JOBF, du 3 février 2000, p.3136).

[1375] Article 1er du décret n°2000-008/PRES/PM/MS portant organisation de la pharmacie hospitalière

[1376] Selon l'article 15 de l'arrêté interministériel n°2006-111/MS/MCPEA/MFB portant définition, classification et nomenclature des établissements sanitaires du 6 juin 2006, « la clinique, la polyclinique, le centre médical, et l'hôpital peuvent créer en leur sein une pharmacie hospitalière »

du respect de l'application de la réglementation pharmaceutique[1377]. Le pharmacien responsable doit exercer personnellement sa profession. Toutefois, l'article 4 du décret portant organisation de la pharmacie hospitalière permet audit pharmacien, de se faire assister par des préparateurs en pharmacie, ou à défaut par du personnel possédant un niveau d'instruction au moins égal au BEPC. Cette dérogation, selon nous, ne permet pas de protéger la sécurité sanitaire recherchée par la réglementation pharmaceutique. L'Etat a opté pour la disponibilité géographique, au lieu de mettre un accent sur la sécurité des médicaments. Au Burkina Faso et au Sénégal, eu égard au manque de personnel et surtout au fait que les pharmaciens diplômés rechignent à exercer dans les milieux ruraux, les pharmacies hospitalières des périphéries regorgent de personnes aux connaissances pharmacologiques et médicales inquiétantes et la délivrance du médicament se résume en un acte commun de vente. Le vendeur remet à l'acheteur un médicament, sans conseils, qui lui paie le prix. Compte tenu des missions de santé publique confiées aux pharmacies hospitalières, le législateur devait réorganiser lesdites pharmacies pour leur permettre de jouer efficacement leur rôle.

552 - Les missions d'une pharmacie hospitalière - La pharmacie hospitalière est chargée de réaliser l'ensemble des activités prévues par le monopole pharmaceutique. Elle doit mener ou participer à toute action d'information sur les produits de santé qu'elle détient. Elle doit également participer à la réalisation de l'objectif de bon usage des médicaments. La pharmacie hospitalière est également un pilier de la pharmacovigilance, à ce titre elle doit noter tout effet indésirable qui lui est rapporté et en informer la direction de la pharmacie. Cette mission de pharmacovigilance doit être renforcée, c'est à ce niveau que les effets secondaires peuvent être immédiatement notés par le personnel soignant, notamment en ce qui concerne les malades hospitalisés. Celui-ci étant permanemment surveillé, les médecins, infirmiers et les autres personnels compétents peuvent noter et faire suivre les effets indésirables qu'ils constatent ou que leur relatent leurs patients.

[1377] Au Burkina Faso, au-delà de trente lits d'hospitalisation et de plus de trois spécialités, un pharmacien responsable est obligatoirement employé à temps plein. Dans les établissements sanitaires publics, les pharmaciens responsables sont désignés par le ministre en charge de la Santé selon l'article 166 du CSP burkinabè.

Pour atténuer la concurrence que peut faire les pharmacies hospitalières aux officines, des conditions restrictives de fonctionnement leur ont été imposées.

2 : Conditions d'exploitation et de délivrance des médicaments

553 - La pharmacie hospitalière, une exception au principe de l'indivisibilité des officines - L'extension de la délivrance des médicaments au sein des établissements de soins est une dérogation au principe de l'indivisibilité des officines pharmaceutiques. En effet, héritant du vieux principe français de la propriété des officines, les droits internes burkinabè et sénégalais ont conservé ce principe après les indépendances. Selon ce principe, seuls les pharmaciens peuvent être propriétaires d'une pharmacie et y exercer personnellement leur art. Mais pour permettre aux structures de soins de satisfaire intégralement et sur place leurs patients, la loi a dérogé à ce principe en autorisant exceptionnellement les établissements de soin publics comme privés à être propriétaire d'une pharmacie et cela sous des conditions d'exploitation strictement encadrées.

554 - Les conditions tenant à la clientèle - Les pharmacies hospitalières ne peuvent céder, à titre onéreux, ou gratuit des médicaments à des malades autres que ceux hospitalisés ou soignés dans ces structures. Elles ne peuvent délivrer les médicaments que lorsque le patient présente une ordonnance délivrée dans leur structure par des praticiens exerçant dans l'établissement hospitalier qui abrite la pharmacie. L'ordonnance doit être nominative et journalière sous réserve d'une organisation adaptée de la pharmacie hospitalière. Celle-ci doit disposer, entre autres, des ressources lui permettant d'assurer la distribution au détail et la dispensation intégrale des médicaments prescrits.

Exceptionnellement, les pharmacies hospitalières peuvent être autorisées à délivrer des médicaments à des patients dits « ambulatoires » lorsqu'elles ont une autorisation particulière du ministre en charge de la Santé ou dans les cas d'épidémies, de catastrophes ou de pénuries de certains médicaments essentiels.

La pharmacie hospitalière ne peut se trouver en dehors de l'établissement hospitalier dont il dépend. Il faut distinguer la pharmacie hospitalière du dépôt de MEG institué dans le cadre de l'IB. Ce dépôt est géré par la communauté des patients. Dans les zones périphériques ce dépôt situé à l'intérieur des centres de santé peut vendre le médicament à toute personne.

555 - De l'exploitation de la pharmacie hospitalière - Un établissement hospitalier privé ne peut exploiter une pharmacie hospitalière s'il n'y a pas eu l'inspection du site d'implantation, des locaux et des installations par les services compétents du ministère en charge de la Santé pour s'assurer des bonnes pratiques en matière pharmaceutique.

L'approvisionnement des différents services internes en médicaments, sauf en ce qui concerne les stupéfiants et les psychotropes, se fait au moyen de kits ou sur bon de commande dûment visés par le chef de service.

L'autorisation d'ouverture et d'exploitation d'une pharmacie hospitalière peut être suspendue ou retirée lorsque les conditions légales et règlementaires cessent d'être remplies. L'autorisation peut également être retirée en cas de cessation d'activité de la pharmacie hospitalière ou en cas de modification de la vocation de l'établissement hospitalier qui l'abrite. La pharmacie hospitalière peut exceptionnellement bénéficier d'une autorisation de fermeture qui ne doit pas excéder un an dans le cas contraire sa fermeture définitive est prononcée par le ministre de la Santé.

B : Délivrance de médicaments par des non pharmaciens : Les dépôts de médicaments

Historiquement, les dépôts privés de médicaments étaient autorisés pour pallier le nombre insuffisant de pharmaciens. Après les indépendances et jusqu'à nos jours le nombre de pharmaciens formés au Burkina Faso ou au Sénégal ne permet pas de combler le vide. Les autorités politiques sont dans l'obligation de porter une dérogation au monopole pharmaceutique pour résoudre les difficultés géographiques d'accès aux médicaments et permettre ainsi à des personnes habilitées de gérer des dépôts privés de ventes de médicaments au détail. Il convient de donner les conditions d'ouverture d'un dépôt de médicaments (1) et les règles qui régissent son fonctionnement (2).

1 : Les conditions d'ouverture d'un dépôt de médicaments : accroitre l'accessibilité géographique des médicaments

556 - Notion de dépôt de médicaments - Pour que chaque citoyen puisse avoir accès à des médicaments de qualité où qu'il soit, et compte tenu du manque de pharmaciens diplômés, une dérogation a été aménagée en droit burkinabè et sénégalais, pour que certaines personnes ne possédant pas le diplôme de pharmacien puissent vendre certains médicaments conditionnés et certains objets de pansement, dans un lieu appelé dépôt de médicaments. Le dépôt de médicaments est un établissement de vente au détail des médicaments et objets de pansement dont la liste est fixée par arrêté du ministre en charge de la Santé[1378], il est géré par un non pharmacien[1379].

557 - Les personnes habilitées à ouvrir un dépôt privé de médicaments - Les autorisations d'ouverture de dépôt de médicaments sont strictement personnelles et sont accordées par arrêté du ministre en charge de la Santé.

Au Burkina Faso, sont habilitées à gérer un dépôt de médicaments les personnes suivantes [1380]:

- Les préparateurs en pharmacie, les infirmiers, les sages-femmes, les agents itinérants de la santé, les accoucheuses auxiliaires[1381] ;
- Les communautés organisées et reconnues par l'administration publique ;
- Les particuliers âgés de 20 ans au moins sur dérogation spéciale du ministre en charge de la Santé. L'arrêté n°2006-039/MS/CAB portant conditions d'ouverture et d'exploitation d'un dépôt privé de médicaments, ajoute à cette liste les pharmaciens, les institutions et organismes reconnus par le gouvernement.

[1378] Au Burkina Faso, il s'agit d'une liste de 126 médicaments (Voir arrêté n°2006-042/MS/CAB portant définition de la liste de médicaments pouvant être détenus et délivrés par les dépôts privés de médicaments).

[1379] Au Burkina Faso, les dépôts doivent être installés dans les localités rurales ou semi-urbaines abritant une formation sanitaire. Voir l'arrêté n°2006-039/MS/CAB portant conditions d'ouverture et d'exploitation d'un dépôt privé de médicaments

[1380] Article 241 du CSP du Burkina Faso.

[1381] Les préparateurs d'Etat ont un niveau BAC, les infirmiers et les sages-femmes ont un niveau de la classe de terminale et les deux dernières ont un niveau du certificat d'étude primaire.

Au Sénégal, les dépôts de vente de médicaments étaient créés et gérés par tout commerçant. Le décret n°61-218 MSSAS du 31 mars 1961[1382], réglementant la création et la gérance des dépôts de médicament, stipulait à son article 1 que « les autorisations de gérance délivrées par arrêté du ministre de la Santé et des affaires sociales, à des commerçants non pharmaciens, sont personnel, valables uniquement pour la localité choisie et pour un seul dépôt ». Aucune connaissance médicale et pharmaceutique n'était exigée. Le décret de 1961 a été abrogé par le décret n°92-1755 du 22 décembre 1992[1383]. Désormais peuvent créer et gérer un dépôt privé de médicaments, les personnes qui ne sont pas en activité dans la fonction publique et qui sont titulaires de l'un des diplômes ci-après :

- Un certificat d'aptitude professionnel ou brevet professionnel de préparateur en pharmacie ;
- Un diplôme d'infirmier d'Etat, ou de sage femme d'Etat ;
- Un brevet de fin d'étude moyenne ou un diplôme admis en équivalence et ayant satisfait à un stage dans une officine ou une pharmacie publique ;
- Un diplôme d'agent sanitaire ;
- Un diplôme de technicien médical

Un décret du 22 mars 1994[1384] est venu compléter le décret de 1992, pour instaurer un délai de traitement du dossier de demande d'ouverture d'un dépôt de médicaments. Désormais le ministre dispose d'un délai de trois mois pour statuer sur la demande, faute de quoi la demande est réputée avoir été acceptée. Ensuite en 1996, avec l'arrêté n°451 du 16 janvier, une obligation de formation à été imposée aux candidats à l'ouverture d'un dépôt de médicaments. Les candidats à l'ouverture de dépôts de médicaments remplissant les critères ci-dessus doivent désormais effectuer un stage de trois mois dans les officines de pharmacies. Leur formation est assurée par le pharmacien titulaire de l'officine et doit comporter des notions de législation, de déontologie pharmaceutique, de pharmacie galénique, de chimie thérapeutique, de pharmacologie et de gestion de stock. Quant aux gérants de dépôts communautaires leur stage doit se

[1382] Les personnes autorisées à gérer un dépôt sont : les commerçants sénégalais patentés âgés de 21 ans, sachant lire et écrire le français, les sociétés commerciales.
[1383] LOIDOCSENEGAL, 22-12-1992, pp.1-4.
[1384] JORS n°5583, 4 juin 1994, p. 260

dérouler dans une pharmacie hospitalière ou celle d'un centre de santé.

558 - Les conditions d'ouverture : des conditions différentes selon la personne - Lorsqu'il s'agit d'un pharmacien[1385], celui-ci doit être titulaire d'une officine depuis au moins un an. Pour les institutions et organismes, ils doivent signer une convention ou un protocole avec le ministère de la Santé et disposer d'une formation sanitaire fonctionnelle à l'endroit où ils désirent mettre en place le dépôt privé de médicaments[1386]. Pour les autres professionnels de la santé cités, il leur faut, en plus des documents prouvant leur identité et leur capacité physique et mentale, une attestation de soutien d'un pharmacien d'officine, une attestation de tutelle technique du district sanitaire, un engagement sur l'honneur de gérer personnellement leur dépôt. En ce qui concerne les particuliers, ils doivent avoir un niveau d'étude de la classe de 4ème des lycées et collèges et avoir travaillé et fait un stage dans une officine pendant au moins six mois, ils doivent en outre bénéficier du parrainage d'un pharmacien d'officine.

L'autorisation est accordée par le ministre en charge de la Santé après examen d'un dossier complet de demande par la commission technique chargée des demandes d'autorisation de création, d'ouverture et d'exploitation des structures pharmaceutiques, après avis de l'Ordre national des pharmaciens. Lorsque plusieurs demandes concernent une même localité, la priorité est accordée aux pharmaciens d'officine par ordre d'ancienneté de dépôt de la demande. Le bénéficiaire d'une autorisation dispose de six mois pour ouvrir effectivement son dépôt sauf dérogation du ministre de la Santé.

[1385] En plus de son ancienneté le pharmacien doit joindre à sa demande, une copie de l'autorisation d'ouverture et d'exploitation de l'officine, une copie du récépissé d'inscription à l'Ordre des pharmaciens. Le pharmacien d'officine n'étant pas lui-même gérant du dépôt, il doit désigner un gérant qui doit avoir fait un stage dans une officine ou y avoir travaillé pendant au moins six mois. Ce gérant doit avoir un niveau d'étude de la classe de 4ème des lycées et collèges.

[1386] Les institutions et organismes reconnus d'utilité publique étant des personnes morales, ils doivent désigner un gérant remplissant les mêmes conditions que celles requises pour le gérant de dépôt appartenant à un pharmacien. Il doit en outre être muni d'un contrat de travail. Ce qui veut dire qu'il gère le dépôt sous la responsabilité de l'institution ou de l'organisme employeur.

559 - De la caducité de l'autorisation d'ouverture d'un dépôt[1387] - L'ouverture régulière d'une officine dans une localité où est implanté un dépôt rend caduque l'autorisation du dépôt[1388], son propriétaire dispose d'une période de six mois pour liquider son stock. Mais il faut noter que dans le cas où, malgré l'ouverture de l'officine, le besoin des populations reste insatisfait le ministre de la santé peut accorder, soit une autorisation de poursuite de l'exploitation d'un dépôt existant, soit une autorisation d'ouverture selon les cas.

2 : L'exploitation du dépôt privé de médicaments

Comme dans le cadre de l'officine, avant l'exercice de toute activité de vente de médicaments dans un dépôt de médicaments, les installations, le site d'implantation et le stock de médicaments sont inspectés par les services compétents du ministère en charge de la Santé. Au Burkina Faso, seuls les pharmaciens d'officines peuvent être propriétaires de plus d'un dépôt privé, en effet ceux-ci peuvent détenir jusqu'à cinq dépôts de médicaments.

560 - Des obligations des propriétaires de dépôts de médicament - Tout détenteur d'une autorisation d'ouverture d'un dépôt de médicaments ne peut prétendre à une autorisation d'ouverture d'un autre établissement sanitaire privé. Les dépositaires ne doivent délivrer que les médicaments figurant sur une liste périodiquement révisée par le ministre en charge de la Santé. En outre, ils ne peuvent en aucun cas, acquérir, détenir ou débiter à titre gratuit ou onéreux, les substances vénéneuses inscrites sur la liste des stupéfiants ainsi que l'alcool éthylique à plus 90°. Les dépôts de médicaments ne peuvent passer commande qu'auprès des officines pharmaceutiques nationales, et cette commande ne peut concerner que

---

[1387] Il faut noter que l'autorisation peut être suspendue ou abrogée avec la fermeture temporaire ou définitive du dépôt privé de médicaments dans les cas suivant : violation constatée de la réglementation en matière d'exploitation des dépôts privés de médicaments ; décès du bénéficiaire ; ouverture d'une officine pharmaceutique dans la localité ; indisponibilité temporaire ou définitive dûment constatée du gérant.

[1388] La distance fixée par l'arrêté de 2006 sur les dépôts privés de médicaments est 10kms. Ainsi en cas d'ouverture d'une officine pharmaceutique dans un rayon de 10kms l'autorisation de tout dépôt de médicaments concerné devient caduque de plein droit.

les médicaments se trouvant dans une liste définie par le ministre en charge de la Santé.

Les dépôts privés de médicaments contribuent ainsi à rendre le médicament accessible à la population sur tout le territoire dans un cadre institutionnel bien défini. Il faut cependant renforcer le contrôle de ces dépôts et veiller à l'application des textes réglementaires applicables à l'exercice de la pharmacie. En effet de nombreux manquements sont enregistrés régulièrement, telle que la vente de médicament sans ordonnance, les défauts de stockage, l'insuffisance d'hygiène, l'absence d'une chaîne du froid[1389].

Le cadre juridique de l'officine ayant été posé, il est judicieux d'examiner le statut juridique du pharmacien en droit burkinabè et sénégalais.

Sous-section 2 : Le cadre juridique de l'exercice de la pharmacie

L'encadrement de la pharmacie est très ancien dans le monde, mais en Afrique noire francophone, il date de la pénétration coloniale. Depuis ce temps, la règle est que « nul ne peut exercer la profession de pharmacien, s'il n'est titulaire d'un diplôme d'Etat de pharmacien ou d'un certificat reconnu et jugé équivalent». Cette règle crée un monopole d'exercice censé apporter une sécurité au patient et permettre également au pharmacien de gérer son stock de façon économique. Pour éviter que la profession de pharmacien ne soit exercée exclusivement comme un commerce, la loi organise les conditions d'accès à la profession et impose des obligations au pharmacien (Paragraphe 1). Pour le respect de ces obligations, le pharmacien est placé sous l'autorité d'un Ordre national des pharmaciens, chargé de défendre les intérêts et la moralité de la profession (Paragraphe 2).

[1389] Voir N. Nao, op.cit. pp. 45-75.

Paragraphe 1 : Le pharmacien : statut juridique et conditions d'exercice

Le pharmacien est un professionnel, « fils historique » de l'apothicaire, il a connu au fil de l'évolution du droit pharmaceutique une transformation de son statut et des règles appliquées à ses activités. Il dispose d'un monopole qu'il exerce au nom de la santé publique. Le métier de pharmacien fait « appel aux connaissances et aux talents »[1390] ; le pharmacien doit être le conseiller privilégié du patient en matière pharmaceutique, il doit aider à l'usage rationnel du médicament. Il est le dernier maillon pour corriger une ordonnance manifestement incohérente. Il est donc important que l'accès à cette profession soit encadré (A) et que son cadre d'exercice soit clairement défini et délimité (B).

A : L'entrée dans la profession de pharmacien

Avant d'aborder les conditions d'accès à la profession de pharmacien (2), il est intéressant d'analyser le statut juridique de ce dernier (1). Si l'officine est un fonds de commerce, le pharmacien est-il un commerçant ? Si le pharmacien est un commerçant, existe-t-il des mesures permettant d'éviter que les aspects économiques ne cachent ceux relatifs à la santé ?

1 : Le statut juridique du pharmacien : un statut hybride

Le monopole pharmaceutique instauré dans le domaine pharmaceutique, même s'il vise un objectif de santé publique, n'ignore pas l'objectif économique recherché par le pharmacien. Le pharmacien dans son officine vend des biens, dont certes les prix sont fixés d'avance par les autorités étatiques au Burkina Faso et au Sénégal, mais le pharmacien bénéficie d'une marge qui lui permet de dégager du profit. Dès lors, les questions se posent sur le statut de ce professionnel de santé, est-ce un professionnel libéral ou un commerçant ?

[1390] M-H. Renaut, « De la corporation d'apothicaire à l'ordre des pharmaciens », *RDSS*, 1997, p 737.

561 - Le pharmacien est un professionnel exerçant des actes de commerce - Selon l'AUDCG, « est commerçant celui qui fait de l'accomplissement d'actes de commerce par nature sa profession ». L'acte de commerce par nature étant celui par lequel une personne s'entremet dans la circulation des biens qu'elle produit ou achète ou par lequel elle fournit des prestations de services avec l'intention d'en tirer un profit pécuniaire. En ce qui concerne le pharmacien, il achète des médicaments ou d'autres produits entrant dans le monopole pharmaceutique et les revend pour tirer un profit pécuniaire. Il faut signaler que seul le pharmacien d'officine est concerné ici. Les pharmaciens fonctionnaires ou salariés ne sont pas assujettis à ce statut. Les fonctionnaires sont exclus par l'article 9 de l'AUDCG du statut de commerçant, le pharmacien salarié, lui, est exclu car s'il reçoit comme mission d'acheter des médicaments et de les revendre, il ne le fait pas pour son propre compte, il le fait pour le compte du propriétaire du fonds de commerce, qui est le pharmacien titulaire de l'officine.

562 - Commerçant, le pharmacien est un professionnel libéral de santé - Le pharmacien d'officine est un commerçant avec des missions de sauvegarde de la santé publique[1391]. Certaines de ses obligations découlent de l'AUDCG[1392], c'est notamment l'obligation de tenir une comptabilité et l'obligation de s'immatriculer au registre du commerce et des sociétés. L'objectif de santé publique conduit les autorités à lui appliquer un code de déontologie pour faire prédominer les missions de santé publique sur les aspects commerciaux de son métier. De ce fait les activités du pharmacien sont contrôlées par un ordre professionnel dont il doit nécessairement être affilié et devant lequel il est disciplinairement responsable. On retrouve à travers l'organisation de la profession de pharmacien, les caractéristiques des professions libérales : le pharmacien est donc également un professionnel libéral.

Quand on observe la règlementation et le fonctionnement des activités du pharmacien, le statut libéral semble prendre le dessus sur le statut de commerçant. La Cour suprême du Cameroun a d'ailleurs tranché un litige en faveur du statut libéral de celui-ci. Selon la Cour,

---

[1391] F. Locher, V. Siranyan, O. Rollux, « Le circuit de distribution des médicaments : une évolution inéluctable », *Gaz. PAL*, n°309, 04 novembre 2008, p.2.

[1392] Article 13 à 15 de l'AUDCG.

« la profession libérale ne sera pas considérée comme une activité commerciale, même si son exercice nécessite l'accomplissement de certaines activités de nature commerciale »[1393].

Comme toute activité réglementée, le pharmacien doit remplir certaines conditions pour être autorisé à exercer son métier.

2 : Les conditions d'accès à la profession de pharmacien

563 - La condition de diplôme - Pour exercer la pharmacie au Burkina Faso tout comme au Sénégal, il faut être titulaire d'un diplôme d'Etat de pharmacien ou d'un certificat reconnu et jugé équivalent par les autorités compétentes. L'article 5 de la directive n°06/2008/CM/UEMOA relative à la libre circulation et à l'établissement des pharmaciens ressortissants de l'Union au sein de l'espace UEMOA précise qu'il s'agit du diplôme d'Etat de docteur en Pharmacie ou de tout autre diplôme de pharmacien reconnu équivalent et reconnus par le Conseil Africain et Malgache pour l'Enseignement Supérieur (CAMES).

564 - La condition de nationalité - Avant 2008, la condition qui était exigée pour exercer la profession de pharmacien dans nos deux pays d'étude était une condition de nationalité. Le pharmacien devait avoir la nationalité du pays où il veut exercer sa profession. Mais depuis la création de l'UEMOA en 1994, le marché commun a été un des objectifs phares de l'Union, c'est ainsi que les Etats membres ont mis l'accent sur la libre circulation des personnes, des biens, des services, des capitaux et le droit d'établissement des personnes exerçant une activité indépendante ou salariée[1394]. En 2008, la liberté de circulation et d'exercice de la profession de pharmacien a été adoptée avec la directive n°06/2008/CM/UEMOA. Désormais, tout pharmacien ressortissant de l'un des pays membres de l'UEMOA, peut exercer toute activité pharmaceutique, peut être propriétaire d'un établissement pharmaceutique dans l'un des pays membres de son choix. Il lui suffit de présenter un certificat de nationalité prouvant qu'il a la nationalité d'un pays membre.

[1393] Cour Suprême de Yaoundé, 20 février 1975, inédit.
[1394] Voir les articles 4, 91 et 92 du Traité de l'UEMOA.

565 - Les conditions d'inscription à l'Ordre des pharmaciens - Nul ne peut exercer la profession de pharmacien s'il n'est inscrit à l'Ordre des pharmaciens. L'inscription à l'Ordre s'apparente à un examen de la capacité à exercer. En fournissant son dossier à l'ordre, le pharmacien demande une autorisation d'exercer son métier, l'Ordre va procéder à l'ensemble des vérifications administratives au nom de l'Etat et lorsqu'il inscrit la personne, il reconnaît ses capacités à exercer selon les règles en vigueur. Dans ce sens, au Burkina Faso, la loi du 5 juin 2012[1395], indique que l'Ordre est compétent pour exiger une compétence reconnue garantissant la qualité et la sécurité des actes accomplis au service des patients et des populations. L'inscription est nationale, mais pour le pharmacien qui souhaite exercer son art dans un pays autre que le sien, la directive de 2008, indique qu'il doit fournir un rapport du président du conseil national de l'Ordre des pharmaciens de son pays, attestant de la situation professionnelle et disciplinaire du candidat. Il doit également joindre une copie certifiée conforme de son certificat d'inscription à l'Ordre et l'ensemble du dossier est adressé, en trois exemplaires, au conseil national de l'Ordre des pharmaciens du pays d'origine ou de provenance aux fins de transmission au conseil national de l'Ordre des pharmaciens du pays d'accueil. Concernant les étrangers, c'est le ministre de la Santé qui donne l'autorisation après avis de l'Ordre national des pharmaciens.

566 - Les conditions de moralité - Le pharmacien doit être de bonne moralité. Une enquête est menée par les autorités compétentes qui délivrent une attestation de moralité. Cela permet d'écarter les pharmaciens qui ont commis des faits graves qui entraveraient l'exercice de la profession.

567 - Les conditions de santé - Le pharmacien, pour pouvoir exercer, doit être apte physiquement et mentalement. Pour cela, il doit être en possession d'un certificat médical de visite et de contre-visite attestant de son état de santé. Le pharmacien doit être exempt d'infirmité et de maladies rendant l'exercice de la profession dangereuse. Les conditions de santé sont importantes pour un exercice serein de l'art pharmaceutique. L'Ordre des pharmaciens peut solliciter la suspension d'un pharmacien dont la situation de santé

[1395] C'est cette loi qui crée l'Ordre des pharmaciens.

trouble l'exercice ou risque de troubler l'exercice de la profession et mettre en danger les patients.

B : L'exercice de la profession : évolution et cessation d'activité

Le rôle du pharmacien ne se limite pas à celui d'un «simple technicien»[1396] ou d'un « exécutant ». Il doit se conformer aux normes légales, réglementaires et déontologiques, il doit à tout moment, analyser l'ordonnance que lui tend son client. C'est en ce sens que la vente du médicament se distingue de la vente d'autres produits de consommation. Dès qu'il est inscrit à l'Ordre des pharmaciens, le pharmacien est astreint à diverses obligations (1), qui ne peuvent cesser qu'avec la cessation de l'exercice de la profession (2).

1 : Les obligations du pharmacien : le respect de la déontologie professionnelle

568 - Le code de déontologie des pharmaciens : champ d'application et valeur juridique - Issu de la législation coloniale, le code de déontologie des pharmaciens au Burkina Faso et au Sénégal a connu une évolution. Le Sénégal a été le premier à se doter d'un Ordre des pharmaciens en 1973 et d'un code de déontologie huit ans plus tard[1397]. Quant au Burkina Faso les pharmaciens étaient assimilés à l'Ordre des médecins[1398] avant de prendre leur indépendance intellectuelle et institutionnelle en 1994, avec l'adoption du CSP. Le code de déontologie date de 1997, il a été révisé le 11 septembre 2012[1399]. Le code de déontologie s'applique à tout pharmacien inscrit à l'ordre national, qu'il exerce seul ou en société, il s'applique également aux étudiants en pharmacie qui effectuent le remplacement

---

[1396] J.-P. Ménard, D. Martin, *La responsabilité médicale pour la faute d'autrui*, Les Éditions Yvon Blais inc, Cowansville, 1992, p. 110 ; C. Beaudouin, *L'acte de substitution dans le droit pharmaceutique québécois et la responsabilité du pharmacien*, Essai de maîtrise, Université de Sherbrooke, 1997, pp. 15-17.

[1397] Décret n° 81-039 du 2 février 1981 portant Code de déontologie des Pharmaciens, JORS n°4822, 7 mars1981, pp.267-272.

[1398] Voir l' l'ordonnance n° 92-021 du 2 avril 1992, portant création de l'ordre unique des médecins, pharmaciens et chirurgiens-dentistes du Burkina (JOBF du 2 avril 1992, p. 399).

[1399] JOBF, 12 septembre 2012.

de pharmaciens titulaires. En contrepartie du monopole dont il dispose, le pharmacien est astreint à des obligations strictes sous le contrôle de l'Etat et de l'Ordre des pharmaciens. Au Burkina Faso et au Sénégal, le code de déontologie a une valeur règlementaire. Il est édicté par un décret signé par le Président de la République, le Premier ministre et le ministre de la Santé. Les obligations contenues dans le Code de déontologie des pharmaciens du Burkina Faso et celui du Sénégal sont identiques et rédigées de la même manière. Les obligations qui suivent, lorsqu'il n'est pas précisé sont celles contenues dans les deux codes de déontologie.

569- Les obligations éthiques - Le pharmacien a l'obligation de préserver la moralité de la profession, à ce titre, il s'oblige, en s'inscrivant à l'Ordre, de ne pas exercer une profession incompatible avec l'éthique professionnelle. Et s'il est titulaire d'une officine, la loi précise que l'exploitation d'une officine est incompatible avec l'exercice d'une autre profession, notamment avec celles de médecin, vétérinaire, chirurgien-dentiste, sage-femme ou d'infirmier. Le pharmacien titulaire d'une structure pharmaceutique ou d'un laboratoire d'analyse de biologie médicale ne peut également être employé dans le secteur public ou dans le secteur privé, c'est-à-dire qu'il ne peut être pharmacien titulaire et fonctionnaire ou salarié. La moralité de la profession transcende la vie privée du pharmacien, c'est pourquoi, il doit s'abstenir de tout comportement de nature à déconsidérer sa profession, même en dehors de l'exercice de la pharmacie. Le pharmacien ne doit pas favoriser, ni par ses conseils, ni par ses actes, des pratiques contraires aux bonnes mœurs. Le pharmacien doit se refuser à établir tout certificat ou attestation de complaisance. En toute circonstance, il doit faire respecter la dignité et l'indépendance de la profession[1400].

Il est interdit à tout pharmacien d'accorder toute facilité à quiconque se livre à l'exercice illégal de la pharmacie ou de la

---

[1400] Sont réputés contraires à la moralité de la profession : toute convention ou acte ayant objet de spéculer sur la santé ainsi que le partage avec des tiers de la rémunération des services du pharmacien ; tous versements et acceptations, sollicitations, offres de partage de sommes d'argent soit entre pharmaciens, soit entre pharmaciens et autres membres du corps médical ou des professions de santé ; tout versement et acceptation de commissions entre pharmaciens et toute autre personne ; tout acte de nature à procurer à un client ou fournisseur un avantage illicite.

médecine ou de toute autre profession de santé. Au Sénégal, des pharmaciens ont été arrêtés pour complicité avec des vendeurs illicites de médicaments[1401].

570 - Les obligations de santé publique - Dans le cadre de la recherche permanente de santé publique, les Etats ont marqué leur volonté de contrôler le secteur de la santé. L'AMM a été instaurée dans ce sens, ainsi le pharmacien ne doit délivrer aucun remède secret, il ne peut délivrer que des remèdes inscrits à la pharmacopée nationale. Personnel de santé, il doit concourir à la protection générale de la santé de ses patients (auxquels il doit dévouement). Il doit s'impliquer dans les actions de promotion de la santé et dans les programmes de santé publique, ainsi, il est obligé de porter secours à un malade en danger dans la limite de ses connaissances.

Le pharmacien exerce personnellement sa profession. L'exercice personnel consiste pour le pharmacien à exécuter lui-même les actes professionnels ou à surveiller leur exécution s'il ne les accomplit pas lui-même. Il ne doit pas quitter son poste si l'intérêt de la santé publique l'exige, sauf ordre écrit des autorités compétentes, il est astreint à la permanence de la délivrance des médicaments à travers les services de garde. Pour cela il doit respecter les horaires d'ouverture et de fermeture fixés par l'Ordre des pharmaciens[1402].

Le secret professionnel s'impose à tous les pharmaciens, sauf dérogation établie par la loi. Afin d'assurer le respect du secret

---

[1401] N. Dieng, « Affaire des médicaments saisis sur l'axe Touba-Diourbel : les pharmaciens privés vont manifester devant l'officine de leur collègue arrêté », *Le Quotidien* du 11 juillet 2011, p.15. Un pharmacien a été arrêté convoyant des médicaments de Touba, capital du mouridisme vers une autre ville du Sénégal. Placé en garde à vue, son procès n'a jamais été tenu. Il y a sans doute eu un arrangement entre les religieux de Touba et le pouvoir politique de Dakar.

[1402] C. sup Bénin, 10 avril 2000, affaire Sidick Joachim c/ Conseil National de l'Ordre des pharmaciens du Bénin (http://www.juricaf.org/arret/BENIN-COURSUPREME-20000410-018BISCA). En l'espèce, le sieur Sidick pharmacien inscrit à l'ordre des pharmaciens du Bénin a refusé de respecter l'organisation mise en place par l'Ordre quant à l'ouverture et à la fermeture des officines du Benin. Le Conseil National de l'Ordre statuant en matière disciplinaire l'a reconnu coupable de violation de la décision du 3 septembre 1990 de l'Ordre des Pharmaciens du Bénin relative à la réglementation des horaires d'ouverture et de fermeture et des tours de garde des officines, ainsi que les articles 12, 16, 27, 31 et 41 de l'Ordonnance 73-30 du 31 mars 1973, instituant le Code de déontologie des Pharmaciens du Bénin et l'a infligé à titre de sanction disciplinaire un blâme avec inscription au dossier. Agissant en juridiction d'appel, la Cour suprême a confirmé la décision des premiers juges.

professionnel, le pharmacien s'abstiendra de discuter en public, notamment à l'officine, des questions relatives aux maladies de ses clients. Il évitera toute allusion de nature à compromettre le secret professionnel dans les publications.
Le pharmacien ne peut modifier une prescription qu'avec l'accord exprès et préalable de son auteur. Cette disposition ne concerne pas le droit de substitution des spécialités pharmaceutiques par les médicaments génériques reconnus par les textes réglementaires[1403]. Le pharmacien doit s'abstenir de formuler un diagnostic sur la maladie au traitement de laquelle il est appelé à collaborer, il doit éviter de commenter médicalement, auprès des malades ou de leurs préposés, les résultats d'analyses.

571 - Les obligations à l'égard de l'Etat - Les pharmaciens doivent s'efforcer de maintenir des relations de confiances avec les autorités administratives. Ils doivent accorder aux membres des structures d'inspection compétentes de la pharmacie et des laboratoires d'analyses de biologie médicale toute facilité dans l'accomplissement de leur mission. Tout pharmacien qui, à l'occasion de l'exercice de sa profession, croit devoir se plaindre d'un agent de l'administration qui lui aurait porté préjudice doit s'adresser à l'Ordre des pharmaciens qui donne à l'affaire la suite qu'elle comporte.

572 - Les obligations du pharmacien à l'égard de ses confrères- Il est interdit à un pharmacien d'accepter ou de proposer à un confrère une rémunération non conforme aux usages et à la règlementation en vigueur. Le colportage est strictement prohibé. Le colportage est la sollicitation et la livraison organisée de médicaments dans un but lucratif mercantile provoquant la demande, non dans l'intérêt du patient, mais exclusivement dans celui du pharmacien s'efforçant par tous les moyens de placer la marchandise provenant de ces commandes délictueuses. Tout compérage entre les pharmaciens et toute autre personne, y compris les médecins et tout autre membre des professions de santé est interdit. Le compérage peut être défini comme le concert entre deux ou plusieurs personnes en vue de faire obtenir au moins à l'une d'elles un profit, un avantage ou un privilège indu, au détriment du malade ou de tiers à l'occasion d'actes professionnels.

[1403] Le droit de substitution est organisé au Burkina Faso par l'arrêté n°94-080/SASF/SG/DGSP/DSPh et au Sénégal par le décret 96–395 du 15 mai 1996.

Les pharmaciens ont un devoir de confraternité envers leurs collaborateurs. A ce titre, tous les pharmaciens inscrits à l'Ordre se doivent mutuellement aide et assistance pour l'accomplissement de leurs devoirs professionnels. En toutes circonstances, ils doivent faire preuve de loyauté et de solidarité les uns envers les autres, c'est pourquoi, tout contrat passé entre pharmaciens doit être sincère et juste. Les obligations qui en découlent doivent être accomplies dans un large esprit de confraternité. Ce devoir de confraternité doit s'étendre aux collaborateurs du pharmacien, il doit traiter ceux-ci, avec équité et bienveillance. Toute dénonciation injustifiée ou faite dans le dessein de nuire à un confrère peut entraîner une sanction disciplinaire, ainsi que toute parole ou tout acte pouvant porter un préjudice matériel ou moral est passible de la même sanction.

573 - Obligation à l'égard des professions non pharmaceutiques - Les pharmaciens doivent s'efforcer de créer entre eux-mêmes, les membres du corps médical et ceux des autres professions de santé des sentiments d'estime et de confiance. Au sein de l'équipe soignante, le pharmacien doit mettre son expertise au profit d'une prise en charge optimale du malade. Les pharmaciens doivent, dans leurs rapports professionnels avec les autres membres des professions de santé, et notamment les médecins, les chirurgiens-dentistes et les auxiliaires médicaux, respecter l'indépendance de ceux-ci.

574 - Les obligations à l'égard des acteurs de la médecine et de la pharmacopée traditionnelle - Ces obligations sont spécifiques aux pharmaciens burkinabè dont la législation reconnaît et encadre la médecine traditionnelle. Le code de déontologie indique que les pharmaciens doivent participer aux activités de promotion et de valorisation de la médecine et de la pharmacopée traditionnelles. Ils doivent avoir une franche collaboration avec les praticiens de la médecine traditionnelle dans la limite des connaissances scientifiques reconnues par la communauté internationale. Le pharmacien doit respecter les droits des détenteurs de savoirs en matière de pharmacopée traditionnelle lorsque dans leur collaboration il est question de mettre en valeur les connaissances traditionnelles. D'une manière générale, le pharmacien doit prendre conscience du développement des thérapies alternatives et œuvrer pour protéger la santé des patients qui y ont recours. C'est dans ce sens que le CSP burkinabè ouvre l'exercice de la médecine traditionnelle aux pharmaciens[1404].

575- Les obligations entre maîtres et stagiaires - Tout pharmacien doit participer à l'instruction des stagiaires à moins, qu'il ne dispose pas de moyens nécessaires à cet effet. Aucun pharmacien ne doit prétendre instruire un stagiaire s'il ne peut assurer lui-même son instruction et s'il ne possède pas le matériel utile. Le pharmacien maître de stage s'engage à donner au stagiaire une instruction pratique en l'associant aux activités qu'il exerce dans le cadre d'un cahier des charges.

576- L'obligation de rester indépendant - Qu'ils soient titulaires, gérants, assistants ou remplaçants, les pharmaciens ne doivent, en aucun cas conclure de convention tendant à l'aliénation, même partielle, de leur indépendance technique et de leur compétence dans l'exercice de leur profession. Par application du principe du libre choix des pharmaciens par leur clientèle, les pharmaciens doivent s'interdire de solliciter celle-ci par des procédés et moyens contraires à la dignité de leur profession, même lorsque ces procédés et moyens ne sont pas expressément prohibés par la législation en vigueur.

577 - Obligation d'actualiser les connaissances : une innovation du code de déontologie des pharmacies du Burkina Faso - Le nouveau code de déontologie des pharmaciens burkinabè adopté le 11 septembre 2012 et publié au journal du 12 septembre 2012, impose aux pharmaciens l'obligation d'actualiser leurs connaissances professionnelles. Ceux-ci, doivent s'assurer que leurs agents ont les compétences requises pour travailler dans un établissement pharmaceutique. La formation professionnelle continue est une formation permanente à laquelle les pharmaciens doivent se soumettre durant leur carrière afin de garantir leur expertise et leur compétence. Si le pharmacien désire développer une activité innovante, il doit posséder les connaissances spécifiques relatives à cette activité nouvelle. Le pharmacien doit s'assurer qu'il possède, à tout moment, le niveau de compétences requis pour l'exercice de sa

---

[1404] L'article 222 du CSP burkinabè stipule que « les plantes médicinales inscrites aux pharmacopées reconnues par le gouvernement du Burkina Faso sont réservées à l'usage des tradipraticiens de santé et des pharmaciens ».

profession. Il doit être attentif aux évolutions réglementaires relatives à sa profession et adapter sa pratique au nouvel environnement en vigueur.

578 - L'obligation de ne pas faire concurrence - Les pharmaciens investis de mandats électifs ou de fonctions administratives ne doivent pas en user pour accroître leur clientèle. Les inscriptions portées sur les officines, les établissements pharmaceutiques et les laboratoires d'analyse de biologie médicale ne peuvent être accompagnées que des seuls titres universitaires, hospitaliers et scientifiques dont la liste est établie par le conseil national de l'Ordre. Il est interdit à tout pharmacien de se servir, pour concurrencer son ancien employeur, de documents ou d'informations à caractère interne dont il aura eu connaissance dans l'exercice de ses fonctions. Dans le respect de la dignité de la profession, la publicité en faveur d'une officine de pharmacie ne peut consister qu'à avertir le public de sa création, de son transfert, du changement de son titulaire, ainsi qu'à procéder à une information technique sur les activités non réservées aux pharmaciens pouvant y être exercées en conformité avec les textes en vigueur.

Le pharmacien ne pourra s'exonérer de l'ensemble de ces obligations citées, que s'il n'exerce plus sa profession.

2 : La cessation de l'activité de pharmacien

L'exercice de la profession de pharmacien n'est pas éternel. Plusieurs situations peuvent entraîner la cessation d'activité d'un pharmacien. Volontaire ou involontaire, la situation du pharmacien peut conduire à la fin de ses activités.

579- Le décès du pharmacien - Au Burkina Faso[1405], après le décès du pharmacien le conjoint survivant de celui-ci, ses héritiers ou ayant-droit ont un an pour maintenir l'officine ouverte en la faisant gérer par un autre pharmacien. Toutefois, lorsque le pharmacien décédé laisse des héritiers mineurs, le ministre de la Santé, après avis de l'inspecteur des services de pharmacie et de l'Ordre des pharmaciens peut accorder un délai de deux ans. Le délai est porté à

[1405] En ce qui concerne le Sénégal, il n'y a pas de texte postcolonial qui traite du sujet. C'est l'article 580 du CSP de 1954 qui fixe le délai de gérance à un an.

six ans lorsqu'au moment du décès, le conjoint survivant du pharmacien, l'un de ses parents en ligne directe, ses héritiers ou le conjoint de l'un de ceux-ci se trouve en cours d'étude dans une faculté de pharmacie.

580 - La perte définitive du droit d'exercer la profession de pharmacien - La condamnation du pharmacien à une interdiction définitive d'exercer la pharmacie, emporte sa radiation du tableau de l'Ordre des pharmaciens, condition sine qua none de l'exercice de la profession. Ainsi, lorsque le pharmacien a été condamné à une telle peine, un arrêté du ministre de la Santé fixe la date d'exécution de la peine, le pharmacien concerné lorsqu'il reçoit la notification, ferme immédiatement son établissement.

581 - La cession du fonds de commerce - Les activités du pharmacien peuvent cesser avec la décision de celui-ci de céder son officine à titre gratuit ou onéreux. La cession doit faire l'objet d'une autorisation préalable par le ministre en charge de la Santé. Le bénéficiaire de la cession doit se conformer aux dispositions législatives et réglementaires en vigueur en matière de création, d'ouverture et d'exploitation d'officine pharmaceutique. La demande de poursuite d'exploitation dans ce cas équivaut à une demande d'autorisation d'ouverture et d'exploitation. La cession du fonds de commerce obéit aux règles générales de la vente selon l'article 147 de l'AUDCG, sous réserve des textes spécifiques à l'exercice de certaines activités commerciales, ce qui est le cas de la pharmacie. La cession du fonds de commerce doit porter nécessairement sur les éléments constitutifs du fonds cités plus haut. Le fonds est cédé avec la licence qui lui est d'ailleurs attaché. Le bénéficiaire de la cession n'a donc plus qu'une étape à passer, la demande de la poursuite de l'exploitation.

Paragraphe 2 : L'Ordre national des pharmaciens et la défense de la profession au Burkina Faso et au Sénégal

L'appartenance à l'Ordre national des pharmaciens est obligatoire à tout pharmacien qui veut exercer son activité. Cette inscription permet à l'Ordre de contrôler les activités des pharmaciens pour le respect de la profession et la protection de la santé publique. Si le pharmacien est un commerçant, il exerce une activité commerciale pas comme les autres. Dans ce sens, il doit être strictement surveillé. L'Ordre ne défend donc pas les intérêts des pharmaciens, il défend la profession toute entière, afin de faire vivre l'éthique et le droit. L'Ordre est un établissement privé à qui l'Etat a confié une mission de santé publique (A), c'est dans ce sens qu'il doit défendre le monopole pharmaceutique pour que la vente des médicaments se fasse dans le cadre défini par le droit interne des Etats (B).

A : Le statut juridique de l'Ordre et son organisation

L'Ordre des pharmaciens tout comme les différents ordres professionnels légalement formés, sont des organisations à qui l'Etat délègue une partie de ses pouvoirs tout en lui reconnaissant une existence indépendante. L'Ordre des pharmaciens est une personne morale de droit privé, gérant un service public de santé (1). Il est organisé de façon autonome autour des professionnels de la pharmacie inscrits en son sein (2).

1 : L'Ordre est une personne morale de droit privé chargé d'une mission de service public

L'Ordre des pharmaciens n'est pas une simple association, qui défendrait à ce titre des intérêts exclusifs d'un groupe, il n'est pas non plus un syndicat qui défendrait les intérêts collectifs ou individuels des pharmaciens. L'Ordre est une structure à la fois autonome et liée. Il est autonome en ce sens qu'il fonctionne grâce à ses propres moyens financiers, personnels et juridiques. Il est lié parce qu'il reçoit une mission de service public, c'est sa raison d'être, il ne peut s'en détacher. La loi sénégalaise de 1973 instituant l'Ordre indique que l'Ordre est un établissement public à caractère professionnel doté de la personnalité civile.

582 - L'ordre est un organisme de droit privé - Formé de pharmaciens professionnels, l'Ordre des pharmaciens n'est pas sous la tutelle d'une administration publique. Si ses pouvoirs découlent de l'œuvre du législateur ou de l'œuvre des pouvoirs règlementaires, l'Ordre garde une indépendance nécessaire à son fonctionnement. Il adopte son règlement intérieur et participe à la rédaction du code de déontologie applicable à ses membres. Au Burkina Faso et au Sénégal, l'Ordre des pharmaciens, contrairement au droit français[1406], a la personnalité civile[1407] et peut représenter la profession de pharmacien auprès des autorités publiques et auprès des organismes nationaux et internationaux. Il peut ester en justice pour préserver l'intérêt collectif de la profession et être défendeur.

Les actes posés par l'Ordre en matière d'inscription au tableau de l'Ordre sont des actes administratifs susceptibles de recours devant le conseil d'Etat[1408]. Si l'Etat donne des pouvoirs assez larges à l'ordre pour administrer les activités des pharmaciens, en contrepartie, l'ordre peut engager sa responsabilité pour décision illégale[1409].

583 - L'Ordre exerce une mission de service public - L'Ordre des pharmaciens est instauré par une loi[1410] et organisé par un décret avant qu'un arrêté ministériel n'approuve le règlement intérieur rédigé par la profession. Les missions générales de l'Ordre sont :

- Veiller au respect des valeurs fondamentales de la profession de pharmacien dont il assure la défense et la promotion ;
- Veiller au respect des principes de moralité, de probité et de dévouement indispensables à l'exercice de la pharmacie ;
- Veiller à l'observance par tous les membres des devoirs professionnels ainsi que des règles édictées par le code de déontologie des pharmaciens. L'Ordre est le garant du respect des obligations du pharmacien ;
- Défendre l'honneur et l'indépendance professionnelle des pharmaciens dont les décisions ne peuvent être dictées par des considérations autres que l'intérêt du patient et de la santé publique ;
- Assurer la confidentialité des données personnelles de santé.

Pour mettre en œuvre l'ensemble de ces missions, la loi précise et organise les compétences et le fonctionnement de l'Ordre.

[1406] En droit français se sont les différents conseils qui ont la personnalité civile (article L. 4233-1 du CSP).

[1407] L'article 1er de la loi du 5 juin 2012, précise à son dernier alinéa que l'ordre a la personnalité juridique.

[1408] CE 3 mars 1948, Beaudouin, Rec. Lebon, p.110.

[1409] CE 6 oct 1944, Sassot, Rec ; Lebon, p. 258.

[1410] Au Burkina c'est le CSP de 1994 qui a créé l'Ordre des pharmaciens. En 2012, une loi spécifique a été adoptée pour organiser l'Ordre. Il s'agit de la loi n°027-2012/AN du juin 2012. Au Sénégal, c'est la loi n° 73-62 du 19 décembre 1973 qui a créé l'Ordre des pharmaciens.

2 : Organisation et compétences de l'Ordre

L'Ordre est une organisation chargée, non seulement de représenter les pharmaciens, mais aussi d'assurer la discipline interne par des mesures unilatérales qui s'imposent à ses membres. Son organisation est différente d'un pays à l'autre. Il est organisé en conseil national et en conseil régional au Burkina Faso, au Sénégal, il n'existe pas de conseil régional, c'est un conseil de section qui le remplace.

584 - Du conseil national - Le conseil national de l'Ordre est composé de 12 membres au Burkina Faso et de 9 membres au Sénégal. Il reçoit par contre la même mission dans les deux pays. Il est chargé de :

- Coordonner les actions des conseils régionaux ou de section, selon les cas ;
- D'élaborer et de soumettre pour approbation au congrès, le code de déontologie des pharmaciens ;
- De proposer à l'approbation du congrès de l'Ordre, les adaptations nécessaires au code de déontologie des pharmaciens ;
- Donner de sa propre initiative, ou à la demande de l'autorité publique, d'organismes publics ou d'organisations professionnelles, des avis motivés sur les questions de principes ou les règles de déontologie professionnelle.

585- Du conseil régional et du conseil de section - Au Burkina Faso, le conseil régional veille à l'exercice des attributions générales de l'Ordre national au niveau régional. Nul ne peut être membre du conseil national ou régional et en même temps membre d'un parti politique ou d'une organisation syndicale. Quant au Sénégal, le conseil de section regroupe l'ensemble des pharmaciens des deux sections. La section A qui regroupe les pharmaciens du public et la section B qui est constituée de l'ensemble des pharmaciens du privé.

Sur le plan pratique, l'Ordre des pharmaciens, aussi bien au Burkina Faso, qu'au Sénégal, peine à s'organiser[1411]. Son fonctionnement est plus administratif que technique[1412]. Ces difficultés l'éloignent très souvent de la défense du monopole pharmaceutique.

B : La remise en cause du monopole pharmaceutique : les difficultés de l'Ordre des pharmaciens et des autorités étatiques

Le monopole pharmaceutique comporte deux facettes, il concerne aussi bien les activités pharmaceutiques que les produits. La délivrance des médicaments est l'un des éléments essentiels de ce monopole. Le médicament étant un bien de santé dont le dosage doit être correctement suivi, il est alors apparu nécessaire de confier sa distribution à des personnes qualifiées. La difficulté d'accès aux médicaments et le manque de personnel qualifié a entraîné dans les pays à faibles revenus une intrusion de non pharmaciens dans la distribution des médicaments. Ces personnes étrangères aux connaissances pharmaceutiques ont sans doute contribué à la banalisation du médicament[1413]. Si ces non pharmaciens interviennent légalement dans le circuit de distribution pour pallier la carence des officines pharmaceutiques, d'autres par contre sont dans un circuit informel illégal et vendent des médicaments hors officine. L'Ordre des pharmaciens garant, de la moralité de la profession de pharmacien, peine à endiguer ce fléau.

[1411] Au Sénégal par exemple, malgré un code de déontologie très vieux et non adapté, l'Ordre peine à obtenir de l'Etat la révision dudit code. Aussi des pharmaciens sont souvent cités dans les réseaux de trafics illicites des médicaments, mais jamais sanctionnés par l'Ordre. L'Ordre des pharmaciens dans les deux pays peine a assurer la discipline interne.

[1412] L'Ordre semble mieux gérer les inscriptions au tableau, que la défense la profession. Au Sénégal par exemple c'est le syndicat des pharmaciens qui a réagi violemment pour protester contre la pharmacie des mourides, un lieu de vente illicite des médicaments dans le centre de ville de Dakar.

[1413] Selon les rédacteurs du document de plaidoyer pour le renforcement de la lutte contre le marché illicite des médicaments dans l'espace UEMOA, l'IB, a entraîné une banalisation du médicament et un glissement de sa vente vers la rue, à travers l'intervention de personnel non qualifié dans la manipulation des médicaments UEMOA, Document de plaidoyer pour le renforcement de la lutte contre le marché illicite et la contrefaçon des médicaments dans les Etats-membres de l'UEMOA.

586 - La problématique de la distribution hors circuit pharmaceutique des médicaments : une vision purement répressive - La lutte contre la vente illicite des médicaments est une préoccupation majeure dans le monde. Dans de nombreux pays, il est interdit à toute personne même munie du diplôme de pharmacien tout débit, étalage ou distribution de médicaments sur la voie publique ou dans les foires ou marchés[1414]. Ce fléau est plus accentué dans les pays à faibles revenus. Certains auteurs[1415]pensent que l'une des raisons de la réussite d'un tel marché serait l'absence d'une législation forte et ferme à l'encontre des vendeurs de médicaments illicites. Nous pensons que de telles législations existent, des dispositions permettant de punir cette pratique contraire à la sécurité sanitaire existent[1416], mais la cause profonde réside dans la difficulté d'accès aux médicaments de qualité. En effet, au Burkina Faso, comme au Sénégal, la difficulté d'accès aux médicaments est réelle, la pauvreté également, alors où trouver des ressources pour honorer les ordonnances dans les pharmacies[1417]. Même quand la population peut s'adresser aux pharmacies de l'IB, le médicament demeure cher pour elle, elle se tourne alors désespérément vers des médicaments dont souvent elles savent qu'ils peuvent être dangereux. Au Sénégal particulièrement, la filière mouride de vente illicite de médicament est

---

[1414] Selon l'article 183 du CSP du Burkina Faso.

[1415] A. Ouattara, « Achat de médicaments de la rue en Afrique : essai de compréhension d'un comportement « irrationnel » », *Market Management*, 2009/1 Vol. 9, p. 60.

[1416] Au Burkina Faso, le CSP permet de punir de tels contrevenants (article 183). Au Sénégal, compte tenu du flou qui existe en matière d'application des normes issues de la colonisation, un décret est intervenu en 2009 (il n'y a aucune trace de ce décret, ni dans le JORS, ni à la DPL où nous nous sommes rendu en février 2013. Nous connaissons son existence à travers la presse sénégalaise). Ce décret a permis la première condamnation de trafiquant de médicaments. En effet, cette première condamnation date de septembre 2009. Appréhendé par la gendarmerie, deux trafiquants ont été condamnés à quatre mois de prison ferme et 500 000FCFA (800 euros) d'amende par le tribunal correctionnel de Dakar (http://www.courrierinternational.com/article/2009/10/08/haro-sur-les-faux-medicaments).

[1417] Pour C. Baxerres, le PAS, la dévaluation du FCFA et les politiques sanitaires régionale (IB) sont d'autres raisons qui poussent les populations vers les médicaments de la rue. C. Baxerres, « Accès aux médicaments en Afrique de l'Ouest : le marché parallèle du médicament », In I. Moine-Dupuis (dir), op.cit., pp.269-275. Voir également D. Fassin, « La vente illicite de médicament au Sénégal », *Politique Africaine*, pp.123-130.

connue de tous, les autorités sanitaires ont connaissance de l'existence de ce marché, qui est approvisionné par des cadres religieux dans la capitale même non loin des ministères[1418].

L'économie criminelle des faux médicaments pour emprunter la formule de l'ancien Président français J. Chirac[1419], est en croissance dans les pays les plus pauvres et selon l'OMS elle serait plus prospère que l'économie de la drogue. Cette criminalité pharmaceutique[1420]anéantit bien des espoirs au Burkina Faso et au Sénégal car elle constitue une grave menace pour la santé publique. Ce trafic de faux médicaments grippent la réussite des politiques pharmaceutiques, qui font de la qualité des médicaments leur colonne vertébrale.

Mais la lutte contre la vente hors circuit des médicaments semble se focaliser sur la version répressive. Les autorités nationales, aidées par les industries pharmaceutiques et les organisations non gouvernementales mènent une lutte répréhensible pour dissuader les vendeurs de ces médicaments. Il serait urgent de travailler sur les causes de consommation de tels médicaments. Quand on demande à la population de ne plus en consommer, sans leur proposer des mesures d'accompagnement[1421], la répression des contrevenants si elle est

---

[1418] Au Sénégal, le plus grand réseau de ventes illicites de médicaments est basé à Dakar dans un immeuble appelé Keur Sérigne bi (cet immeuble est la propriété du guide suprême des Mourides). Aujourd'hui, cette grande pharmacie informelle n'existe plus officiellement, mais les activités illicites continuent. Les vendeurs sont rentrés en clandestinité, avec des méthodes de marketing pourtant visibles. Nous avons mené une enquête dans ces lieux en février 2013. En effet lorsque l'on passe par cet endroit, il est loisible de se faire interpeller par un démarcheur qui s'empresse de savoir si vous êtes à la recherche de médicaments. Lorsque vous êtes affirmatif, il ne vous demande pas une ordonnance, mais ce dont vous souffrez. Une fois les informations en main, il disparaît et vous ramène des médicaments qui a vu d'œil ont le même emballage que les médicaments du circuit officiel. Ce qui a changé à Keur Sérigne bi, c'est que le public n'a plus accès aux médicaments illicites. « Les médicaments sont cachés »[1418], nous répond Habib (pseudonyme), notre jeune démarcheur.

[1419] Discours du Président Jacques Chirac 12 octobre 2009, Cotonou, Bénin. Appel de Cotonou contre les faux médicaments

[1420] Voir le, site d'interpol, www.interpol.int/fr/internet/centre, consulté le 27 janvier 2013.

[1421] Ces mesures peuvent être entre autres : la mise en place de politiques de prise en charge des soins, la réduction du coût de la vie par la baisse des produits de première nécessité, le contrôle effectif des prix du médicament, la prévention des maladies (eau potable disponible, hygiène, etc.).

souhaitable, à elle seule ne pourra pas venir à bout de ce marché prospère.

587 - L'exercice illégal de la pharmacie : notion, champ d'application et sanction - Selon l'article 151 du CSP burkinabè les cas où l'infraction d'exercice illégal de la profession de pharmacien est constituée sont :

- Toute personne qui, non munie de diplôme d'état de pharmacien ou d'un certificat reconnu et jugé équivalent par le gouvernement du Burkina Faso, se livre aux activités contenues dans le monopole pharmaceutique ;
- Toute personne qui se livre à ces mêmes activités sans être de nationalité burkinabè ou ressortissant de l'UEMOA, le tout sans préjudice des dispositions contenues dans les accords internationaux ou prises en exécution de ces accords ;
- Tout pharmacien qui exerce la profession de pharmacien sans être inscrit au tableau de l'Ordre des pharmaciens
- Toute personne qui, munie d'un titre régulier, sort des attributions que la loi lui confère, notamment en prêtant son concours aux personnes se livrant à la vente hors circuits pharmaceutiques des médicaments.

Le Tribunal correctionnel[1422] de Ouagadougou a condamné en son audience du 6 septembre 2012, trois individus pour exercice illégal de la pharmacie. Dans les faits, ces trois personnes ont été appréhendées dans la rue avec des médicaments qu'ils vendaient. L'Ordre des pharmaciens s'est porté partie civile. Le tribunal les a condamnés à six ans de prison avec sursis et le paiement d'un franc symbolique à l'Ordre des pharmaciens. Cette décision du juge est curieuse quand on veut lutter contre un fléau grandissant. Au Burkina Faso, le sursis, pour une population qui n'a aucune culture de la justice moderne, signifie liberté et la liberté signifie non coupable, il est fort probable de retrouver ces trois individus le lendemain même, reprendre leurs activités clandestines.

La protection de la santé publique, n'est pas réduite à la lutte contre la vente hors circuit des médicaments, elle concerne également l'organisation de la responsabilité des acteurs de la distribution au

---

[1422] Tribunal correctionnel de Ouagadougou, 6 septembre 2012, affaire Issaka Tassembédo et deux autres. Le jugement n'a pas été publié, nous n'avons trouvé aucun numéro y afférent.

détail des médicaments. En effet, si le droit accorde un monopole aux pharmaciens, en contrepartie ceux-ci doivent répondre de leurs actes.

Section 2 : La responsabilité des acteurs de la distribution du médicament au détail

Le médicament est un produit particulier, sa vente est entourée de règles toutes aussi particulières. Le pharmacien d'officine, dernier élément de la chaîne de distribution est celui qui est en contact avec les patients pour leur délivrer ce bien particulier, indispensable à leur santé. En raison de la situation des patients et de la qualité des biens vendus[1423], le monopole qui est accordé au pharmacien est compensé par la mise en œuvre de sa responsabilité. Cette responsabilité peut être engagée du fait du contrat qui lie le pharmacien à ses clients : c'est la responsabilité civile qui permettra d'indemniser le patient (Sous-section 1). En plus des juridictions civiles, le pharmacien est justiciable devant deux autres juridictions : les juridictions pénales et les juridictions disciplinaires (Sous-section 2).

Au Burkina Faso et au Sénégal il faut tenir compte de la responsabilité de personnes non pharmaciens mais intervenant par dérogation dans la distribution des médicaments au détail.

Sous-section 1 : La responsabilité civile dans la chaîne de distribution au détail : la réparation du préjudice causé au patient acheteur de médicament

Depuis l'acte de fabrication du médicament, jusqu'à sa délivrance, des règles de santé publique jalonnent le chemin qu'il parcourt. Le principe général est que l'acte pharmaceutique doit être assuré par un pharmacien. Le droit exige donc de cette personne des compétences attestées par un diplôme. Ces connaissances doivent constamment être remises à niveau pour tenir compte de l'évolution de la science et des techniques. L'exigence de l'exercice personnel découle de la volonté de protéger la santé des patients. Le pharmacien délivre le médicament à des profanes, à qui, il doit conseils et informations. Il est lié à son patient tout comme le médecin, par un contrat dont

[1423] J. Lorenzi, *Les responsabilités du pharmacien*, Litec, Paris, 2002, p.2.

l'inexécution engage sa responsabilité (Paragraphe 1). Mais sa responsabilité peut également être engagée du fait des personnes qui sont sous son autorité (Paragraphe 2).

Paragraphe 1 : La responsabilité du fait personnel du pharmacien d'officine : une responsabilité découlant du contrat entre le pharmacien et son client

Au Burkina Faso, tout comme au Sénégal, le droit fait obligation au pharmacien titulaire d'une officine d'exercer personnellement l'art pharmaceutique, c'est donc dire que l'essentiel de sa responsabilité est fondée sur son fait personnel. Le pharmacien, en ouvrant son officine fait acte de pollicitation et quiconque entre dans son officine et accepte les conditions de vente du médicament, il se forme un contrat entre cette personne et le pharmacien. Le contrat pharmaceutique qui implique la délivrance d'une marchandise à l'acheteur, est un contrat hautement risqué, parce qu'une erreur peut provoquer des dommages graves au patient acheteur. Le pharmacien, en plus de l'obligation de délivrer le médicament, contracte une obligation de conseils et d'informations. Lorsqu'il y a une faillite dans les obligations du pharmacien, le contrat n'est pas exécuté et celui-ci doit répondre. Mais cette responsabilité est une responsabilité pour faute, le patient qui revendique une indemnisation doit démontrer cette faute, qui, essentiellement, se concentre dans l'acte de délivrance (B), dont il faut préciser la notion (A).

A : La délivrance du médicament

588 - La qualification de l'acte pharmaceutique : évolution et notion de délivrance - Historiquement en France, l'acte de transférer la propriété d'un médicament, du pharmacien vendeur au patient acheteur a connu une évolution. Si l'acte demeure le même, les objectifs ont évolué. Jusqu'à la loi du 11 septembre 1941, le médicament était **débité**. La notion de « débiter le médicament » est restée en vigueur au Sénégal[1424]. En France, c'est avec la loi de 1941, que le terme devient « **délivrer** ». Et de 1991 à nos jours le médicament est **dispensé** en France. Pour le CSP français, l'acte de dispensation est un acte complexe associant à la délivrance du médicament, l'analyse pharmaceutique de l'ordonnance médicale si elle existe, la préparation éventuelle des doses à administrer et la mise à disposition des informations et des conseils nécessaires au bon usage du médicament[1425]. Dès lors, la délivrance du médicament n'est pas la conclusion nécessaire de la dispensation[1426]. La dispensation n'est donc pas une simple vente. Le pharmacien qui se contente de délivrer un médicament commet une faute puisque le CSP l'oblige à y associer les différents actes intellectuels.

L'évolution du terme en France peut être regardée sous un angle éthique et sanitaire. Débiter un produit c'est le vendre au détail, ce que tout commerçant fait, délivrer une marchandise est un acte de commerce très courant dans la vente. En définitive, le terme dispenser qui met plus l'accent sur le caractère intellectuel de l'acte pharmaceutique, différentie le pharmacien du simple commerçant et le

---

[1424] Art. 3 de la loi n°65-33 du 19 mai 1965, portant modification des dispositions du Code de la Santé publique relatives à la préparation, à la vente et à la publicité des spécialités pharmaceutiques : « aucune spécialité ne peut être débitée, à titre gratuit ou onéreux, si elle n'a reçu au préalable le visa délivré par le Ministre chargé de la Santé publique ». En 1992 on retrouve toujours le terme « débiter » dans le décret n° 92-1755 du 22 décembre 1992, abrogeant et remplaçant le décret n° 61-218/MSPAS du 31 mai 1961 réglementant la création et la gérance des dépôts de médicaments. « Les gérants de dépôt sont autorisés à acquérir, détenir ou débiter à titre gratuit ou onéreux les médicaments … dont la liste est établie par arrêté du Ministre chargé de la Santé publique ».

[1425] Article R4235-48 du CSP français.

[1426] F. Mégerlin, « L'opinion pharmaceutique : une révolution à l'officine », *RDSS*, 1998, p. 665.

médicament des produits de consommation courant[1427]. On sait que l'exercice de la profession pharmaceutique est situé à au croisement entre santé et commerce[1428] et que la profession pharmaceutique recherche depuis lors à rééquilibrer les rapports entre ces « deux forces dissemblables »[1429], le choix des termes peut contribuer à instaurer des considérations éthiques dans les activités du pharmacien. Le commerçant ne dispense pas la marchandise, il la délivre. La dispensation permet d'alourdir la responsabilité du pharmacien en ajoutant des contraintes d'ordre intellectuel à l'obligation de délivrance. Elle permet également d'envisager l'acte pharmaceutique plus sous l'angle de la santé publique que sous l'angle économique[1430]. Mais qu'en est-il de la notion au Burkina Faso et au Sénégal ?

589 - La délivrance du médicament, un acte matériel distinct de l'obligation de conseil et d'information du patient - Le droit burkinabè parle de délivrance des médicaments et dissocie l'acte de délivrance de l'obligation de conseils et d'informations qui pèse sur le pharmacien. L'acte de délivrance ne semble pas se différencier de la délivrance d'une marchandise qui est, selon le Code civil burkinabè, la remise de la chose vendue en la puissance et possession de

---

[1427] Le pharmacien peut également émettre une opinion pharmaceutique. En France l'opinion pharmaceutique désigne « un avis motivé, dressé sous l'autorité d'un pharmacien, portant sur la pertinence pharmaceutique d'une ordonnance, d'un test ou d'une demande du patient, consigné dans l'officine, et impérativement communiqué sur un document normalisé au prescripteur lorsqu'il invite à la révision, ou lorsqu'il justifie le refus ou la modification d'office de sa prescription». Voir Bull. Ord. pharm. n° 358, avril. 1998, p. 101. Au Québec, l'opinion pharmaceutique désigne « un avis motivé d'un pharmacien dressé sous son autorité, portant sur l'histoire pharmacothérapeutique d'une personne assurée ou sur la valeur thérapeutique d'un traitement ou d'un ensemble de traitements prescrits par ordonnance ». Règle 10 de l'Entente relative à l'assurance maladie signée entre l'association québécoise des pharmaciens propriétaires et le ministère de la Santé et des services sociaux, 29 juillet 2007.

[1428] O. Debarge, « La distribution au détail du médicament au sein de l'Union Européenne : un croisement entre santé et commerce, la délimitation des règles appliquées à l'exploitation des officines », *RIDE*, 2011/2 t.XXV, p.195.

[1429] G. Rousset, *L'influence du droit de la consommation sur le droit de la santé*, Les Etudes Hospitalières Bordeaux, 2009, p. 23 ; I. Leonetti, *Le médicament et le marché : de la disjonction à l'intégration. À travers trois exemples européens*, Thèse de droit, Aix-en-Provence, 2007, p. 16.

[1430] A. Leca, *Droit pharmaceutique* op.cit. , pp. 166-167.

l'acheteur[1431]. La seule différence est que la remise du médicament au patient acheteur ne libère pas le pharmacien, qui peut voir sa responsabilité engagée en cas de dommage lorsque celui-ci n'a pas respecté l'obligation d'informations et de conseils qui accompagne l'acte de délivrance.

Quant au Sénégal, la réglementation est assez confuse, tantôt l'on emploie le terme de débiter[1432], tantôt c'est la délivrance[1433] qui est utilisée pour désigner la distribution du médicament au patient. Il faut noter que le Sénégal utilise encore de vieux textes qui datent soit de la colonisation soit du début des indépendances.

Que l'acte professionnel effectué par le pharmacien soit qualifié de délivrance ou de dispensation, la mise en œuvre de la responsabilité du pharmacien se fait sur les mêmes bases au Burkina Faso, au Sénégal comme en France. La qualification de l'acte pharmaceutique de dispensation facilite la compréhension de la faute du pharmacien.

B : La faute du pharmacien titulaire de l'officine : l'erreur de délivrance

Dans le contrat qui le lie à son client, le pharmacien est tenu d'une obligation de conseils et d'une obligation de délivrer le médicament demandé, afin d'assurer au client un usage sécurisé dudit médicament. Lorsque l'une de ces obligations n'est pas exécutée ou est mal exécutée, le pharmacien commet une faute susceptible d'engager sa responsabilité. La faute du pharmacien peut consister à confondre les médicaments, en délivrant le mauvais médicament (1), il peut également s'agir d'une négligence, le conduisant à délivrer le médicament sans analyser l'ordonnance ou encore à délivrer un médicament à prescription obligatoire alors même qu'il n'y a pas d'ordonnance (2).

[1431] Article 1604 du Code civil burkinabè.

[1432] Voir infra paragraphe 588.

[1433] Alors que l'article 3 de la loi n°65-33 du 19 mai 1965, précité, utilise le terme « débité », l'article 4 parle de « délivra nce ».

1 : La confusion dans la délivrance du médicament : le pharmacien délivre un médicament à la place d'un autre

590 - Si l'officine est un fonds de commerce, l'acte professionnel du pharmacien n'est pas un acte de commerce banal - Le statut des produits pharmaceutiques en général et du médicament en particulier a nécessité l'instauration d'un monopole de leur vente au profit des pharmaciens. L'acte professionnel du pharmacien se distingue de ce fait d'un acte commercial banal. Le pharmacien a l'obligation d'être personnellement l'auteur des actes pharmaceutiques qui se réalisent dans son officine. C'est parce que l'ordonnance que le patient présente ne doit pas être servie sans analyse, que le droit oblige le pharmacien, qui a une grande connaissance des médicaments, à apprécier la prescription médicale. Le droit pharmaceutique instaure ainsi un double contrôle de l'accès aux médicaments. Le patient qui a besoin d'un médicament doit d'abord passer par la phase médicale, il est d'ailleurs interdit au pharmacien de poser un diagnostic[1434]. C'est après la prescription du médecin que le patient s'adresse au pharmacien qui doit exécuter lui-même les actes professionnels requis ou, à défaut, surveiller leur exécution[1435]. Le pharmacien d'officine est d'abord un éducateur sanitaire, il participe à ce titre, à aider le patient dans l'usage rationnel des médicaments.

Dans son rôle de contrôle de l'ordonnance, il doit avoir toute la diligence nécessaire pour bien lire l'ordonnance afin de délivrer le bon médicament. Une erreur dans la délivrance du médicament constitue une faute et appelle à une réparation lorsqu'elle cause un dommage au patient. Il s'agit d'erreur du fait du pharmacien, qui se trompe dans la lecture de l'ordonnance alors que celle-ci a été rédigée en des termes clairs et sans confusion. La jurisprudence burkinabè et sénégalaise n'ont pas, à notre connaissance, traité de cas d'erreurs de délivrance de médicament. Dans ces pays, le pharmacien qui exécute une ordonnance irrégulière n'est pas vu comme un professionnel qui commet une faute, il est plutôt appréhendé comme un professionnel qui fait œuvre humanitaire. C'est ce que confirme une étude réalisée

---

[1434] Article 71 du Code de déontologie des pharmaciens du Sénégal et 79 de celui du Burkina Faso.

[1435] Article 7 du Code de déontologie des pharmaciens du Sénégal et 13 de celui du Burkina Faso.

en 1999 dans les officines de Ouagadougou au Burkina Faso[1436] et plus récemment le président de l'Ordre des pharmaciens du Burkina Faso, lorsqu'il déclare que, « si on devait rejeter les ordonnances irrégulières, on n'allait soigner personne. C'est le patient qui en souffrirait et c'est pour ce même patient que nous sommes tous là »[1437]. Il est vrai que le pharmacien est un acteur de la santé publique, il est aussi vrai que la proportion d'ordonnances irrégulières est très élevée[1438], mais il faut relever qu'une ordonnance irrégulière peut être fatale au patient et engager dans tous les cas la responsabilité du pharmacien. Ainsi, à défaut de jurisprudence locale, nous allons, à titre illustratif, citer des faits impliquant des pharmaciens français ayant fait l'objet d'une décision de justice.

591 - L'erreur peut concerner le médicament - La jurisprudence française a connu des cas d'erreurs de lecture de la part du pharmacien d'officine, qui ont conduit celui-ci à délivrer le mauvais médicament. C'est le cas du TGI de Villefranche-sur-Saône[1439], qui a condamné un pharmacien d'officine pour avoir délivré du Quitaxon® 50 alors que l'ordonnance indiquait du Quietim® gélules. Citons également ce cas où le pharmacien délivre du Butazolidine® à la place du Bristacycline®[1440]. Il y a également la délivrance de l'Isobar® (utilisé

[1436] Selon cette étude, en 1999, dans les officines de Ouagadougou, 54% des ordonnances médicales ont été prescrites par des « inconnus » (absence d'identité du prescripteur), 39% ne mentionnaient pas la posologie des médicaments prescrits, 80,7% ne précisaient pas la durée du traitement. Voir, N. Nao, Etude des actes pharmaceutiques au Burkina Faso : Evaluation des les officines privées de Ouagadougou, Thèse de pharmacie, Université de Ouagadougou, 1999, p 55.

[1437] Dr Laopan Jean Paré, président de l'Ordre des pharmaciens du Burkina, interview publiée le 27 février 2013 sur le site du journal www.lefaso.net.

[1438] M. Peter, *Etude de la prescription médicamenteuse à Ouagadougou Burkina Faso : Analyse de 582 ordonnances recueillies dans les officines et dépôts pharmaceutiques*, Thèse pour le doctorat en médecine, Faculté de Médecine Marseille, 1999. Selon l'enquête réalisée par l'auteur, les ordonnances reçues par les officines enquêtées n'indiquaient pas la qualification du prescripteur dans près de la moitié des ordonnances analysées. Il a trouvé que seulement 27 % de ces ordonnances venaient avec certitude d'un médecin. L'âge du patient figurait seulement sur 4 % de ces ordonnances reçues par les officines et la posologie sur 21 %. Par ailleurs, la proportion des clients servis pour une automédication s'élevait à 60 %.

[1439] TGI Villefranche-sur-Saône, 22 mai 1980, Nouv. Pharm. n°235, juillet-août 1980, p.1116.

[1440] Cass civ., 18 décembre 1978, doc. pharm., n°2265. (Il s'agit de la délivrance d'un anti inflammatoire en lieu et place d'un antibiotique)

dans l'hypertension artérielle) à la place de l'isoxan® (complément alimentaire)[1441] ou encore le cas du pharmacien qui délivre un flacon de solution buvable Dédrogyl® (utilisé dans la prévention ou le traitement de la carence en vitamine D compatible pour les insuffisant rénaux) en lieu et place d'une solution buvable Stérogyl® (utilisé dans la prévention ou le traitement de la carence en vitamine D)[1442]. Enfin la délivrance alors que l'ordonnance médicale est claire du Cetectol®, un bêtabloquant, en lieu et place d'un antibiotique le Cefodox®[1443]. Ces erreurs pouvaient être évitées si le pharmacien avait un temps soit peu lu l'ordonnance.

592 - L'erreur peut concerner la forme d'un même médicament ou la dose - La Cour d'Appel de Paris[1444] a reconnu la faute d'un pharmacien délivrant du Cetavlon solution concentrée au lieu du Cetavlon en solution alcoolique. En ce qui concerne la dose, un pharmacien a été condamné pour avoir délivré du sérum physiologique hypotonique dosé à 20% alors qu'il fallait une dose de 8%, dans cette affaire il y a eu partage de responsabilité. Le médecin ayant commis également une faute de prescription. Le tribunal a estimé que le pharmacien aurait dû rectifier l'erreur du médecin[1445].

593 - L'erreur peut concerner la posologie - Le pharmacien peut délivrer le bon médicament, mais se trompe sur la posologie, toute chose qui peut être préjudiciable au patient. Un pharmacien a été condamné dans ce sens pour avoir délivré pour un bébé, du Gardenal® 10 cg au lieu de 1 cg adapté aux bébés[1446]. Il y a également le cas du pharmacien délivrant du Catalgine® 1, 60g au lieu du Catalgine® 16 cg[1447]. Un pharmacien a délivré de l'Aspegic® 1000mg au lieu de 100mg prescrit pour un enfant[1448]. Le pharmacien en dépit de l'âge du patient, ne s'est pas inquiété de la dose délivrée, même les références du prescripteur (pédiatre) où on pouvait aisément déduire qu'il s'agissait d'un enfant n'ont pas attiré l'attention du pharmacien.

[1441] CNOP, 19 avril 1999, Doc. Pharm., n°4068, pp.15-16.
[1442] CNOP, 17 janvier 1995, aff. n° A-D 1514.
[1443] CNOP, 04 avril 1995, aff ; n°A-D 1539.
[1444] CA Paris, 20 juin 1963, D.1964, jurispr.p.30.
[1445] T. civ. Clermond-Ferrand, 18 octobre 1950, Gaz. Pal., 1950, 2, p.396.
[1446] Trip. Pol. Montreuil-sous-Bois, 17 juin 1980, Nouv.pharm., n°237, p.1463.
[1447] CA Montpellier, 3 juin 2009, RGDM, n°38, mars 2011, pp. 416-417.
[1448] TGI Saint-Malo, 18 septembre 1981, Inf. pharm., n°237, p.1463.

594 - L'erreur peut également concerner les préparations faites par le pharmacien ou encore le nombre de comprimés - C'est ainsi qu'un pharmacien a été condamné par le conseil national de l'Ordre des pharmaciens français pour avoir utilisé dans une préparation magistrale du Dalacine T. Topic, alors que le médecin avait indiqué sur l'ordonnance du Clindamycine[1449]. Concernant le nombre de comprimés, un pharmacien qui devait délivrer 5 boîtes de 10 comprimés d'un médicament, a délivré 5 boîtes de 20 comprimés parce qu'il ne disposait pas de boîtes de 10 comprimés. Le conseil a estimé que sa délivrance n'était pas conforme à la prescription[1450].

Le pharmacien peut également engager sa responsabilité en cas de négligence dans la délivrance du médicament.

2 : La négligence dans la délivrance du médicament

Le pharmacien peut suivre scrupuleusement une ordonnance et voir sa responsabilité établie s'il est démontré que l'ordonnance est manifestement illégale ou encore techniquement dangereuse pour le patient. Etant un professionnel du médicament, il est en mesure de déceler toutes les interactions ou les incompatibilités entre les médicaments prescrits. Il peut également arriver que le pharmacien exécute les souhaits de ses clients en délivrant un médicament soumis à prescription obligatoire alors que le patient ne lui présente pas d'ordonnance.

595 - Le pharmacien délivre un médicament à prescription obligatoire sans ordonnance - La prescription médicale est l'acte qui déclenche la délivrance de certains médicaments. Le pharmacien est en aval de la prescription, il est chargé d'exécuter techniquement et matériellement la prescription médicale. Il peut arriver qu'un patient se présente sans ordonnance et sollicite un médicament qu'il connaît bien. Si le pharmacien le délivre alors que ce médicament est à prescription obligatoire, il encourt une sanction et sa responsabilité civile peut être engagée en cas de dommage. Au Burkina Faso et au Sénégal, la délivrance sans ordonnance de médicament à prescription

---

[1449] CNOP, 03 avril 1995, aff. n° A.D 1533.
[1450] CNOP, 09 mars 1955, aff. n°A-D 1534.

obligatoire est fréquente[1451]. Mais aucun pharmacien n'a encore été inquiété sur ce plan. Le président de l'Ordre des pharmaciens du Burkina Faso semble justifier le geste des pharmaciens par le manque de médecins. Selon lui, le Burkina Faso étant loin d'atteindre les normes OMS en matière de médecin et la population ayant besoin de soins, les pharmaciens sont souvent obligés de faire des dérogations[1452]. En droit comparé de tels actes ont déjà fait l'objet de sanctions en France[1453].

596 - Le pharmacien délivre un médicament alors qu'il aurait dû refuser- Le pharmacien d'officine peut, dans l'intérêt de la santé du client, refuser de délivrer un médicament. Si le médicament est prescrit sur une ordonnance, le pharmacien doit immédiatement en prévenir le prescripteur. Le code de déontologie des pharmaciens du Burkina Faso et celui du Sénégal, rédigés dans les mêmes termes, obligent le pharmacien à contrôler l'ordonnance et si l'ordonnance comporte des incohérences, il doit refuser de l'exécuter. L'incohérence de l'ordonnance n'a pas un lien avec la maladie, puisque le pharmacien n'est pas habilité à réexaminer le patient, l'incohérence est en rapport avec les médicaments[1454] (pour éviter des interactions), l'âge et la dose prescrite (une dose adulte prescrite pour un enfant).

[1451] La délivrance de médicament à prescription obligatoire sans ordonnance est récurrente et une pharmacienne l'a reconnu. Selon elle, « normalement les antibiotiques ne devraient se délivrer que sur ordonnance. Anormalement ils sont délivrés sans ordonnance le plus souvent. Parce que les gens viennent, ils vous demandent Amoxiciline, cotrimoxazole.... Avec l'avènement du générique ces produits sont passés dans l'usage quotidien. Et comme dans notre pays il y a beaucoup d'automédication, ..., si vous dites que vous ne délivrez pas parce qu'il n'y a pas d'ordonnance, ils vous rigolent au nez et ils vont ailleurs.... Quand nous estimons que ça se nécessite, nous délivrons les antibiotiques sans ordonnance. Et donc, les gens achètent ça comme de petits pains ». B.M. Bila, *Genre et médicament : analyse anthropologique dans le contexte du Sida au Burkina Faso*, Thèse de doctorat en anthropologie, Université d'Aix-Marseille, 2011, p.100.

[1452] Dr Laopan Jean Paré, président de l'ordre des pharmaciens du Burkina, interview publiée le 27 février 2013 sur le site du journal www.lefaso.net.

[1453] CNOP, 04 octobre 1994, aff. n° A-D 1410 ; CNOP, 24 novembre 1994, n°A-D 1592.

[1454] CA Caen, 15 juillet 1993, Cts Beucherie c./ Bembaron et autres, JCP G 1993, IV, 2477, Juris-Data n°043204. Le pharmacien a délivré deux médicaments prescrits par le médecin dont la prise simultanée présentait un danger pour son client.

597 - Le pharmacien peut manquer à son devoir de conseils et d'informations - Le pharmacien est tenu d'un devoir d'informations et de conseils qui repose au Burkina Faso sur le CSP et sur le code de déontologie. Au Sénégal c'est uniquement le code de déontologie qui régit ce devoir. Le pharmacien doit être disponible pour ses clients, il doit leur délivrer des conseils objectifs, basés sur le résumé des caractéristiques du produit reprenant pour l'essentiel les termes de l'AMM, ou sur les données confirmées par la communauté scientifique et actualisées dans le cadre de sa formation continue. Le pharmacien doit conseiller et informer ses clients sur les dangers des médicaments qu'il délivre, lorsqu'il existe par exemple un danger potentiel nécessitant une vigilance particulière. Si le pharmacien manque à cette obligation et lorsqu'un dommage survient, sa responsabilité peut être engagée.

Le champ de la responsabilité civile du pharmacien semble déjà très grand, mais ce champ s'élargi avec la possibilité d'engager sa responsabilité en dehors de toute faute personnelle, la faute pouvant provenir d'autrui.

Paragraphe 2 : La responsabilité du fait d'autrui : une responsabilité extracontractuelle

Selon les articles 142 du COCC et 1384 du Code civil « on est responsable non seulement du dommage que l'on cause par son propre fait, mais encore de celui qui est causé par le fait des personnes dont on doit répondre ». Dans nos deux pays, le pharmacien a sous sa responsabilité, du personnel pharmacien et du personnel non pharmacien. Si les premiers ont une connaissance approfondie du médicament, les seconds sont de simples vendeurs formés dans le tas, mais qui se retrouvent au premier plan de l'acte professionnel pharmaceutique[1455]. Ces salariés, étant soumis à l'autorité du pharmacien titulaire, leur faute engage la responsabilité de ce dernier (A). Si le principe de la responsabilité civile exige que l'on répare les dommages causés à autrui, il existe des cas où cette responsabilité peut être exonérée (B).

[1455] Selon l'enquête menée pare N. Nao dans le cadre de sa thèse de pharmacie, « les officines employaient en moyenne 6 personnes dont au moins un pharmacien. La dispensation était assurée dans la plus part du temps par les vendeurs, les magasiniers et rarement par les pharmaciens ». N. Nao, op.cit., p.76.

A : La responsabilité du pharmacien titulaire du fait de ses préposés

La responsabilité du pharmacien du fait de ses préposés est une responsabilité délictuelle. Dès lors que la faute du préposé est démontrée, le pharmacien titulaire qui emploie le mis en cause, doit répondre. Au Burkina Faso et au Sénégal, le champ de la responsabilité délictuelle du fait d'autrui est large pour le pharmacien d'officine. Il peut s'agir d'une faute d'un pharmacien salarié, d'un vendeur ou du gérant du dépôt de médicaments dont le pharmacien est propriétaire (1). Le pharmacien d'officine n'est pas le seul acteur dans la distribution des médicaments au détail, il y a au Burkina Faso et au Sénégal, une dérogation attribué à de simples commerçants ou agents de santé pour gérer un dépôt de médicaments. Ceux-ci peuvent engager leur responsabilité civile en cas de dommages causé à leurs clients (2).

1 : La responsabilité du pharmacien d'officine du fait de ses préposés

598- Le pharmacien titulaire est le garant de la sécurité de l'ensemble des activités pharmaceutiques dans son officine - Selon le Code civil burkinabè et le COCC[1456], les maîtres et les commettants, sont civilement responsables du dommage causé par leurs préposés dans les fonctions auxquelles ils les ont employés[1457]. Juridiquement les salariés employés dans l'officine sont sous l'autorité du pharmacien titulaire, c'est ce dernier qui donne les orientations et les ordres dans l'exécution des tâches, il est donc normal que sa responsabilité soit engagée en cas de faute commise par un de ses employés. Le droit pharmaceutique oblige le pharmacien titulaire à exercer personnellement sa profession. Le pharmacien est un professionnel qui doit toujours être présent dans son officine pour surveiller l'ensemble des activités pharmaceutiques qui s'y pratiquent. Il doit pouvoir intervenir à tout moment pour corriger une éventuelle

---

[1456] Article 146 du COCC et 1384 du code civil burkinabè.

[1457] Nous ne disposons pas de jurisprudences concernant la pharmacie, mais on peut citer un arrêt concernant une banque, où la cour a estimé qu' « il n'y a aucune contrariété à retenir la faute intentionnelle ou d'imprudence de la BIB du fait de son préposé dont elle répond de ses actes. » CA Ouagadougou, 21 mai 1999, R.B.D. n° 36 – 2ème semestre, pp. 269 et suivantes.

négligence ou imprudence de ses salariés, il est le garant de la sécurité des actes se déroulant dans son officine. Cette obligation faite au pharmacien titulaire, peut conduire à retenir sa faute personnelle, alors même que la faute est commise par un préposé. En effet, dès lors que « le comportement dommageable a été rendu possible par une faute préalable du pharmacien »[1458], qui a omis de surveiller son préposé[1459], la responsabilité du pharmacien est personnelle, elle n'est donc pas entièrement due au fait d'autrui[1460].

599 - La qualité du préposé et la responsabilité du pharmacien titulaire - Il serait intéressant de voir comment le juge burkinabè ou le juge sénégalais réagirait face à la faute du préposé. Dans ces pays les activités pharmaceutiques sont entachées de plusieurs irrégularités. Il y a outre, l'emploi de personnes non qualifiées comme vendeuses, l'absence quasi-permanente du pharmacien titulaire de son officine. A notre avis en présence d'un comportement dommageable du préposé, le juge doit chercher à savoir si la surveillance de l'acte a été effective, c'est-à-dire si le pharmacien titulaire était présent à son officine et s'il avait supervisé l'acte. Dans le cas contraire sa responsabilité personnelle et directe devrait être engagée. Ensuite lorsque le comportement dommageable provient d'un vendeur sans niveau, il n'y a pas lieu de chercher à savoir s'il y a eu surveillance de l'acte. Ce préposé est présumé n'avoir aucune connaissance pharmaceutique et le pharmacien titulaire ne devait pas l'autoriser à exécuter un acte professionnel réservé aux seuls pharmaciens. Si la jurisprudence française estime que l'étendue de l'obligation de surveillance du pharmacien varie selon l'âge et l'expérience des préposés[1461], il faut ajouter une autre variante en droit burkinabè et sénégalais : le niveau du vendeur. Les vendeurs sans qualification sont les plus nombreux dans les pharmacies et il arrive qu'ils tiennent la pharmacie en l'absence du pharmacien titulaire sans aucune surveillance. Le seul

---

[1458] A. Leca, Droit pharmaceutique, op.cit., p.277.

[1459] Dans ce sens la Cour d'appel d'Angers a retenu la responsabilité du pharmacien, sur la base d'un défaut de surveillance de son salarié (CA d'Angers, 11 avril 1946, JCP 1946, II, 3163).

[1460] Le CNOP a retenu la faute personnelle d'un pharmacien qui n'a pas surveillé attentivement les actes pharmaceutiques accomplis par un préposé et qui a de ce fait laissé délivrer un flacon de solution buvable Dédrogyl en lieu et place d'une solution buvable de Stérogyl prescrite à un enfant (CNOP, 17 janvier 1997, aff. n° A-D 1514).

[1461] CNOP, 04 avril 1995, aff. n°A-D 1538.

fait de cautionner l'exercice de l'acte pharmaceutique par un personnel non qualifié est constitutif d'une faute[1462].

2 : La responsabilité civile des autres acteurs du circuit de distribution au détail des médicaments

600 - Une responsabilité qui repose essentiellement sur une confusion entre le médicament prescrit et celui qui a été délivré - Des personnes ne possédant pas le diplôme de docteur en pharmacie interviennent au Burkina Faso et au Sénégal dans la délivrance des médicaments au public. L'autorisation d'ouvrir et de gérer un dépôt de médicaments est accordée à des non pharmaciens, parmi ceux-ci, il y a des agents de la santé, mais également de simples commerçants. Cette dérogation faite au monopole pharmaceutique, si elle permet de résoudre les problèmes d'accessibilité géographique aux médicaments, pose un problème quant à la capacité des gérants à exécuter l'ordonnance. Les dépôts sont habilités à vendre que des médicaments sélectionnés par le ministre de la Santé, on pourrait supposer qu'il n'y ait aucun danger à laisser vendre ces médicaments par des non pharmaciens, mais il n'y a pas de médicaments sans effets négatif, leur association peut s'avérer dangereuse pour le patient. Peut-on valablement attendre de ces gérants qu'ils accompagnent de conseils la vente du médicament ? Si l'on considère que le pharmacien a acquis ses compétences au bout de longues études, il y a lieu d'émettre un doute quant à la capacité des gérants des dépôts de médicaments à analyser une ordonnance[1463]. Leurs actes se rapprochent aux actes de simples commerçants.

Le dépôt de médicament signifie-t-il que les médicaments y sont déposés pour la vente ? Dans l'affirmatif le gérant n'est pas

[1462] La jurisprudence française nous fournit un exemple d'un pharmacien titulaire dont la responsabilité a été engagée du fait d'une employée non qualifiée. En l'espèce, le pharmacien était absent et à confié la délivrance des médicaments à des vendeuses non titulaires du brevet professionnel de préparateur en pharmacie (CNOP, 17 janvier 1995, aff. n°A-D 1520).

[1463] Le droit sénégalais exige que les candidats à l'ouverture d'un dépôt effectuent un stage de trois mois dans une officine. En effet, l'arrêté n° 451 du 16 janvier 1996, relatif à la formation en vue de l'ouverture des dépôts de médicaments exige que les candidats aient une formation en : législation, déontologie pharmaceutique, pharmacie galénique, chimie thérapeutique, pharmacologie et en gestion des stocks. Cette formation dure trois mois. Autant dire qu'elle sera très sommaire.

propriétaire du stock. Il y a dans ce cas deux contrats qui le lient au propriétaire des médicaments : un contrat de dépôt et un mandat de vente. La responsabilité du gérant devra trouver sa source dans ces contrats. Si l'on se réfère à la pratique, le dépôt de médicaments ne doit pas être assimilé au dépôt dont parle le Code civil. Dans notre cas et contrairement au dépôt du Code civil, le gérant est propriétaire du stock de médicaments (sauf dans les cas où le dépôt appartient à un pharmacien. Dans ce cas le gérant est salarié). Il doit donc assumer la responsabilité en cas de dommage.

La responsabilité civile du gérant à défaut d'un texte spécifique doit être assimilée à la responsabilité de tout vendeur. Cette responsabilité doit être retenue toutes les fois où le gérant délivre un médicament autre que celui qui est prescrit. On ne peut attendre du gérant d'un dépôt qu'il formule des conseils ou qu'il délivre des informations sur un médicament comme le ferait un pharmacien. On ne peut non plus attendre de celui-ci qu'il détecte des interactions entre deux médicaments et refuser d'exécuter l'ordonnance le cas échéant. Dans une telle situation le prescripteur devra assumer seul la responsabilité en cas de dommage lié à des interactions médicamenteuses ou en cas d'erreur de prescription.

B : L'exonération de la responsabilité civile en matière pharmaceutique

La faute du pharmacien titulaire peut avoir été facilitée par la faute d'un autre acteur de la chaîne du médicament. Il peut s'agir du médecin prescripteur ou d'un préposé. Lorsqu'il est suffisamment prouvé que le pharmacien a effectué la surveillance nécessaire à la délivrance du médicament, celui-ci peut être totalement exonéré de sa responsabilité, ce qui est rare, ou la partager avec le tiers responsable, ce qui est le plus fréquent (1). L'engagement de la responsabilité du pharmacien ou des autres acteurs de la chaîne de distribution en détail conduit à l'indemnisation des victimes. Pour éviter l'insolvabilité du pharmacien ou la réticence des juges à condamner celui-ci, il faudra imposer aux pharmaciens burkinabè et sénégalais, la souscription d'une assurance professionnelle qui se substituerait à eux pour indemniser les patients qui ont subi un préjudice (2).

1 : L'exonération et le partage de responsabilité

601 - Le partage de responsabilité : une cause indirecte de responsabilité - Le pharmacien peut s'exonérer de sa responsabilité ou la partager avec un tiers, lorsqu'il démontre que le comportement fautif de ce dernier a entraîné sa faute. C'est ce qui s'est passé dans l'affaire jugée par une Cour d'appel française[1464]. En l'espèce, un médecin, après avoir diagnostiqué une rhinopharyngite chez un nourrisson de six semaines, lui avait prescrit de la Catalgine à 0,10 g. Sur présentation de l'ordonnance, le préposé d'une pharmacie délivra de la Catalgine dosée à 0,50 g. Suite à la prise des médicaments, l'enfant fut victime d'une intoxication salicylique. La Cour a condamné in solidum le pharmacien et le médecin à indemniser le patient. L'indemnisation a été répartie entre eux à hauteur de 60 % pour le médecin et 40 % pour le pharmacien. Pour la Cour d'Appel, qui a suivi les conclusions de l'expert, « les salicylés, sont déconseillés chez les nourrissons, en raison des risques qu'ils présentent, ils ne constituent donc plus le médicament antithermique de référence et de première intention chez le nourrisson ». La Cour a ainsi retenu la faute du médecin pour prescription inappropriée chez un nourrisson.

Cet arrêt appelle des observations. L'expert ayant conclu que l'intoxication de l'enfant était due au surdosage, la Cour ne devrait-elle pas retenir la causalité directe qui est la faute de délivrance du pharmacien ? Car, comme le note à juste titre P. Jourdain, « il se pouvait que la Catalgine administrée à la dose prescrite n'eût entraîné aucune intoxication, autrement dit que, sans la faute du pharmacien, le dommage ne se fût pas produit »[1465]. Dans cette affaire, la faute du pharmacien est prépondérante, à elle seule, elle suffisait à causer le dommage, si on suit les conclusions des experts. Il est donc curieux de voir le médecin supporter la plus grande part de l'indemnisation (60%), car si l'on peut douter de ce que la faute du médecin ait pu entraîner le dommage si le pharmacien délivrait la bonne dose, on est certain que la faute du pharmacien à elle seule a entraîné le préjudice. La Cour a préféré retenir un lien de causalité indirect. Pour la Cour le

---

[1464] Civ. 1re, 14 oct. 2010, n° 09-68.471, F-P+B ; V. Siranyan et F. Locher, *Gaz. Pal.* 15-16 déc. 2010.

[1465] P. Jourdain, « Petit problème de causalité : à propos de la prescription et de la délivrance des médicaments », *RTD Civ.* 2011 p. 135.

dommage ne se serait pas produit si le médecin avait prescrit un autre médicament (celui approprié). La cause indirecte a été souvent retenue pour condamner une personne[1466].

2 : La nécessité d'imposer la souscription d'une assurance professionnelle

602 - L'indemnisation du patient, un droit à protéger- Le patient burkinabè et sénégalais n'est pas seulement insolvable, il est aussi abandonné à son sort. Non seulement, il supporte le coût des médicaments, mais également le coût du préjudice qui lui est causé. L'absence d'une prise en charge sociale des coûts des soins et d'une élaboration en termes clairs des droits des patients aggrave la situation du patient dans ces deux pays. La protection du droit des patients ne va pas sans le respect de leur droit à la réparation. Pour se prémunir à l'avance contre d'éventuelles indemnisations, le pharmacien comme, tout agent de santé exerçant en libéral, devait être obligé de souscrire à une assurance. Une obligation est faite au propriétaire de tout véhicule à quatre roues au Burkina Faso et au Sénégal de souscrire à une assurance, le système de santé gagnerait si les autorités étendaient cette obligation aux professionnels de la santé.

603 - L'intérêt certain d'une assurance responsabilité civile professionnelle - Au Burkina Faso et au Sénégal, le pharmacien, n'a véritablement jamais été inquiété par les tribunaux pour ses erreurs de délivrance, ainsi, il peut considérer comme inutile la souscription d'une assurance de responsabilité civile. Il appartient à l'Etat de les y obliger, comme l'a fait le législateur français en 2002 avec la loi portant droit des patients. L'utilité de l'assurance responsabilité civile professionnelle est double, d'abord elle se substitue au pharmacien pour prendre en charge le montant des indemnisations auxquelles celui-ci peut être condamné. Ensuite, elle garantit au patient une sécurité quant à la solvabilité du pharmacien. L'assurance de responsabilité civile professionnelle, participe à rendre effectifs les droits du patient. Compte tenu du caractère multiforme de la

[1466] Civ. 1re, 4 déc. 2001, n° 99-19.197, D. 2002. 3044, et les obs., note M.-C. Lambertye-Autrand ; RTD civ. 2002. 308 - Civ. 2e, 26 sept. 2002, n° 00-18.627, D. 2003. 1257, note O. Audic ; RTD civ. 2003. 100 - 27 mars 2003, Bull. civ. II, n° 76 - Civ. 1re, 25 mars 2003, n° 00-21.114, D. 2003. 1138.

responsabilité des pharmaciens, ceux-ci gagneraient, en dehors de toute obligation légale à souscrire spontanément à une assurance.

En plus de sa responsabilité civile, le pharmacien peut engager dans l'exercice de ses fonctions sa responsabilité disciplinaire ainsi que sa responsabilité pénale.

Sous-section 2 : La responsabilité disciplinaire et la responsabilité pénale du pharmacien : la sanction des infractions commises par le pharmacien ou le gérant de dépôt

Le médicament est un produit complexe et spécifique. Il est devenu un bien de consommation courante. Bénéfique pour la santé, il est aussi dangereux[1467] et dans ce sens peut se révéler toxique pour le patient. Il peut charrier des effets indésirables qui vont troubler le bénéfice thérapeutique escompté[1468]. Les autorités sanitaires sont à la recherche de la qualité des produits pharmaceutiques pour réduire au maximum le risque du médicament. La commercialisation du médicament est donc réservée à des acteurs limités qui sont soumis à toute une série d'obligations déontologiques et de règlementations contraignantes. En cas de violation des règles en vigueur, ils peuvent engager aussi bien leur responsabilité pénale (Paragraphe 1), que leur responsabilité disciplinaire (Paragraphe 2).

Paragraphe 1 : La responsabilité pénale du pharmacien

Le pharmacien titulaire, bien que la responsabilité pénale soit personnelle, peut être pénalement responsable de son propre fait, mais également du fait de ses préposés (A). Cette responsabilité pénale du pharmacien n'exclut pas la mise en œuvre de la responsabilité pénale des préposés et des autres acteurs de la chaine de distribution en détail des médicaments (B).

[1467] A.-C. Maillols, « La responsabilité du fabricant de médicaments issus du vivant », *Bull. Ordre pharm.* 2002, n° 376, p. 381.

[1468] G. Pignarre, Ph. Brun, note ss Cass.1re civ., 3 mars 1998 : D. 1999, jurispr. p. 36.

A : La responsabilité pénale du pharmacien titulaire

Le pharmacien d'officine peut engager sa responsabilité sur deux fondements. D'abord en tant que professionnel, sa responsabilité pénale peut être engagée lorsqu'il viole les dispositions des textes régissant l'exercice de la profession de pharmacien. Il s'agit ici des infractions spécifiques à la pharmacie (1). Il peut également engager sa responsabilité pénale sur la base du Code pénal, lorsque dans l'exercice de sa fonction, il viole des dispositions dudit code (2).

1 : Les infractions spécifiques à la pharmacie

Il s'agit ici d'infractions prévues par le CSP et par ses règlements d'application. On peut énumérer quelques infractions passibles de sanctions pénales au Burkina Faso. Ces mêmes infractions sont prévues au Sénégal.

604 - Les infractions concernant la recherche de la clientèle - Le pharmacien qui cherche à augmenter son chiffre d'affaire par des moyens répréhensibles[1469], est puni d'une amende de 100 000 francs CFA à un million de francs CFA et en cas de récidive, d'une amende de un million à trois millions de francs CFA et d'un emprisonnement de 6 mois, ou de l'une de ces deux peines seulement. Le CSP burkinabè puni également le pharmacien co-auteur, à la même peine. Accessoirement à la peine principale, le juge peut prononcer l'interdiction d'exercer pendant une période de un à dix ans[1470].

Lorsque le pharmacien exerce en dehors de l'officine sans avoir été autorisé, il encourt la confiscation de son stock de médicaments et, en cas de récidive, en plus de la confiscation de son stock de médicament, une amende de 20 000 francs CFA à 100 000 francs CFA et un emprisonnement de 1 à 6 mois[1471].

605 - Les infractions concernant la délivrance de médicament non autorisé- Le pharmacien qui délivre un médicament sans AMM est passible d'une amende de 250 000 à 5 millions de francs CFA et

---

[1469] C'est par exemple la signature d'une convention avec un praticien de la santé pour lui faire des ristournes en vue que celui-ci dirige ses patients vers son officine.
[1470] Article 158 du CSP burkinabè.
[1471] Article 187 du CSP burkinabè.

d'une peine d'emprisonnement de 1 à 6 mois. Lorsqu'il fournit des produits non inscrits sur la liste des produits autorisés dans les dépôts de médicaments, il encourt une sanction pécuniaire de 50 000 francs CFA par produit non autorisé[1472].

606 - Les infractions concernant la délivrance de médicaments à prescription obligatoire sans ordonnance - Le pharmacien qui délivre un médicament à prescription obligatoire sans ordonnance médicale, commet une infraction au CSP, et lorsque ce médicament est inscrit sur la liste des stupéfiants, il encourt une peine d'emprisonnement de 1 à 5 ans et d'une amende de 5 millions à 10 millions de francs CFA ou l'une de ces deux peines seulement. Il faut noter qu'en matière de délivrance de stupéfiant, la tentative est également punie comme délit consommé. Egalement en ce qui concerne les essences pouvant entrer dans la fabrication des boissons alcooliques, lorsque le pharmacien les délivre sans ordonnance médicale, il est passible d'une amende de 50 000 francs CFA à 500 000 francs CFA.

Lorsque le pharmacien vend des thermomètres non conformes il est passible d'une amende de 25 000 à 500 000 francs CFA et d'un emprisonnement de 3 mois à un an ou l'une de ces peines seulement.

607 - Les infractions en matière de publicité - Lorsque le pharmacien titulaire a été bénéficiaire d'une publicité qui viole les textes en vigueur, il encourt une amende de 20 000 francs CFA à 300 000 francs CFA et en cas de récidive, d'une amende de 300 000 francs CFA à un million de francs CFA, avec interdiction de vendre le produit qui a bénéficié de la publicité irrégulière[1473].

2 : Les infractions de droit commun

608 - Le pharmacien est interdit de participer ou même d'orienter une femme qui veut avorter- Le Code pénal sénégalais est assez explicite en matière d'avortement. Le pharmacien est expressément cité par le code. Il lui est interdit d'indiquer, de

[1472] Article 245 CSP burkinabè.
[1473] Article 251 du CSP burkinabè.

favoriser ou de pratiquer l'avortement[1474] . Un pharmacien sénégalais a récemment été condamné pour avoir facilité l'avortement d'une jeune fille de 19 ans. Il s'agit du docteur Pierre Ameilda. En l'espèce, le docteur Pierre Ameilda, pharmacien d'officine a porté son secours à une jeune fille qui désirait interrompre sa grossesse. Il l'a orienté vers une ex-infirmière reconnue pour ses pratiques illégales d'avortement. L'avortement ayant échoué et la jeune fille gravement blessée, le pharmacien et l'ex-infirmière ont été mis en cause. Le pharmacien a été condamné pour complicité d'avortement à 6 mois de prison ferme avec 8 mois d'interdiction d'exercer la profession de pharmacien[1475].

609 - Le pharmacien, un dépositaire de secrets - Le Code pénal punit d'un emprisonnement de 6 mois à 2 ans et d'une amende de 300.000 à 1.000.000 francs CFA, les médecins, chirurgiens ou agents de santé, ainsi que les pharmaciens, ou toute autre personne dépositaire par état, par profession ou par fonctions permanentes ou temporaires des secrets qu'on leur confie qui, en dehors des cas autorisés par la loi, révèlent ces secrets[1476].

610 - Le pharmacien peut être accusé d'homicide involontaire - L'homicide involontaire est le fait de commettre par maladresse, imprudence, inattention, négligence ou inobservation des règlements involontairement la mort d'une personne ou encore le fait d'en être involontairement la cause. Il est puni au Burkina Faso d'un emprisonnement de trois mois à deux ans et d'une amende de 150.000 à 600.000 francs CFA ou de l'une de ces deux peines seulement[1477]. Concernant le pharmacien, l'erreur de délivrance peut être qualifié d'homicide involontaire lorsque la mort survient après que le patient

---

[1474] Article 305 du code pénal du Sénégal : « les médecins, les pharmaciens et toute personne exerçant une profession médicale, paramédicale ainsi que les étudiants en médecine, les étudiants ou employés en pharmacie, herboristes, bandagistes, marchands d'instruments de chirurgie, qui auront indiqué, favorisé ou pratiqué les moyens de procurer l'avortement, seront condamnés aux peines prévues aux alinéas premier et second du présent article. La suspension pendant cinq ans au moins ou l'incapacité absolue de l'exercice de leur profession seront, en outre, prononcées contre les coupables ».

[1475] Tribunal régional de Dakar, 19 mars 2013 affaire Pierre Almeida (arrêt non publié).

[1476] Article 374 du code pénal burkinabè et 363 du code pénal sénégalais.

[1477] La peine est de 6 mois à 5 ans d'emprisonnement et d'une amende de 20 000 à 300 000 francs CFA au Sénégal (Article 307 du code pénal).

ait consommé un produit délivré par le pharmacien alors qu'il devait refuser de délivrer[1478], ou encore lorsque qu'il s'est trompé dans la délivrance.

Les autres acteurs de la distribution qui collaborent ou non avec le pharmacien peuvent voir leur responsabilité pénale engagée.

B : La responsabilité pénale des autres acteurs

611 - La responsabilité pénale des préparateurs en pharmacie - Les préparateurs en pharmacie travaillent à côté du pharmacien. Le CSP du Burkina Faso les a habilités à préparer tous les médicaments, à délivrer tous médicaments sous la responsabilité et le contrôle effectif et personnel du pharmacien titulaire. Cependant, le code indique que leur propre responsabilité pénale demeure engagée[1479]. Cela signifie que lorsqu'ils violent des dispositions légales malgré la surveillance du pharmacien titulaire, ils engagent leur responsabilité.

Si le législateur leur a reconnu une compétence dans l'exécution des activités pharmaceutiques, ils ne doivent pas se substituer à la personne du pharmacien quant aux prérogatives attachées au diplôme de pharmacien et quant à la propriété des officines, sous peine d'une amende de 50 000 à 100 000 francs CFA et d'un emprisonnement de 6 jours à 6 mois ou l'une de ces deux peines seulement[1480].

Aucune disposition ne concerne la responsabilité pénale des pharmaciens assistants, mais il va sans dire que si le CSP indique que le préparateur en pharmacie engage sa responsabilité pénale nonobstant l'obligation de surveillance qui pèse sur le pharmacien titulaire, le pharmacien assistant engagera également sa responsabilité pénale en cas de violation d'une norme de sa part.

[1478] Le TGI de Blois a retenu la responsabilité pénale d'un pharmacien qui a exécuté une ordonnance contenant des erreurs (de l'Indocid prescrit, alors qu'il fallait écrire Indusil). Pour le tribunal le pharmacien n'étant pas un simple épicier, il aurait dû déceler la faute et refuser de délivrer le médicament ou contacter le médecin. TGI Blois, 4 mars 1970, Doc. Pharm. n°1691, Bull. Ordre pharm. n°130, oct. Nov. 1970, p.1037.

[1479] Article 173 du CSP du Burkina Faso.

[1480] Article 180 du CSP du Burkina Faso.

612 - La responsabilité des gérants de dépôt de médicaments - En ce qui concerne les gérants des dépôts de médicaments ceux-ci ne doivent délivrer que les médicaments figurant sur la liste périodiquement révisée par le ministre de la Santé. Il leur est interdit de délivrer les substances vénéneuses, inscrites sur la liste des stupéfiants et l'alcool éthylique à plus 90° sous peine[1481] d'une amende de 100 000 à un million franc CFA et d'un emprisonnement de 6 jours à six mois ou l'une de ces peines seulement[1482].

Il faut noter que la condamnation du pharmacien à une peine pénale n'exclut pas l'engagement de sa responsabilité sur le plan disciplinaire.

Paragraphe 2 : La responsabilité disciplinaire du pharmacien d'officine

Au Burkina Faso et au Sénégal, les pharmaciens sont astreints par le code de déontologie[1483] au respect de principes moraux, de probité et de dévouement indispensables à l'exercice de leur art. A côté de ces principes fondamentaux, il y a l'obligation d'observer les règles édictées par le CSP. Pour assurer la mise en œuvre réelle de ces obligations légales et déontologiques, le législateur a créé l'Ordre des pharmaciens[1484]. L'Ordre des pharmaciens dispose de deux chambres disciplinaires[1485] ayant des attributions propres permettant de sanctionner un pharmacien contrevenant aux règles légales et déontologiques (B), aux termes d'une procédure décrite par les codes de déontologie (A).

[1481] Article 243 du CSP du Burkina Faso.

[1482] Article 245 du CSP du Burkina Faso ;

[1483] Au Burkina Faso, le code de déontologie des pharmaciens a été adopté par le décret n°2013/PRES/PM/MS du 11 septembre 2013, JOBF, du 12 septembre 2013. Au Sénégal il s'agit décret n° 81-039 du 2 février 1981 portant Code de déontologie des Pharmaciens, JORS n°4822, 7 mars 1981, pp- 267-272.

[1484] Cf paragraphe 568.

[1485] Pour le Burkina Faso, il y a la chambre régionale et la chambre nationale, quant au Sénégal, il s'agit de la chambre des sections et de la chambre nationale.

A : Les attributions disciplinaires de l'Ordre des pharmaciens

Les attributions en matière disciplinaire des conseils de l'Ordre sont essentiellement liées aux manquements aux règles déontologiques. L'action disciplinaire ne fait pas obstacle aux autres actions (civile et pénale). C'est dire que le pharmacien sans préjudice d'une poursuite civile ou pénale peut être poursuivi devant une chambre disciplinaire pour les mêmes faits. Les chambres disciplinaires ne sont pas distinctes des conseils. En effet outre la présidence de chacune des deux chambres qui est assurée par un magistrat du siège, ce sont les conseils qui vont office de chambres disciplinaires.

613 - La saisine du juge disciplinaire - Au Burkina Faso, l'action disciplinaire contre un pharmacien peut être introduite par le ministre chargé de la Santé, le procureur du Faso, l'autorité régionale ou provinciale[1486], le président du conseil national de l'Ordre, le président d'un conseil régional de l'Ordre, un pharmacien inscrit au tableau de l'Ordre, le patient[1487]. Le point le plus novateur dans la saisine du juge disciplinaire au Burkina Faso a été d'octroyer un droit de saisine au patient. Dans l'ancien code de déontologie de 1996, la saisine du juge disciplinaire excluait le patient, celui-ci devait, comme il est toujours le cas au Sénégal, passer par le conseil régional (conseil de section au Sénégal) de l'ordre pour porter plainte et si le conseil le jugeait utile l'affaire était portée devant la chambre disciplinaire.

614 - De la procédure devant les chambres disciplinaires - La chambre de discipline du conseil régional ou de section exerce au sein de l'Ordre la compétence disciplinaire de première instance, c'est donc en principe devant ce conseil que débute l'instance[1488]. Il existe une exception en droit burkinabè, la loi de 2012 portant création de l'Ordre des pharmaciens autorise le conseil régional, s'il juge les faits très graves, à transférer le dossier au président du conseil national. Il

---

[1486] Au Burkina Faso, le haut commissaire représente l'autorité provinciale et le gouverneur l'autorité régionale.
[1487] Article 21 de la loi n° 027-2012 portant création de l'ordre des pharmaciens du Burkina Faso.
[1488] A. Leca, Droit pharmaceutique, op.cit., p.139.

faut noter que le président du conseil national peut s'autosaisir du dossier si lui-même juge que les faits sont assez graves.

Dans tous les cas, le principe du contradictoire doit être respecté. Ainsi dès qu'il reçoit une plainte, le président du conseil régional ou des sections doit l'enregistrer et la notifier au pharmacien mis en cause[1489]. Un rapporteur est désigné par ses soins parmi les membres de son conseil, celui-ci doit faire un exposé objectif des faits. Le pharmacien mis en cause peut se faire assister d'un défenseur pharmacien de profession et/ou d'un avocat. Mais il faut signaler qu'il existe une phase administrative qui consiste, pour le conseil régional ou de sections, à apprécier les faits et à décider de traduire le pharmacien mis en cause devant la chambre disciplinaire, cette partie administrative se fait sans la présence du magistrat.

Lorsque la phase disciplinaire est engagée, le pharmacien mis en cause doit comparaître en personne. Il ne peut se faire représenter mais peut se faire assister par un défenseur de la même discipline et/ou d'un avocat inscrit au barreau. Si toutefois l'intéressé ne se présente pas, la chambre de discipline apprécie souverainement si elle doit ou non passer outre aux débats. L'audience n'est pas publique et la délibération est secrète[1490], ce qui constitue une entrave aux différentes recherches sur la jurisprudence en matière disciplinaire ; le droit burkinabè et le droit sénégalais indiquent que les décisions ne peuvent être communiquées aux tiers[1491].

Le conseil national est la juridiction d'appel des conseils régionaux ou des sections sauf dans le cas burkinabè où il peut être saisi d'office par le président du conseil national ou par une chambre régionale de discipline. En cas d'appel, celui-ci doit être interjeté dans les trente jours qui suivent le jour de réception de la décision de première instance. Il faut noter que l'appel n'a un effet suspensif que

---

[1489] Le praticien mis en cause doit avoir été appelé à comparaître dans un délai de quinze jours au moins par lettre recommandée avec accusé de réception.

[1490] Article 61 du Règlement Intérieur de l'ordre des pharmaciens

[1491] Article 65 du Règlement Intérieur de l'ordre des pharmaciens du Burkina Faso. Lors de notre entretien en mars 2013 avec le président de l'ordre des pharmaciens du Sénégal, nous avons tenté sans succès d'avoir des indices sur les cas qui ont été jugés par l'Ordre. Celui-ci nous a indiqué qu'en 2000 l'Ordre des pharmaciens a voulu rendre les décisions publiques avec les initiales du pharmacien et les motifs de la condamnation, mais le Conseil d'Etat a cassé la décision de l'ordre. En droit comparé, c'est 1995 que la publicité a été introduite en France (décret n°97-908 du 06 octobre 1995.)

pour les décisions d'inscription ou de réinscription au tableau de l'ordre. Les personnes titulaires de l'action en appel sont restreintes, il s'agit du ministre chargé de la santé, des autorités provinciales, du procureur du Faso, des syndicats de pharmaciens, des pharmaciens intéressés. Au Burkina Faso, la possibilité accordée au patient de saisir le conseil régional n'a pas été prolongée en appel, le patient ne peut saisir directement le conseil national. Ainsi lorsque sa cause n'est pas entendue en première instance, il ne lui appartient pas de poursuivre l'instance, l'initiative est laissée à d'autres personnes. Cela peut s'expliquer par le fait que les chambres disciplinaires ne visent pas à réparer le préjudice du patient, mais permettent de défendre les règles fondamentales régissant la profession du pharmacien. Ainsi, si les gardiens de la moralité et de la probité de la profession jugent que les faits reprochés aux pharmaciens ne constituent pas une faute professionnelle ou qu'ils ne méritent pas une lourde sanction, il n'appartient pas au patient de s'y opposer. Il faut préciser que la chambre de discipline du conseil national est présidée par un magistrat désigné par le ministre chargé de la Justice au Burkina Faso et par le président du Conseil d'Etat au Sénégal. Les décisions du conseil national constitué en chambre de discipline, sont susceptibles de cassation devant le Conseil d'Etat.

Au bout de cette procédure, des sanctions légalement désignées peuvent être infligées au pharmacien.

B : Les sanctions prononcées par les juridictions ordinales et leurs effets

615 - Une échelle de sanctions fixée par la loi - Le pharmacien ne peut être sanctionné que s'il a valablement été appelé à comparaître[1492]. Si une sanction intervient dans la méconnaissance de ce principe, le pharmacien concerné peut faire opposition dans un délai de cinq jours à compter de la notification faite à sa personne[1493]. Les sanctions sont fonction de la gravité des faits et de la hiérarchie des juridictions. Ainsi au Burkina Faso, le conseil régional ne peut

[1492] Article 23 de la loi portant création de l'ordre des pharmaciens au Burkina Faso.
[1493] Cette notification doit suivre les formes légales, c'est-à-dire être faite par lettre recommandée avec accusé de réception. Lorsque la notification n'a pas été faite à sa personne, le délai est de trente jours à partir de la notification à sa résidence professionnelle par ministère d'huissier.

prononcer que l'avertissement et le blâme. Quant au conseil national il peut prononcer les sanctions suivantes : l'interdiction temporaire d'exercer une, plusieurs ou la totalité des fonctions de pharmacien conférées ou rétribuées par l'Etat, la région, la province, la commune, les établissements reconnus d'utilité publique, la radiation du tableau de l'ordre. En ce qui concerne le Sénégal, le conseil de section dispose d'une compétence plus étendue en matière de sanction, mais limitée aux pharmaciens de la section B. Il s'agit des sanctions suivantes : l'avertissement ; le blâme avec inscription au dossier ; l'interdiction d'exercice temporaire pour une période de trois mois à deux ans ; l'interdiction d'exercice définitive. Concernant les pharmaciens de la section A, le conseil de section émet simplement un avis et laisse le soin au comité de disciplines des agents publics de prendre les sanctions adéquates.

616 - Les effets de la sanction disciplinaire - Au Burkina Faso, l'avertissement et le blâme entraînent la privation du droit de membre du conseil national ou régional. En cas d'avertissement prononcé contre un membre, la durée et la privation du droit de membre est d'un an, cette durée est de trois ans s'il s'agit d'un blâme. Le pharmacien frappé d'une sanction disciplinaire est tenu au payement des frais résultant de l'action engagée devant la juridiction disciplinaire.

Selon le droit burkinabè, le pharmacien frappé d'une décision de suspension au tableau de l'Ordre d'une durée égale ou supérieure à cinq ans, peut, après un délai de trois ans, demander au conseil national qui a prononcé la décision la levée de cette sanction. Il adresse dans ce cas une requête au président de l'0rdre national. Si sa demande est rejetée après examen au fond, elle ne peut être introduite qu'après un nouveau délai fixé par le conseil national.

Le pharmacien condamné à une interdiction temporaire d'exercer peut se faire remplacer par un pharmacien déjà titulaire d'une officine lorsque l'interdiction est inférieure à quinze jours et par un pharmacien n'ayant pas d'autres activités professionnelles, lorsque l'interdiction est comprise entre quinze jours et un an[1494].

617 - Un circuit bien organisé : mais les difficultés d'accès aux médicaments demeurent - L'examen du cadre juridique burkinabè et

---

[1494] Article 172 du CSP burkinabè.

sénégalais nous a permis de montrer qu'un droit pharmaceutique est en construction. Le contexte de pauvreté, même s'il n'est pas la seule cause de la précarité sanitaire dans ces pays, aggrave les difficultés d'accès aux médicaments et favorise la perturbation du circuit légal de distribution en introduisant des acteurs non compétents dans la manipulation des médicaments. Les politiques pharmaceutiques nationales ont le mérite d'exister mais leur application ne permet pas de résoudre durablement les difficultés d'accès aux médicaments de qualité. L'objectif de rendre le médicament disponible à tous, s'il est louable, ne peut se faire dans les PED si l'on ignore que le médicament est avant tout un objet de propriété intellectuelle. En effet la mondialisation de la protection des médicaments si elle favorise la mise sur le marché de médicaments de qualité, accorde un monopole qui joue sur les prix des médicaments.

Titre 2

L'accès aux médicaments, un droit fondamental entre intérêts économiques et intérêts sanitaires

618- Brevet et accès aux médicaments : deux logiques à faire cohabiter- Les médicaments sont aujourd'hui le bien de santé qui suscite le plus de débats. Leur accès n'est pas facile pour tous. Depuis l'extension du brevet sur les médicaments suivi de l'obligation faite à tous les pays du monde d'adopter un système de protection des brevets, la question sur la pertinence de cet instrument ne cesse d'alimenter les débats. Le brevet a été présenté comme un moteur de l'innovation, alors que les médicaments sont issus de l'innovation. Cela veut donc dire que sans une protection des découvertes aucun industriel ne consentirait à investir dans la recherche pour développer de nouvelles molécules nécessaires à l'humanité. Le brevet permet à l'humanité de bénéficier des œuvres d'une personne et en retour de lui concéder un monopole d'exploitation sur ce bien. Le titulaire du brevet, pour recouvrer les efforts financiers, humains et matériels mis pour son innovation, est libre de fixer ses prix. Le médicament étant indispensable et certaines personnes insolvables on se retrouve avec un dilemme. Comment rendre accessible les médicaments aux plus démunis et satisfaire en même temps le besoin de l'industriel qui a découvert le médicament. Dès lors deux logiques antagonistes, qu'il faut nécessairement faire cohabiter, se rencontrent. Une bataille va s'engager entre pays pauvres et pays riches et comme le dit F. Eboko, « les intérêts des uns et des autres ne s'équilibrent qu'au prix de batailles collectives »[1495] (Chapitre 1).

619- Commerce international et santé publique - L'internationalisation du droit des brevets et son glissement vers le commerce international a aggravé la mise à l'écart des objectifs de santé publique dans l'élaboration des règles de propriété intellectuelle. Si l'ouverture des marchés mondiaux est un élément essentiel de l'économie internationale, la mondialisation ne doit pas contribuer à

[1495] F Eboko, « Le droit contre la morale ? L'accès aux médicaments contre le sida en Afrique », RISS, 2005, n°186, p.797.

augmenter le nombre de laissés pour compte, elle doit être une force positive pour tous les peuples du monde[1496]. L'être humain doit être au centre de cette mondialisation et le droit international du commerce ne doit pas s'exonérer de cette nécessité. L'accès aux médicaments étant un droit fondamental de l'Homme, le droit des brevets tel qu'il est écrit actuellement permet-il de tenir compte de la partition économique du monde ? Au regard des difficultés des pays du Sud à s'intégrer parfaitement dans le commerce international des médicaments, s'achemine-t-on vers une nouvelle relecture du droit des brevets ? (Chapitre 2).

[1496] Kofi Annan, Ex-secrétaire général des Nations-Unies discours prononcé le 3 avril 2000. Disponible sur http://www.un.org/french/millenaire/sg/report/chap1.html

Chapitre 1

Le médicament et le brevet : l'internationalisation des droits de la propriété intellectuelle et l'accès aux médicaments

« De l'esprit humain naissent les œuvres d'art et d'invention. Ces œuvres assurent aux hommes la dignité de la vie. Il est du devoir de l'Etat de protéger les arts et les inventions »[1497].

Mais

« L'idée d'un monde mieux organisé est celle dans laquelle les découvertes médicales ne pourraient être brevetées et où il n'existerait pas de profit à partir de la vie et de la mort »[1498].

620 - Le brevet de médicament et l'accès aux médicaments, des tensions perceptibles - Le texte inscrit sur la coupole dorée de la bâtisse abritant « le gendarme de la protection des connaissances », combiné à la réflexion de Gandhi, traduit la réalité des difficultés pour concilier logiques économiques et logiques sanitaires. Cette forte contradiction entre les deux logiques a d'ailleurs été à la base de l'exclusion du médicament du champ des brevets au début de la protection des inventions. La protection des connaissances a elle-même connu des avancées difficiles. En effet, c'est d'abord sur le plan local que la propriété intellectuelle s'est développée avant de s'étendre lentement mais sûrement à tous les domaines de la créativité intellectuelle et à l'ensemble du monde entier[1499]. D'une manière

---

[1497] Texte inscrit sur la coupole du bâtiment de l'Organisation Mondiale de la Propriété Intellectuelle (OMPI) à Genève.

[1498] Indira Gandhi, extrait de son discours prononcé à l'assemblée mondiale de la santé, en 1982.

[1499] G. Farjat, « Préface », in A. Guesmi, *Le médicament à l'OMC : droit des brevets et enjeux de santé*, Thèse de doctorat en droit publié, Larcier, Bruxelles, 2011, p.7.

générale, la protection de la propriété intellectuelle permet d'une part, de mettre à la disposition des consommateurs une innovation, et d'autre part, d'inciter les innovateurs à œuvrer davantage pour d'autres inventions. Ainsi donc, en leur assurant un retour sur investissement, la société encourage les activités inventives[1500]. Mais la connaissance peut-elle avoir un propriétaire[1501] ?

621- Le brevet, gage d'innovation industrielle - Dans le secteur pharmaceutique, on peut dire que le brevet protège l'innovation et permet son progrès, en même temps qu'il instaure un monopole d'exploitation qui risque à terme d'entraver l'accès aux médicaments, surtout dans les pays à faibles revenus. L'accessibilité des médicaments à tous est un élément primordial des politiques de santé publique et l'innovation une condition préalable à l'existence des médicaments. Dans le domaine du médicament, les droits de la propriété intellectuelle sont particulièrement importants, car ils concernent un bien primordial à la santé des populations. L'innovateur réclame un monopole d'exploitation sur son produit ou sur le procédé pour recouvrer pleinement les ressources investies en recherche et développement lors de la mise au point de la molécule, en contrepartie, la communauté obtient une possibilité d'accéder à de nouvelles thérapies sûres et efficaces. La protection des inventions semble être le seul gage pour rassurer les industriels qui attendent des retombées économiques importantes sur leur invention surtout avec l'intensification du commerce international où les connaissances peuvent être rapidement imitées. Aujourd'hui, le droit des brevets s'est internationalisé, en même temps, il y a eu un renforcement des régimes juridiques les concernant et une extension des champs d'application du brevet (Section 1).

622- L'accès aux médicaments, un droit fondamental - Si l'innovation est une condition préalable à la mise sur le marché des médicaments, l'accès à ces médicaments constitue en revanche un droit fondamental de l'homme et est au cœur des préoccupations des politiques de santé dans les différents pays[1502]. La mondialisation du

---

[1500] J. Tirole, «Quelles finalités pour les propriétés intellectuelles ?», *LPA*, 19 mai 2005 n° 99, p. 67

[1501] G. Steiner, *Les livres que je n'ai pas écrits*, Gallimard, 2008, p.201.

[1502] G. Velásquez, « Droits de propriété intellectuelle et droits d'accès aux médicaments », *Med Trop* 2006, n°66, p. 528.

droit des brevets, combinée à son extension à tous les domaines, notamment en matière de médicament, touche au droit des peuples de jouir d'une meilleure santé. Dans les pays pauvres, cette mondialisation est vécue comme une contrainte supplémentaire qui aggrave les difficultés d'accès aux médicaments de qualité. Pour remédier à ces problèmes, le droit des brevets va ouvrir une porte, pour laisser entrer des objectifs de santé publique et atténuer ainsi les objectifs économiques dans la protection de la propriété intellectuelle (Section 2).

Section 1 : Le renforcement des droits de propriété intellectuelle dans le domaine du médicament : enjeux économiques et enjeux sanitaires

Longtemps ignoré du domaine de la brevetabilité, le médicament a accédé lentement à ce secteur fermé de la propriété intellectuelle et aujourd'hui, il a consolidé sa position au sein du droit de la propriété intellectuelle. Cette place prépondérante de la propriété intellectuelle au cœur de la santé mondiale menace l'accès aux médicaments des populations les plus démunies. L'accès aux médicaments dans le monde est institutionnellement entre les mains de l'OMS qui gère la santé publique mondiale. Mais avec la mondialisation des brevets et leur extension à tous les domaines de la créativité, on voit apparaître un transfert de la gestion du médicament en terme de brevet non pas à l'OMPI, mais à l'OMC[1503]. L'OMPI perd ainsi l'exclusivité de la gestion des droits intellectuels. Le passage du brevet de l'OMPI à l'OMC, témoigne de l'enjeu économique de cet instrument (Sous-section 1).

La mondialisation et l'extension des domaines de brevetabilité à travers l'Accord sur les ADPIC, renforcent les obligations des pays

[1503] Dans ce sens, il est intéressant de signaler le combat que mène l'OMS pour montrer l'impact du droit de la propriété intellectuelle sur la santé publique. En mai 2003, les Etats Membres de l'OMS ont décidé, à l'Assemblée mondiale de la Santé, de créer un organe de durée limitée pour examiner le lien entre les droits de propriété intellectuelle, l'innovation et la santé publique. Résolution WHA56.27. L'OMS avait estimé à l'époque qu'elle était tenue, au regard de sa mission, d'assumer un rôle dans le cadre de la propriété intellectuelle touchant la santé publique. C'est dire que le passage d'un secteur important pour la santé à une organisation commerciale suscite des questionnements.

en matière de propriété intellectuelle. Ces obligations pénalisent beaucoup plus les pays à faible capacité technologique, qui ne disposent pas de marge de manœuvre dans ce concert des nations. Les visées économiques du droit des brevets font souffrir la santé publique dans ces pays (Sous-section 2).

Sous-section 1 : La mondialisation du droit des brevets du médicament : protection des investissements et encouragement de l'innovation

La notion de propriété intellectuelle est apparue pour la première fois dans la convention créant l'OMPI. Si les mots et les expressions contenus dans la définition de la propriété intellectuelle sont ceux utilisés dans les conventions de Berne[1504], de Rome[1505], de Paris[1506], l'OMPI a eu le mérite de les regrouper sous le vocable de propriété intellectuelle[1507]. Ainsi définie, la propriété intellectuelle couvre tous les aspects relatifs à la créativité humaine.

Si l'on s'en tient à la définition de l'invention donnée par la loi type de l'OMPI concernant les inventions, l'invention est « une idée qui a permis dans son application la solution à un problème spécifique

---

[1504] Cette Convention porte sur la protection des œuvres littéraires et artistiques et a été signée à Berne le 9 septembre 1886.

[1505] La Convention de Rome porte sur la protection des artistes interprètes ou exécutants, des producteurs de phonogrammes et des organismes de radiodiffusion. Elle a été signée à Rome le 26 octobre 1961.

[1506] La Convention de Paris porte sur la protection de la propriété industrie. Elle a été signée le 20 mars 1883. Elle a par la suite fait l'objet de nombreuses révisions : à Bruxelles en 1900, à Washington en 1911, à La Haye en 1925, à Londres en 1934, à Lisbonne en 1958, et à Stockholm en 1967 etc. Le texte de la Convention est disponible sur le Site Internet de l'OMPI : http : //www.wipo.int/treaties/fr/ip/paris /trtdocs_wo020.html.

[1507] Dans l'acte constitutif de l'organisation gardienne de la propriété intellectuelle, l'article 2 indique qu'il faut « entendre par propriété intellectuelle les droits relatifs aux œuvres littéraires, artistiques et scientifiques, aux interprétations des artistes interprètes et aux exécutions des artistes exécutants, aux phonogrammes et aux émissions de radiodiffusion, aux inventions dans tous les domaines de l'activité humaine, aux découvertes scientifiques, aux dessins et modèles industriels, aux marques de fabrique, de commerce et de service, ainsi qu'aux noms commerciaux et dénominations commerciales, à la protection contre la concurrence déloyale; et tous les autres droits afférents à l'activité intellectuelle dans les domaines industriels, scientifiques, littéraires et artistiques.

dans le champ de la technologie »[1508]. L'invention vise à encourager et à promouvoir l'innovation et la créativité aux fins de résolution des difficultés quotidiennes qui minent le développement et l'épanouissement des êtres humains (Paragraphe 1). Cependant il faut reconnaître, avec Madame Ruth Dreifuss, que la propriété intellectuelle ne doit pas représenter une fin en soi, elle doit être seulement un moyen pour l'innovation[1509]. Ce qui n'est pas souvent le cas quand on observe la scène internationale en matière de défense des droits de la propriété intellectuelle où le brevet apparaît comme l'instrument idéal pour l'essor des activités économiques et commerciales (Paragraphe 2).

Paragraphe 1 : La nécessité d'encourager les investissements et l'innovation dans le domaine pharmaceutique

Historiquement, les inventions n'étaient pas brevetables, elles étaient mises à la disposition du peuple sans monopole d'exploitation[1510]. Puis petit à petit le souci de développement économique des nations a amené certains Etats[1511] à instaurer une reconnaissance de la société aux inventeurs afin de leur assurer un revenu et de leur encourager à rester dans le pays. C'est ainsi que des nations ont pu capter l'ingénierie de savants étrangers pour bâtir la technologie et l'économie de leur pays[1512].

[1508] Loi type de l'OMPI pour les PED concernant les inventions, Volume II, Genève 1980.Voir(ftp://ftp.wipo.int/pub/library/ebooks/ModelLaws/LoiType_Inventions_Vol.2.pdf)

[1509] OMS 2006, Rapport de la commission sur les droits de propriété intellectuelle, l'innovation et la santé publique, p. X. (Propos de madame Ruth Dreifuss, Présidente de la Commission sur les droits de la propriété intellectuelle, l'innovation et la santé publique).

[1510]M. Cassier, « Brevets pharmaceutiques et santé publique en France : opposition et dispositifs spécifiques d'appropriation des médicaments entre 1791 et 2004 », *Entreprise et Histoire*, 2004/2 n° 36, p. 29-47.

[1511] Il s'agit ici de la Grande Bretagne, de l'Allemagne, de la France.

[1512] Les Etats-Unis et la Suisse font partie des pays qui ont énormément profité de la technologie des autres pays avant d'instaurer eux-mêmes un droit des brevets.

Le médicament, lui, était considéré comme un bien qui sauve, sa brevetabilité était vue comme éthiquement incorrecte[1513]. Mais avec l'évolution des échanges, il a été nécessaire de protéger les firmes qui investissent dans le secteur pharmaceutique pour les inciter à aller vers de nouvelles inventions de molécules qui soignent, qui guérissent ou qui préviennent. Le droit des brevets a donc connu une évolution historique importante avant de s'universaliser (A). Cette universalisation de la protection des inventions est venue pallier l'insuffisance des droits nationaux de lutter contre la contrefaçon (B).

A : Histoire de la brevetabilité du médicament dans le monde : une protection progressive

A l'origine, les nouveaux produits et les nouvelles recettes étaient gardés secrets par leurs inventeurs. La créativité était vue comme une inspiration divine. Ce défaut de protection des idées créatives poussait les Etats, à l'époque, à développer des systèmes d'espionnage pour copier le savoir-faire des autres et les reproduire sur un plan local[1514]. Ce phénomène est toujours contemporain dans les PED, où le détenteur du savoir, surtout dans les milieux traditionnels garde toujours secrètement ses recettes.

La protection des inventions est née de la volonté de certains dirigeants d'encourager les inventeurs à vulgariser leur savoir. Le brevet était une sorte de privilège que la communauté offrait aux inventeurs, qui devaient être les seuls exploitants de leurs inventions. Ce privilège procurait de la notoriété et de l'argent à l'inventeur toute chose qui était un stimulant pour les autres et un instrument de vive compétition[1515] au service de la communauté, qui en dernier ressort était le bénéficiaire des nouveaux produits mis sur le marché.

[1513] L'histoire du brevet des médicaments, nous révèle que, dans l'esprit des juristes de l'époque, le droit à la santé contredisait le droit de propriété. Le droit des patients avait toujours primé sur le droit de propriété. En France par exemple, en 1844 et jusqu'en 1959, la loi était claire, les « compositions pharmaceutiques et remèdes de toute espèce » sont exclus du droit des brevets. C'est ainsi qu'aucun brevet n'avait été accordé à Pasteur pour ses vaccins. Aujourd'hui, les choses ont bien changé et le médicament est devenu brevetable. Voir « Brevets pharmaceutiques et santé publique en France », Revue Entreprises et histoire n°36, Octobre 2004, p. 29.

[1514] Y. Chauvin, « Préface », in C. Grosset-Fournier, A. Dacheux, *Le brevet d'invention : la cause des inventeurs*, Lavoisier, Paris, 2012, p.V.

[1515] M. Vivant, *Juge et loi du brevet*, Litec, Paris, 1977, p.22.

L'histoire de la protection des inventions est intimement liée au développement économique des Etats. Le médicament est passé de la libre copie à la protection (1), puis aujourd'hui, à l'internationalisation de sa protection à travers la naissance de l'OMC et de l'Accord sur les ADPIC (2).

1 : La protection des droits de propriété intellectuelle avant l'OMC : l'introduction progressive du médicament dans le champ de brevetabilité

623 - La loi de Sybaris ou les prémices du brevet - C'est le domaine de la gastronomie qui, selon l'histoire, a connu le premier brevet lorsque, 6 siècles avant J.C, la ville de Sybaris délivra un brevet à l'inventeur d'une nouvelle spécialité de gastronomie[1516]. Ensuite, on peut citer l'attribution, en 1421, d'un brevet à l'architecte italien Filippo Brunelleschi pour l'invention d'une grue pour charger les bateaux[1517]. Enfin, il y eut la loi vénitienne de 1474 (la Parte Veneziana), qui semble marquer la naissance de la protection organisée des inventions au sens moderne des brevets. Ce texte, connu, pour être celui qui a toujours des résonnances dans le système actuel des brevets, énonçait déjà à l'époque, les 4 grands principes de base du droit de la propriété intellectuelle ; à savoir : encourager l'activité inventive, compenser les frais encourus par l'inventeur, accorder un droit de l'inventeur sur son invention et enfin et surtout l'utilité sociale de l'invention. Après l'Etat de Venise, l'Angleterre adopta, en 1624, le « statute of monopolies » dont la spécificité est d'avoir abrogé tous les monopoles à l'exception de ceux portant sur les nouvelles créations industrielles inconnues dans le Royaume. C'est l'apparition de l'exigence de la nouveauté dans les inventions[1518].

[1516] Y. Plasseraud, F. Sauvignon, *Paris 1883- Genèse du droit unioniste des brevets*, Litec, Paris, 1983, p.24.

[1517] Selon le préambule du texte rapporté : « Brunelleschi refuse de mettre sa machine à la disposition du public, car il ne veut pas que le fruit de son génie et de son talent soit récolté par d'autres sans son accord et consentement. En revanche, s'il jouissait de prérogatives à cet égard, il découvrirait ce qui est caché et le révélerait tout entier », rapporté par B. Bugbee, Genesis of american patent and copyright law, Washingtown, Public affairs, Press, 1967, p.57.

[1518] S. Lapointe, « L'histoire des brevets », *Les Cahiers de la propriété intellectuelle*, vol.12, n°3, 2000, p.640.

624- La généralisation du droit des brevets - A la suite des Etats-Unis en 1790, la France instaura en 1791 un brevet sur les inventions. En effet la constitution française de l'époque a reconnu la propriété de l'inventeur comme la plus sacrée des propriétés. Mais il faut dire que c'est la pression des compagnies industrielles qui réclamaient que soient protégées leurs innovations[1519] qui a poussé les autorités françaises à légiférer sur la question des inventions pour retenir les inventeurs, dont beaucoup avaient fui à l'étranger où leurs inventions pouvaient être protégées. L'importance des échanges internationaux et l'intensification du commerce va conduire en 1883, à la signature d'une convention d'envergure internationale à Paris. Toutes ces tractations pour protéger les inventions avaient exclu le médicament du champ de la brevetabilité.

Au Burkina Faso comme au Sénégal, ce sont les lois coloniales qui protégeaient les marchés, ces lois privilégiaient les intérêts des marchands étrangers. Devenus indépendants, ces pays ont adopté de nouvelles constitutions[1520], qui ont toutes affirmé l'attachement des nouveaux Etats à la défense de la propriété.

Sur le plan international, outre la Convention de Paris, on peut citer la Convention de Berne, de Rome et de Genève qui peuvent être citées. La communauté internationale finira par créer en 1967, une institution internationale pour gérer la propriété intellectuelle : l'OMPI. Selon cette institution, la propriété intellectuelle est « un atout important pour le développement économique, social et culturel de tous les pays »[1521].

625 - L'irrésistible évolution des propriétés intellectuelles : l'inclusion du médicament dans le champ de brevetabilité - L'exclusion du médicament de la brevetabilité n'a pas résistée à la pression de l'économie. Avec la loi française de 1791, certains voyaient déjà une ouverture du droit des brevets aux médicaments. En effet, cette loi était généraliste et pouvait englober la brevetabilité des

---

[1519] M. Cassier, « Propriété industrielle et santé publique », Ceras, *Revue Projet* n°270, Juin 2002. URL : http://www.ceras-projet.com/index.php?id=1804.

[1520] Au Sénégal, la première affirmation d'importance juridique est venue avec l'article 8 de la Constitution de 1959, qui reconnaît et garantit la propriété, individuelle ou collective.

[1521] C. Alleaume, *Propriété intellectuelle : cours et travaux dirigés*, Montchrestien, p.47.

médicaments. Pour arrêter les intentions des industriels du médicament, en 1844, une révision de ladite loi vint exclure expressément les « compositions pharmaceutiques et remèdes de toutes espèces »[1522] de la sphère de la brevetabilité. Pour les autorités françaises, les produits pharmaceutiques étant au centre de la santé des individus, on ne peut pas subordonner l'intérêt du peuple à la propriété exclusive d'un inventeur ou d'un industriel. Ces arguments, forts éthiques, permettaient de tenir les arguments économiques loin de la sphère de la santé. Malheureusement, la pression des investisseurs pharmaceutiques finira par avoir raison des tenants des arguments éthiques. Malgré la pertinence des arguments des défenseurs de la santé publique, les médicaments ont intégré en France le droit commun des brevets en 1968, « sous réserve des dispositions d'exception destinées à sauvegarder les intérêts particuliers de la santé publique »[1523].

Le droit des brevets, instauré historiquement pour protéger l'inventeur et l'encourager à investir, se heurte aujourd'hui dans le domaine pharmaceutique à des questions de droit de la santé. En effet de nombreux instruments nationaux comme internationaux reconnaissent la protection de la santé des individus comme un droit fondamental et les nations ont l'obligation de le garantir.

Les brevets, comme l'écrit V. Shiva, apparaissent comme un paravent empêchant les productions industrielles dans les pays nouvellement indépendants dans le seul but, dit-elle, de les maintenir dans un état de simples débouchés[1524]. C'est dans ces conditions que se sont déroulées, dans le cadre du GATT, les négociations qui ont abouti à la création de l'OMC et des ADPIC.

2 : La naissance des ADPIC : la place prééminente des arguments des pays développés

626 - De Punta del Este à Marrakech : du GATT à l'OMC ou la longue marche des droits de la propriété intellectuelle - Selon le

[1522] Article 3 de la loi du 5 juillet 1844 sur les brevets d'invention, JORF du 20 août 1944 p. 553.
[1523] Il s'agit des licences d'office qui sont décidées par le ministère de la Santé.
[1524] V. Shiva, *La vie n'est pas une marchandise, les dérives des droits de propriété intellectuelle*, Groupe cérès Production, Tunis, 2004, p.17.

site officiel de l'OMC[1525], l'idée du Cycle d'Uruguay a germé en novembre 1982 lors d'une réunion ministérielle des membres du GATT à Genève. Mais, c'est en 1986 qu'ont véritablement débuté les négociations dans le cadre du GATT. Les champs d'action qu'on voulait faire endosser à la nouvelle structure étaient tellement vastes que les négociations ont surpris par leur durée interminable[1526]. Il s'agissait non seulement de réexaminer tous les articles du GATT, mais également d'étendre les domaines du commerce international. Ces négociations ont pris fin en 1994 avec la signature à Marrakech de l'Accord sur les ADPIC.

627 - L'Accord sur les ADPIC ou la définition d'une série de normes minimalistes de protection des différents droits de propriété intellectuelle - L'acte final des négociations du cycle d'Uruguay a repris les principales dispositions de nombreux textes internationaux, telles que la Convention de Paris et la Convention de Berne. Il a aussi introduit une obligation supplémentaire parmi les obligations des membres de l'OMC : le respect des droits de propriété intellectuelle, dont la violation est sanctionnée dans le cadre du système de règlement des différends au sein de l'Organisation. Cependant il a aménagé une marge de manœuvre, pour les Etats, dans la mise en œuvre des normes issues de l'accord. L'une des innovations de cet accord est qu'il s'est voulu international ; tous les Etats étant concernés, on comprend pourquoi l'accord est très conciliant. Il a créé un organe pour suivre et faire évoluer le texte avec le temps : il s'agit du conseil des ADPIC.

628 - Des négociations initiées et portées par les pays de la quadrilatérale[1527] - Les pays développés ont été au devant de

[1525] Voir le site : http://www.wto.org/french/thewto_f/whatis_f/tif_f/fact5_f.htm

[1526] Les négociations ont duré sept ans et demi. Les grandes étapes peuvent être résumées comme suit : septembre 1986, à Punta del Este : lancement des négociations ; décembre 1988 à Montréal : examen à mi-parcours des négociations ; décembre 1991 à Genève : rédaction de l'avant-projet de l'acte final ; novembre 1992, à Washington : les Etats-Unis et l'UE concluent l'accord de Blair House, pour débloquer la situation de l'agriculture ; décembre 1993 à Genève : la plupart des négociations prennent fin ; avril 1994 à Marrakech : les accords sont signés ; janvier 1995 : l'OMC est créée et les accords entrent en vigueur.

[1527] Il s'agit ici des Etats-Unis, de l'UE, du Japon et du Canada. Nous tenons cette classification de l'OMC.

l'Accord sur les ADPIC[1528], ils ont mené le lobbying, aidés par les grands groupes pharmaceutiques. Les Etats-Unis ont été la nation la plus dynamique. C'est eux qui ont conduit le bal des « pro-protection » universelle. Les Pays pauvres sont arrivés désunis et moins armés. Ils ont été plus ou moins obligés de reconnaître, dans leur pays respectif le droit de propriété dans le domaine pharmaceutique, quand bien même que de graves problèmes de santé publique menacent leurs populations[1529].

Les fondateurs de l'OMC voulaient ainsi un instrument permettant de lutter contre les contrefaçons qui avaient commencé à désaxer les économies de certaines puissances mondiales.

B : Le brevet comme outil de lutte contre la contrefaçon

C'est dans un climat de perte accélérée de compétitivité des entreprises américaines et de montée en puissance des pays émergents, que le gouvernement américain a lancé un vaste programme de restructuration de son économie et de son commerce extérieur. Pour les américains, la contrefaçon est à la base de la « mauvaise santé » de leur économie[1530]. La protection des inventions instaurée sur le plan national s'avérait insuffisante, il fallait ouvrir l'espace concerné par cette protection et étendre également les matières concernées. En matière pharmaceutique, la non-protection des inventions permet la copie des médicaments. Compte tenu du fait que les industriels du générique n'ont pas fait de recherche pour développer la molécule, ils peuvent mettre leur médicament sur le marché à un moindre coût. Si cette concurrence par les prix peut être favorable aux patients, elle est mal vécue par l'industrie pharmaceutique qui dépense énormément d'argent et de temps pour mettre au point une molécule. Le brevet a donc été étendu au médicament pour stimuler la recherche et le

---

[1528]En novembre 1992, ce sont les États-Unis et la CE qui ont conclu un accord pour débloquer la situation, puis en 1993, c'est encore les pays développés à travers les pays de la quadrilatérale qui ont fait évoluer les négociations en s'accordant sur les aspects de l'accès au marché, notamment les droits de douanes et les questions connexes.

[1529] C. Mfuka, « Accords ADPIC et brevets pharmaceutiques. Le difficile accès des pays en voie de développement aux médicaments antisida », *Revue d'économie industrielle*, n°99, p.191.

[1530] D. Beer, op.cit., p.55.

développement de nouveaux médicaments, mais également pour procurer à son inventeur un monopole d'exploitation.

629- Le brevet de médicament, un mal nécessaire - Si le brevet octroie un monopole à son propriétaire, qui peut fixer seul les prix sans tenir compte de la solvabilité des acheteurs, il stimule également, selon ses défenseurs, la recherche et le développement en matière de médicaments et assure le progrès tout en luttant contre la contrefaçon. Le brevet est donc un gage de qualité des médicaments et évite que des médicaments contrefaits potentiellement de mauvaise qualité n'inondent le marché.

En matière de médicaments la seule protection de la molécule par un brevet ne suffit pas à assurer sa commercialisation, il faut encore demander une AMM. Lorsque les entreprises pharmaceutiques se lancent dans la recherche d'une molécule pour le traitement d'une maladie, elles engagent énormément d'argent et de temps. La recherche peut ne pas aboutir et, lorsqu'elle aboutit, le médicament peut ne pas être autorisé à la vente. Compte tenu de toutes ces difficultés, les entreprises du médicament ont exigé que l'on intègre le médicament dans la sphère des objets brevetables. Ainsi, assurées d'une protection, elles peuvent se lancer dans la recherche et le développement de nouvelles molécules qui s'avèrent importantes pour la société.

630 - Le brevet protège l'inventeur et est à l'origine de la construction des grands groupes pharmaceutiques - Si les inventeurs consentent à continuer à investir dans un domaine où il faut énormément d'investissements pour aboutir à des résultats concluants, c'est parce qu'en aval ils sont assurés de la protection de leur invention contre les risques de copie. Ce monopole leur assure un retour sur investissement qui compense leur travail. Le juge communautaire européen l'a confirmé dans l'affaire Centrafarm BV. Selon lui, l'objectif de la propriété intellectuelle est « d'assurer au titulaire, afin de récompenser l'effort créateur de l'inventeur, le droit exclusif d'utiliser une invention en vue de la fabrication et de la première mise en circulation de produits industriels… »[1531].

[1531] CJCE 31 Octobre 1974, Rec.1974, 1147 ; RTD eur.1975, 593, concl. de l'avocat général A. Trabucchi.

Parce que l'inventeur a enrichi le patrimoine des connaissances de l'humanité avec son invention, parce qu'il a accepté la divulgation de ses inventions, la communauté le récompense en lui accordant un monopole d'exploitation interdisant aux tiers de copier son invention sans son autorisation. Dans le domaine du médicament cette compensation viole le droit fondamental des patients surtout dans les pays du Sud. Cette violation est difficilement acceptable quant on voit la constitution de grands groupes pharmaceutiques appelés Big pharma[1532] autour du brevet de médicament, qui est devenu leur fer de lance[1533]. Ces Big pharma concentrés dans les pays développés détiennent le sésame qui soigne les maladies dans les pays en développement, où sont concentrés les « Big consommateurs », malheureusement insolvables.

Paragraphe 2 : L'accord sur les ADPIC, outil mondial de la propriété intellectuelle : le brevet, un instrument économique et commercial

Avant de s'internationaliser, le droit des brevets était national. Les grandes puissances d'aujourd'hui[1534] ont d'abord usé de copie, afin de dynamiser leur technologie et leur système industriel, avant d'encadrer sur le plan national la protection des innovations. Les marchés nationaux étant satisfaits, les pays les plus avancés ont développé un commerce extérieur agressif nécessitant une universalisation de la protection des inventions. Cette protection devait éviter que les « débouchés », en terme, de marché ne deviennent eux-mêmes des vendeurs à travers les copies. C'est ainsi que l'Accord sur les ADPIC est devenu une échelle économique et commerciale permettant aux pays développés et à leurs entreprises

[1532]Le terme est utilisé pour désigner une poignée de firmes pharmaceutiques (une quinzaine), mais qui contrôlent les deux tiers du marché mondial du médicament, d'environ 900 milliards de dollars.

[1533] A. Guesmi, op.cit., p.39.

[1534] La Suisse, par exemple, avant de se doter d'une loi en 1888 sur les brevets, copiait les colorants, l'aspirine et l'héroïne allemande. Lorsqu'en 1888, elle adopte enfin une loi sur les brevets, elle exclut les domaines où elle n'excellait pas encore, c'est ainsi que la chimie et le médicament furent exclus de la brevetabilité. Cette loi suscita la colère des allemands qui ont demandé son abrogation. La Suisse révisa alors sa loi en 1907 pour y inclure la chimie, mais pas le médicament. Aujourd'hui la Suisse fait partie des pays abritant des Big pharma.

d'accéder à des profits énormes. La gestion de la propriété intellectuelle par l'OMC, et non par l'OMPI, donne le ton sur les objectifs poursuivis par les Etats ayant conduit les négociations d'Uruguay. On assiste, dès lors, à une mondialisation du droit des brevets au profit des pays développés (A), excluant ainsi les PED dans le commerce international, puisqu'ils n'ont pratiquement rien à vendre (B).

A : Une mondialisation du droit des brevets au profit des pays développés

La mondialisation du droit des brevets a fourni « une arme stratégique »[1535] aux grandes puissances économiques mondiales pour contrer la montée des pays émergents. Il est relativement peu contesté par la doctrine juridique qu'un droit des brevets fort ne permet pas un développement économique harmonieux des pays dont la technologie reste embryonnaire[1536]. Le système international actuel des brevets est fait pour permettre aux pays disposant déjà de technologique efficace, de tirer un maximum de profits financiers (1). Les visées commerciales des Etats-Unis ont conduit les négociations du cycle d'Uruguay à intégrer, dans le champ commercial, la propriété intellectuelle, puis de confier l'ensemble de ce secteur à un seul organisme capable d'allier commerce et propriété intellectuelle (2).

1 : Le brevet comme instrument d'expansion économique et commerciale des pays développés

631 - Le renforcement du droit des brevets, une arme économique pour tuer la concurrence - L'incitation à l'innovation est souvent l'argument principal utilisé pour justifier le renforcement du droit des brevets sur le plan mondial. On tente d'occulter les arguments purement commerciaux. Mais, de plus en plus, cet argument est contesté et un « climat de suspicion »[1537] entoure

[1535] D. de Beer, op.cit., p.146.
[1536] D. de Beer a fait un parallèle entre droit des brevets fort et développement des pays, il conclut que si le droit des brevets se suffisait à lui-même, les pays africains membres de l'OAPI se seraient développés, eux qui ont instauré depuis 1977, un système uniforme de brevet qu'ils ont renforcé en 1999. D. de Beer, op.cit., p.121.
[1537] Dr Margaret Chan dans une allocation du 16 juillet 2010, op.cit.

désormais les débats sur la propriété intellectuelle. Pour les anti-brevets sur le médicament[1538], les règles régissant le commerce international des produits pharmaceutiques seraient faussées au profit des plus nantis ; ce qui entraînerait une prééminence des intérêts économiques sur les considérations de santé. Cette situation, met le médicament au même pied que tout autre produit, alors que son rôle d'amélioration de la santé ou de sauveur de vie devait reléguer les droits des détenteurs de brevets au second plan.

Le renforcement et la mondialisation du droit des brevets vise à maintenir les PED dans leur statut de débouchés commerciaux. M. Vivant pense d'ailleurs que le brevet ne sert plus à protéger une création, il permet de se « réserver purement et simplement un champ d'action ou d'occuper un marché, que celui-ci corresponde ou non à une véritable création »[1539]. Quand on examine de près l'évolution même du droit de la propriété intellectuelle on se rend compte qu'il est intimement lié au contexte économique[1540] et commercial ; les Etats-Unis le démontrent aisément dans leur politique commerciale.

632 - Les visées commerciales agressives des Etats-Unis - Lorsque l'adhésion des Etats-Unis à l'OMC a été soumise au congrès pour approbation, celui-ci a demandé au gouvernement américain de « l'assurer que l'adhésion à l'OMC serait réexaminée dans l'éventualité où les décisions rendues par les groupes spéciaux dans le cadre du nouveau processus de résolution des conflits de l'OMC, seraient défavorables aux Etats-Unis »[1541]. C'est dire que les Etats-Unis, en allant dans les négociations qui ont abouti à la création de l'OMC, avaient un objectif clair : œuvrer à l'instauration d'un système mondial efficace qui protègerait leurs intérêts commerciaux. En effet, lorsque la protection du droit fondamental à la santé des citoyens s'invite dans les débats, les négociateurs, les Etats-Unis les premiers, sont sourds et avancent des objectifs économiques, qu'ils présentent comme l'essence de tout développement. Ces diplomates, comme le relève G. Velasquez, sont promptes à préserver des intérêts privés au

---

[1538] G. Velásquez, « Droits de propriété intellectuelle et droits d'accès aux médicaments », op.cit., p.527 ; D. Beer, op.cit, p.135.
[1539] M. Vivant, « De la diffusion du génie à l'embastillage cognitif ou sur un usage nouveau de la propriété intellectuelle », in *Les concepts émergents en droit des affaires*, LGDJ, Paris, 2010.
[1540] L. Marino, *Droit de la propriété intellectuelle*, PUF, Paris, 2013, p.29.
[1541] D. Gervais, op.cit., p.17.

détriment de la défense du bien commun et de la justice sociale[1542] ; c'est ce qui s'est passé lors des négociations dans le cadre du cycle d'Uruguay.

2 : Le glissement de la propriété intellectuelle de l'OMPI vers l'OMC

633 - La propriété intellectuelle acquiert un nouveau rôle : servir le commerce international - Avant 1994, la propriété intellectuelle était régie sur le plan international par l'OMPI. Les Etats-Unis, trouvant cette organisation sans autorité de sanction, ont adopté des mesures contraignantes pour protéger leurs industriels[1543]. On peut lier le glissement de la propriété intellectuelle de l'OMPI vers l'OMC à la volonté des Etats-Unis. En effet, dans les années 1970, les Etats-Unis avaient déjà fait un lien entre le commerce et la protection des droits de propriété intellectuelle des entreprises américaines. Ce sont les industriels américains du disque, du film et du médicament qui ont appelé leur gouvernement à prendre des dispositions pour protéger leurs inventions. C'est ainsi que le trade act a été adopté en 1984 ; ce texte resté célèbre à travers son article 301, permet de punir par des actions de représailles tout pays accusé de pirater les œuvres d'un ressortissant américain. En pleine négociation d'Uruguay, les Etats-Unis ont renforcé en 1988 les sanctions dans le cadre de l'article 301. Cet acte était vu par les négociateurs comme une menace des Etats-Unis contre tout échec du cycle, il fallait aboutir à un accord universel qui préserverait les intérêts américains. Dès lors, l'OMPI apparaissait comme un organisme incapable, aux yeux des américains, de défendre commercialement la propriété intellectuelle. A l'OMPI, le brevet était inactif, passé à l'OMC, il devient actif et produit des effets sur le plan des échanges commerciaux, puisque les biens issus de la créativité sont des biens marchands par destination, et leur objectif est d'assurer un retour sur investissement à leurs auteurs. Le brevet assure la commercialisation planétaire de l'information[1544], il est donc normal pour les diplomates américains que sa gestion aille de paire avec la lutte contre les distorsions et les entraves au commerce. Le

[1542] G. Velásquez, « Préface », in T. Bréger, op.cit., p.13.
[1543] Selon D. Beer, c'est de la seule volonté des Etats-Unis que la propriété intellectuelle est passée de l'OMPI à l'OMC. D. Beer, op.cit., p.156.
[1544] G. Steiner, op.cit., p.201.

brevet est ainsi tombé, depuis ce temps, dans les compétences de l'OMC.

634 - L'OMC, un cadre pour discipliner les échanges internationaux ; le brevet, un outil de domination - En admettant le droit de la propriété intellectuelle dans le commerce, les négociateurs du cycle d'Uruguay ont placé la propriété intellectuelle dans « un monde proprement marchand »[1545]: c'est la marchandisation des connaissances scientifiques. La connaissance n'est plus un patrimoine de l'humanité elle tombe dans le domaine privé et est devenue « un élément majeur du droit économique, voué à l'expansion quant à la matière et quant à l'espace »[1546]. Passés à l'OMC, les droits de propriété intellectuelle vont suivre la logique du commerce extérieur et devenir un outil de domination des échanges Nord/Sud. Pour faire le lien entre commerce et propriété intellectuelle, l'OMC, à sa création, a signé un accord de coopération avec l'OMPI. Cette dernière garde son rôle de gardienne de la propriété intellectuelle, mais reste une organisation administrative. Dans ce sens, elle doit communiquer aux Etats membres de l'OMC les lois et règlements relatifs à la propriété intellectuelle déposés en son sein. L'OMPI offre à l'OMC les mêmes droits, en ce qui concerne l'accès à sa base de données, que ceux qu'elle accorde à ses Etats membres. L'accord engage l'OMPI à mettre à la disposition des PED, membres de l'OMC, mais qui ne sont pas membres de l'OMPI, la même assistance technico-juridique et de coopération technique[1547].

635 - Des réticences quant au transfert de la propriété intellectuelle à l'OMC - L'OMC étant un organe de gestion du commerce, des voix se sont élevées pour dénoncer l'égoïsme du droit du commerce international. Est de ceux-là B. Oppetit, qui pense que le droit du commerce international s'assigne comme « objectif essentiel la seule satisfaction des seuls intérêts d'un commerce international

---

[1545] P. Gaudrat, M. Vivant, « Marchandisation », in M. Vivant (dir.), *Propriété intellectuelle et mondialisation. La propriété intellectuelle est-elle une marchandise ?,* Dalloz, Paris, 2004, p.32.

[1546] M. Vivant, « L'irrésistible ascension des propriétés intellectuelles », in *Mélanges en l'honneur de Christian Mouly*, Litec, Paris, 1998, p.448.

[1547] Accord de coopération entre l'OMPI et l'OMC conclu à Genève le 22 décembre 1995 et entré en vigueur le 1er janvier 1996.

dont l'expansionnisme ne connaît à priori d'autres limites que celles de sa propre dynamique ou de ses seuls besoins »[1548]. L'OMS s'est également inquiétée des tournures que peuvent prendre le fait de confier la protection des brevets à un tel organisme qui ne se préoccupe que très peu des valeurs non marchandes. Ces craintes ont conduit en 1996, la 49e Assemblée mondiale de la santé à adopter une résolution demandant au directeur général de l'OMS de « faire un rapport sur l'impact de l'activité de l'OMC concernant les politiques pharmaceutiques nationales et les médicaments essentiels ». Les différentes inquiétudes et critiques ont conduit le directeur général de l'OMC à essayer de clarifier sans convaincre la position de l'OMC. Pour P. Lamy, « l'accès aux médicaments nécessite le bon dosage de politiques sanitaires, de règles de la propriété intellectuelle et de paramètres de politique commerciale»[1549]. Ce dosage entre les trois grandeurs se fait souvent au profit des politiques commerciales, marginalisant ainsi les PED dans leurs recherches de solutions pour combattre les maladies qui sévissent sur leur territoire.

B : La mondialisation du droit des brevets : une marginalisation des pays en développement

La mondialisation des droits de propriété intellectuelle a suscité les débats les plus vifs. Certains auteurs parlent de « grande duperie »[1550] ou de mensonges[1551], d'autres présentent les entreprises pharmaceutiques comme les seules bénéficiaires de cette mondialisation[1552]. Les auteurs semblent être unanimes sur le fait que l'Accord sur les ADPIC a écarté dans son élaboration les PED[1553],

---

[1548] B. Oppetit, « Droit international et valeurs non marchandes », in *Etude de droit international en l'honneur de P. Lalive,* Helbing et Lichtenhahn, Bâle, 1993, p.309.
[1549] Rapport conjoint, OMS, OMPI, OMC, *Promouvoir l'accès aux technologies et l'innovation dans le domaine médical : Convergences entre santé publique, propriété intellectuelle et commerce*, 5 février 2013.
[1550] M. Vivant, « Propos introductifs », in B. Remiche (dir.), *Brevet, innovation et intérêt général*, Larcier, 2007, p.47.
[1551] A. Guesmi, op.cit., p.42.
[1552] M. Mann, Impérialisme économique et impérialisme militaire américains. Un renforcement mutuel, *Actes de la recherche en sciences sociales*, 2008/ 1-2, p.29.
[1553] G. Bottino, M.F. Lengyel, « Les pays d'Amérique latine, le système mondial de commerce et le développement : le cas de la propriété internationale », in J. Kors, B. Remiche (dir.), *L'Accord ADPIC : dix ans après. Regards croisés Europe-Amérique latine*, Larcier, Bruxelles, 2007, p.104 et suivants.

imposant à ceux-ci les points de vue issus des standards occidentaux[1554]. A. Guesmi en conclut que l'on fait face à « une mondialisation monochrome de la protection des brevets »[1555]. L'accord sur les ADPIC semble donc avoir été imposé aux PED (1), qui ont vu, par la même occasion, le transfert de technologie vers le Sud se réduire comme une peau de chagrin (2).

1 : L'Accord sur les ADPIC, un accord imposé aux PED

636 - L'OMC, une lutte des classes - Au moment des négociations qui ont abouti à la création de l'OMC, trois courants s'affrontaient. Il y avait, d'un côté le courant des défenseurs du droit des brevets conduit par les Etats-Unis, au milieu il y avait l'UE qui était très hésitante et de l'autre côté, le courant des anti-brevets surtout en ce qui concerne le médicament. Ce qui n'a pas manqué de faire dire à un auteur que, « l'Accord sur les ADPIC apparaît parfois comme un « condensé » des luttes que se livrent les différentes régions du monde pour la conquête des marchés internationaux »[1556]. Selon le PUND, si les pays pauvres sortent perdants de la mondialisation, c'est parce que « les règles du jeu, notamment en matière d'échanges internationaux, ne leur sont pas favorables »[1557].

Les normes en matière de propriété intellectuelle portées par l'Accord sur les ADPIC se fondent historiquement sur les normes appliquées dans les pays développés. L'ensemble des pays africains, à quelques exceptions près, n'étaient pas au point lorsqu'ils ont été contraints de s'engager dans l'OMC. Ces pays accumulaient tout juste 1% des brevets du monde et ne manifestaient aucun enthousiasme à renforcer leur système de brevet[1558]. La faiblesse de leur tissu industriel est un handicap à l'appropriation complète des moyens offerts par les accords internationaux en matière de commerce. Leur pauvreté et leur inexistence sur le marché mondial est un facteur

---

1554 J.-M. Siroën, « L'unilatéralisme des Etats-Unis », *Annuaire français des relations internationales*, 2000, vol.1, pp. 570-582.

1555 A. Guesmi, op.cit., p.42.

1556 J. Schmidt-Szalewski, « Propriétés intellectuelles : chronique de législation », *RTD Eur*, 2007, p. 347.

1557 PNUD, Rapport mondial sur le développement humain, Economica, Paris, 1997.

1558 D. de Beer, op.cit., p.231.

propice aux menaces de représailles portées par les Etats potentiellement exportateurs.

637 - La marginalisation des PED : quand « l'égalité juridique de traitement renforce l'inégalité économique »[1559] - Les PED ont été contraints d'adhérer à l'Accord sur les ADPIC, ils ont signé l'Accord pour éviter le pire[1560]. Selon D. de Beer, ce choix orienté témoigne d'un réel manque de démocratie et de légitimité politique au sein de l'OMC. L'auteur qualifie cet accord de vicié. En effet, selon lui, il y a eu vice de consentement non conforme à la légalité internationale[1561].

L'accord sur les ADPIC a été qualifié de norme minimaliste, il faut signaler que si ces normes sont minimalistes, l'échelle de mesure utilisée est conforme aux standards des pays développés. Ces règles sont pour les PED très contraignantes. En effet l'accord a consisté à appliquer à des situations économiques, technologiques et sociales inégalitaires, des normes juridiques identiques. Pour s'approprier l'accord sur les ADPIC, les différents pays doivent avoir une capacité industrielle leur permettant de faire protéger leurs propres inventions ou encore de faire des copies dans le cadre des flexibilités accordées par les ADPIC. Si le droit de la propriété intellectuelle est, comme l'écrit C. Alleaume, le droit « du génie humain, de l'art, de la science et du progrès technique »[1562], il fallait que les PED développent d'abord leur technologie avant d'accéder à la protection des inventions. Malheureusement, ces pays ont été entraînés de force dans un accord dont ils ne tirent aucun profit ou très peu. Les PED sont arrivés dans un marché qui protège des droits dont ils ne disposent pas, ils ont donc aménagé une protection au bénéfice des pays développés qui ont assuré l'essor de leur invention avant d'instaurer la protection des inventions. Aujourd'hui, l'OMC fait du commerce extérieur une priorité et y entraîne tous les pays quelle que soit leur situation. Le commerce extérieur, comme le dit B. Yvars, ne doit être

---

[1559] B. Remiche, « Révolution technologique, mondialisation et droit des brevets », *RIDE* n°1, 2002, p.93.
[1560] En effet le seul fait de s'engager à l'OMC conduisait à l'acceptation de l'Accord sur les ADPIC. Refuser les ADPIC, c'est donc sortir de l'OMC, ce qui les expose à la colère des Etats Unis qui feraient usage de leur « arme économique : la special 301 renforcée ».
[1561] D. de Beer, op.cit., p.256.
[1562] C. Alleaume, op.cit., p.VIII.

la priorité que des économies dont l'appareil productif est structuré et performant[1563].

Les PED ont essayé de résister à la mondialisation du commerce et de la propriété intellectuelle, mais les pays développés ont réussi à les convaincre en leur présentant les bienfaits des ADPIC. Ces accords devaient leur conférer un droit à l'apprentissage de la technologie du Nord, toute chose qui les aiderait à développer leur tissu industriel.

2 : L'introuvable transfert des technologies

638 - L'Accord sur les ADPIC, un mode de fermeture de l'accès à la connaissance pour les pays du Sud - L'accès à la connaissance pour les PED consiste à profiter de la technologie des pays auxquels ils accordent des brevets. Cela signifie que les titulaires de brevets doivent exploiter localement leur brevet. Mais de nos jours, dans de nombreux pays du Sud, l'obligation d'importation s'est substituée à l'obligation d'exploitation locale[1564]. Ainsi les pays industrialisés, tout en gardant secrètement leur technologie, inondent les marchés du Sud avec leurs produits et ces derniers ne peuvent pas copier lesdites innovations. Paradoxalement les pays africains, membres de l'OAPI, continuent de croire à l'avènement du transfert de technologie. En effet, selon l'OAPI, il est nécessaire d'œuvrer pour la protection des droits de propriété intellectuelle pour garantir les investissements, faciliter le transfert de technologie et contribuer ainsi à la croissance économique des Etats membres[1565]. Mais depuis la création de cette organisation et la révision de son droit de propriété intellectuelle, la croissance économique de ces Etats n'est pas fondée sur l'existence d'un droit de la propriété intellectuelle solide.

639 - L'Accord sur les ADPIC et le transfert de technologie : droits et devoirs des industriels - En adhérant à l'OMC, les PED ont cru aux arguments développés par les promoteurs des ADPIC qui faisaient l'éloge de l'accord en insistant sur le fait que

---

[1563] B. Yvars, « l'efficience des organisations d'intégration régionale en Afrique : une approche économique », in M. Fau-Nougaret, op.cit., p.51.

[1564] C'est le cas des pays membres de l'OAPI. Voir infra paragraphe 695 et suivants.

[1565] Pour des informations complémentaires le lecteur pourra consulter le site : www.oapi.int.

le brevet était la clé de toute réussite et surtout du décollage des pays pauvres. Mais, une fois l'accord signé, les ADPIC se sont révélés être une « grande duperie »[1566] pour les pays du Sud. En effet, dans sa mise en œuvre, l'Accord sur les ADPIC s'est confronté à des interprétations orientées de l'industrie pharmaceutique qui ne s'est jamais interrogée sur ses devoirs, mais qui réagit toujours et souvent violemment pour rappeler aux pays du Sud les leurs en matière de propriété intellectuelle. Les PED avaient donc raison, eux, qui en 1988 avaient soulevé leur inquiétude de voir les négociations prendre une ampleur qui entraverait à terme le transfert de technologie[1567].

Sous-section 2 : Les effets néfastes du brevet sur l'accès aux médicaments dans les PED

« La science, la recherche et l'innovation forment plus que jamais le socle de la croissance et de la prospérité économique [...] Promouvoir et protéger l'innovation sont des impératifs absolus [...] La propriété intellectuelle est la colonne vertébrale de l'innovation »[1568]. Ce sont de telles affirmations, formulées par les Etats-Unis, qui ont érodé les questions éthiques soulevées par les défenseurs de la « non brevetabilité » du médicament et qui ont également conduit à donner à la protection de l'innovation une place qu'elle ne méritait pas. Cette ligne de conduite a fini par faire du droit des brevets un droit essentiellement économique qui ne se préoccupe que très peu des valeurs non marchandes (Paragraphe 1).

Lorsque le brevet des médicaments est appréhendé sous l'angle de l'accès aux médicaments et sous l'angle du développement, il pose la question du conflit réel qui existe entre deux droits fondamentaux garantis par les constitutions du Burkina Faso et du Sénégal : le droit à la santé et le droit à la propriété. Le brevet offre non seulement un monopole d'exploitation, mais peut également être utilisé pour « étouffer » les possibilités d'innovation dans les PED, ce qui

[1566] M. Vivant, « Propos introductifs », op.cit., p. 47.

[1567] En 1988, « certains pays en développement se sont dits préoccupés par la possibilité d'une surprotection des droits de propriété intellectuelle, laquelle, à leur avis, était susceptible de nuire au transfert de technologie et d'accroître le coût, entre autres, des produits agricoles et pharmaceutiques ». D. Gervais, op.cit., p.29.

[1568] Cette déclaration a été faite à la clôture du Sommet du G8 en 2007. Extraite dans « Croissance et responsabilité dans l'économie mondiale, 8 juin 2007.

participe à aggraver les difficultés d'accès aux médicaments dans ces pays (Paragraphe 2).

Paragraphe 1 : Le brevet crée une prééminence des logiques économiques sur les logiques sanitaires

Le médicament est un bien à enjeux intellectuels et financiers[1569] ; les laboratoires pharmaceutiques rivalisent d'ardeur pour découvrir de nouvelles molécules. Une fois l'innovation faite et protégée elle sert d'instrument, pour les laboratoires, pour rentabiliser leur invention. Le médicament est également un bien à enjeux sanitaires et éthiques les logiques, tendant à faciliter son accès, se sont confrontées aux logiques financières portées par les industries pharmaceutiques et leur pays d'origine. Face aux arguments des PED, qui luttent pour que le brevet du médicament ne soit pas un obstacle à leur accès aux médicaments, les industries pharmaceutiques leur opposent le besoin d'innovation, sans laquelle aucune découverte de médicament n'est possible (A). L'industrie pharmaceutique combat également et de façon presque systématiquement toute tentative de copie de sa molécule, cette lutte est souvent portée par les Etats abritant ces industries (B).

A : L'Accord sur les ADPIC : un droit des brevets fort pour les laboratoires pharmaceutiques, une santé fragile dans les PED

Pendant que les médicaments sont au Nord, les malades sont au Sud, pour reprendre une formule, devenue célèbre, d'un médecin humanitaire[1570]. Si les médicaments sont au Nord, c'est parce que les industries pharmaceutiques y sont et accumulent à elles seules l'essentiel des brevets d'innovation. Cette marge de manœuvre suffisamment grande les conduit, exagérément, à rechercher à tout prix l'accroissement de leur chiffre d'affaire. C'est ainsi qu'elles

[1569] F. Chaltiel, « La libre circulation des médicaments : développements récents », *LPA*, 27 octobre 2005, n° 214, p.11.

[1570] Cette formule est de Bernard Kouchner, qui s'insurgeait contre le manque de médicaments dans le traitement du sida. Il faisait remarquer que 25 des 34 millions de personnes infectées par le virus vivent au Sud et qu'ils n'avaient droit à aucun traitement parce que les antirétroviraux leur était financièrement inaccessible.

n'investissent que pour les maladies rentables ou encore pour les maladies dont la population est solvable (1). Le procès de Pretoria est un exemple révélateur de l'avidité des laboratoires pharmaceutiques (2).

1 : Le marché mondial du médicament orienté vers les maladies du nord : la recherche d'une plus grande rentabilité des industries pharmaceutiques

640 - La course vers les marchés rentables : la primauté des logiques économiques -L'Afrique, totalement dépendante de l'importation de médicaments est soumise aux décisions des grands groupes pharmaceutiques avec son lot de conséquences sur la santé publique[1571]. Les stratégies développées pour assurer l'accès aux médicaments se sont révélées insuffisantes. Pourtant, il paraît tout de même impératif d'assurer l'accès aux médicaments, surtout pour la prise en charge des maladies particulières, telles que le paludisme, la tuberculose et le VIH/SIDA. L'industrie pharmaceutique est la cible désignée pour accompagner les politiques pharmaceutiques nationales.

La non-solvabilité des populations touchées par les maladies tropicales explique qu'à peine 8 % des dépenses pharmaceutiques sont consacrées à ces pays qui accueillent pourtant plus de 75 % de la population mondiale. Les grands groupes pharmaceutiques ne consentent pas à fabriquer des molécules non rentables[1572]. Ce qui n'a pas manqué d'inspirer Drauzio Varella, prix Nobel de la médecine 2011, qui affirme que « dans le monde actuel, nous investissons cinq fois plus d'argent en médicaments pour la virilité masculine et le

---

[1571] Dans les pays d'Afrique subsaharienne, le médicament reste encore inaccessible pour une grande partie de la population. Cette inaccessibilité, tant géographique que financière, se traduit par le développement de médicaments contrefaits, la vente illicite des médicaments, mais aussi le don de médicaments effectué par des organisations ou associations internationales.

[1572] On peut citer l'exemple du chloramphénicol® huileux utilisé dans le traitement de la méningite bactérienne. Ce produit était moins cher que les autres. Mais sa production a été arrêtée en 1995 par le laboratoire Roussel Uclaf (ce médicament a été jugé non rentable). Il a fallu une mobilisation humanitaire pour que le laboratoire consente à faire un transfert de compétence vers un laboratoire de Malte, ce qui a permis à la production de redémarrer en 1999. On peut également citer le cas de l'éflornithine®, médicament utilisé dans le traitement de la maladie du sommeil. Sa production a été arrêtée depuis 1995.

silicone pour les seins des femmes, que pour la guérison de la maladie d'Alzheimer. Dans quelques années, nous aurons des femmes avec des gros seins, des vieux à la verge dure, mais aucun d'entre eux ne se rappellera à quoi ça sert ». C'est dire que de nos jours, même dans les pays développés, les maladies non rentables ne trouvent pas de traitement.

641 - La course vers les marchés rentables : la nécessité d'introduire des questions éthiques - Il est unanimement reconnu que nul ne devrait être privé d'accès aux médicaments essentiels pour des raisons injustes. Mais l'industrie pharmaceutique qui met le médicament sur le marché, n'a pas une vocation philanthropique ou humanitaire ; son principal objectif est le profit. Que gagne-t-elle en mettant un médicament sur un marché insolvable où l'on va lui demander de baisser les prix ? La réponse à cette question continue de diviser les ONG humanitaires[1573], les auteurs de la doctrine, les concepteurs du médicament comme bien public mondial et l'industrie pharmaceutique[1574]. La question, en matière de santé publique, ne doit plus être posée en terme économique et financier, elle doit plutôt être abordée sous un angle éthique et de droit de l'Homme[1575]. Pour faire oublier ces considérations éthiques, l'industrie pharmaceutique tente de s'investir dans des solutions spontanées, non durables (dons de médicaments, financements de programmes de santé, financements des ONG œuvrant dans la santé etc. .). Mais, selon M. Dupont, dans de nombreux cas, ces « dons portent sur des médicaments qui, de toute façon, seraient invendables car ils se trouvent en surplus dans les pays riches, pire, certains de ces médicaments sont donnés parce qu'ils ne répondent pas aux exigences sanitaires, voire réglementaires dans leur pays d'origine»[1576].

[1573] Médecin Sans Frontière, Act Up et Oxfam sont particulièrement très actifs en matière de brevet notamment en ce qui concerne les médicaments actifs dans le traitement du sida.

[1574] Cf supra paragraphe 012.

[1575] G. Velásquez, « L'accès aux médicaments est un droit de l'homme, mais les médicaments pour tous sont une affaire privée », in I. Moine-Dupuis (dir), *Le médicament et la personne*, Litec, 2007, p.118.

[1576] M. Dupont, « Les politiques d'accès aux soins de l'industrie pharmaceutique dans les pays du Sud : outil de communication ou véritable engagement ? », in D. Kerouedan (dir.), op.cit., p.311.

642 - Quelles solutions pour rééquilibrer le droit des brevets et le droit à la santé ? - Engager un bras de fer avec l'industrie pharmaceutique n'est pas la solution idéale pour les PED dans leur politique d'accès aux médicaments ; ils n'ont d'ailleurs pas les armes nécessaires pour y arriver et « il est irréaliste de penser qu'à terme les pays industrialisés décident de modifier les structures économiques intérieures qui sont à l'origine de leur croissance, pour tenir compte des desiderata, même légitimes, du Tiers-Monde »[1577]. Il serait donc fort mal inspiré d'attendre passivement des pays développés qu'ils fassent un transfert de technologie. Les pays africains doivent chercher des solutions internes en s'appuyant sur des politiques nationales réalistes. La première des solutions serait de promouvoir la recherche et développement par un partenariat entre les universités et le secteur privé. Ensuite des faveurs peuvent être accordées aux industriels qui consentent à fabriquer des médicaments efficaces dans les traitements des maladies tropicales à des prix sociaux. L''Etat peut leur accorder un brevet plus long, il peut baisser certaines taxes (exonération des taxe sur la matière première, exonération de la TVA, de la taxe professionnelle, etc.), il peut également faciliter la procédure d'AMM de ces médicaments. Ces mesures incitatives doivent être accompagnées d'obligation (obligation de prix, obligation d'exploitation locale pour faciliter le transfert de technologie). Des mesures incitatives existent en Europe et aux Etats-Unis concernant les médicaments à usage pédiatrique et les médicaments orphelins. En Europe par exemple des mesures communautaires ont été prises pour promouvoir le développement et l'autorisation de médicaments à usage pédiatrique. En effet en 2006, un texte[1578] a été adopté par le parlement européen et le conseil pour mettre en place un système

---

[1577] F.-X. Ortoli, « La charte et la coopération internationale », in *Justice économique internationale*, Gallimard, Paris 1976, p. 249.

[1578] (Règlement (CE) n° 1901/2006 du Parlement européen et du Conseil du 12 décembre 2006 relatif aux *médicaments* à usage pédiatrique, modifiant le règlement (CEE) n° 1768/92, les directives 2001/20/CE et 2001/83/CE ainsi que le règlement (CE) n° 726/2004 (JOUE L 378, 27 déc. 2006)

associant obligations, récompenses et incitations[1579] en direction des laboratoires pharmaceutiques pour qu'ils consentent à produire des médicaments à usage pédiatrique (secteur non rentable pour les laboratoires).

L'épidémie du sida a été la goutte d'eau qui a fait déborder le vase. En effet, suite à une politique de santé du gouvernement sud africain, des industriels pharmaceutiques se sont opposés à cette politique au motif, que les termes violeraient leur droit de propriété intellectuelle.

2 : Le procès de Pretoria

643 - Les faits du procès - Le procès de Pretoria fait suite à la volonté du gouvernement sud africain de mieux gérer le domaine du médicament. Une loi a été votée dans ce sens en 1997, permettant au ministre en charge de la Santé de prendre des décisions pour rendre le médicament contre le VIH/SIDA plus accessible afin de protéger la santé publique. Concrètement cela conduisait, dans certaines circonstances, à la limitation du droit des brevets par la mise en place d'importations parallèles ou l'imposition de licences obligatoires. Cette loi, que l'on peut qualifier de santé publique, vu le taux très élevé de personnes atteintes du sida en Afrique du Sud[1580], a été attaquée par 39 firmes pharmaceutiques internationales qui arguaient que les autorités sud africaines avaient porté atteinte au droit de la propriété intellectuelle en les dépossédant de leur brevet sans compensation financière. Cette attaque des industries pharmaceutiques est intervenue alors que l'Accord sur les ADPIC prévoyait de telles mesures pour les Etats.

[1579] Parmi les mesures visant à inciter et récompenser les opérateurs qui se conforment aux nouvelles dispositions, figure une prolongation de la durée des droits exclusifs. Ainsi, lorsqu'une demande d'AMM présentée selon les articles 7 ou 8 comprend les résultats de l'ensemble des études réalisées selon un plan d'investigation pédiatrique approuvé, le titulaire du brevet ou du certificat complémentaire de protection a droit à une prolongation de six mois de la période de protection fixée par le règlement CEE n° 1768/92 (art. 36. Sur le calcul de cette durée : J. Schmidt-Szalewski et J.-L. Pierre, *Droit de la propriété industrielle*, 3 éd., Litec, 2003, n° 174).

[1580] Ce taux était de 21,5% d'adultes atteints en 2003 (source ONUSIDA Statistique 2003).

644 - Un procès abandonné pour des raisons éthiques - Le caractère éthique du procès a conduit la communauté internationale à se prononcer en faveur du droit des malades. En effet, face aux nombreux morts et à l'intransigeance des « Big pharma » de voir condamner l'Etat sud-africain, des voix se sont élevées pour faire barrière aux intérêts de l'industrie pharmaceutique et permettre aux malades sud-africains de bénéficier d'un traitement qui leur serait inaccessible sans la nouvelle loi. Les firmes pharmaceutiques furent contraintes de retirer leur plainte. Le droit des brevets s'inclinait pour la première fois devant le droit à la santé et la question de l'applicabilité de l'Accords sur les ADPIC fut remise sur la table des négociations. Lesquelles négociations vont aboutir à l'introduction d'un nouvel angle d'appréciation dans les accords de l'OMC : l'angle de la santé publique[1581].

645 - Enseignements du procès de Pretoria - Le procès de Pretoria est doublement intéressant. Il permet de démontrer la course effrénée des firmes pharmaceutiques vers le profit économique, il permet également de comprendre l'humanisation par l'OMC de sa politique juridique[1582]. Le procès de Pretoria, qualifié de « tragédie mondiale »[1583], a mis en opposition des intérêts privés et des intérêts généraux, elle a été l'aboutissement de la tension entre le droit des brevets et le droit à la santé qui couvait depuis la signature de l'Accord sur les ADPIC. Il a mis à nu le « climat de suspicion » qui entourait les questions de protection des inventions en matière pharmaceutique depuis la création de l'OMC. La bataille de propriété intellectuelle va désormais se faire avec beaucoup plus de discrétion. Les industries pharmaceutiques, aussi bien, que leurs Etats vont mener une lutte aux génériqueurs mais de façon plus discrète.

[1581] La déclaration de Doha qui est le corolaire de ce procès, va reconnaître aux Etats le droit « d'accorder des licences obligatoires et la liberté de déterminer les motifs pour lesquels de telles licences sont accordées ».

[1582] G. Farjat, op.cit., p.9.

[1583] L. Ziegelmeyer, « Médicaments : entre profits privés et santé publique, quelles alternatives ? », *Politique*, revue européenne de débats n°4, octobre 2002. Article disponible sur : http://onala.free.fr/ziegmed.pdf.

B : La bataille contre les génériqueurs

L'arrivée d'un générique sur le marché du médicament fait dégringoler les ventes du médicament princeps[1584]. Pour maintenir leur chiffre d'affaire et soigner positivement leur marge bénéficiaire, les industries pharmaceutiques usent de toutes les stratégies pour empêcher les génériques de pénétrer le marché, d'autant plus que les génériqueurs visent le plus souvent les médicaments blockbuster[1585] (1). Les industries pharmaceutiques étant les fleurons des économies nationales, certains Etats n'hésitent pas à s'engager dans la lutte contre les génériqueurs à travers des accords policés qui contournent sans éthique les accords internationaux dont ils sont signataires (2).

1 : Une bataille menée par l'industrie pharmaceutique : les abus du droit des brevets

646 - Les laboratoires pharmaceutiques : une industrie aux pratiques contestables - L'industrie pharmaceutique, en dépit de son succès financier, demeure une « industrie fortement contestée »[1586] dans le monde. Il lui est reproché d'avoir un double langage. Pendant qu'elle prétend être guidée par des objectifs hautement respectables, comme les valeurs humaines, elle adopte en pratique une attitude qui cache mal des objectifs inavoués de rentabilité[1587]. C'est ainsi qu'elle n'hésite pas à étirer ses brevets avant leur expiration, en développant par exemple une molécule pratiquement identique à celle qui expire[1588], ou à mener une guerre économique et juridique contre les génériqueurs[1589].

[1584] Un laboratoire peut voir son chiffre d'affaire d'un médicament princeps tomber de 15 à 50% lors de l'entrée d'un générique.

[1585] Les blockbusters sont des médicaments dont le chiffre d'affaire annuel dépasse un milliard de dollars.

[1586] M.-F. B. Turcotte, J. Pasquero, « L'industrie pharmaceutique et ses responsabilités sociales », in J.J. Lévy, C. Granier (dir.), *La chaîne des médicaments*, op.cit., p. 324.

[1587] Ibidem., p.9.

[1588]M. Angell, op.cit., p.103.

[1589] E. Combe, H. Haug, « La guerre entre génériqueurs et laboratoires : Quelques nouvelles du front », *RDC*, n°4-2006, p.166.

Aujourd'hui, il est démontré que l'industrie pharmaceutique innove rarement[1590], que « les percées thérapeutiques majeures se font plus rares »[1591]. La majorité des médicaments mis sur le marché sont des déclinaisons chimiques de médicaments existants qui n'apportent pour la plupart qu'une amélioration limitée qui ne peut être qualifiée d'innovation[1592]. Ces médicaments sont appelés « mee too ». L'expression « mee too » (moi aussi) est utilisée pour qualifier des médicaments identiques à des médicaments existants, mais présentés autrement[1593]. Il s'agit, « de molécules parentes ou dérivées d'une molécule innovante déjà commercialisée qui exploitent ou tentent d'exploiter à leur tour les opportunités de marché créées par la première »[1594]. Ces médicaments n'ont aucune valeur ajoutée, leur seul objectif est de permettre au laboratoire de se faire un chiffre d'affaire important sans un grand investissement dans la recherche en prolongeant de manière artificielle la durée de protection d'un médicament existant[1595]. Le reste du travail va consister à convaincre les médecins et les pharmaciens sur l'innovation et l'avancée que la nouvelle molécule apporte au traitement de la maladie concernée[1596].

647 - L'action en justice ou comment freiner l'arrivée des génériques sur le marché - Pour retarder la commercialisation des génériques, les producteurs de médicaments princeps intentent souvent des procès en contrefaçon contre les génériqueurs, ce qui a pour effet de freiner la mise sur le marché des génériques. Les

---

1590 Aux Etats-Unis la FDA avait établi de 1982 à 1992, que seulement 16% des nouveaux médicaments représentaient une avancée thérapeutique importante alors que 53% d'entre eux étaient classés comme n'ayant aucun ou un faible intérêt thérapeutique par rapport aux médicaments existants. Au niveau mondial, des études ont montré que 55% de me-too sont mis sur le marché chaque année contre 10% de produits nouveaux, qui représentent une innovation tant du point de vue thérapeutique que technique. Voir E. Eucalyptus, « L'innovation en trompe-l'œil », *Les Tribunes de la santé*, 2004/1 n° 2, p. 91.

1591 E. Combe, « Les laboratoires pharmaceutiques face à la concurrence des génériques : quels enjeux pour l'antitrust ? », *RDC* n°1, 2006, p.47.

1592 M. Angell, op.cit., p.119. L'auteure s'est demandée ce que valent vraiment ces nouveaux médicaments.

1593 Pour une compréhension sur la stratégie des laboratoires pharmaceutique, le lecteur pourra lire M. Angell, op.cit.

1594 E. Eucalyptus, op.cit., p.90.

1595 D. Luff, *Le droit de l'Organisation Mondiale du Commerce : analyse critique*, Bruylant, Bruxelles, 2004, p.1101.

1596 M. Angell, op.cit., p.214.

producteurs accusent toujours les génériqueurs de violer un brevet souvent tombé dans le domaine public, qu'ils tiennent toujours pour valide ou encore ils peuvent contester la bio-équivalence revendiquée par le génériqueur. Mais généralement, les laboratoires plaignants perdent souvent leur procès[1597]. L'intérêt, ici pour ces laboratoires est de gagner quelques mois d'exclusivité, car le recours est suspensif.

648 - Le générique propre - Pour contrecarrer les avancées du premier générique de leur médicament, les laboratoires développent des stratégies commerciales agressives. Le laboratoire peut lancer un générique (appelé pseudo générique) à travers une filiale spécialisée. Il peut recourir à un tiers, qui peut être un génériqueur indépendant, en lui accordant une licence volontaire. Ces pratiques ont pris de l'ampleur ces dernières années et, selon une enquête du cabinet de conseil IMS Consulting, 27 cas de pseudo-génériques ont été recensés aux États-Unis en novembre 2005[1598]. Aux Etats-Unis, il existe une période d'exclusivité de 180 jours pour que le premier génériqueur d'un produit princeps occupe le terrain. Mais avec le développement des génériques propres des laboratoires princeps, cette exclusivité est remise en cause. La fabrication du générique propre est-elle illégale ? La Cour d'appel du quatrième circuit dans l'affaire du Macrobid[1599], a admis que la commercialisation d'un générique par le laboratoire princeps, si elle diminue la rentabilité du premier génériqueur, rien dans la loi ne permet à la FDA de refuser au laboratoire l'agrément

---

[1597] On peut citer à titre illustration, les procès intentés par le groupe britannique GSK pour violation des brevets de Paxil® aux Etats-Unis ou le cas du laboratoire Lilly qui a poursuivi les génériqueurs de Prozac® pour les mêmes motifs.

[1598] Voir: IMS Consulting, "Assessment of Authorized Generics in the U.S.", Prepared for PhRMA, 2006.

[1599] Les faits de l'affaire: Le brevet du médicament Macrobid® est tombé dans le domaine public en 2004, les autorités américaines ont accordé la même année une autorisation de produire le générique au premier génériqueur les laboratoires Mylan. Selon la loi américaine le groupe Mylan disposait de 6 mois d'exclusivité commerciale, période pendant laquelle aucune autorisation ne peut être délivrée à un autre génériqueur. Mais contre toute attente le jour du lancement du générique par les laboratoires Mylan, le laboratoire Procter & Gamble, inventeur du Macrobid®, a également lancé une version générique de son propre princeps à travers une licence accordé à la firme Watson Pharmaceuticals. Mylan a alors réagi en portant plainte contre la Federal Drug Administration (FDA), pour avoir autorisé un autre générique durant la période des 180 jours

d'un générique propre[1600]. L'exclusivité de 180 jours ne concerne que les candidats génériqueurs, le laboratoire princeps n'a pas besoin d'une autorisation spéciale pour fabriquer son propre générique.

649 - Les accords de report d'entrée - Pour éviter qu'un litige ne nuise à leur chiffre d'affaire lorsqu'un brevet tombe dans le domaine public, les laboratoires passent des accords à l'amiable avec les principaux génériqueurs, pour que ceux-ci consentent à reporter la fabrication du générique contre le versement par le laboratoire du princeps d'une somme d'argent. C'est ce qui s'est passé avec le Plavix® où Sanofi Aventis a conclu un accord de report d'entrée avec le groupe Apotex en 2006. Le concurrent génériqueur a ainsi accepté de reporter la mise sur le marché du générique en 2011[1601]. Il y a également le cas du Provigil®, dans lequel Cephalon a conclu des accords avec pas moins de quatre fabricants de génériques, fixant la date de commercialisation des premières copies génériques à l'année 2011. Ces pratiques, purement commerciales, ne tiennent pas compte du consommateur, mais la justice semble ne pas disposer d'éléments juridiques pour réagir[1602].

650 - Le dénigrement de génériques comme dernière arme pour contrer leur entrée sur le marché - Lorsqu'un laboratoire ne dispose plus de moyens juridiques pour empêcher un générique de percer le marché, qu'il occupait seul auparavant, il n'hésite pas à user de moyens peu recommandables. C'est ce qui s'est passé récemment avec le laboratoire Sanofi-Aventis. Le laboratoire a été condamné le 14 mai 2013 par l'autorité française de la concurrence[1603] à 40,6

[1600] Mylan Pharmaceuticals v. FDA, Crawford et al. (U.S. Court of Appeals for the Fourth Circuit, 5 juillet 2006).

[1601] Cet accord a été annulé par l'autorité de la concurrence aux Etats-Unis. E. Combe, H. Haug, « La guerre entre génériqueurs et laboratoires : quelques nouvelles du front », *RDC*, n°4-2006, p.169.

[1602] En effet aux Etats-Unis dans l'affaire du K-Dur, la Cour d'appel du onzième Circuit avait jugé en 2005 qu'un accord entre le laboratoire Schering-Plough et deux génériqueurs ne violait pas les règles de concurrence. En l'espèce Schering-Plough avait versé une somme totale de 90 millions de dollars à Upsher-Smith et AHP pour qu'ils retardent la mise sur le marché d'une version générique. Selon la Cour, rien ne permet d'inférer que cette pratique, pour restrictive qu'elle soit, va au-delà des droits d'exclusivité légitimes que confère le brevet à son détenteur.

[1603] Décision n°13-D-11 du 14 mai 2013 relative à des pratiques mises en œuvre dans le secteur pharmaceutique.

millions d'euros, pour « avoir mis en place auprès des professionnels de la santé (les médecins et les pharmaciens d'officine) une stratégie de dénigrement à l'encontre des génériques de Plavix® afin de limiter leur entrée sur le marché et de favoriser ses propres produits, le princeps Plavix® ainsi que son autogénérique Clopidogrel Winthrop® »[1604].

2 : Une bataille menée par les Etats développés : les représailles commerciales

651 - Les accords bilatéraux - Les laboratoires pharmaceutiques ne sont pas les seuls à mener la bataille des génériques, certains pays développés, notamment les Etats-Unis, sont très actifs sur le terrain de la protection des inventions. En effet, le déficit commercial des grandes puissances justifie à elle seule l'engagement de ces pays dans une protection à tout prix des droits de propriété intellectuelle. Aux Etats-Unis par exemple, le président Reagan avait affirmé, dès 1985, son intention de faire des droits de la propriété intellectuelle une priorité fondamentale de sa politique commerciale étrangère[1605]. Une diplomatie de type commerciale a été créée à côté de la diplomatie traditionnelle. Le gouvernement américain brandit désormais le respect des droits de propriété intellectuelle comme une conditionnalité à l'octroi de l'aide et à des faveurs de droits de

---

[1604] Selon la commission, « Sanofi-Aventis a planifié et organisé, juste avant et au moment de la sortie des génériques du Plavix®, en octobre 2009, une stratégie complète de communication, utilisant à la fois la presse, notamment professionnelle, et ses propres forces commerciales ». En effet eu égard à la perte qu'il réalisait, le groupe n'a pas lésiné sur les moyens, l'enjeu était de taille : en 2008 et 2009 le Plavix®, un de ses blockbusters, lui avait généré un chiffre d'affaire mondial de 2,6 milliards d'euros. En France ce médicament constituait en 2008 l'un des premiers postes de remboursement de l'Assurance Maladie. Sanofi a misé sur ses visiteurs médicaux et sur le sel qui servait à fixer le principe actif du médicament. Les visiteurs médicaux ont tenu des propos à caractère trompeur sur les génériques de Plavix®, avec comme principal argument que les génériques du Plavix® utilisaient un sel différent pour fixer le principe actif, ce sel étant dangereux selon Sanofi. Le sel du princeps était en effet encore protégé par un brevet. Cet argument a suffi à semer le doute dans l'esprit des prescripteurs, qui étaient incités à faire usage dans leurs prescriptions de la mention « non substituable ». Quant aux pharmaciens, lorsque l'ordonnance passait les mailles du médecin sans la mention « non substituable », il leur était demandé de substituer systématiquement le générique de Sanofi qui utilise le même sel que le princeps.

[1605] D. de Beer, op.cit., p.187.

douane. L'aide américaine est perçue avec un bon œil par les pays bénéficiaires dont les économies fragiles ne peuvent pas résister à une rigueur commerciale. Les conditions posées par les Etats-Unis et dans une moindre mesure par l'UE se traduisent par la signature d'accords bilatéraux sur la protection des droits de propriété intellectuelle. Ces accords bilatéraux vont toujours plus loin que les accords standards multinationaux. Il s'agit d'une sorte de contournement desdits accords. Ainsi certaines grandes puissances essaient de rattraper ce qu'ils ont perdu lors des négociations multilatérales. Ces accords freinent l'usage normal des dispositions des ADPIC par les pays bénéficiaires et aggravent les problèmes de santé publique dans les PED, notamment l'accès aux médicaments.

652 - L'effort du gouvernement américain envers les PED - Les Etats-Unis ont pris conscience que ces accords entravaient l'accès aux médicaments à des prix abordables dans les PED ; ils ont récemment adopté une nouvelle stratégie impliquant des modifications importantes concernant la durée des brevets, le lien entre les brevets et les autorisations de mise sur le marché, la protection des données résultant d'essais et les importations parallèles. Ces efforts sont cependant limités aux PED, à l'exclusion des pays industrialisés tels que la Corée du Sud[1606]. Mais ces efforts n'ont pas anéanti les effets de la spécial 301.

653 - La « special 301 » et les mesures de représailles - Outre les accords bilatéraux, les Etats-Unis disposent d'un système spécifique qui permet de surveiller l'accès aux marchés étrangers des produits américains pour déceler « les pratiques déraisonnables » en matière commerciale. Cette qualification permet au secrétaire d'Etat américain au commerce de mettre en œuvre la procédure « special

---

[1606] P. Arhel, « Propriété intellectuelle : approche bilatérale des États-Unis en faveur d'un meilleur accès à la santé publique », *LPA*, 26 mars 2009 n° 61.

301 »[1607], qui va aboutir, si l'Etat jugé fautif reste intransigeant, à des mesures de rétorsion. En 1984 le gouvernement américain a ajouté le non-respect des droits de la propriété intellectuelle parmi les mesures jugées contraires à l'esprit du commerce. Cette arme est très redoutée par tous les pays du monde, compte tenu de l'importance des échanges avec les Etats-Unis[1608]. Même les pays développés s'en offusquent. A ce propos, le commissaire européen du commerce avait traduit l'agacement des Européens en ces termes : « il n'est pas question de négocier sous cette menace unilatérale hors-la-loi braquée sur nos têtes comme un revolver »[1609]. Les pays du Sud, lorsqu'ils ont signé l'Accord sur les ADPIC, espéraient la fin des menaces de représailles étatsuniennes, mais en 1995, la loi organisant la procédure « special 301 », fut amendée pour étendre l'usage de la procédure à tout pays étranger, même si sa législation est conforme à l'Accord sur les ADPIC. Le seul fait que les Etats-Unis ne soient pas satisfaits d'une législation sur les droits de propriété intellectuelle, que celle-ci soit conforme aux ADPIC ou pas, permet le déclenchement de la procédure.

Cette crainte des représailles est reconnue par le docteur Margaret Chan, directeur général de l'OMS, dans une allocution devant les experts de la propriété intellectuelle[1610], elle a reconnu en parlant des PED, que ces pays étaient « inexpérimentés dans les négociations commerciales » et de ce fait, ils « craignent d'être

---

[1607] Cette procédure consiste à établir dans un premier temps chaque année une revue des pratiques en matière de propriété intellectuelle et d'identifier les pays qui n'assurent pas « une protection adéquate et effective » des droits de propriété intellectuelle. Les pays sont classés comme suite : la liste des pays qui peuvent faire mieux (watch liste), ensuite ceux dont le comportement est préoccupant (priority watch list) et enfin les pays considérés comme cible (priority foreign list). Lorsque le pays est identifié, s'en suit une consultation entre l'industrie américaine lésée, le gouvernement américain et le pays étranger visé. Si les résultats de cette conciliation n'est pas favorable aux Etats-Unis, le représentant au commerce enclenche, les mesures de représailles appropriées.

[1608] En 1992, les Etats-Unis ont retiré près de 60 millions de dollars d'importations pharmaceutiques de leur programme de préférence auprès de l'Inde, au motif que cet Etat avait un système insuffisant de protection des brevets qui nuisait aux intérêts des firmes pharmaceutiques américaines. Voir Rapport sur le développement humain, PNUD, p.136.

[1609] Propos de Leon Britan, rapportés dans The National Law Journal du 30 novembre 1998, cités par D. de Beer, op.cit., p.273.

[1610] Dr Margaret Chan, Directeur général de l'Organisation mondiale de la Santé, « Accès aux médicaments : le rôle des politiques d'approvisionnement », op.cit.

escroqués ou dupés ». Lorsque ces pays veulent, poursuit-elle, « tirer parti des éléments de flexibilité prévus par l'Accord sur les ADPIC, ils redoutent de subir des sanctions commerciales à titre de représailles ». Il y a également, selon elle, la crainte de voir les sociétés pharmaceutiques user de tactiques déloyales. Ainsi le brevet, censé contribuer à l'essor technologique des PED, apparaît comme un instrument qui aggrave leurs difficultés d'accès aux médicaments.

Paragraphe 2 : Le brevet aggrave les difficultés d'accès aux médicaments

Il est indéniable qu'il existe un lien entre commerce et santé[1611], puisque les biens de santé sont mis sur le marché et doivent respecter, lorsque la santé publique le permet, toutes les règles imposées aux autres biens courants. La propriété intellectuelle fait partie des droits qui touchent au commerce et à la santé publique. Cependant, le brevet, en ce qui concerne spécifiquement les médicaments, aggrave les difficultés d'accès à ces biens dans les pays à faibles revenus (A). La propriété intellectuelle s'analyse comme un monopole d'exploitation résolument tourné vers le commerce et avec le renforcement du système international de la propriété intellectuelle et sa gestion par des organes non sanitaires, le médicament apparaît comme le parent pauvre des droits de la propriété intellectuelle (B).

A : Le brevet et le monopole de la fabrication du médicament : un durcissement des conditions d'accès aux médicaments dans les PED

654 - Le monopole d'exploitation du médicament et la santé publique : des logiques contradictoires - L'Accord sur les ADPIC est, à ce jour, l'engagement multilatéral le plus complet en matière de propriété intellectuelle. Il reconnaît au détenteur de brevets un monopole sur les droits de vente, pour une longue période. Il prévoit également des mécanismes rigoureux pour faire respecter ces droits. Ces mécanismes sont complétés par des accords bilatéraux ou régionaux hors cadre international. Le monopole d'exploitation

1611 G. Velásquez, C. Correa, L'accès aux médicaments. Entre le droit à la santé et les nouvelles règles de commerce international, op.cit., pp. 12-15.

implique la détermination libre des prix de vente par les détenteurs des brevets. Les industries pharmaceutiques étant des entreprises économiques, les prix sont fixés non pas en tenant compte de critères sanitaires ou sociaux, mais en fonction du retour d'investissement souhaité. Pourtant, les PED, majoritaires au sein de l'OMC, attendaient de ces accords un assouplissement des conditions d'accès aux médicaments. Mais plus de 20 ans après la signature des accords leur situation n'a guère changé.

La maladie est « un événement sérieux dans la vie d'un individu »[1612], il est donc inadmissible qu'un groupe de personnes détienne la clé pour sauver les malades, et qu'au nom d'intérêts inavouables, ils recherchent avant tout un profit souvent exagéré. Cette situation constitue, pour reprendre les termes de la Déclaration de Montréal sur le droit fondamental aux médicaments, « une offense au droit international, à l'éthique et à la dignité humaine »[1613]. L'accès aux médicaments est une question qui interroge tous les Etats du monde, mais cette question est plus récurrente dans les PED et nécessite un traitement particulier qui ne tiendrait pas compte de logiques économiques.

La brevetabilité des médicaments a creusé un abîme en matière d'accès aux médicaments entre les pays développés et les PED. Les pays à revenus faibles font face à la montée des prix du médicament et compte tenu du tissu embryonnaire[1614]de leur industrie pharmaceutique, ces pays sont soumis au diktat des pays industrialisés et de leurs firmes pharmaceutiques. Ils se sont engouffrés dans

---

[1612] E. La Rosa, op.cit., p.9.

[1613] La déclaration de Montréal a été rédigée par un groupe de particuliers le 20 septembre 2005. Elle a été lancée en décembre 2005. Cette déclaration n'a aucune portée juridique contraignante. Aucun Etat n'y est assujetti.

[1614] Le magazine African Business n°23, août/septembre 2012, a fait un classement des entreprises. Parmi les 250 premières entreprises classées par ce magazine, aucune industrie pharmaceutique de l'Afrique de l'Ouest ne fait partie. Mines et métaux occupent les premières places. La première industrie pharmaceutique pointant à la 28ème place est sud-africaine, il s'agit du groupe Aspen Pharm Holdings.

l'économie mondiale, où la propriété intellectuelle est devenue la plaque tournante[1615], un instrument dont la portée a été généralisée[1616].

655 - Le discours paradoxal de l'industrie pharmaceutique - Force est de constater que malgré leurs florissantes activités, malgré l'amélioration de leur chiffre d'affaire[1617] et leur cotation en Bourse, l'industrie pharmaceutique maintient les prix de ses médicaments princeps à un niveau toujours élevé. Elle justifie la hausse de ses prix par le besoin de réinvestissement afin de faire avancer la recherche scientifique. Lorsqu'un laboratoire lance un médicament sur le marché, il use d'arguments de santé publique pour justifier son geste, qui serait dénué de tout intérêt autre que l'intérêt du patient. Face à cette croissance de l'économie du médicament, les malades eux, et surtout dans les PED, voient leur droit aux soins décroître, leur espoir de vivre s'abaisse considérablement et se meurt. C. Jourdain-Fortier en conclut que « derrière le discours d'intérêt général, c'est l'intérêt privé qui oriente la recherche pharmaceutique »[1618].

[1615] Il faut relever que les raisons qui ont sous-tendu l'exclusion du médicament du domaine des brevets n'ont pas disparu, ce sont certainement les idées économiques qui ont évolué. En effet les défenseurs de la non brevetabilité du médicament jugeaient qu'il était inconcevable de mettre entre les mains d'un seul individu un bien qui sauve, ils préconisaient donc que dès qu'un remède était reconnu efficace, de le mettre immédiatement à la disposition des malades. La non brevetabilité visait également à éviter qu'un inventeur ne s'accapare d'un remède nécessaire à la santé publique et ne spécule sur cette nécessité, alors qu'un grand nombre de ces concitoyens ont besoin de se remède pour guérir. Voir D. Senac, *De la brevetabilité du produit pharmaceutique, étude de législation comparée*, Thèse de doctorat en droit, 1943, Université de Paris, thèse éditée aux éditions Domat-Montchrestien, 1943, pp, 39-50.

[1616] D. Gervais, op.cit., p.6.

[1617] En France en 2011, l'industrie pharmaceutique a réalisé un chiffre d'affaire de plus de 50 milliards d'euros source LEEM d'après GERS et statistiques douanières. Le premier laboratoire mondial en termes de chiffre d'affaire, accumulait à lui seul en 2010, 791, 449 milliards de dollars. Si l'on revoit son chiffre d'affaire de 2006, qui était de 609 milliards de dollars, on s'aperçoit de la bonne croissance des affaires (Source IMS Health décembre 2010).

[1618]C. Jourdain-Fortier, « L'ambivalence des concentrations d'entreprises au sein de l'industrie pharmaceutique», op. cit. , p. 139.

B : Le brevet et le renforcement de son champ d'application en matière pharmaceutique

656 - Les arguments en présence - Deux camps s'opposent en matière de renforcement des droits de la propriété intellectuelle : d'un côté, il y a ceux qui considèrent que, sans protection des inventions, l'humanité se serait retrouvée sans médicaments pour soigner les maladies, en ce sens qu'aucune industrie n'investirait dans une recherche perdue d'avance ; ils soutiennent que sans brevet, il n'y a point de développement économique. De l'autre côté, il y a les partisans de la non-brevetabilité qui soutiennent que les règles régissant le commerce international des produits pharmaceutiques créent une asymétrie entre les pays riches et les PED. Selon eux, en intégrant le médicament dans les ADPIC et en transférant sa gestion à l'OMC, les médicaments ont été traités comme n'importe quelle autre marchandise, malgré leur rôle consistant à améliorer la santé et à sauver des vies[1619]. Lorsqu'on observe la scène du marché international des médicaments, on a tendance à donner raison aux partisans de la non-brevetabilité des médicaments[1620].

657 - L'extension du champ des brevets du médicament ou comment verrouiller au maximum le droit à la copie - L'Accord sur les ADPIC s'il a élargi le droit des brevets, l'a également renforcé. Le médicament se retrouve pris dans tous ses aspects. En effet plusieurs catégories de brevets existent pour pallier la période d'exploitation exclusive estimée trop courte. Il y a le brevet de produit, (le médicament en temps qu'entité chimique), le brevet de procédés, c'est-à-dire le mode de fabrication industrielle, le brevet d'indication thérapeutique et le brevet relatif aux inventions biotechnologiques. Ainsi les firmes pharmaceutiques peuvent multiplier les brevets en les échelonnant sur le temps. Par exemple, lorsque le brevet sur la molécule arrive à expiration, le laboratoire peut développer des stratégies pour faire breveter, soit le mode de fabrication, soit la forme ou encore le mode de synthèse, si ce n'est pas l'excipient[1621] qui est breveté. Ces pratiques permettent d'allonger

[1619] Margaret Chan, discours accès médicament, op.cit.
[1620] Voir supra paragraphe 655 sur le chiffre d'affaire de l'industrie pharmaceutique.
[1621] On peut citer le brevet du Plavix, où le laboratoire Sanofi a breveté également le sel sur lequel se fixe le principe actif. Lorsque son brevet a expiré, Sanofi s'est basé sur la qualité de son sel pour combattre son concurrent génériqueur.

légalement la période d'exclusivité et rendent plus complexes les possibilités de copies. Les laboratoires qui fabriquent des médicaments blockbusters font un recours systématique à ces pratiques dites de « grappes de brevets ». On peut citer l'exemple du laboratoire GlaxoSmithKline qui a déposé en 2000 quatre brevets concernant son antibiotique Augmentin®, deux ans avant l'expiration du brevet d'origine[1622]. Quant à Sanofi-Aventis, il a protégé son médicament Lovenox® par plus de cent vingt brevets[1623]. « Ces grappes de brevets », si elles sont un succès pour les laboratoires pharmaceutiques, sont une perte financière pour les patients. En effet, en faisant valoir plusieurs brevets autour d'un médicament, le laboratoire augmente ses chances, en cas de recours, de conserver au moins un brevet, ce qui prolongera son monopole d'exploitation. Les laboratoires sont déterminés à défendre leur droit par tous les moyens, y compris ceux qui menacent la santé publique. Cette technique porte atteinte au droit d'accès aux médicaments des patients, qui perdent une chance d'accéder à des médicaments moins chers[1624].

Section 2 : L'atténuation du droit des brevets de médicaments : la prise en compte de la santé publique et du développement

Le médicament étant un bien spécifique les pays membres de l'OMC, notamment les pays du Sud, ont exigé que soit tenu compte de la santé publique dans les règles de propriété intellectuelle. A l'issue de longues négociations, les pays développés leur ont concédé certains avantages pour concilier économie et santé. C'est ainsi que des

---

[1622] L'augmentin® a été lancé en 1981 et son brevet arrivait à expiration en 2002. Pour empêcher les copies de sa molécule, le laboratoire avait déposé des brevets complémentaires qui devaient porter l'expiration de 2002 en 2017 et 2018. Ces nouveaux brevets ont été contestés par le fabricant de génériques Geneva Pharmaceuticals. La justice américaine a invalidé lesdits brevets. Voir, Les Echos n° 18661 du 27 Mai 2002, p.14.

[1623] N. grandfils, V. Paris, C. Sermet, « Les laboratoires pharmaceutiques face à l'arrivée des génériques : quelles stratégies pour quels effets ? », in *Questions d'économie de la santé*, n°84, octobre 2004, p.4.

[1624] On peut signaler que des condamnations ont déjà eu lieu aux Etats-Unis contre de grands laboratoires pour avoir retardé la mise sur le marché de génériques à travers leur recours en justice. Ainsi ils ont été obligés à indemniser les plaignants pour compenser les pertes financières subies du fait du retard de commercialisation du générique. C'est l'exemple de Bristol-Myers Squibb pour le Buspar®.

flexibilités ont été introduites dans l'Accord sur les ADPIC pour permettre d'équilibrer la protection de l'innovation et la promotion de la santé publique (Sous-section 1). Malgré cette tentative de conciliation, il est apparu que les intérêts particuliers avaient encore une forte prédominance sur les politiques d'accès aux médicaments. Les pays du Sud, surtout les moins avancés d'entre eux, étaient confrontés à des difficultés technologiques d'utilisation de certaines flexibilités, notamment celles relatives aux licences obligatoires et aux importations parallèles. Après de longs débats, un accord a été trouvé le 30 août 2003 pour rééquilibrer le rapport entre l'économie de la connaissance et la santé publique (Sous-section 2).

Sous-section 1 : Equilibre entre la nécessité d'un accès pour tous aux médicaments et l'incitation à l'innovation

Le nouvel « ordre mondial du brevet »[1625], présenté comme l'instrument indispensable à l'essor du commerce international, n'a pas séduit tous les membres de l'OMC. Présenté comme un outil d'incitation à l'innovation, il n'a pas permis cette innovation dans les PED, surtout en Afrique. Etendu à tous les domaines, il a entamé les minces espoirs des PED en matière d'accès aux médicaments. Transféré à l'OMC, la gestion des conflits commerciaux voit échoir sur la table des problèmes de santé. Comment traiter, à l'aune du droit commercial international, un problème purement sanitaire. Pour que le droit des brevets ne fasse pas souffrir durablement la santé publique, le brevet, quoique déjà limité dans le temps, va être limité par des arguments de santé (Paragraphe 1), et par son espace d'application (Paragraphe 2).

Paragraphe 1 : Le droit de propriété intellectuelle limité par la santé publique

La santé publique a justifié l'introduction de flexibilités dans l'Accord sur les ADPIC. Il s'agit de dispositions dérogatoires au principe de la protection mondiale de la propriété intellectuelle. Ces dérogations ont divisé les négociateurs des accords. Les Etats-Unis, craignant un usage abusif des flexibilités, avaient souhaité limiter leur

---

[1625] D. de Beer, op.cit., p.283.

usage au VIH/SIDA, à la tuberculose et au paludisme. Mais les positions des autres négociateurs ont plaidé pour que ces flexibilités soient accordées pour toute crise sanitaire. La définition de la crise de santé publique a été laissée à l'appréciation des autorités nationales, ce qui constitue en théorie, une avancée significative. Les crises sanitaires ouvrent le droit à l'usage des flexibilités ; la plus en vue et la plus redoutée par l'industrie pharmaceutique est la licence obligatoires (A), mais d'autres flexibilités existent, nous étudierons les plus essentielles d'entre elles (B).

A : Les licences obligatoires

Lorsqu'un brevet a été délivré son titulaire peut l'exploiter personnellement ou le céder volontairement à un autre. Cependant, il peut arriver que sans le consentement du titulaire, les autorités nationales autorisent un tiers à exploiter ledit brevet, il s'agit de licences obligatoires. Pour paraphraser D. de Beer la licence obligatoire est une autorisation de copier l'invention d'un autre sans son accord[1626]. La licence obligatoire doit, pour être valable, respecter des conditions de forme et être motivée.

658 - Historique des licences obligatoires : prévenir l'abus du droit des brevets - Les licences obligatoires sont une sorte de réplique légale aux abus liés au monopole d'exploitation d'un brevet. Historiquement la Convention de Paris les prévoyait en ces termes : « chacun des pays de l'Union aura la faculté de prendre des mesures législatives prévoyant la concession de licences obligatoires, pour prévenir les abus qui pourraient résulter de l'exercice du droit exclusif conféré par le brevet… »[1627]. Elle a également précisé que la déchéance du droit de brevet ne pourrait intervenir que dans les cas où la licence obligatoire ne suffirait pas pour prévenir les abus[1628].

[1626] D. de Beer, op.cit., p.323.

[1627] Article 5, alinéa 2 de la Convention de Paris sur la protection de la propriété industrie (20 mars 1883).

[1628] Article 5, alinéa 3 de la Convention de Paris sur la protection de la propriété industrie.

Cette ancienne[1629] pratique de licences obligatoires n'est pas tombée en désuétude comme le prévoyait P. Roubier depuis 1954[1630]. Contrairement à ses prédictions la mondialisation des droits de propriété intellectuelle a non seulement intégré les licences obligatoires de la Convention d'Union de Paris, mais a également élargi leur utilisation en permettant aux pays membres de prévoir « des exceptions limitées aux droits exclusifs conférés par le brevet »[1631] et d'« autres utilisations sans autorisation du détenteur du droit »[1632]. L'introduction des licences obligatoires dans l'Accord sur les ADPIC est une conciliation heureuse entre la position américaine, hostile à toute limitation des prérogatives du breveté, et la déchéance des droits prônée par les pays du Sud.

Si l'Accord sur les ADPIC reconnaît aux Etats membres la possibilité d'octroyer des licences obligatoires, il les oblige à respecter certaines conditions destinées à sauvegarder les intérêts du titulaire du brevet.

659 - Les conditions de mise en œuvre de la licence obligatoire - Pour exploiter un brevet sans l'accord de son titulaire, les Etats membres doivent apprécier les situations au cas par cas. Ils doivent user de toutes leurs possibilités pour obtenir une licence volontaire dans des conditions commerciales raisonnables ; c'est seulement lorsque ces efforts sont infructueux que l'Etat membre peut délivrer une licence obligatoire[1633]. Lorsque l'autorisation est délivrée, l'article 31 de l'Accord sur les ADPIC indique que sa durée doit être limitée dans le temps. L'autorisation est non exclusive[1634] et est incessible. L'Etat membre qui a délivré cette licence s'engage à n'en faire usage

[1629] Ces solutions pour lutter contre les abus du monopole d'exploitation sont inspirées du droit anglais. En effet une la loi du 23 décembre 1919 prévoyait un système complet de sanctions des « abus du droit de monopole ».

[1630] P. Roubier, *Le droit de la propriété industrielle*, t. 2, Editions Recueil Sirey, 1954, p. 322

[1631] Article 30 de l'Accord sur les ADPIC.

[1632] Article 31 de l'Accord sur les ADPIC.

[1633] Il faut noter qu'il existe des cas où la négociation avec le titulaire du brevet n'est pas demandée, il s'agit des cas d'urgence et d'extrême urgence, les cas d'utilisation non commerciale et les cas de pratiques anticoncurrentielles.

[1634] Cela signifie que toute personne intéressée peut demander une telle licence.

que pour l'approvisionnement de son marché intérieur[1635]. L'autorisation peut être suspendue lorsque les circonstances ayant soutenu son octroi cessent.

660 - Les fondements et les motifs des licences obligatoires - L'Accord sur les ADPIC laisse la porte ouverte aux Etats pour délivrer des licences sans le consentement du titulaire du brevet, tout en plaçant une camera de surveillance sur les motifs d'utilisation desdites licences. Ainsi une licence peut être :

- Accordée pour des motifs de santé publique, l'Accord a laissé le soin aux Etats de définir les motifs qui peuvent conduire à la délivrance d'une licence obligatoire sur la base de la santé publique. Cette disposition est intéressante, car toute pathologie en fonction de son ampleur peut être qualifiée de crise nationale et ouvrir la possibilité pour les Etats d'émettre une licence obligatoire. Elle est également intéressante parce qu'elle concerne aussi bien les pays pauvres que les pays riches. Si les motifs se limitaient au sida, à la tuberculose ou au paludisme, cela impliquerait que des maladies qui sévissent au Nord en seraient exclues[1636].
- Accordée pour utilisation publique à des fins non commerciales par le gouvernement ;
- Accordée à des tiers autorisés par le gouvernement pour utilisation publique à des fins non commerciales ;
- Accordée pour cause de conditions d'urgence ou d'extrême urgence ;
- Accordée pour remédier à une pratique déterminée anticoncurrentielle à l'issue d'une procédure administrative ou judiciaire ;
- Accordée dans les cas de licence liée à un brevet dépendant : il s'agit de brevet qui ne peut pas être exploité sans utiliser un autre brevet.

[1635] Cette disposition va causer dans la pratique des difficultés qui vont conduire à la révision de l'article concerné. Si la licence obligatoire doit servir à approvisionner le marché intérieur du pays qui l'émet, cela signifie que les pays sans capacité de production ne peuvent pas bénéficier de cette licence.

[1636] On peut rappeler que c'est grâce à cette disposition que les Etats-Unis ont pu produire des médicaments lors de l'attaque à l'Anthrax.

L'article 8 de l'Accord sur les ADPIC autorise les Etats membres à adopter des mesures nécessaires pour protéger la santé publique et la nutrition. Mais, plus loin, les rédacteurs freinent les Etats membres dans leur marge de manœuvre, en indiquant que ces mesures doivent être conformes aux dispositions de l'Accord ADPIC. Cette dernière disposition sera la pomme de discorde entre les Etats qui sollicitent l'usage de cette flexibilité et les firmes pharmaceutiques[1637].

La prise en compte de la santé publique a également permis d'autres flexibilités.

B : L'épuisement des droits et l'importation parallèle

661 - L'épuisement des droits, un outil utile pour l'accès aux médicaments - L'épuisement des droits est une atténuation à la situation monopolistique conférée par le brevet. En ce qui concerne le médicament, l'épuisement des droits ouvre le droit aux importations parallèles. Il faut rappeler que le monopole conféré par le brevet implique le droit de fabriquer le médicament, mais également de l'exploiter et de l'importer. Cela signifie que, sans épuisement des droits, toute importation de médicaments sous brevet devrait recueillir l'autorisation du titulaire du brevet. Cette situation compliquerait l'accès aux médicaments.

Le droit du brevet s'épuise dès lors que son titulaire met le médicament sur le marché. Dés lors, il n'a plus la maîtrise de son bien et toute personne peut l'acheter pour approvisionner n'importe quel marché. L'une des avancées de l'Accord sur les ADPIC est qu'il n'impose pas aux pays membres un mode d'épuisement des droits, il laisse les pays décider. Il existe trois sortes d'épuisement des droits :

- L'épuisement national : c'est le plus restrictif, cela revient à limiter le droit de circulation des produits couverts par un brevet dans un pays. Dans cette situation, seuls les médicaments qui ont été mis sur le marché local, par ou avec le consentement du titulaire, peuvent circuler librement. Cela veut dire que les importations parallèles ne sont pas possible dans ce cas.

[1637] L'industrie pharmaceutique a souvent évoqué le fait que les lois nationales ne sont pas conformes aux dispositions de l'Accord ADPIC. C'est ce qui a conduit au procès de Pretoria. Voir G. Velásquez, C. Correa, *L'accès aux médicaments. Entre le droit à la santé et les nouvelles règles de commerce international*, L'Harmattan, op.cit., pp. 12-15 ; D. de Beer, op.cit.

- **L'épuisement régional** : ce type d'épuisement limite l'importation à la seule région. Par exemple l'UE ou encore la zone OAPI[1638]. Ici l'importation parallèle est possible, mais est restreinte à la région. Le médicament ne peut circuler que dans les pays membres de la région concernée.

- **L'épuisement international** : il permet à toute personne d'importer, sur le territoire d'un Etat membre de l'OMC, le même produit breveté en provenance de n'importe quel autre Etat où il aurait été commercialisé avec l'accord du titulaire du brevet. L'épuisement international est de loin le plus intéressant et devrait être suivi par les pays du Sud. L'épuisement des droits permet d'élargir l'offre de médicaments et d'espérer jouer avec la concurrence par les prix.

662 - L'importation parallèle, un instrument pour stimuler la concurrence - Par importation parallèle il faut entendre l'importation et la revente dans un pays, sans l'autorisation du titulaire du brevet, d'un produit breveté qui a été mis sur le marché du pays exportateur par le titulaire du brevet ou d'une autre manière légitime. Par exemple, un grossiste-répartiteur peut acheter des médicaments brevetés vendus en France puis les revendre au Canada, où le même brevet est en vigueur sans l'autorisation du titulaire du brevet. Les importations parallèles sont basées sur le principe de l'épuisement des droits.

663 - L'exception Bolar[1639] - L'exception Bolar est aussi appelée « exception pour exploitation rapide ». Il s'agit d'un mécanisme particulier permettant de faciliter la fabrication de produits génériques et d'accélérer leur commercialisation à l'expiration des brevets correspondants. Cette exception revêt une importance considérable pour les pays en développement, notamment s'ils produisent ou sont susceptibles de produire des génériques. Avec l'exception Bolar, les laboratoires peuvent commencer les expériences cliniques avant l'expiration du brevet du médicament princeps. La validité de ces

---

[1638] Voir infra paragraphe 698.

[1639] Le nom « d'exception Bolar » vient d'une affaire jugée par les tribunaux américains Roche Products Inc. vs. Bolar Pharmaceutical *Co.*(733 F. 2d. 858, Fed. Cir., cert. denied 469 US 856, 1984). Voir aussi, par exemple, Coggio et Cerrito, 1998.

exceptions a été posée devant la Cour suprême du japon en 1999[1640]. La Cour dans une décision du 16 avril 1999 a d'abord rappelé que « l'un des principes fondamentaux du système des brevets était de permettre à quiconque d'exploiter librement une nouvelle technologie après l'expiration de la durée de protection conférée par le brevet, créant ainsi un bénéfice pour la société ». Compte tenu de la nécessité de réaliser des essais cliniques pour obtenir l'autorisation de mise sur le marché d'un produit générique. La Cour a donc estimé que la fabrication du produit breveté à cette fin ne constituait pas une violation des droits de brevet, car, dans le cas contraire, « les tiers ne seraient pas en mesure d'exploiter librement l'invention brevetée avant un certain temps, une fois le brevet venu à expiration, ce qui irait à l'encontre des principes fondamentaux du système des brevets ».

Le droit des brevets n'est pas un droit absolu ; en matière de médicaments, le souci de rendre ce bien accessible à tous et de répondre à des questions urgentes de santé, a conduit à l'introduction de flexibilités dans le système international de propriété intellectuelle. Si ces flexibilités tiennent compte de la santé publique, elles intègrent également des questions de développement.

Paragraphe 2 : Le droit de propriété intellectuelle, un droit limité dans l'espace

Le brevet, longtemps « persécuté », sort aujourd'hui renforcé et universalisé. En effet, il a été « sous le feu de la critique »[1641] depuis son instauration. Certains réclamaient sa suppression[1642], d'autres trouvaient qu'il avait rempli sa mission d'attirer le savoir-faire étranger et qu'il était temps de s'en débarrasser[1643]. Mais, le pouvoir commercial qu'il détient a plaidé à son maintien. Aujourd'hui le droit des brevets a englouti l'ensemble des secteurs touchant au commerce. Il s'est également élargi à tous les pays du monde, des mieux nantis

---

1640 Décision rapportée par Carlos Correa, « Intégration des considérations de santé publique dans la législation en matière de brevets des pays en développement », op.cit., p.86-87.

1641 D. de Beer, op.cit., p.51.

1642 Machlup et Penrose, « The patent controversy », cité par D. de Beer, op.cit., p.51.

1643 Janis, « Patent abolitionism », cité par D. de Beer, op.cit., p.53.

aux plus démunis. Pour tenir compte de la situation des pays membres de l'OMC, l'Accord sur les ADPIC a aménagé des faveurs en fonction de la situation économique des pays (A), mais ces flexibilités vont se révéler d'application difficile pour l'ensemble de ces pays (B).

A : Des flexibilités accordées à certaines catégories de pays membres.

664 - La quête d'un traitement différentiel par les PED - Le traitement différentiel en matière de commerce ne date pas de la création de l'OMC. En effet, depuis la création du GATT, la situation des PED a fait l'objet de débat. Les PED ont pris les devants en faisant remarquer que le GATT leur était défavorable en ce sens qu'ils n'avaient pas le même niveau de développement que les autres pays. S'enfermer dans des mesures rigoureuses conduirait à la mise à mort de leur commerce extérieur et exacerberait la pauvreté intérieure des pays. C'est finalement en 1979 que leurs doléances ont été satisfaites et ils ont pu bénéficier de certaines faveurs liées à leur situation de pays pauvres[1644].

665 - Le traitement différentiel dans l'Accord sur les ADPIC ou la séparation de l'expert du profane - Lorsque l'OMC a remplacé le GATT, la situation des pays pauvres a été de nouveau mise sur la table des négociations. L'Accord sur les ADPIC a catégorisé les pays membres de l'OMC en fonction de leurs revenus. Ainsi on distingue, les pays industrialisés ou encore pays développés, les pays en développement (PED) ou encore pays émergents, les pays les moins avancés (PMA)[1645] et les pays qui ont adhéré nouvellement à l'OMC. L'OMC n'a pas donné de définition des PED, elle a semblé laisser à chaque pays la liberté de se ranger dans la catégorie qui correspond à son développement économique. L'intérêt d'une telle catégorisation est de pouvoir réserver à chaque catégorie le traitement qui sied à son développement économique.

Un délai a été accordé à deux catégories de pays dont la situation économique a été jugée non conforme à l'application de l'Accord sur les ADPIC. C'est ainsi qu'il a été accordé aux PED et

[1644] Voir, décision du 28 novembre 1979, doc. GATT L/4903(http://www.wto.org/french/docs_f/legal_f/enabling 1979_f.htm).
[1645] Le Burkina Faso et le Sénégal sont classés dans les PMA.

aux PMA un délai pour mettre leur situation économique à la hauteur des exigences du commerce international, c'est-à-dire qu'il leur a été accordé la possibilité de faire des copies d'inventions et ainsi d'utiliser la technologie des autres pays pour assurer leur propre développement industriel.

666 - Le traitement des pays en développement - Les PED se sont vus accorder une transition de cinq ans pour respecter toutes les obligations liées à l'Accord sur les ADPIC. A la signature de l'Accord ADPIC, ils avaient jusqu'en 2000 pour offrir aux pays membres de l'OMC, un système efficace de brevet. Une dérogation supplémentaire a été accordée aux PED qui n'accordaient pas de brevet avant leur accession à l'OMC, surtout dans le secteur pharmaceutique ; ces pays à statut particulier ont eu cinq ans supplémentaires ce qui portait leur délai de 2000 en 2005. L'Inde a bénéficié de ce système jusqu'en 2005 et aujourd'hui elle semble s'en sortir, vu sa position de « pharmacie du tiers monde », acquise à la sortie de sa période de transition.

667 - Le traitement des pays les moins avancés - Si les PED n'ont pas été clairement définis par l'OMC, les PMA, eux, sont une construction de l'ONU depuis 1971. En effet, en fonction de critères socio-économiques[1646], l'ONU a volontairement rangé certains pays de la planète dans cette catégorie, afin que la communauté internationale leur accorde une attention particulière. L'OMC a fait sienne cette classification. C'est ainsi que les PMA vont bénéficier de mesures avantageuses parmi les membres de l'OMC. En effet, l'article 66 de l'Accord sur les ADPIC, indique que les PMA, compte tenu de leurs besoins spéciaux, de leurs contraintes économiques et financières, ont besoin de flexibilités pour se doter d'une technologie viable. C'est ainsi qu'ils ont été dispensés d'appliquer les dispositions

[1646] Les critères utilisés par l'ONU pour classer les pays dans la catégorie PMA sont : la population d'un P.M.A ne doit pas dépasser 75 millions d'habitants ; le revenu moyen par habitant doit être inférieur à 900 dollars par an ; le niveau de développement humain (l'I.D.H.) doit être faible ; la situation économique, évaluée en fonction d'indicateurs d'instabilité, d'une diversification médiocre et de la petite taille du pays, est telle que le pays se montre très vulnérable aux aléas de la conjoncture internationale ou régionale.

des Accords sur les ADPIC, à l'exclusion des articles 3, 4 et 5[1647], pendant une période de 10 ans. Ils avaient donc jusqu'en 2005 pour mettre en place un système de protection des droits de propriété intellectuelle[1648].

Ces périodes de transition ont été âprement négociées. Selon M. de Beer, ces périodes n'ont pas été du goût de l'industrie pharmaceutique, qui n'a pas manqué de critiquer ces concessions faites aux pays pauvres[1649]. Dès lors, l'industrie pharmaceutique, soutenue par les pays industrialisés va œuvrer à compromettre les avantages accordés aux PED et surtout aux PMA.

B : Des flexibilités inutiles pour les bénéficiaires

668 - Les flexibilités : de maigres marges de manœuvre pour résoudre des impératifs de santé publique - Les PMA ne sont pas que des pays pauvres, ils sont également dépourvus d'acteurs capables de bien interpréter les accords signés dans le cadre de l'OMC. Leur situation socio-économique réduit considérablement leur marge de manœuvre en matière commerciale. Aujourd'hui la plupart des PMA sur le continent africain dispose déjà de lois en matière de propriété intellectuelle[1650]. Ces lois datent souvent d'avant l'OMC et ont été renforcées avec l'avènement de cette dernière. Ces lois ont été régionalisées, ce qui réduit les marges de manœuvre d'un pays pris individuellement et la période de transition apparaît alors sans intérêt évident pour les PMA membres de ces organisations régionales de propriété intellectuelle. Ces difficultés expliquent pourquoi, depuis la

---

[1647] L'article 3 porte sur le traitement national. « Chaque membre accordera aux ressortissants des autres membres un traitement non moins favorable que celui qu'il accorde à ses propres ressortissants en ce qui concerne la protection de la propriété intellectuelle… ». L'article 4 concerne le traitement de la nation la plus favorisée. « En ce qui concerne la protection de la propriété intellectuelle, tous avantages, faveurs, privilèges ou immunité accordés par un membre aux ressortissants de tout autre pays seront, immédiatement et sans condition, étendus aux ressortissants de tous les autres membres… ». Et l'article 5 stipule, quant à lui, que : « Les obligations découlant des articles 3 et 4 ne s'appliquent pas aux procédures prévues par les accords multilatéraux conclus sous les auspices de l'OMPI pour l'acquisition ou le maintien de droits de propriété intellectuelle ».

[1648] Cette durée a été prolongée par la déclaration de Doha jusqu'en 2016.

[1649] D. de. Beer. Op.cit., p.250.

[1650] C'est le cas du Burkina Faso et du Sénégal qui dans le cadre de l'OAPI dispose d'une protection des brevets.

création de l'OMC jusqu'au procès de Pretoria, aucun PMA en Afrique n'ait fait usage des flexibilités. Le Kenya a été le premier pays africain à adopter le 14 juin 2001, une loi sur la propriété intellectuelle en conformité avec l'Accord ADPIC[1651]. Cette loi autorisait les importations parallèles, les licences obligatoires pour raison de santé publique et l'exception « Bolar ».

669 - Les périodes de transition n'interrompent pas les demandes de brevet dans les PMA et les PED : l'ouverture des boîtes aux lettres - Pendant la période de transition, où ils étaient dispensés de système de protection des brevets, les PMA avaient l'obligation d'ouvrir une boîte aux lettres dans lesquelles étaient reçues les demandes de brevet. L'objectif était de pouvoir les traiter une fois la période de transition passée. A l'expiration de la période de transition, si la demande remplit les critères de brevetabilité, le brevet est accordé à compter de sa date de dépôt pour une période de 20 ans.

Avant la fin de la période de transition, si un médicament, dont la demande de brevet a été mise dans la boîte aux lettres, obtient une AMM dans le pays où la demande de brevet a été déposée, l'Accord sur les ADPIC indique que l'auteur de la demande peut introduire une autre demande auprès des autorités nationales en vue d'obtenir une période d'exclusivité de vente pendant cinq ans en attendant l'examen de la demande du brevet, qui interviendra après la période de transition. Cette période d'exclusivité est soumise à deux conditions : le médicament en question doit avoir obtenu un brevet dans un autre pays membre de l'OMC suite à une demande déposée après le 1er janvier 1995. Il doit également obtenir une autorisation de commercialisation. Il s'agit de s'assurer que les produits en question sont une réelle invention.

670 - Des flexibilités mises à mal par les conditionnalités de l'aide internationale au développement - La faiblesse des économies des PMA les assujettit à l'aide extérieure[1652] et aux dons de

---

[1651] Kenyan, industrial property act, 2001. Le texte de la loi est disponible sur http://www.wipo.int/wipolex/fr/text.jsp?file_id=128384

[1652] On peut citer à titre illustratif les Etats-Unis qui ont dépensé, en 1999, 770 000 dollars et environ 7 millions de dollars chaque année pour soutenir les PED dans les efforts de mise en place de l'Accord sur les ADPIC (base de donnée « Trade capacity building » de l'agence d'Etat USAID cité par D. de Beer, op.cit., p.373).

médicaments[1653], alors que la majorité des pays donateurs conditionne l'assistance technique et financière à l'exigence d'un système de protection par brevet[1654]. Mais notons que depuis qu'elle existe, l'aide au développement, n'a pu résoudre que des problèmes conjoncturels, alors que la faiblesse technologique et la pauvreté que sont appelés à résoudre les PMA sont d'ordre structurel.

Finalement le problème semble ne pas être lié à l'Accord sur les ADPIC, mais aux interprétations qu'en font les Etats développés. En effet, ces pays interprètent toujours les accords au regard de leurs intérêts et voient toujours dans le comportement des pays qui bénéficient des flexibilités, un comportement tendant à violer lesdits Accords.

L'ensemble des difficultés que rencontrent les pays pauvres en matière d'utilisation des flexibilités va conduire à un réexamen de l'Accord ADPIC pour y inclure efficacement des dispositions de santé publique.

Sous-section 2 : Le rééquilibrage du rapport entre le droit des brevets et le droit à la santé : la correction de l'Accord sur les ADPIC

Les difficultés d'accès aux médicaments de traitement du VIH/SIDA ont été les précurseurs de l'introduction de la santé dans les droits de propriété intellectuelle. En effet, le débat sur la situation sanitaire dans les pays pauvres, membres de l'OMC, a émergé au grand jour à l'occasion du procès intenté par des entreprises multinationales pharmaceutiques au gouvernement de l'Afrique du Sud en 2001. La position sud-africaine, dont la légitimité nationale et internationale a été reconnue, a permis aux membres de l'OMC de renouer avec le dialogue à Doha en 2001. La déclaration qui a suivi cette réunion ministérielle de Doha a vu pour une fois les pays pauvres imposer leur point de vue aux pays développés. Cela a conduit les

[1653] Par exemple depuis 1998, le groupe américain Merck a lancé un programme d'aide globale au Botswana en investissant 50 millions de dollars sur cinq ans et a également formé des experts et médecins locaux P. Mollo, «L'accès aux traitements antisida piétine », *La Tribune*, 3 décembre 2004, p.5.

[1654] C'est l'exemple des aides faites par les Etats-Unis, à travers son organisme USAID (agence des Etats-Unis pour le développement international).

dirigeants des pays développés à revoir leur position sur la prise en compte de la santé publique dans le droit international commercial[1655](Paragraphe 1). Si la déclaration de Doha a permis des avancées significatives sur le plan de l'accès aux médicaments, un énorme problème pratique se posait pour les pays pauvres qui ne disposaient pas d'unités de production sur leur territoire, ceux-ci ne pouvaient pas utiliser les flexibilités issues de Doha. Une deuxième solution, sous forme de décision, est venue résoudre le problème le 30 août 2003 (Paragraphe 2).

Paragraphe 1 : La déclaration de Doha sur l'Accord sur les ADPIC et la santé publique : l'influence des PED sur les pays en développés

Il est apparu nécessaire avec l'évolution du droit du commerce international, de marquer une pause pour revoir les règles de fonctionnement de l'OMC jugées trop marchandes. La problématique de l'accès aux médicaments s'est invitée de nouveau dans les

[1655] La situation des pays pauvres a conduit à de nombreuses initiatives témoignant de la reconnaissance de leurs difficultés en matière d'accès aux médicaments On peut citer quelques initiatives qui selon nous marquent la volonté de remédier aux failles des ADPIC. 1) Dans une action conjointe, l'OMC et l'OMS ont organisé du 8 au 11 avril 2001, en Norvège, un atelier dans le but d'étudier les questions relatives à l'accès aux médicaments essentiels à des prix abordables dans les pays pauvres et au financement de cet accès. Cet atelier a reconnu l'importance de la fixation différenciée des prix pour les pays pauvres. Le Rapport de l'Atelier est disponible à l'adresse suivante : http://www.wto.org/french/tratop_f/trips_f/hosbjor_report_f.pdf. 2) Ensuite il y eu le débat du 20 juin 2001 sur la propriété intellectuelle et l'accès aux médicaments. Lors de ce débat le Directeur Général de l'OMC, M. Moore, a assuré que des efforts doivent être ménagés pour permettre aux populations les plus pauvres du monde d'accéder aux traitements. 3) Ce débat a été suivi par un symposium consacré aux problèmes auxquels se heurtent le système commercial multilatéral. Ce symposium a rappelé les difficultés qui existaient pour trouver un équilibre entre la protection de la propriété industrielle et la santé publique OMC, « Colloque de l'OMC consacré aux problèmes auxquels le système commercial multilatéral doit faire face», Communiqué de presse, 18 mai 2001, http://www.wto.org/french/news_f/pres01_f/pr229_f.htm. 4) Enfin, l'accès des pays pauvres aux médicaments a également fait l'objet de la Résolution 2001/33 du Haut Commissariat de Nations Unies aux Droits de l'Homme le 23 avril 2001 La Résolution est disponible à l'adresse suivante : http://www.unhchr.ch/huridocda/huridoca.nsf/(Symbol)/E.CN.4.RES.2001.33.Fr?Opendocument.

négociations post Marrakech. Les négociations ont abouti à un consensus à Doha où la santé publique a été expressément incorporée dans les conclusions des discussions. L'Accord qui s'en est suivi a pris le nom de : Déclaration de Doha sur les aspects des droits de propriété intellectuelle qui touchent au commerce (ADPIC) en relation avec la santé publique. Cet accord a été conclu pour mettre fin à la très grande injustice que subissaient les pays du Sud en matière sanitaire. La primauté du droit économique sur la santé publique était devenue trop visible et l'influence négative du brevet sur l'accès aux médicaments dans les pays du Sud appelait à revoir la copie, surtout après le procès de Pretoria. Il convient d'examiner les points d'amélioration apportés par cette déclaration en matière de santé publique (A), puis de s'interroger sur la portée de cette déclaration (B).

A : Le contenu de la déclaration : des avancées significatives

Pour faire suite aux nombreuses difficultés qui subsistaient encore pour les pays pauvres et mises à nue par le procès de Pretoria, une conférence ministérielle a été convoquée à Doha au Qatar. Cette conférence, qui s'est tenue du 9 au 14 novembre 2001, a réalisé des avancées significatives en matière de protection de la santé publique.

671 - Un consensus facilité par la cohésion des pays pauvres et par la crise de l'anthrax aux Etats-Unis - Les résultats obtenus à Doha sont les fruits de la lutte des PED qui ont contraint, pour une fois les pays développés à reconnaître la gravité des problèmes de santé publique qui touchent de nombreux pays en développement et dont les conséquences sont très désastreuses, surtout pour les PMA[1656]. Il faut reconnaître également que c'était la première fois que les pays africains ont pu former une coalition pour défendre ensemble leur point de vue[1657]. Le consensus obtenu à Doha a été également

---

[1656] Il faut souligner que les PMA s'étaient réunis à Zanzibar en juillet 2001. La déclaration qui a clôturé les travaux de Zanzibar a été reconnue importante par la déclaration de Doha, qui a saisi l'occasion pour affirmer que l'intégration des PMA dans le système commercial multilatéral exigeait de ceux-ci une situation économique convenable et que cela nécessite que l'ensemble des membres se mobilise pour assister ces pays à la construction de leur tissu économique.

[1657] Une trentaine de pays africains avait rédigé un document d'une dizaine pages, cette coalition a été soutenue par 26 autres pays du Sud.

facilité par les attaques postales à l'anthrax perpétuées aux Etats-Unis[1658]. Suite à cette attaque, les Etats-Unis, grands opposants des licences obligatoires, ont fait usage desdites licences sur le Cipro du groupe pharmaceutique Bayer. Cette situation a amené les Etats-Unis à être plus conciliants dans les négociations.

672 - La reconnaissance du brevet comme facteur d'aggravation des problèmes de santé - Les ministres présents à Doha ont reconnu l'importance de la protection de la propriété intellectuelle sur le développement des médicaments ; ils ont également reconnu que le brevet de médicament était l'un des facteurs de l'aggravation des problèmes de santé liés au VIH/SIDA, à la tuberculose et au paludisme. C'est sans doute pour cela qu'ils ont demandé d'utiliser l'Accord sur les ADPIC comme une action à la résolution des graves problèmes de santé publique que connaissent les PED et les PMA.

Cette déclaration a posé, comme principe majeur, que « l'Accord sur les ADPIC n'empêche pas et ne devait pas empêcher les membres de prendre des mesures pour protéger la santé publique ». La protection de la santé publique devient, après la déclaration de Doha, un objectif permettant de déroger au droit des brevets. Cette déclaration reconnaît les erreurs de 1995[1659] et implicitement la souffrance des pays pauvres depuis l'entrée en vigueur de l'Accord sur les ADPIC, elle vient rendre légale la décision des autorités sud-africaines de faire usage, au nom de la santé publique, des copies de médicaments encore sous brevet. Cette décision avait été combattue par les industries pharmaceutiques[1660].

[1658] L'attaque à l'anthrax a été perpétrée aux Etats-Unis une semaine après les attentats du 11 septembre 2001. Il s'agit de lettres dont les enveloppes ont été volontairement contaminées au bacille du charbon et envoyées à plus de cinq bureaux de grands médias et également à deux sénateurs américains. Plusieurs personnes ont été contaminées dont cinq morts. Cette situation de crise a conduit le gouvernement américain à recourir aux licences obligatoires pour produire un antibiotique contre l'anthrax.

[1659] En effet, le point 6 de la Déclaration reconnaît qu'en matière de santé publique l'Accord sur les ADPIC pose un problème non résolu : « Nous reconnaissons que les membres de l'OMC ayant des capacités de fabrication insuffisantes ou n'en disposant pas dans le secteur pharmaceutique, pourraient avoir des difficultés à recourir de manière effective aux licences obligatoires dans le cadre de l'Accord sur les ADPIC ».

[1660] Cf supra paragraphe 643 et suivants (procès de Pretoria).

673 - La clarification du contenu des flexibilités - Avec la Déclaration de Doha le premier point qui a été clairement affirmé est le droit des pays membres à la protection de la santé publique. Ce droit implique en particulier la promotion de l'accès aux médicaments pour tous. La protection de la santé publique, dans le cadre de l'Accord sur les ADPIC, requiert que soit précisé l'esprit des dispositions qui, à l'origine, étaient sujettes à des interprétations divergentes. Chaque partie avait ses arguments. Pour l'industrie pharmaceutique, les licences obligatoires, par exemple, pouvaient être mises en œuvre uniquement en cas d'urgence sanitaire, comme la pandémie de sida ou encore dans le cas de la tuberculose et seulement s'il n'existe pas dans le pays bénéficiaire des moyens pour produire le médicament[1661]. Alors que pour les pays pauvres et tous ceux qui défendent l'accès aux médicaments, les motifs sont laissés à la libre appréciation des pays bénéficiaires. La Déclaration de Doha a donc permis de mieux réaffirmer les dispositions de l'Accord sur les ADPIC. En ce qui concerne les motifs d'usage des licences obligatoires, la Déclaration précise que chaque membre a la liberté de déterminer les motifs pour lesquels de telles licences sont accordées. Il détermine également ce qui constitue pour lui une situation d'urgence nationale ou d'autres circonstances d'extrême urgence. Certaines situations sont reconnues d'office comme étant des situations d'extrême urgence, c'est le cas du VIH/SIDA, de la tuberculose et du paludisme.

Avec la Déclaration de Doha, les pressions américaines devraient disparaître, ainsi que les accords de libre-échange, car les ministres ont souligné que chaque disposition de l'Accord sur les ADPIC devra être lue à la lumière de l'objet et du but de l'Accord tels qu'ils sont exprimés, en particulier dans ces objectifs et principes.

La déclaration a clarifié les positions en ce qui concerne l'épuisement des droits de propriété intellectuelle. La déclaration a tenu à repréciser que chaque Etat membre a la liberté d'établir son propre régime en ce qui concerne l'épuisement. Pour être efficaces, les pays pauvres devraient adopter l'épuisement international des droits, qui élargit la possibilité d'importation parallèle.

[1661]P. Lamoureux, directeur général du LEEM (www.essentialdrugs.org/emed/archive/200910/msg00121.php).

Enfin, la déclaration a permis de proroger la période de transition accordée aux PMA pour appliquer les dispositions ADPIC jusqu'en 2016 et a convenu de réexaminer toute éventuelle demande de leur part qui irait dans le sens d'une nouvelle prorogation.

B : La portée et le statut de la déclaration de Doha

674 - Une portée générale et universelle - La Déclaration ministérielle de Doha avait pour but de préciser l'interprétation de certaines dispositions de l'Accord sur les ADPIC. Elle visait à équilibrer les relations désastreuses entre santé publique et droit des brevets en matière de médicament. Cette Déclaration a permis d'étendre la notion de problème de santé publique au-delà du VIH/SIDA, de la tuberculose et du paludisme. Aujourd'hui, toute épidémie est prise en compte ainsi que toute urgence nationale. Cette précision couvre une panoplie de maladies et ne concerne plus seulement les PED, les pays développés peuvent être concernés à travers par exemple le cancer, l'asthme, la grippe etc.

La Déclaration de Doha a permis également de transférer la charge de la preuve en ce qui concerne l'usage des licences obligatoires à celui qui prétend qu'un pays abuse de son droit. Il appartient donc à l'industrie pharmaceutique d'apporter les preuves qu'un pays utilise abusivement la licence obligatoire pour des fins non désignées par la Déclaration de Doha.

Les pays développés ont réaffirmé leur engagement à inciter leurs entreprises et institutions pour promouvoir et encourager le transfert de technologie vers les PMA.

La Déclaration de Doha a permis de repenser la situation des pays sans capacité industrielle dans le domaine pharmaceutique. Il était apparu qu'un pays sans capacité industrielle, à qui on a reconnu le droit de faire usage de licence obligatoire, était matériellement incapable d'utiliser cet avantage. En effet, selon l'article 31 de l'Accord sur les ADPIC, la licence obligatoire est autorisée principalement pour l'approvisionnement du marché intérieur du pays membre qui l'a accordée. Cela signifie qu'un membre peut accorder une licence obligatoire à des fins d'importation mais ne peut importer que dans les pays où les produits pharmaceutiques ne sont pas brevetés ou dans les pays où les brevets ont expiré.

675 - Le statut juridique de la Déclaration de Doha - La Déclaration de Doha est une déclaration politique constituant l'ossature des politiques d'accès aux médicaments. Son statut juridique au sein du système juridique de l'OMC a soulevé des débats[1662]. La législation de l'OMC ne reconnaît pas de statut juridique particulier à une déclaration, elle n'a donc pas de valeur interprétative officielle. L'OMC reconnaît par contre les recommandations du conseil des ADPIC. Il aurait fallu que ce conseil fasse une recommandation à la conférence ministérielle pour que celle-ci prenne une décision suivant les formes prévues à cet effet. Cette déclaration doit-elle être considérée comme un accord subséquent à l'accord ADPIC ? Ou une vraie décision prise par consensus ? Ou encore comme une simple déclaration d'intention sans force contraignante ? A défaut d'une prise de position officielle sur la valeur juridique de la déclaration, il y a lieu de se référer à ce qu'aurait fait l'organe de gestion des conflits s'il était saisi. L'organe de règlement des différends a été institué pour veiller à l'application de l'ensemble des dispositions qui sont prises dans le cadre de l'OMC et la Déclaration de Doha en fait partie. Cette déclaration s'impose donc à l'organe de règlement des différends de l'OMC. Celui-ci s'il est saisi d'une question traitée dans la Déclaration sera lié à la déclaration.

La Déclaration n'est pas une interprétation officielle sur la base de l'article IX.2 de l'accord instituant l'OMC mais, compte tenu de son contenu et de son mode d'approbation, on peut déduire qu'il a les mêmes effets qu'une interprétation officielle. Cette déclaration a également une valeur égale à une décision ministérielle avec des effets juridiques qui s'imposent à tous les membres de l'OMC. L'historique des actions de l'OMC nous conforte dans notre position. En effet, l'OMC a eu, par le passé, à adopter des déclarations du même type qui

[1662] Voir, L. Boisson de Chazournes, M. Mbengue, « La déclaration de Doha de la conférence ministérielle de l'OMC et sa portée dans les relations commerce/environnement, *RGDIP*, Vol.106, n°4, 2002, pp.855-892, D. de Beer, op.cit., pp.434-438.

ont été considérées comme ayant des valeurs juridiques contraignantes pour les membres au même titre qu'une décision[1663].

Doha avait résolu une première difficulté, mais une autre subsistait. Il fallait encore une solution internationale dans le cadre de l'OMC qui est survenue le 30 août 2003.

Paragraphe 2 : La décision du 30 août 2003 : un droit aux génériques pour les PED

La Déclaration de Doha, bien qu'importante sur le plan de l'accès aux médicaments, n'avait pas résolu toutes les questions. Le paragraphe 6 donnait mandat au Conseil des ADPIC pour trouver une solution rapide aux problèmes des pays ayant une capacité de fabrication insuffisante ou qui n'en disposent pas du tout. Il fallait trouver une solution juridique pour que les licences obligatoires puissent servir également aux pays qui ne peuvent pas fabriquer des copies de médicaments dont ils ont besoin pour les situations de crises sanitaires. Parmi diverses solutions proposées par les différents groupes[1664] et après de nombreuses tractations, le choix de la

---

[1663] Nous pouvons citer : La déclaration sur la contribution de l'OMC à une plus grande cohérence dans l'élaboration des politiques économiques au niveau mondial ; la déclaration sur la relation de l'OMC avec le FMI, la déclaration sur le règlement des différends conformément à l'accord sur la mise en œuvre de l'article VI de l'Accord général sur les tarifs douaniers et le commerce de 1994 ou la partie V de l'Accord sur les subventions et les mesures compensatoires.

[1664] Il a été proposé d'établir un moratoire des plaintes. C'est-à-dire que, lorsqu'un pays disposant de moyens de fabrication, répond à une demande d'un pays tiers qui manque d'infrastructures, si la fabrication de copies de médicaments vise à résoudre un problème de santé publique, le pays fabricant ne devrait pas être sanctionné. Cette position provisoire était défendue par les Etats-Unis. Il y a eu également la proposition d'octroyer une dérogation au principe, mais cette solution n'était pas également pérenne. Le groupe africain a proposé de modifier l'article 31f de l'Accord ADPIC, pour y ajouter une dérogation. Mais la Grande Bretagne et l'Allemagne s'y opposèrent. Ensuite une autre proposition soutenue par le Brésil, l'Inde, la Chine et une dizaine d'autres pays, concernait la possibilité de recourir à une interprétation officielle de l'article 30 de l'Accord ADPIC. Cet article reconnaît la possibilité de « prévoir des exceptions limitées aux droits exclusifs conférés par un brevet », avec la seule condition que ces exceptions respectent l'exploitation normale du brevet. Pour la mise en œuvre des exceptions le groupe proposait un vote à la conférence ministérielle, ce qui empêcherait les pressions extérieures et accélérait la procédure, car le titulaire du brevet ne peut retarder la mise en œuvre. Cette solution fut rejetée par l'UE et les Etats-Unis.

conférence ministérielle a porté sur une dérogation à l'article 30 de l'Accord sur les ADPIC. Le contenu de cette dérogation a été traduit dans une décision de la conférence ministérielle le 30 août 2003 (A), sa mise en œuvre nécessite certaines conditions de forme et de fond (B).

A : Le contenu de la décision du 30 août 2003

676 - Une décision au forceps - Les négociations qui ont abouti à la décision du 30 août n'ont pas été un « long fleuve tranquille » Après les réticences des Etats-Unis à tout compromis qui n'irait pas dans leurs intérêts, l'OMS a dû intervenir pour prôner un mécanisme légal, stable et facile d'usage. L'OMS s'opposait aux solutions ponctuelles ou encore aux solutions dont la mise en œuvre découragerait leurs bénéficiaires[1665]. Finalement le Conseil général a approuvé une décision permettant de lever le dernier obstacle constitué par les brevets à l'importation de médicaments bon marché. Cette décision historique permet aux pays pauvres d'importer plus facilement des médicaments génériques fabriqués dans le cadre de licences obligatoires, s'ils ne sont pas en mesure d'en fabriquer.

677 - La décision du 30 août, une facilitation des importations parallèles - La Décision du 30 août établit une série de dérogations, à savoir une dérogation aux restrictions à l'exportation visées à l'article 31(f), une dérogation aux restrictions à la réexportation dans le cadre des accords de libre-échange et une dérogation à l'obligation de verser une rémunération adéquate au détenteur du brevet dans le pays importateur visé à l'article 31(h). Il convient de souligner que lorsqu'une dérogation est accordée dans le cadre du système de l'OMC, aucune plainte ne peut être déposée par un membre contre un autre membre qui a agi conformément aux conditions de la dérogation. Néanmoins la législation nationale de ce dernier doit refléter les conditions de la dérogation, faute de quoi des dispositions de sa législation pourraient être invoquées pour entraver son action. Par conséquent, les pays peuvent exporter et importer des versions génériques de médicaments brevetés dans le cadre du système établi

---

[1665] C. Correa, « Intégration des considérations de santé publique dans la législation en matière de brevets des pays en développement », op.cit., p.124.

par la décision de l'OMC dans la mesure où leurs législations nationales l'autorisent.

678 - Les conditions de mise en œuvre de la décision - Pour bénéficier de l'importation de copies génériques, le pays concerné doit signaler au Conseil des ADPIC son intention d'user du système. Il doit déterminer la quantité nécessaire et donner le nom du produit en question. Il doit, en outre, établir que son infrastructure industrielle n'a raisonnablement pas la capacité de fabriquer ledit produit. Si le produit est breveté sur le territoire du pays demandeur, une licence obligatoire doit être émise. Le pays importateur doit ensuite prendre les mesures raisonnables de nature à éviter le détournement des produits vers d'autres marchés. Le pays demandeur doit transmettre les informations au Conseil des ADPIC qui les rend publiques sur le site internet de l'OMC.

Le pays exportateur doit également prendre des précautions. Il doit émettre une licence obligatoire à destination du fabricant de génériques installé sur son territoire. Cette licence doit être limitée à la quantité demandée et destinée exclusivement au marché du pays demandeur. Le produit doit pouvoir être distingué facilement de son modèle original. Le fabricant du médicament devra afficher sur son site internet, ou sur celui de l'OMC, les quantités qui seront fournies au pays demandeur avec mention des caractères distinctifs du produit. Enfin, le pays exportateur doit notifier l'ensemble des détails de l'opération à l'OMC qui les place sur son site. Une compensation financière sera versée au titulaire du brevet.

679- La déclaration du président du Conseil général des ADPIC : un acte incompréhensif et ambigu - La décision du 30 août 2003 a été accompagnée d'une déclaration distincte du président du Conseil général. Cette déclaration, qui n'a aucune valeur juridique dans le droit de l'OMC, était destinée à rassurer ceux qui craignaient que la décision puisse être utilisée de manière abusive et compromettre la protection conférée par les brevets. Elle témoigne de l'importance de la bataille qui a eu lieu durant les négociations. En effet, cette décision était destinée à rassurer les États-Unis pour qu'ils se rallient au consensus qui s'était dégagé lorsque les négociations sur le paragraphe 6 des ADPIC ont repris en 2003, après s'être soldées par un échec en décembre 2002. Les PED s'étaient d'abord opposés à cette déclaration. Ils craignaient qu'elle n'empêche ou ne dissuade les fabricants de génériques d'utiliser le système de la décision en insistant sur le fait qu'il n'était destiné qu'à la réalisation d'objectifs de politique non industrielle et non commerciale.

Cette déclaration paru incompréhensible aux yeux de certains, D. de. Beer[1666] la qualifie de « bizarrerie juridique » et la trouve inutile dans l'ordonnancement juridique international. L'auteur trouve pernicieux la manière d'ajouter à la décision ce qui n'y était pas et sur lequel il n'y avait pas eu consensus. En effet, selon la déclaration du président du Conseil, la décision qu'ils viennent d'adopter est prévue uniquement pour être mise en œuvre dans le cadre d'une menace pour la santé publique, elle ne saurait servir de base arrière pour « la réalisation d'objectifs de la politique industrielle ou commerciale »[1667]. Un tel rappel est en effet inutile, puisque les traités et les accords internationaux doivent être exécutés de bonne foi.

Certains pays se sont auto-exclus du bénéfice de la décision du 30 août[1668], sans doute pour rassurer l'industrie pharmaceutique, d'autres ont déclaré qu'ils en feraient usage que lorsqu'ils seront confrontés à une grave urgence[1669].

B : La mise en œuvre de la décision du 30 août 2003 : un mécanisme imposant de lourdes contraintes pour son usage

680 - La décision du 30 août 2003 : un mécanisme complexe et non incitatif - Une fois la décision du 30 août 2003 adoptée, il faut s'interroger sur sa mise en œuvre : est ce qu'elle permet aux pays membres d'en faire usage facilement ? Généralement, lorsque les pays développés sont contraints de concéder des avantages aux pays du Sud, ils mettent souvent une procédure impraticable qui limite l'usage des avantages.

Si dans le fond cette décision constitue une avancée notoire pour les pays pauvres, dans la forme, elle requiert de ces pays une

---

1666 D. de. Beer. Op.cit., p.451.

1667 Cette déclaration est disponible sur http://www.wto.org/french/news_f/news03_f/trips_stat_28aug03_f.htm

1668 Ces pays sont les suivants : les pays membres de l'UE, Australie, Canada, États-Unis, Japon, Nouvelle Zélande, Royaume-Uni, et Suisse.

1669 Il s'agit de la Corée; Émirats arabes unis; Hong Kong, Chine; Israël; Koweït; Macao, Chine; Mexique; Qatar; Singapour; Taipei chinois et Turquie.

administration bien organisée et surtout des compétences en droit des brevets. D. de. Beer pense que le fait de publier les informations sur le site internet de l'OMC constitue « un signal à de discrètes campagnes de dissuasion »[1670]. En effet, certains industriels ne veulent pas compromettre leur relation avec les Etats-Unis, en affichant clairement leur position de « pharmacie du tiers monde ».

681 - Un cas concret pour illustrer la lourdeur administrative du mécanisme issu de la décision du 30 août 2003 - Pour illustrer la lourdeur administrative du mécanisme mis en place le 30 août 2003, nous allons partir de l'exemple canadien. En effet, suite à cette décision, le gouvernement canadien a réexaminé sa législation pour être un pays exportateur pour tout pays qui souhaiterait faire usage de la décision du 30 août 2003. Cependant la loi canadienne a limité la possibilité de fabrication à une liste de quelques médicaments[1671] et n'acceptait pas les situations d'urgence. Il fallait également que le médicament suive la procédure canadienne d'AMM, même dans les cas où le médicament générique était déjà connu sur le plan international[1672].

682- Une décision difficilement applicable - L'inapplicabilité de cette loi a été testée par Médecins Sans frontières (MSF). En effet, voulant éviter les tracasseries administratives aux pays qui ne disposent pas d'une administration efficace, MSF a fait un accord avec le fabricant canadien de génériques Apotex, pour la production et l'exportation de la trithérapie[1673] dans le cadre de la nouvelle loi canadienne[1674]. Mais, après deux années de bureaucratie contraignante, MSF a abandonné le projet. Selon MSF, la décision du 30 août est inapplicable, sa mise en œuvre n'est pas rapide et ne constitue pas la solution recherchée par la Déclaration de Doha qui

---

1670 D. de. Beer, op.cit., p.455.

1671 Il s'agit principalement de médicaments pour le traitement du sida, de la tuberculose et du paludisme.

1672 Pour une analyse critique de la loi canadienne voir, R. Elliot, « Rectifier le régime : la licence obligatoire de produits pharmaceutiques pour l'exportation, mémoire critique et proposition », *Réseau juridique canadien*, Ottawa, avril 2007, 56p.

1673 Il s'agit de la combinaison zidovudine, lamivudine et névirapine : le TriAvir.

1674 Cette loi est appelée également : « Engagement de Jean Chrétien envers l'Afrique ». Elle modifie la loi canadienne sur les brevets et celle sur les aliments et drogues.

prônait l'ouverture de l'accès aux médicaments à tous les pays membres de l'OMC[1675].

Pour bénéficier de la décision du 30 août, il faut suivre de nombreuses étapes. Lorsqu'une firme est contactée pour produire des copies d'un médicament encore breveté, elle doit négocier d'abord une licence volontaire avec le titulaire du brevet, sauf les cas d'urgence nationale ou d'extrême urgence. Déjà cette procédure est longue et ni l'Accord sur les ADPIC, ni la décision de 2003, ne donnent un délai au bout duquel on peut considérer que les négociations sont un échec et passer à une licence obligatoire. Selon MSF, les mesures prévues pour éviter que les médicaments autorisés sous licence obligatoire ne servent à d'autres destinations, sont coûteuses et peuvent décourager la production de génériques[1676].

La décision oblige les pays qui veulent faire usage d'une licence obligatoire, à indiquer précisément la quantité de médicaments souhaitée, cette quantité est irréversible nous indique MSF. La difficulté ici, pour les pays importateurs, est d'arriver à quantifier exactement leurs besoins en médicament. La décision ne prend pas en compte la possibilité d'augmentation des besoins en cours de traitement. Dans ce dernier cas, il faudra refaire tout le processus. MSF en conclut que la décision ne tient pas « compte de la réalité pratique liée à la gestion d'un programme de santé »[1677].

683- Une décision non adaptée aux situations d'urgence - A la suite de MSF, le Rwanda a fait usage de la décision du 30 août. Si l'expérience rwandaise a été concluante, elle n'enlève en rien les

---

[1675] MSF, « Ni une solution rapide, ni même une solution : la décision du 30 août 2003 est inapplicable. Une illustration au moyen de l'application canadienne : l'Engagement de Jean Chrétien envers l'Afrique », préparé pour le XVIe Congrès International sur le SIDA, Toronto, Août 2006, 8p (disponible à l'adresse http://www.msf.ca/features/sida2006/files/MSF_JCPA_fr.pdf).

[1676] Il s'agit des points suivants évoqués par la décision du 30 août 2003 : les produits fabriqués dans le cadre de la licence seront clairement identifiés comme étant produits dans le cadre de la Décision du 30 août au moyen d'un étiquetage ou d'un marquage spécifique ; ces produits devraient se distinguer des produits brevetés au moyen d'un emballage spécial et/ou d'une coloration/mise en forme spéciale des produits, le fabricant de génériques doit afficher sur un site Internet les quantités de produit fournies à chaque destination ainsi que les caractéristiques distinctives du produit.

[1677] MSF, « Ni une solution rapide, ni même une solution : la décision du 30 août 2003 est inapplicable », op.cit.

critiques de MSF. Le Rwanda a mis 4 ans pour avoir gain de cause[1678]. Ce délai reste particulièrement long. Tout d'abord, les licences volontaires lui ont été refusées. Ensuite le génériqueur Apotex a dû batailler deux ans pour être aux normes afin de mettre en œuvre la licence obligatoire que le gouvernement canadien lui a délivrée.

Malgré l'assouplissement des règles des droits de propriété intellectuelle, la majorité des pays du Sud peinent toujours à utiliser les faveurs qui leur sont concédées. On s'achemine sans doute vers une relecture du droit des brevets en matière de médicaments.

[1678] Le Rwanda souhaitait faire usage de la décision du 30 août pour soigner pendant un an 21000 personnes atteinte du sida.

Chapitre 2

Vers une nouvelle relecture du droit des brevets : la nécessité d'une indépendance pharmaceutique dans les PED

> « *La protection rigoureuse de la propriété intellectuelle freine le progrès technologique dans les pays les plus pauvres* »[1679]

Il existe un lien consubstantiel entre santé publique et Etat[1680] ; la population étant l'un des éléments constitutifs de l'Etat, chaque Etat doit s'organiser pour la protection de la santé de ses populations. L'accès aux médicaments est l'un des éléments essentiels à la protection de la santé. La clé de cet accès est détenue par l'industrie pharmaceutique. Cette industrie, au fil des années s'est convertie, pour reprendre les termes G. Velázquez, « au capitalisme spéculatif et à la recherche de profits immédiats »[1681]. Selon l'auteur, si les premières inventions brevetées pouvaient être qualifiées de véritables inventions, ce n'est plus le cas de nos jours où l'industrie pharmaceutique s'attelle davantage à inventer des pathologies pour leur trouver des médicaments qu'elle brevète, au mépris des patients. Certains auteurs n'hésitent pas à parler d'une industrie pharmaceutique à « passé magnifique, au présent stérile, fait de luxure, de mensonges et de corruption »[1682].

Avec la mondialisation du droit des brevets, le diktat des pays du Nord, où règnent les « Big Pharma », s'est intensifié. Dès lors, dans les pays pauvres du Sud, les gouvernements n'ont plus la

---

[1679] UNCTAD, carte du rapport 2007, tableaux sur la disparité entre Nord et Sud, 9 juillet 2007. Rapport disonoble à l'adresse http://unctad.org/en/docs/ldc2007_en.pdf.

[1680] T. Gründler, « Le service public de la santé ou la rencontre entre le marché et l'intérêt général », *RGDM*, n°44, septembre 2012, p.50.

[1681] G. Velásquez, « Vers une recherche sans brevet », *Le Monde diplomatique*, Avril 2013, p.11.

[1682] Ph. Even, B. Debré, *Guide des 4 000 médicaments utiles, inutiles ou dangereux*, Le Cherche Midi, Paris, 2012.

maîtrise de leur politique de santé. Face à la dérive du brevet de médicament, quelles solutions pour l'accès aux médicaments en Afrique ?

Le droit des brevets n'est ni absolu ni figé. Il évolue et a été relu plusieurs fois pour y intégrer des préoccupations liées à la santé publique. La doctrine juridique et économique[1683] est unanime pour dire que cette relecture est insuffisante. Mais elle a quand même fourni aux pays du Sud des dérogations qui peuvent leur permettre de résoudre certains problèmes de santé publique. Si globalement l'usage des flexibilités reste difficile, les pays africains peuvent lever les obstacles qui les empêchent d'utiliser les fragiles succès du droit international des brevets (Section 1). En effet, l'appropriation des maigres résultats de Doha peut permettre de résoudre de façon ponctuelle des situations de crises sanitaires en attendant une probable relecture du droit des brevets, qui tiendrait compte du triptyque, brevet, santé publique et développement (Section 2).

Section 1 : L'appropriation des fragiles succès de Doha : des entraves diverses à lever

L'histoire de la construction du droit de l'OMC a montré que plusieurs tentatives ont été faites pour instaurer des règles favorables à la santé publique, mais leur mise en œuvre a toujours été entravée. En effet, de Marrakech à Doha, des concessions ont été faites. Mais aujourd'hui, de nombreux textes empêchent l'application des faibles avancées de Doha (Sous-section 1). L'appropriation des avantages accordés par l'OMC aux pays pauvres ne peut se faire sans la volonté politique des Etats. Outre, les obstacles juridiques, il y a également des obstacles liés aux politiques mises en place dans les pays pauvres (Sous-section 2).

[1683] Voir B. Coriat, « Propriété intellectuelle et concurrence dans la production de médicaments. Le cas des antirétroviraux », *Les Tribune de la santé*, n°15, 2007, pp. 55-61.

Sous-section 1 : Les entraves à la mise en œuvre en Afrique des Accords et déclarations de l'OMC

Les rédacteurs de la Déclaration de Doha ont marqué le pas de la marche vers le rééquilibrage du droit des brevets et du développement des PMA. En effet, ils ont reconnu que les PMA étaient marginalisés dans le commerce international et ont déclaré vouloir y remédier et améliorer leur participation effective au système commercial multilatéral[1684]. Cette Déclaration a concédé des avantages, en matière d'accès aux médicaments, aux PMA. Mais l'usage de ces avantages est resté invisible compte tenu de difficultés externes aux PMA (Paragraphe 1). Les difficultés des PMA issus du continent africain et regroupés autour de l'OAPI ont été aggravées par l'Accord de Bangui qui tient lieu de loi nationale en matière de propriété intellectuelle pour ces pays (Paragraphe 2).

Paragraphe 1 : Les difficultés externes à l'Afrique

Si le droit international de l'OMC est un droit résolument tourné vers des objectifs économiques, il a néanmoins aménagé des dérogations à l'usage de certains pays pour des raisons de santé publique. La plupart des pays africains font partie des bénéficiaires de ces aménagements. Mais malheureusement ces aménagements contiennent eux-mêmes les difficultés de leur mise en œuvre (A). Lorsque les PED ou les PMA arrivent à surmonter ces difficultés il existe souvent des accords bilatéraux qui limitent leur marge de manœuvre (B).

A : Les difficultés posées par l'Accord sur les ADPIC et la déclaration de Doha : le difficile usage des flexibilités

L'une des difficultés réside dans la pratique, en effet la plupart des PMA en Afrique accordaient déjà des brevets aux produits pharmaceutiques. Ainsi, lorsque les flexibilités ont été aménagées, notamment le fait pour ces pays de ne pas accorder de brevet pendant une période déterminée (2016), ces pays disposaient déjà de lois sur la protection de la propriété intellectuelle. En Afrique, la protection des

[1684] Déclaration ministérielle de Doha adoptée le 14 novembre 2001 (point 3).

droits de la propriété intellectuelle est le plus souvent un droit régional. Il y a pour la plupart des pays francophones, l'OAPI qui regroupe à peu près 12 des 34 PMA africains et pour les pays anglophones, il s'agit l'ARIPO[1685], dont sont issus 10 des 34 PMA.

684 - Les accords de l'OMC : « d'aimables dispositions de bonne intention »[1686] - L'article 8.1 de l'Accord sur les ADPIC laisse la liberté aux pays membres de rédiger leurs lois et règlements en matière de propriété intellectuelle. Dans le principe, ils peuvent les moduler de sorte à tenir compte d'intérêts non commerciaux, comme la santé publique, la nutrition et d'autres secteurs d'une importance vitale pour leur développement socio-économique et technologique. Il appartient donc aux PMA, dans la rédaction de leur législation sur le brevet, de prendre en considération les questions de santé publique et de veiller à ce que les abus du droit des brevets, notamment dans le cadre des licences obligatoires soient encadrés. Mais plus loin, l'article limite la marge de manœuvre des pays membres en ajoutant qu'« à condition que ces mesures soient compatibles avec les dispositions » de l'Accord sur les ADPIC[1687]. A chaque fois que ces pays veulent faire usage de l'article 8.1, il leur est opposé l'alinéa

---

[1685] L'African Regional Intellectual Property Organization est l'équivalent de l'OAPI. Elle regroupe 17 Etats membres, essentiellement des pays anglophones. Contrairement à l'OAPI qui a centralisé les dépôts de brevet, dans la zone ARIPO, les demandes de brevet sont traitées par chaque pays et dès qu'un pays accorde un brevet, ce brevet est valable dans l'ensemble des pays membres.
[1686] D. de Beer, op.cit., p.290.
[1687] Cette dernière disposition a été ajoutée selon D. de. Beer, sous l'insistance des Etats-Unis et de l'UE.

suivant[1688]. Les pays qui leur contestent ce droit posent comme arguments la contrariété de leurs lois nationales par rapport aux dispositions ADPIC.

685 - L'article 27.2 de l'Accord sur les ADPIC - Cet article donne la possibilité aux membres de l'OMC d'exclure de toute brevetabilité les inventions dont il serait nécessaire d'empêcher l'exploitation commerciale pour protéger l'ordre publique ou la moralité, la santé et la vie des personnes, des animaux ainsi que des végétaux. Cette disposition a donné de l'espoir sur la possibilité d'exclure de toute brevetabilité les médicaments dont l'intégration dans le secteur marchand porte atteinte à la santé et à la vie des personnes dans les pays pauvres. Mais ces arguments ont été jugés « inopérants et archaïques »[1689]. L'exclusion du médicament du domaine de la brevetabilité pour des raisons de santé publique ou d'ordre public n'est pas très prospère. Elle dépend de l'interprétation faite des articles 27.2, 7 et 8 de l'Accord sur les ADPIC. L'évocation de la santé ou de l'ordre public ne peut servir qu'à justifier des situations d'urgence qui sont souvent ponctuelles. Cela veut dire que lorsque l'événement aura cessé, le médicament devra être breveté. Or nous savons qu'au dépôt de la demande de brevet la situation d'urgence peut ne pas exister, celle-ci survient généralement après la commercialisation du médicament. Si un pays évoque des raisons de

[1688] C'est cet argument qui a été évoqué lors du procès de Pretoria. Les compagnies alléguaient que la loi sud-africaine habilitant le ministre de la Santé à autoriser l'importation parallèle de médicaments brevetés en Afrique du Sud et à en prescrire les conditions, était, entre autres, contraire aux obligations contractées par l'Afrique du Sud en vertu de l'Accord sur les ADPIC. Une autre affaire a concerné les Etats-Unis et le Brésil. Les Etats-Unis contestaient la compatibilité du cadre juridique brésilien de délivrance des licences obligatoires avec l'Accord sur les ADPIC. Pour les Etats-Unis, la disposition qui prévoyait la concession de licences obligatoires dans le cas où une invention brevetée n'était pas utilisée pour la production nationale (prescription en matière d'exploitation locale) était une mesure de protection de l'industrie, incompatible avec les dispositions de l'Accord sur les ADPIC. Le Brésil quant à lui estimait que cette mesure était un élément nécessaire de son programme de lutte contre le sida et qu'elle était entièrement compatible avec l'Accord. En juillet 2001, à l'issue de consultations bilatérales, le Brésil et les Etats-Unis ont annoncé qu'ils étaient parvenus à un accord et ont décidé d'arrêter la procédure engagée à l'OMC.

[1689] C. Noiville, *Ressources génétiques et droit. Essai sur les régimes juridiques des ressources génétiques marines*, Mayenne, Pedonne, pp. 97-101.

santé publique, il lui suffira d'entamer les procédures pour une licence obligatoire.

686 - Les obstacles liés à l'usage de l'exception Bolar - Lorsqu'un laboratoire ou son représentant demande une AMM, il doit fournir, aux autorités compétentes du pays où la demande est introduite, les données résultant d'essais destinées à démontrer la qualité, l'innocuité et l'efficacité d'un produit, ainsi que les informations relatives à sa composition et à ses propriétés physiques et chimiques. Ces données peuvent être utilisées par les autorités sanitaires nationales pour enregistrer des produits génériques de substitution sur la base d'une bioéquivalence. Cette pratique est pleinement conforme aux dispositions de l'article 39 (3) de l'Accord sur les ADPIC qui exige la protection de ces données uniquement contre l'exploitation déloyale dans le commerce. Mais dans certains pays développés notamment les États-Unis et les pays de l'UE[1690], des dispositions ont été mises en œuvre de façon à accorder au fabricant du produit de marque une période d'exclusivité au cours de laquelle les autorités de réglementation ne peuvent pas s'appuyer sur ces données d'essais pour enregistrer des produits génériques de substitution. Or l'Accord sur les ADPIC ne prescrit pas l'établissement d'un régime d'exclusivité de ce type. Le paragraphe 4 de la Déclaration de Doha établit que les dispositions de l'Accord devraient être interprétées et mises en œuvre « d'une manière qui appuie le droit des membres de l'OMC de protéger la santé publique et, en particulier, de promouvoir l'accès de tous aux médicaments ». En vertu de ce paragraphe, les pays en développement devraient permettre aux autorités de réglementation pharmaceutique d'approuver un produit générique de substitution en s'appuyant sur les données fournies par le fabricant du produit de marque. Ils devraient mettre en place un régime de protection des données cohérent avec leurs objectifs de santé publique, autrement dit qui facilite l'introduction des produits génériques concurrents sur le marché.

Dans de nombreux cas le principal obstacle à l'utilisation des flexibilités tient à l'absence de procédures législatives et

---

[1690] En ce qui concerne l'UE, la protection des données de l'AMM est issue de la Directive 87/21/CEE Des dispositions similaires existent notamment aux USA pour limiter le dépôt de demandes d'AMM allégées, dite ANDA (« Abbreviated New Drug Application »).

administratives simples et directes[1691], qui définissent clairement le processus de décision et les responsabilités[1692].

Si l'Accord sur les ADPIC a fait des aménagements, corrigés par la Déclaration de Doha puis par la décision du 30 août 2003, l'usage des flexibilités est resté, dans la pratique, inaccessible aux PMA et à certains PED[1693], il est incontestable que le plein usage des flexibilités dépend des capacités techniques et socioéconomiques des pays[1694]. L'OMC n'est pas un cadre juridique qui facile l'usage de ces flexibilités. C'est d'ailleurs pour cette raison que les Etats-Unis ont œuvré pour que la gestion de la propriété intellectuelle soit transférée à l'OMC, l'OMPI était à leurs yeux une organisation trop administrative encline aux questions de développement. Mais aujourd'hui, les questions de développement commencent à rattraper l'OMC, ce qui pousse les Etats-Unis et l'UE à contourner l'OMC pour conclure directement avec certains PED et PMA des accords à leur guise.

B : Les Accords de libres échanges et l'accès aux médicaments

687 - Un bilatéralisme parallèle qui menace le multilatéralisme - Si certains accords en matière de commerce international relèvent de l'OMC, d'autres par contre sortent du cadre du droit international de l'OMC et remettent le plus souvent en cause les règles de cette organisation. Après la Déclaration de Doha, les grandes puissances dont les Etats-Unis, se sont hâtées de conclure des accords bilatéraux ou régionaux avec certains pays en développement pour les

---

1691 La lourdeur administrative ne justifie pas à elle seule le faible usage des licences obligatoires, il y a également et surtout les accords bilatéraux et multilatéraux que signent les grandes puissances industrielles. En effet hormis le Rwanda en 2007, qui a fait usage de la licence obligatoire, aucun pays n'a recouru à ces licences.

1692 Sisule F. Musungu, Cecilia Oh, « Recours aux flexibilités de l'Accord sur les ADPIC dans les pays en développement : peuvent-elles promouvoir l'accès aux médicaments. », une étude conjointe du Centre Sud et de l'OMS, novembre 2006.

1693 Quelques pays africains ont pu faire usage des flexibilités sans solliciter un producteur étranger. Il s'agit du Zimbabwe qui, en 2002, a autorisé un producteur local à fabriquer des médicaments antirétroviraux et à approvisionner des établissements de santé administrés par l'État, dans le cadre d'une licence obligatoire. En 2004, le Mozambique et la Zambie ont délivré des licences obligatoires pour la production locale d'antirétroviraux.

1694 T. Bréger, op.cit., p.103.

contraindre à respecter les termes de ces accords bilatéraux, plutôt que de suivre les prescriptions issues du système juridique de l'OMC. Il y a eu une « prolifération »[1695] de ces accords après Doha, ce qui a fait dire au journal Le Monde, que les accords bilatéraux étaient la « voie royale du libre-échange »[1696]. Cette prolifération[1697] n'a pas manqué d'inquiéter le directeur général de l'OMC, qui dans un discours en 2007, a dit toute sa crainte de voir le multilatéralisme balbutiant partir « en quenouille »[1698].

Les nouvelles stratégies mises en place par les principaux pays industrialisés grippent les efforts des organisations internationales. Ils éloignent les Etats signataires de l'usage des flexibilités accordées par le droit de l'OMC. Les Etats-Unis, l'UE, le Japon[1699], contournent souvent les accords de l'OMC pour conclure d'autres accords totalement contraires à la santé publique à l'égard des PED. Ces accords de libre-échange bilatéraux et régionaux ont une répercussion sur l'accès aux médicaments et surtout sur l'indépendance pharmaceutique. La diplomatie commerciale semble avoir pris le pas sur la santé publique.

688 - Un bilatéralisme dangereux pour les pays pauvres - Le problème des accords bilatéraux est que, non seulement, ils contournent les dispositions internationales, mais derrière les avantages commerciaux ou économiques concédés aux pays signataires, ils les obligent à respecter des normes plus élevées que les normes issues des consensus multilatéraux. Dans certains cas, l'éligibilité au statut de pays bénéficiaires est soumise au respect d'abord des normes internationales de propriété intellectuelle, puis d'un durcissement de ces normes. Ces durcissements peuvent aller de l'extension du domaine de brevetabilité à la durée de la protection de

---

[1695] D. de. Beer, op.cit., p.473.

[1696] Voir le journal *Le Monde*, supplément économique, 20 juin 2006, p. II-III.

[1697] A titre illustratif, on peut noter que l'OMC avait recensé en 1995 60 accords commerciaux régionaux, en 2007 ils se sont envolés pour atteindre 380.

[1698] Discours de Pascal Lamy le 10 septembre 2007 (www.wto.org/french/news-f/sppl_f/sppl67_f.htm).

[1699] Le Japon par exemple a conclu des traités bilatéraux avec Singapour (2002 et 2007), qui comprennent des clauses lourdes en matière de propriété intellectuelle.

l'invention, toutes choses qui retardent l'apparition des génériques[1700]. Les pays développés récupèrent ainsi ce qu'ils n'avaient pas pu obtenir dans les négociations internationales.

On peut citer l'exemple du Maroc, avec l'article 39 de l'accord établissant une association entre l'UE et le Maroc. Cet accord indique que « la protection des droits de propriété intellectuelle doit être assurée conformément aux plus hauts standards internationaux ». Un tel accord existe également avec la Tunisie[1701].

Pour revenir sur le cas du Maroc, celui-ci a également conclu un accord avec les Etats-Unis qui interdit aux parties d'adopter le principe de l'épuisement international, limitant ainsi la faculté du consommateur marocain de bénéficier de prix de médicaments plus abordables en vigueur à l'étranger[1702]. Le même accord prévoit une prolongation de la durée des brevets, retardant l'apparition des médicaments génériques. Enfin l'accord entre les États-Unis et le Maroc garantit l'exclusivité, pendant au moins cinq ans, des données résultant d'essais dans le secteur pharmaceutique, ce qui, une fois de

---

[1700] A titre illustratif un extrait de l'accord du Maroc avec les Etats-Unis : « A la demande du titulaire du brevet, chacune des parties ajustera la durée de protection du brevet pour compenser tout retard déraisonnable dans la procédure de délivrance du brevet. Aux fins du présent paragraphe, « retard déraisonnable » recouvre, au moins, un retard dans la délivrance du brevet de plus de quatre ans à compter de la date de dépôt de la demande de brevet dans le territoire de la partie, ou de deux ans après la date de dépôt d'une demande d'examen, la date la plus tardive étant applicable ».

[1701] En effet, l'article 2 de l'annexe 7 de l'accord établissant une association entre l'UE et la Tunisie, indique que la Tunisie « doit faire de son mieux pour adhérer aux conventions auxquelles les États membres de la Communauté européenne sont parties ».

[1702] « Chacune des parties prévoira que le droit exclusif du titulaire du brevet à empêcher l'importation d'un produit breveté, ou d'un produit résultant d'un procédé breveté, sans le consentement du titulaire du brevet, ne sera pas limité par suite de la vente ou de la distribution dudit produit en dehors de son territoire ».

plus, est contraire à l'Accord sur les ADPIC, notamment à l'exception Bolar[1703] et est de nature à retarder le développement des génériques.

689 - Les Accords de Partenariat Economique (APE) et la propriété intellectuelle[1704] - Certains pays de l'Afrique de l'Ouest à travers la CEDEAO[1705] sont également signataires d'accords de libre-échange, dont les accords de partenariat économique avec l'UE semblent être les plus importants[1706]. Ces accords sont assez larges, ils regroupent des Etats africains, mais également certains Etats des Caraïbes et du Pacifique (ACP)[1707]. L'article 46 de ces accords est celui qui suscite le plus de débats. Il stipule que, « sans préjudice des positions qu'elles adoptent dans le cadre de négociations multilatérales, les parties reconnaissent la nécessité d'assurer un niveau approprié et efficace de protection des droits de propriété intellectuelle, (...) et autres droits relevant de l'ADPIC, (...), en s'alignant sur les normes internationales, en vue de réduire les distorsions et les entraves aux échanges bilatéraux ». Cette disposition impose-t-elle l'inclusion d'un volet sur les droits de propriété intellectuelle ? La réponse est affirmative, car les parties aux APE se sont engagées à assurer une application adéquate et effective, non seulement des accords internationaux relatifs à la propriété

[1703] « Lorsqu'une partie subordonne l'agrément de mise sur le marché d'un nouveau produit pharmaceutique ou d'un produit chimique agricole à la communication : (a) de données afin de déterminer si l'utilisation de ce produit est sans danger et efficace, ou (b) à la preuve que le produit est déjà approuvé sur un autre territoire exigeant de telles informations, cette partie ne permet pas à une tierce personne, qui ne dispose pas du consentement de la personne fournissant l'information, de commercialiser le produit en vertu de l'agrément donné à la personne soumettant ladite information pendant une durée de cinq ans, au minimum, en ce qui concerne les produits pharmaceutiques, et pendant une durée de dix ans pour les produits chimiques agricoles »

[1704] P. Arhel, « Analyse comparative de l'accord sur les ADPIC et de l'APE Caraïbes », *LPA*, n°11, 15 janvier 2009, p. 6.

[1705] Mais notons qu'à ce jour, seuls la Côte d'Ivoire et le Ghana ont paraphé l'accord.

[1706] Ces accords ont été signés à Cotonou au Bénin en juin 2000 pour remplacer les accords de Lomé très critiqués. Pour une connaissance plus approfondie sur les APE, le lecteur pourra lire, O. Illy, *L'OMC et le régionalisme : le régionalisme africain*, Larcier, Bruxelles, 2012, p. 247 et suivantes.

[1707] Les APE sont destinés à créer principalement des zones de libre-échange entre l'UE et les ACP.

intellectuelle dont ils sont membres, mais aussi de l'accord sur les ADPIC, même s'ils ne sont pas membres de l'OMC[1708].

690 - Les APE, des effets amplifiés par l'article 4 de l'Accord sur les ADPIC - L'article 4 de l'Accord sur les ADPIC pose le principe du traitement de la nation la plus favorisée en ces termes : « en ce qui concerne la protection de la propriété intellectuelle, tous avantages, faveurs, privilèges ou immunités accordés par un membre aux ressortissants de tout autre pays seront, immédiatement et sans condition, étendus aux ressortissants de tous les autres membres ». Ainsi, les avantages résultant des APE seront étendus à l'ensemble des membres de l'OMC.

691 – Les APE durcissent les règles de la concurrence[1709] - L'article 142 des APE, comporte une clause relative à l'application du droit de la concurrence qui va au-delà des obligations contenues dans l'accord sur les ADPIC. L'article 8-2 de l'Accord sur les ADPIC est rédigé en des termes moins contraignants, le ton utilisé est souple. Cet article habilite les Etats membres à prendre des mesures pour prévenir les pratiques néfastes au commerce, alors que l'article 142, point 2 des APE est très impératif. Il prévoit en effet que les parties prennent les mesures qui conviennent pour prévenir ou contrôler les pratiques ou conditions de licences en rapport avec les droits de propriété intellectuelle qui sont susceptibles de nuire aux transferts internationaux de technologie et qui constituent un abus par les titulaires du droit ou une exploitation abusive de déséquilibres manifestes entre les niveaux d'information lors de la négociation de licences.

Ensuite les APE contiennent des dispositions sur la concurrence absentes de l'Accord sur les ADPIC. Par exemple, il oblige les Etats parties à adopter une législation applicable aux restrictions de concurrence, ces Etats doivent également se doter d'autorités efficaces de concurrence.

Si la naissance de l'OMC a opéré le glissement du droit des brevets de l'OMPI vers l'OMC, dans les années à venir, on assistera

---

[1708] On peut dire que cette disposition visait à inclure les Bahamas dans le jeu du commerce international, le seul pays non membre de l'OMC.

[1709] P. Arhel, Abus de position dominante visant à retarder l'apparition d'un générique, *RLC* 2008/15, n° 1052, pp.14-18.

sans doute à un deuxième glissement. Cette fois le droit des brevets quittera la sphère publique internationale pour atterrir dans une sphère plus restreinte. En effet quand on observe l'évolution des relations commerciales dans le monde, il y a déjà un glissement du droit des brevets de l'OMC vers les cadres bilatéraux ou régionaux : les accords de libre-échange.

Certains cadres régionaux africains sont mêmes des obstacles au développement de l'Afrique.

Paragraphe 2 : L'Accord de Bangui comme obstacle à la mise en œuvre des flexibilités de l'Accord sur les ADPIC

Pendant la période coloniale, pour conquérir le marché africain en matière de protection des innovations, il fallait s'adresser aux métropoles. Devenus indépendants, les Etats qui n'avaient pas encore mis en place un système de brevet, s'adressaient toujours à leur métropole pour assurer la protection des droits de la propriété intellectuelle, avant de prendre leur autonomie. En ce qui concerne l'Afrique noire francophone, les différents pays qui la composent se sont regroupés pour instaurer un système commun de protection de la propriété intellectuelle, système qui, historiquement, a connu une évolution pour devenir aujourd'hui un système unifié et organisé autour de l'OAPI (A).

Avec la mondialisation du droit des brevets, le système juridique de l'OAPI, connu sous le nom de « Accord de Bangui », a connu un changement pour tenir compte des nouvelles normes internationales en matière de propriété intellectuelle. Nous étudierons l'évolution législative de l'OAPI à l'aune des flexibilités prévues par l'Accord sur les ADPIC et la Déclaration de Doha (B).

A : Historique et analyse du droit des brevets en Afrique noire francophone

692 - De l'institut français de la propriété industrielle, à l'OAPI en passant par l'OAMPI - Tout d'abord, jusqu'en 1962, les brevets étaient délivrés par l'Institut national de la propriété industrielle en France (INPI). Après leur accession à la souveraineté douze Etats africains francophones ont convenu d'instituer une structure commune agissant en qualité d'Office national de la propriété industrielle pour chacun de leurs pays. C'est ainsi que l'Accord de Libreville a institué, le 13 septembre 1962, l'Office Africain et Malgache de la Propriété Industrielle (OAMPI). Par la suite, l'Accord de Bangui du 2 mars 1977 portant révision de l'Accord de Libreville a créé l'Organisation Africaine de la Propriété Intellectuelle (OAPI) pour succéder à l'OAMPI. Actuellement 17 Etats africains sont membres de l'OAPI[1710]. Parmi les pays membres de l'OAPI, 4 sont classés dans la catégorie des PED[1711] et les autres sont des PMA.

693 - L'Accord de Bangui instaure un dépôt centralisé des brevets - Le système mis en place est basé sur le principe d'une législation uniforme avec la création d'un office commun du brevet et la centralisation des procédures du dépôt des brevets[1712]. Lorsque le brevet est accordé, il est valable dans l'ensemble des 17 pays. L'examen des dossiers échappe à la compétence des Etats. La délivrance des brevets dans les pays membres de l'OAPI est donc réglementée par l'Accord de Bangui qui a valeur de loi nationale sur les brevets pour tous les Etats membres. L'OAPI reçoit toutes les demandes de brevet et délivre des brevets régionaux qui produisent automatiquement leurs effets dans chacun des pays membres. Une fois délivrés par l'OAPI, les brevets sont ensuite gérés au niveau national par chaque Etat. Toutes les questions concernant les brevets en vigueur (violation, licences volontaires ou obligatoires) sont réglées par les tribunaux civils de chaque Etat membre.

694 - La révision de l'Accord de Bangui - Le droit des brevets en Afrique a suivi également l'évolution récente de la propriété intellectuelle. En effet, la création de l'OMC et la signature de l'Accord sur les ADPIC par chacun des Etats membres de l'OAPI ont

---

1710 Il s'agit des pays suivants : Bénin, Burkina Faso, Cameroun, Centrafrique, Congo, Côte d'Ivoire, Gabon, Guinée, Guinée Bissau, Guinée Equatoriale, Mali, Mauritanie, Niger, Sénégal, Tchad, Togo et l'Union des Comores qui vient d'adhérer en déposant son instrument d'adhésion à l'Accord de Bangui, le 25 mars 2013.

1711 Il s'agit du Cameroun, du Congo, de la Côte d'Ivoire, et du Gabon.

1712 Le système de l'ARIPO diffère de celui de l'OAPI en ce qu'il complète les systèmes nationaux de propriété intellectuelle des Etats membres. Les titres de protections peuvent donc être obtenus par voie nationale ou régionale. Lorsque le brevet est accordé par l'ARIPO, il doit être validé par l'Etat où le brevet doit être exercé, si l'Etat le refuse il le notifie à ARIPO.

eu pour conséquence la mise en révision en 1999 de l'Accord de Bangui. Les PED membres de l'OAPI devaient se mettre en conformité avec l'Accord sur les ADPIC avant le 1er janvier 2005, à la différence des PMA qui, eux, disposaient d'une période transitoire jusqu'en 2006 à l'époque, ce délai a été prolongé avec la Déclaration de Doha et est désormais fixé à 2016.

Cette révision visait, selon l'OAPI, à rendre les dispositions de l'Accord de Bangui, « compatibles avec les exigences des traités internationaux en matière de propriété intellectuelle auxquels les Etats membres sont parties, notamment l'Accord sur les ADPIC de l'OMC ». Outre cette contrainte d'envergure internationale, la révision a permis de simplifier les procédures de délivrance des titres et d'élargir les missions de l'OAPI qui, au-delà de ses missions traditionnelles, doit promouvoir le développement des Etats membres au moyen notamment d'une protection efficace de la propriété intellectuelle et des droits connexes et assurer la formation en propriété intellectuelle. Le nouvel Accord est entré en vigueur le 28 février 2002. Selon ses initiateurs il renforce la créativité et la protection des droits de propriété intellectuelle pour garantir les investissements, faciliter le transfert de technologie et contribuer ainsi à la croissance économique des Etats membres. Sauf que, quand on examine les termes de cette révision à l'aune des flexibilités de l'Accord sur les ADPIC, on ne comprend pas la position de l'OAPI, car les dispositions sont allées plus loin que les prescriptions de l'OMC.

B : Analyse de l'Accord de Bangui à l'aune de l'Accord sur les ADPIC et de la déclaration de Doha : des dispositions contradictoires à l'esprit de Marrakech et de Doha

695 - La position ambigüe de l'OAPI face à la difficulté d'accès aux médicaments en Afrique noire francophone : le piège de Bangui - Réunis à Bangui en République centrafricaine, les Etats membres de l'OAPI avaient pour mission de mettre leur cadre juridique commun en matière de propriété intellectuelle en conformité avec l'Accord sur les ADPIC. Le monde de la santé y voyait une occasion pour l'OAPI, dont la majorité des pays sont des PMA (dispensés par le nouveau système mondial de la propriété intellectuelle de mettre en place une protection des brevets jusqu'en

2016), de supprimer les dispositions qui obligeaient les pays membres d'octroyer des brevets. Mais l'Accord de Bangui révisé va surprendre par son caractère strict, restrictif et ambigu. L'Accord sur les ADPIC établit des règles minimales dans le domaine de la propriété intellectuelle, il est donc curieux que des PMA, pour qui les dérogations ont été faites, optent pour un durcissement de leurs conditions d'accès aux médicaments[1713].

L'Accord sur les ADPIC, bien qu'il soit critiquable, offre néanmoins des flexibilités qui peuvent favoriser l'accès aux médicaments dans les pays pauvres. La Déclaration de Doha est venue préciser que l'Accord sur les ADPIC devrait être interprété et mis en œuvre de manière à protéger la santé publique et promouvoir l'accès de tous aux médicaments[1714].

696 - L'OAPI comme frein à l'accès aux médicaments : des dispositions plus restrictives que les ADPIC - Le médicament est un bien particulier, il a reçu un traitement spécifique dans le cadre de l'Accord sur les ADPIC. Mais au niveau africain, l'Accord de Bangui n'opère pas de distinction entre les brevets relatifs aux produits pharmaceutiques et ceux relatifs à d'autres domaines. C'est ainsi que l'OAPI protège tout « produit, son procédé ou l'utilisation de celui-ci »[1715]. Traduite dans le domaine pharmaceutique, cette disposition protège l'indication thérapeutique, ce qui complique davantage l'accès aux médicaments des populations déjà meurtries par les politiques incohérentes en matière de médicaments. Les principales restrictions concernent l'usage des licences obligatoires, l'épuisement des droits et corrélativement les importations parallèles, le transfert de technologie et la lutte contre la contrefaçon.

697 - L'usage des licences obligatoires en zone OAPI - Selon l'Accord de Bangui, les licences obligatoires ne peuvent être sollicitées que par des personnes domiciliées dans l'un des Etats

---

[1713] Les principales modifications effectuées ont porté sur l'extension de la durée des brevets, leur nature et l'annulation de la condition d'exploitation locale.

[1714] Il s'agit d'équilibrer intérêts privés et intérêt général et de faire entrer l'éthique dans les activités commerciales, tout système commercial devant être compatible avec les intérêts de la santé publique.

[1715] Article 2 annexe 1 de l'Accord portant révision de l'Accord de Bangui. L'Accord est disponible sur le site : www.oapi.int.

membres[1716] et après l'expiration d'un délai de 4 ans à compter de la date de dépôt du brevet et 3 ans à compter de la date de délivrance[1717]. Ces licences, dénommées aussi licences d'office, ne peuvent être attribuées qu'à des opérateurs produisant le médicament au sein de la région OAPI. Ceci interdit donc le recours aux licences obligatoires pour importer un médicament produit hors de la zone OAPI. Avec cette limitation, les pays s'imposent une restriction qui n'est pas prévue par les accords de l'OMC. Sachant que la capacité industrielle est limitée dans la plupart des pays concernés, ceux-ci sont dans les faits privés du recours à des médicaments génériques pour résoudre d'éventuelles situations de crises sanitaires.

Ensuite, alors que l'Accord sur les ADPIC laisse la liberté aux pays membres de déterminer les motifs d'octroi des licences obligatoires, l'OAPI a choisi comme motif, le défaut d'exploitation, il n'est pas fait mention de la santé publique ou de l'intérêt public. Dans ce sens les dispositions de l'OAPI peuvent être utilisées pour contester à un pays membre l'usage des licences obligatoires. Les pays africains à travers l'OAPI, se sont condamnés à une réglementation très stricte. Les critères d'attribution d'une licence obligatoire ne tiennent pas compte de critères clairs. En France par exemple, une licence obligatoire peut être conférée lorsque des besoins de santé publique ou de nutrition l'exigent, notamment pour garantir la disponibilité et l'accessibilité de médicaments[1718].

698 - L'épuisement régional des droits : une autolimitation en matière d'importation parallèle - L'OAPI a opté pour un épuisement régional des droits au lieu d'un épuisement international[1719]. L'épuisement international aurait permis d'élargir l'offre de médicaments et de modérer les prix grâce à la concurrence. En règle générale, les médicaments ainsi importés sont achetés à une partie autre que le détenteur du brevet. Par exemple, un distributeur en

---

[1716] Article 48 de l'Accord de Bangui, op.cit.

[1717] Article 46 de l'Accord de Bangui, op.cit.

[1718]Selon l'article L.613-16 du Code de la propriété intellectuelle, une licence peut être accordée d'office par le ministre compétent « au cas où ces médicaments ne sont mis à la disposition du public qu'en quantité ou qualité insuffisantes ou à des prix anormalement élevés. »

[1719] Article 8 :1 a) de l'Accord de Bangui : « les droits découlant du brevet ne s'étendent pas aux actes relatifs à des objets mis dans le commerce sur le territoire d'un Etat membre par le titulaire du brevet ou avec son consentement ».

gros de médicaments qui a d'abord acheté ses médicaments (première vente) au détenteur du brevet ou à ses représentants agréés. L'épuisement international des droits, pouvait procurer comme avantage à chaque Etat-membre de l'OAPI de procéder à des importations parallèles de médicaments si ces derniers sont moins chers dans un autre Etat-membre de l'OMC[1720]. Le Kenya a introduit en juin 2001, dans sa législation sur le brevet, le régime d'épuisement international des droits[1721] .

L'importation parallèle a un intérêt incontestable : elle permet d'empêcher que les titulaires de brevets ne favorisent une segmentation des marchés et une discrimination en matière de prix à l'échelon régional ou international. Les importations parallèles permettent au final aux consommateurs de rechercher le meilleur prix sur le marché mondial, pour un produit breveté. C'est pour cette raison que l'option régionale adoptée par les pays membres de l'OAPI suscite des interrogations, eux qui ne disposent pas de capacité de fabrication suffisante et qui, de surcroît, n'étaient pas obligés de mettre en place un système de protection de la propriété intellectuelle pour la majorité d'entre eux.

699 - La suppression de l'exigence d'une exploitation industrielle locale - Les Accords de 1977 précisaient que, si dans les 5 ans suivant la délivrance du brevet, le titulaire n'avait pas exploité ou fait exploiter localement son invention, sans excuses légitimes, « aucune action en contrefaçon » ne sera recevable devant un tribunal. La révision de 1999 a supprimé cette exigence alors que les accords de

---

1720 A titre comparatif, le groupe Andin, a opté pour l'épuisement international des droits : le titulaire du brevet ne peut exercer de droits exclusifs concernant « l'importation d'un produit breveté qui a été commercialisé dans n'importe quel pays, avec l'autorisation du titulaire du brevet, du détenteur d'une licence ou de toute autre personne autorisée ». En Afrique du Sud, l'épuisement international est exceptionnel, en effet la loi sud africaine sur les médicaments, autorise le ministre de la Santé à « prescrire dans certaines circonstances les conditions permettant de rendre l'offre de médicaments plus abordable afin de protéger la santé publique ». Le ministre peut « en particulier... déterminer que les droits attachés à un brevet délivré en Afrique du Sud pour un médicament ne s'étendront pas aux actes accomplis en rapport avec ce médicament lorsque celui-ci a été mis sur le marché par le titulaire du brevet ou avec son autorisation »

1721 Le Parlement kényan a adopté en juin 2001, l'Industrial Property Act, qui est entré en vigueur le 1er mai
2002.

l'OMC ne l'exigeaient pas. Toutefois, certains pays prétendent que l'article 27:1 de l'Accord sur les ADPIC écarte la possibilité d'exiger l'exploitation locale d'une invention brevetée. Dans ce sens on peut citer le cas des États-Unis qui ont déposé une plainte contre la loi brésilienne sur les brevets. La loi brésilienne établissait une obligation d'exploitation locale pour les inventions brevetées au Brésil. Mais le litige n'est pas allé à termes, les deux pays ayant convenu que le Brésil consulterait au préalable les États-Unis s'il jugeait nécessaire d'appliquer la prescription d'exploitation locale. Cette position des Etats-Unis, qui ont également été très présents lors de la révision de l'Accord de Bangui, peut-elle expliquer la position de l'OAPI qui a choisi d'abroger la disposition qui exigeait une exploitation locale des inventions ?

Désormais en zone OAPI, l'exploitation de l'invention peut être satisfaite par l'importation. De ce fait, si le marché est suffisamment approvisionné par l'importation, le défaut d'exploitation locale du produit breveté ne constitue plus une condition pour octroyer une licence non volontaire. L'importation tue le transfert de technologie, elle contribue également à hausser les prix des biens importés et peut aussi être utilisée de façon abusive pour empêcher la concurrence.

700 - La lutte contre la contrefaçon : une légitime défense préventive - Le nouvel Accord de Bangui a ajouté une disposition supplémentaire pour lutter contre la contrefaçon. Cette disposition donne le droit au titulaire du brevet d'engager une procédure judiciaire devant le tribunal du lieu de la contrefaçon contre toute personne qui accomplit les actes qui rendent vraisemblable qu'une contrefaçon sera commise[1722]. Dès lors que le titulaire d'un brevet pressent une contrefaçon, il peut intenter un procès. Cette disposition s'apparente à la légitime défense « préventive ». Le titulaire du brevet agit alors même que l'acte de contrefaçon n'est pas consolidé. Si l'on rapproche cette disposition de l'exception Bolar, on peut dire que le titulaire du brevet peut agir en justice dès lors qu'un génériqueur de la zone OAPI essaie de faire usage des données des essais cliniques pour anticiper la mise sur le marché des génériques.

[1722] Article 7 al 5 de l'Accord de Bangui op. cit.

Au regard de ce qui précède, on peut affirmer que les Accords de Bangui desservent clairement l'intérêt des pays concernés et des malades qui y vivent. L'OAPI s'est engagée sans que ses Etats membres n'aient développé une technologie capable de faire évoluer les désirs de fabrication de médicaments. Si l'on jette un coup d'œil dans l'histoire, on s'aperçoit que des pays comme la Suisse, le Japon et la Chine et même les Etats-Unis ont retardé l'adoption des lois sur le brevet, afin de donner une base solide à leur industrie pharmaceutique. C'est après de telles initiatives que ces pays ont accepté la modification de leur législation sur la propriété intellectuelle. Aujourd'hui, l'Afrique semble privilégier les aides au développement à l'indépendance pharmaceutique.

Sous-section 2 : Les obstacles politiques à l'accès aux médicaments dans les PED

La politique d'accès aux médicaments est globale et complexe. Si le brevet de médicament apparaît comme l'un des éléments qui complique cet accès dans les pays du Sud, il existe d'autres raisons indépendamment du brevet. Pour épouser au mieux le système international de la propriété intellectuelle, les pays africains doivent réexaminer en profondeur leurs politiques internes qui, actuellement, semblent être en déphasage avec les finalités de la propriété intellectuelle (Paragraphe 1). On peut également mentionner l'existence d'une politique externe largement construite sur un principe d'assistance financière qui confine les pays bénéficiaires à un rôle passif dans le nouvel ordre économique[1723] (Paragraphe 2).

Paragraphe 1 : Des politiques internes en déphasage avec les finalités de propriété intellectuelle

La période de transition accordée aux PMA pour développer leur niveau technologique afin de pouvoir appliquer les accords de l'OMC, ressemble à une « prêche dans le désert ». Il est indéniable que la mise

[1723] Le nouvel ordre économique international, selon I. Bernier est « un ensemble de mesures destinées à changer un système de relations économiques internationales jugé responsable du clivage entre les nations qui sont développées et celles qui cherchent à le devenir ». I. Bernier « Souveraineté et interdépendance dans le nouvel ordre économique international », *Études internationales*, vol. 9, n° 3, 1978, p. 376.

en œuvre des mesures de sauvegarde issues des accords de l'OMC nécessite une capacité économique, technologique, administrative et humaine suffisante, ce qui semble faire défaut dans les PMA (A). Leur trop grande dépendance à l'aide extérieure complique également la mise en œuvre des flexibilités (B).

A : Faiblesse de revenus et faiblesse technologique : deux obstacles insurmontables

701 - La nécessité d'une volonté politique - Il est vrai que les pays africains pour la plupart souffrent de la faiblesse de leurs revenus. Mais il faut signaler qu'aucune avancée ne peut se faire en matière de production pharmaceutique sans une volonté des autorités politiques d'aller vers « l'autosuffisance pharmaceutique ». Si l'on prend l'exemple du Brésil, c'est la présence d'un secteur public de recherche et de production pharmaceutique, secteur né d'une volonté politique, qui a lancé l'industrie pharmaceutique dans ce pays. On ne peut laisser les décisions concernant la santé entre les mains de groupes privés.

La recherche et le développement sont la base de toute innovation, mais les politiques dans les pays africains semblent ne pas intégrer l'innovation comme une priorité. Le financement public de la recherche est absent. En matière sanitaire, les hôpitaux censés être des centres de recherche peinent déjà à assurer les soins. L'aspect recherche ne peut donc pas survivre dans un tel environnement. Il existe pourtant des centres de recherche en sciences médicales, mais le manque de moyens plombe leurs activités.

702 - Des politiques insuffisantes en matière d'incitation de transfert de technologie - Une dizaine d'années après la Déclaration sur l'Accord sur les ADPIC et la santé publique, la situation des pays africains n'a guère changé en matière de croissance technologique. L'engagement pris à Doha par les pays développés « d'offrir des incitations à leurs entreprises et institutions pour promouvoir et encourager le transfert de technologie vers les PMA » n'a pas été effectif. Une décision de mise en œuvre de la Déclaration de Doha a réaffirmé que les dispositions de l'article 66.1 de l'Accord ADPIC étaient impératifs. Les pays développés devaient présenter en 2002, un rapport sur le fonctionnement des dispositions qu'ils ont mises en œuvre pour réaliser leur obligation. Tout porte à croire que la situation technologique des pays africains ne sera pas améliorée par le transfert de technologie, les pays développés ne sont pas encore prêts à cet échange, il appartient donc aux PED et PMA de repenser leur politique de développement.

Si la faiblesse technologique constitue un facteur aggravant des difficultés d'accès aux médicaments, en ce sens qu'elle empêche de faire des copies légales de médicament, la faiblesse des revenus, elle, joue sur l'accès des médicaments présents sur le marché national. A défaut d'une assurance maladie universelle, les populations doivent assurer elles-mêmes leurs médicaments.

B : La trop grande importance de l'aide extérieure et les incohérences des politiques de santé

703 - Une aide qui porte préjudice au développement pharmaceutique de l'Afrique - Depuis les indépendances des pays africains, les experts internationaux du développement se penchent sur les solutions pour sortir le continent africain du sous-développement. Mais les stratégies se suivent, se ressemblent et produisent les mêmes effets. L'Afrique est devenue un continent assujetti à l'aide extérieure. Cette aide semble être l'un des facteurs d'échec du développement économique du continent, car elle la maintient dans la dépendance totale, alors que c'est d'indépendance dont elle a besoin. L'aide lie l'Afrique et la fragilise dans les négociations d'envergure internationale. Un Etat dépendant de l'aide « voit sa marge de manœuvre réduite sur le plan international »[1724], car toute action qui menacerait la continuité de l'aide peut lui être fatale. Il est difficile pour les pays africains de réclamer l'aide étrangère et de prétendre en même temps protéger leur souveraineté[1725]. Nous convenons avec D.H Blake et R.S. Walters qu'« entre la souveraineté absolue et le développement assisté de l'extérieur, un choix devra être fait »[1726].

Si l'aide, dans le court terme, profite aux gouvernements des pays bénéficiaires, qui peuvent travailler à instaurer une paix sociale,

---

[1724] V. Thébault, *Géopolitique de l'Afrique et du Moyen-Orient*, Nathan, Paris, 2012, p.69.

[1725] I. Bernier, op.cit., p 365.

[1726] D. H. Blake, R. S. Walters, The Politics of Global, Economie Relations, 1976, pp. 188-194.

elle constitue une contrainte et soumet les bénéficiaires aux décisions politiques des pays donateurs et à long terme profite aux grandes puissances. L'aide est toujours accompagnée de conditionnalités et ce sont ces conditionnalités qui participent à l'anéantissement des effets voulus par l'aide financière et perturbent les politiques locales ainsi que les institutions chargées de les mettre en œuvre.

Paragraphe 2 : Des politiques extérieures mal orientées

Le système commercial multilatéral a été façonné avant que les pays africains n'accèdent à l'autonomie politique. Lorsqu'ils ont intégré l'économie internationale, il leur a été demandé d'abolir le protectionnisme national, pour ouvrir leurs marchés aux produits venant des autres Etats. L'Etat devait se désengager du secteur commercial pour laisser le libre marché faire le jeu de la concurrence. Le GATT a été conçu selon cette idéologie, avant que l'OMC, plus active, ne vienne reprendre le flambeau du droit international économique. Les marchés nationaux sont appelés à devenir des marchés mondiaux quelle que soit leur taille, les inégalités économiques ne sont pas prises en compte. Les pays africains qui sont arrivés dispersés dans les négociations qui ont instauré le droit public du commerce international (A), souffrent tous d'un commerce extérieur inadapté au nouvel ordre économique voulu par les géants du commerce international (B).

A : Les pays africains avancent dispersés

704 - L'Afrique : 54 pays, 54 marchés cloisonnés - Lorsque les pays africains arrivent dans les négociations, chaque pays est une entité et vient défendre soit une position nationale soit, dans le meilleur des cas, une position régionale. L'ensemble des pays africains ne représente pas plus de 3% dans le commerce mondial[1727]. L'Afrique demeure le continent le plus fragmenté du monde, avec 54 pays séparés par de nombreuses frontières. Sur le plan intérieur, l'économie africaine n'est pas intégrée, le continent est divisé en de petites unions sous-régionales dont le fonctionnement n'est pas encore parfait. Les organisations sous-régionales n'ont aucun rapport entre

[1727] La part de l'Afrique dans le commerce mondial est passée de près de 6% en 1970 à 3% en 2010(statistiques OMC voir www.who.org).

elles. Des barrières douanières et des taxes diverses plombent les échanges interafricains. De ce fait, la libéralisation des échanges se heurte au manque de coordination des politiques commerciales inter étatiques[1728].

Pour réussir dans le concert des nations, l'Afrique doit être portée par une seule voix. Lors des négociations qui ont abouti à la Déclaration de Doha, c'est l'union du groupe africain porté par le Zimbabwe qui a contraint les Occidentaux à reculer et à faire des concessions au nom de la situation sanitaire très mauvaise dans les pays africains.

705 - L'Union Africaine (UA) comme porte-voix de l'Afrique : la recherche d'un marché africain - L'Afrique représente, à elle seule, un marché potentiellement porteur. Les échanges qu'elle effectue avec le reste du monde sont considérables. Il suffirait d'une réorganisation pour trouver un organisme du type Union Africaine pour prendre le relais. On pourrait imaginer une Union Africaine forte et organisée pour gérer le commerce international en Afrique. L'Afrique pourrait alors participer pleinement aux échanges commerciaux avec le reste du monde. Il est urgent de faire disparaître les groupuscules d'unions économiques qui ont montré leurs incapacités, pour évoluer vers une union tournée vers l'international, une union qui permettrait une intégration dynamique des économies africaines. L'Union Africaine pourrait, à l'image de l'Union Européenne porter les valeurs du continent africain.

L'une des conséquences du manque d'intégration des économies africaines est la faible participation des entreprises africaines aux chaînes de valeurs mondiales. La grande fragmentation des marchés africains et le coût élevé des transactions ne favorisent pas l'intégration des entreprises africaines dans les chaînes de valeur régionales et mondiales. Beaucoup de pays africains, malgré leur appartenance à l'OMC (censée les aider à accélérer leur développement économique), se sentent écartés du marché occidental qui ferme la porte à leurs produits. Dans ce contexte, seule une volonté politique commune à l'ensemble des pays peut aider à

[1728] J. Fipa Nguepjo, *Le rôle des juridictions supranationales de la CEMAC et de l'OHADA dans l'intégration des droits communautaires par les Etats membres*, Thèse de droit, université Paris Panthéon-Assas, p.21.

résoudre le problème. L'UA avait lors de son sommet au Ghana en 2007, formé une équipe ministérielle pour étudier la meilleure forme que doit prendre un gouvernement continental. Ce projet devrait aboutir en 2015 à un gouvernement qui parlerait au nom de toute l'Afrique sur le plan extérieur. Mais, moins de deux ans avant le terme, le projet semble être abandonné.

La construction d'une UA politique et économique, est compromise par les affinités politico-économiques de la plupart des pays africains avec leurs anciennes puissances coloniales. L'Afrique doit d'abord renforcer les échanges intracontinentaux qui apparaissent comme un des moyens de promouvoir une plus grande coopération entre les Etats.

B : Un commerce extérieur essentiellement primaire

706 - Un commerce extérieur de produits sans valeur ajoutée - Pendant la période coloniale, les économies de la plupart des pays africains étaient destinées à fournir des matières premières à bas prix aux entreprises situées dans les puissances coloniales[1729]. Le système colonial était basé sur une division rigide du travail, sans spécialisation, sans ajout de valeur ni développement d'une chaîne de production entre les pays africains. Une fois leurs indépendances acquises, les pays africains n'ont pas réussi à régler ce problème. Les produits exportés et les marchés d'exportation se sont très peu diversifiés. L'indépendance politique ne s'est pas accompagnée d'une indépendance commerciale ou économique et la structure du commerce héritée de l'époque coloniale est restée en grande partie inchangée.

Le commerce en Afrique est exagérément tributaire d'un petit nombre de produits du secteur primaire. Par exemple, en 2010, les combustibles et les produits miniers ont représentés 66% du total des exportations africaines de marchandises[1730]. L'Afrique exporte essentiellement de la matière première, c'est donc le secteur primaire

---

[1729] Par exemple, le Ghana et la Côte d'Ivoire produisaient du cacao, le Zimbabwe et le Malawi produisaient du tabac, le Kenya et la Tanzanie produisaient du café et du thé.

[1730] Dans un discours prononcé à l'Université de Witwatersrand à Johannesburg (Afrique du Sud), le 12 avril 2012, par la Directrice générale adjointe, Valentine Rugwabiza (http://www.wto.org/french/news_f/news12_f/ddg_12apr12_f.htm)

qui prédomine. Un commerce extérieur essentiellement basé sur le secteur primaire témoigne de la faiblesse de la technologie industrielle.

Tandis que les pays occidentaux subventionnent leurs entreprises afin de les rendre compétitifs sur le plan international, l'Afrique attend l'aide au développement. Les initiatives privées ne sont pas nombreuses. Le privé n'est pas encouragé dans l'innovation, ce qui fait que la majorité des brevets accordés par les pays africains appartiennent à des investisseurs étrangers[1731].

707- Un système économique non diversifié- Les économies africaines ne sont pas assez diversifiées, l'exportation porte sur un petit nombre de produits de faible valeur ajoutée. L'Afrique est marginalisée dans le commerce mondial. Pour remédier à cette difficulté, les dirigeants africains ont créé en 2001 le NEPAD pour « permettre à l'Afrique de rattraper son retard par rapport aux régions développées du monde » et « mettre un terme à la marginalisation de l'Afrique vis à vis du processus de mondialisation ». Cette initiative devrait servir de base à la mise en place de partenariats économiques entre les pays industrialisés et les pays africains. Mais aujourd'hui, les effets du NEPAD ne sont pas visibles, l'Afrique reste toujours divisée, les échanges interafricains ne se sont guère améliorés.

Section 2 : La redynamisation des politiques d'accès aux médicaments en Afrique : la nécessité de concilier brevet, santé publique et développement

Le brevet, à lui seul, ne justifie pas les difficultés d'accès aux médicaments dans les pays du Sud, mais reste le principal obstacle. En évoluant, le droit international des brevets a été réajusté pour tenir compte de certaines situations liées notamment à la santé publique et à la capacité de certains membres de l'OMC à fabriquer des médicaments. Si l'Accord sur les ADPIC a accordé un délai pour les PED et les PMA pour la mise en œuvre d'un système de protection des droits de la propriété intellectuelle, il a sans doute entendu leur permettre d'atteindre un certain niveau de développement. Le brevet apparaît comme un instrument de développement et doit de ce fait se

[1731] Cf supra paragraphe 244.

réconcilier avec la santé publique (Sous-section 1). Cette réconciliation nécessite que les principaux acteurs du système international de la propriété intellectuelle acceptent de relire le droit des brevets à la lumière de la santé publique du développement (Sous-section 2).

Sous-section 1 : Droit des brevets et santé publique en Afrique : une réconciliation nécessaire

Plusieurs auteurs ont dénoncé une dérive du droit des brevets ayant conduit à « une privatisation de l'information »[1732]. En effet, la promotion de l'innovation a glissé vers la protection de l'investissement. On ignore le plus souvent la part de l'industrie pharmaceutique dans la recherche de nouvelles molécules, car très souvent, les recherches sont financées par des fonds publics et le brevet utilisé par des structures privées[1733]. L'utilité du brevet est reconnue, mais son usage ne doit pas se faire au préjudice de la société. Le brevet doit servir la société qui, en retour, récompense son titulaire par la reconnaissance du monopole d'exploitation.

En matière pharmaceutique, le brevet est très problématique. L'essor économique des industries pharmaceutiques contraste avec la précarité sanitaire dans le monde et plus encore dans les PED. Cette situation de précarité, préjudiciable à tout développement économique des Etats (Paragraphe 1), nécessite que des efforts soient faits par tous les acteurs du développement afin de réconcilier durablement le droit des brevets et le droit à la santé (Paragraphe 2).

[1732] P. Catala, « Ebauche d'une théorie juridique de l'information », *D.*, 1984, chron., p. 97 ; M. Vivant, « La privatisation de l'information par la propriété intellectuelle », *RIDE*, 2006/4, pp.361-388 ; J.- Galloux, « Ebauche d'une théorie juridique de l'information », *D.*, 1994, chron. pp.229-234 ; J. Passa, « La propriété de l'information : un malentendu ? », *Droit et Patrimoine*, mars 2001, pp. 64-65.

[1733] On peut citer quelques médicaments dont la recherche a été faite sur fonds public ou par des structures publiques : la didanosine, ou ddI, commercialisée sous le nom de Videx® par Bristol-Meyers Squibb. Ce médicament a été synthétisé par des chercheurs du National Institute of Health au Etats-Unis. Ensuite on peut citer la zalcitabine®, ou ddC, la stavudine® ou d4T.

Paragraphe 1 : Une situation sanitaire précaire préjudiciable au développement économique

Le rôle de la santé dans le processus de croissance est indéniable[1734], l'amélioration de l'état de santé d'une population engendre des hausses de productivité[1735]. La santé a une influence sur la capacité des travailleurs à produire et à rester le plus longtemps possible dans la vie active. La crise engendrée par le Sida ou encore le paludisme et aujourd'hui le virus d'Ebola dans les PED sont un exemple. Ces crises sanitaires, en éloignant les travailleurs des secteurs productifs ou encore en les éliminant définitivement, ont réduit considérablement le nombre de travailleurs valides et précipiter l'économie de ces pays dans le gouffre[1736]. Cette situation précaire de santé dans les pays pauvres est liée, d'une part à l'échec des politiques de santé mises en place dans ces pays (B), mais également à un manque important de médicaments de qualité (A).

A : Une précarité liée au manque de médicaments de qualité

708 - Des réponses nationales insuffisantes face aux maladies tropicales - Le manque de médicaments de qualité, s'il est lié au droit des brevets, peut être également rapproché au manque de volonté des gouvernements africains, qui ne semblent pas avoir inscrit la santé dans les priorités nationales[1737]. Les maladies tropicales étant circonscrites dans les seules zones tropicales, elles n'intéressent pas les recherches dans les pays où ces maladies sont un lointain souvenir.

1734 P. Ulmann, « La santé, facteur de croissance économique », in P.-L. Bras, G. de Pourvourville, D. Tabuteau (dir.), *Traité d'économie et de gestion de la santé*, Presse de Science Po, Paris, 2009, p.55.

1735 Selon la Banque Mondiale citée par B. Majnoni d'Intignano, « un pays dont plus de 25% de la population active (15 à 50 ans) est malade doit s'attendre à voir son taux de croissance économique réduit de 1 point ». B. Majnoni d'Intignano, *Santé et économie en Europe*, PUF, Que sais-je ?, pp.10-15.

1736 M. Audibert et al, « Paludisme, production et revenu des producteurs de café et de cacao en Côte d'Ivoire », http://gdrdeveloppementtransition.org/papiers/jchd/AUDIBERT.pdf (les auteurs montrent comment le paludisme a contribué à faire baisser la production en Côte d'Ivoire).

1737 P. Millet, « Etat de la recherche et développement pour la lutte contre les maladies tropicales : hypocrisie, indifférence ou absence de coordination », *Méd Trop*, 2006, n°66, p.543.

Lorsqu'on observe la part du budget réservée à la santé, on ne peut qu'avoir des inquiétudes quand à l'avenir sanitaire des pays africains[1738]. Ces pays s'étaient pourtant engagés en 2000 à Abuja à accorder 15% de leur budget à la santé[1739].

Face aux maladies endémiques, les réponses nationales sont insuffisantes, la pandémie du sida illustre parfaitement cette réalité[1740]. Dans la plupart des pays africains, les médicaments sont importés et une fois le marché national approvisionné, il faut que les malades paient les médicaments dont ils ont besoin[1741]. Ces populations sont le plus souvent insolvables et aucune politique publique ne vient suppléer leurs besoins de médicaments. Ce qui conduit les populations à accepter toutes sortes de solutions : des médicaments de la rue à l'usage de médicaments issus de dons, chacun tente sa chance de guérison.

En ce qui concerne les médicaments efficaces dans la prise en charge des maladies les plus fréquentes, la multitude d'acteurs est encore plus prononcée. La plupart des malades africains sont sous traitement grâce à des ressources provenant de l'extérieur de l'Afrique. Ce qui est, selon le directeur exécutif d'ONUSIDA, instable et « même dangereux »[1742]. Il préconise la création d'une agence africaine du médicament pour contrôler la qualité des médicaments et

---

[1738] Si on prend l'exemple du Burkina Faso, on constate qu'il a consacré 11,2% de son budget à la santé de 1960-1964, 9,3% de 1965-1969, en 1999 11%, en 2002 7% (voir V. Ridde, *Equité et mise en œuvre des politiques de santé au Burkina Faso*, L'Harmattan, Paris, 2007). Pour 2014 le gouvernement burkinabè prévoit de consacrer 12% de son budget à la santé. Quant au Sénégal, il a consacré 8,20% de son budget à la santé de 1960-1961, 9,1% de 1970-1971, en 1993 5,07%, en 2010 11% et (source http://apps.who.int/medicinedocs/fr/d/Js2234f/3.2.html). Actuellement le gouvernement promet d'y consacré 15% comme recommandé à Abuja en 2000.

[1739] Voir Déclaration et Plan d'action d'Abuja de 2000 sur « Faire Reculer le Paludisme », disponible sur : http://whqlibdoc.who.int/hq/2003/WHO_CDS_RBM_2003.46_fre.pdf.

[1740] J.-Claude Berthélemy, J Seban, « Dépenses de santé et équité dans l'accès aux services de santé dans les pays en développement », *Revue d'économie du développement*, 2009/1 Vol. 23, pp. 37-40.

[1741] Cette affirmation est à relativisée, car le traitement du sida est gratuit au Burkina Faso et au Sénégal. Mais ce qui est difficile pour les malades c'est la réalisation des examens complémentaires nécessaires à la prise du traitement. Ces examens ne sont pas gratuits et doivent se faire périodiquement.

[1742] http://www.allodocteurs.fr/actualite-sante-vers-la-creation-d-une-agence-africaine-du-medicament--7625.asp?1=1

œuvrer à la création d'industrie de fabrication locale. Mais encore faut-il que les politiques en matière de santé soient cohérentes et réalisables.

B : Une précarité liée à l'insuffisance des politiques en matière de santé

709 - Les politiques d'accès aux médicaments : des efforts mal orientés- Les médicaments sont aujourd'hui l'arme essentielle pour la prévention et le traitement efficace de nombreuses maladies. L'accès aux médicaments efficaces doit, par conséquent, être considéré comme un droit fondamental de l'Homme[1743]. Dans le secteur de la santé, les connaissances techniques et les équipements adéquats, sans une politique sanitaire efficace, ne sont que de vains efforts. Seules des politiques adaptées peuvent donner vie aux différents moyens techniques, matériels, humains et financiers pour endiguer le fléau de l'inégalité d'accès aux MEG. Cependant il faut souligner que l'accès aux médicaments ne doit pas être une fin, il ne doit pas y avoir de course effrénée et aveugle vers cet objectif. En matière de médicaments, il existe plusieurs facteurs qui interviennent dans les politiques pharmaceutiques nationales. Pour tirer un profit optimal des maigres ressources en santé, les autorités nationales doivent s'assurer que la sélection des médicaments, leur prix aux patients, leur stockage sont faits de façon convenable[1744].

710 - Le facteur sélection et le facteur prix - Il faut pouvoir faire des choix rationnels, c'est-à-dire des médicaments de qualité, sans encombrer le marché national avec plusieurs médicaments identiques et à des prix différents. Les médicaments sélectionnés doivent avoir été choisis parce que leur prix est accessible. En effet des médicaments de qualité, inaccessible, ne servent pas l'intérêt général. Les autorités compétentes doivent donc dans leur politique d'accès aux médicaments intégrer l'aspect prix et ce prix doit tenir compte du pouvoir d'achat de la population.

[1743] Déclaration de la Fédération Internationale pharmaceutique, sur la politique d'amélioration de l'accès aux médicaments dans les pays en développement, le Caire, septembre 2005.

[1744] Cf supra paragraphe 447.

Quand on se réfère au marché du médicament au Burkina Faso et au Sénégal, il y a lieu de conclure que la sélection des médicaments n'est pas efficace[1745]. Le juste médicament n'existe pas, le médicament reste encore cher, ce qui explique sans doute la bonne santé financière des médicaments de la rue. Pourtant, les centrales d'achats des médicaments génèrent un bon bénéfice annuel. Le prix des MEG peut encore être baissé.

711 - Le facteur financement des médicaments - Le financement des médicaments doit être durable pour éviter les ruptures de stock. Lorsque le financement n'est pas basé sur des éléments durables, l'effondrement des politiques est inévitable. C'est ce qui s'est passé avec le plan Sésame au Sénégal[1746]. L'Etat sénégalais a mis en place une prise en charge nationale des soins sans avoir planifié le financement pour l'avenir. Après quelques mois de fonctionnement, le plan a perdu de sa crédibilité parce que le tiers payeur était devenu insolvable. Aujourd'hui en Afrique, si quelques pays ont déjà mis en place une assurance maladie universelle[1747], d'autres comme la Côte d'Ivoire, le Burkina Faso et le Sénégal[1748] sont toujours au stade de projet.

Les politiques en manière de médicaments doivent également concerner le stockage et la distribution. Le médicament doit conserver sa qualité jusqu'à sa distribution au patient. Sa distribution doit suivre un circuit officiel et le médicament doit être manipulé par des personnes légalement désignées, ayant des compétences en la matière.

712 - Des insuffisances aggravées par la dévaluation du franc CFA - La dévaluation du F CFA a eu pour conséquence immédiate le

[1745] Au Sénégal, il y a une trentaine d'antihypertenseurs et une quinzaine d'antipaludiques autorisés. Voir l'arrêté portant révision des Listes Nationales des Médicaments et Produits Essentiels.

[1746] Cf supra, paragraphe 347.

[1747] Le Bénin a lancé officiellement le début d'un Régime d'Assurance Maladie Universelle (RAMU).

[1748] Au Sénégal, alors que le plan sésame bat de l'aile le président Macky Sall a décider d'inverser le plan. Au lieu des personnes âgées de plus de 60, il a lancé une couverture maladie réduite aux personnes âgées de 0 à 5 ans. Ce programme est prévu pour démarrer le 1er octobre 2013. Les autorités sénégalaises ont sans doute tiré leçon de l'échec du plan sésame. (http://www.jeuneafrique.com/Article/DEPAFP20130921112149/)

doublement du prix des médicaments importés par les pays de la « zone franc». Pour contrer cette montée des prix, la décision a été prise de mettre l'accent sur les MEG et surtout d'harmoniser les procédures d'enregistrement desdits MEG. Mais compte tenu de l'absence ou de l'insuffisance d'une production locale de médicaments, l'accélération des procédures d'AMM n'a eu aucun d'effet sur le prix des médicaments.

713 - L'IB, ou comment la facilitation de l'accès aux médicaments a aggravé les problèmes sanitaires - Depuis leurs indépendances les pays africains ont mis en œuvre des politiques pour faciliter l'accès aux médicaments à leur population, mais l'ensemble de ces politiques ont soit échoué soit ont produit les effets contraires. L'exemple de l'IB nous montre comment une politique de facilitation de l'accès aux médicaments s'est révélée être dans sa mise en œuvre une politique de destruction sociale et sanitaire[1749]. La politique de baisse des prix des médicaments à travers les MEG, n'est pas suivie par les professionnels de la santé et aujourd'hui cette politique semble être en perte de vitesse[1750]. Le médicament, quand bien même, il est générique et que son prix est moins élevé que le médicament princeps, son accessibilité financière demeure toujours posée dans des pays où le seuil de pauvreté ne permet pas de tenir une journée de traitement[1751].

714 - Les objectifs du millénaire et l'accès aux médicaments - La dernière tentative de la communauté internationale pour venir à bout des problèmes qui minent le monde s'est exprimée à travers les Objectifs du Millénaire (OMD). L'OMD 3 et 8 sont consacrés à la santé et au commerce[1752]. Mais aujourd'hui cette nouvelle politique mondiale apparaît déjà comme un échec.

[1749] Cf supra paragraphe 449 et 450.

[1750] Le journal d'information pharmaceutique du Burkina Faso, indique que certaines officines de pharmacie et certains dépôts de district ne respectent pas souvent les prix des MEG fixé par le gouvernement. Voir, « Révision des prix des MEG : peu de prix nouveaux, surtout des problèmes anciens », La lettre du CEDIM, n°49, septembre 2011, pp 35-40.

[1751] Cf supra paragraphe 464.

[1752] Selon l'OMD 8, les Etats doivent poursuivre la mise en place d'un système commercial et financier ouvert, réglementé, prévisible et non discriminatoire. Une place doit être faite pour les PMA et l'OMD 3 demande aux Etats d'assurer à tous ceux qui en ont besoin l'accès aux traitements.

La crise sanitaire dans les pays africains impose donc de réfléchir sur un encadrement juridique qui rapprocherait le brevet à la santé publique.

Paragraphe 2 : Les actions actuelles en faveur du rapprochement du brevet et de l'accès aux médicaments

Quand on parcourt les politiques nationales de santé dans les pays africains on constate très rapidement que la propriété intellectuelle n'est pas une priorité inscrite dans ces politiques[1753]. Le commerce international est envisagé en dehors de la propriété intellectuelle. Les politiques d'accès aux médicaments sont également envisagées sous un angle n'intégrant pas le brevet. Mais, fort heureusement aujourd'hui des actions sont en train timidement d'émerger pour inciter les Etats à prendre en considération la santé publique dans leur législation sur la propriété intellectuelle (A). Ces actions tendent à remettre en cause le paradoxe entretenu depuis la création du droit économique international. En effet, les pays les plus développés prônent le libre-échange dans leur rapport avec les PED, tout en étendant et en renforçant sans cesse les monopoles à leur profit[1754]. Ce réveil africain est accompagné par des initiatives d'organismes internationaux et également par la société civile internationale (B).

A : Les initiatives africaines : les débuts timides d'une prise de conscience du rôle du brevet dans l'accès aux médicaments

715 - Les premières réactions africaines : une prise de conscience des effets néfastes du brevet - La première prise de conscience des pays africains remonte aux séries de réunions préparatoires de la décision intervenue le 30 août 2003. Par une note datée du 24 juin 2002, au Comité des ADPIC, le groupe africain avait proposé une série de solutions tendant à rendre effectif l'usage des licences obligatoires pour les pays aux infrastructures

[1753] Les politiques sont plutôt axées sur le financement de la santé et sur les stratégies de mise en œuvre.
[1754] F. Collard Dutilleul, V. Pironon, « Droit économique et sécurité alimentaire », *RIDE*, 2012, p.12 (pp 5-14)

pharmaceutiques insuffisantes. Cette proposition[1755] est la suite formalisée d'une réaction du groupe africain articulée autour de la suppression pure et simple de la référence à l'approvisionnement du marché intérieur dans l'article 31(f)[1756] de l'Accord sur les ADPIC et de l'adoption de mesures incitatives en faveur du transfert de technologies, lors de la session extraordinaire du Conseil des ADPIC tenue le 8 mars 2002. C'est cette réaction qui a été revue, étoffée et présentée par écrit au Comité des ADPIC le 24 juin 2002.

Concernant l'article 31, le groupe africain a proposé trois options possibles, soit un amendement à la disposition, soit la suppression pure et simple du paragraphe (f) soit une addition à ce paragraphe précisant qu'il ne s'applique pas aux mesures adoptées pour la protection de la santé publique. Les Africains demandaient également d'étendre la notion de « marché intérieur » pour épouser les contours régionaux comme les zones de libre-échange, les unions douanières ou d'autres arrangements provisoires. Ils ont proposé, en outre, que le terme « principalement » de l'article 31 (f) soit interprété comme signifiant que jusqu'à 49,9% de la production peut être exportée. Concernant d'éventuels différends, le texte propose un moratoire général sur les plaintes contre tout membre qui prend des mesures pour faire face à la crise internationale dans le domaine de la santé dans les pays ayant des capacités de fabrication insuffisantes ou n'en disposant pas. Les périodes de transitions devraient être également étendues pour ces pays. Finalement, dans le but d'éviter que des médicaments importés soient ensuite réexportés, le groupe propose d'étiqueter les médicaments concernés comme étant limités au marché domestique. C'est la première fois que les pays africains dans le cadre de l'OMC ont fait des propositions concrètes de façon groupée.

716 - La prise de conscience au niveau de la CEDEAO - Lorsqu'elle préparait la signature des accords APE, la CEDEAO a

---

[1755] La proposition est contenue dans le document IP/C/W/351et est disponible sur le site http://docsonline.wto.org/DDFDocuments/t/ip/c/w351.doc.

[1756] Article 31 de l'Accord sur les ADPIC : « Dans les cas où la législation d'un Membre permet d'autres utilisations de l'objet d'un brevet sans l'autorisation du détenteur du droit, y compris l'utilisation par les pouvoirs publics ou des tiers autorisés par ceux-ci, les dispositions suivantes seront respectées : f) toute utilisation de ce genre sera autorisée principalement pour l'approvisionnement du marché intérieur du Membre qui a autorisé cette utilisation.

commandité un rapport[1757] pour éclairer les différents négociateurs des pays membres. Ce rapport a préconiser que la CEDEAO s'oppose à toute demande d'aller beaucoup plus loin que l'engagement de ses pays membres à l'OMC sur les droits de la propriété intellectuelle. Il propose également à la CEDEAO d'exiger de l'UE le dédommagement de tout Etat qui supporterait des coûts supplémentaires à cause desdits accords.

Aujourd'hui, cette prise de conscience se traduit au niveau de l'Organisation Ouest Africaine de la Santé (OOAS) qui a lancé en 2013 un appel à candidature en vue du recrutement d'un consultant pour l'aider à mettre en œuvre les flexibilités et les garanties offertes par l'Accord sur les ADPIC en matière de santé[1758]. La CEDEAO cherche une technique qui pourrait aider les pays membres à incorporer les flexibilités de l'Accord sur les ADPIC dans leurs législations nationales. Elle cherche à élaborer un document de plaidoyer sur les flexibilités de l'Accord sur les ADPIC ainsi que celles déclinées à Doha. Elle veut également œuvrer à la formation des responsables locaux de la propriété intellectuelle.

Ce réveil africain est soutenu par de nombreuses initiatives internationales.

B : Les initiatives internationales

717 - L'OMS et le brevet de médicaments : un engagement timide - Sur le plan international, les pays pauvres se sont tournés vers l'OMS, cependant, la géante de la santé mondiale n'a pas toujours été active dans la recherche de solutions pour défendre la non-brevetabilité du médicament. C'est avec la survenue du sida que l'inertie de l'OMS va être mise à nue. En effet, face au coût des premiers traitements contre cette pandémie, l'OMS n'a pas été parmi les premiers à réagir. Cette passivité face à un phénomène dont l'ampleur mondiale interrogeait tous les acteurs, a conduit l'ONU, selon D. de. Beer, à créer l'ONUSIDA en 1995. L'OMS, si elle était active dans la recherche de solutions pour traiter le sida, ne faisait pas

[1757] M. Davenport, Rapport sur l'étude sur l'accès au marché dans les négociations entre la CEDEAO et l'UE dans le cadre des APE, mai 2003(voir http://www.hubrural.org/IMG/pdf/cedeao_ape_etude_acces_au_marche_fr.pdf)

[1758]Voir l'avis de recrutement n°571disponible sur le site www.wahooas.org/IMG/pdf/Avis_57_fr.pdf

attention à l'inaccessibilité des traitements, elle ne posait pas les bonnes questions. Elle ne s'est pas attaquée à la cause de la cherté des prix des premiers traitements. Cette position de l'OMS a entraîné une réaction des pays africains comme le Zimbabwe et l'Afrique du Sud qui ont demandé, de concert avec le Brésil, un engagement plus ferme de l'OMS dans la problématique de la propriété intellectuelle et de l'accès aux médicaments. C'est ainsi qu'une première résolution va voir le jour en 1998, suite aux diverses plaintes[1759].

718 - L'OMS et le brevet de médicaments : un engagement contesté - Une autre résolution portant sur la révision de la stratégie pharmaceutique de l'OMS a été adoptée en 1999. L'OMS y reçoit comme mission « d'aider les Etats à préserver les intérêts de la santé publique dans la mise en œuvre des accords commerciaux »[1760]. Mais la place de l'OMS dans les droits de propriété intellectuelle est contestée par certains pays développés. L'UE par exemple avait estimé, en février 2007, que l'OMS n'était pas compétente pour émettre un avis juridique sur les droits de propriété intellectuelle, sauf si elle souhaitait collaborer aux projets communs de l'OMC et de l'OMPI pour donner un éclairage sur les projets d'accords en matière de brevet dans le domaine médical[1761]. Les Etats-Unis ont adhéré à la position européenne. Mais la position américaine va loin et invite ses partenaires à se démarquer des travaux de l'OMS lorsque ceux-ci touchent à la propriété intellectuelle[1762]. Alors qu'en matière de brevets qui touchent à la santé, l'OMS apparaît comme l'organisation la mieux outillée, en tout cas mieux que l'OMC et l'OMPI.

L'OMS tente également d'autres initiatives en plus de son action sur le plan du droit des brevets. C'est ainsi qu'elle a initié en 2013, un projet visant à accélérer l'homologation des médicaments dans les PED. Le Burkina Faso et le Sénégal ont adhéré à ce projet. Il s'agit pour l'OMS d'aider les pays participants à abréger leurs procédures d'AMM en ce qui concerne les médicaments ayant déjà été évalués et approuvés dans le cadre de la procédure de présélection de

---

[1759] Voir Résolution WHA51.23 adoptée par la 51e Assemblée mondiale de la santé le 26 janvier 1998.
[1760] Cette résolution a été adoptée à la 52e Assemblée mondiale de la santé.
[1761] D. de Beer, op. cit., p.403.
[1762] Ibidem.

l'OMS[1763]. Selon l'OMS ce projet permettra de mettre à la disposition des populations des médicaments de qualité et de façon rapide[1764]. Cette initiative suscite tout de même des questionnements. S'il n'y a pas lieu ici de douter de la qualité des médicaments, on peut toujours se demander si l'AMM est l'obstacle de la carence en médicaments dans les PED. A notre avis la procédure dans les PED est déjà très administrative et les médicaments sont homologués suivant la procédure de présélection de l'OMS pour la plupart. Cependant, les difficultés d'accès aux médicaments demeurent. Si cette initiative permet de profiter de l'expertise internationale et des normes du programme de présélection des médicaments de l'OMS, elle ne résout pas les difficultés d'accès aux médicaments[1765].

719- L'apport de la Conférence des Nations Unies sur le Commerce et le Développement (CNUCED) - Dans un rapport de 2010 sur les PMA[1766], la CNUCED, affirmait que les règles relatives aux droits de propriété intellectuelle devraient être adaptées de façon sélective afin de ménager les pays les plus pauvres. Après avoir rappelé un rapport de la Banque mondiale qui montre un déclin du nombre de brevets déposé par les pays pauvres[1767], le rapport a conclu à leur incapacité d'atteindre le niveau de développement technologique nécessaire à leur croissance économique et à la réduction de la pauvreté. Pour la CNUCED il n´est pas réaliste, à la lumière des tendances actuelles, de s´attendre à ce que la plupart de ces pays puissent se doter d´une « base technologique solide et viable » d´ici à 2013, qui est l´échéance désormais fixée pour leur mise en conformité avec les normes internationales, conformément

---

[1763] Il s'agit d'une procédure axée sur l'assurance qualité des médicaments. C'est un guide à la disposition des Etats, qui homologue les médicaments suivants les principes décrits par l'OMS ; http://www.who.int/hiv/amds/capacity/eth3_mod4.pdf.

[1764] http://www.who.int/features/2013/accelerated_registration/fr/index.html

[1765] Lors du 15eme forum pharmaceutique international, qui s'est tenu à N'djamena au Tchad en juin 2011, nous avons posé la question au représentant du LEEM, si une procédure accélérée d'AMM, permettrait de réduire les prix des médicaments. Il nous a répondu par la négative. Si la procédure est accélérée et que le médicament reste inaccessible, cela est inutile pour les patients.

[1766] Le rapport est disponible sur l'adresse : http://unctad.org/fr/Docs/ldc2010_fr.pdf

[1767] Selon la Banque mondiale, le nombre de brevets déposé par les PMA est en déclin : il est passé d´une moyenne de 66 par an dans la première moitié des années 90 à 10 par an entre 2000 et 2004. Rapport Banque mondiale 2004, cité par le rapport CNUCED 2010(http://unctad.org/fr/Docs/ldc2010_fr.pdf).

aux prescriptions de l´Accord sur les ADPIC. Les experts du CNUCED concluent que les PMA et leurs partenaires devraient avoir recours à de nouveaux mécanismes pour promouvoir le progrès technologique[1768].

720- La recherche d'une convergence entre l'OMS-OMPI-OMC -. Ces trois organisations internationales tentent de faire converger leur point de vue. A travers des échanges réguliers, des experts en propriété intellectuelle, en économie et commerce international et des experts en matière de santé et de droit de l'Homme, se retrouvent pour faire le point sur l'impact du droit des brevets sur le commerce et la santé. Le commerce des produits pharmaceutiques est celui qui retient le plus d'attention. Lors du 3ème symposium qui s'est tenu en juillet 2013[1769], les experts après avoir constaté que les difficultés d'accès aux médicaments demeuraient une réalité, ont conclu que « les modèles commerciaux relatifs aux produits pharmaceutiques doivent s'adapter aux nouvelles circonstances ». Ce qui a conduit la directrice générale de l'OMS[1770] a appelé à l'émergence de nouveaux modèles d'entreprises pour les médicaments pour satisfaire les besoins mondiaux en matière de santé. Comme on le voit, le débat sur le droit des brevets n'est plus tabou à l'OMC. Evolue-t-on vers un monde sans brevet de médicaments ?

Sous-section 2 : Vers une refonte du droit des brevets conforme au développement des pays du Sud

Il est urgent que les membres de l'OMC fassent officiellement le constat de l'échec de l'internationalisation des droits de propriété intellectuelle pour enfin accepter d'introduire la notion de développement comme critère d'application du système international de la propriété intellectuelle. L'inégalité économique qui existe entre les pays développés et la majorité des pays africains ne permet pas des échanges libres. En 2002, des auteurs relevaient que 8 années étaient insuffisantes pour un bilan des ADPIC, néanmoins, ils avaient prédit une évolution du monde vers « une dualisation croissante de

[1768] http://unctad.org/fr/pages/PressReleaseArchive.aspx?ReferenceDocId=8593
[1769] Le 1er a eu lieu en juillet 2010 et le deuxième en février 2011.
[1770] Les discours et conclusions sont disponibles sur : http://www.wto.org/french/news_f/news13_f/trip_05jul13_f.htm

l'économie mondiale »[1771]. Aujourd'hui, 18 ans après la signature de l'Accord sur les ADPIC, leur prophétie se confirme. Le droit économique international a instauré un monde compartimenté en trois blocs : les pays développés qui détiennent l'essentiel des moyens économiques, les PED qui sont les pays qui peuvent réaliser des copies de produits, mais qui en sont empêchés par des accords détournés et les PMA qui ne disposent d'aucun moyen pour suivre le rythme de l'économie mondiale.

Il apparaît donc urgent, surtout en matière pharmaceutique, de repenser le droit international des brevets pour permettre aux PMA d'évoluer vers une autosuffisance pharmaceutique (Paragraphe 1). Cette relecture devra favoriser la prise en compte du développement et susciter de nouvelles idées pour des actions nouvelles en faveur des pays pauvres (Paragraphe 2).

Paragraphe 1 : La nécessité d'une refonte du système international des brevets pour une indépendance pharmaceutique des pays africains

L'orientation de la politique pharmaceutique et le traitement juridique de la propriété intellectuelle dans les pays pauvres sont énormément influencés par les principaux pays développés, en particulier les États-Unis et l'UE. Si la Déclaration de Doha et la décision qui est venue préciser la mise en œuvre du paragraphe 6 de l'Accord sur les ADPIC ont permis de régler certains problèmes, il n'en demeure pas moins que ces pays ont encore de sérieuses difficultés à s'intégrer pleinement dans le système international de la propriété intellectuelle. Le brevet ne semble pas être une source de développement pour ces pays et les maladies endémiques continuent d'être ignorées par l'industrie pharmaceutique (A). Pourtant les PED

[1771] B. Remiche, « Révolution technologique, mondialisation et droit des brevets », *RIDE*, 2002/1 t. XVI, 1, p. 95. Selon l'auteur l'Accord sur les ADPIC allait diviser le monde en deux parties : « d'un côté les pays innovateurs où se concentrent quelques grandes entreprises multinationales réalisant l'essentiel de l'innovation et détenant ainsi les clefs du progrès scientifique et technique et d'un autre côté la masse des pays ayant peu de capacités novatrices au départ et ne pouvant plus imiter pour apprendre à innover puisque menacés de sanctions graves en cas de non-respect de l'Accord ADPIC ».

pourraient à notre avis mettre en œuvre certaines mesures qui leur garantiraient l'essentiel de leur besoin en médicament (B).

A : La nécessité de résoudre la question de l'accès aux médicaments des maladies endémiques

721 - Marché mondial du médicament et pouvoir d'achat - Le constat est amer, de nombreuses maladies tropicales n'ont pas de traitements efficaces et abordables. La nature du marché pharmaceutique et sa régulation ne permettent pas d'investir dans la production de médicaments dont la rentabilité reste problématique. En effet, les investisseurs en matière pharmaceutique, comme tout investisseur, recherchent les moyens qui leur permettront de rentabiliser les recherches. Il faut donc que le médicament breveté soit susceptible d'être largement acheté sur le marché[1772]. Or, le pouvoir d'achat des malades dans les pays en développement est limité, les investisseurs pharmaceutiques s'orientent donc vers des maladies qui sévissent au Nord, à destination d'une population disposant d'un pouvoir d'achat beaucoup plus élevé, ce qui fait dire au directeur général de l'OMC[1773] qu'en matière de médicaments « le fossé Nord-Sud est une abîme ». Il précisera plus loin que le marché mondial du médicament n'existe pas car certains pays en sont exclus. Mais bien peu de choses sont faites par les autorités africaines et par les acteurs internationaux de la santé pour modifier cette situation.

L'industrie pharmaceutique investit essentiellement dans la recherche sur les maladies sévissant dans les pays industrialisés, à savoir le cancer, les affections cardio-vasculaires, ou les maladies liées au mode de vie (telles que l'obésité ou le stress). Seulement 1% des médicaments développés durant le dernier quart du XXème siècle était destiné au traitement de maladies tropicales. Par ailleurs, moins de 10% de la recherche médicale mondiale est aujourd'hui orienté vers les maladies majoritairement prévalant dans les PED, malgré le

[1772] Simulant un dialogue entre un industriel et un chercheur, le « site convergence révolutionnaire », résume l'essentiel de nos propos. Il s'agit d'un chercheur qui fournit à un industriel les résultats d'une étude. Lorsqu'il affirme que, selon leur enquête, la maladie dont il cherche à développer le médicament n'affecte que 17 000 patients dans le monde, l'industrie a réagit toute suite en disant : « laissez tomber les recherches »[1772].

[1773] P. Lamy, discours d'ouverture du colloque organisé par l'IEPS, sur le thème : « Quelle politique de santé pour les PED », Paris, 10 juin 2004.

fait que ceux-ci représentent 90% de la population mondiale[1774]. Moins de 5% du budget recherche et développement des dix plus grandes firmes pharmaceutiques mondiales est consacré au paludisme, à la tuberculose et au SIDA, qui sont pourtant les trois pandémies les plus meurtrières à travers le monde[1775].

722 - La nécessité de prendre le droit international économique dans tous ses aspects - Pour l'heure, l'inégalité économique qu'a instaurée le commerce international profite bien aux entreprises du Nord. C'est un système qui produit des effets néfastes aux économies des pays du Sud. En ce qui concerne spécifiquement l'industrie pharmaceutique, l'économiste américain F. M. Scherer pense que « les gains réalisés par les entreprises grâce au renforcement du système des brevets ne peuvent s'opérer que moyennant une perte élevée de bien-être des pays en développement »[1776]. Cette argumentation rejoint la position des PMA et PED, qui avaient attiré l'attention des négociateurs du cycle d'Uruguay sur le fait que la hausse des prix des médicaments entraînerait une perte nette du bien-être pour le consommateur dans leur pays. Nous convenons avec B. Remiche qu'il est nécessaire « d'intégrer le droit international de la propriété intellectuelle dans le droit international économique »[1777], étant bien entendu que le droit international économique ne se limite pas au droit du commerce international, il est un droit qui tient compte du bien-être social, de la santé, et bien d'autres valeurs humaines. D'ailleurs un des principes fondamentaux du droit économique n'est-il pas comme l'écrit B. Remiche, le respect « des droits souverains des États (riches et pauvres) pour ce qui est du contrôle de leur propre destinée économique ». Ce principe fondamental impose de respecter chaque Etat membre de l'OMC, qui doit pouvoir conserver une certaine autonomie dans l'élaboration de ses programmes de politiques

[1774] Rapport sur le développement humain durable, 1999, p. 69.

[1775] Selon les chiffres du document « Propriété intellectuelle et accès aux médicaments » disponible sur (http://www.css-romande.ch/downloads/trips/ADPIC-CSSR.pdf),

[1776] F.M. Scherer, « Pricing, Profits and Techological Progress in the Pharmaceutical Industry », *Journal of Economic Perspectives*, 1993, n° 3, pp. 107-115, cité par B. Remiche, « Révolution technologique, mondialisation et droit des brevets », op.cit., p.92.

[1777] B. Remiche, « Révolution technologique, mondialisation et droit des brevets », *RIDE*, 2002/1 t. XVI, 1, p.93.

sanitaires sans préjudice de l'existence d'un droit international de la propriété intellectuelle.

Pour résoudre les inégalités instaurées par le droit des brevets, des auteurs[1778] ont proposé un système de compensation pour inciter les industriels à orienter leurs recherches vers les maladies du Sud. La proposition consiste à accorder un allongement de brevet sur un autre produit avec, en marge, un traitement prioritaire de la demande d'AMM, à toute entreprise qui consent à investir dans la fabrication de médicaments pour les maladies tropicales négligées. Autrement dit, l'industriel pharmaceutique qui développe une molécule efficace contre une maladie tropicale, bénéficie non seulement d'un brevet pour sa nouvelle molécule, mais peut bénéficier également d'un prolongement de brevet s'il dispose d'un autre médicament déjà couvert par un brevet sur le marché de l'Etat en question. Cette solution encourage l'investissement pour les maladies tropicales négligées, mais n'est pas efficace. Il s'agit de « déshabiller Pierre pour habiller Paul ». Supposons que le médicament bénéficiant du prolongement de brevet soit un médicament essentiel très demandé et que les génériqueurs attendaient que son brevet expire pour fabriquer le générique, prolonger le brevet revient à retarder l'entrée du générique et aggraver les difficultés d'accès aux médicaments. Avec cette solution, l'industrie pharmaceutique déjà habituée aux abus du droit des brevets, peut décider de produire un médicament pour une maladie tropicale chaque fois qu'un de ces médicaments blockbuster arrive à expiration dans les pays du Sud.

B : Quelques recommandations pour un accès aux médicaments en Afrique

723 - Les pays du Sud : une mondialisation subie - L'importance du brevet dans l'accès aux médicaments n'est pas contestable, mais son usage est devenu source de questionnement. Si le brevet permet à son titulaire de recouvrer les coûts utiles au développement du médicament et de tirer également profit, il ne doit pas permettre de cultiver le goût du profit de façon illimitée ou encore d'étirer artificiellement la durée de protection du brevet pour satisfaire

---

[1778] H. Kettler, *Narrowing the gap between provision and need for medicines in developping countries, Londre, Office of Health Economics*, 2000, cité par A. Guesmi, op.cit., p. 425.

des intérêts purement privés. La mondialisation du droit des brevets a réuni des pays dont le développement est diamétralement opposé. Il y a d'un côté, les pays riches du Nord qui tirent seuls les bénéfices de la mondialisation et de l'autre, les pays pauvres du Sud qui subissent cette mondialisation[1779].

Il serait intéressant de tenir compte de la situation de chaque pays pour l'instauration du système de propriété intellectuelle. Les pays exclus de la production pharmaceutique et dont les capacités de fabrication sont inexistantes, gagneraient à adopter un système de propriété intellectuelle moins rigide.

724 - La nécessité de réviser l'Accord de Bangui - La première solution pour les pays africains, notamment les PMA issus de l'OAPI, serait de tenir compte de l'Accord sur les ADPIC et de la Déclaration de Doha en révisant leur législation pour y abolir la protection par le brevet des produits pharmaceutiques. La période de transition a été prolongée pour les PMA jusqu'en 2016 ; les pays concernés devraient donc suspendre leur régime des brevets, leur régime de protection des données résultant d'essais cliniques et de droits exclusifs de commercialisation pour les médicaments jusqu'en 2016. Cette modification, à notre sens, même si elle ne résout pas, à elle seule, les difficultés d'accès aux médicaments, témoignera de la volonté politique des PMA de faciliter l'accès aux médicaments à leur population. D'ailleurs de nombreux pays, aujourd'hui dits développés, ont utilisé ce système pour assoir leur suprématie en matière de recherche et de développement de molécules avant de mettre en place

---

[1779] Il faut noter que parmi les pays du Sud, il y a aussi des inégalités considérables. On distingue parmi les pays du Sud : ceux qui produisent de la technologie, comme le Brésil, l'Inde, la Chine, le Mexique (ces pays seront les premiers à s'en sortir et à pouvoir tirer partiellement profit de l'Accord ADPIC). Il y a ensuite ceux qui ont la capacité d'adapter la technologie à leurs besoins, comme, l'Argentine, l'Afrique du Sud, le Zimbabwe, la Zambie etc. (Ces pays pourront profiter rapidement des licences obligatoires. Il faut noter que le Zimbabwe et l'Afrique du Sud ont déjà fait fabriquer localement des médicaments génériques sur la base d'une licence obligatoire). Il y a enfin ceux qui sont complètement exclus de l'innovation technologique (il s'agit ici de la plupart des pays membres de l'OAPI dont le Burkina Faso et le Sénégal).

un système de brevet[1780]. Il devait en être de même pour les PED et PMA. C'est ce que pense B. Remiche lorsqu'il affirme que « la recherche et le développement ne peuvent progresser que dans un pays qui a déjà acquis une capacité technologique minimale »[1781].

La révision de l'Accord de Bangui devrait également permettre de réinterroger les motifs d'accord des licences obligatoires. En droit comparé, il y a des législations qui sont très précises et peuvent inspirée les PED dans le sens d'une modification de leur législation en matière de brevet. Par exemple la loi allemande[1782] prévoit que, si le titulaire du brevet a refusé de conclure, dans un délai raisonnable, un accord de licence volontaire à des conditions commerciales raisonnables avec le demandeur, son refus de négocier ou d'octroyer une licence peut justifier une demande de licence obligatoire. Cette position est également celle adoptée par la loi sur les brevets de la République populaire de Chine[1783].

725 - Associer l'OMS à la gestion internationale des brevets de médicaments - Une autre de nos propositions consiste à revoir la gestion internationale des brevets pour y associer activement l'OMS et pour associer également les ministres de la Santé lors des négociations qui, actuellement, ne regroupent que les ministres en charge du Commerce ou de l'Industrie. Cette proposition n'est pas nouvelle, elle nous a été inspirée par le prix Nobel d'économie J. E. Stiglitz, qui, dans un ouvrage, soutient qu'il est inadmissible que seuls les ministres du Commerce ou de l'Industrie se réunissent dans le cadre de l'OMC alors que la propriété intellectuelle touche également la santé, la

---

[1780] Le brevet de médicament a été presque le dernier à intégrer les droits de la propriété intellectuelle dans de nombreux pays du Nord comme du Sud. Tous les pays ont ainsi profité de la technologie de pays plus avancés pour apprendre et développer leur capacité technologique. Le Japon par exemple l'a fait entre 1950 et 1960, la Corée entre 1970 et 1980. Leur législation en matière de brevet était peu protectrice. Ce besoin de copier les technologies étrangères est sans doute à l'origine de la législation récente dans les pays européens du brevet de médicament. Les pays africains n'ont pas eu le temps de suivre le mouvement. Leur indépendance remonte aux années 1960 et trente ans après le système des brevets a été mondialisé et étendu à tous les secteurs.

[1781] B. Remiche, « Révolution technologique, mondialisation et droit des brevets », *RIDE*, 2002/1 t. XVI, 1, p.94.

[1782] Patent Law du 16 décembre 1980, amendée par les lois du 16 juillet et du 6 août 1996 (Article 24 1)

[1783] Article 51 de la Patent Law of the People's Republic of China, 1992.

culture, l'agriculture[1784], etc. Cette position est partagée par D. de Beer qui critique l'absence des ministres de la Santé publique dans les forums où l'on décide des brevets de produits pharmaceutiques. Pour lui si les autorités sanitaires n'ont pas de « compétence juridique en droit des brevets en général, elles peuvent et doivent prendre position sur le brevet pharmaceutique et ses effets sur la santé au plan international »[1785]. Cette proposition a également inspiré T. Bréger qui appelle dans sa thèse à mettre « fin à l'isolement institutionnel de l'OMC »[1786].

726 - La nécessité d'exclure la brevetabilité des médicaments pour une deuxième indication médicale - Pour bénéficier de manière permanente de l'exclusivité d'exploitation, certains industriels n'hésitent pas à déposer des brevets pour protéger de nouvelles utilisations de produits déjà connus et dont le brevet arrive à expiration. L'Accord sur les ADPIC requiert seulement que des brevets soient obtenus pour des produits et des procédés qui sont nouveaux, qui impliquent une activité inventive et qui sont susceptibles d'application industrielle. Les pays sont donc autorisés à exclure de la brevetabilité, les produits qui ne sont pas nouveau. En matière pharmaceutique la protection d'une deuxième indication médicale freine la concurrence par les génériques et prolonge illégalement un brevet. Il serait judicieux que les PED et les PMA excluent les nouvelles utilisations de produits ou de procédés connus de la brevetabilité, pour faciliter l'accès aux médicaments[1787]. C'est précisément ce qu'a recommandé la Commission des droits de propriété intellectuelle[1788] dans son rapport, en précisant que « la plupart des pays en développement, notamment ceux qui ne sont pas

---

[1784] J. E. Stiglitz, A. Charlton, « Pour un commerce mondial plus juste », Fayard, Paris, 2007, p.218.

[1785] D. de. Beer, op.cit., p.404.

[1786] T. Bréger, op.cit., p.639.

[1787] Cette proposition existait déjà dans la législation de la Communauté andine qui, exclut d'un nouveau brevet les produits ou les procédés brevetés compris dans l'état de la technique du seul fait qu'ils sont destinés à un usage autre que celui couvert par le brevet initial. Egalement dans les pays d'Amérique latine, certaines législations nationales excluent expressément le dépôt de brevets pour une nouvelle utilisation ou une deuxième indication médicale. Il s'agit précisément des législations de l'Argentine, du Chili, de la République dominicaine et de l'Uruguay.

[1788] Cette commission, créée en 1999, est plus connue sous son nom anglais : Coalition for Intellectual Property Rights (CIPR).

dotés de capacités de recherche, devraient exclure strictement de la brevetabilité les méthodes diagnostiques, thérapeutiques et chirurgicales, y compris les nouvelles utilisations de produits connus »[1789].

L'évolution du droit des brevets montre comment au fil des ans, le brevet, surtout en ce qui concerne le médicament, n'a cessé de s'infléchir pour tenir compte du développement et de la santé publique. Quand on fait un bilan des ADPIC, on peut affirmer que les PMA restent au même niveau technologique depuis leur adhésion à l'OMC. Leur situation sanitaire demeure la même voire s'est aggravée. Face à ce constat le droit des brevets se prépare probablement à sa quatrième mue, après l'Accord sur les ADPIC, Doha et la décision du 30 août 2003. On évolue lentement et progressivement, sans nul doute, vers la prise en compte de la dimension du développement dans les droits de propriété intellectuelle[1790].

Paragraphe 2 : Vers de nouvelles actions en faveur de l'accès aux médicaments dans les pays du Sud

L'évolution du monde et son internationalisation grandissante ont montré que la situation des PMA n'est pas conjoncturelle. Il s'agit d'une pauvreté structurelle qui ne peut se résoudre que globalement. L'Accord sur les ADPIC avait perçu cette difficulté des PMA de se mettre au niveau des pays développés, un délai initial de dix ans leur avait été accordé pour qu'ils se développent et puissent appliquer à leur tour toutes les dispositions de l'Accord. Quatre ans avant la fin de « leur sursis », la communauté internationale s'est rendue compte que le développement technologique ne s'est pas réalisé. C'est ainsi qu'une nouvelle période leur a été accordée. Ils avaient jusqu'au 1er juillet 2013 pour appliquer tous les termes de l'Accord sur les ADPIC, sauf en matière pharmaceutique où le délai court jusqu'en 2016. Mais le développement ne se décrète pas. Les pays du Sud ont visiblement du mal à suivre l'allure du droit des brevets depuis que la connaissance est passée dans la sphère marchande pour être protégée

---

[1789] CIPR, Intégrer les droits de propriété intellectuelle et la politique de développement, Rapport 2002, p. 50.

[1790] T. M. Sanou, « L'agenda de l'OMPI pour le développement : vers une réforme de la propriété intellectuelle ? », *RIDE*, 2009/2, p. 178.

par l'OMC. Aujourd'hui, la stratégie de flexibilité dans le temps a montré ses limites et nous nous avançons vers une nouvelle prorogation de la période de transition en matière pharmaceutique (A), mais également vers un monde sans brevet (B).

A : Vers une prorogation de la période de transition accordée aux PMA

727 - Le développement des PMA : 20 ans après, le besoin d'une période de transition reste d'actualité - En fonction de leur statut technologique, les pays membres de l'OMC ont été traités de façon différente depuis la création de l'OMC. En rappel, trois catégories ont été créées. Les pays développés qui servent de modèle, les pays en développement qui constituent une catégorie intermédiaire ont bénéficié d'une période de transition qui a expiré depuis 2005, les PMA dont la situation a été jugée désastreuse et qui devaient profiter de la période de transition accordée pour développer leur technologie et appliquer normalement les accords internationaux nés dans le cadre de l'OMC. Si l'on suit la logique, cela voudrait dire que les PMA devaient sortir de leur statut de PMA pour se voir appliquer l'Accord sur les ADPIC et ils avaient à peu près une vingtaine d'années pour le faire depuis 1995. Or le transfert de technologie promis par les pays développés n'a pas suivi, la volonté politique de développement de l'industrie locale n'a pas été grande et les PMA se retrouvent 20 ans après la création de l'OMC au stade initial, leur technologie n'est guère reluisante, les difficultés d'accès aux médicaments demeurent. Les instruments mis à leur disposition n'ont pas facilité le plein usage des flexibilités qui leur ont été concédées.

A l'approche de la première échéance concernant la mise en œuvre effective de l'Accord sur ADPIC, les pays pauvres se sont mobilisés pour demander une nouvelle prorogation de la période de transition pour appliquer l'Accord sur les ADPIC jusqu'à ce qu'un pays ne soit plus considéré comme PMA. En d'autres termes ils demandent la suppression pure et simple des périodes de transition. Leur lutte a abouti à une première réunion de l'OMC en mars 2013, où les pays membres ont examiné leur demande, mais aucun compromis n'a pu être trouvé à cette première réunion.

728 - Une prorogation inévitable - À la suite d'une série de négociations, les Etats membres de l'OMC se sont retrouvés une deuxième fois en juin 2013 et ont convenu de proroger le délai imparti aux PMA pour la mise en œuvre de l'Accord sur les ADPIC jusqu'en 2021, avec la possibilité d'une nouvelle prorogation le moment venu. La décision obtenue par consensus, prévoit la possibilité de négocier une nouvelle prorogation une fois écoulée la période de huit ans. Les PMA ont d'abord demandé à être exemptés jusqu'à ce qu'ils ne soient plus considérés, individuellement, comme des PMA. Mais les pays développés, qui possèdent la majeure partie des droits de propriété intellectuelle, se sont fermement opposés à cette demande. Cette décision même si elle n'est pas conforme aux souhaits des PMA, en ce sens qu'elle ne s'applique pas indéfiniment, constitue une avancée parmi tant d'autres et les PMA doivent en tirer profit.

Malheureusement, cette décision n'a pas d'incidence sur l'exemption des PMA concernant la protection de la propriété intellectuelle pour les produits pharmaceutiques qui expire en 2016. Il est certain que dès 2015, les PMA vont se mobiliser de nouveau pour obtenir la prorogation une fois de plus du délai pour la mise en œuvre de l'Accord sur les ADPIC en matière pharmaceutique. On s'avance sûrement vers une nouvelle prorogation également en matière pharmaceutique et pourquoi pas vers la suppression totale des périodes de transition. Mais si cette prorogation doit rester infertile comme l'a été la première, la solution serait d'évoluer vers un monde sans brevet ou vers d'autres mécanismes plus adaptés qui faciliteraient l'accès aux médicaments dans les pauvres.

B : Vers un monde sans brevet de médicaments

Les difficultés qui jalonnent le chemin de l'accès aux médicaments semblent se renforcer. Les stratégies pour concilier le droit de la propriété intellectuelle et la santé publique se sont essoufflées. L'attitude des pays développés est très ambiguë, lorsqu'ils consentent à faire des efforts en faveur d'une atténuation du droit des brevets en matière pharmaceutique, ils s'empressent de mettre un flou sur lequel ils s'appuient une fois les accords signés. Aujourd'hui de nouvelles initiatives se développent en dehors du cadre de l'OMC et on pourrait évoluer vers un monde sans brevet de médicament surtout en ce qui concerne les médicaments essentiels pour les pays pauvres.

729 - Un fonds international pour promouvoir la recherche et développement dans les pays du Sud - L'OMS dont la constitution est claire en matière de santé, a entamé un processus « révolutionnaire », visant à changer les règles en matière de propriété intellectuelle. En effet elle a adopté en mai 2012 une résolution priant son directeur général « d'organiser une réunion des Etats membres à composition non limitée qui analysera en profondeur le rapport et la faisabilité des recommandations proposées par le groupe de travail consultatif d'experts »[1791]. Ce rapport[1792] propose de redéfinir le financement et la coordination de la recherche et développement (R&D) pharmaceutique de façon à répondre aux besoins sanitaires des pays du Sud. Sa recommandation principale est la négociation d'une convention internationale, engageant tous les pays, pour promouvoir la R & D, que le marché seul ne suffit pas à stimuler.

Si le projet voit le jour, il s'agira de mettre en place un fonds international public dont le financement serait pérennisé par une contribution obligatoire adaptée au niveau de développement économique de chaque pays. Les produits des travaux financés, en toute transparence, par ce fonds seraient considérés comme des biens communs bénéficiant à tous. Constatant l'échec des incitations actuelles à susciter suffisamment de R & D dans les secteurs privés comme publics, le groupe des experts propose aussi d'expérimenter des systèmes d'innovation « ouverts », ne reposant pas sur la propriété intellectuelle. C'est dans ces conditions que le médicament pourrait

---

[1791] Résolution WHA65.22, intitulée « Suivi du rapport du groupe consultatif d'experts sur le financement et la coordination de la recherche-développement » adoptée lors de la Soixante-cinquième Assemblée mondiale de la Santé tenue du 21 au 26 mai 2012.

[1792] OMS, La recherche-développement pour répondre aux besoins sanitaires des pays en développement : renforcement du financement et de la coordination au niveau mondial, Rapport du groupe de travail consultatif d'experts sur le financement et la coordination de la recherche-développement, Avril 2012, 244, disponible sur http://www.who.int/phi/CEWG_Report_FR_16_April_2012.pdf. Il faut rappeler que le rapport des experts avait été commandité par la Résolution WHA61.21, qui indiquait que : le Directeur général est prié « de créer d'urgence un groupe de travail d'experts à durée limitée, axé sur les résultats et habilité à examiner les propositions des États Membres, qui sera chargé d'examiner le financement et la coordination actuels de la recherche-développement, ainsi que des propositions de sources de financement nouvelles et innovantes pour stimuler la recherche-développement portant sur les maladies des types II et III et les besoins spécifiques en matière de recherche-développement des pays en développement concernant les maladies du type I »

devenir un bien public mondial. Le bien public, étant à son sens strict caractérisé par une non-exclusion[1793] et une non-rivalité. En d'autres termes, le consommateur d'un bien public est sûr de pouvoir utiliser ce bien, du fait de l'impossibilité d'exclure quiconque voudrait en bénéficier[1794].

Le projet permettra de susciter la mise en commun des découvertes de toutes les équipes des universités, des institutions publiques et des laboratoires privés bénéficiant de subventions publiques. Il s'agit de plates-formes de recherche précompétitives, qui doivent être associées à des dispositifs de code ouvert (open source) et de libre accès[1795]. Les résultats des recherches seront publiés ce qui faciliterait le transfert de technologies vers les pays en développement. On peut citer l'exemple de l'Inde avec le « modèle en open source pour la découverte de médicaments » développé par son Conseil pour la recherche scientifique et industrielle, qui concentre ses efforts sur de nouvelles thérapies contre le paludisme, la tuberculose et la leishmaniose.

730 - Le vaccin contre la méningite, un vaccin fabriqué en dehors de tout brevet - Le projet lancé par l'OMS et d'autres partenaires nous conforte dans notre position que nous évoluons vers un « monde mieux organisé, dans lequel les découvertes médicales ne pourraient être brevetées »[1796]. En effet l'OMS et Path ont lancé le Projet Vaccins Méningite en 2001, avec un financement principal de la Fondation Bill & Melinda Gates. Aucun laboratoire pharmaceutique ne voulait s'engager dans le projet, pour une raison économique. Le

---

[1793] C'est cette caractéristique de non-exclusion qui met en difficulté le concept du médicament comme bien public, le médicament étant produit par des entreprises privées qui recherchent du profit. L'industrie pharmaceutique dispose d'une maîtrise totale de la gestion de ce bien. Le médicament donc fait l'objet d'appropriation privée. Si le financement des recherches devient public on peut espérer que le médicament pourra être disponible à qui en a besoin.

[1794] W. Hichri, *La contribution au bien public : étude théorique et évidence expérimentale*, Thèse de doctorat en Sciences Economiques, Université d'Aix-Marseille III, 2004, p.28.

[1795] Aujourd'hui, c'est le contraire qui se passe. Les recherches des institutions publiques sont vendues ou remises gratuitement à l'industrie privée, qui s'attribue parfois les brevets sur ces produits développés grâce à des fonds publics. Dès lors, la collectivité paie deux fois. Une première fois pour financer les recherches et une deuxième fois pour le coût du médicament.

[1796] I. Ghandi, op.cit.

prix proposé par le projet était de 50 centimes de dollar la dose de vaccin. Cela a donc suscité la création d'un modèle d'innovation entièrement nouveau. C'est un consortium d'universitaires et de chercheurs qui a mis au point le vaccin. Les États-Unis et les Pays-Bas ont opéré un transfert de technologie en faveur du Serum Institute de l'Inde, qui a accepté de fabriquer le vaccin au prix visé. Les chercheurs africains ont contribué à la conception de protocoles d'étude et ont mené les essais cliniques. Le Canada a apporté son concours à l'Autorité nationale indienne pour l'approbation réglementaire, et l'OMS a présélectionné le vaccin. Moins d'une décennie plus tard, soit en un temps record, un nouveau vaccin mis au point sur mesure pour l'Afrique a été lancé[1797].

[1797] Ce vaccin a été baptisé MenAfriVac. Son prix, fixé à 50 centimes de dollar la dose est le moins cher des vaccins contre la méningite sur le continent africain et serait selon la directrice générale de l'OMS le meilleur vaccin que le monde puisse offrir à l'Afrique.

CONCLUSION DE LA DEUXIÈME PARTIE

731- L'encadrement de la distribution des médicaments : entre rigueur des textes et laxisme dans leur application -. Le constat qu'on peut faire, en étudiant le cadre juridique de la distribution des médicaments au Burkina Faso et au Sénégal, est que le médicament est bien appréhendé juridiquement par les deux droits. Nonobstant les insuffisances, la réglementation pharmaceutique existante permet de garantir la sécurité des médicaments. Cependant, l'application des règles reste problématique. Si on peut affirmer que l'AMM ne marque pas la fin des contrôles sur les médicaments[1798], on ne peut pas dire que le contrôle de la distribution du médicament soit une réalité. L'opération de commercialisation n'offre pas une garantie suffisante contre tout dommage causé au patient par un défaut du médicament. En effet, la mise en œuvre de la responsabilité du pharmacien reste difficile pour les victimes. Les sanctions pénales sont entravées par la procédure dite « d'arrangement »[1799].

Sur le plan de l'accès au médicament, la règlementation pharmaceutique de nos deux pays permet la substitution de génériques aux médicaments princeps, mais globalement, le médicament reste cher et les politiques d'encouragement des génériques n'ont pas permis une bonne pénétration de ces médicaments et, de ce fait, les médicaments issus de l'innovation sont les plus nombreux sur un marché où la population, dans sa grande majorité, est insolvable.

[1798] C. Daburon Garcia, *Le Médicament*, Les Etudes Hospitalières, thèse de doctorat en droit, Université de Toulouse I, 2001, p 390.

[1799] En Afrique en général, il y a une primauté de la démarche conciliatrice sur celle consistant à appliquer une norme préétablie (Voir J. Vanderlinden, Les systèmes juridiques africains, op. cit. , p.22). Au Sénégal par exemple bien qu'une loi existe pour sanctionner la vente hors circuit pharmaceutique des médicaments, la « pharmacie des Mourides » prospère. Il s'agit d'un immeuble appelé Keur Sérigne Bi, offert par le Khalife à ses disciples. Ceux-ci y mènent une activité pharmaceutique illégale à ciel ouvert. Lorsque les autorités épinglent un contrevenant, l'affaire est souvent étouffée par les médiations.

732- L'industrie pharmaceutique n'innove[1800] plus : la nécessité d'introduire des aspects éthiques dans le droit du commerce international - Il a été démontré[1801], qu'au mieux, 15 % des nouveaux médicaments sont de réelles innovations ; les autres sont des copies ou quasi-copies de médicaments existants[1802]. Certains médicaments qui seraient de réelles innovations, ne sont pas développés car « leurs perspectives de ventes annuelles sont inférieures à un milliard de dollars, seuil au-delà duquel on parle de best-seller (blockbuster) »[1803]. C'est donc dire que la politique des industries pharmaceutiques est l'un des obstacles à l'accès aux médicaments dans les pays pauvres. L'industrie pharmaceutique investit plus en marketing qu'en recherche-développement[1804]. Il est indéniable que les autorités sanitaires, aussi bien nationales que communautaires, ne peuvent pas fermer le secteur du médicament aux lois du marché. Mais les règles du marché doivent être appliquées avec modération, le marché doit être régulé en fonction de la santé publique.

Aujourd'hui, le système des brevets tel que conçu, est un système fait pour permettre aux pays les plus aptes à en tirer profit et ce, malgré les différentes flexibilités accordées aux PED et aux PMA. Et comme le note le Dr Brouwer[1805], le profit est l'ennemi de la santé publique. Le brevet est devenu une « arme stratégique »[1806].

[1800] Par exemple en ce qui concerne les PED la plupart des traitements qui existent pour certaines maladies (maladie du sommeil par exemple) ont été découverts depuis l'époque coloniale. V. Lorelle, «Les laboratoires ont un faible pour les maladies des pays riches », *Le Monde Economique*, 27 mai 2003, p. II.

[1801] Chiffre du National institute for health care management qui cite le classement réalisé par la FDA.

[1802] La revue Prescrire du 19 août 2002, en ligne sur le site http://www.prescrire.org/aLaUne/dossierEuropeFicheCol7.php. Consulté le 01 février 2013.

[1803] The Economist du 13 juillet 2002 citant l'agence boursière américaine Lehman Brothers.

[1804] Les investissements des laboratoires pharmaceutiques atteignent environ 35% de leur chiffre d'affaire aujourd'hui, ce qui dépasse le budget réservé à la R&D.

[1805] L. De Brouwer, *Les erreurs, mensonges et les crimes du « lobby » chimico-pharmaco-agro-alimentaire* », Nouvelle Imprimerie Laballery, 1999, Clamecy, p.27.

[1806] D. de Beer, op. cit., p.146.

Conclusion Générale

« Il ne fait aucun doute dans mon esprit que nous, dans le monde en développement, devons faire plus et mieux pour prendre en charge notre destin. Je sais que cela est plus facile à dire qu'à faire, d'autant qu'une grande partie de l'aide extérieure que nous recevons est fondée sur la pratique sur notre adhésion à la ligne fixée par la communauté des donateurs. Le fait demeure, cependant, que nous ne pourrons pas tenir la promesse faite à notre peuple si nous ne faisons pas plus et mieux pour prendre en charge notre destin […] en s'appuyant sur nos propres ressources »[1807].

733- Un premier bilan : un droit pharmaceutique en mal avec son application- Les règles qui régissent la mise sur le marché et la distribution du médicament sont des règles qui concernent la santé publique ; leur application doit être impérative. Mais l'analyse du médicament en droit burkinabè et en droit sénégalais laisse apparaître un droit pharmaceutique en mal avec son application effective sur le terrain. En effet, bien que le Burkina Faso et le Sénégal aient tous deux réglementé leur cadre de mise sur le marché et de distribution du médicament à usage humain, l'examen de leurs droits fait apparaître des insuffisances quant à l'application effective de ces textes. Dans ces deux pays, la réglementation du marché des médicaments n'est pas doublée de leur prescription par des médecins ; des infirmiers et

[1807] Meles Zenawi, ancien premier ministre éthiopien, in ONUSIDA, Sida et crise de la dépendance : pour des solutions africaines, version française, Genève, janvier 2012, p.2. Disponible sur http://www.unaids.org/en/media/unaids/contentassets/documents/unaidspublication/2012/JC2286_Sourcing-African-Solutions_fr.pdf

autres paramédicaux officiant également comme prescripteurs[1808]. Cette difficulté de mettre en application la police sanitaire influence négativement le droit pharmaceutique et crée très souvent un climat d'insécurité juridique[1809].

Notre étude montre que les différents pays ne manquent pas de normes pour régir la santé, mais il existe une fracture entre la règle de droit et sa concrétisation. La règle de droit ne produit pas toujours les effets voulus par le législateur, sans doute parce qu'inadaptée aux réalités africaines ou mal comprise par ceux qui doivent l'appliquer. La règle de droit n'est ni effective, ni efficace[1810]. Un ordre normatif est efficace quand, d'une manière générale, les individus auxquels il s'adresse s'y conforment[1811]. Elle est effective lorsqu'elle produit l'effet voulu, lorsqu'elle est appliquée réellement[1812].

734- La réglementation et les politiques mises en place n'ont pas permis de résoudre les difficultés d'accès aux médicaments de qualité - Le manque de moyens financiers est l'argument soulevé pour justifier l'échec des politiques pharmaceutiques au Burkina Faso[1813] comme au Sénégal[1814]. Mais la pauvreté des Etats africains, n'est pas le seul obstacle à l'accès pour tous aux médicaments. Il faut y ajouter « les pratiques d'approvisionnement en médicaments, les politiques relatives à la propriété intellectuelle, les politiques de

---

1808 Ce problème est commun à toutes les anciennes colonies et territoires sous influence juridique française. En Polynésie française par exemple, le docteur Richard Wong Fat écrit que « (...) de fait, un infirmier ou un adjoint de soins se trouve souvent en situation de pallier l'absence de médecin, et donc de pratiquer des actes médicaux ». A. Leca et al, *Le droit médical en Polynésie française*, op.cit., p.19.

1809 D. Truchet, op.cit. , p.16.

1810 Pour une étude détaillée sur l'effectivité, la validité et l'efficacité de la règle de droit, voir les études menées par J. Carbonnier, « effectivité et inefficacité de la règle de droit », *L'année sociologique*, 1957-1958 ; Lascoumes, et E. Serverin, « Théories et pratiques de l'effectivité du droit », *Droit et société*, n°2, 1986, pp. 101-123 ; voir également, F. Rangeon, « Réflexions sur l'effectivité du droit », *Les usages sociaux du droit*, pp. 125-149.

1811 H. Kelsen, op.cit., p.34.

1812 G. Cornu et al. , *Vocabulaire juridique*, 9e édition, PUF, Paris, 2011, p.384.

1813 Voir l'évaluation du secteur pharmaceutique du Burkina Faso disponible http://apps.who.int/medicinedocs/fr/m/abstract/Js19741fr/

1814 Voir l'évaluation du secteur pharmaceutique au Sénégal, disponible sur http://www.who.int/medicines/areas/coordination/senegal_pharmaceutical.pdf

concurrence et, enfin, les prix »[1815]. Tant que ces facteurs ne sont pas maîtrisés dans le sens de l'intérêt général, les différentes politiques et réglementations peineront à donner les résultats escomptés. L'absence de prise en charge sociale des dépenses de santé est également un facteur à prendre en compte, elle favorise l'automédication et l'usage des médicaments contrefaits.

L'analyse du cadre institutionnel fait ressortir une dispersion des fonctions de régulation. Le directeur général de la pharmacie, au Burkina Faso ainsi qu'au Sénégal, est dans le circuit du médicament du début à la fin. Il est le président des commissions d'AMM, de la pharmacovigilance et du contrôle de la publicité. Il intervient également dans les autorisations d'ouverture des officines et des dépôts privés de médicaments. Tout cela compromet la sécurité sanitaire recherchée par le droit pharmaceutique. Les vicissitudes historiques[1816] de nos pays d'étude expliquent sans doute le cadre juridique actuel en matière pharmaceutique. Les règles concernant les conditions de mise sur le marché du médicament et le cadre réglementaire de la distribution du médicament peinent à moderniser le secteur du médicament et l'accès aux médicaments de qualité demeure un tonneau des Danaïdes.

S'il est vrai que, malgré l'obligation faite aux Etats d'assurer le plein essor du droit à la santé, aucun n'est en mesure aujourd'hui, techniquement et matériellement, de couvrir l'ensemble de son territoire de façon égalitaire[1817], il est tout aussi vrai que les Etats doivent fournir des efforts pour tendre vers la santé pour tous. Ces efforts sont insuffisants dans les PED. Les différentes autorités n'explorent pas suffisamment les potentiels nationaux, il en est ainsi de la médecine traditionnelle dont le statut juridique reste, à ce jour, ambigu et flou.

735- Le dualisme médical n'est pas pris en compte de façon efficace - La médecine, qu'elle soit moderne ou traditionnelle, est

---

[1815] Discours du Dr Margaret Chan, Directeur général de l'Organisation mondiale de la Santé sur le thème : « Accès aux médicaments : le rôle des politiques d'approvisionnement », op.cit.

[1816] Cf supra, paragraphe 17.

[1817] A. Aouij-Mrad, « Les inégalités en matière de santé dans le contexte tunisien », in S. Montchaud, J.-P. Gassend (dir.), *Santé et développement*, Lavoisier, Paris, 2009, p.209.

exercée suivant les valeurs d'un peuple. Son succès dépend de considérations politiques et son accès d'aspects économiques. De nombreux auteurs ont considéré que la norme de la santé demeure culturelle[1818], chaque médecine fonctionne donc « sur ses normes et celles-ci ne peuvent point être supplantées par d'autres cultures »[1819]. Il faut donc, si l'on veut que la médecine traditionnelle soit complémentaire à la médecine moderne, tenir compte de ces aspects importants, sans lesquels la réglementation de la médecine traditionnelle restera très ennuyeuse. Au Burkina Faso par exemple, la loi sur les médicaments traditionnels est inadaptée, car reprenant, en majorité, des dispositions du code de déontologie médicale, tout en ignorant qu'une grande partie des tradipraticiens est analphabète et méconnaît les méthodes de la médecine occidentale. Cette loi rencontre déjà des difficultés d'application sur le terrain[1820].

Ce qui est demandé au législateur en Afrique, ce n'est pas de faire un retour au point de départ, mais c'est de partir des instants où, devenu indépendant, il a acquis la possibilité de s'autodéterminer. Avec le vieux fonds colonial comme base de réflexions le législateur burkinabè et sénégalais devrait sortir un système original moderne et accessible à son peuple. C'est d'ailleurs ce que préconise la Charte culturelle de l'Afrique, adoptée le 5 juillet 1976 à Port-Louis par L'OUA[1821]. Les législateurs doivent donc avoir une inspiration créatrice pour permettre de faire une symbiose normative adaptée aux réalités africaines[1822]. Nous convenons avec P.L. Agondjon-Okawe, que la réussite du droit en Afrique réside dans la complémentarité

[1818] C. Brelet, *Médecine traditionelle sacrées*, Paris ; F. Queré, *L'homme maître de l'homme*, Paris, Bayard, 2001, p.14 ; B. Ugeux, *Guérir à tout prix ?*, Les éditions de l'atelier, Paris, 2000, p.19.

[1819] E.-S. Mvone-Ndong, op.cit., p.83.

[1820] De nombreux tradipraticiens méconnaissent les règles qui les régissent. De ce fait ils refusent de se faire recenser craignant des contraintes d'ordre administratives. La plupart d'entre eux affirment que leur art leur a été révélé, et rechigne à se faire contrôler par l'administration. Ils ne sont pas sensibilisés sur la nécessité d'un cadre juridique qui leur assurerait un exercice apaisé, débarrassé des charlatans. Ainsi, malgré l'existence d'un cadre juridique sur la médecine traditionnelle au Burkina Faso, l'exercice de la médecine traditionnelle rencontre les mêmes difficultés qu'au Sénégal où aucun texte juridique ne régit la profession.

[1821] Cette charte à été ratifiée par le Burkina Faso (décret 81-449 bis du 21 septembre 1981, ratification autorisée par l'ordonnance 81-32 du 7 septembre 1981, J.O.RHV du 10 septembre 1981, p.742).

[1822] J. Vanderlinden, op.cit., p. 85.

entre le droit dit moderne, souvent « théorique parce que non vécu par la majorité des sujets de ce droit et un droit vécu, dit réel, sociologique, plus conforme aux réalités du moment »[1823]. Ce constat n'est pas propre à l'Afrique, A. Leca fait la même observation pour la Polynésie française[1824]. Le droit des peuples sans écriture est « un droit naissant »[1825] et est à réécrire. Les matériaux pour « la fabrique »[1826] du droit africain de la santé existent (coutume, usage, constitution, loi etc.)[1827], reste à trouver une source de motivation pour les nombreux maçons formés à l'école française, pour la plupart, pour qu'ils prennent en main ce chantier. Il est donc indispensable « de dégeler, défossiliser »[1828] toutes les sources du droit de la santé, pour bâtir un droit à l'image des pays africains. Ce droit se construira sans nul doute. Nous faisons nôtre la mise en garde de M. Bélanger sur « la plate copie » d'un droit inadapté, qui menacerait l'équilibre des institutions et la cohérence du droit sur le terrain[1829]. Les experts africains, en matière d'élaboration de la réglementation sanitaire, doivent s'inspirer de la formule de l'ancien président sénégalais L. S. Senghor, qui, lors des travaux préparatoires de la Charte africaine des droits de l'Homme et des peuples, exhortait les intellectuels réunis à Dakar à « faire preuve d'imagination et à s'inspirer des traditions africaines en gardant à l'esprit les valeurs de civilisation et les besoins

[1823] P.L. Agondjo- Okawe, « L'enseignement du droit au Gabon », in symposium « *la connaissance du droit en Afrique* », 2-3 décembre 1993, publié par Académie royale des sciences d'Outre-mer, Bruxelles, pp. 328- 346.

[1824] A. Leca et al, *Le droit médical en Polynésie française*, op.cit.,

[1825] J. Glissen, « La coutume : présentation du thème et note introductive », in Recueil de la société Jean Bodin pour l'histoire comparative des institutions, *La coutume*, De Boeck Université, Bruxelles, 1990, p.22.

[1826] Nous avons emprunté ce mot au Professeur A. Leca, *La fabrique du droit français. Naissance, précellence et décadence d'un système juridique*, PUAM, Aix-en-Provence, 2007, 377p.

[1827] Dans ce sens nous conseillons la lecture de l'article de S. Thiam. L'auteur y retrace les aspects coutumiers et religieux qui influencent le droit africain de la santé et qui méritent d'être pris en compte dans les différentes réglementations sanitaires. Il nous cite l'autopsie qui, bien qu'autorisée par la loi, choque les esprits africains. Lorsqu'un médecin est commis par une juridiction pour réaliser une autopsie, il est confronté à la volonté des familles qui souhaitent réaliser rapidement les rites funéraires liés à leur tradition ou à leur religion. S. Thiam, « La déontologie médicale et la tradition africaine, approche anthropologique sur le rapport médecin-patient », op.cit. p.352.

[1828] Comme le disait C.A. Diop à propos de l'histoire africaine. C.A. Diop, *L'Afrique noire précoloniale*, Présence Africaine, Paris, 1987, p.9.

[1829] M. Bélanger, « Existe-t-il un droit africain de la santé », op. cit. , pp.361-369.

réels de l'Afrique »[1830]. En somme, il leur demandait d'emprunter au modernisme seulement ce qui était compatible avec la nature profonde de la civilisation africaine. Du reste, comme l'écrit J.L. Bergel, « le droit dépend de l'histoire, de l'environnement humain social, économique, de choix idéologiques »[1831], pour lui « le droit se transforme sans cesse au rythme de l'histoire et varie avec la culture de chaque société »[1832]. Il est normal, qu'après les indépendances, l'on attende de l'Afrique une adaptation de son droit à sa nouvelle situation et ce, dans tous les domaines. Nous convenons avec B. Durand, qu'il faut des politiques de santé « en pertinence avec les réalités africaines »[1833]. L'africanisation de l'enseignement du droit de la santé dans les universités africaines sera sans doute l'un des meilleurs gages à l'évolution et à la spécificité de ce droit[1834].

736- Des efforts insuffisants de la part des autorités politiques - L'Afrique est-elle comme le disent certains experts au développement, incapable de se développer puisque « empêtrée dans ses problèmes ethniques »[1835]? Il faut reconnaître que l'instabilité politique et les conflits régionaux portent un coup à la mise en œuvre d'un cadre juridique stable, mais ces derniers n'expliquent pas à eux seuls les difficultés juridiques et économiques que connaît l'ensemble des pays africains. Il y a également la responsabilité des différents gouvernements, qui ont adopté à la suite du colonisateur, ou qui adoptent encore de nos jours des « stratégies de développement incohérentes et inconséquentes »[1836]. Aujourd'hui, même si l'on peut conclure que les politiques pharmaceutiques sont mieux définies qu'auparavant, même si on note une meilleure connaissance des

---

[1830]Discours prononcé par Léopold Sedar Senghor, alors Président de la République du Sénégal, O.A.U. Doc CAB/LEG/67/5.

[1831] J.-L. Bergel, op.cit. , p. 2.

[1832] Ibidem, p.125.

[1833] Il l'a affirmé dans la préface du livre de S. Thiam, *Introduction historique au droit en Afrique*, l'Harmattan, Paris, 2011, p.11.

[1834] J.P. Vanderlinden, « Enseigner sans reproduire, innover sans tout détruire : propos hétérodoxes au départ de quelques constats élémentaires », op. cit, p.109.

[1835] M. Charmillot, traitant de l'ambiguïté de l'aide au développe rapporte dans son ouvrage les conclusions des experts au développement face à la situation de l'Afrique. M. Charmillot, « Aider, c'est pas donner : réflexions sur l'aide et le développement », *Nouvelle revue de psychologie*, 2008/2, n°6, p.127.

[1836] K. Kouassi, *Organisations internationales africaines*, Berger Levraut, Paris, 1987, p.127.

problématiques de santé publique, les différentes politiques pharmaceutiques peinent à se transformer en programmation cohérente capable de rendre accessible les médicaments pour tous.

Le manque de volonté des autorités politiques africaines est souvent indiscutable. Par exemple, au Sénégal, depuis la réforme hospitalière de 1998 et même bien avant, pas moins d'une dizaine de rencontres d'envergure se sont tenues. Assises de la santé en 2000, concertation nationale sur le système hospitalier en 2006, Conseil interministériel sur la santé en 2008, Assises de l'Action sociale en 2008, diverses journées de réflexion, etc. Des moyens importants ont été mobilisés à ces occasions, mais la plupart des conclusions arrêtées au cours de ces conclaves attendent toujours d'être appliquées[1837].

737- Des politiques publiques assujetties à l'aide extérieure - Malgré l'importance de l'aide apportée aux pays africains, l'avenir des systèmes de santé en Afrique demeure toujours posé, la précarité sanitaire se conjugue avec une pauvreté de plus en plus grave, les injustices se multiplient. Il nous semble que l'aide publique au développement, à travers ses conditionnalités, est un frein à la réalisation des objectifs de santé publique dans les PED[1838]. Les conditionnalités[1839] du FMI et de la Banque mondiale ne résument pas à elles seules les causes externes de la violation du droit à la santé en Afrique, mais elles ont eu des effets négatifs sur ce droit, notamment à travers les Programmes d'Ajustement Structurel (PAS)[1840]. Ce programme a conduit à la libéralisation de la distribution des

---

[1837] Les Assises avaient recommandé de légiférer en toute urgence sur la médecine traditionnelle, elles avaient également proposé de relever la redevance que paient les demandeurs d'AMM et surtout d'instaurer une assurance maladie universelle au Sénégal.

[1838] C'est ce que pense également E. M. Samba, ancien directeur du Bureau régional de l'OMS pour l'Afrique. « Les programmes d'ajustement structurels appliqués au domaine de la santé, la conditionnalité de l'aide au développement et le manque d'intégration de cette assistance internationale aux politiques nationales de santé publique, ont participé à l'effondrement des systèmes de santé publique de la plupart des pays d'Afrique subsaharienne ». Cité par T. Bréger, op.cit., p.215.

[1839]Sur les conditionnalités de l'aide, lire B. Oumarou, « La conditionnalité, vecteur juridique de l'assistance financière du FMI au Cameroun », *Revue en ligne Afrilex*, n°4, pp ; 132-149.

[1840] Le PAS visait prioritairement à rétablir l'équilibre de la balance des paiements, ce qui avait une incidence directe sur l'accès aux services sociaux et plus particulièrement aux soins de santé et donc des médicaments.

médicaments, favorisant ainsi la hausse des importations des médicaments de spécialité. Plusieurs bailleurs de fonds ont fait de l'adoption du PAS un préalable à un nouveau prêt ou à un rééchelonnement de la dette et la Banque mondiale a fait de même concernant ses programmes de développement. Après le PAS[1841], il y eut d'autres programmes, telles que les facilités pour la réduction de la pauvreté et la croissance et l'initiative en faveur des pays pauvres très endettés. Tous ces programmes sont dotés de conditionnalité qui, très souvent, mettent en avant les aspects économiques tout en ignorant les aspects sociaux et sanitaires. Dans notre deuxième partie nous avons montré comment l'aide pouvait perturber les règles de droit des pays bénéficiaires. L'étude du cadre juridique de la distribution du médicament donne raison à J-M. Severino quand il affirme que l'aide sert à « contenir, à stabiliser, voire à acheter des situations, des règlements politiques ou des populations »[1842]. L'aide internationale n'est jamais sans contrepartie. Elle « souligne une certaine forme de dépendance et de dépossession de soi-même »[1843]. Dans ces conditions, l'Etat bénéficiaire n'a plus le pôle de décision dans sa politique sanitaire, il devient un exécutant, un canal par lequel se réalisent des programmes d'envergure internationale. A notre avis, il faut toujours s'interroger sur les causes des échecs multiples de l'aide internationale avant de mettre en route de nouveaux plans d'aide au

[1841] Il est intéressant de signaler qu'en 1994, la Banque Mondiale a évalué les résultats du PAS dans les pays africains. Elle a conclu que les réformes préconisées n'ont pas données les résultats escomptés. En effet sur 29 pays concernés par le programme, seuls 6 avaient amélioré leur politique macroéconomique. Pourtant le désastre sur le plan sanitaire et social demeure énorme. Voir Banque Mondiale, L'Ajustement en Afrique ; reformes, résultats et chemin à parcourir, Washington, 1994, p.2.

[1842] J-M. Severino, « Refonder l'aide au développement au XXIe siècle », *Critique Internationale*, 2001/1, n°10, p.82.

[1843] S. Sur, « L'humanitaire aux 1000 visages, *Questions Internationales* n°56, juillet-août 2012, p.4.

développement[1844].Y' a-t-il encore une stratégie internationale à laquelle les pays africains doivent croire si ce n'est leur propre stratégie ? Peut-être faudrait-il prôner l'insertion d'un modèle africain de droit en matière de santé dans le système international de la santé. Mais encore faut-il que la formation du droit de la santé soit accompagnée par la doctrine afin de la vulgariser !

738- La formation des règles juridiques en matière de la santé n'est pas suffisamment appréhendée par la doctrine - Nous avons également remarqué un décalage significatif entre la formation des règles juridiques, en matière de santé, et son appréhension doctrinale[1845]. Il existe peu de littératures sur le droit pharmaceutique en Afrique[1846], alors que sans un travail doctrinal[1847]efficace, le droit de la santé en Afrique ne prospéra pas. Le travail des juristes est compliqué par l'absence de véritables CSP[1848], la recherche des textes législatifs et réglementaires est difficile, car tous les textes en vigueur

---

[1844] Les stratégies successives employées pour sortir l'Afrique du sous-développement n'ont pas porté de fruits. L'OUA l'avait justement reconnu en 1980, mais cela n'avait pas empêché l'instauration du PAS, une nouvelle stratégie parmi tant d'autres. Selon l'OUA, « au lieu d'apporter une amélioration dans la situation économique du continent, les stratégies successives ont mis celui-ci dans un état de stagnation et l'ont rendu plus vulnérable que les autres régions aux crises sociales et économiques », voir Plan d'action de Lagos, documents officiels de l'OUA, Addis-Abeba, 1980, p.5. Aujourd'hui cette déclaration est toujours d'actualité. Les stratégies se suivent et produisent toujours les mêmes effets. La santé pour tous en l'an 2000, ce vœu n'a pas été atteint, aujourd'hui, une nouvelle stratégie prône la réalisation de cet objectif utopique pour 2015 (Les objectifs du millénaire pour le développement).

[1845] E. Cadeau, op.cit., p.17. L'auteur parlait de matière juridique. « Il existe souvent un décalage significatif entre la formation d'une matière juridique et son appréhension doctrinale ».

[1846] Le droit des affaires en Afrique est un excellent exemple d'un droit dont la diffusion a été réalisée par la doctrine. En effet la doctrine juridique africaine a accompagné le droit positif pour l'émergence d'un droit africain des affaires. Le droit OHADA a bénéficié de la contribution d'universitaires et de praticiens du droit africain pour réaliser son évolution.

[1847] Selon J.L.Halpérin, La naissance du droit français survenu au 16e siècle est une création de la doctrine. La doctrine éclaire le législateur et les juges. J. L. Halpérin, op. cit. , p.99.

[1848] Jusqu'à la fin de nos recherches, l'adoption d'un CSP du Sénégal était en bonne voie, lorsque ce CSP que nous appelons de tous nos vœux verra le jour, ce travail sera sans doute à reprendre, c'est l'un des risques de travailler sur un droit en construction.

ne sont pas publiés au Journal officiel, c'est l'une des difficultés que nous avons eu dans notre travail de recherche.

Nous appelons, au terme de ce travail, les universitaires et autres théoriciens du droit à œuvrer au renforcement du droit en matière pharmaceutique. Cependant, nous sommes conscients que le droit seul ne peut pas résoudre tous les problèmes, cela relèverait d'une conception presque magique[1849]. En Afrique, il est urgent, pour construire un droit pharmaceutique efficace, que les anthropologues de la santé, les sociologues, les économistes, les historiens du droit, les juristes, etc., se mettent ensemble pour trouver les normes adaptées au terrain africain[1850]. Peut être que la perspective d'un droit pharmaceutique stable se fera en unissant les moyens dans un cadre juridique communautaire plus élargi que celui de l'UEMOA.

739- Vers la suppression de l'UEMOA - Pour permettre au médicament de circuler librement, les pays africains doivent d'abord élargir leur zone géographique et ensuite harmoniser les points de vue pour espérer consolider avec réalisme et surtout avec souplesse[1851] et sans ambiguïté leur cadre juridique en matière de médicament. Pour un accès aux médicaments à un prix abordable, les autorités communautaires doivent instaurer une politique incitative afin d'encourager l'innovation et le développement des industries pharmaceutiques dans l'espace communautaire. Mais on observe, à travers notre étude, une sorte de replis nationaux, qui grippe la progression de la construction du droit pharmaceutique en Afrique en général et en Afrique de l'Ouest en particulier. La souveraineté des Etats, ne permet pas une harmonisation des règles. Si dans les pays du

---

[1849] J.-S. Borghetti, « Les intérêts protégés et l'étendue des préjudices réparables en droit de la responsabilité civile extracontractuelle », in *Mélanges. G. Viney*, LGDJ, 2008, p.145.

[1850] Il faut signaler que l'un des problèmes que rencontre la consolidation du droit en Afrique est lié à la formation de l'Etat moderne. En effet les nouvelles politiques administratives, le pouvoir réglementaire ne résultent pas de l'évolution de la société africaine, ou d'une révolution interne, mais résulte de la pression exercée par divers systèmes étrangers. Cette pression conduit les autorités politiques de différents pays à rechercher la légitimité de leurs plans et programmes non pas du côté du peuple, mais plutôt du côté des acteurs étrangers, principaux opérateurs de la réussite de leur action.

[1851] K. Briner, « La construction de l'Europe économique du médicament : quels objectifs ? », in Syndicat National de l'Industrie Pharmaceutique, *Droit communautaire et médicament*, édition John Libbey, Paris, 1996, p.8.

Nord, le droit communautaire a pu réunir un certains nombre de pays autour d'un consensus fragile, en Afrique, les Etats sont toujours de groupuscule nations imbus de leur souveraineté[1852].

Parmi les organisations ouest africaines, l'UEMOA est de loin la plus active dans l'harmonisation du droit pharmaceutique, mais sa jeunesse et ses limites géographiques ne plaident pas en sa faveur et la portée de son droit demeure faible. En effet, la construction du droit pharmaceutique est seulement au stade de l'harmonisation des procédures d'AMM, de nombreux domaines ne sont pas régis par le droit communautaire[1853]. Cette harmonisation est elle-même inachevée[1854].

Face à l'échec de la communautarisation en zone restreinte, nous plaidons pour une union plus élargie dans le cadre de la CEDEAO. Cette dernière a l'avantage de réunir des pays à compétences variées non unis par la même histoire coloniale[1855]. Une harmonisation et une création d'une agence du médicament au niveau de la CEDEAO permettra d'avoir des compétences humaines et des points de vues techniques plus élaborés dont ne disposent pas l'UEMOA. Avec le Nigéria comme moteur, la CEDEAO peut être un cadre plus fédérateur et surtout un marché plus grand. En effet, le Nigéria est le pays le plus peuplé d'Afrique et le 7e pays le plus peuplé au monde, avec une population estimée en 2013 à 174 507 539[1856]. La valeur de son PIB total le place à la deuxième position en Afrique en 2012, derrière l'Afrique du Sud et devant l'Egypte[1857].

1852 Cela s'expliquerait historiquement par le fait que la quasi-totalité des pays africains sortent d'une lutte pour la décolonisation, où ils réclamaient une souveraineté de leurs Etats respectifs. Cette souveraineté acquise dans les années 1960 avec les indépendances, devait encore être compromise avec les différentes organisations africaines. Et il n'est pas évident que les nouvelles autorités soient enclines à voir les décisions concernant leur pays être confiées à une structure quoique africaine.

1853 On peut citer la pharmacovigilance, la publicité sur les médicaments, la distribution des médicaments. Il n'existe même pas une définition du médicament propre à l'UEMOA. La responsabilité des producteurs de médicament n'est pas explorée.

1854 Voir supra paragraphe 143.

1855 La CEDEAO regroupe des pays anglophones, lusophones et francophones.

1856 Sources : http://www.statistiques-mondiales.com/nigeria.htmhttp

1857 Ibidem.

Bibliographie

1. Traités, manuels, dictionnaires et cours

1. **C. Atias**, *Précis élémentaire de contentieux contractuel*, 2e édition, PUAM, Aix-en-Provence, 2003, 342p.
2. **J.-M. Auby, G. Dillemann, F. Coustou, J. Bernays, C. Hauser**, *Traité de droit pharmaceutique*, LITEC, Paris, 1971, 277p.
3. **F. Bourdillon, G. Brücker, D. Tabuteau**, *Traité de santé publique*, 2e édition, Flammarion, Paris, 2007, 536p.
4. **G. Cornu**, *Vocabulaire juridique*, 9e édition, PUF, Paris, 2011, 1093p.
5. **A. De Laubadère, J.-C. Venezia, Y. Gaudemet**, *Traité de droit administratif*, Tome 1, 12e édition, LGDJ, Paris 1992, 933p.
6. **P.-L. Frier, J. Petit**, *Précis de droit administratif*, 4e édition, Montchrestien, Paris, 2006, 560p.
7. **J. Ghestin**, *Traité de droit civil : la formation du contrat*, 3e édition, L.G.D.J, Paris, 1993, 973p.
8. **J. Ghestin, G. Viney, P. Jourdain**, *Traité de droit civil : les conditions de la responsabilité*, 3e édition, L.G.D.J, Paris, 2006, 1397p.
9. **D. Mainguy** (dir.), *Dictionnaire de droit du marché*, Ellipses, Paris, 2008, 343p.
10. **G. Mémeteau**, *Cours de droit médical*, 4e édition, Les Etudes Hospitalières, Bordeaux, 2010, 724p.
11. **R. Poplawski**, *Traité de droit pharmaceutique*, Juris-classeur, Paris, 1950, 765p.
12. **J. Pradel**, *Traité de droit pénal et de science criminelle comparée*, Cujas, Paris, 1999, 783p.

2. Ouvrages généraux et spécialisés

1. **E. Amazou,** *Aide et dépendance de l'Afrique noire*, L'Harmattan, Paris, 2011, 266p.
2. **M. Andrée**, *La condition humaine en Afrique noire*, Grasset, Paris, 1954, 259p.

3. **M. Angell**, *La vérité sur les compagnies pharmaceutiques, comment elles nous trompent et comment les contrecarrer ?*, Les Editions le mieux-être, Montebello, 2005, 318p.
4. **J.-L. Aubert**, *Le contrat, droit des obligations*, 3e édition, Dalloz, Paris, 2005, 141p.
5. **J.-M. Auby,** *Le droit de la santé*, PUF, Paris, 1981, 512p.
6. **L.-P. Aujoulat**, *Santé et développement en Afrique*, Armand Colin, Paris, 1969, 285p.
7. **J. Azema**, *Le droit pénal de la pharmacie*, LITEC, Paris, 1990, 180p.
8. **M. Badji, C. Becker** (dir.), *Actes du Colloque international de Dakar*, 28 mars - 1er avril 2005, Les Etudes Hospitalières, Bordeaux, 2006, 214p.
9. **J.-P. Bado**, *Médecine coloniale et grandes endémies en Afrique*, Karthala, Paris, 1996, 423p.
10. **J.-N. Bail, A. El Hasnaoui**, *Evaluation médico-économique du médicament : bénéfice pour le patient et intérêt pour la santé publique*, John Libbey, Paris, 2005, 140p.
11. **C. Becker, S. Mbaye, I. Thioub** (dir.), *AOF, réalités et héritages : sociétés ouest africaines et ordre colonial, 1895-1960,* Archives du Sénégal, Dakar, 1997, 1273p.
12. **M. Bélanger**, *Eléments de doctrine en droit international de la santé*, Les Etudes Hospitalières, Bordeaux, 2012, 784p.
13. **M. Bélanger** (dir.), *La mondialisation du droit de la santé*, Les Etudes Hospitalières, Bordeaux, 2011, 174p.
14. **T. Berche**, *Anthropologie et santé publique en pays Dogon*, Karthala, Paris, 1998, 232p.
15. **A. Beresniak, G. Duru**, *Economie de la santé*, 6e édition, Elsevier Masson, Paris, 2008, 216p.
16. **J.-L. Bergel**, *Théorie générale du droit*, Dalloz, 5e édition, Paris, 2012, 399p.
17. **J. Bernays**, **C. Hausser**, *Droit de la pharmacie*, Librairie du Journal des Notaires et des Avocats, Paris 1996, 128p.
18. **D. Berthiau**, *Droit de la santé*, Gualino, Paris, 2007, 280p.
19. **J.-R. Binet**, *Droit et progrès scientifique, science du droit, valeurs et biomédecine*, PUF, Paris, 2002, 299p.
20. **G. Boileau, C. Ducroq**, *Le marché pharmaceutique au Sénégal et au Mali*, éd du Centre Français du commerce extérieur, Paris, 2001, 431p.

21. **M. Botbol-Baum**, *Bioéthique dans les pays du Sud : récits de médecins africains*, L'Harmattan, Paris, 2005, 284p.
22. **J.-C. Boual, P. Brachet** (dir.), *Santé et principe de précaution*, L'Harmattan, Paris, 2003, 128p.
23. **H. Bouvet**, *Histoire de la pharmacie des origines à nos jours*, Occitania, Paris, 1937, 445p.
24. **P. Brau**, *Trois siècles de médecine coloniale française*, Editions Vigot et frères, Paris, 1931, 205p.
25. **S. Brunel**, *Le gaspillage de l'aide publique*, Seuil, Paris 1993, 186p.
26. **J. Brunet-Jailly** (dir.), *Innover dans les systèmes de santé, Expérience de l'Afrique de l'Ouest*, Karthala, Paris, 1997, 435p.
27. **T. Cassuto**, *La santé publique en procès, questions judiciaires*, PUF, Paris, 2008, 240p.
28. **E. Cerexhe, L. Le Hardÿ de Beaulieu**, *Introduction à l'Union Economique Ouest Africaine*, De Boeck et Larcier, Paris, Bruxelles, 1997, 157p.
29. **R. Chapus**, *Droit du contentieux administratif*, Montchretien, Paris, 2001, 1339p.
30. **N. Charbit**, *Le droit de la concurrence et le secteur public*, L'Harmattan, Paris, 2002, 530p.
31. **F. Chast**, *Histoire contemporaine des médicaments*, La Découverte, Paris, 1995, 413p.
32. **S. Chiffoleau**, *Genèse de la santé publique internationale, de la peste d'Orient à l'OMS*, PUR, Rennes, 2012, 288p.
33. **P. Chrétien, N. Chifflot**, *Droit administratif*, 13e édition, Sirey, Paris, 2012, 755p.
34. **J.-M. Clément**, *Les grands principes du droit de la santé*, Les Etudes Hospitalière, Bordeaux, 2005, 216p.
35. **M. Cornevin**, *Histoire de l'Afrique contemporaine, de la deuxième guerre mondiale à nos jours,* Petite Bibliothèque Payot, Paris, 1972, 447p.
36. **C. Correa et G. Velásquez**, *Comment préserver l'accès aux médicaments : innovation pharmaceutique et santé publique*, L'Harmattan, Paris, 2010, 184 p.
37. **M. J. Cuny**, *Une santé aux mains du grand capital*, Editions Paroles Vives, Paris, 2011, 475p.
38. **J. Dabin**, *Théorie générale du droit*, Dalloz, Paris, 1969, 425p.

39. **D Darbon, J. du Bois de Gaudusson** (dir.), *La création du droit en Afrique*, Karthala, Paris, 1997, 496 p.
40. **D. de Beer**, *Brevet, santé publique et accès aux médicaments essentiels une fin du droit ?*, Bruylant, Bruxelles, 2011,656p.
41. **J.-R. de Benoist**, *L'Afrique Occidentale Française de 1944 à 1960*, NEA, Dakar, 1982, 617p.
42. **L. de Brouwer**, *Les erreurs, mensonges et crimes du « lobby » chimico-pharmaco-agro-alimentaire*, Nouvelle Imprimerie Laballery, 1999, Clamecy, 243 p.
43. **A. Decocq, G. Decocq**, *Droit de la concurrence, droit interne et droit de l'Union Européenne*, 5e édition, LGDJ, Paris, 2012, 656p.
44. **P. Decraene**, *Le panafricanisme*, PUF, Paris, 1970, 4e édition, 128p.
45. **A. Desclaux, C. Raynaut** (dir.), *Urgence, précarité et lutte contre le VIH/SIDA en Afrique*, L'Harmattan, Paris, 1997, 166p.
46. **T. Devred**, *Autorisation de mise sur le marché des médicaments*, Lamy, Paris, 2011, 308p.
47. **P. Diagné**, *Pouvoir politique traditionnel en Afrique occidentale*, Présence africaine, Paris, 1967, 295p.
48. **M.-C. Dietrich**, *Confession d'une visiteuse médicale, comment on vend les médicaments à vos médecins*, Bruxelles-Paris, 2011, 319p.
49. **H. Dion**, *Droit pharmaceutique*, Lextenso, Paris, 2008, 277p.
50. **C.A. Diop**, *L'Afrique noire précoloniale*, Présence Africaine, Paris, 1987, 278p.
51. **M. Doucet, J. Vanderlinden** (dir.), *La réception des systèmes juridiques : implantation et destin*, Bruylant, Bruxelles, 1994, 688p.
52. **M. Doumbé Moulongo**, *les coutumes et le droit au Cameroun*, Yaoundé, Editions clé, 1972, 147p.
53. **J-C. Dousset**, *Histoire des médicaments, des origines à nos jours*, Les éditions Ovadia, Nice, 2010, 452 p.
54. **R. Dumont**, *L'Afrique noire est mal partie*, édition du Seuil, Paris, 1962, 254p.
55. **E. Durkheim**, *De la division du travail social*, 12e édition, PUF, Paris, 416p.
56. **C. Dussart, C. Petit** (dir.), *Médicament, éthique et pays en développement*, Edition Lavoisier, Paris, 2008, 276p.

57. **W. Easterly**, *Le fardeau de l'homme blanc : L'échec des politiques occidentales d'aide aux pays pauvres*, Markus Haller, 2009, 512p.
58. **W. Easterly**, *Les pays pauvres sont-ils condamnés à le rester ?* Traduit de l'américain par Aymeric Piquet Gauthier, éditions d'organisation, Paris, 2006, 397p.
59. **E. Eben-Moussi**, *Le médicament aujourd'hui : nouveaux développements, nouveaux questionnements*, L'Harmattan, Paris, 2011, 176p.
60. **S. Elshoud**, *L'essentiel du droit de la santé et du droit médical*, Ellipses, Paris, 2010, 137p.
61. **Ph. Even, B. Debré**, *Les leçons du Médiator®, l'intégralité du rapport sur les médicaments*, le cherche midi, Paris, 2011, 239p.
62. **M. Fau- Nougaret** (dir.), *La concurrence des organisations régionales en Afrique*, L'Harmattan, Paris, 2012, 456p.
63. **D. Ferrier**, *Droit de la distribution*, LITEC, Paris, 2006, 432p
64. **J.-M. Forges**, *Le droit de la santé*, Que sais-je ?, PUF, Paris, 2006, 128p.
65. **E. Fouassier**, *Le médicament, notion juridique*, « TEC et DOC », Ed Médicale Internationale, Paris, 1999, 225p.
66. **Frères des Hommes**, *Le médicament au Maghreb et en Afrique noire francophone*, PUG, Grenoble, 1989, 164p.
67. **M-A. Frison-Roche** (dir.), *La régulation des secteurs de la santé*, Presse de Science Po et Dalloz, Paris, 2011, 182p.
68. **M-A. Frison-Roche** (dir.), *Concurrence, santé publique, innovation et médicament*, LGDJ, 2010, 525p.
69. **J.-J. Gabas** (dir.), *L'aide publique française au développement*, La Documentation française, Paris, 2005, 172p.
70. **J-J. Gabas**, *Nord-Sud : l'impossible coopération ?* Presse de Science Po, Paris, 2002, 115p.
71. **C. Garnier, A.-L. Saives** (dir.), *Turbulences dans la chaîne des médicaments*, Liber, Montréal, 2010, 283p.
72. **J. Gaudemet**, Les *naissances du droit, le temps, le pouvoir et la science au service du droit*, 4e édition, Montchrestien, Paris, 2006, 389p.
73. **F. Gérard** (dir.), *Les concepts émergents en droit des affaires*, LGDJ, Paris, 2010, 478p.

74. **D. Gervais**, *L'Accord sur les ADPIC*, Larcier, Bruxelles, 2010, 733p.
75. **A. M. Ghadhi**, *La longue marche de l'Afrique vers l'intégration, le développement et la modernité politique*, L'Harmattan, Paris, 2009, 572p.
76. **J. Glissen**, *Introduction historique au droit*, Bruylant, Bruxelles, 1979, 755p.
77. **J.-M. Gogue**, *La libre concurrence en procès*, L'Harmattan, Paris, 2007, 183p.
78. **P. F. Gonidec**, *L'Etat africain*, LGDJ, Paris, 1970, 362p.
79. **B. Grenier**, *Décision médicale : analyse et stratégie de la décision dans la pratique médicale*, Masson, Paris, 1990, 256p.
80. **S. Gromb, A. Garay**. *Consentement éclairé et transfusion sanguine : aspects juridiques et éthiques*, Editions ENSP, Rennes, 1996, 254p.
81. **Groupe International de Travail pour les Peuple Autochtones (GITPA)**, *Développement et droit coutumier*, L'Harmattan, Paris, 2012, 174p.
82. **C. Grosset-Fournier, A. Dacheux**, *Le brevet d'invention : la cause des inventeurs*, Lavoisier, Paris, 2012, 384p.
83. **J.-L. Halpérin**, *Profils des mondialisations du droit*, Dalloz, Paris, 2009, 433p.
84. **C. Hervé, M. Stanton-Jean, C. Ribau, M. A. Grimaud**, *Pour des recherches biomédicales communes avec les pays du Sud*, Dalloz, Paris, 2010, 160p.
85. **INSERM**, *L'Europe du médicament : réalité ou ambition ?*, Acte du Colloque des 26, 27, 28 et 29 novembre 1990, les Editions INSERM, Paris, 1990, 471p.
86. **C. Jourdain-Fortier, I. Moine-Dupuis**, *Les pratiques de l'industrie pharmaceutique au regard du droit de la concurrence*, LITEC, Paris, 2010, 218p.
87. **J-P. Juès**, *L'industrie pharmaceutique*, Que sais-je ?, PUF, Paris, 1998, 127p.
88. **H. Kelsen**, *Théorie pure du droit*, adaptée de l'allemand par Henri Thévenaz, édition de la Baconnière, Neuchâtel, 1988, 296 p.
89. **D. Kerouedan** (dir.), *Santé internationale : les enjeux de santé au Sud*, Presse de Science Po, Paris, 2011, 585p.

90. **R. Kuba, C. Lentz, C.N. Somda** (dir.), *Histoire du peuplement et relations interethniques au Burkina Faso*, Karthala, Paris, 2003, 290 p.
91. **E. Kwam Kouassi**, *Organisation Internationales Africaines*, Berger-Levrault, Paris, 1987, 414p.
92. **E. La Rosa**, *Les vendeurs de maladies, comment l'industrie pharmaceutique prospère en nous manipulant*, Fayard, Paris, 2011, 197p.
93. **Y. Landry**, *Petite histoire des médicaments, de l'antiquité à nos jours*, Dunod, Paris, 2011, 214p.
94. **L. Lapeyssonnie**, *La médecine coloniale : mythes et réalités*, Editions Seghers, Paris, 1988, 310p.
95. **G. Lardeux** (dir.), *L'équilibre du contrat*, PUAM, 2012, 102p.
96. **A. Laude, B. Mathieu, D. Tabuteau**, *Droit de la santé*, 3e édition, PUF, Paris, 2012, 728p.
97. **A. Laude, P. Paubel, J. Peigné**, *Le droit des produits de santé après la loi du 29 décembre 2011*, Editions de Santé, Paris, 2012, 376p.
98. **A. Laude, D. Tabuteau** (dir.), *Essais cliniques, quels risques* ?, PUF, Paris, 2007, 190p.
99. **A. Laude, D. Tabuteau** (dir.), *De l'observance à la gouvernance de sa santé*, PUF, 1e édition, Paris, 2007, 160p.
100. **R. Lavergne** (dir.), *Intégration et coopération régionale en Afrique de l'Ouest*, acte du colloque organisé par le CRDI, Karthala, Paris, 1996, 410p.
101. **A. Le Gall, R. Brun**, *Les maladies et le médicament*, Que sais-je ?, PUF, Paris, 1968, 126 p.
102. **Ph. Le Tourneau**, *La responsabilité civile*, Que sais-je ?, PUF, Paris, 2003, 128p.
103. **G. Lebreton**, *Droit administratif général*, 6e édition, Dalloz, Paris, 2011, 583p.
104. **T. Lebrun, J. C. Sailly, M. Amouretti** (dir.), *L'évaluation en matière de santé : des concepts à la pratique.* Sofestec/Cresge, Lille, 1992, 480p.
105. **A. Leca**, *Droit pharmaceutique*, 6e édition, les Etudes Hospitalières, Bordeaux, 2012, 455p.
106. **A. Leca** (dir.), *La déontologie médicale*, Actes du Ve colloque national Droit, Histoire, Médecine, PUAM, Aix-en-Provence, 2007, 404p.

107. **A. Leca**, *La fabrique du droit français. Naissance, précellence et décadence d'un système juridique*, PUAM, Aix-en-Provence, 2007, 377p.
108. **P. Lehuédé**, *Droit de la concurrence*, Bréal, Paris, 2012, 218p.
109. **J.J. Lévy et C. Granier** (dir.), *La chaîne des médicaments : perspectives pluridisciplinaires*, Presse de l'université du Québec, 2007, 499 p.
110. **H. Lévy-Bruhl**, *Aspects sociologiques du droit*, Edition marcel Rivière, Paris, 1995, 189p.
111. **J.-M. Lhuillier**, *La responsabilité civile, administrative et pénale dans les établissements et services sociaux et médico-sociaux*, 3e édition, Presse de l'EHESP, Rennes, 2004, 446p.
112. **E. Loquin, A. Martin** (dir.), *Droit et marchandisation*, LITEC, Paris, 2010, 460p.
113. **J. Lorenzi**, *Les responsabilités du pharmacien*, LITEC, Paris, 2002, 364p.
114. **J.- M. Lorrain**, *J'étais médecin de brousse*, 1941-1943, Presse Universitaire de Bordeaux, Bordeaux, 1990, 180p.
115. ***D. Luff***, *Le droit de l'Organisation Mondiale du Commerce : analyse critique*, Bruylant, Bruxelles, 2004, 1278p.
116. **R. Luneau**, *Comprendre l'Afrique*, Karthala, Paris, 2002, 211p.
117. **A. LY**, *Les regroupements politiques au Sénégal (1956-1970)*, Karthala, Paris, 1992, 444p.
118. **Y. G. Madiéga, O. Nao** (dir.), *Burkina Faso : cent ans d'histoire, 1895-1995*, Tome 1, Karthala, Paris, 2003, 1239p.
119. **B. Majnoni d'Intignano, P. Ulmann**, *Economie de la santé*, PUF, Paris, 2001, 2010, 480p.
120. **B. Majnoni d'Intignano**, *Santé et économie en Europe*, PUF, Que sais-je ?, 2001, 126p.
121. **Ph. Malaurie, L. Aynès**, *Droit civil, les obligations*, 5e édition, Defrenois, Paris, 2011, 684p.
122. **S. Mappa**, *Pouvoirs traditionnels et pouvoirs d'Etat en Afrique, l'illusion universaliste*, Karthala, Paris, 1998, 204p.
123. **L. Marino**, *Droit de la propriété intellectuelle*, PUF, Paris, 2013, 425p.

124. **C. Maurain, M. Bélanger** (dir.), *Droit pharmaceutique*, LITEC, Paris, tome I, fascicule 3.
125. **J.-P. Ménard, D. Martin**, *La responsabilité médicale pour la faute d'autrui*, Les Éditions Yvon Blais, Cowansville, 1992, 141p.
126. **A. Mendoza-Caminade**, *Droit de la distribution*, Montchrestien, Paris, 2011, 295p.
127. **J. Mestre** (dir.), *Recueil d'étude sur l'OHADA et l'UEMOA,* PUAM, Aix-en-Provence, 2011, 690p.
128. **Ph. Meyer**, *La révolution des médicaments : mythes et réalités*, Ed. Fayard, 1984, 377p.
129. **I. Moine-Dupuis**, *Le médicament et la personne, aspects de droit international*, LITEC, Paris, 2007, 500p.
130. **S. Montchaud, J.-P. Gassend,** *Santé et développement*, Lavoisier, Paris, 2009, 368p.
131. **S.-P. E. Mvone-Ndong**, *Réflexions sur la philosophie du médicament et du soin. La rationalité des remèdes traditionnels*, L'Harmattan, Paris, 2011, 151p.
132. **T. Olawale Elias**, *La nature du droit coutumier africain*, Présence africaine, Paris, 1961, 325p.
133. **S. Ossipow, S. Aeschbach, N. Eggert**, *Mourir de soif auprès de la fontaine : une éthique de l'accès aux médicaments dans les pays pauvres*, Labor et Fides, Genève, 2010, 223p.
134. **Y. Parès,** *La médecine africaine, une efficacité étonnante : témoigne d'une pionnière*, éditions Yves Michel, Barret-sur-Méouge, 2004, 221p.
135. **H. Pequignot**, *Médecine et monde moderne*, Edition de Minuit, Paris, 1953, 163p.
136. **P. Peretti-Watel, J.-P. Moatti**, *Le principe de prévention : le culte de la santé et ses dérives*, Edition du Seuil, Paris, 2009, 103p.
137. **P. Pignarre**, *Le grand secret de l'industrie pharmaceutique*, La Découverte, Paris, 2003, 178p.
138. **P. Pignarre**, *Qu'est-ce qu'un médicament ? Un objet étrange, entre science, marché et société*, La découverte, Paris, 1997, 232p.
139. **Y. Plasseraud, F. Sauvignon**, *Paris 1883 : genèse du droit unioniste des brevets*, LITEC, Paris, 1983, 459p.

140. **F. Prévet**, *Les Statuts et Règlements des apothicaires. Textes intégraux accompagnés de notes critiques*, tome IV, Sirey, Paris, 1950, 987p.
141. **B. Remiche** (dir.), *Brevet, innovation et intérêt général*, Larcier, Bruxelles, 2007, 608p.
142. **B. Remiche et J. Kors** (dir.), *L'Accord ADPIC : dix ans après, regards croisés Europe-Amérique latine*, actes du séminaire de Buenos Aires, Larcier, Bruxelles, 2007, 560p.
143. **G. Ripert**, *Les forces créatrices du droit*, LGDJ, Paris, 1955, 431 p.
144. **J.-A. Robert, A. Regniault**, *Médicaments : les règles du jeu*, Lavoisier, Paris, 2010, 153p.
145. **Robin-Hivert, G.-H. Soutou** (dir.), *L'Afrique indépendante dans le système international*, Presse de l'Université Paris-Sorbonne, 2012, 284p.
146. **P. Roubier**, *Théorie générale du droit*, Dalloz, Paris, 2005, 334p.
147. **R. Sacco**, *Le droit africain, anthropologie et droit positif*, Dalloz, Paris, 2009, 566p.
148. **J. Schmidt-Szalewski, J.-L. Pierre**, *Droit de la propriété industrielle*, 3e édition, LITEC, Paris, 2003, 694p.
149. **J-C. Scotti**, *La responsabilité juridique du cadre de santé*, Lamarre, Paris, 2007, 208p.
150. **J.-M. Simon**, *Evaluation économique du médicament*, Eska, Paris, 2001, 272p.
151. **S. Simon**, *Les 10 plus grands mensonges sur les médicaments*, Dangles, Labège, 2007, 178p.
152. **S. Simon**, *Exercice illégal de la guérison*, Marco Pietteur, Embourg, 2002, 255p.
153. **V. Shiva**, *La biopiraterie ou le pillage de la nature et de la connaissance* Alias, Paris, 2002, 165p.
154. **G. Steiner**, *Les livres que je n'ai pas écrits*, Gallimard, 2008, 287p.
155. **Syndicat National de l'Industrie Pharmaceutique**, *Droit communautaire et médicaments*, John Libbey, Paris, 1996, 167p.
156. **Syndicat National de l'Industrie Pharmaceutique,** *Politique du médicament dans les pays d'Afrique francophone : conséquences de la dévaluation du franc CFA,*

Actes du séminaire de la communauté francophone de la santé des 29 et 30 avril 1994, John Libbey, Paris, 1994, 151p.
157. **D. Tabuteau**, *La sécurité sanitaire*, Berger-Levrault, Paris, 1994, 151p.
158. **P.-A. Taguieff**, *Le sens du progrès, une approche historique et philosophique*, Flammarion, Paris, 2004, 437p.
159. **V. Thébault** (dir.), *Géopolitique de l'Afrique et du moyen orient*, Nathan, Paris, 2012, 351p.
160. **S. Thiam**, *Introduction historique au droit en Afrique*, L'Harmattan, Paris, 2011, 200p.
161. **M. Tisseyre-Berry, G. Vialla**, *Législation et déontologie de l'industrie pharmaceutique,* 2e édition, Masson, Paris, 1984, 372p.
162. **D. Truchet**, *Droit administratif*, 3e édition, PUF, Paris, 2010, 462p.
163. **D. Truchet**, *Droit de la santé publique*, Dalloz, Paris, 2009, 270p.
164. **Ph. Urfalino**, *Le grand méchant loup pharmaceutique,* Les éditions Textuel, Paris, 2005, 119p.
165. **J. Vanderlinden**, *Les systèmes juridiques africains*, Que sais-je ?, PUF, Paris, 1983, 127p.
166. **G. Velásquez,** *Pour une politique du médicament : l'expérience du Mozambique*, L'Harmattan, Paris, 1985, 94p.
167. **G. Velásquez**, *L'industrie du médicament et le tiers monde*, L'Harmattan, Paris, 1983, 207p.
168. **G. Velásquez**, **C. Correa**, *L'accès aux médicaments : entre le droit à la santé et les nouvelles règles de commerce international*, L'Harmattan, Paris, 2009, 185p.
169. **F. Vialla** (dir.), *Les grandes décisions du droit médical*, LGDJ, Paris, 2009, 664p.
170. **M. Vivant** (dir.), *Propriété intellectuelle et mondialisation. La propriété intellectuelle est-elle une marchandise ?*, Dalloz, Paris, 2004, 185p.
171. **M. Vivant**, *Juge et loi du brevet*, LITEC, Paris, 1977, 436p.

3. Articles

1. **Ph. Abecassis, N. Coutinet**, « Caractéristiques du marché des médicaments et stratégies des firmes pharmaceutiques », *Horizons stratégiques*, 2008/1 n° 7, pp. 111-139.

2. **L. Abenhaim**, « Information et crise », *Les Tribunes de la santé*, n°9, avril 2005, pp.27-33.
3. **B. K. Alonou**, « Assistance médicale indigène : action humanitaire ou œuvre utilitaire ? », *Revue du CAMES*, nouvelle série B, VOL 007, n°1, 2006, pp.165-175.
4. **P. Arhel**, « Application du droit de la concurrence dans le secteur de la santé publique », *LPA*, 12 juin 2009, n°117, p.7.
5. **P. Arhel**, « Propriété intellectuelle : approche bilatérale des États-Unis en faveur d'un meilleur accès à la santé publique », *LPA*, 26 mars 2009 n°61, pp.4-7.
6. **P. Arhel**, Abus de position dominante visant à retarder l'apparition d'un générique, *RLC* 2008/15, n° 1052, pp.14-18.
7. **A. J. Arnaud**, « Le médium et le savant », in L'interprétation dans le droit, *Archives de Philosophie du droit*, tome 17, 1972, pp.165-181.
8. **M. Aulois-Griot**, « La mise sur le marché des médicaments à usage pédiatrique dans l'Union Européenne : entre incitation et obligation pour l'industrie pharmaceutique », *Médecine et Droit*, 2008, pp. 114-120.
9. **J. Azema**, « L'abus dans l'obtention du droit de brevet : l'exemple des médicaments génériques », *Propriété industrielle*, octobre 2010, pp.33-35.
10. **A. Ba, J-Y. Videau**, « La qualité des produits de santé à destination du tiers monde », *AMIPS Info*, n°68, 1er et 2e trimestre 2004, pp.50-57.
11. **V. Bach**, « Réflexions sur le problème du fondement de la responsabilité civile en droit français », *RTD civ.*1977, p.17.
12. J.-M. Bader, « Des médicaments pour quelles maladies ? », *Les Tribunes de la santé*, 2005/1, n° 6, pp. 57-63.
13. **P. Barthélemy**, « La professionnalisation des africaines en AOF (1920-1960) », *Revue d'Histoire*, 2002/3, n°75, p.36.
14. **C. Baxerres**, « Pourquoi un marché informel du médicament dans les pays francophones d'Afrique », *Politique Africaine*, n°123, octobre 2011, pp. 117-136.
15. **C. Becker, R. Collignon**, « Epidémies et médecine coloniale en Afrique de l'Ouest », *Cahier Santé*, 1998, Vol 8, pp.411-416.
16. **I. Bernier** « Souveraineté et interdépendance dans le nouvel ordre économique international », *Études internationales*, vol. 9, n° 3, 1978, p. 361-382.

17. **J.-C. Berthélemy, J. Seban**, « Dépenses de santé et équité dans l'accès aux services de santé dans les pays en développement », *Revue d'économie du développement*, 2009/1 Vol. 23, pp. 33-71.
18. **P. Blaise, B. Dujardin, X. De Béthune, D. Vanderbergh**, « Les centrales d'achats de médicaments essentiels : une priorité pour les systèmes de santé des pays en développement », *Cahier Santé*, 1998, n°8, pp. 217- 226.
19. **B. Boidin**, « La santé : approche par les biens publics mondiaux ou par les droits humains ? », *Mondes en développement*, 2005/3 n° 131, pp.29-44.
20. **B. Boidin**, « Droit à la santé et coopération internationale : les déficiences institutionnelles », *Monde et Développement*, Vol 33, 2005/1, n°129, pp.75-92.
21. **L. Boisson de Chazournes, M. Mbengue**, « La déclaration de Doha de la conférence ministérielle de l'OMC et sa portée dans les relations commerce/environnement », *RGDIP*, Vol.106, n°4, 2002, pp.855-892.
22. **C. Bonah, J.-P. Gaudillière**, « Faute, accident ou risque iatrogène ? La régulation des événements indésirables du médicament à l'aune des affaires Stalinon et Distilbène », *RFAS*, 2007/3 n°s 3-4, pp.123-151.
23. **E. Bonetti**, « L'impuissance et son traitement. Comment le médicament modifie la définition de la maladie », *Annales. Histoire, Sciences Sociales*, 2007/2, pp.327-351.
24. **F. Bourguignon**, « Le pouvoir des organisations internationales sur le développement : illusion ou réalité ? », *Revue de Sciences humaines*, 2011, pp.247-265.
25. **J.-P. Bouteille**, « Médicament par présentation et monopole pharmaceutique », *Act. Pharm.*, n°235, septembre 1986, pp.94-96.
26. **L. Boy**, « Quel droit de la concurrence pour l'Afrique francophone subsaharienne ? », *RIDE*, 2011/3 t.XXV, p. 263-280.
27. **J. Brunet- Jaily**, « Santé : une occasion manquée ? Le Mali et l'initiative de Bamako », *Afrique contemporain*, n°161, 1991, pp.3-18.
28. **J. Calvo**, « La responsabilité du fait des effets secondaires des produits de santé », *LPA*, 16 février 1999 n°33, p. 14.

29. **J. Calvo**, « La notion de médicament en droit communautaire », *LPA* n° 85, 17 juillet1987, p. 3.
30. **M-D. Campion, G. Vialla,** «Vers la libre circulation des médicaments en Europe », *RDSS* 1994, p.80.
31. **J. Carbonnier**, « Effectivité et inefficacité de la règle de droit », *L'année sociologique*, 1957-1958, pp.3-7.
32. **M. Cassier**, « Brevets pharmaceutiques et santé publique en France : opposition et dispositifs spécifiques d'appropriation des médicaments entre 1791 et 2004 », *Entreprise et Histoire*, 2004/2 n° 36, pp.29-47.
33. **A. Catherine, M. Couturier**, « Avant-propos », in Santé et droit, *RGDM*, n° Spécial, 2010, pp.7-10.
34. **F. Chaltiel**, « La libre circulation des médicaments : développements récents », *LPA*, 27 octobre 2005, n°214, pp.11-18.
35. **S. Chauveau**, « Enjeux, médicament et société en France au 20e siècle », *Revue d'histoire,* n°73, janvier- mars 2002, p.169.
36. **M-C. Chemtob-Concé,** « Réflexions sur l'amélioration de la protection industrielle pour les médicaments », *Revue de Propriété industrielle*, n°3, mars 2010, pp 17-21.
37. **M-C. Chemtob-Concé**, « Accès aux médicaments essentiels des pays en développement et respect du droit des brevets : un changement de position en faveur du droit à la santé », *Gaz. Pal.*, 23 décembre 2004, n°358, p.2.
38. **C. Chéron, E. Fouassier,** « Accès des Pays en voie de développement aux médicaments : vers une flexibilité juridique du droit des brevets ? », *Médecine et droit*, 2009, pp. 74-80.
39. **C. Chippaux**, « Le service de santé pendant les opérations menées en outre-mer de 1870-1970 », *Revue historique de l'armée*, n°1, 1972, p.14-25.
40. **S. Cohu, D. Lequet-Slama, D. Raynaud**, « La régulation du médicament au Royaume-Uni », *RFAS* n°s 3-4, 2007, p.257-277.
41. **J-P. Colleyn**, « l'alliance, le dieu, l'objet », *L'homme*, 2004/2, n°170, 61-78.
42. **E. Combe, H. Haug**, « La guerre entre génériqueurs et laboratoires : Quelques nouvelles du front », *RDC*, n°4-2006, pp.166-173.

43. **B. Coriat**, « Propriété intellectuelle et concurrence dans la production de médicaments. Le cas des antirétroviraux », *Les Tribunes de la santé*, n°15, 2007, pp. 55-61.
44. **S.O. Coulibaly, M. Keita**, « Economie de la santé au Mali », *Cahier Santé*, 1996, n°6, p.353-359.
45. **B. Cristau, G. Viala**, « La vitamine C est-elle un médicament ? A propos d'un arrêt de l'assemblée plénière de la Cour de Cassation du 6 mars 1992 », *LPA*, n°57, 11 mai 1992, pp.9-16.
46. **D. Cristol**, « La responsabilité des autorités nationales et communautaires relative au contrôle de la mise sur le marché des médicaments », *RDSS* 2004, pp.132-147.
47. **A. De Groot**, « Les médicaments non utilisés et les pays en développement : réalité de terrain », *Cahier Santé*, Vol 15, n°2, avril-mai-juin 2005, pp.125-127.
48. **O. Debarge**, « La distribution au détail du médicament au sein de l'Union Européenne : un croisement entre santé et commerce, la délimitation des règles appliquées à l'exploitation des officines », *RIDE*, 2011/2, pp.193-238.
49. **D. Degroote, L. Benaiche, M-D. Campion**, « Allégations santé et définition du médicament : quelle frontière ? », *Bulletin de l'Ordre des pharmaciens*, n°378, avril 2003, pp. 69-77.
50. **P. Delaveau**, « Précieux allié de la santé : le médicament », *Revue d'histoire de la pharmacie*, supplément au n°306, 1995, pp.31-42.
51. **X. Deroy**, « Le secteur pharmaceutique et l'histoire du contrôle de l'innovation », *Revue française de gestion*, 2008/8 n° 188-189.
52. **B. Diallo**, « Les crimes rituels au Sénégal », *EDJA*, n° 10, décembre 1988, pp.4-13.
53. **G. Dillemann**, « Les problèmes posés par l'application pratique de l'article L.511 du Code de la santé publique aux aliments diététiques », *JCP.*, 1974, I, 2624.
54. **M. Diouf et al.**, « Pharmacovigilance chez les chirurgiens-dentistes : enquête dans la région de Dakar, Sénégal », *Santé Publique*, 2013/1 Vol. 25, pp. 69-76.
55. **H. Dontenwille**, « Le médicament à l'épreuve de l'Europe », *Recueil Dalloz*, 1992, p.305.

56. **J.-C. Dousset**, « La part de l'inattendu dans la recherche pharmaceutique », *Revue d'histoire de la pharmacie*, n°338, 2° trimestre 2003, pp.191-196.
57. **J-P. Dozon**, « Ce que valoriser la médecine traditionnelle veut dire », *Politique Africaine*, n°28, 1987, pp.9-20.
58. **G. Duflos, E. Pfister**, « Les déterminants des fusions-acquisitions : le cas de l'industrie pharmaceutique », *Revue économique*, 2007/3 Vol. 58, p. 577-586.
59. **F. Eboko**, « Le droit contre la morale ? L'accès aux médicaments contre le sida en Afrique », *RISS*, 2005, n°186, pp.789-798.
60. **B. Edelman**, « Expérimentation sur l'homme : une loi sacrificielle », *La Recherche*, Vol.22, n°235, Septembre 1991, pp. 1056-1065.
61. **E. Eucalyptus**, « L'innovation en trompe-l'œil », *Les Tribunes de la santé*, 2004/1 n° 2, pp.87-92.
62. **S. Fainzang**, « Secret et mensonge dans le discours médical », *Cités*, 2006/2 n° 26, pp. 27-36.
63. **D. Fassin**, « La vente illicite de médicament au Sénégal : économies parallèles, Etat et société », *Politique Africaine*, 1986, n°23, pp.123-130.
64. **G. Federmann**, « En amont de l'humanitairerie », *Sud/Nord*, 2002/2, n° 17, pp.69-78.
65. **J.-L. Fourgoux**, « Santé et concurrence, un traitement spécifique ? », *Gaz. Pal.,* 14 mars 2000 n°74, p. 47.
66. **M.-A. Frison-Roche**, « Le droit de la régulation », *Dalloz.* 2001, p.610.
67. **M. Garenne, E. Gakusi, A. Lery**, « La transition sanitaire en Afrique subsaharienne », *adsp* n° 30 mars 2000, pp. 26-30.
68. **E. Gastinel**, « La procédure centralisée du droit communautaire d'autorisation de mise sur le marché des médicaments », *RTD Eur*, 1997, p.429.
69. **J.-P. Gaudillière**, « Une marchandise scientifique ? » Savoirs, industrie et régulation du médicament dans l'Allemagne des années trente, *Annales. Histoire, Sciences Sociales*, 2010/1 65e année, p. 89-120.
70. **D. Gobbers**, « L'organisation du système de santé en Afrique de l'Ouest *», adsp* n°30, mars 2000, pp.35-43.
71. **N. grandfils, V. Paris, C. Sermet**, « Les laboratoires pharmaceutiques face à l'arrivée des génériques : quelles

stratégies pour quels effets ? », *Bulletin d'information en économie de la santé*, n°84, octobre 2004, pp.1-8.
72. **T. Gründler**, « Le service public de la santé ou la rencontre entre le marché et l'intérêt général », *RGDM*, n°44, septembre 2012, pp.49-58.
73. **E.-J. Guillot** « Réflexions sur les coutumes de droit privé en Afrique noire et à Madagascar », *RIDC*, 1952, Volume 4, n°3, pp.419-440.
74. **A. Haroche**, « Les médicaments non utilisés ne seront plus utilisés », *Actualités Pharmaceutiques*, n°477, septembre 2008, p. 6.
75. **B. Hauray**, « Les laboratoires pharmaceutiques et la construction d'une régulation européenne des médicaments », *RFAS*, 2007/3 n°s 3-4, pp.235-256.
76. **A Helali**, «Une pharmacovigilance au service de la santé publique», *Revue ReMed*, n°43, avril 2010, p 3.
77. **L. Hengehold**, « Sorcellerie, subjectivation et souveraineté : Foucault au Cameroun », *Cahiers Sens public*, 2009/2 n° 10, pp.97-111.
78. **S. Hohmann**, « Instrumentalisation politique de la médecine traditionnelle », *Le Courrier des pays de l'est*, 2008/3, n°1067, pp.24-27.
79. **Ph. Hugon**, « Nouveaux défis économiques et financiers en Afrique subsaharienne », *RIS*, 2002/2 n° 46, p. 107-118.
80. **J.P. Ibiassi**, « Enquête sur les publicités pharmaceutiques au niveau d'une officine au Congo Brazzaville », *Med Trop* 2006, n°66, pp.581-582.
81. **P. Jourdain**, « Petit problème de causalité : à propos de la prescription et de la délivrance des médicaments », *RTD Civ.* 2011, p.135.
82. **G. Koubi**, « Réflexions sur la gratuité dans le droit de la santé », *RDSS* 1999, pp.1-11.
83. **G. Koubi**, « Le médicament devant le juge administratif : emballage juridique ou produit scientifique ? », *AJDA*, 1991, pp.420-431.
84. **R. Labonte, M.-C. Lamarre**, « Du marché mondial au village planétaire. Libre-échange, santé et Organisation mondiale du commerce », *Santé Publique*, 2003/3 Vol. 15, pp. 267-281.

85. **G. Lachenal**, « Le médecin qui voulut être roi : médecine coloniale et utopie au Cameroun », *Annale. Histoire, Sciences Sociales*, 2010/1, p.121-156.
86. **O. Lafont**, « L'évolution de la législation pharmaceutique : des origines à la loi Germinal an XI », *Revue d'Histoire de la pharmacie*, n°339, 2003, pp.361-376.
87. **L. Lamothe**, « Accès aux médicaments et accès aux services de santé : deux composantes d'une même réalité », *Gestion*, 2002/2, Vol.27, pp.12-13.
88. **S. Lapointe**, « L'histoire des brevets », *Les Cahiers de la propriété intellectuelle*, vol.12, n°3, 2000, pp.633-651.
89. **P. Lascoumes, E. Serverin**, « Théories et pratiques de l'effectivité du droit », *Droit et société,* n°2, 1986, pp. 101-123.
90. **A. Laude**, « La loi du 29 décembre 2011 sur le médicament : quels sont les enjeux ? », *Recueil Dalloz* 2012, p.272.
91. **A. Laude**, « AMM. Décision de retrait. Contrôle juridictionnel », *RDSS*, 1999, p. 730.
92. **C. Le Goffic**, « Les faux médicaments, au carrefour de la propriété industrielle et de la santé publique », *Gaz. Pal.*, 15 janvier 2011, n°15, p. 14.
93. **M. Lévy**, « Rôle du pharmacien dans la distribution des produits de mieux-être », *Mon. pharm.*, n°1067, p.251.
94. **P.C. Lloyd**, « The integration of the new Economic classes into local Government in Western Nigeria», *African Affairs*, October 1953, Vol.52, n°209, pp. 327-334.
95. **F. Locher, V. Siranyan, O. Rollux**, « Le circuit de distribution des médicaments : une évolution inéluctable ? », *Gaz. Pal.*, 4 novembre 2008, n°309, pp.2-9.
96. **M. Mann**, « Impérialisme économique et impérialisme militaire américains. Un renforcement mutuel », *Actes de la recherche en sciences sociales*, 2008/ 1-2, pp. 20-39.
97. **G. Marc**, « La concurrence en économie de la santé : une liaison difficile mais légitime », *Les Tribunes de la santé*, 2007/2 n° 15, pp. 23-29.
98. **P. Mariella et C. Alice**, « De l'humanitaire imparfait », *Ethnologie française*, 2011/3, Vol 41, pp. 465-472.
99. **C. Mascret**, « La collecte des médicaments non utilisés dorénavant encadrés », *Actualités pharmaceutiques* n°493, février 2010, pp. 56- 57.

100. **C. Mascret**, « Le principe de libre circulation des biens appliqué au médicament à usage humain dans le cadre de la procédure d'autorisation de mise sur le marché fondé sur la reconnaissance mutuelle entre Etats membres », *Médecine et Droit*, 2009, pp. 62-67.
101. **N.-J. Mazen, Q. Azou Goyema**, « La démarche éthique à l'aune de l'« arbre à palabre » », *RGDM*, n°43, juin 2012, pp.303-318.
102. **D. Mbassa Menick**, « La religiosité thérapeutique en Afrique noire, une piste pour une nouvelle forme d'assistance médicale et psychiatrique », *Perspective Psy*, 2010/4, vol 49, pp.339-356.
103. **J. Mbosso**, « La jurisprudence et la diffusion du droit, facteurs de réussite de l'OHADA en faveurs des justices nationales », *Revue Camerounaise de l'Arbitrage*, n°31, 2005, pp.3-9.
104. **F. Mégerlin**, « L'opinion pharmaceutique, une révolution à l'officine», *RDSS* 1998, p. 665.
105. **G. Mémeteau**, « De quelques droits sur l'homme commentaire de la loi du 20 décembre 1988 relative à la protection des personnes qui se prêtent à des recherches biomédicales », *Recueil Dalloz* 1990, p.165.
106. **S. Mesbah,** « Entre accès aux médicaments et propriété intellectuelle : les défis de l'Algérie à l'heure de la mondialisation », *revue REMED*, n°42, janvier 2010, pp. 3-7.
107. **P. Métardier**, « Evolution de la notion de médicament », *Bull. Ordre pharm.*, n°235, juillet-août 1980, p.1143.
108. **C. Mfuka**, « Accords ADPIC et brevets pharmaceutiques. Le difficile accès des pays en voie de développement aux médicaments antisida », *Revue d'économie industrielle*, n°99, pp.191-214.
109. **C. Micas**, « Vers une baisse des prix et des volumes : attention à la marge », *Le quotidien du Pharmacien*, n°2849, 30 juin 2011, p.2.
110. **G. Millot**, *« Le médicament essentiel en Afrique : pour une vision globale », Med Trop* 2006, n°66, pp. 558-564.
111. **L. Monnais**, « Paradoxes d'une médicalisation coloniale : la professionnalisation du « médecin indochinois »

au XXe siècle », *Actes de la recherche en science sociales*, 2002/3, n°143, pp.36-43.
112. **B. Mor**, « Perspectives africaines d'une politique de la concurrence dans l'espace OHADA », *RIDE*, 2011/3 t.XXV, pp. 351-378.
113. **B. Mor**, «Cohérence institutionnelle et effectivité d'une politique régionale de la concurrence : le cas de l'Union Économique et Monétaire Ouest-Africaine (UEMOA) », *RIDE*, 2011/3 t.XXV, pp.305-332.
114. **J. Morenas**, « Une police internationale du médicament », *Les tribunes de la Santé*, 2007/4, n°17, pp.47-53.
115. **J. Morisson**, « Evaluation du médicament. « Value for money »», *Pharmaceutique*, novembre 2008, pp.24-27.
116. **R. Moynihan, R. Smith**, « Too Much Medecine ? », *BMJ*, n°324, 2002, pp. 859-860.
117. **O. P. Mulangu**, « Stratégie d'achat et politiques d'assurance qualité de la Fédération des Centrales d'Approvisionnement en Médicaments Essentiels (FEDE-CAME), en République Démocratique du Congo », *Revue REMED*, n°42 janvier 2010, pp.14-17.
118. **M. Ngom**, « Intégration régionale et politique de la concurrence dans l'espace CEDEAO », *RIDE*, 2011/3 t.XXV, pp. 333-349.
119. **E. Nouguez**, « La définition des médicaments génériques, entre enjeux thérapeutiques et économiques : L'exemple du marché français des inhibiteurs de la pompe à protons », *RFAS* n^{os}, 3-4, 2007, pp.99-121.
120. **B. Oppetit**, « De la codification », *Recueil Dalloz*, 1996, chron, p.33.
121. **B. Oppetit**, « L'expérience française de codification en matière commerciale », *Rec. Dalloz*, 1990, chron, pp.1-6.
122. **A. Ouattara**, « Achat de médicaments de la rue en Afrique : essai de compréhension d'un comportement «irrationnel » », *Market Management*, 2009/1 Vol. 9, pp. 59-73.
123. **B. Oumarou**, « La conditionnalité, vecteur juridique de l'assistance financière du FMI au Cameroun », *Revue Afrilex*, n°4, pp, 132-149.

124. **V. Parel**, « L'imprécise figure du consommateur de médicament », *Mouvements*, 2004/2, n°32, pp.17-19.
125. **J. Peigné,** « La promotion des médicaments génériques à l'épreuve du droit des marques », Gaz. Pal., 15 janvier 2011, n°15, p.8-14.
126. **Y. Petit,** « La notion de médicament en droit communautaire », *RDSS* 1992, p.571.
127. **J. Pinel**, « Les nouvelles frontières de la santé, génériques, contrefaçon, qualité : quels médicaments pour les pays en voie de développement ?», *Les Tribunes de la Santé,* 2005, pp. 49-55.
128. **J. Pstorck**, « La définition du médicament en droit communautaire européen : le monopole conféré aux pharmaciens d'officine pour la distribution de médicaments peut-elle constitué une entrave au commerce intra communautaire ? », *Dalloz*, 1993, p.136.
129. **F. Rangeon**, « Réflexions sur l'effectivité du droit », *Les usages sociaux du droit*, pp. 125-149.
130. **N. Raynaud de Lage**, « La notoriété », *Recueil Dalloz* 2000, p. 513.
131. **B. Remiche**, « Révolution technologique, mondialisation et droit des brevets », *RIDE* n°1, 2002, p.83-124.
132. **M.-H. Renaut**, « De la corporation d'apothicaires à l'Ordre des pharmaciens : un monopole dénoncé, la pharmacie d'officine », *RDSS*, 1997 p. 737.
133. **V. Ridde**, « Politique publique de santé, logiques d'acteurs et ordre négocié au Burkina Faso », *Cahiers d'études africaines*, 2011/1, n°201, p.115-143.
134. **V. Ridde**, « L'accès des indigents aux services de santé au Burkina Faso : un problème public ? », *Lien social et politique,* n°55, 2006, pp. 149-163.
135. **V. Ridde, A. Nitièma, M. Dadjoari**, « Améliorer l'accessibilité des médicaments essentiels génériques aux populations d'une région sanitaire du Burkina Faso », *Cahiers Santé*, vol. 15, n° 3, juillet-août-septembre 2005, pp.175-182.
136. **A. Robine**, « Transfert de technologie et accès aux médicaments contre le sida par les pays en développement – Quelques éléments de réflexion sur les ressources du contrat », *RDC*, 01 janvier 2009 n°1, p. 239.

137. **E. Rosny**, « Justice et sorcellerie en Afrique », *Etude*, 2005/9, pp.171-181.
138. **G. Rousset**, « Publicité, médicaments et monopole : le débat est lancé », *Recueil Dalloz* 2008 p. 1964.
139. **R. Sacco**, « Le droit muet », *RTD Civ.*, 1995, pp.783-796.
140. **T. M. Sanou**, « L'agenda de l'OMPI pour le développement : vers une réforme de la propriété intellectuelle ? », *RIDE*, 2009/2, pp. 175-218.
141. **F. Sauer**, « L'expertise pharmaceutique en question », *Santé Publique*, 2012/1 Vol. 24, pp.63-68.
142. **J. Savatier**, « Défense et illustration du droit médical », *Arch. Phil. Dr.*,1954-1955, p.123-142.
143. **R. Savatier**, « Attribut essentiel de l'état des personnes : la santé humaine », *D.* 1958, chr. p.95.
144. **J. Schmidt-Szalewski**, « Propriétés intellectuelles : chronique de législation », *RTD Eur*, 2007, pp. 347-359.
145. **D. Senghor**, « Le droit à la santé pour qui ? », *Famille et Développement*, octobre-novembre-décembre 1980, pp. 23-49.
146. **E. Sergheraert**, « Lutte contre la contrefaçon de médicaments : première analyse de la consultation de la Commission européenne sur la future directive communautaire », *Recueil Dalloz* 2009, pp. 515-518.
147. **J.-M. Severino**, « Refonder l'aide au développement au XXIe siècle », *Critique Internationale*, 2001/1, n°10, pp.75-99.
148. **J.-M. Severino, O. Ray**, « La fin de l'aide publique au développement : les enjeux de l'action hypercollective », *Revue d'Economie du Développement*, n°2, juin 2012, pp.83-142.
149. **J.-M. Siroën**, « L'OMC et les négociations commerciales multilatérales », *Négociations*, 2007/1, n° 7, pp. 7-22.
150. **J.-M. Siroën**, « L'unilatéralisme des Etats-Unis », *Annuaire français des relations internationales*, 2000, vol.1, pp. 570-582.
151. **S. Sur**, « L'humanitaire aux 1000 visages », *Questions Internationales* n°56, juillet-août 2012, p.4.

152. **I. Surun**, « L'exploration de l'Afrique au XIXe siècle : une histoire précoloniale au regard des postcolonial studies », *Revue d'histoire du XIXe siècle*, n°32, 2006, pp.21-39.
153. **S. Thiam**, « Santé et discrimination : l'exemple du Sénégal », *Les cahiers de droit de la santé du Sud-est*, n°11, 2010.
154. **D. Thierry,** « La fin du recyclage humanitaire de médicaments non utilisés », *RDSS* 2009, pp.707-718.
155. **J. Tirole**, «Quelles finalités pour les propriétés intellectuelles ?», *LPA*, 19 mai 2005 n°99, p. 67.
156. **S. Tizio, Y.-A. Flori**, « L'initiative de Bamako : santé pour tous ou maladie pour chacun ? », *Tiers-Monde*, 1997, n°152. pp. 837-858.
157. **J-H. Trouvin**, « L'évolution de l'expertise sur le médicament », *Les Tribunes de la santé*, 2010/2, n° 27, pp.61-78.
158. **Ph. Urfalino**, « L'autorisation de mise sur le marché du médicament : une décision administrative à la fois sanitaire et économique », *RFAS*, n°4, octobre-décembre 2001, pp.85-90.
159. **J.P. Vanderlinden**, « Enseigner sans reproduire, innover sans tout détruire : propos hétérodoxes au départ de quelques constats élémentaires », *Revue électronique Afrilex*, n°03/2003.
160. **G. Velásquez**, « Droits de propriété intellectuelle et droits d'accès aux médicaments », *Med Trop* 2006, n°66, pp.526-528.
161. **G. Viala, A. Viandier**, « La vitamine C, médicament ou aliment ? », *Gaz. Pal.*, 25 août 1987, p561.
162. **J.Y. Videau**, « La qualité des médicaments dans les pays les plus défavorisés », *Med Trop*, n°66, 2006, pp.533-537.
163. **M. Vivant**, « La privatisation de l'information par la propriété intellectuelle », *RIDE*, 2006/4, pp.361-388.
164. **M. Vivant**, « L'irrésistible ascension des propriétés intellectuelles ?», in *Mélanges en l'honneur de Christian Mouly*, LITEC, Paris, 1998, pp. 441-455.

4. Thèses et mémoires

1. **C. Beaudouin**, *L'acte de substitution dans le droit pharmaceutique québécois et la responsabilité du*

pharmacien, Essai de maîtrise, Université de Sherbrooke, 1997,60p.
2. **C. Berland-Benhaim,** *Le consentement et la bienfaisance dans la relation médicale*, thèse de doctorat de droit, université Paul Cézanne, Aix-en-Provence, 2007, 495p.
3. **B.M. Bila**, *Genre et médicament : analyse anthropologique dans le contexte du Sida au Burkina Faso*, Thèse de doctorat en anthropologie, Université d'Aix-Marseille, 2011, 353p.
4. **S. Boilat**, *Le commerce électronique de médicament sous l'angle de la santé publique*, Thèse de doctorat en droit, Schulthess Verlag, Zürich, 306p.
5. **T. Bréger**, *L'accès aux médicaments des pays en développement, enjeu d'une rénovation des politiques de développement*, Thèse de doctorat en droit, L'Harmattan, Paris, 2011, 749p.
6. **E. Cadeau**, *Le médicament en droit public*, Thèse de doctorat en droit public, Université de Nantes, L'Harmattan, octobre 2000, 512p.
7. **M. Cirillo,** *La responsabilité civile du producteur de médicaments,* Thèse de droit privé, Université d'Aix-en-Provence, 2007, 404p.
8. **S. Cissé**, *L'offre de soins de santé au Sénégal*, thèse de doctorat en droit, université de Montpellier 1, mars 2012, 458p.
9. **C. Daburon Gracia**, *Le médicament*, thèse de doctorat de droit privé, Université de Toulouse I, Les Etudes Hospitalières, 2001, 569p.
10. **D. Delcourt**, *Recherche sur l'évolution du droit international des brevets de médicaments : vers l'insertion du « modèle européen » de droit pharmaceutique dans le système commercial multilatéral*, Thèse de droit, université Paul Cézanne, PUF, Aix-Marseille, 2010, 497 p.
11. **J. Fipa Nguepjo**, « *Le rôle des juridictions supranationales de la CEMAC et de l'OHADA dans l'intégration des droits communautaires par les Etats membres* », Thèse de droit, université Paris Panthéon-Assas, 2010, 488p.

12. **E. Ghomsi**, *Les bamiléké du Cameroun, essai d'études historiques, des origines à 1920*, thèse de doctorat en histoire, université Paris I Sorbonne, 1972, 447p.
13. **F. Gnessien**, *Réflexions sur les fondements d'une politique sanitaire dans un pays en développement : le Burkina Faso*, Thèse de doctorat en droit, Presse Universitaire de Perpignan, 1996, 290p.
14. **A. Gollock,** *Les implications de l'accord de l'OMC sur les aspects des droits de propriété intellectuelle qui touchent au commerce (ADPIC) sur l'accès aux médicaments en Afrique subsaharienne*, thèse de doctorat en science économique, Université Grenoble II, 476p.
15. **E. Gounot**, *Le principe de l'autonomie de la volonté en droit privé, contribution à l'étude critique de l'individualisme*, thèse université de Dijon, 1912, 470p.
16. **A. Guesmi**, *Le médicament à l'OMC : droit des brevets et enjeux de santé publique*, Thèse de droit, Larcier, Bruxelles, 2011, 652p.
17. **W. Hichri**, *La contribution au bien public : étude théorique et évidence expérimentale*, Thèse de doctorat en Sciences Economiques, Université d'Aix-Marseille III, 2004, 361p.
18. **J. Hurault**, *Le problème de la délivrance des médicaments en France*, Thèse de doctorat en droit, université de Rennes, 1961,295p.
19. **O. Illy**, *L'OMC et le régionalisme : le régionalisme africain*, Thèse de doctorat en droit, Larcier, Bruxelles, 2012, 333p.
20. **D. Jacotot**, *la notion de sécurité sanitaire : contribution à l'étude de l'objet du droit de la santé*, Thèse, Université de Dijon, janvier 1999, 339p.
21. **I. Leonetti**, *Le médicament et le marché : de la disjonction à l'intégration, à travers 3 exemples européens*, thèse de doctorat de droit privé, université d'Aix- Marseille III, 525p.
22. **P. Luthy**, *Enregistrement et contrôle des médicaments sur les marchés des produits pharmaceutique suisse et européen*, thèse de licence et de doctorat, université de Lausanne, les éditions Payot, Lausanne, 1993, 179p.

23. **R. Monné**, *Contribution à l'étude juridique du droit à la santé en Afrique : Réflexions à partir de l'exemple du Burkina Faso*, Thèse de doctorat en droit, Université Bordeaux I, 1994
24. **B. Mukenge**, *Recherche sur le droit africain de la santé,* thèse de doctorat droit de la santé, université de Lille 3, 1991, 456p.
25. **N. Nao,** *Etude des actes pharmaceutiques au Burkina Faso : Evaluation des les officines privées de Ouagadougou,* Thèse de pharmacie, Université de Ouagadougou, 1999, 145p.
26. **S. Nsangou**, *Guerre, pouvoir et société dans le royaume Bamum*, Mémoire de DIPES II, Université de Yaoundé I, 1993.
27. **C. Paasche**, *La diffusion de l'innovation et les transferts internationaux de technologie dans le secteur pharmaceutique*, Thèse de droit de la santé, Université Lille 3, 1993, 515 p.
28. **F. Pasnik**, *Mimétisme sanitaire : frein au développement : les pays francophones d'Afrique de l'ouest*. Thèse de doctorat, Université Paris 1, 1991, 378 p.
29. **S. Salifou,** *Recherche sur la réglementation de la médecine traditionnelle en Afrique noire,* thèse de doctorat en droit de la santé, Université de Bordeaux IV, 1997, 417p.
30. **A.Y.Sarr**, *L'intégration juridique dans l'union économique et monétaire ouest africaine (UEMOA) et dans l'Organisation pour l'Harmonisation du Droit des Affaires en Afrique (OHADA),* PUAM, Aix-en-Provence, 2008, 654p.
31. **C. Schaegis**, P*rogrès scientifique et responsabilité administrative*, Thèse de doctorat en droit, Editions du CNRS, Paris, 1998, 304p.
32. **D. Senac**, *De la brevetabilité du produit pharmaceutique, étude de législation comparée*, Thèse de doctorat en droit, Université de Paris, thèse éditée aux éditions Domat-Montchrestien, 1943, 175p.
33. **A. Thiam**, *L'offre de soin et la responsabilité médicale : l'exemple du Sénégal*, Thèse de droit, Université de Montpellier, décembre 2010, 288p.

34. **S. Thiam**, *Les indigènes paysans entre maisons de commerce et administration coloniale : pratiques et institutions de crédit au Sénégal (1840-1940)*, thèse de droit, PUAM, Aix-en-Provence, 2007, 498p.
35. **N. Tousignant**, *Remède colonial, remède national : L'Etat et la circulation des médicaments pharmaceutiques au Sénégal, 1926-1970*, Thèse département d'histoire, université de Montréal, 2008.
36. S. **Tsinkou Tambo**, *La déontologie des professions médicales en Afrique noire francophone : analyse de l'émergence d'une déontologie médicale de fait*, thèse de doctorat en droit de la santé, université Paul Cézanne, Aix-en-Provence, 2010, 406p.
37. **E. Yededji**, *Les structures sanitaires du Bénin*, Thèse de doctorat en droit, université d'Aix-en-Provence, 1993, 354p.

5. Rapports, Etudes, avis et documents officiels

1. **Assemblée Nationale**, *Rapport d'enquête parlementaire sur les marchés publics*, Burkina Faso, mars 2012, 115p.
2. **CNUCED,** *Rapport sur le commerce et le développement*, **2011, ONU, New-York, 252p.**
3. **Commission de l'UEMOA**, *Rapport annuel sur le fonctionnement et l'évolution de l'Union (année 2010)*, 22 janvier 2011, 79p
4. **Consortium d'Organisations de Promotion du droit à la Santé au Burkina Faso**, *« Rapport de l'analyse situationnelle du droit à la santé au Burkina Faso »,* Ouagadougou, décembre 2008. Disponible sur le site http://www.phmovement.org/sites/www.phmovement.org/files/RapportDASBurkina_0.pdf
5. **DGPML**, *Rapport synthétique public des deux premières sessions de la Commission Technique d'enregistrement du médicament et autres produits pharmaceutique*, Burkina Faso, 2010, 5 p.
6. **J. Dumoulin, M. Kaddar, G. Velasquez**, *Guide d'analyse économique du circuit du médicament*, OMS, Genève, 2001.
7. **C. Huriet**, *Renforcer la sécurité sanitaire en France*, Rapport fait au nom de la Commission des Affaires sociales du Sénat, Rapport d'information n°196, 1996-1997

8. **Ministère de la Santé du Burkina Faso**, *Profil pharmaceutique du pays*, 2011, 119p
9. **Ministère de la Santé du Burkina Faso**, *Rapport de synthèse d l'inspection pharmaceutique*, 2011, 13p.
10. **Ministère de la Santé du Burkina Faso**, *Mesurer les prix, la disponibilité, l'accessibilité financière et les composante des prix des médicaments au Burkina Faso*, Rapport d'étude, mars 2010, 70 p.
11. **A. Morelle, A.-C. Bensadon, E. Marie**, Enquête sur le Mediator ®, Inspection générale des affaires sociales, janvier 2011, 261p.
12. **C. Nanga, D. Zouré**, *Analyse de la situation démographique du secteur pharmaceutique au Burkina Faso*, Ordre National des Pharmaciens du Burkina Faso, avril 2009, 93 pages.
13. **OMS**, *Référentiel pour l'harmonisation des procédures d'enregistrement des médicaments essentiels génériques dans les pays de la «zone franc» et pays associés*, Ouagadougou, 17 - 19 février 1999, WHO/EDM/DAP/99.2.
14. **OMS**, *Le secteur pharmaceutique privé commercial au Sénégal : Dynamique de développement et effets sur l'accès aux médicaments essentiels*, Genève, 1997,WHO/DAP/97.3
15. **OMS**, *Rapport du comité OMS d'experts sur les politiques pharmaceutiques nationales*, Genève 1995, 96p.
16. **Rapport du Conseil d'Etat français**, *Sécurité juridique et complexité du droit*, La documentation française, n°57, Paris, 2006.

6. Table de jurisprudences

1 : Jurisprudences africaines

- **Avis et décisions des juridictions communautaires**

1. CCJA, 30 avril 2009, affaire Docteur Attoumbre Christophe c/ Société de Distribution Pharmaceutique de la Côte d'Ivoire, arrêt n°030/2009, Recueil de Jurisprudence OHADA n°13, janvier-juin 2009, p.88.
2. CCJA 30 décembre 2008, affaire Dame Rouffai Fatouma c/ Monsieur Fréderic Jean Berthoz, arrêt n° 059/2008, Recueil de Jurisprudence OHADA n° 12, Juillet-Décembre 2008, p. 82.
3. Cour de justice de la CEDEAO, 27 octobre 2008, ECW/CCJ/JUD/06/08.

4. CCJA, avis n°001/2001/EP, 30 avril 2001
5. Cour de Justice de l'UEMOA, avis n°003/2000 du 27 juin 2000, observation de J.I. Sayegh, F.M. Sawadogo, Ohadata. J.02-32.

- **Juridictions suprêmes**

1. C. cass (Maroc), 18 mars 2009, arrêt n°2642 (accessible sur : http://www.juricaf.org/arret/MAROC-COURDECASSATION-20090318-2642412006).
2. C. cass (Sénégal), ch. civ et com, 18 avril 2007, ISRA c/ Assane DIAGNE, arrêt n°38 (http://ww.coursupreme.sn/images/Juris/Civcom/BACS15/BACS15CIV_N38_18_04_2007.pdf).
3. C. cass (Sénégal), ch. pénale, 19 juillet 2005, JULY Serge-COIGNARD Jacqueline- Société Libération SARL c/ Ministère Public, arrêt n°29 (accessible sur : http://www.juricaf.org/arret/SENEGAL-COURDECASSATION-20050719-29).
4. C. sup (Bénin), 17 mars 2005, affaire Kamaldine Moutaïrou c/ Ministre de la santé publique, arrêt n°51/CA.
5. CE (Burkina), ch. du contentieux, 30 janvier 2004, Société C. c/ Etat burkinabé, arrêt n°016/2003-2004 (accessible sur : http://archive-org.com/page/311480/2012-09-24/http://www.juriburkina.org/juriburkina/publication.do?publicationId=175).
6. C. sup (Bénin), 10 avril 2000, affaire Sidick Joachim c/ Conseil National de l'Ordre des pharmaciens du Bénin (http://www.juricaf.org/arret/BENIN-COURSUPREME-20000410-018BISCA)
7. C. sup (Burkina), ch. adm., 08 février 2000, Dame AO c/ Centre Hospitalier National Yalgado de Ouagadougou, arrêt n°017/1999-2000 (accessible sur http://archive-org.com/page/311480/201224/http://www.juriburkina.org/juriburkina/publication.do?publicationId=805).
8. C. cass (Sénégal), ch. sociale, 16 décembre 1997, FLORET Michel c/ DRAME Suzanne, arrêt n°8 (accessible sur : http://www.juricaf.org/arret/SENEGAL-COURDECASSATION-19971216-8).
9. C. sup (Madagascar), ch. adm, 28 mars 1990, affaire Ravelomasy c/Etat Malagasy arrêt n°22/89-ADM (accessible

sur : http://www.juricaf.org/arret/MADAGASCAR-COURSUPREME-19900328-2289ADM).

10. C. sup (Cameroun), 20 février 1975, inédit (cité par V. Kamgoui Kuitche, Contribution à l'étude des aspects juridiques de l'exercice de la médecine traditionnelle : exemple du Cameroun », Thèse de doctorat en droit, 2003, Université Paris XIII, p.256).

- **Cours d'Appel**

1. CA Bobo-Dioulasso, 6 décembre 2006, arrêt n°68 (accessible sur : www.juriburkina.org).
2. CA Niamey, 23 août 2006, affaire dame Omar Félicité c/Pharmacie Biopharm, arrêt n°86, observation B. Talfi. Ohadata J-10-282.
3. CA Bobo-Dioulasso, 18 avril 2005, arrêt n°30, Traité et actes uniformes commentés et annoté, Juriscope, 2012, p.249.
4. CA Niamey, 18 août 2003, Dame Roufai Fatoumata c/Fréderic Jean Berthoz, arrêt n°96, Ohadata-J-04-83.
5. CA Bouaké, 7 février 2001, ASCB c/ Pharmacie N-Gattakro, arrêt n°27, Le juris OHADA n° 2/2002 Avril, mai, juin 2002, p.50
6. CA Ouagadougou, 21 mai 1999, R.B.D. n° 36 – 2ème semestre, pp. 269 et suivants.
7. CA Ouagadougou, 25 mars 1994, R.B.D. n° 29, 1er semestre 1996, p. 140, note Monique Ilboudo.
8. CA Dakar, 18 janvier 1988, Tabara Dia c/ l'Hôpital Principal de Dakar, les Annales africaines 1989-1990, p.240.
9. CA Ouagadougou, 23 janvier 1987, R.B.D. n° 14 - Juillet 1988, p. 405.
10. CA Ouagadougou, 17 juillet 1985, R.B.D. n° 11, janvier 1987, p. 347 à 361, note F.M. Sawadogo.
11. CA Dakar, 10 Mai 1985, veuve Nemer Sabbah c/ Hôpital Principal de Dakar arrêt n°420.
12. CA Dakar, 27 juillet 1984, Demoiselle Diop c / Etat du Sénégal., arrêt n°501
13. CA Dakar, 8 Août 1980, Clinique Hubert contre Dame Alice LEGER arrêt n°368

Juridiction de 1er degré

1. Trib. corr Bobo-Dioulasso, 25 mars 2013, affaire dame DC (issu de nos recherches sur le terrain).

2. Tribunal régional Dakar, 19 mars 2013 affaire Pierre Almeida (issu de nos recherches sur le terrain).
3. Trib. corr Ouagadougou, 6 septembre 2012, affaire Issaka Tassembédo et deux autres (issu de nos recherches sur le terrain).
4. Trib. corr Bobo-Dioulasso, 21 octobre 2011, affaire dame Sita Traoré (issu de nos recherches sur le terrain).
5. Tribunal de travail Bobo-Dioulasso, 12 février 2004, affaire M. T.M C/ Succession du docteur K.K.A, jugement n° 12/04.
6. Tribunal Hors classe de Dakar, 06 Décembre 2000, dame Anne Marie AGBO contre Clinique Casahous jugement n°2003.
7. Trib corr Yaoundé, 12 octobre 1970 (cité par V. Kamgoui Kuitche, Contribution à l'étude des aspects juridiques de l'exercice de la médecine traditionnelle : exemple du Cameroun », Thèse de doctorat en droit, 2003, Université Paris XIII).

2 : Jurisprudences occidentales

- **Cour de Justice de l'Union Européenne**

1. CJCE, 15 novembre 2007, affaire C-319/05, Commission c/République fédérale d'Allemagne
2. CJCE, 14 mars 2006, affaire C-177/04, Commission c /France.
3. CJCE, 25 avril 2002, affaire C-52/00, Commission c/France.
4. CJCE, 3 décembre 1998, affaire. C-368/96, Generic et a
5. CJCE 28 octobre 1992, Officier Van Justitié, D. 1993, p.258, note Chaput.
6. CJCE 15 avril 1991, The Upjohn Company et NV Upjohn contre Farzoo Inc. Et JAWMJ Kormann, aff. C-112/89, Rec .I-1703 sq.
7. CJCE 21 mars 1991, Delattre, Aff. C-369/88 ; Rec. CJCE 1991, p. 1532.
8. CJCE, 21 mars 1991, Monteil et Samanni, aff. C-60/89, Rec. I. 1547.
9. CJCE, 26 janvier 1984, aff. C-301/82, Clin Midy c/Etat belge, concl Mancini.
10. CJCE 1983Van Bennekom, 30 nov. 1983, Rec.CJCE, p.3869
11. CJCE 31 Octobre 1974; RTD Eur.1975, p. 593, concl. de l'avocat général A. Trabucchi.

- **Cour de cassation**

1. C. cass, 1er civ, 29 mai 2013, n° 12-20.903, arrêt n°544
2. Cass. civ, 1er, 25 juin 2009, JCP 2009, n° 41, 308, note P. Sargos.
3. Cass. civ, 1er, 17 janvier 2008, D.2008, p 1256.
4. Cass.civ. 1er 24 janvier 2006, n°02-16.648, Bull. 2006, I, n 35, p. 34.
5. Cass. civ, 1er , 5 avril 2005, n°02-11.947, Bull. 2005, I n° 173, p. 146
6. Cass.civ. 1er, 23 septembre 2003, Sté Laboratoire GlaxoSmithKline c/Mme Leroy, n°01-13.063, Gaz. Pal., mars-avril 2004, p.869.
7. Cass. civ. 1er, 25 mars 2003, n° 00-21.114, D. 2003. 1138; RTD civ. 2003, p.505, observations. P. Jourdain.
8. Cass. civ 2e, 26 septembre 2002, n° 00-18.627, D. 2003, p. 1257, note O. Audic ; RDI 2003, p.157, observation. F. G. Trébulle.
9. Cass. civ. 1er, 4 décembre 2001, n° 99-19.197, D. 2002, p.3044, note M.-C. Lambertye-Autrand ; RTD civ. 2002, p.308
10. Cass. crim, 29 juin 1999, Lelous, arrêt n°4384, Nouv. Pharm., n°365, décembre 1999, p.587.
11. Cass. crim, 27 novembre 1996, n°95-83483, Bull. crim., 1996, n° 435, p. 1270.
12. Cass. civ. 22 janvier 1991, Bull. civ. I., 1991, no 430 (produit cosmétique)
13. Cass. civ. 1er, 28 février 1989, Juris-Data no 000877 (médicament vétérinaire)
14. Cass. 1er civ. 8 avril 1986; JCP 1987, II, 20721, obs. J. Huet.
15. Cass. civ. 3e, 3 janvier 1984, Bull. civ. III n° 4.
16. Cass. civ., 18 décembre 1978, doc. pharm., n°2265.
17. Cass.crim.13 avril 1976, JCP 1977, II, 18590.
18. Cass. civ., 20 mai 1936, *DP* 1936, 1, p. 88.
19. Cass.27 novembre 1935, DH 1936, 17, S.1936, 1, p.146
20. Cass. 8 avril 1864, D.1864, 1, p.395
21. Cass. 23 août 1860, D. 1860, 1, p.419.
22. Cass.23 juin 1859, S. 1859,1, p.531.
23. Cass., 6 févr 1857, D. 1857.1.p.133.
24. C.sup. Québec, 2002, R.R.A., 132, Clough c./Guay, spec.p.150.

- **Conseil d'Etat**

1. CE, 7 juillet2010, société Menarini France, n°335 101.
2. CE, 25 mai 2007, n°288186.
3. C.E., 1ère et 6ème sous-section réunies, 6 juillet 2007, arrêt n° 286851286852, Recueil Lebon 2008.
4. CE, 6 décembre 2006, n°2005-688, Jurisdata n°2006-071137.
5. CE, Section, 25 janv. 1991, 103143, Rec. Lebon, p.30, concl. Stirn
6. CE 11 juin 1990, SARL Santa Cura, n°83064.
7. CE 28 juin 1968, société mutualiste d'assurance contre les accidents pharmaceutiques, Rec. Lebon, p.411.
8. CE., 10 avril 1959, Dame Habert et autres, Rec. Lebon, p.223.
9. C.E. 17 décembre 1954, syndicat des pharmaciens de la Moselle et autres, Doc. Pharm
10. CE, Ass., 17 février 1950, Dame Lamotte, Rec. Lebon, p.110.

- **Cour d'Appel**

1. CA Montpellier, 3 juin 2009, RGDM, n°38, mars 2011, pp. 416-417.
2. CA Bordeaux, 7 novembre 2007, Mon. Pharm., n°2702 et 2703, 24 novembre 2007.
3. CA Versailles, 3e ch. sect.1, 30 avril 2004, n°02/05924.
4. CA Versailles, 10 mai 2002, RGAR, 2003, n°13709.
5. CA. Pau, 16 janvier 2002, Gaz. Pal., Table analytique, 2003-1, p.570.
6. CA Orléans, 26 janvier 1998, Nouv. Pharm., n°359, juillet 1998, p.181.
7. C.A Versailles, 25 janvier 1996, Juris-Data n° 040440
8. CA Versailles, 22 janvier 1996, Bull. Ordre, Juin 1996, p.227.
9. CA Caen, 15 juillet 1993, JCP G 1993, IV, 2477, Juris-Data n°043204
10. C.A Paris, 23 janvier 1992, Mutuelles du Mans c/ Erhart, Juris-Data no 20557
11. CA Paris 16 juin 1989, D. 1991, Somm. p. 184, obs. J. Penneau
12. CA Paris, 20 juin 1963, D.1964, jurispr, p.30.
13. CA, Paris, 18 octobre 1957, S.1958, p.48, note F. Gollety.
14. CA d'Angers, 11 avril 1946, JCP 1946, II, 3163.
15. C.A. Paris, 19 février 1869, Doc. Pharm. 1871-2-81.
16. C.A Rouen, 31 mars 1838, Doc. Pharm. 40-2-16

- **Juridiction de 1er degré**

1. TGI Créteil, 11° ch. Correct., 30 octobre 2002, Nouv. Pharm., n°379, juill 2003, p.217.
2. TGI Caen, 10 mars 1988, Juris-Data n° 024559.
3. TGI Saint-Malo, 18 septembre 1981, Inf. pharm., n°237, p.1463.
4. TGI Villefranche-sur-Saône, 22 mai 1980, Nouv. Pharm. n°235, juillet-août 1980, p.1116.
5. TGI Bordeaux, 29 janvier 1980, Bull. Ordre pharm., n°245, juin 1981, pp.830-831.
6. TGI Bordeaux, 4 décembre 1959, S. 1960, p.94.
7. Trib Paris 27 juin 1958, Doc. Pharm. Jur. n°1072.
8. T. civ. Clermond-Ferrand, 18 octobre 1950, Gaz. Pal., 1950, 2, p.396.
9. Trib. Corr. Seine, 16 mai 1935 : S. 1935, 2, p. 202.

- **Décisions du Conseil National de l'Ordre des Pharmaciens (France)**

1. CNOP, 19 avril 1999, Doc. Pharm., n°4068, pp.15-16.
2. CNOP, 17 janvier 1997, aff. n° A-D 1514).
3. CNOP, 17 janvier 1995, aff. n° A-D 1514.
4. CNOP, 04 avril 1995, aff ; n°A-D 1539.
5. CNOP, 04 avril 1995, aff. n°A-D 1538
6. CNOP, 24 novembre 1994, n°A-D 1592.
7. CNOP, 04 octobre 1994, aff. n° A-D 1410.

Index

Les chiffres renvoient aux numéros de paragraphe

Table des matières

Le Sénégal aux éditions L'Harmattan

Dernières parutions

POUVOIR POLITIQUE ET ESPACE RELIGIEUX AU SÉNÉGAL
Diagne Mountaga
Peu d'études font l'analyse de la portée politique des espaces religieux. Pourtant, en s'y intéressant, on peut mener un regard empirique et sociohistorique du politique. Dans trois communautés (Mourides, Tidjanes-Niassènes et Layennes) et trois espaces religieux (Touba, Médina Baye et Cambérène), au Sénégal, nous observons les interactions entre divers acteurs qui génèrent du capital social et symbolique pour assurer la gouvernance.
(Coll. Études africaines, 30.00 euros, 288 p.)
ISBN : 978-2-343-03690-8, ISBN EBOOK : 978-2-336-35862-8

RÉVOLUTION (LA) DE 1914 AU SÉNÉGAL
ou L'élection au Palais Bourbon du député Blaise Diagne
(de son vrai nom Galaye Mbaye Diagne) – Tome 1
Thiam Iba Der
En mai 1914, les Quatre Communes du Sénégal colonial sont le théâtre d'un événement d'une particulière importance, marqué par l'élection, au Palais Bourbon, de Blaise Diagne, dont le nom véritable est Galaye Mbaye Diagne. C'était la première fois qu'une colonie française d'Afrique au Sud du Sahara élisait un député noir pour la représenter au Parlement. C'est l'une des étapes de cette histoire captivante que le Professeur Iba Der Thiam retrace dans cet ouvrage.
(Coll. Harmattan Sénégal, 39.00 euros, 408 p.)
ISBN : 978-2-296-99878-0, ISBN EBOOK : 978-2-336-35856-7

JOLFO (LE) OU WOLOF SENEGALENSIS : origine et héritages
Niasse Ahmed Khalifa
Ils sont nombreux les intellectuels qui, aujourd'hui, situent le foyer originel du peuple et de la langue wolof en Égypte. Récusant cette thèse en s'appuyant à la fois sur l'histoire, la tradition orale et même la linguistique, l'auteur soutient que le wolof que parlait Djolof MBengue, jolfo à ses débuts, n'était que du mandingue mâtiné de pulaar. L'ouvrage informe également sur les brassages des principales ethnies du Sénégal à travers la dynamique de la langue wolof.
(25.00 euros, 244 p.)
ISBN : 978-2-296-99874-2, ISBN EBOOK : 978-2-336-35708-9

IMAGINAIRE (L') SAINT-LOUISIEN (Domou Ndar à l'épreuve du temps)
Sy Alpha Amadou
Ce livre, tout en mettant en évidence la limite de toute délimitation mécanique entre patrimoines matériel et immatériel, participe au travail de sensibilisation sur la nécessité de sauvegarder le trésor culturel monumental de Saint-Louis. Dans le même mouvement, l'auteur compose un hymne fraternel en faveur de la mutualisation de toutes les énergies, expériences et intelligences afin de cesser de conjuguer le rayonnement de la vieille ville portuaire uniquement au passé.
(13.00 euros, 112 p.)
ISBN : 978-2-296-99889-6, ISBN EBOOK : 978-2-336-35962-5

SÉNÉGAL : OÙ VA LA RÉPUBLIQUE ?
Approche critique, autocritique et prospective de la Seconde Alternance
Ndiaye Malick
Les vérités sur la Seconde Alternance doivent venir de la propre capacité critique et autocritique des acteurs et protagonistes qui ont élu le président de la Coalition Macky 2012 à plus de 65 % des suffrages. Deux ans après, cette véritable Révolution Citoyenne tangue outrageusement et va droit dans le mur. Le plus tôt la nouvelle élite de pouvoir prendra un compte exact de la situation pour y remédier, le mieux ce sera pour cette expérience que l'Afrique observe et que le monde adoube.
(Coll. Cours Nouveau, 38.00 euros, 368 p.)
ISBN : 978-2-343-04333-3, ISBN EBOOK : 978-2-336-35542-9

COMPRENDRE LES INVESTISSEMENTS AU SÉNÉGAL
Entre subsistance, profit, paraître et consentement social
Oudiane Pascal - Préface du Pr Seydi Ababacar Dieng
Quel est le rapport à l'investissement des Sénégalais ? C'est la préoccupation de départ de l'auteur devant le constat d'une économie en retard ou en mal de performance. Cet ouvrage repose sur les résultats d'enquêtes et d'analyses réalisées dans la ruralité et l'urbanité sénégalaises auprès de ménages, d'entreprises et de l'administration publique pour y prélever les comportements des auteurs et acteurs d'investissements.
(44.00 euros, 458 p.)
ISBN : 978-2-296-99877-3, ISBN EBOOK : 978-2-336-35523-8

MÉDIAS ET LAÏCITÉ AU SÉNÉGAL
Missehoungbe Pierre-Paul
Préface de Paul-Marie Fidèle Chango
Quels sont les enjeux du rapport entre la majorité musulmane et les minorités religieuses dans un état laïc comme le Sénégal ? Les médias jouent un grand rôle dans l'animation de l'espace public et peuvent influer sur les différentes tendances religieuses. Tout en promouvant le pluralisme religieux, la maîtrise de la religion dans la sphère publique préserva la laïcité de l'État.
(Coll. Croire et savoir en Afrique, 17.00 euros, 166 p.)
ISBN : 978-2-343-01348-0, ISBN EBOOK : 978-2-336-35447-7

LIRE ET RELIRE SEMBÈNE OUSMANE
Diagne Ismaïla
L'auteur décrit ici l'univers romanesque et cinématographique de Sembène Ousmane, sous toutes ses coutures. À travers les multiples extraits de Ceddo, de Guelwar ou encore des Bouts de bois de Dieu, il dissèque l'architecture des œuvres de ce cador de l'engagement et nous détaille avec brio sa conception de l'écriture. Par ce livre, l'auteur permet à l'Afrique de redécouvrir ses grands hommes.
(Harmattan Sénégal, 23.00 euros, 226 p.)
ISBN : 978-2-296-99873-5, ISBN EBOOK : 978-2-336-35397-5

DE LA SIGNARE À LA DIRIYANKÉ SÉNÉGALAISE
Trajectoires féminines et visions partagées
Lo Aissata Kane
Ce livre tente de cerner le contenu de l'identité signare (du portugais senhora) et sur quoi repose l'unicité de son modèle. Voici donc exploitée l'histoire des genres de l'espace sénégambien des XVIIIe et XIXe siècle. Au XXe siècle, un groupe de femmes, les Diriyankés, qui se distinguent par leur prestance dans la société sénégalaise d'aujourd'hui, se réapproprient leur héritage.
(Coll. Harmattan Sénégal, 30.00 euros, 290 p.)
ISBN : 978-2-296-99863-6, ISBN EBOOK : 978-2-336-35247-3

CARNETS POLITIQUES DU SÉNÉGAL
Regard critique sur la décennie post-alternance
Mbacké Gueye Cheikh
Modèle de démocratie en Afrique, le Sénégal aura pourtant à lutter, dans la décennie succédant à l'alternance politique du 19 mars 2000, contre les démons de la politique politicienne qui plombent

les avancées démocratiques et mettent en péril les acquis. Les institutions de la République sont désacralisées et les principes de bonne gouvernance en permanence foulés au pied. Cet essai retrace l'itinéraire de cette période et offre des perspectives concernant l'assainissement et le perfectionnement de la pratique politique et démocratique.
(20.00 euros, 202 p.)
ISBN : 978-2-296-99870-4, ISBN EBOOK : 978-2-336-35307-4

GÉOPOLITIQUE (LA) DE L'ÉMIGRATION SÉNÉGALAISE EN FRANCE ET AUX ÉTATS-UNIS
Kante Seydou
L'émigration sénégalaise offre un intéressant exemple d'analyse des migrations internationales. Ce livre, s'appuyant sur une étude comparative de l'émigration sénégalaise vers deux pays de destination (la France et les États-Unis), montre que les déterminants de l'émigration sénégalaise combinent facteurs migratoires classiques et nouvelles logiques migratoires.
(Coll. Études africaines, 31.50 euros, 308 p.)
ISBN : 978-2-343-02967-2, ISBN EBOOK : 978-2-336-35173-5

POUR L'HONNEUR DE LA GENDARMERIE SÉNÉGALAISE (Tome 1)
Le sens d'un engagement
Ndaw Abdoulaye Aziz
«Juin 2007 : un scandale, mon nom, la perte de mon commandement de major général de la gendarmerie... un des multiples scandales du régime dit de l'alternance. Un président sourd à mon appel et des officiers qui usent de leur pouvoir et de leur autorité pour me salir. Un exil, un silence abasourdissant, le stress me retracent une carrière que j'ai voulue exemplaire, engagée et honorable. J'explique le sens de mon engagement et les principaux événements qui ont jalonné mes états de service.»
(20.00 euros, 204 p.)
ISBN : 978-2-343-01592-7, ISBN EBOOK : 978-2-336-35104-9

POUR L'HONNEUR DE LA GENDARMERIE SÉNÉGALAISE (Tome 2)
La mise à mort d'un officier
Ndaw Abdoulaye Aziz
«2005-2007 : un homme, un général, sa femme, des officiers perdus sont aux commandes d'une des plus prestigieuses institutions militaires, la gendarmerie nationale. Comment pouvais-je échapper à ces officiers dont le seul but était de s'enrichir, et à qui un régime félon avait confié les rênes de la gendarmerie ? Pour que cette dernière survive à tant d'années de corruption, de concussion, de népotisme et de mensonges, j'ai écrit ce livre.»
(25.50 euros, 260 p.)
ISBN : 978-2-336-30309-3, ISBN EBOOK : 978-2-336-35105-6

HÉRITAGE (L') DE LA PAUVRETÉ
Entre récurrence, rupture et résilience dans les trajectoires des pauvres au Sénégal
Cissé Rokhaya – Préface du Pr Abdou Salam Fall
Thématique nouvelle dans les recherches en sciences sociales en Afrique, les dynamiques de la pauvreté des générations et les formes de transmission sont comparées dans ce livre. L'auteur traverse un demi-siècle de regard des trajectoires de pauvres et une centaine de récits de vie poignants sur leur vécu propre.
(Coll. Populations, 23.00 euros, 238 p.)
ISBN : 978-2-343-03415-7, ISBN EBOOK : 978-2-336-35139-1

INTÉGRATION MONÉTAIRE ET MUTATIONS DU SYSTÈME FINANCIER INTERNATIONAL : DÉFIS ET PERSPECTIVES
Actes du symposium du 50e anniversaire de la BCEAO tenu à Dakar les 5 et 6 novembre 2012
BCEAO - Préface de Tiémoko Meyliet Koné
«Au-delà du bilan de la Banque centrale, les réflexions menées au cours de ces deux jours ont été axées sur l'analyse des évolutions de la réflexion économique et financière et les pratiques des

banques centrales, ainsi que l'examen des nouveaux défis et des enjeux liés à l'édification et à la consolidation des zones monétaires...» Tiémoko Meyliet KONE, Gouverneur de la BCEAO.
(Coédition BCEAO, Coll. Harmattan Sénégal, 26.00 euros, 258 p.)
ISBN : 978-2-336-30472-4, ISBN EBOOK : 978-2-336-35256-5

UNE MISSIVE POUR BIRIMA
Pour que notre peuple se relève enfin !
Seck Mamadou Badara
Ce texte est une oscillation permanente entre la linéarité récitative du journal intime et le foisonnement luxuriant de la polyphonie romanesque. Cette lettre, adressée à un ami sans doute à jamais enseveli dans les fonds marins de la Méditerranée, est aussi, paradoxalement, un cantique d'espérance. Le texte a enfin le mérite de faire sauter aux yeux le lien direct entre la gouvernance désastreuse des dirigeants africains et le suicide collectif de sa jeunesse au large des côtes européennes.
(15.50 euros, 158 p.)
ISBN : 978-2-296-99869-8, ISBN EBOOK : 978-2-336-35132-2

STRUCTURE ET DYNAMIQUE DE L'ÉCONOMIE SÉNÉGALAISE
Camara El Hadji Alioune, Dramani Latif, Thiam Ibrahima
Quelles sont les structures et les tendances lourdes de l'économie sénégalaise ? L'économie sénégalaise est caractérisée aujourd'hui par des performances macroéconomiques encore faibles pour soutenir durablement la croissance économique et améliorer le PIB par tête. Voici un ensemble d'outils et de résultats disponibles pour des études sur les questions économiques fondamentales, non seulement au Sénégal, mais également dans les autres pays africains.
(Coll. Harmattan Sénégal, 14.50 euros, 116 p.)
ISBN : 978-2-296-99555-0, ISBN EBOOK : 978-2-296-53544-2

CONTRÔLE (LE) DU LICENCIEMENT DES DÉLÉGUÉS DU PERSONNEL AU SÉNÉGAL
Diakhaté Babacar
Préface du professeur Babacar Kanté
Partant du postulat que le délégué du personnel mérite une protection particulière, l'auteur traite, dans une première partie, du double degré de contrôle administratif par l'inspecteur du travail et le ministre, et dans une deuxième partie, du double type de contrôle juridictionnel par les juges de plein contentieux et de l'excès de pouvoir. L'auteur utilise des outils conceptuels qui lui permettent de partir de la théorie générale du droit à une perspective pratique.
(29.00 euros, 290 p.)
ISBN : 978-2-296-99566-6, ISBN EBOOK : 978-2-296-53574-9

DIPLOMATIE (LA) SÉNÉGALAISE DE LÉOPOLD SÉDAR SENGHOR À ABDOULAYE WADE
Regard d'un chancelier
Sène Ibrahima - Préface du professeur Assane Seck
L'auteur propose sa propre réflexion sur le travail accompli par Léopold Sédar Senghor, Abdou Diouf, et Abdoulaye Wade, dans l'arène internationale, au cours du dernier demi-siècle. Le défi est d'observer et d'analyser la façon dont ils ont conduit et géré les relations extérieures du pays, dans un monde de plus en plus complexe et globalisé.
(Coll. Harmattan Sénégal, 37.00 euros, 372 p.)
ISBN : 978-2-296-99538-3, ISBN EBOOK : 978-2-296-53853-5

L'HARMATTAN ITALIA
Via Degli Artisti 15; 10124 Torino

L'HARMATTAN HONGRIE
Könyvesbolt ; Kossuth L. u. 14-16
1053 Budapest

L'HARMATTAN KINSHASA
185, avenue Nyangwe
Commune de Lingwala
Kinshasa, R.D. Congo
(00243) 998697603 ou (00243) 999229662

L'HARMATTAN CONGO
67, av. E. P. Lumumba
Bât. – Congo Pharmacie (Bib. Nat.)
BP2874 Brazzaville
harmattan.congo@yahoo.fr

L'HARMATTAN GUINÉE
Almamya Rue KA 028, en face
du restaurant Le Cèdre
OKB agency BP 3470 Conakry
(00224) 657 20 85 08 / 664 28 91 96
harmattanguinee@yahoo.fr

L'HARMATTAN MALI
Rue 73, Porte 536, Niamakoro,
Cité Unicef, Bamako
Tél. 00 (223) 20205724 / +(223) 76378082
poudiougopaul@yahoo.fr
pp.harmattan@gmail.com

L'HARMATTAN CAMEROUN
BP 11486
Face à la SNI, immeuble Don Bosco
Yaoundé
(00237) 99 76 61 66
harmattancam@yahoo.fr

L'HARMATTAN CÔTE D'IVOIRE
Résidence Karl / cité des arts
Abidjan-Cocody 03 BP 1588 Abidjan 03
(00225) 05 77 87 31
etien_nda@yahoo.fr

L'HARMATTAN BURKINA
Penou Achille Some
Ouagadougou
(+226) 70 26 88 27

L'HARMATTAN SÉNÉGAL
10 VDN en face Mermoz, après le pont de Fann
BP 45034 Dakar Fann
33 825 98 58 / 33 860 9858
senharmattan@gmail.com / senlibraire@gmail.com
www.harmattansenegal.com

L'HARMATTAN BÉNIN
ISOR-BENIN
01 BP 359 COTONOU-RP
Quartier Gbèdjromèdé,
Rue Agbélenco, Lot 1247 I
Tél : 00 229 21 32 53 79
christian_dablaka123@yahoo.fr

Achevé d'imprimer par Corlet Numérique - 14110 Condé-sur-Noireau
N° d'Imprimeur : 115132 - Dépôt légal : janvier 2015 - *Imprimé en France*

www.ingramcontent.com/pod-product-compliance
Lightning Source LLC
LaVergne TN
LVHW011213061026
849535LV00001BA/13
* 9 7 8 2 3 4 3 0 5 4 2 7 8 *